Die Eigennamen in den Detektivgeschichten
Gilbert Keith Chestertons

Europäische Hochschulschriften

Publications Universitaires Européennes
European University Studies

Reihe XXI
Linguistik

Série XXI   Series XXI
Linguistique
Linguistics

Bd./Vol. 218

PETER LANG
Frankfurt am Main · Berlin · Bern · Bruxelles · New York · Wien

Ines Sobanski

Die Eigennamen in den Detektivgeschichten Gilbert Keith Chestertons

Ein Beitrag zur Theorie und Praxis der literarischen Onomastik

For Michael,
who has made my stay
in St. Andrews even more
enjoyable!
With many thanks and best wishes,

Ines
23/03/2001

PETER LANG
Europäischer Verlag der Wissenschaften

Die Deutsche Bibliothek - CIP-Einheitsaufnahme

Sobanski, Ines:

Die Eigennamen in den Detektivgeschichten Gilbert Keith
Chestertons : ein Beitrag zur Theorie und Praxis der
literarischen Onomastik / Ines Sobanski. - Frankfurt am Main ;
Berlin ; Bern ; Bruxelles ; New York ; Wien : Lang, 2000
  (Europäische Hochschulschriften : Reihe 21, Linguistik ;
  Bd. 218)
  Zugl.: Leipzig, Univ., Diss., 1999
  ISBN 3-631-35143-7

Gedruckt auf alterungsbeständigem,
säurefreiem Papier.

15
ISSN 0721-3352
ISBN 3-631-35143-7

© Peter Lang GmbH
Europäischer Verlag der Wissenschaften
Frankfurt am Main 2000
Alle Rechte vorbehalten.

Printed in Germany 1 2 3 4 5   7

MEINEN ELTERN

in Dankbarkeit gewidmet

"The moment of creation is the moment of communication."

G. K. Chesterton

Vorwort

Gilbert Keith Chesterton (1874-1936) ist heute noch vielen Lesern als Autor der Erzählungen um den geistlichen Amateurdetektiv *Father Brown* bekannt. Wenn auch der Name seiner berühmten Priesterfigur auf den ersten Blick nichtssagend erscheint - oder gerade deshalb - hat Chesterton ihn mit Bedacht gewählt. Auch viele andere Namen, wie z.b. die der Figuren *James Welkin* und *Sir Walter Cholmondeliegh*, der Orte *Wonover* und *Ponder's End* oder der Tiere *Nox* und *Snowdrop* sind es wert, eingehender untersucht zu werden.

Im Ergebnis einer solchen Untersuchung entstand die vorliegende onomastische Arbeit. Sie umfaßt einen theoretischen Teil, der den literarischen Eigennamen in der Vielfalt seiner Arten und Funktionen beleuchtet, sowie die korpusgebundene Namenanalyse. Als Textgrundlage dienen 100 Detektiverzählungen Gilbert Keith Chestertons. Dabei wird deutlich, daß der Eigenname ein komplexes künstlerisches Gestaltungsmittel darstellt, welches sowohl durch autorentypische Besonderheiten als auch durch die Genrespezifik der Detektivliteratur geprägt wird.

Die Arbeit wurde im Wintersemester 1998/99 von der Philologischen Fakultät der Universität Leipzig als Dissertation angenommen. Zu ihrer Erstellung erhielt ich ein Stipendium des Freistaates Sachsen, so daß ich mich ganz auf das Forschungsvorhaben konzentrieren konnte. Dafür meinen herzlichen Dank.

Ich möchte auch allen anderen danken, die mich bei der Anfertigung der Dissertationsschrift unterstützt haben. Dies ist zunächst meine wissenschaftliche Betreuerin, Frau Prof. Rosemarie Gläser (Leipzig), die den Fortgang der Arbeit mit hoher Sachkenntnis und unermüdlichem Engagement gefördert hat. Wertvolle inhaltliche und methodische Impulse erhielt die Untersuchung ebenso durch Herrn Professor Elmar Schenkel (Leipzig), Herrn Professor W.F.H. Nicolaisen (Aberdeen) und Frau Dr. Dietlind Krüger (Leipzig). Ihnen sowie den Angehörigen der Abteilung Deutsch-Slavische Namenforschung (Leipzig, Institut für Slavistik) sei vielmals gedankt.

Nicht unerwähnt bleiben sollen die Teilnehmer des Doktorandenseminars "Fachsprachen des Englischen", die mir regelmäßig Gelegenheit gaben, meine Gedanken zu dem für sie eher fremden Thema vorzustellen und mit ihnen zu diskutieren.

Wesentlich bereichert wurde die Arbeit durch eine persönliche Befragung mehrerer britischer und deutscher Detektivschriftsteller. Ich möchte daher allen Autoren danken, die meine Fragen zur literarischen Namengebung bereitwillig und teils sehr ausführlich beantworteten.

Es war nicht immer einfach, meine Ausbildung als Referendarin und die Promotion miteinander zu vereinbaren. Daher gilt mein Dank all jenen, die mir in dieser Zeit viel Verständnis entgegengebracht haben: Frau Hella Riedel und Frau Gudrun Weise vom Staatlichen Seminar für das Höhere Lehramt an Gymnasien sowie der Schulleitung und den Kollegen der Friedrich-Schiller-Schule (Leipzig).

Großen Anteil am Entstehen dieser Arbeit hatte zweifellos auch meine Familie. Für ihre Unterstützung und ermutigenden Worte danke ich ganz besonders herzlich meinen Eltern. Ihnen soll daher dieses Buch gewidmet sein.

Leipzig, im August 1999   Ines Sobanski

11

Inhaltsverzeichnis

13

Abkürzungsverzeichnis

altengl.	altenglisch
altfrz.	altfranzösisch
dän.	dänisch
dt.	deutsch
EN	Eigenname
engl.	englisch
FigN	Figurenname
FaN	Familienname
frz.	französisch
griech.	griechisch
I.S.	Ines Sobanski
lat.	lateinisch
nd.	niederdeutsch
norw.	norwegisch
NT	Namensträger
ON	Ortsname
PN	Personenname
russ.	russisch
schott.	schottisch
VN	Vorname

1. Einleitung

1.1. Gegenstand, Zielstellung und Methode

> An important editor says a felicitous selection of character names is one of the handful of
> criteria he considers in those ten or fewer pages he reads of unsolicited novels (...); if the names
> are wrong, he won't read on, if they're right and nothing else is obviously incompetent, he might
> read on. (A. JUTE 1994: 32)

Schenkt man A. JUTEs Aussage Glauben, so erhebt mancher Verleger die Namen der
literarischen Figuren zum Gradmesser für die Qualität eines Buches. Wenn Eigennamen
[EN] über die Annahme eines Manuskripts durch den Verlag entscheiden können, müssen
sie zu den auffälligsten Erscheinungen des Textes gehören. Was den EN so auffällig
macht, welche spezifischen Funktionen er erfüllt und welche Möglichkeiten der Namengebung ein Autor[1] hat, das sind Fragen, die in der vorliegenden Untersuchung thematisiert werden.

Die Arbeit versteht sich als ein Beitrag zur Theorie und Praxis der literarischen Onomastik. Sie hat zum **Ziel**, das komplexe Phänomen 'literarischer EN' als ein spezifisches
künstlerisches Gestaltungsmittel darzustellen. Die Vielfalt der Formen und Funktionen
des literarischen EN soll in den Vordergrund gerückt und am Beispiel der Detektivgeschichten des englischen Autors Gilbert Keith Chesterton systematisch abgehandelt werden. Somit versucht die Arbeit, einen Beitrag zur Theoriebildung der literarischen Onomastik zu leisten sowie deren empirisches Fundament zu verbreitern. Gleichzeitig kann
sie für die englische Literaturwissenschaft von Gewinn sein, da sie mit der Namengebung
ein Thema behandelt, das in der Chesterton-Forschung bisher wenig Beachtung gefunden
hat.

Die Arbeit geht von der Prämisse aus, daß literarische Namen genau wie EN der nicht-
fiktionalen Realität **Sprachzeichen** sind und mit diesen grundlegende Gemeinsamkeiten
haben. Um das Wesen literarischer Namen erfassen zu können, erscheint daher eine einleitende Beschäftigung mit dem Phänomen 'EN' insgesamt sinnvoll.
Kapitel 2 stellt zunächst die Onomastik als linguistische Spezialdisziplin vor. Dabei finden neben der traditionell diachronisch ausgerichteten Namenforschung insbesondere
synchronische Teilgebiete Beachtung. Des weiteren wird die Frage nach der **Bedeutung
des EN** und dem Verhältnis des EN zur Gattungsbezeichnung gestellt. Im Rahmen der
vorliegenden Arbeit ist jedoch nicht beabsichtigt, einen neuen Lösungsvorschlag zu diesem komplexen Problem zu unterbreiten. Vielmehr werden einschlägige Veröffentlichun-
gen ausgewertet und für eine sprachwissenschaftlich begründete Positionsbildung genutzt.

Treten EN in einen literarischen Kontext, werden ihnen neue Funktionen zugewiesen. Die
Beschreibung dieser Spezifik kann nicht mehr allein durch die Linguistik geleistet werden, sondern erfordert unbedingt die Berücksichtigung literaturwissenschaftlicher Erkenntnisse. Wie E. EICHLER (1995: 2) feststellt, bildet die literarische Onomastik "ein
neues, willkommenes Bindeglied zwischen Linguistik und Literaturwissenschaft"[2]. In
diesem Sinne entwickelt **Kapitel 3** die für die vorliegende Arbeit notwendigen theoretischen Grundlagen.

Die Benennung literarischer Figuren und Schauplätze liegt in der Macht des Autors. Er kann sowohl auf den realen Namenschatz einer Sprache zurückgreifen als auch Namen selbst erfinden. Dabei bieten sich verschiedene Möglichkeiten der Namengebung an, die der Autor in Abhängigkeit von der jeweils intendierten EN-Funktion im Werk wählt. Das Kapitel gibt einen Überblick über allgemeine und spezifische Leistungen sowie die Arten literarischer Namen. Zunächst werden die **Funktionen des EN** im Gesamtgefüge des künstlerischen Textes aus sprach- und literaturwissenschaftlicher Sicht beschrieben. Im Anschluß wird eine **Typologie literarischer Namenarten** vorgestellt, welche sich an den von K. GUTSCHMIDT (1984a) und H. BIRUS (1978; 1987) erarbeiteten Klassifizierungen orientiert und diese zugleich modifiziert. Das abschließende Teilkapitel untersucht, inwieweit die beschriebenen Muster der literarischen Namengebung auch bei nicht-literarischen (Personen-) namen anzutreffen sind.

Kapitel 4 zielt darauf ab, die theoretischen Vorüberlegungen auf ein Korpus literarischer Texte anzuwenden. Sein **Gegenstand** sind die EN in den **Detektivgeschichten** des englischen Autors **Gilbert Keith Chesterton**. Insbesondere sollen dominierende Motive der Namengebung herausgestellt und die auftretenden EN in die zuvor erarbeitete Typologie literarischer Namenarten eingeordnet werden. Erfolgt die Klassifikation des Materials auch im wesentlichen nach literarischen Namenarten, so heißt das nicht, daß der funktionale Aspekt keinerlei Berücksichtigung findet. Vielmehr wird an konkreten Beispielen darauf verwiesen, wie der Autor den Namen im Textzusammenhang funktionalisiert. Dabei findet die von D. LAMPING (1983), B. KOPELKE (1990) und K. GUTSCHMIDT (1984a und 1985) vorgeschlagene Terminologie Anwendung.

Die onomastische Analyse erstreckt sich faktisch auf alle im jeweiligen Text vorkommenden Namenklassen. Erst in ihrer Gesamtheit machen diese die **"onymische Landschaft"** (GUTSCHMIDT 1980: 111) eines Textes aus. Den Kern des literarischen Nameninventars bilden dabei Figuren-/Personen- und Ortsnamen. Vertreter anderer Klassen (z.B. Hausnamen, Namen von Gaststätten und anderen Einrichtungen, Warennamen, Namen von künstlerischen Werken und Presseerzeugnissen, Tiereigennamen etc.) werden als "Varia" zusammengefaßt und nach ihrer jeweiligen Häufigkeit und Bedeutsamkeit im Text mehr oder weniger stark akzentuiert[3].

Als wichtigstes Prinzip für das **methodische Herangehen** gilt dabei, die Namen in ihrer **Kontextgebundenheit** zu untersuchen. Hierbei sei der Kontextbegriff im weitesten Sinne verstanden. Er umfaßt neben der unmittelbaren textuellen Umgebung eines Namens ebenso literar-, sozial- und kulturhistorische, autorenbiographische, werkgenetische und rezeptionsästhetische Gesichtspunkte. Auf diese Weise soll versucht werden, der Analyse ein höchstmögliches Maß an Objektivität zu verleihen. Das Bemühen um wissenschaftliche Objektivität erscheint um so wichtiger, als literarische Namendeutungen nicht selten dem Vorwurf der individuellen Spekulation ausgesetzt sind. So betont H. THIES (1978: 2), daß die "Nameninterpretation (...) /von jeher/ wie kaum ein anderes Gebiet Tummelfeld für Amateure und Feuilletonisten gewesen /ist/, die zu phantasiereicher Spekulation und kurzschlüssigen Ergebnissen neigten".

Ein streng kontextbezogenes Vorgehen schränkt die Subjektivität der Nameninterpretation ein, ohne sie jedoch völlig ausschalten zu können. Das unterschiedliche Vorwissen und die Erwartungshaltungen der einzelnen Rezipienten beeinflussen unwillkürlich die individuelle Begegnung mit einem literarischen Werk und den darin enthaltenen EN. Wie die Rezeption, so ist auch die Produktion eines Textes nicht bis ins letzte Detail rational zu erklären. Nach Strategien ihrer Namenwahl befragt, bemerkte die amerikanische Science-Fiction-Autorin Ursula LeGUIN:

> People often ask how I think of names in fantasies, and again I have to answer that I find them, that I hear them. (...) Usually the name comes of itself, (...). (LeGUIN 1979: 51f.)

Die vorliegende Studie verzichtet daher auf den Anspruch, ausnahmslos alle in den ausgewählten Texten auftretenden EN erschöpfend zu deuten. Vielmehr sollen Grundzüge der Namengebung Chestertons herausgearbeitet und im Zusammenhang mit anderen künstlerischen Stilmitteln des Autors betrachtet werden.

Bei der Auswahl der zu untersuchenden Erzählungen wurde Wert auf die Homogenität des Textkorpus gelegt. Dadurch lassen sich neben autorenspezifischen auch **genrebedingte Besonderheiten** literarischer EN beschreiben. **Kapitel 5** behandelt mehrere Aspekte der Namengebung und -verwendung, die zwar nicht als ausschließliches Merkmal der Detektivliteratur zu werten sind, dort jedoch auf besonders prägnante Weise in Erscheinung treten.

Anhand der Detektiverzählungen Chestertons soll zuerst auf Formen und Funktionen von Mehrfachbenennungen einer Figur (besonders am Beispiel von Tarnnamen) eingegangen werden. Zweitens wird untersucht, unter welchen Umständen der Autor eine Figur oder einen Schauplatz namentlich nicht benennt und welche Wirkung diese Anonymität auf den Leser ausübt. Als drittes soll exemplarisch veranschaulicht werden, daß EN in einigen Erzählungen im Mittelpunkt des Geschehens stehen und von größter Wichtigkeit für die Aufklärung des vorliegenden Falles sein können. Der vierte Teil des Kapitels macht auf eine Gefahr aufmerksam, die sich in Verbindung mit der Wahl literarischer Namen für den Autor ergibt. So lassen sich mehrere Fälle anführen, in denen sich ein Leser verleumdet fühlte, da eine negativ gestaltete literarische Figur seinen Namen trug. Um das Risiko von Verleumdungsklagen zu verringern, hat ein Autor mehrere Möglichkeiten. Auf diese soll abschließend verwiesen werden.

Kapitel 6 akzentuiert die **Textumgebung** des literarischen EN. Für die Relevanz dieser Betrachtung sprechen folgende Gründe:
Die textuelle Umgebung des EN stellt den für eine onomastische Interpretation am unmittelbarsten zugänglichen Kontext dar. Daher wird die Deutung eines Namens um so sicherer sein, je expliziter die mit ihm verbundenen Assoziationen durch den Text gestützt werden.
EN treten nicht isoliert auf. Sie gehen vielfältige Verbindungen mit anderen EN und mit Appellativa ein und sind somit Teil eines umfassenden sprachlichen Beziehungsgeflechtes. Neben derartigen intratextuellen Zusammenhängen lassen sich vielfältige Formen onymischer Intertextualität beschreiben. Diese werden zum Abschluß des Kapitels anhand von Belegen aus dem untersuchten Textkorpus exemplarisch vorgeführt.

Wurde die Materialgrundlage der Arbeit bisher noch sehr allgemein mit den "Detektiverzählungen G.K. Chestertons" benannt, so soll sie im folgenden detaillierter vorgestellt werden. Ein Überblick über die wenigen onomastischen Untersuchungen zum literarischen Werk Chestertons und zum Genre der Detektivliteratur dient dazu, die Wahl des Textkorpus für die vorliegende Arbeit zu begründen.

1.2. Materialgrundlage der Arbeit

Der englische Schriftsteller Gilbert Keith Chesterton (1874-1936) hat sich wiederholt zur Wahl und Wirkung von EN geäußert. Folgender Ausspruch entstammt einem Essay, der den Titel "On Calling Names - Christian and Otherwise" trägt:

> (...) there is always some artistic interest, serious or humorous, in the association of an individual person with an individual name, perhaps carrying memories of legend or history. (SEP: 214)

An anderer Stelle äußert sich derselbe Autor zur Frage der Namensänderung durch Heirat. Mit dem ihm eigenen Humor schlägt er vor, den gemeinsamen Namen durch Verschränkung der Familiennamen beider Ehepartner zu bilden und an Stelle des in aristokratischen Kreisen sonst üblichen Doppelnamens zu verwenden:

> In that case my imaginary married couple would not be called Ponderbury-Ballymulligan; they would be called simply Ponderbulligan or Banderpulgury. (CWC, vol. 29: 78)

In einem anderen Zusammenhang reflektiert Chesterton über das Verhältnis der Namen zu ihren Trägern, wie die folgenden Beispiele belegen:

> What led Mr. Gee to take such an interest in White Horses I do not know; perhaps it was merely the coincidence of his name (CWC, vol. 28: 634);

> Mr. Smiles, the industrial optimist who wrote 'Self-Help' (I wonder whether he invented the name 'Smiles'), was, I daresay, a good man; (...) (CWC, vol. 28: 657f.);

oder auch:

> I have always wondered whether Sir Edward Poynter invented his own name in order to suit his pictorial method, or chose his pictorial method in order to live up to his name; but certainly he is, as an artist, one who works with a fine and sharp point, very delicate, and a little hard. (CWC, vol. 28: 107)

Die angeführten Beispiele ließen sich durch viele weitere ergänzen, in denen sich der Journalist G.K. Chesterton zu EN äußert. Es ist zu vermuten, daß sich das "künstlerische Interesse" am Namen, von dem in einem der Zitate die Rede war, noch weit deutlicher in den Werken des Autors niederschlägt, in denen er selbst die Rolle des Namengebers übernimmt.

Die literarische Namenwahl G.K. Chestertons hat unterschiedliche Bewertungen erfahren. John O'CONNOR, nach dessen Vorbild Chesterton seine berühmte Priesterfigur Father Brown schuf, bemerkte 1937:

> They [The Father Brown stories-I.S.] are wonderfully well done, and that is my feeling on a second reading. At first I found his idiom strange - there is often a lack of mellowness in his proper names, and his material circumstances are too suddenly introduced (...). (O'CONNOR 1937: 40)

O'CONNORs Kritik steht eine Aussage von H. HAEFS gegenüber. Dieser sieht in den Father-Brown-Geschichten ein lohnendes Objekt literarischer Namenstudien. Als Herausgeber und Übersetzer der Erzählungen weist er darauf hin, daß "eine genaue Untersuchung der Chestertonschen Namengebung sicherlich höchst reizvolle Aufschlüsse über seine Assoziationen und Vorstellungen liefern /könnte/" (FBH, Bd. 2: 259). Ähnlich äußert sich R.M. FABRITIUS. In seiner Monographie zum Komischen im Erzählwerk G.K. Chestertons unterstreicht er den sinnbildlichen Charakter der Namen und hält sie für "aussagefähiger" als Namen in der Realität (FABRITIUS 1964: 202f.).

Als **Materialgrundlage** der hier vorgestellten Namenstudie wurden einhundert Detektiverzählungen G.K. Chestertons ausgewählt. "Detektiverzählung" sei hier in einem weiten Sinn verstanden, der der Bedeutung des englischen Wortes "riddle story" ("Rätselgeschichte") nahekommt. "Riddle stories" lassen sich als Untergruppe der "mystery stories" wie folgt bestimmen:

> The distinguishing feature of the riddling mystery story is that the reader be confronted with a number of mysterious facts and situations, explanation of which is reserved until the end of the story. (*The New Encyclopædia Britannica* 1995, vol. 8: 469)

Diese Definition hebt das hervor, was die vorliegenden Erzählungen Chestertons miteinander verbindet. In jeder der Geschichten wird ein sonderbares Vorkommnis geschildert, das den Verdacht auf ein Verbrechen nahelegt. Detektiv und Leser sehen sich in ihrer Vermutung jedoch keineswegs immer bestätigt. Nicht selten findet das Geschehen eine völlig harmlose Erklärung[4].

Bei den meisten Lesern, denen der Name Gilbert Keith Chestertons vertraut ist, verbindet er sich mit den etwa 50 Geschichten um den geistlichen Amateurdetektiv Father Brown. Diese sowie weitere, etwas weniger bekannte Detektiverzählungen G.K. Chestertons bilden die Textgrundlage der vorliegenden onomastischen Untersuchung. Die Geschichten sind folgenden Erzählsammlungen entnommen:

1. [CFB] *The Complete Father Brown.* Harmondsworth: Penguin Books, 1986.
2. [CQT] *The Club of Queer Trades.* Harmondsworth: Penguin Books, 1946. (Erstveröffentlichung bei Harper Bros. 1905)
3. [MKM] *The Man Who Knew Too Much.* New York: Carroll & Graf, 1986. (Erstveröffentlichung bei Cassell 1922)
4. [TLB] *Tales of the Long Bow.* London: Cassell, 1925.
5. [PL] *The Poet and the Lunatics. Episodes in the Life of Gabriel Gale.* London: Cassell, 1929.
6. [FFF] *Four Faultless Felons.* Beaconsfield: Darwen Finlayson, 1964. (Erstveröffentlichung bei Cassell 1930)
7. [PMP] *The Paradoxes of Mr. Pond.* New York: Dover, 1990. (Erstveröffentlichung bei Cassell 1937, posth.).

Einbezogen werden außerdem zwei erst vor kurzem veröffentlichte Father-Brown-Geschichten sowie einzelne Erzählungen ohne einen Serienhelden, die Chesterton für verschiedene Zeitschriften schrieb. Einige davon sind in den von Marie SMITH herausgegebenen Sammlungen [SES] *Seven Suspects* (London: Xanadu, 1990) und [TD] *Thir-*

teen Detectives. Classic Mystery Stories by the Creator of Father Brown (London: Xanadu, 1987) abgedruckt[5].

In seiner vergleichenden Studie zu Erwartungshaltungen deutscher und englischer Leser kommt H. WINTER (1986: 69) zu dem Schluß, daß in Deutschland eine breite Kluft zwischen "ernsthafter Schriftstellerei" und "Kolportageliteratur" besteht. Letztere wird in der Regel mit einer gewissen Geringschätzung behandelt und als ästhetisch minderwertig abgetan. Eine derartige Abwertung erfährt im allgemeinen auch die Detektivliteratur. Wie P.G. BUCHLOH/J.P. BECKER (1990: 3) feststellen, wird der "Krimi"[6] als Gegenstand wissenschaftlicher Untersuchungen in Deutschland kaum ernst genommen. Diese Aussage wird von W. SEIBICKE (1982: 93f.) bestätigt. Wie er bemerkt, sind Werke der Unterhaltungs- und Trivialliteratur bisher nur selten Gegenstand onomastischer Analysen gewesen. In den letzten fünfzehn Jahren haben sich namenkundliche Aufsätze vereinzelt diesem Gebiet zugewandt (vgl. z.B. BURELBACH 1995; KANY 1995). Dennoch gilt auch heute noch SEIBICKEs (1982: 93) Feststellung, daß im Mittelpunkt der wissenschaftlichen Beschäftigung mit literarischen Namen epische und dramatische Werke bedeutender Schriftsteller stehen. Das eine muß jedoch das andere nicht unbedingt ausschließen. So gibt es eine Vielzahl von bedeutenden Autoren, die Unterhaltsames geschrieben haben. Darauf weist nachdrücklich H. WINTER (1986: 64) hin, wenn er Honoré de Balzac, Charles Dickens und Mark Twain als "erstrangige *und* unterhaltsame Schriftsteller" bezeichnet. Eine solche Einschätzung trifft zweifellos auch auf Gilbert Keith Chesterton zu.

Die Zahl der bisher vorliegenden onomastischen Studien zur Detektiv-/Kriminalliteratur ist nicht sehr groß. Mit Arthur Conan Doyle bzw. Agatha Christie behandeln R. GERBER (1972), D.-G. ERPENBECK (1976) und L.R.N. ASHLEY (1984) zwei Vertreter der klassischen englischen Detektivliteratur. P. FERGUSONs (1978) und W. KANYs (1995) Aufsätze widmen sich den bekannten Autoren der amerikanischen "hard-boiled literature", Raymond Chandler und Dashiell Hammett. Nicht auf das Werk eines Einzelautors beschränkt sind der bereits 1965 veröffentlichte Aufsatz von G. EIS zu Namen im Kriminalroman der Gegenwart (wiederabgedruckt in EIS 1970: 59-92)[7] und K. GUTSCHMIDTs Studie zu Namen in Kriminalromanen von DDR-Schriftstellern (GUTSCHMIDT 1981).

Eigennamen in den Erzählungen G.K. Chestertons wurden bisher als Untersuchungsgegenstand kaum thematisiert. Lediglich J.P. LeVAY (1990) widmet den Namen in der Erzählsammlung *The Poet and the Lunatics* einen eigenen Aufsatz. Außerdem seien die annotierten Editionen der Father-Brown-Geschichten von M. GARDNER (GAI)[8] und H. HAEFS (FBH) genannt, in denen die Herausgeber auf bestimmte Auffälligkeiten einzelner Namen hinweisen.
Eine umfassende Untersuchung, die autoren- und genrespezifische Strategien der Namengebung Chestertons zusammenführend behandelt, steht jedoch noch aus. Sie soll daher in der vorliegenden Arbeit versucht werden.

2. Onomastik und Eigennamen

2.1. Die Onomastik als sprachwissenschaftliche Disziplin

Eigennamen [EN] sind seit ältesten Zeiten mit allen Bereichen des menschlichen Lebens verbunden. Am Anfang jedes gesellschaftlichen Zusammenlebens und Gemeinwesens steht, wie W.F.H. NICOLAISEN wiederholt hervorgehoben hat, der Mensch als "homo nominans" (vgl. z.B. NICOLAISEN 1978a: 40). Indem der Mensch bestimmten Erscheinungen seiner Umwelt Namen gibt, eignet er sich diese gleichsam an. Reflexionen über das Besondere, das den EN ausmacht, sind ebenfalls nicht neu. G. BAUER (1985: 15-24) gibt einen geschichtlichen Abriß der "Epochen des Nachdenkens über Namen" und stellt fest, daß Namen bereits in der Antike Gegenstand philosophischer Betrachtungen waren. Der EN wurde als ein Spezifikum des Menschen erkannt. Uneinigkeit bestand jedoch darüber, ob die Namen mit dem Wesen der benannten Dinge zusammenhängen oder ihnen durch Konvention zugeordnet sind (BAUER 1985: 15f.).
Für das Mittelalter war die Auffassung prägend, Namen seien den Dingen von Natur aus eigen. Diese Ansicht führte dazu, daß die etymologische Namenerklärung als ein Mittel diente, um auf die Stellung der Namensträger [NT] in dem angenommenen Schöpfungs- und Heilsplan Gottes zu schließen. Die zumeist naiven Namendeutungen bestätigen BAUERs Aussage, daß man von einer wissenschaftlichen Beschäftigung mit Namen im Mittelalter noch weit entfernt war (BAUER 1985: 18).
Erst mit der Begründung der eigentlichen Sprachwissenschaft im 19. Jahrhundert wurde auch die Entwicklung einer wissenschaftlich orientierten Namenforschung gefördert[1]. Wie die Linguistik insgesamt, so war auch die Onomastik zunächst fast ausschließlich historisch ausgerichtet. Vorrangiges Ziel ihres Interesses waren und sind Aussagen zur Entstehung und geschichtlichen Entwicklung von Namen[2]. EN sind Zeugen längst vergangener Zeiten. In ihnen ist ältestes Sprachmaterial konserviert, dessen Analyse Auskunft über frühere Sprachzustände geben und zur Lösung linguistischer Probleme beitragen kann. Der Weg dazu ist die formale und inhaltliche Beschreibung des EN, die nicht nur Fachwissen aus Nachbardisziplinen erfordert, sondern gleichzeitig auf diese zurückwirkt. In diesem Sinne werden Erkenntnisse der diachronischen Namenforschung gewinnbringend für Fragestellungen in historischen Disziplinen, wie der Siedlungsgeschichte, Kulturraumforschung, Archäologie, Dialektgeographie und den Geowissenschaften, ausgewertet (vgl. EICHLER 1995; BAUER 1995).
Trotz ihrer ausgeprägt interdisziplinären Bezüge ist die traditionell enge Verflechtung der Onomastik mit der Linguistik dominant. Bereits Gottfried Wilhelm Leibniz (1646-1716) wertete namenkundliche Untersuchungen als Wesensbestandteil der Sprachwissenschaft (vgl. EICHLER 1995: 3). Die Onomastik wird heute in der Regel als eine linguistische Spezialdisziplin aufgefaßt, wofür schon die Tatsache spricht, daß sie mit dem EN ein Sprachzeichen besonderer Art zum Untersuchungsgegenstand hat (vgl. WALTHER 1990: 74; WITKOWSKI 1995: 289)[3].

Der EN als sprachliches Zeichen und seine kommunikativen Eigenschaften traten im 20. Jahrhundert verstärkt in das Blickfeld der Onomastik. Die vorwiegend historisch interessierte traditionelle Namenkunde schenkte in der Folgezeit zunehmend synchronischen Aspekten Beachtung. Die Öffnung gegenüber pragmatischen Fragestellungen verlief par-

24

allel zu Entwicklungen in der allgemeinen Sprachwissenschaft nach dem Zweiten Weltkrieg.
Bereits 1952 machte A. BACH auf die zumeist einseitige etymologische Ausrichtung der Namenforschung aufmerksam. Ohne die Bedeutung namengeschichtlicher Untersuchungen in Frage stellen zu wollen, forderte er, den Gegenstandsbereich der Onomastik auf alle mit dem EN verbundenen Aspekte zu erweitern. BACH benannte fünf große Aufgabenfelder. Zu diesen gehört neben der Klärung rein sprachwissenschaftlicher, historischer und geographischer Probleme auch die Beantwortung soziologischer und psychologischer Fragestellungen (vgl. BACH 1952, Bd. I.1, §4: 5f.).

Das komplexe Phänomen 'Eigenname' wurde zunehmend differenzierter betrachtet, wobei sich aus einzelnen Sichtweisen verschiedene Zweige innerhalb der onomastischen Forschung etablierten. Die **Sozioonomastik** beschreibt den EN als eine soziale Erscheinung und untersucht seine gesellschaftliche Bedingtheit[4]. Sie geht von der Prämisse aus, daß die Verwendung von EN, wie von Sprache überhaupt, in menschliches Handeln eingebunden ist. Insofern ist W.F.H. NICOLAISEN darin zuzustimmen, daß strenggenommen jegliche Richtung der Onomastik als "Sozioonomastik" gelten kann:

(...) in a sense, the whole field of onomastics is socio-onomastics since naming and using names are social phenomena, are unthinkable without society. (NICOLAISEN 1985: 122).

Der Name als ein Mittel der menschlichen Interaktion bildet auch die Basis des von H. KALVERKÄMPER als **"Kontaktonomastik"** bezeichneten Untersuchungsgebietes. Mit diesem Begriff akzentuiert er kommunikationspragmatische Aspekte, die sich aus der Einbettung von EN in Texte und Situationen ableiten lassen:

Eine Onomastik eben, die die Namen*suche*, die Namen*wahl*, die Namen*gebung*, die Namen*bewertung*, die Namen*erfragung*, die Namen*nennung*, die Namen*erwähnung*, den Namen*gebrauch*, die Namen*wirkung* mit einbezieht und berücksichtigt. (KALVERKÄMPER 1995a: 143).

Die durch den Klang von Namen hervorgerufenen Assoziationen sind Gegenstand der empirischen Studien von G. EIS (1970: 9-28) und R. KRIEN (1973). Beide Autoren gehen der Frage nach, ob sich neben individuellen auch kollektive Namenwertungen innerhalb einer Sprachgemeinschaft feststellen lassen. Der Nachweis der - zumindest teilweisen - Kollektivität namenphysiognomischer Eindrücke gelingt EIS durch die Nutzung sogenannter Rollentests, KRIEN durch die wissenschaftlich fundiertere Anwendung eines semantischen Differentials (von ihm in Anlehnung an P. HOFSTÄTTER[5] als "Polaritätsprofil" bezeichnet). Die genannten Arbeiten bildeten den Anfang der **Psychoonomastik**, die sich inzwischen als Richtung etabliert hat. Dies beweisen z.B. die Studien von R. FRANK (1980), T. HARTMANN (1984) und E.D. LAWSON (1992) sowie der von G. SMITH (USA) auf dem XIX. Internationalen Kongreß für Namenforschung in Aberdeen gehaltene Vortrag zur Klangsymbolik der Namen amerikanischer Präsidentschaftskandidaten (vgl. SMITH 1996). G. LIETZ (1992) nutzt namenpsychologische Verfahren, um Assoziationen im interlingualen Vergleich Deutsch-Norwegisch zu erfassen und für die Wiedergabe von EN in der literarischen Übersetzung nutzbar zu machen[6].

Das Wissen um die Wirkung von Namen findet neuerdings Eingang in werbepsychologische Überlegungen. Die Konnotationen, die einem Namen durch seine Physiognomie oder aufgrund von Namenmoden anhaften, können in nicht unerheblichem Maße die Einstellung potentieller Käufer gegenüber einem Produkt beeinflussen. Die **wirtschaftswissenschaftliche Relevanz** onomastischer Erkenntnisse zeigt sich darüber hinaus im Zusammenhang mit Fragen des Firmennamen- und Warennamenrechts (vgl. BAUER 1985: 208f., 213f.; KALVERKÄMPER 1978: 363-384; KOSS 1990: 101-107; KOSS 1996a und b).

Warenzeichen als wesentlicher Bestandteil der warenkundlichen Festlegungen im Rahmen der Wirtschaftskommunikation sind ein Gegenstand der Fachsprachenforschung. Ihrer Untersuchung widmet sich in besonderem Maße die **Fachsprachenonomastik**, eine noch junge Forschungsrichtung, die sich als Bindeglied zwischen der Fachsprachenlinguistik und der Onomastik versteht. Die Fachsprachenonomastik stellt sich die Aufgabe, die "Herkunft, Struktur und Funktion von Eigennamen als Benennungseinheiten in der Fachkommunikation sowie den onymischen Status, die Systemhaftigkeit und die klassifikatorischen Eigenschaften von Nomenklaturzeichen und Warennamen in synchronischer und diachronischer Sicht" (GLÄSER 1996: 22) zu beschreiben. Dabei lassen sich drei wesentliche Gegenstandsbereiche herausstellen: 1. EN als Konstituenten von Fachwörtern und -wendungen, 2. Nomenklaturzeichen, 3. Warenzeichen (vgl. GLÄSER 1996: 22)[7].

Zu den Disziplinen, die seit Jahrzehnten Interesse an namenkundlichen Erkenntnissen zeigen, gehört nicht zuletzt die Literaturwissenschaft. Berührungspunkte mit der Onomastik ergeben sich aus der Verwendung von EN in literarischen Werken. Das Vorkommen und Funktionieren literarischer EN ist Untersuchungsgegenstand der **literarischen Onomastik**[8].

Der EN als Hilfsmittel bei der Textinterpretation hat in jüngerer Zeit auch Beachtung in der **Didaktik** des Literaturunterrichts gefunden (vgl. z.B. PAEFGEN 1993). Die Namenkunde als Bereich der traditionellen "Sprachkunde" war zunächst - unter diachronischem Aspekt - in den Deutschunterricht integriert (vgl. KOSS 1994)[9]. Inzwischen hat man erkannt, daß eine Beschäftigung mit Namen ebenso im Geschichts- und Geographieunterricht, im Fremdsprachenunterricht und sogar den naturwissenschaftlich-technischen Fächern sinnvoll sein kann. Nicht zufällig ist der vierte Band der Reihe *Reader zur Namenkunde* (1994) mit "Namenkunde in der Schule" betitelt. Er vereint Beiträge, die in ihrer Vielfalt fächer- und stufenübergreifende Möglichkeiten der EN-Behandlung im Schulunterricht aufzeigen[10].

Die hier skizzierte Vielzahl onomastischer Fragestellungen verdeutlicht, daß EN in nahezu allen Lebensbereichen des Menschen eine wichtige Rolle spielen. G. BAUER unterstreicht zu Recht, daß "die Onomastik als in einer Weise interdisziplinär verstanden werden kann, die weit über die doch fachspezifisch sehr beschränkte Interdisziplinarität anderer Wissenschaften hinausgeht" (BAUER 1995: 16). Infolge dieses umfassenden Beziehungsgeflechtes, meint BAUER, komme der Onomastik heute nicht mehr der Status einer reinen Hilfswissenschaft, sondern bereits einer Grundlagenwissenschaft zu (BAUER 1995: 16).

Die zunehmende Etablierung einer wissenschaftlichen Namenforschung manifestierte sich in der Schaffung onomastischer Organisationen und Fachzeitschriften. An dieser Stelle können nicht alle namenkundlichen Arbeitsgruppen und Schriftenreihen Erwähnung finden. Es sollen lediglich die für das jeweilige Land (BRD, USA und Großbritannien) größten Organisationen angeführt werden[11].

Für die Bundesrepublik Deutschland seien der 1957 gegründete *Arbeitskreis für Namenforschung* und die *Gesellschaft für Namenkunde e.V.* (gegr. 1990, hervorgegangen aus der Namenforschung der DDR) sowie die Publikationen in den *Beiträgen zur Namenforschung* (seit 1949) und den *Namenkundlichen Informationen* (seit 1969; ab 1964 zunächst unter dem Titel *Informationen der Leipziger namenkundlichen Arbeitsgruppe*) genannt. Die Amerikanische Namengesellschaft (*American Name Society*) entstand 1951; ihr Publikationsorgan ist die Zeitschrift *Names*. Im Vereinigten Königreich stellt die Gesellschaft für Namenkunde in Großbritannien und Irland (*Society for Name Studies in Britain and Ireland*) ein Forum für onomastisch interessierte Wissenschaftler und Nichtwissenschaftler dar. Sie ging 1991 aus dem etwa 30 Jahre zuvor gegründeten *Council for Name Studies in Great Britain and Ireland* hervor. Die Jahresschrift *Nomina* erscheint seit 1977. Besondere Beachtung verdient die Arbeit der *English Place-Name Society*, die seit ihrer Gründung im Jahr 1923 bereits mehr als 60 Bände zur englischen Ortsnamenforschung veröffentlicht hat.

Als länderübergreifendes Koordinationsgremium wurde 1949 das Internationale Komitee für Namenforschung (*International Committee for Onomastic Sciences [ICOS]*, seit 1993 *International Council for Onomastic Sciences*) geschaffen. Die Möglichkeit des wissenschaftlichen Austausches auf internationaler Ebene ist somit gegeben. Dazu tragen in besonderem Maße das Organ des ICOS *Onoma* und die in dreijährigem Rhythmus stattfindenden Internationalen Kongresse für Namenforschung bei (vgl. VAN LANGENDONCK 1995).

Im Rückblick kann als Fazit festgehalten werden: Seitdem der Mensch über Namen nachdenkt, beschäftigt ihn die Frage, was das Wesen des EN ausmacht. Das Phänomen 'Eigenname' hat unterschiedlichste Erklärungen durch die Philosophie und Linguistik erfahren[12]. Die sprachwissenschaftliche Diskussion entzündet sich vorrangig an der Frage, ob EN Bedeutung haben und wie sie gegenüber Gattungsbezeichnungen abzugrenzen sind. Diese Probleme sind Gegenstand des folgenden Kapitels.

2.2. Zum Wesen des Eigennamens

2.2.1. Aspekte der Bedeutungsbeschreibung

Der Eigenname ist ein **sprachliches Zeichen** und müßte als solches bilateral sein. Er müßte über Signifikant und Signifikat, über Form und Bedeutung verfügen. Lassen sich auch eine Reihe formal-linguistischer Unterscheidungsmerkmale zwischen EN und Appellativa anführen[13], so ist es unbestritten die Inhaltsseite, welche dem EN eine Sonderstellung im Wortschatz einer Sprache als Namenschatz zuweist. Die Frage, wie die Bedeutung des EN zu beschreiben sei bzw. ob EN überhaupt über Bedeutung verfügen, löst immer wieder Diskussionen aus und hat zu den unterschiedlichsten Antworten geführt. Sie reichen von der totalen Ablehnung einer denotativen EN-Bedeutung bis hin zu der

Ansicht, EN hätten unter allen sprachlichen Zeichen sogar die umfassendste Bedeutung. Als klassisches Beispiel für die erste Auffassung gilt die Theorie von J.S. MILL, von dem die Bezeichnung der EN als "bedeutungslose Zeichen" ("meaningless marks", vgl. DE-BUS 1980: 193) stammt:

> Proper names are not connotative: they denote the individuals who are called by them; but they do not indicate or imply any attributes as belonging to those individuals. (...) whenever they have properly any meaning, the meaning resides not in what they *denote*, but in what they *connote*. The only names of objects which connote nothing are *proper* names; and these have, strictly speaking, no signification. (Zit. in ULLMANN 1973: 94, n. 90)[14]

Stellvertretend für die zweite Auffassung sei O. JESPERSEN zitiert, welcher in EN "die bedeutungsvollsten aller Substantive" ("the most meaningful of all nouns", vgl. DEBUS 1980: 193) sieht:

> (...) I should venture to say that proper names (as actually used) 'connote' the greatest number of attributes. (Zit. in ULLMANN 1973: 94, n. 91)[15]

Bei diesen Ansichten handelt es sich um zwei Pole, zwischen denen unterschiedliche Auffassungen zum Wesen des EN positioniert sind[16].

2.2.1.1. Denotation vs. Konnotation

Sowohl MILL als auch JESPERSEN versuchen, dem Wesen der EN-Bedeutung anhand des Begriffspaares **Denotation** und **Konnotation** näherzukommen. Wie für den Bedeutungsbegriff insgesamt, ist jedoch das jeweils zugrunde gelegte Begriffsverständnis für die Gültigkeit der Aussage entscheidend. Die Frage, ob es "konnotative Namen" gibt (vgl. NICOLAISEN 1978a), mag tautologisch anmuten, geht man davon aus, daß nach JESPERSEN der EN die größtmögliche Attributsmenge eines Objekts "konnotiert". MILL hingegen spricht dem EN grundsätzlich konnotative Eigenschaften ab, so daß die Frage volle Berechtigung erhält. Der Auffassung JESPERSENs kommt F. DEBUS (1985: 313) nahe, wenn er feststellt:

> Eigennamen haben kein Denotat beziehungsweise keine 'begriffliche Bedeutung', sondern nur ein Konnotat beziehungsweise (differenzierend nach K. O. Erdmann) 'Nebensinn' und 'Gefühlswert'/'Stimmungsgehalt'.

Der augenfällige Widerspruch zwischen MILL und NICOLAISEN auf der einen sowie JESPERSEN und DEBUS auf der anderen Seite besteht nur scheinbar. Er basiert auf einem entgegengesetzten Verständnis dessen, was mit "denotativ" gemeint ist. Der Terminus 'Denotat' kann sich sowohl

(I) auf die außersprachliche Erscheinung beziehen, auf die der Sprecher mit einem sprachlichen Zeichen referiert, als auch

(II) auf den begrifflichen Kern des Zeicheninhalts (im Unterschied zum Konnotat, d.h. den emotionalen und assoziativen Nebenbedeutungen).

'Denotative Bedeutung' meint demzufolge entweder
(I) den referierenden und identifizierenden Bezug auf die konkrete Sache oder Person, die bezeichnet wird (= denotative$_I$ Bedeutung), oder
(II) die rein begriffliche Bedeutung des Sprachzeichens (= denotative$_{II}$ Bedeutung).

Nach der ersten Begriffsdefinition (Denotat = Objekt der Wirklichkeit) muß dem EN zwangsläufig eine denotative Bedeutung zugestanden werden, denn gerade in der Referenz auf ein individuelles Objekt liegt die spezifische Funktion des EN begründet. Setzt man hingegen 'Denotation' mit dem situationsunabhängigen begrifflichen Bedeutungskern eines Sprachzeichens gleich, wird ein Widerspruch zur individualisierenden Funktion des EN feststellbar. Dies führt dazu, daß dem EN eine konnotative, jedoch keine denotative Bedeutung zugeschrieben wird.

Inzwischen gilt als allgemein akzeptiert, daß sich die Bedeutung der EN nicht rein denotativ$_{II}$, d.h. lexikalisch, bestimmen läßt. Eine differenziertere Beschreibung unter Anwendung der Kategorien der semantischen Extension und Intension ist von H. KALVER-KÄMPER (1978: 62-85) geleistet worden[17].

2.2.1.2. Extension vs. Intension

Die Termini **Extension** und **Intension** sind aus dem Bereich der modernen Logik entlehnt. Sie stehen sich reziprok-proportional gegenüber, so daß folgende Regel gilt: Je größer die semantische Extension (der Bedeutungsumfang) eines Sprachzeichens, desto geringer seine Intension (der Bedeutungsinhalt) und umgekehrt:

$$\text{Extension}_{min} \longleftrightarrow \text{Extension}_{max} = \text{Intension}_{max} \longleftrightarrow \text{Intension}_{min}$$

Mit Bezug auf den EN stellt KALVERKÄMPER (1978: 63) fest, daß die semantische Extension auf ein einzelnes Individuum reduziert ist. Das Minimum an Extension des EN korrespondiert mit einem Maximum an Intension. Die äußerst reiche und umfassende Intension stellt somit "das genaue Gegenteil zu der angeblichen Bedeutungslosigkeit, inhaltlichen Leere und semantischen Null von Namen" (KALVERKÄMPER 1994: 208) dar. KALVERKÄMPER geht der Frage nach, wie die Intension des proprialen Sprachzeichens aufgebaut wird. Sie ergibt sich seines Erachtens nur, wenn Klarheit über den zugehörigen NT herrscht. Da diese Korrelation erst eindeutig in einer textuellen bzw. pragmatischen Situation hergestellt wird, ist die EN-Bedeutung grundsätzlich situationsabhängig. Der EN erfährt im Text seine intensionale "Auffüllung", so daß man von einer "besonderen Kontext-Sensitivität" (KALVERKÄMPER 1978: 387) der Propria sprechen kann. Die Intension eines Propriums stellt keine einheitliche und allgemein verbindliche Größe dar. Wie die Informationssteuerung durch den aktuellen Kontext, so sind auch die unterschiedlichen persönlichen Erfahrungen der jeweiligen Kommunikationspartner mit dem NT zu berücksichtigen (vgl. KALVERKÄMPER 1978: 390). Die Erfassung der dem Namen inhärenten Informationen - der "proprialen Präsuppositionen" (KALVER-KÄMPER 1978: 89) - durch den Rezipienten ist demzufolge in erster Linie von dessen Vorwissen abhängig.

Wie die Darlegungen verdeutlicht haben, ist eine Beschreibung der EN-Bedeutung nicht oder nur sehr unvollkommen auf der Ebene des Sprachsystems möglich. Die notwendige Trennung der semantischen Bestimmung des EN im **System** und in der **Rede** hat Namenforscher immer wieder beschäftigt. Die Onomastik sollte sich nach Ansicht W.F.H. NICOLAISENs (1985: 121) neben der Klärung der etymologischen "Bedeutung" des Namens auch um seine "Deutung" bemühen. Von F. DEBUS (1977: 25) stammt die praktische Unterscheidung nach der "Bedeutung" und "Bedeutsamkeit" von EN.

2.2.1.3. Bedeutung vs. Bedeutsamkeit

Die **Bedeutung** der EN ist Gegenstand diachronischer Untersuchungen und bezieht sich auf die Namenetymologie. **Bedeutsamkeit** spielt hingegen in synchronischen Studien zum Namengebrauch eine Rolle. Bedeutung wird in diesem Sinn als ein Phänomen ausschließlich des Systems betrachtet (als etymologische = lexikalische = denotative$_{\Pi}$ Bedeutung), wohingegen sich Bedeutsamkeit im Funktionieren des EN in der Rede, in der Namenpragmatik, zeigt. F. DEBUS (1985) weist auf die Notwendigkeit der differenzierten Betrachtung der Namengebung und des Namengebrauches hin. Mit dem Akt der Namengebung ist der **Intentionswert** eines Namens verknüpft, d.h. den Namensgeber bewegen bestimmte Motive, ausschließlich diesen Namen zu wählen (z.B. geltende Konventionen oder der Wunsch, der Name möge für den NT besonders kennzeichnend sein). Während das EN-Formativ weitgehend stabil bleibt, unterliegt der EN-Inhalt einem ständigen Wandel.

Im Laufe der Zeit werden dem Proprium neue Inhalte zugeschrieben, so daß der Intentionswert vom **Kommunikationswert** überlagert wird. Daraus folgt, daß der Intentionswert Informationen primär über den Namensgeber, der Kommunikationswert über den NT vermittelt (vgl. DEBUS 1985: 309f.). Der Kommunikationswert wandelt sich dabei in dem Maße, in dem sich das Umfeld des NT, der NT selbst sowie Einstellungen und Gefühle ihm gegenüber verändern und sich mit dem NT bzw. seinem Namen unterschiedliche Inhaltskomponenten verbinden. G. LIETZ (1992: 108) spricht in diesem Zusammenhang von einer dynamischen, "onymischen Intension".

Eng mit der Bedeutung des EN ist die Frage nach seiner besonderen **Funktion** verknüpft. Diese besteht in der Identifikation und der Referenz auf ein Einzelobjekt, ohne daß dieses mit Hilfe einer begrifflichen Bedeutungkomponente einer Klasse gleichartiger Objekte zugeordnet wird. Das Proprium individualisiert, während das Appellativum verallgemeinert.

Selbst wenn der EN seine kommunikative Funktion ohne Rückgriff auf eine begriffliche Bedeutung erfüllt, heißt das nicht, daß einem EN per se jegliche begriffliche Bedeutung abgesprochen werden kann. Zum einen verfügen die meisten EN aufgrund ihrer appellativischen Herkunft über eine etymologische Grundbedeutung[18], zum anderen enthält ein EN in der Regel eine ganz allgemeine Bedeutungskomponente, welche die Zugehörigkeit zu einer bestimmten **Namenklasse** (der Anthroponyme, (Mikro-)toponyme, Hydronyme etc.) kennzeichnet. G. WOTJAK (1985: 13) bemerkt, daß mit einem EN "sehr generelle Klassenzugehörigkeitsmerkmale" verknüpft werden können, und er verweist dabei auf "/generelle klassematische/ Zuordnungen (Genusseme, Klasseme) wie HUM (human) sowie bei einigen, nicht allen RN [Rufnamen-I.S.] noch 'Maskulin' oder 'Feminin' als Sexuscharakteristik und einige wenige konnotative Seme (O' der Wertung und Kodezuordnung - z.b. deutscher Name veraltet, modern' ...)" (WOTJAK 1985: 10f.)[19]. Diese allgemeine Bedeutungskomponente tritt nicht immer offen zutage, so wird sie z.B. verdeckt, wenn Konventionen der Namengebung einer bestimmten Zeit und Kommunikationsgemeinschaft durchbrochen werden. Erst die Einbettung in einen kontextuellen Zusammenhang gibt in diesen Fällen Auskunft über den proprialen Status des Zeichens und seine Zugehörigkeit zu einer bestimmten Namenklasse.

Zum komplexen Problem der EN-Bedeutung läßt sich abschließend feststellen, daß die oft divergierenden Ansichten nicht zwangsläufig in einem völlig anderen Verständnis des Phänomens 'EN', sondern eher in der ambivalenten Verwendung des Bedeutungsbegriffs begründet sind. Wenn einerseits behauptet wird, der EN "bedeute" nichts, andererseits hingegen, er habe eine weitaus umfassendere Bedeutung als alle anderen Wörter, so beziehen sich die Aussagen auf verschiedene Sachverhalte. Eben weil EN nichts bedeuten (im Sinne einer begrifflichen Bedeutung), sind sie bedeutungsvoll. Sie umfassen potentiell alle dem benannten Individuum zuschreibbaren Attribute, ohne - wie das Appellativum - eine Merkmalsselektion vorzunehmen, die das Objekt als Vertreter einer Klasse ähnlicher Objekte ausweist.

2.2.2. Eigennamen und Gattungsbezeichnungen

Sowohl der EN (nomen proprium, Proprium, Onym) als auch die Gattungsbezeichnung[20] (nomen appellativum, Appellativum) gehören zur Wortart der Substantive und verfügen daher über die lexikalisch-grammatische Allgemeinbedeutung der 'Gegenständlichkeit'. Neben der Feststellung dieser Gemeinsamkeit erhebt sich die Frage nach der Abgrenzung von EN und Appellativa. DEBUS (1985: 310) schlägt für das **Appellativum** (hier: "Wort") folgende Begriffsbestimmung vor:

> Wörter sind, unabhängig vom konkreten Referenzobjekt, durch bestimmte formal-inhaltliche Beziehungen definiert, die in einer Sprachgemeinschaft intersubjektiv gültig sind und sein müssen, damit Verständigung möglich ist.

Des weiteren betont DEBUS, daß der Inhalt eines Wortes auf der Grundlage seiner etymologischen Bedeutung entstanden ist und sich im Laufe der Geschichte einer Sprache in der Regel verändert hat. Die Bedeutung umfaßt als Kernbereich das Denotat (die "Systembedeutung" oder "lexikalische Bedeutung"), von dem das oft vielschichtige Konnotat zu unterscheiden ist (DEBUS 1985: 310).

Die meisten EN - außer Lallnamen und Phantasienamen - haben sich auf der Grundlage von Gattungsbezeichnungen entwickelt und sind somit selbst ursprüngliche Appellativa (SONDEREGGER 1985a: 2042). Bei einigen EN ist teilweise noch heute ihre appellativische Herkunft deutlich erkennbar[21]. Das gilt insbesondere für Ortsnamen [ON] und einige Familiennamen [FaN], bei letzteren hauptsächlich für solche, die aus Berufsbezeichnungen und Bei- oder Übernamen entstanden sind (z.B. *Breitenfeld, Obernburg, Steinfurt, Oxford, Blackpool, Redhill; Müller, Schneider, Groß, Baker, Smith, Longfellow).* Die Bezeichnungen wurden zunächst, wie andere Appellativa auch, deskriptiv auf den betreffenden Ort bzw. die Person bezogen.

Die Frage, unter welchen Voraussetzungen die ursprüngliche appellativische Kennzeichnung zum EN wird, hat zu verschiedenen Lösungsvorschlägen geführt[22]. Überzeugend scheint die Ansicht, daß wir dann von Namen sprechen, wenn sie "unabhängig von irgendeiner Bedeutungsbedingung allgemein als Benennungen dieser Objekte akzeptiert werden" (GARDINER[23], zit. in LÖTSCHER 1995: 454), oder anders gesagt: "(...) die Bindung an das benannte Individuum oder Objekt /wird/ stärker als die normative Geltung der assoziierten Bedeutung" (LÖTSCHER 1995: 453). Mit dem Vorgang der **Onymisierung** vollzieht sich eine "Erweiterung des Bedeutungsinhalts und eine Einschränkung des Bedeutungsumfangs" des Lexems (SOLMSEN[24], zit. in FLEISCHER 1992: 6). Ein Appellativum wird zum Namen, wenn es unabhängig von seiner begrifflichen Bedeutung, dafür in Abhängigkeit vom konkreten Referenzobjekt zu funktionieren beginnt. Die ursprüngliche lexikalische Bedeutung wird in der Regel irrelevant, gelegentlich sogar irreführend. Gehört ein Wort zunächst zum **Lexikon** ("lexicon", "word vocabulary") einer Sprache, wird es als Name Element des **Onomastikons** ("onomasticon", "name vocabulary", vgl. NICOLAISEN 1985: 121 sowie DERS. 1995a: 386). Dabei läßt sich das eine nicht immer klar vom anderen trennen.

Einzelne Namen und Namenklassen sind (synchronisch) unterschiedlich stark semantisch motiviert, so daß gelegentlich von einem Zentrum und einer Peripherie des Namenbestandes gesprochen wird. G. LIETZ (1994: 25) stellt folgende von D. NERIUS[25] vorgeschlagene Graduierung kritisch vor:

1. Zentrum: Personennamen [PN], geographische Namen (A. GARDINER spricht von "the purest of proper names"[26]; zit. in NICOLAISEN 1995a: 388)
2. Übergang zur Peripherie: z.B. Namen von Zeitungen wie *Wochenpost*, aber auch teiltransparente geographische Namen wie *Erzgebirge*
3. Peripherie: Flurnamen, Institutionsnamen
4. Grenzzone: Einwohnerbezeichnungen, Markennamen, Namen von Feiertagen u.a.[27]

Der Übergang eines Lexems zwischen den beiden untersuchten Substantivklassen kann, wie oben dargestellt, in der Richtung vom Appellativum zum Proprium erfolgen. Ebenso kann der umgekehrte Vorgang stattfinden, und zwar dann, wenn ein EN durch metonymische oder metaphorische Bezeichnungsübertragung (Antonomasie) zur Gattungsbezeichnung wird. Der Vorgang der **Deonymisierung** ist mit einer extensionalen Erweiterung und folglich einer intensionalen Verengung des Propriums verbunden. Das bedeutet nicht, daß das Lexem in jedem Fall seine Existenz als Proprium völlig aufgibt. Sehr häufig bleiben EN und Appellativum nebeneinander bestehen, z.B. *Duden* (Person und Werk), *Cognak* (Ort und Produkt), *Casanova* ('Frauenheld') und *Adonis* ('schöner Mann'). Deonyme stellen zumeist Synonyme zu vorhandenen Appellativa dar. Sie sind "sekundäre Appellative" (KALVERKÄMPER 1978: 348), weshalb sie nach W. WACKERNAGEL[28] auch als "Appellativnamen"[26] (zit. in KALVERKÄMPER 1978: 348) bezeichnet werden. Zwischen Appellativa und Propria lassen sich Übergänge beobachten, so daß eine eindeutige Zuordnung zu einer der beiden Klassen mitunter schwerfällt[29]. Es ergibt sich die Frage, inwieweit diese Unterscheidung überhaupt praktikabel ist und ob die behauptete Opposition von EN und Appellativa nicht zugunsten einer dynamischen Auffassung abzulösen ist.

32

H. KALVERKÄMPER stellt der traditionellen Annahme eines **Artunterschiedes** seine aus textlinguistischer Sicht begründete Auffassung eines **Gradunterschiedes** von Proprium und Appellativum entgegen[30]. Demzufolge wird eine sprachliche Einheit erst durch den Kontext auf ihre konkrete kommunikative (appellativische oder propriale) Funktion festgelegt. KALVERKÄMPER gelangt zu der Feststellung: "Ein Monem ist eo ipsum kein nomen proprium, es wird erst durch den Kontext in diese Funktion geschoben" (KALVERKÄMPER 1978: 123). Derartige Verschiebungsvorgänge zwischen den beiden Kategorien faßt KALVERKÄMPER unter den Begriff der **Transposition** (KALVER-KÄMPER 1978: 125). Die appellativische bzw. propriale Verwendung einer sprachlichen Einheit wird dabei durch typische textuelle Signale auf allen Sprachbeschreibungsebenen determiniert. Ist ein Sprachzeichen schon eindeutig als EN in einer Sprachgemeinschaft bekannt (z.B. Vornamen [VN], Ländernamen, Flußnamen u.a.), so nimmt die Bedeutung der Transpositionsmittel ab. Die bei der historischen Herausbildung dieser Namen einst vorhandenen Kontext-Signale sind zu "memorierten Kontexten" geworden. Sie haben sich durch Konvention, Tradition und Frequenz des proprialen Gebrauchs des Zeichens im kollektiven Gedächtnis der Sprachgemeinschaft, d.h. im Sprachsystem, verfestigt (vgl. KALVER-KÄMPER 1995b: 442).

Die Diskussion zum Wesen von Propria und Appellativa berührt zwangsläufig das Verhältnis des Individuum- und Klassebegriffs. Appellativa beziehen sich auf **Klassen von Objekten** und übernehmen deren begriffliche Charakterisierung. Dabei wird von den einzelnen Vertretern der Klasse stark abstrahiert, und es werden nur bestimmte, ihnen allen gemeinsame Merkmale selektiert. In der konkreten Rede kann sich das Appellativum entweder auf ein Individuum oder auf die Klasse insgesamt beziehen. Die wesentliche Funktion von EN besteht - wie bereits festgestellt wurde - in der Identifikation und der Referenz auf ein **Einzelobjekt**, ohne auf eine lexikalisch-deskriptive Bedeutung zurückzugreifen. Doch auch ein EN (oder exakter: das gleiche EN-Formativ) kann zugleich auf mehrere Sachen bzw. Personen bezogen sein. Die "Pluralität der Nominata" (KALVERKÄMPER 1978: 41) steht in einem nur scheinbaren Widerspruch zum monoreferentiellen Charakter des EN. Die extensionale Bedeutung von verbreiteten ON und PN, wie z.B. *Neustadt* oder *Thomas*, bleibt in jedem Falle minimal, d.h. auf eine einzelne Person oder Sache beschränkt; die Intension hingegen ergibt sich aus den spezifischen Attributen des jeweils benannten Objekts.

Um die sprachliche Bezugnahme auf eine Person oder Lokalität, auf ein Produkt oder eine Institution herzustellen, sind prinzipiell drei Möglichkeiten gegeben: die der **proprialen**, der **pronominalen** und der **deskriptiven Referenz**[31]. Dabei stellt das Proprium zweifellos das ökonomischste Referenzmittel dar. Es bezieht sich auf ein individuelles Objekt, ohne es - teils ausführlich und umständlich - beschreiben zu müssen. Vielmehr wird an das entsprechende Vorwissen der an der Kommunikation beteiligten Partner angeknüpft, welches sich durch persönliche Erfahrungen mit dem Namen bzw. NT herausgebildet hat. Das erworbene Wissen sowie Einstellungen und Gefühle werden in textuellen und situativen Kontexten immer wieder aktualisiert, zuweilen ergänzt und verändert. W.F.H. NICOLAISEN, der von "individueller Namenkompetenz" und "onomastischem Idiolekt" (1978a: 43) spricht, weist in seiner zusammenfassenden Gegenüberstellung von

Appellativum ("word") und Proprium ("name") noch einmal auf die wichtige Rolle des individuellen Vorwissens hin:

> While semantically words have meaning and names have content, functionally words connote and names denote; put somewhat differently, words include, comprehend, embrace, whereas names exclude, isolate, individualise (...) it is not necessary to understand a name in order to use it competently, but (...) it is essential to know it. (NICOLAISEN 1995a: 391)

Ein Proprium kann folglich nicht wie ein Appellativum *verstanden* werden, man muß es *kennen*, wie auch F. DEBUS (1980: 194) konstatiert. Eine ähnliche Auffassung vertritt W. FLEISCHER (1992: 6), wenn er sagt: "Namen liefern nur den 'Schlüssel' zu einer Information, nicht wie die Appellativa unmittelbar eine Information". Ein neuer Aspekt wird von E. HANSACK in die Diskussion eingebracht, der aus kognitionswissenschaftlicher Sicht bemerkt, daß strenggenommen auch Appellativa keine direkten Informationen liefern. Ausgehend von Überlegungen, die Erkenntnisse der Gedächtnisforschung und EDV einbeziehen, kommt HANSACK (1990: 76-81) zu dem Schluß, daß Zeichen generell keine Informationen im eigentlichen Sinne übermitteln, sondern immer nur "Zugriffsindices" auf im Gehirn gespeicherte Informationsmengen sind. Demzufolge müßte ein EN eine Zugriffsadresse auf gespeicherte Informationen über ein Einzelobjekt darstellen. In Analogie dazu ist ein Appellativum eine Zugriffsadresse auf Informationen über eine Objektklasse.

Aus den dargelegten Auffassungen zum Phänomen 'EN' ist für die vorliegende Studie folgende Einsicht relevant: Die Intension eines proprialen Sprachzeichens ergibt sich erst durch seine Einbettung in einen mündlichen oder schriftlichen Situationszusammenhang (vgl. Teilkapitel 2.2.1.2.). Die Informationsmengen, auf die die Kommunikationspartner mit einem EN referieren, sind veränderlich und entsprechend dem unterschiedlichen Vorwissen individuell verschieden. Potentiell ist ein EN intensional maximal. In welchem Umfang diese Intension tatsächlich aktualisiert wird, hängt vom Vorwissen des Rezipienten, von der Situation und der semantischen Auffüllung des Namens durch den Kontext ab.
Für literarisch-onomastische Untersuchungen ergibt sich die Forderung, sowohl Aspekte der Textproduktion als auch der Rezeption zu berücksichtigen, da EN ihre jeweiligen Funktionen erst im Zusammenwirken von Autor, Text und Leser erfüllen.

3. Eigennamen im literarischen Text

3.1. Zur Theorie und Praxis der literarischen Onomastik

Theoretische Betrachtungen zur Verwendung von EN in der Literatur gibt es nicht erst in unserem Jahrhundert. Bereits Aristoteles reflektierte in seiner *Poetik* über die Besonderheiten literarischer Namengebung und wies auf den gattungsspezifischen Gebrauch im Drama hin. Er argumentierte, daß die Komödie als Darstellung des Allgemeinen bevorzugt erfundene Namen nutze, wohingegen die Tragödie als Ausdruck des Besonderen und Individuellen überlieferte Namen verwende (vgl. THIES 1978: 99ff.; BIRUS 1987: 38ff.). Von verschiedenen Schriftstellern ist bekannt, daß sie sich eingehend mit der Wahl und Wirkung literarischer EN befaßt haben. Aussagen zu diesem Thema sind beispielsweise von Gotthold Ephraim Lessing, Johann Wolfgang von Goethe und Gottfried Keller überliefert[1].

Der literarische Name als Gegenstand wissenschaftlicher Untersuchungen fand vereinzelt bereits mit den Anfängen einer allgemeinen Onomastik Beachtung. Die erste eigenständige Arbeit zu literarischen EN war die 1840 von E. BOAS veröffentlichte Studie zur *Namen-Symbolik in der deutschen Poesie* (vgl. LAMPING 1983: 9). Dennoch bedurfte es weiterer 140 Jahre, bis eine Spezialbibliographie der literarischen Onomastik herausgegeben wurde. Im Jahre 1977 erschien als Beiheft 12 der *Beiträge zur Namenforschung N.F.* eine von E.M. RAJEC zusammengestellte Bibliographie, die zunächst auf den Bereich der Germanistik beschränkt war. Im darauffolgenden Jahr veröffentlichte RAJEC ein wesentlich umfangreicheres Verzeichnis, dessen Kern nunmehr englischsprachige Beiträge bildeten[2]. Diese Titelsammlung wurde 1981 um einen Ergänzungsband erweitert. Auch wenn die aufgenommenen Titel zu einem Teil die literarische Onomastik nur peripher berühren, ist die Zahl von über 3000 Einträgen (vgl. NICOLAISEN 1995b: 560) beachtlich. Sie spiegelt das Interesse an Fragen künstlerischer Namengebung wider, das sich in der zweiten Hälfte unseres Jahrhunderts merklich verstärkte.

Die zunehmende Beschäftigung mit literarischen EN und die Etablierung der "literarischen Onomastik" als eines **Anwendungsgebiets der allgemeinen Namenkunde** wurden durch die Öffnung der Sprachwissenschaft gegenüber synchronischen Fragestellungen nach dem Zweiten Weltkrieg gefördert. Gleichzeitig konnte die einseitige diachronische Ausrichtung der meisten bis dahin vorliegenden Arbeiten zu literarischen EN überwunden werden. EN in der Literatur wurden als spezifische künstlerische Stilmittel erkannt, die ihre Funktionen erst im komplexen Zusammenwirken von Autor, Text und Leser realisieren.
Auf den Mangel rein etymologischer Betrachtungen weist mit Nachdruck H. THIES (1978: 12) hin. Er unterstreicht, daß die ausschließlich sprachhistorische Deutung das Wesen und die Funktionen (literarischer) Namen völlig verkennt. Ausschlaggebend für die Erfüllung der kommunikativen Leistungen des Propriums ist nicht seine begriffliche Bedeutung - falls sie bei einem fiktiven Namen überhaupt eruierbar ist - sondern seine **Kontextgebundenheit**.

Die Herausgabe einer aktualisierten Bibliographie wäre nützlich und wünschenswert. Seit RAJECs umfangreicher Arbeit ist eine große Zahl neuer Publikationen zu registrieren.

Einen besonderen Stellenwert nehmen literarische Namenstudien in Nordamerika ein. Wie K.B. HARDER (1995: 253) hervorhebt, bilden literarische EN neben ON und PN das dritte große Arbeitsfeld der American Name Society. Dieses ausgeprägte Interesse findet seinen Niederschlag in zahlreichen Beiträgen der Reihe *Names* und in mehreren Dissertationen zur literarischen Namengebung[3]. Im Laufe von sechzehn Jahren (1974-1989) wurden darüber hinaus Aufsätze in einer eigenen Spezialzeitschrift, *Literary Onomastics Studies*, veröffentlicht. Auch auf internationaler Ebene hat der literarische EN inzwischen die ihm gebührende Anerkennung als Gegenstand wissenschaftlicher Forschung erfahren. Als Beweis können die jüngsten Internationalen Kongresse für Namenforschung (ICOS) gelten, auf denen z.T. sogar eigene Sektionen zur literarischen Onomastik eingerichtet wurden.

Darüber hinaus zeigt sich der Stellenwert literarischer Namenstudien in der Veröffentlichung mehrerer Monographien. Die bisher vorliegenden Arbeiten behandeln das Phänomen 'literarischer EN' unter verschiedensten Aspekten, wodurch sie seine besondere **Komplexität** verdeutlichen. Die Studien sind einerseits der Namengebung bei Einzelautoren bzw. in bestimmten literarhistorischen Gattungen, andererseits auch allgemeineren Problemen der literarischen Namentheorie gewidmet.
Wegweisend für die weitere Beschäftigung mit (literarischen und nicht-literarischen) EN wurde die Dissertationsschrift von H. KALVERKÄMPER (1976)[4]. Im Mittelpunkt der Betrachtungen steht die komplexe Beziehung von EN und Kontext. KALVERKÄMPERs textlinguistische Beschreibung des Propriums stützt sich auf Beispiele aus der Kinderliteratur, da, wie er meint, diese bisher unter onomastischem und insbesondere soziologischem und psychologischem Blickwinkel vernachlässigt wurde, obwohl sie beachtenswerte Erkenntnisse erwarten läßt (KALVERKÄMPER 1976: 11f.).
Das sprachliche Funktionieren von EN im literarischen Text ist ebenfalls Gegenstand der Untersuchung von H. ASCHENBERG (1991). Auch sie wählt als Korpus mehrere Werke der Kinderliteratur, wobei sie in einem eigenen Kapitel die EN in Michael Endes Roman *Die unendliche Geschichte* behandelt.
Dem Studium der Namen in deutschen Texten des Mittelalters widmen sich W. SCHRÖDER (1981), W. WITTSTRUCK (1987) sowie ein umfangreicher, von F. DEBUS und H. PÜTZ herausgegebener Sammelband (*Namen in deutschen literarischen Texten des Mittelalters*, 1989).

Die Namengebung bei einzelnen Autoren ist verschiedentlich Gegenstand von Diplom- bzw. Magisterarbeiten sowie Dissertationsschriften gewesen. E.M. RAJEC (1977b) nennt ihre Studie zu Namen im Werke Franz Kafkas vorsichtig einen "interpretatorischen Versuch". H. BIRUS (1978) beschäftigt sich mit der poetischen Namengebung in Lessings *Nathan der Weise*. Namen bei Thomas Mann werden von D. RÜMMELE (1969) und S. TYROFF (1975) untersucht. H. KÖGLER (1981) behandelt in ihrer Dissertation die Namengebung und -verwendung in Hermann Kants Romanen *Die Aula* und *Das Impressum*.
Einen Beitrag zur romanistischen Onomastik und Literaturwissenschaft leistet B. KOPELKE (1990) mit ihrer Untersuchung der PN in den Novellen Guy de Maupassants. Ch. DOLNYs (1996) umfangreicher Studie zur PN-Gebung in der Kurzprosa Ivan S. Turgenevs ist eine Datenbank beigefügt, die dem Rezipienten den Zugriff auf die besprochenen EN erleichtert. Sie enthält neben den in den untersuchten Texten auftretenden

Namen und Namenvarianten zusätzliche Informationen über die jeweilige Figur, wie z.B. deren Beruf, sozialen Stand, Nationalität u.a.m. Die Möglichkeit computergestützter Namenanalysen hatte zuvor bereits M. SCHWANKE (1992) überzeugend in ihrer Arbeit zur Namengebung bei Goethe demonstriert.

G. SCHILDBERG-SCHROTH (1995) widmet sich dem viel diskutierten Phänomen der "Literarizität" und versucht, dem Begriff über die Beschreibung der EN-Funktionen im Text näherzukommen.

Die Funktionen der literarischen EN im 20. Jahrhundert sind Gegenstand der auf einem hohen Abstraktionsniveau gehaltenen Studie von B. STIEGLER (1994). Ein ausgewogenes Verhältnis von Theorie und Praxis zeichnet die Dissertation von G. LIETZ (1992) aus, der EN unter dem Aspekt ihrer Wiedergabe bei der literarischen Übersetzung betrachtet. Als Grundlage seiner Ausführungen dienen norwegische belletristische Texte und deren deutsche Translate.

Von besonderem Interesse für Anglisten bzw. Amerikanisten dürften die Arbeiten von H. THIES (1978) und A. PALME (1990) sein. Während letztere eine Spezialstudie zu den Namen in James Joyces Roman *Ulysses* darstellt, untersucht THIES verallgemeinernd die Funktionen von PN im englischen, amerikanischen und deutschen Drama.

Einen anderen Ansatz als alle bisher genannten Arbeiten verfolgt S. HANNO-WEBER (1997) mit ihrer Namenuntersuchung in Romanen zeitgenössischer Hamburger Autoren. Der besondere Wert dieser Arbeit liegt darin, daß sie die Fragen künstlerischer Namengebung nicht aus der Rezipientenperspektive, sondern aus der Sicht der Autoren behandelt. Entsprechend dem Untertitel der Studie "Eine empirische Untersuchung zur Literarischen Onomastik" stellt HANNO-WEBER Ergebnisse einer umfassenden Autorenbefragung vor.

Der kurze Überblick über literarisch-onomastische Studien könnte durch die Aufzählung kleinerer Arbeiten ergänzt werden. Neben den aufgeführten Monographien finden sich regelmäßig Einzelbeiträge in den *Namenkundlichen Informationen* und anderen philologischen Fachzeitschriften.

Auch wenn o.g. Arbeiten jeweils spezifischen Problemstellungen nachgehen, teilen sie eine grundlegende Gemeinsamkeit: Als Ausgangspunkt ihrer Betrachtungen wählen sie einen oder mehrere konkrete Texte. Somit entsprechen sie dem von K. GUTSCHMIDT (1984a: 9) beschriebenen Kriterium der **"Textbezogenheit"** literarischer Namenstudien. Der Bezug auf einen konkreten Text hat jedoch zugleich etwas Einschränkendes. Zumeist werden die Namen in ihrer Funktion für das jeweilige Einzelwerk erfaßt, ohne übergreifende theoretische Zusammenhänge mit anderen Autoren oder literarischen Gattungen herzustellen. Untersuchungen, die über den eng gesteckten Rahmen des jeweiligen Textes hinausgehen, sind noch viel zu seltene Ausnahmen.

Theoretische Verallgemeinerungen, zu deren Verdeutlichung EN verschiedener Texte dienen, werden z.B. von KALVERKÄMPER (1976; 1978) und THIES (1978) angestrebt. Besondere Beachtung verdient in diesem Zusammenhang D. LAMPINGs Arbeit zu PN in der Erzählung (1983). LAMPING sucht eine Antwort auf die Frage: "Was leistet der Name generell in der Erzählung?" (LAMPING 1983: 11). Die Legitimierung einer derart allgemeinen Problemsicht leitet er aus zwei Voraussetzungen ab. Zum einen müsse das allgemeine Auftreten von Namen in der Erzählung eine generelle Beschreibung seiner Verwendungsweisen ermöglichen; zum anderen verweist LAMPING auf den Forschungsstand der literarischen Onomastik zu Beginn der achtziger Jahre. Er konstatiert, daß es "zwar zahlreiche Studien über die Namengebung und die Namenstheorien einzelner Dichter gibt, aber nur wenige und in der Regel unzureichende Versuche, die Funktionen des poetischen Namens allgemein zu erfassen" (LAMPING 1983: 12). Auch LAMPINGs Untersuchung kann nicht ohne den Bezug auf einzelne literarische Werke auskommen. Sie dienen ihm jedoch nicht primär als Untersuchungsgegenstand, sondern vielmehr zur Illustration seiner theoretischen Ausführungen. LAMPING verfolgt einen spezifisch literaturwissenschaftlichen Ansatz und entwickelt eine generelle Funktionstypologie der PN in Erzählungen[5].

Bereits H. THIES (1978: 1) hatte auf das Fehlen übergreifender theoretischer Beiträge aufmerksam gemacht. Zwar kann er auf eine Vielzahl von Aufsätzen und Dissertationen zu Einzelproblemen verweisen; eine Zusammenfassung der Arbeiten zu einer Theorie der literarischen Onomastik, zu einer "Poetik der literarischen Namengebung" (THIES 1978: 1), stehe jedoch noch aus. Bis jetzt hat sich an dieser Feststellung wenig geändert. Nach wie vor gilt die 1984 von K. GUTSCHMIDT erhobene Forderung:

> Ebenso wichtig wie die Erfassung weiterer Literaturen, weiterer Schriftsteller und weiterer Genres, durch die erst umfassendere Vergleichsmöglichkeiten und damit Voraussetzungen für die Bestimmung der Spezifik der Namengebung und -verwendung im konkreten literarischen Werk geschaffen werden, ist die Entwicklung der Theorie der literarischen Onomastik, ihrer Untersuchungsmethoden und die Präzisierung ihrer Terminologie. Ihr Gegenstand, ihre Aufgaben und Ziele sind genauer als bisher zu bestimmen. (GUTSCHMIDT 1984a: 8)

Wie GUTSCHMIDT zu Recht bemerkt, ist eine Vertiefung der wissenschaftlichen **Theoriebildung** nur auf der Grundlage empirischer Studien möglich. Das in Betracht kommende Namenmaterial ist überaus umfangreich und heterogen. Literarische Texte entstehen als Produkte einer bestimmten Zeit und Kultur. Sie werden verschiedenen Gattungen und Genres zugeordnet und sind darüber hinaus durch die künstlerischen Besonderheiten des jeweiligen Autors geprägt. Jede Einzelstudie zu Namen in der Literatur muß zwangsläufig eine Auswahl treffen und sich an einem begrenzten Textkorpus orientieren. Die Untersuchung kann einerseits einen Text oder das gesamte Schaffen eines Autors erfassen, sie kann sich andererseits auch auf mehrere Werke derselben Gattung, literarischen Strömung oder Epoche richten.

Die Aufgabe der literarischen Onomastik erschöpft sich jedoch nicht in isolierten Namenanalysen. Vielmehr sollten aus den Ergebnissen empirischer Spezialstudien verallgemeinernde Schlußfolgerungen zu generellen Formen und Funktionen literarischer Namen abgeleitet werden.

Der literarische EN steht in einem Beziehungsgefüge soziokultureller, literarhistorischer, autorenbiographischer, werkgenetischer und rezeptionspsychologischer Faktoren. Die Analyse einer derart komplexen Erscheinung erfordert ein entsprechend komplexes, d.h. **interdisziplinäres** Vorgehen. Neben linguistischen Teilgebieten, wie der Textlinguistik, Sozio- und Psycholinguistik bzw. Sozio- und Psychoonomastik, finden insbesondere literaturwissenschaftliche Erkenntnisse Eingang in die Untersuchungen. Der Grund für die besonders enge Verflechtung der literarischen Onomastik mit der Literaturwissenschaft liegt in der Gemeinsamkeit ihres Untersuchungsobjektes, dem literarischen Text (GUTSCHMIDT 1984a: 8). Die literarische Onomastik nutzt Erkenntnisse der **Literaturwis-**

senschaft (z.B. zur Entstehung und Wirkung eines Textes) und wirkt gleichzeitig auf diese zurück. Onomastische Analysen richten sich auf das System der EN und somit auf ein spezifisches Element künstlerischer Texte. Bei der umfassenden Untersuchung literarischer Namen greifen sprach- und literaturwissenschaftliche Aspekte ineinander über. Ein eher linguistisch orientierter Ansatz hebt Eigenschaften des EN als Sprachzeichen hervor und richtet sich auf seine formale und inhaltliche Beschreibung. Aus literaturwissenschaftlicher Sicht werden vorrangig die spezifisch literarischen Funktionen des Namens für das jeweilige Wortkunstwerk betrachtet.

Name und künstlerischer Text stehen in einem wechselseitigen Verhältnis. So sind EN nur im Gesamtgefüge der Sprachzeichen des jeweiligen Werkes zu analysieren, eröffnen aber ihrerseits wiederum neue Möglichkeiten der literarischen Interpretation. Sie üben textaufbauende und texterschließende Funktionen aus. Folglich kann generell gelten, was B. KOPELKE am Beispiel "semantisch-suggestiver Namen"[6] demonstriert:

> Die Nameninterpretation gehorcht damit den Regeln des hermeneutischen Zirkels: Erst die Kenntnis des Ganzen erlaubt die Erklärung der Details, und der aus der Interpretation der Details gewonnene Wissenszuwachs macht ein erweitertes Verständnis des Ganzen möglich. Nach eben diesem Prinzip lassen sich Namen nur innerhalb ihres Kontextes erklären, geben dann aber Aufschlüsse über Figur, Werk oder den Gestaltungswillen des Autors. (KOPELKE 1990: 103f.)

Um diesem Anspruch gerecht zu werden, erfordert eine umfassende onomastische Analyse die Einbeziehung aller im Text auftretenden Propria. Erst in ihrem Zusammenwirken gestatten sie dem Interpreten eine tiefere Einsicht in die Struktur eines Werkes und die künstlerischen Intentionen des Autors. Das umfassende Interesse der literarischen Onomastik an Namen aller Art unterstreicht W.F.H. NICOLAISEN (1995b: 561), wenn er feststellt: "Every name in every piece of literature of whatever genre and whatever provenance is of potential interest; (...)".

Als Gegenstand der literarischen Onomastik galten lange Zeit ausschließlich "redende" oder "sprechende" Namen, d.h. Namen, die ihre Träger mit Hilfe begrifflicher Bedeutungskomponenten charakterisieren[7]. So ist in der sechsten Auflage des *Sachwörterbuches der Literatur* (WILPERT 1979: 537f.) lediglich das Stichwort "Namen, sprechende" verzeichnet. Erst die siebente Auflage (1989) enthält einen allgemeineren Eintrag zur literarischen Namengebung:

> **Namengebung, dichterische** bzw. literarische Onomastik, die Benennung fiktiver lit. Figuren, dient als lit. Mittel der zusätzl. signalisierenden Charakterisierung oder Typisierung derselben und der Evokation von Gefühlen, (...). (WILPERT 1989: 605f.)

Obwohl in diesem Eintrag neben redenden Namen verschiedene andere literarische Namenarten Erwähnung finden, bleibt auch hier der Gegenstandsbereich der literarischen Onomastik in mehrfacher Hinsicht unzureichend definiert, geht es doch um weit mehr als um die Benennungen fiktiver literarischer Figuren. Zum einen begegnen uns auch im literarischen Text Namen authentischer Personen, die in der Erzähler- oder Figurenrede erwähnt werden. Es handelt sich in diesen Fällen um "sujetexterne Namen"[8]. Zum anderen werden nicht nur Figuren bzw. Personen namentlich genannt, sondern ebenso Orte, Tiere, Institutionen, kommerzielle und künstlerische Erzeugnisse u.a.m.

Als Gegenstand literarisch-onomastischer Studien ist das gesamte **"Nameninventar"** eines Textes, seine **"Namenlandschaft"** (GUTSCHMIDT 1976: 183) zu betrachten. Stilistisch besonders motiviert erscheinen die Namen der Hauptgestalten und wichtigsten Schauplätze. Sie bilden das Zentrum der onymischen Landschaft. Zur Peripherie gehören die Namen von Randfiguren sowie von lediglich erwähnten Figuren, Orten oder Objekten (GUTSCHMIDT 1976: 183). Daß jedoch auch sie von Bedeutung für die Interpretation sind, bestätigt H. KÖGLER (1981: 4):

> Es können beispielsweise Beziehungen zwischen Hauptfigur und Nebenpersonen aufgedeckt werden, die bereits in ihren Namen angelegt sind und sich dadurch dem Leser tiefer einprägen.

Der berechtigten Forderung GUTSCHMIDTs, alle in einem Werk auftretenden EN zu berücksichtigen, wird in den wenigsten Fällen entsprochen. Im Zentrum literarisch-onomastischer Studien steht nach wie vor das anthroponymische System. Arbeiten wie die von H. KÖGLER (1981) und G. LIETZ (1992) sind leider noch zu seltene Ausnahmen. Es liegen darüber hinaus einige kleinere Arbeiten zu spezifischen Problemen einzelner Namenklassen vor[9].

Wie bereits festgestellt wurde, geht die literarische Onomastik von der Relevanz aller in einem Text vorkommenden EN aus. Dies betrifft nicht nur die Zugehörigkeit zu einer bestimmten Namenklasse, sondern auch die Deutlichkeit, mit der ein Proprium seine Funktionen im literarischen Text erfüllt.

Nicht jeder EN fällt auf den ersten Blick gleichermaßen auf. Ziehen eindeutig redende und klischeehaft verwendete Namen sofort unsere Aufmerksamkeit auf sich, werden scheinbar neutrale, "nichtssagende" Namen bei einer ersten Lektüre häufig überlesen. Doch auch in diesen Fällen hat der Autor immer eine "Wahl unter Hunderten oder Tausenden von Möglichkeiten getroffen", wie R. GERBER (1964a: 308) feststellt. GERBER plädiert dafür, dem "onomastischen Trägheitsgesetz" (1964a: 308) entgegenzuwirken und realistische Namen in einer umfassenden Analyse unbedingt zu beachten.

In der vorliegenden Studie sollen Beispiele aller Namenklassen und literarischen Namenarten Berücksichtigung finden. Dabei wird dem **'literarischen Namen'** folgendes Begriffsverständnis zugrunde gelegt:

> Als literarischer Name gilt **jeder** in einem **literarischen Text** auftretende EN. Er dient der **individualisierenden Benennung** einer Figur/Person, eines Ortes oder einer Sache (des Namensträgers) und kann zusätzlich spezifische, **vom Autor intendierte Funktionen** in bezug auf den **Namensträger** oder den **Text als Ganzes** erfüllen. Die formale, inhaltliche und funktionale Beschreibung des literarischen Namens ist Gegenstand der literarischen Onomastik.

3.2. Funktionen literarischer Namen

3.2.1. Sprachliche Funktionen

Literarische Namen sind keine grundlegend anderen Erscheinungen als EN in der Realität. Sie stellen vielmehr eine spezifische Verwendungsform der Propria dar, die sich aus ihrem Vorkommen in einem literarischen Text ergibt. Folglich erbringen sie die wesentlichen Leistungen aller Namen. Auch der literarische EN referiert auf einen NT, identifiziert ihn und unterscheidet ihn gleichzeitig von allen anderen Objekten der gleichen Klasse.

Als Fazit der Ausführungen zur EN-Bedeutung in Kapitel 2.2. wurde festgestellt, daß das Wesen des EN nicht isoliert auf der Ebene des Sprachsystems, sondern erst durch das Funktionieren des Namens in der Rede zu erfassen ist. Wie ein jedes Sprachzeichen, so läßt sich auch der EN anhand der Kategorien des 1934 von K. BÜHLER entwickelten Organon-Modells der Funktionen des Sprachzeichens[10] betrachten. BÜHLER unterscheidet drei wesentliche Faktoren, die einen jeden Kommunikationsakt konstituieren: den Sprecher, den Hörer und den Gegenstand. Mit Bezug auf den EN läßt sich der Gegenstand (das **Besprochene**, also das Objekt) zunächst allgemein als ein Einzelobjekt bzw. als eine in ihrer Einheit betrachtete Gruppe von Objekten (bei Personengruppennamen) bestimmen. Der EN erfüllt seine **Darstellungsfunktion**, indem er als **Symbol** für ein Individuum oder eine einzelne Sache steht. Der Name als **Symptom** gibt Aufschluß über den **Sprechenden** (Sprecher) als Namensbenutzer. Er erfüllt somit die **Ausdrucksfunktion** des Sprachzeichens. Als **Signal** wirkt der EN auf den **Angesprochenen** (Hörer) und steuert dessen Verhalten. In dieser Rolle übt der Name eine **Appellfunktion** aus (so z.B. bei Warennamen und Institutionsnamen)[11]. Wie H. THIES (1978: 44) bemerkt, ist die Darstellungsfunktion mit denotativen, die Ausdrucks- und Appellfunktion mit konnotativen Merkmalen der Sprache verknüpft.

Der literarische EN als besondere Form des Propriums erfordert eine Konkretisierung des hier zunächst allgemein vorgestellten Modells. Bezog BÜHLER seine Überlegungen auf das Sprachzeichen in seiner akustischen Manifestation, so ergibt sich eine erste Modifizierung bereits daraus, daß der literarische Text - außer in der Vortragsliteratur - zumeist in seiner schriftlich fixierten Form rezipiert wird. Die Kategorien 'Sprecher' und 'Hörer' sind somit auf den schriftlichen Bereich zu übertragen, wo sie uns als 'Schreiber' bzw. 'Leser' entgegentreten.

Der EN in der Erzählliteratur ist Teil verschiedenster Kommunikationszusammenhänge im Text, wobei prinzipiell zwischen seiner Verwendung in (I) der darstellenden Rede (Ebene der Erzählung) und (II) der dargestellten Rede (Ebene des Erzählten) zu differenzieren ist (vgl. LAMPING 1983: 14f.).

I. Ebene der Erzählung

1. Darstellungsfunktion: Auf der **Ebene der Erzählung** werden die literarischen Figuren, Schauplätze etc. durch die vom Autor vorgenommene Zuordnung ihrer Namen voneinander abgegrenzt und für den Leser im Rezeptionsprozeß wiedererkennbar. Die Funktion eines Namens als Mittel der **Figurendarstellung** erscheint zudem intensiviert, wenn er deskriptiv auf den NT Bezug nimmt und diesen mit Hilfe appellativisch-homonymer Bedeutungselemente charakterisiert. Des weiteren kann der Autor bei der Wahl literarischer Namen in der Regel von einem weitgehend kollektiven Besitz des Onomastikons bei der

Leserschaft einer bestimmten Sprach- und Kulturgemeinschaft ausgehen und diesen für die klassifizierende Leistung literarischer Namen nutzen.

2. *Ausdrucksfunktion:* Über eine rein objektive Beschreibung hinaus, kann der Erzähler durch die Wahl bestimmter EN bzw. EN-Varianten seine Einstellung zu den benannten Figuren zum Ausdruck bringen. In besonders prägnanter Weise wird der Name zum **Symptom**, wenn der Erzähler mit wechselnden Bezeichnungen auf die betreffende Figur Bezug nimmt. Am deutlichsten zeigt sich der perspektivische Charakter des Namengebrauchs (vgl. LAMPING 1983: 69) in großen Zeit- und Gesellschaftsromanen. Anschaulich wird die Symptomfunktion des EN am Beispiel der Benennungen in Theodor Fontanes *Irrungen Wirrungen* von H. SCHMIDT-BRÜMMER (1971) beschrieben[12]. Die Vorstellung, die sich ein Leser von den Figuren bildet, ist zunächst immer durch den literarischen Text gesteuert. In Kapitel 2 wurde festgehalten, daß sich die intensionale Bedeutung eines Propriums erst aus seiner funktionalen Einbettung in einen textuellen bzw. pragmatischen Situationszusammenhang ergibt. Wie H. KALVERKÄMPER (1978: 390ff.) betont, bringen die Kommunikationspartner ihr jeweiliges Wissen über den NT in die Begegnung mit dem EN ein. Eine präzise Erfassung der EN-Intension in der mündlichen Kommunikation ist aufgrund des individuell sehr unterschiedlichen Vorwissens kaum möglich. Eine größere Einheitlichkeit läßt sich bei textuell verwendeten EN beobachten, da sämtliche den NT betreffenden Informationen durch den Autor vorgegeben sind. Die textuell vermittelte Wissensmenge ist daher zunächst für alle Leser gleich[13]. Art und Umfang der Informationen über den NT werden vom Autor bestimmt. Wie KALVERKÄMPER (1978: 391) bemerkt, "partizipiert /der Leser/ also nur so weit am Vorwissen des Autors über den Namenträger (Figur) im Text, wie der Autor es zuläßt". Im Unterschied zu einer realen, pragmatischen Situation kann der Leser keine zusätzlichen Informationen durch Rückfragen beim Namensbenutzer erhalten (vgl. KALVERKÄMPER 1978: 391).

3. *Appellfunktion:* Die "erzählerische Subjektivität", von der H. SCHMIDT-BRÜMMER (1971: 123) spricht, wirkt auf den Leser und beeinflußt dessen Sicht auf die literarischen Gestalten und Objekte. Zu den Informationen, die ein Autor über eine Figur liefert, zählt als nicht unwesentliches Merkmal auch ihr Name. Durch die bewußte Wahl und Verwendung literarischer EN schafft sich der Autor ein Instrument, um die Wahrnehmung des Dargestellten durch den Rezipienten in eine bestimmte Richtung zu lenken. Dies verdeutlicht SCHMIDT-BRÜMMER (1971: 121) folgendermaßen:

> Die sich verändernde Namengebung ist ein Argument dafür, daß im Roman nicht durchgängig die Illusion einer bestimmten Figur erweckt wird, sondern daß in und mit den verschiedenen Namen dem Leser ein jeweils besonderer Verständnishorizont mitgeschaffen wird, in dem er die gemeinte Figur auffassen soll.

Der Name dient somit als **Signal**, das die Beziehung des Rezipienten zum Bezeichneten steuert. Die freie Wahl literarischer EN verleiht dem Autor gleichsam die Macht, den Leser in der Bewertung einer Figur zu manipulieren. Die Möglichkeit der Beeinflussung ist in ganz besonderem Maße für die Detektiverzählung von Bedeutung, da diese immer ein "Spiel" ist, "a game played between the author and the reader" (KNOX, zit. in BUCHLOH/BECKER 1990: 84)[14]. Ein Beispiel dieser Art beschreibt der Autor H. PEUCKMANN (1994: 67). In einem seiner Kriminalhörspiele gab er dem Mörder den

43

"unschuldig" klingenden Namen *Blume*, um zunächst keinen Verdacht auf ihn zu lenken. Die Namenverwendung als ein Mittel, den Leser auf eine falsche Fährte zu locken, bestätigt auch die englische Schriftstellerin Dorothy DUNNETT. Gleichzeitig weist sie auf die Notwendigkeit hin, hierbei das richtige Maß zu finden, da ein unpassender Figurenname den Leser ebenso befremden kann:

> And yes, you can play games with readers by allotting attractive names to villains and socially suspect ones to heroes or heroines, although you can also alienate your reader if you expect him or her to empathise in the long run with a character with a wholly unacceptable name. (Brief von Dorothy DUNNETT an Ines Sobanski [nachfolgend I.S.] vom 30.06.1996)

"Konträre Namen" (STERN 1984: 41) können dem Leser Eigenschaften suggerieren, die im Gegensatz zum Wesen der benannten Figur stehen. Die Behauptung, daß in Edgar Allan Poes Text *The Murders in the Rue Morgue* - der ersten klassischen Detektivgeschichte überhaupt - ein Mann namens *Le Bon* (frz. 'der Gute') nicht der Täter sein kann (vgl. BUCHLOH; BECKER 1990: 38), ist deshalb zu bezweifeln. In Poes weniger bekannter Erzählung *Thou Art the Man* heißt der Mörder *Charles Goodfellow* (engl. *good fellow* 'guter Mensch'), womit diese These bereits widerlegt sein dürfte.

II. Ebene des Erzählten
1. Darstellungsfunktion: Die **Ebene des Erzählten** wird durch den Umgang der Figuren untereinander konstituiert (vgl. LAMPING 1983: 73). Wie auf der Ebene der Erzählung treten EN auch im gegenseitigen "Mit- und Übereinanderreden" der Figuren (SCHMIDT-BRÜMMER 1971: 124) in vielfältigen Redezusammenhängen auf.
In der monologischen und dialogischen Figurenrede erfüllt der Name die Funktion der **Darstellung**, wenn er als Bezeichnung für eine andere Figur, eine Lokalität u.a. gebraucht wird. Der EN als Symbol erbringt auf der Ebene des Erzählten die gleichen Leistungen wie in der Erzählerrede: Er dient der individualisierenden Referenz auf ein Einzelobjekt und trägt gegebenenfalls zu dessen Charakterisierung bei. Besonders deutlich tritt die Darstellungsfunktion zutage, wenn ein redender Name seinen Träger nicht nur benennt, sondern ihn gleichzeitig beschreibt.

2. Ausdrucksfunktion: Die innere Befindlichkeit eines Sprechers zeigt der EN an, wenn er als Teil eines Aufschreis oder Fluches verwendet wird. Wenn Chestertons Figuren ihr Erstaunen bzw. Entsetzen mit den Ausrufen "By Jove!" und "By George!" kundtun, dominiert die expressive Seite des Namens und rückt ihn in die Nähe der Interjektion. Die **Ausdrucksfunktion** des Propriums zeigt sich darüber hinaus in der Kundgabe des eigenen Namens. In Abhängigkeit von ihrem jeweiligen Gegenüber wird sich die Figur bei der Selbstvorstellung für eine mehr oder weniger offizielle Namensform entscheiden. Wie bei der Nennung des eigenen Namens hat der Sprecher auch bei der Bezugnahme auf andere Figuren zumeist mehrere Möglichkeiten. Seine Haltung manifestiert sich in einem differenzierten Namengebrauch, der VN und/oder FaN, Spitz- und Kosenamen sowie hypokoristische Formen erfassen kann. Die Verwendung bestimmter Namen oder Namenvarianten dient dem Ausdruck einer einfachen oder komplexeren Figurenbeziehung, die sich aus Zuneigung oder Ablehnung, Vertrautheit oder Fremdheit bzw. Gleichheit oder Differenz der sozialen Stellung ergibt.

3. Appellfunktion: Namen als Mittel der sprachlichen Interaktion sind gesellschaftliche Phänomene. Ihre Verwendung ist durch den Standpunkt des Sprechers bestimmt. Gleichzeitig wirken sie auf den Hörer, dessen Einstellungen und Handlungen sie beeinflussen können. Dies gilt einerseits für Situationen des Übereinanderredens, in denen die Haltung des Rezipienten zu einer dritten Figur durch die Namenwahl seitens des Sprechers gelenkt werden kann. Andererseits erscheint der EN als **Signal** für den Hörer, wenn dieser direkt angesprochen wird[15]. D.A. BERGER (1982) untersucht die Funktion verschiedener Anredeformen am Beispiel des Romans *Pamela, or Virtue Rewarded* von Samuel Richardson. Er kommt zu dem Schluß, daß für die Erfassung des Anredeverhaltens die gegenseitigen Beziehungen der Gesprächspartner unbedingt zu berücksichtigen sind. Die Anrede läßt sich nach "Dyaden", d.h. "Zweierbeziehungen" (BERGER 1982: 175) einteilen. BERGER stellt zwei Grundmuster heraus und konstatiert:

> Je nachdem ob die Sprecher identische oder unterschiedliche Positionen einnehmen, wird auch die Anrede nach reziproken oder nicht-reziproken Mustern erfolgen. Die daraus resultierende symmetrische bzw. asymmetrische Sprechsituation bildet für das Romangeschehen einen wichtigen Bedeutungskontext. (BERGER 1982: 175)

Die Wahl der Anredeformen in der emotional neutralen Rede ist weitestgehend durch gesellschaftliche Konventionen geprägt. So führen soziale Hierarchieverhältnisse zu einem nicht-reziproken Anredeverhalten, wie BERGER am Beispiel des Squire B. zeigt: "Die Konvention erlaubte es ihm, Pamela - wie auch den Butler, den Kutscher und fast alle übrigen Dienstboten - allein mit dem Vornamen anzureden" (BERGER 1982: 176). Die appellierende Wirkung auf den Hörer wird besonders deutlich, wenn er selbst mit seinem Namen angerufen wird. Der Name wirkt als Signal verhaltenssteuernd, indem er den Hörer veranlaßt, seine Aufmerksamkeit dem Sprecher zuzuwenden.

Die bisherigen Ausführungen betrafen insbesondere Namen von Figuren und Schauplätzen der fiktionalen Handlung. Zum Gesamtnameninventar eines Werkes gehören jedoch ebenso EN, deren Träger die gleichen Personen und Orte wie auch außerhalb des literarischen Textes sind. Bei "sujetexternen Namen" (vgl. Kap. 3.3.1.2.) tritt neben der Darstellungsfunktion die Ausdrucksfunktion besonders deutlich hervor. Die Wahl sujetexterner Namen sowie die Art und Weise ihrer Einbettung in den Text gewähren dem Leser einen Einblick in den Verständnishorizont des jeweiligen Namensbenutzers, d.h. einer literarischen Figur bzw. des Erzählers, und somit letztlich des Autors.

Von der funktionalen Verwendung des literarischen EN als Symbol, Symptom und Signal lassen sich Situationen unterscheiden, in denen der Name selbst zum Objekt eines Sprechaktes wird. **Metasprachliche Reflexionen über EN** treten in den unterschiedlichsten Redezusammenhängen auf. Sie finden sich im Bericht des Erzählers (Ebene der Erzählung) ebenso wie im Gespräch oder inneren Monolog einzelner Figuren (Ebene des Erzählten). Dabei können vielfältige Aspekte thematisiert werden, z.B. was ein Name bedeutet, wie er klingt, welche Assoziationen er auslöst, ob er zu seinem NT paßt, weshalb er diesem verliehen wurde u.v.a.m. Zur Veranschaulichung seien nachfolgend einige Beispiele angeführt:

Zu Beginn des Romans *Die unendliche Geschichte* (1979) von Michael Ende stellen sich Bastian und der Besitzer eines Buchantiquariats einander vor. Dabei fällt ihnen die formale Ähnlichkeit ihrer Namen auf:

> "Ich heiße Bastian", sagte der Junge, "Bastian Balthasar Bux."
> "Ziemlich kurioser Name", knurrte der Mann, "mit diesen drei B's. Na ja, dafür kannst du nichts, hast ihn dir ja nicht selbst gegeben. Ich heiße Karl Konrad Koreander."
> "Das sind drei K's", sagte der Junge ernst.
> "Hm", brummte der Alte, "stimmt!"
> (ENDE 1979: 7)

In Lewis Carrolls *Through the Looking-Glass* (1871) begegnet Alice der eierförmigen Gestalt Humpty Dumpty. Dieser erklärt dem Mädchen, daß jeder Name etwas bedeuten muß. Als Beispiel verweist Humpty Dumpty auf seinen eigenen Namen, der seine äußere Erscheinung widerspiegelt:

> "Don't stand chattering to yourself like that," Humpty Dumpty said, looking at her for the first time, "but tell me your name and your business."
> "My *name* is Alice, but---"
> "It's a stupid name enough!" Humpty Dumpty interrupted impatiently. "What does it mean?"
> "*Must* a name mean something?" Alice asked doubtfully.
> "Of course it must," Humpty Dumpty said with a short laugh: "*my* name means the shape I am - and a good handsome shape it is, too. With a name like yours, you might be any shape, almost." (CARROLL 1992: 155)

Der Roman *The Scarlet Letter* (1850) von Nathaniel Hawthorne beschreibt das Schicksal der jungen verheirateten Frau Hester Prynne im puritanischen Neuengland des 17. Jahrhunderts. Als sie ein außereheliches Kind zur Welt bringt und sich weigert, dessen Vater öffentlich zu nennen, wird sie aus der Gesellschaft ausgestoßen. Sie muß das diskriminierende Zeichen "A" (engl. *adulteress* 'Ehebrecherin') auf ihrer Kleidung tragen. Der hohe Preis, den sie für ihre Liebe zahlt, ist im Namen ihres Kindes *Pearl* (engl. 'Perle') symbolisiert.

> Her Pearl! - For so had Hester called her; not as a name expressive of her aspect, which had nothing of the calm, white, unimpassioned lustre that would be indicated by the comparison. But she named the infant "Pearl", as being of great price - purchased with all she had - her mother's only treasure. (HAWTHORNE 1959: 62)

Literarische EN können zum Objekt von Namenspielen werden. So verbindet Paul Auster in seiner Novelle *City of Glass* den FaN *Quinn* mit einer Vielzahl alliterierender und auf andere Art reimender Wörter, die inhaltlich nicht miteinander in Beziehung stehen. Durch die scheinbar unendlichen, willkürlichen Assoziationsmöglichkeiten wird der Name dekonstruiert und als Interpretationshilfe für den Leser unbrauchbar (vgl. LODGE 1992: 39):

> "In that case," he said, "I'm happy to oblige you. My name is Quinn."
> "Ah," said Stillmann reflectively, nodding his head. "Quinn."
> "Yes, Quinn. Q-U-I-N-N."
> "I see. Yes, yes, I see. Quinn. Hmmm. Yes. Very interesting. Quinn. A most resonant word. Rhymes with twin, does it not?"
> "That's right. Twin."

46

"And sin, too, if I'm not mistaken."
"You're not."
"And also in - one n - or inn - two. Isn't that so?"
"Exactly."
"Hmmm. Very interesting. I see many possibilities for this word, this Quinn, this ... quintessence ... of quiddity. Quick, for example. And quill. And quack. And quirk. Hmmm. Rhymes with grin. Not to speak of kin. Hmmm. Very interesting. And win. And fin. And din. And gin. And pin. And tin. And bin. Even rhymes with djinn. Hmmm. And if you say it right, with been. Hmmm. Yes, very interesting. I like your name enormously, Mr Quinn. It flies off in so many little directions at once."
"Yes, I've often noticed that myself."
(Zit. in LODGE 1992: 35f.)

Die bisherigen Ausführungen stellten den Versuch dar, den literarischen EN unter Verwendung der Terminologie K. BÜHLERs funktional zu beschreiben. Es wurde demonstriert, daß der Name sowohl als Symbol, Symptom und Signal für Sachverhalte stehen als auch selbst zum Objekt metasprachlicher Äußerungen werden kann.

Mit dem Kommunikationsmodell K. BÜHLERs und seiner Weiterentwicklung durch R. JAKOBSON setzt sich W. WITTSTRUCK (1987: 467-474) kritisch auseinander. Er weist auf die Grenzen des Modells hin und bemängelt dessen einseitige Ausrichtung auf die Sprecherposition. Für die Seite der Rezeption werde lediglich die vom Autor intendierte und keinesfalls die tatsächliche Reaktion registriert. Die Assoziationen der Namenrezipienten seien jedoch genau wie der literarische und der gesellschaftliche Kontext, in dem der EN verwendet wird, bei der funktionalen Beschreibung literarischer Namen zu berücksichtigen. In Modifikation des Organon-Modells entwirft WITTSTRUCK am Beispiel der mittelhochdeutschen Lyrik folgende Funktionstypologie literarischer Namen:

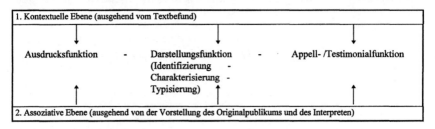

(WITTSTRUCK 1987: 468)

Die von WITTSTRUCK vorgeschlagene Einteilung kann, abgesehen von ihrem spezifischen Bezug auf das ursprüngliche Publikum der mittelhochdeutschen Literatur, als vorbildhaft für die kommunikative Beschreibung der EN in jedem literarischen Text gelten. Die praktische Anwendbarkeit des Modells wird jedoch dadurch beeinträchtigt, daß sich die Rezeption eines Kunstwerkes als höchst individuell geprägter Prozeß nur bedingt objektiv erfassen läßt. Auf diese Schwierigkeit weist WITTSTRUCK selbst hin, wenn er bemerkt, daß insbesondere die Reaktionen des Originalpublikums heute nur "mittelbar und spekulativ" zu erschließen sind (WITTSTRUCK 1987: 467).

Resümierend läßt sich feststellen: Die **sprachlichen Funktionen** literarischer EN ergeben sich aus dem Zusammenwirken **textinterner und -externer** Faktoren. Innerhalb des Erzähltextes geht es zum einen um das Verhältnis des Erzählers zu den Figuren (Ebene der Erzählung) und zum anderen um die Interaktion der Figuren untereinander (Ebene des Erzählten). Wie alle anderen Sprachzeichen auch, erfüllen literarische EN sprecher-, hörer- und gegenstandsbezogene Aufgaben, wobei eine der Seiten im konkreten Redezusammenhang dominieren kann. Die Polyfunktionalität des EN schlägt sich in einer differenzierten Namenverwendung sowohl durch den Erzähler als auch durch die Figuren nieder.

Der Gebrauch und die Rezeption literarischer EN vollziehen sich im umspannenden Bezugsrahmen der Textexterna, wobei sowohl Autor als auch Leser in ihren Rollen als Produzent bzw. Rezipient an der Sinnkonstituierung des Werkes beteiligt sind. Letztlich vermittelt der Text zwischen den Intentionen des Autors und den tatsächlich hervorgerufenen Wirkungen beim Leser. Dabei kommt dem EN als Element des literarischen Textes eine nicht unwesentliche Rolle zu. Er wirkt als beziehungsstiftendes Mittel zwischen den literarischen Figuren untereinander, zwischen dem Erzähler und den Figuren sowie letztlich zwischen dem Verfasser des Textes und seinen Lesern.

3.2.2. Literarische Funktionen

Waren die bisherigen Ausführungen vorrangig einem linguistischen Ansatz verpflichtet, so sollen im folgenden verstärkt **literaturwissenschaftliche** Aspekte Berücksichtigung finden. Dafür spricht die Tatsache, daß der EN mit seiner Verwendung in einem literarischen Text einem Statuswechsel unterliegt. Er ist nicht mehr ausschließlich als sprachliches, sondern ebenso als literarisches Phänomen zu betrachten. Infolgedessen erbringt er neben den grundlegenden sprachlichen Funktionen aller EN weitere, spezifisch literarisch-onymische, Leistungen.

Das erste Angebot einer wissenschaftlichen Funktionstypologie wurde von J.B. RUD-NYĆKYJ (1959) unterbreitet. Er selbst hatte gefordert, die bis dahin einseitige Beschäftigung mit der Namenetymologie durch Überlegungen zu strukturellen und stilistischen Namenfunktionen zu ergänzen (vgl. RUDNYĆKYJ 1959: 379). Sein Typologievorschlag unterscheidet zwischen inhalts- und formbezogenen Funktionen. Inhaltlich können die Namen der "Figurencharakterisierung" sowie der Vermittlung von "Lokalkolorit" und "historischem Kolorit" dienen:

1) Relevance to the contents:
    a) relevance to the quality of literary characters (meaningful names)
    b) relevance to the place of action (couleur locale)
    c) relevance to the time of action (couleur historique)
2) Relevance to the form.

Ausgehend von diesem Klassifikationsschema stellt I. GERUS-TARNAWECKY (1968) eine Typologie vor, die sich an Namen in lyrischen Texten orientiert. Sie gliedert die bei RUDNYĆKYJ noch undifferenziert angeführte formale Funktion nach "Reim" und "Rhythmus" und zeigt dabei wiederum verschiedene Realisationsmöglichkeiten auf (so z.B. Alliterationen, Lautsymbolismus, Akzentverschiebungen). Wie B. KOPELKE (1990: 49f.) völlig zu Recht betont, bezieht sich GERUS-TARNAWECKYs Typologie weniger auf die Funktionsmöglichkeiten von EN als vielmehr auf Techniken der dichterischen Namenverwendung. Sie gibt Antwort auf die Frage, *wie* die Funktionen literarischer Namen erbracht werden, ohne jedoch zu klären, um welche Funktionen es sich im einzelnen handelt. Wie I. GERUS-TARNAWECKY, so beschäftigt sich auch K.J. SOLTÉSZ (1978) mit dem ästhetischen Wert des EN. SOLTÉSZ bezeichnet die stilistische Funktion als eine der wichtigsten Funktionen des EN überhaupt, da ein jeder Name von einer "Atmosphäre geschichtlicher, gesellschaftlicher und kultureller Assoziationen" (SOLTÉSZ 1978: 382) umgeben sei. Autoren können sich diese Assoziationen, die "Namensstimmung" (SOLTÉSZ 1978: 383), zunutze machen und zur Charakterisierung ihrer literarischen NT verwenden. Somit erfüllt der EN die Aufgabe eines "effektvollen Stilmittels" (SOLTÉSZ: 382) in der Literatur.

Richtungweisend für die weitere Beschäftigung mit den Funktionen literarischer Namen wurde die Monographie von D. LAMPING (1983)[16]. Als ihren Gegenstand benennt sie die "funktionale Integration /des poetischen Namens/ in die Erzählung" (LAMPING 1983: 12), wobei unter Erzählung allgemein "/jedweder künstlerischer/ Text epischer Art, unabhängig von seinem Umfang und seinem Inhalt" (LAMPING 1983: 10) zu verstehen ist. LAMPING abstrahiert von konkreten Namenbeispielen und erarbeitet eine Typologie der wichtigsten Leistungen, die der PN in einem epischen Text generell erbringen kann. Er unterscheidet die Funktionen der 1. Identifizierung, 2. Illusionierung, 3. Charakterisierung, 4. Akzentuierung und Konstellierung, 5. Perspektivierung, 6. Ästhetisierung und 7. Mythisierung.

1. Die **Identifizierung** (vgl. LAMPING 1983: 21-28) stellt die allgemeinste Funktion des literarischen Namens dar. Wie auch bei im realen Kontext gebrauchten EN dient sie der individualisierenden Benennung des NT. Indem die literarische Figur einen Namen erhält, wird sie einerseits aus der Gruppe anonymer Figuren herausgehoben und andererseits von den übrigen namentlich benannten Figuren abgegrenzt. Sie wird somit unterscheidbar und durch die Konstanz der Namensverwendung für den Leser jederzeit wiedererkennbar. Ihr Name fungiert als "Identitätssignal" (GRABES 1978: 411), durch dessen Nennung in verschiedensten Redezusammenhängen die Figur dem Leser ständig neu vergegenwärtigt wird.

Der Name ist ein wesentliches, aber bei weitem nicht das einzige Mittel, um die Identität einer Figur anzuzeigen. Ebenso können appellativisch-deskriptive und pronominale Mittel im Text die identifizierende Leistung erbringen. Ihr Unterschied liegt hauptsächlich in der Ökonomie, mit der sie eine Person bzw. Sache sprachlich erfassen. Wie H. KALVERKÄMPER (1978: 40) betont, erfordert die ausschließlich appellativische Bezugnahme einen erheblichen "Aufwand an abgrenzend (individuell-) identifizierenden Merkmalbeschreibungen" und stellt zudem einen "zeitraubenden, Kraft und Konzentration fordernden und Beobachtungsgabe und -genauigkeit voraussetzenden Akt" dar, "der sich (...) unzählige Male wiederholen müßte" (KALVERKÄMPER 1978: 40). Wie EN, so sind auch Pronomina mit weniger sprachlichem Aufwand als Appellativa verbunden. LAMPING (1983: 28) bescheinigt ihnen jedoch einen "doppelten Nachteil" gegenüber den Propria. Zum einen ist die pronominale Referenz maßgeblich an den Kontext gebunden und daher nur bedingt eindeutig. Zum anderen sind Pronomina sprachlich weniger prägnant als Propria, so daß der Leser eher namentlich als bloß pronominal bezeichnete Figuren wiedererkennt. Abschließend kommt LAMPING (1983: 28) zu der Feststellung, daß die Identifizierungsleistung des literarischen Namens als "kontextabhängig, ungewöhnlich prägnant und ökonomisch" zu charakterisieren ist. Obwohl der EN das ökonomischste Mittel darstellt, um die Identität einer Figur anzuzeigen, werden auch Appellativa und Pronomina mit dieser Funktion betraut. So werden unterschiedliche referenzidentische Mittel verwendet, um der stilistischen Forderung nach Abwechslung in der Wortwahl gerecht zu werden und permanente Namenwiederholungen zu vermeiden. Zum anderen ermöglicht erst die appellativische Beschreibung, die Figur detaillierter darzustellen und den zunächst "leeren" Namen intensional anzureichern. Darüber hinaus kann der Leser die Figur anhand der ihr zugeschriebenen Attribute erkennen, selbst wenn die identifizierende Leistung des Propriums eingeschränkt erscheint. Dies ist z.B. dann der Fall, wenn mehrere Figuren den gleichen Namen tragen oder wenn eine Figur ihren Namen im Laufe der Erzählhandlung wechselt. Um gleichnamige Figuren dennoch voneinander abzugrenzen und wiederzuerkennen, bedarf es eines erhöhten Maßes an Konzentration. Die Unterscheidung wird dem Leser gelingen, wenn die Figuren wiederholt in ihrem Äußeren oder in charakteristischen Verhaltensweisen beschrieben werden.

In der vierten ihrer Frankfurter Vorlesungen zur zeitgenössischen Dichtung verweist Ingeborg BACHMANN auf William Faulkners Roman *The Sound and the Fury* (BACHMANN 1984: 251ff.). Dort treten jeweils zweimal die Namen *Caddy/Caddie*, *Jason* und *Quentin* auf. I. BACHMANN bemerkt, daß es wichtiger sei, in diesem Fall auf den Kontext zu achten, in dem der Name gebraucht wird, als auf den Namen selbst. Der Zugriff auf die Figur gelingt eher über bestimmte Gegenstände, Pflanzen u.a., die bei jedem Auftreten der entsprechenden Figuren gleichsam als "Zitate" (BACHMANN 1984: 252) genannt werden. So stellt I. BACHMANN (1984: 253) fest: "Dinge, die mit einer Situation oder einem Menschen verbunden waren, bleiben es und kreisen die jeweiligen Personen besser ein als der Name".

Anders als in dem genannten Beispiel verfahren oftmals Kriminalschriftsteller. Ist eine Figur nicht eindeutig durch ihren Namen identifizierbar, hilft vielfach auch der Verweis auf ihre äußeren Attribute nicht weiter. Um die Identifizierung durch den Detektiv und den Leser zu erschweren, verändert eine Figur - oftmals der Verbrecher - gleichzeitig mit dem Namen auch ihr Aussehen. Als Beispiel sei auf zwei der berühmten Sherlock-Holmes-Geschichten von Arthur Conan Doyle verwiesen. Die Erzählung "The Man with the Twisted Lip" beginnt mit der Suche nach dem vermißten Geschäftsmann Neville St. Clair. Alle Hinweise deuten darauf hin, daß St. Clair einem Tötungsverbrechen zum Opfer fiel, in welches ein Bettler namens Hugh Boone verwickelt ist. Wie Holmes beweisen kann, liegt jedoch kein Verbrechen vor. St. Clair und Boone sind ein und dieselbe Person. Der Geschäftsmann hatte sich als armer Bettler verkleidet, um sich eine zweite Einkommensquelle zu erschließen.

Eine andere Geschichte trägt den bezeichnenden Titel "A Case of Identity". Im Leben der jungen Frau Mary Sutherland spielen zwei Männer eine entscheidende Rolle. Es handelt sich zum einen um Hosmer Angel, einen jungen Mann, der um sie wirbt, und zum anderen um ihren Stiefvater, Mr. Windibank. Windibank lehnt Marys Beziehung zu Angel ab und verbietet ihr den weiteren Umgang mit ihm. Die jungen Leute treffen sich heimlich, wenn Windibank nicht im Hause ist. Sie vereinbaren einen Hochzeitstermin, doch auf dem Weg zur Trauung verschwindet Angel. Zuvor hatte Mary schwören müssen, ihm für immer treu zu bleiben, was auch geschehen möge. Holmes demaskiert Angel als Marys

Stiefvater, Mr. Windibank. Ein Onkel hatte Mary ein nicht unbeträchtliches Erbe hinterlassen, und solange sie bei Windibank wohnte, hatte dieser volle Verfügungsgewalt über
die Zinsen ihrer Erbschaft. Um sich diese Einnahmen für alle Zeit zu sichern, war ihm
jedes Mittel recht. So spielte Windibank die Rolle des jungen Freiers, um seine heiratsfä-
hige Stieftochter und somit das Geld nicht an einen anderen Mann zu verlieren.

2. Neben der Identifizierung stellt die **Illusionierung** (vgl. LAMPING 1983: 29-39) eine
zweite generelle Funktion des literarischen EN dar. Bereits durch die Nennung eines Namens wird dem Leser die Illusion der gesamten Figur suggeriert. Der Name als ein
Merkmal der Figur steht stellvertretend für das Ganze. An die Erwähnung des Namens
knüpfen sich implizit alle anderen Eigenschaften des NT. Diese können sehr detailliert
oder eher vage durch den Text beschrieben sein. Unabhängig davon, wie umfassend der
Autor die jeweilige Figur schildert, wird sie in jedem Fall unvollständig sein. Es bleiben
"Unbestimmtheitsstellen", die durch den Leser selbst ausgefüllt werden müssen (vgl.
LAMPING 1983: 31)[17].
Die Verwendung des Namens kann nicht nur die **Ganzheit** der Figur, sondern ebenso
deren **Realität** suggerieren. Der Name dient dem Leser als Signal, sich die literarische
Gestalt als lebende Person vorzustellen. Dabei überträgt der Leser sein im nicht-
literarischen Kontext erworbenes Wissen, daß der PN repräsentativ für einen Menschen
steht. Wie konkret die Personenvorstellung ausfällt, die der Name evoziert, ist abhängig
von dessen Verhältnis zum realen Namenschatz. Am deutlichsten erscheint die illusionistische Wirkung bei Namen in historischen Romanen und Erzählungen. Die dargestellten
Figuren stimmen nicht nur namentlich mit ihren realen Vorbildern überein, sondern sie
sollen die Illusion erzeugen, daß es sich tatsächlich um die historischen Persönlichkeiten
handelt[18]. Die Realität einer Figur wird ebenso wirkungsvoll suggeriert, wenn Namen
ausdrücklich verschwiegen, verschlüsselt oder mit Initialen abgekürzt werden. Diese
Verfahren begründet der Autor bzw. Erzähler häufig mit der gebotenen Rücksichtnahme
auf die angeblich dargestellten Personen (vgl. LAMPING 1983: 33).
Die illusionistische Wirung des Namens erscheint etwas weniger konkret, wenn nicht
der Eindruck von "wirklichen, sondern bloß (...) wahrscheinlichen Menschen" (LAM-
PING 1983: 33) vermittelt werden soll. Insbesondere trifft das auf realistische Romane
zu, in denen die Figuren reale oder realistische Namen tragen. Als "klassifizierende" Namen (vgl. BIRUS 1978: 37f.) ermöglichen sie dem Leser, bei entsprechendem Vorwissen
den NT einer bestimmten Region, Epoche und sozialen Schicht zuzuordnen.

3. Während die Funktionen der Identifizierung und Illusionierung von jedem Namen in
der Erzählung erfüllt werden, stellt die **Charakterisierung** (LAMPING 1983: 41-56) eine wesentlich spezifischere Leistung dar. Sie ist zugleich die auffälligste und daher am
meisten untersuchte Funktion des literarischen EN. Wie klassifizierende Namen, so dienen auch charakterisierende Namen nicht nur der Identifizierung des NT, sondern unterstützen in besonderem Maße die Figurendarstellung. Sie vermitteln zusätzliche Informationen, die jedoch über die bloße regionale, religiöse oder soziale Einordnung der Figur
hinausgehen. Aufgrund ihrer inhaltlichen und formalen Beschaffenheit evozieren charakterisierende Namen Vorstellungen, die das Äußere, den Beruf oder den Charakter der benannten Figur betreffen. Die charakterisierende Funktion des EN sowie die zu ihrer Erzielung einsetzbaren Mittel sind äußerst vielfältig. Wie LAMPING feststellt, können Figuren charakterisiert werden, indem entweder die lexikalische Bedeutung des Namens,

sein Klang oder sein assoziativer Inhalt aktualisiert werden. Demzufolge unterscheidet LAMPING zwischen "sprechenden", "klingenden" und "präfigurierten" Namen, die sich jeweils weiter nach Untertypen differenzieren lassen. Charakterisierende Namen können ihre Funktion auf direktem oder indirektem Wege erfüllen (LAMPING 1983: 47). Sie wirken direkt, wenn sie ein Merkmal benennen, über das der NT wirklich verfügt; indirekt, wenn sie auf eine Eigenschaft verweisen, die er gerade nicht besitzt. Im letzteren Falle spricht LAMPING (1983: 48) von "paradoxer Namengebung".

Auf eine ausführlichere Darstellung der Arten literarischer Namen sei an dieser Stelle verzichtet, da sie in Kapitel 3.3. der Arbeit näher besprochen werden sollen[19].

4. Akzentuierung und **Konstellierung** (vgl. LAMPING 1983: 57-67) bezeichnen zwei Funktionsmöglichkeiten literarischer Namen, die der "Unterscheidung zwischen wichtigen und unwichtigen Figuren und einer Zuordnung von Figuren zueinander" (LAMPING 1983: 57) dienen. Wirkt ein Name **akzentuierend**, so hebt er seinen NT unter den anderen Figuren der Erzählung hervor. Dabei können prinzipiell zwei verschiedene Strategien verfolgt werden: Erstens kann die Figur einen Namen tragen, der vor dem Hintergrund der anderen im Text verwendeten EN ungewöhnlich wirkt. "Ungewöhnlich" können z.B. "fremdsprachige oder archaische, schöne oder häßliche, überlange oder verkürzte Namen" sein (LAMPING 1983: 61, dort mit entsprechenden Beispielen). Auf eindrucksvolle Weise wird die Funktion der Akzentuierung anhand fremder Namen im sorbischen Kinder- und Jugendbuch von D. KRÜGER (1997) veranschaulicht. KRÜGER bezeichnet Namen, die sich durch ihre Beschaffenheit von der übrigen Namenlandschaft abheben, als "exklusiv markierte Sprachzeichen"[20].

Neben der Auffälligkeit des Namens kann auch der Verzicht auf einen Namen die Sonderstellung der Figur in einer Erzählung anzeigen. Wird der Name nicht genannt, so kann die Figur entweder anonym oder namenlos sein. LAMPING beschreibt den Unterschied folgendermaßen:

> Eine Figur ist anonym, wenn ihr Name einer anderen Figur, dem Erzähler oder dem Leser dauernd oder vorübergehend nicht bekannt ist - wobei allerdings immer vorausgesetzt wird, daß sie einen Namen besitzt. (...) Eine Figur ist namenlos, wenn sie keinen Namen besitzt. Die Namenlosigkeit ist also eine Abweichung von der Norm des Namenbesitzes. Sie hat ihren Grund nicht in einer mangelnden Information über die Figur, sondern in einer fehlenden Eigenschaft der Figur. (LAMPING 1983: 58ff.)

Die Namenlosigkeit als "fehlende Eigenschaft der Figur" zieht die Aufmerksamkeit des Lesers auf sich. Sie verweist, wie LAMPING an Beispielen von Carl Spindler und Samuel Beckett demonstriert, zumeist auf die im Text thematisierte Identitäts- und Individualitätsproblematik. Die Anonymität als "mangelnde Information" wirkt nicht in jedem Falle akzentuierend. Sie hebt die Figur nur dann hervor, wenn diese ansonsten als komplexer Charakter dargestellt wird. Anders wirkt die Anonymität bei Randfiguren, die nur peripher mit dem Geschehen verbunden sind. Häufig werden sie über äußere Merkmale oder Berufs- bzw. Standesbezeichnungen identifiziert. Der Verzicht auf einen individualisierenden Namen kennzeichnet in diesen Fällen nicht die Bedeutsamkeit, sondern vielmehr die Unwichtigkeit der Figur.

Namen können in ihrem Zusammenwirken dazu dienen, Beziehungen zwischen mehreren Figuren anzuzeigen. Sie erfüllen die Funktion der **Konstellierung**, deren idealtypische

52

Ausprägungen die **Korrespondierung** und **Kontrastierung** darstellen. Verallgemeinernd kann gelten, daß gleiche bzw. ähnliche Namen auf Korrespondenzen (z.B. Bluts- und Geistesverwandtschaften) und verschiedene bzw. entgegengesetzte Namen auf Kontrastrelationen (z.B. Rivalen, Feinde) verweisen. Die Gleichheit oder Gegensätzlichkeit der Namen kann sowohl auf der phonetischen als auch auf der lexikalischen Ebene nachgewiesen werden. Im Zusammenhang zu sehen sind z.B. die Namen *Aurelie Süßmilch* und *Laura Laurentia Sauer* in Wilhelm Raabes *Ein Frühling*, welche durch die Opposition 'süß' - 'sauer' die Verschiedenheit der Figuren ausdrücken (vgl. LAMPING 1983: 63). Als beziehungsstiftende Mittel werden oftmals durch Alliteration oder andere Formen des Reims miteinander verbundene Namen verwendet. So weist R.E. BROWN (1991: 57-68) in seiner onomastischen Studie zu Heinrich Bölls Erzählung *Die verlorene Ehre der Katharina Blum* darauf hin, daß der Name der Protagonistin zum Kern eines umfassenden Clusters von Namen wird, die durch die gleichen Initialen (*K* und in mehreren Fällen *KB*) miteinander verbunden sind.

Von der o.g. Regel gibt es natürlich auch Ausnahmen. Stellvertretend sei die Erzählung "The Finger of Stone" von G.K. Chesterton genannt, in der die beiden Kontrahenten - der geistliche *Father Bernard* und der atheistische Wissenschaftler *Bertrand* - zum Verwechseln ähnliche Namen tragen. Mitunter können lautliche Korrespondenzen von Namen verwirrend wirken, ohne daß ein offensichtlicher Zweck erkennbar wäre. Dies stellt R.E. BROWN (1991: 5-16, bes. 10f.) mit Bezug auf den Roman *Der Aufstand der Fischer von St. Barbara* von Anna Seghers fest.

5. Beziehungsstiftend wirkt der Name nicht nur in seiner Funktion der Konstellierung, sondern auch der **Perspektivierung** (vgl. LAMPING 1983: 69-81). Auf diese Leistung des literarischen EN wurde bereits zu Beginn des Kapitels im Zusammenhang mit der Symptom- und Signalfunktion des EN ausführlich eingegangen. An dieser Stelle sei daher lediglich die Grundaussage wiederholt, die LAMPING in bezug auf den EN als perspektivierendes Erzählmittel trifft.

Ein differenzierter Namengebrauch, so wurde bereits festgestellt, drückt Einstellungen und Wertungen des Sprechers (des Erzählers oder einer Figur) aus und wirkt auf die Anschauungen oder das Verhalten des Angesprochenen (des Lesers oder einer zweiten Figur). Die Entscheidung für eine bestimmte Namensform sowohl auf der Ebene der Erzählung als auch des Erzählten kann durch drei verschiedene Arten von Standpunkten bestimmt sein: den sozialen, ideologischen[21] und psychologischen. Diese positionieren die Beziehung von NT und Namensbenutzer zwischen den jeweiligen Extrempunkten der Nähe und Distanz, Sympathie und Ablehnung sowie der Innen- und Außensicht (LAMPING 1983: 72). Die Vielfalt der Faktoren, die den Namengebrauch beeinflussen und die unterschiedlichen Formen, in denen sich der perspektivische Gebrauch des EN zeigt, machen ihn zu einem äußerst komplexen Erzählmittel.

6. Der literarische Name als textkonstitutives Element kann auf besondere Weise am Aufbau des Textes als eines ästhetischen Gebildes beteiligt sein. Dazu bieten sich verschiedene Möglichkeiten an. Ihnen allen ist gemeinsam, daß der Name als Mittel der **Ästhetisierung** (LAMPING 1983: 83-103) "zum Objekt eines Erlebens /gemacht wird/, das seinen Zweck in sich selber hat" (LAMPING 1983: 83). Als wichtigste Strategien in diesem Zusammenhang unterscheidet LAMPING die "Isolierung" und "Komisierung". Der ästhetische Wert eines Namens kann sich dabei sowohl aus seinen lautlichen Merkmalen

als auch aus der Transparenz seiner lexikalischen Bedeutung ergeben. So wird die Aufmerksamkeit des Lesers auf Namen gelenkt, die entweder auffällig wohlklingend oder dissonant erscheinen. Dabei ist es schwer, wenn nicht sogar unmmöglich, verbindlich zu bestimmen, was als akustisch angenehm oder unangenehm gilt. Zu Recht weist LAMPING (1983: 84) darauf hin, daß die ästhetische Bewertung eines Namens sowohl von herrschenden Namenmoden als auch dem jeweiligen Geschmack des Autors und Lesers abhängig ist. Weitere Möglichkeiten, die ästhetische Wirkung des Namenklangs zu nutzen, stellen neben der Euphonie und Kakophonie Lautfiguren (z.b. Alliteration und Reim), sowie die Verwendung von lautnachahmenden und lautsymbolischen Namen dar. Auch die einem Namen (scheinbar) zugrundeliegende lexikalische Bedeutung kann zur Ästhetisierung des Textes beitragen, indem sie die Aufmerksamkeit des Lesers auf den Namen als sprachliches Zeichen lenkt.

Bei der zweiten Strategie der Ästhetisierung, der Namenskomik, unterscheidet LAMPING zwischen einfacheren und komplexeren Erscheinungen. So können einzelne Namen schon an sich oder mit Blick auf die benannte Figur komisch wirken (wenn sie diese z.b. besonders treffend charakterisieren oder aber gerade auf solche Eigenschaften verweisen, die ihr fehlen); andere erst, wenn sich komische Handlungen und Geschichten um sie entfalten. Weiterhin verweist LAMPING auf die Komik des Namenspiels (als einer Sonderform des Wortspiels), auf Buchstabenspiele mit Namen und verschiedene Formen des Namenscherzes. Zu den Buchstabenspielen, die sich auf einen oder mehrere Namen gleichzeitig beziehen können, gehören das Palindrom, das Akrostichon und das Anagramm. Namenscherze treten insbesondere als Namensentsprechungen (wie gereimte Paarnamen oder polyglotte Namensähnlichkeiten), Namensanspielungen und komische Kommentare zu Namen auf (vgl. LAMPING 1983: 101). So vielfältig die in dieser kurzen Zusammenschau aufgezählten Verfahren auch sind, sie alle dienen letztlich dem "Ausdruck einer ästhetischen Einstellung des Autors, des Erzählers oder einer Figur zu einem Namen und (...) sind (...) zugleich ein Appell an den Leser, den Namen als ein ästhetisches Gebilde aufzunehmen" (LAMPING 1983: 102).

7. Die von LAMPING (1983: 105-122) als **Mythisierung** bezeichnete Funktion läßt sich am anschaulichsten in einem Zitat erfassen, welches dem Kapitel vorangestellt ist:

... nimmt man Hamlet den Namen, so bleibt wenig übrig.
Wolfgang Hildesheimer (LAMPING 1983: 105)

Aus der Realität bekannte mythische Vorstellungen, daß der Name einen Wesensbestandteil der bezeichneten Person ausmacht[22], scheinen in der Literatur auf besondere Weise intensiviert. Dies erklärt sich aus der allgemein engeren Verflechtung des Namens mit der literarischen Figur. Er vertritt diese nicht nur, sondern wird nach dem Prinzip "pars pro toto" mit ihr gleichgesetzt (LAMPING 1983: 105). LAMPING spricht von der "quasi-mythischen Einheit von Name und Figur" (LAMPING 1983: 106), die jeder literarischen Gestalt anhaftet. Besonders ausgeprägt tritt diese Verbindung bei einem charakterisierenden Namen in Erscheinung, da er immer etwas über bestimmte Eigenschaften der Figur aussagt. Er wirkt erst dann charakterisierend, wenn seine assoziierte Bedeutung (als lexikalische Bedeutung oder Verweis auf Träger des gleichen Namens, als "Inhalt") durch den Bezug auf den NT aktualisiert wird ("Gehalt"; vgl. LAMPING 1983: 107). Der mythische Gehalt eines EN zeigt sich außer in seiner charakterisierenden Funktion auch in

54

der Konstellierung, da die Namen in ihrem Zusammenhang auf das Verhältnis der benannten Figuren hindeuten können.
Mythische Denkweisen beeinflussen nicht nur den Leser, dessen Erwartungshaltung in
der Regel durch die Vorstellung geprägt ist, daß die Verbindung zwischen Namen und
NT in der Literatur eine engere ist als in der Realität. Auch für den Autor kann diese Einheit magisch sein. So sucht er nach dem passenden Namen, ohne den die Gestalt in seiner
Phantasie keine festen Formen annehmen kann. Daß der Name mitunter Voraussetzung
für das Entstehen der Figur ist, wurde auf Anfrage übereinstimmend von mehreren britischen Gegenwartsautoren bestätigt:

> She [Baroness James-I.S.] attaches great importance to naming the characters in her stories.
> The characters are named almost as soon as they are created, indeed P D James finds it difficult
> to write or think about a character until that man or woman has a name. (Brief von Joyce
> McLennan, Sekretärin der BARONESS JAMES OF HOLLAND PARK, an I.S. vom
> 04.04.1996)

> You can't write a character until you've thought of a name. Look at Dickens's note books and
> see how long it took him to arrive at Murdstone. Graham Greene said that in African tribes
> everyone has three names, their name at work, their name at home and their name known only
> to God. What the writer has to find is the name known only to God. (Brief von John MOR-
> TIMER an I.S. vom 13.04.1996)

> Names of characters are very important to me as a writer. Just as I find it difficult to start a
> book until I have a title I'm happy with, so I find it hard to develop a character until he or she
> has a name that feels right. Some names come from nowhere. For instance, the name for my
> running hero in sixteen books, the actor detective Charles Paris, sprang fully-formed into my
> mind. (Brief von Simon BRETT an I.S. vom 16.07.1996)

Neben der magischen Kraft einzelner Namen finden auch Theorien und bestimmte Prak-
tiken des Namengebrauchs bzw. auch des Nichtgebrauchs von EN, die aus mythischem
Denken erwachsen, in der Literatur ihren Niederschlag. Prinzipiell kann dies alle Handlungen um Namen betreffen. LAMPING verweist auf die Namengebung, Namensuche,
Namensveränderung und die Namensnennung. Sie alle können implizit oder explizit an
die Vorstellung geknüpft sein, daß Name und Identität unauflöslich miteinander verbunden sind und daß der Name, genau wie Körper und Seele, einen Teil der Person/Figur
darstellt (vgl. LAMPING 1983: 113).

D. LAMPINGs detaillierte Ausführungen, die er an vielen praktischen Beispielen veranschaulicht, belegen die vielfältigen Funktionsmöglichkeiten des EN in der Erzählung.
Dabei sind die Namen nicht auf eine einzelne Leistung beschränkt. Wie LAMPING
(1983: 123) betont, dient jeder Name automatisch den drei "Grundfunktionen" der Identifizierung, Illusionierung und Mythisierung. Auch die übrigen, als "Zusatzfunktionen des
literarischen Namens" bezeichneten Leistungen, schließen einander nicht aus. So kann ein
Name gleichzeitig mehrere, im Extremfall alle der vorgestellten Funktionen erfüllen.
Darüber hinaus wird er im konkreten Text mit spezifischen Aufgaben betraut.

Das von D. LAMPING erarbeitete Klassifikationsschema der Funktionen literarischer
Namen wurde in der Studie zur Namengebung in den Novellen Maupassants von B. KO-
PELKE (1990) aufgegriffen und in einigen Punkten modifiziert[23]. KOPELKE faßt die bei
LAMPING getrennt aufgeführten Funktionen der Akzentuierung/Konstellierung und Per-

55

spektivierung zusammen, da sie die beiden ersten der letztgenannten als untergeordnet betrachtet. Ebenso versteht KOPELKE die Funktion der Mythisierung als eine spezielle Ausprägung der illusionierenden Funktion des literarischen EN.
Die von LAMPING als Ästhetisierung bezeichnete Funktion behandelt KOPELKE unter der Überschrift "Die phonetische Expressivität von Namen" (KOPELKE 1990: 72-83). Die Entscheidung, LAMPINGs Modell in diesem Punkt abzuändern, erscheint aus zwei Gründen fraglich. Zum einen kann sich, wie festgestellt wurde, der ästhetische Wert nicht nur aus dem Klang eines Namens, sondern ebenso aus dessen Bedeutung ergeben (vgl. LAMPING 1983: 86-89). Zum anderen betont KOPELKE (1990: 72) selbst, daß phonetisch expressive Namen sowohl der Illusionierung als auch der Perspektivierung und Charakterisierung dienen können. Somit gesteht sie implizit ein, daß sich die "phonetische Expressivität" nicht in den Katalog der literarischen Namenfunktionen einordnen läßt. Vielmehr gehört sie zu einer zweiten Ebene, auf der die Mittel erfaßt werden, die dem Autor zur Erzielung der beschriebenen Leistungen zur Verfügung stehen.
Neben den genannten terminologischen Modifikationen, die KOPELKE vornimmt, erweitert sie LAMPINGs Ansatz um den Aspekt der **Leitmotivik** (vgl. KOPELKE 1990: 51f. und 83-86). Darunter versteht sie in Anlehnung an S. TYROFF (1975) "die dem Namen innewohnende Möglichkeit, als eine Art Leitmotiv den Text zu durchziehen und zentrale Themen aufzugreifen" (KOPELKE 1990: 51)[24]. Leitmotivisch wirkt z.B. der Name *Willoughby Patterne* in George Merediths Roman *The Egoist*. Er assoziiert das englische Porzellanmuster "willow-pattern", auf dem ein Liebhaber eine Frau aus dem Haus ihres Mannes entführt. Somit weist der Name *Willoughby Patterne* über seinen NT hinaus und deutet das Grundthema der Handlung an (vgl. GERBER 1963: 177).
KOPELKES Vergleich des Leitmotivs in der Literatur und der Musik (KOPELKE 1990: 84) läßt sich anschaulich an einem Beispiel aus der Dichtung belegen. Edgar Allan Poe, der die Musik als ein wichtiges Element der Poesie begriff[25], schrieb 1845 sein berühmtestes Gedicht *The Raven*. Im Ergebnis eines formalen Experiments entstanden, wirkt es durch seine klangliche Struktur mit ihren vielfach wiederholten Alliterationen und Reimen in höchstem Maße suggestiv[26]. Zu Beginn des Gedichts erfährt der Leser von der tiefen Trauer, die den Ich-Erzähler nach dem Tod seiner Geliebten, Lenore, erfüllt. Um Mitternacht bekommt der Sprecher unerwarteten Besuch von einem Raben. Auf die Frage, wie er heiße, antwortet dieser mit dem einzigen Wort, das er kennt, "Nevermore". Es wird als Antwort auf alle anderen Fragen, die der Sprecher nun an ihn richtet, wiederholt. Das Wort beschließt refrainartig die letzten elf der insgesamt achtzehn Strophen des Gedichts. Die immer wiederkehrende Formel "N/nevermore" gestaltet die Atmosphäre zunehmend unheimlicher und treibt den Sprecher in eine selbstgewollte Verzweiflung. Das Gedicht *The Raven* kann als Beispiel par excellence für die von Poe geforderte Einheit der Wirkung ("unity of effect") eines Kunstwerks gelten. Am Beispiel des als Name und Wort eingesetzten *Nevermore* veranschaulicht es darüber hinaus die von KOPELKE formulierte Bestimmung des leitmotivischen Namens als "ein 'Erinnerungsmotiv', das durch Wiederholung eine einheitsbildende, assoziative Kraft besitzt und das Kunstwerk wie ein Faden durchzieht" (KOPELKE 1990: 84).
Zusammenfassend stellt B. KOPELKE (1990: 51f.) folgenden Funktionskatalog literarischer EN vor: 1. Identifizierung, 2. Illusionierung, 3. Charakterisierung, 4. Perspektivierung, 5. Namenstilistik, 6. Leitmotivik.

Die Beschreibung der generellen Funktionen literarischer EN, die D. LAMPING am Beispiel der Erzählliteratur geleistet hat, entsprach einem lange existierenden Desideratum. LAMPINGs Versuch und die Erweiterung seines Schemas durch KOPELKE können als beispielhaft gelten. Ihre Aussagen erheben dabei nicht den Anspruch, alle in einem literarischen Text auftretenden EN zu erfassen, sondern bleiben auf die Namen literarischer Figuren beschränkt. In diesem Punkt geht die von K. GUTSCHMIDT erarbeitete Funktionstypologie (1984: 18-30 und 1985: 64-68) über LAMPINGs Ansatz hinaus. Auch GUTSCHMIDT stellt die Anthroponyme als den Kern der Namenlandschaft eines literarischen Textes in den Mittelpunkt seiner Betrachtungen. Gleichzeitig betont er jedoch die Anwendbarkeit des Schemas auf literarische Toponyme und andere Namenklassen. GUTSCHMIDT geht von einer Einteilung in **objekt-** bzw. **figurenbezogene** und **textbezogene Funktionen** aus. Wurde bei LAMPING bereits implizit und bei KOPELKE explizit darauf verwiesen, daß ein EN Funktionen in bezug sowohl auf den NT als auch auf übergreifendere Zusammenhänge des Textes erfüllen kann, so wird diese Einsicht bei GUTSCHMIDT zum grundlegenden Klassifikationskriterium. Ein weiterer Unterschied zu den von LAMPING und KOPELKE erstellten Typologien besteht darin, daß GUTSCHMIDT die grundlegenden Funktionen, die von jedem literarischen Namen erfüllt werden, nicht detailliert betrachtet. Vielmehr behandelt er spezifischere Leistungen, die einzelne Namen über die bloße Identifikation des NT hinaus erbringen. Objekt-/Figurenbezogene Funktionen erfüllen dabei solche Namen, die über eine Figur, einen Ort oder andere Objekte etwas mitteilen. Dazu bemerkt GUTSCHMIDT (1984: 19):

> In der Regel betrifft diese Mitteilung den Namenträger selbst, sie kann aber auch den fiktiven Namengeber oder eine Figur, die zu dem Namenträger in Beziehung steht, betreffen.

Zu den objekt-/figurenbezogenen Funktionen zählt GUTSCHMIDT die **klassifizierende** (zuordnende) Funktion, die literarische EN, besonders Figurennamen, mit vielen Namen in der Realität gemeinsam haben. Als speziell literarisch-onymisch bezeichnet er die **charakterisierende** und die **evozierende** (Assoziations-) Funktion. Der Charakterisierung dienen redende Namen, die durch appellativische Bedeutungsbestandteile auf Eigenschaften, äußere Merkmale, den Beruf oder die Herkunft des NT verweisen. Die evozierende Funktion kann auf vielfache Art realisiert werden (vgl. GUTSCHMIDT 1984: 27-30 und 1985: 66-68), und zwar durch
1. die Anspielung auf ein namensgleiches Vorbild ("verkörperte Namen"),
2. die Verwendung von Namen, die traditionell in bestimmten literarischen Richtungen gebräuchlich sind ("topische Namen"),
3. die Ausnutzung kollektiver Bewertungen namenphysiognomischer Eindrücke ("suggestive Namen"),
4. die Funktionalisierung der Klangwirkung eines Namens ("laut-/klangsymbolische Namen"),
5. die Bezugnahme auf den Symbolcharakter eines authentischen NT ("symbolische Namen").
In jedem Fall geht es darum, durch den Namen beim Leser bestimmte Vorstellungen zu evozieren, die dieser auf das benannte Objekt bzw. die Figur überträgt.

Mit Bezug auf den konkreten Text bzw. mehrere Texte unterscheidet GUTSCHMIDT eine **zyklisierende** und eine **differenzierende** (gliedernde) Funktion. Erstere bezieht sich

auf die Verwendung desselben Namens in mehreren Werken eines Autors. Das wiederholte Auftreten eines EN kann einen Zusammenhang zwischen den entsprechenden Texten herstellen[27].
Die differenzierende Funktion entspricht der von LAMPING beschriebenen Kontrastierung als Untergruppe der Konstellierung. Sie bewirkt, so GUTSCHMIDT (1984: 20),
"eine übersichtliche Gliederung der Namenlandschaft durch Verwendung kontrastieren-
der Namen". Exemplarisch verweist er auf unterschiedlich strukturierte FaN, die im Kriminalroman sowohl Kriminalisten verschiedenen Dienstgrades als auch Täter, Verdächti-
ge und Opfer voneinander abgrenzen[28].

Wie die Ausführungen in diesem Kapitel verdeutlicht haben, stellt der literarische Name
ein äußerst komplexes Gebilde dar. Dies betrifft sowohl die Vielfalt seiner Funktionsmöglichkeiten als auch die Mittel, mit deren Hilfe diese Funktionen erfüllt werden können. In seinem Klassifikationsschema ordnet GUTSCHMIDT den einzelnen literarisch-
onymischen Funktionen bestimmte Namenarten zu. In der Tat lassen sich gewisse prototypische Korrelationen nachweisen. So dienen redende Namen in der Regel der Charakterisierung des NT. Sie werden daher gelegentlich schlechthin als "charakterisierende Namen" bzw. "Charaktonyme" ("charactonyms"; vgl. THIES 1978: 85) bezeichnet. Von ein-
eindeutigen Beziehungen zwischen funktionalen und formalen Kategorien literarischer
EN kann jedoch keine Rede sein. So ist eine Funktion nicht an eine einzige Namenart
gebunden. Man vergleiche z.B. die Charakterisierung, der nach LAMPING nicht nur redende, sondern auch präfigurierte und klingende Namen dienen. Auch für die von GUT-
SCHMIDT beschriebene evozierende Funktion wurden mehrere Möglichkeiten aufgezeigt. Wie einer Funktion mehrere Namenarten entsprechen können, so kann zweifellos
auch ein und derselbe Name polyfunktional sein. Darauf verweist LAMPING (1983: 123)
sehr anschaulich am Beispiel des Namens *Joseph* bei Thomas Mann.

Nachdem die bisherigen Ausführungen zum literarischen Namen vorrangig seinen Funktionen galten, sollen im folgenden Teilkapitel die verschiedenen Arten literarischer Namen vorgestellt werden.

3.3. Arten literarischer Namen

Die im Kapitel 3.2. beschriebenen Funktionen werden von literarischen Namen erfüllt,
die in ihrer Herkunft und Struktur eine beträchtliche Vielfalt aufweisen können. Wie aus
der oben angeführten Definition (vgl. Kap. 3.1.) hervorgeht, gilt jeder in einem literarischen Text auftretende EN als **literarischer Name**, unabhängig davon, ob er
(a) Menschen, Orte oder gegenständliche Objekte bezeichnet,
(b) ein dem realen Namenschatz einer Sprachgemeinschaft entnommener oder vom
    Schriftsteller erdachter Name ist,
(c) sich auf fiktive Gestalten, Schauplätze, Objekte oder auf im Text erwähnte real exi-
    stierende NT bezieht.

Die vorliegende Arbeit geht somit von einem weiter gefaßten Begriff des "literarischen
Namens" aus als beispielsweise K. GUTSCHMIDT (1984a und 1985). Dieser stellt un-
mißverständlich fest: "Nicht alle Namen, die in einem literarischen Werk vorkommen,

sind jedoch auch literarische Namen" (GUTSCHMIDT 1985: 63). Er teilt die auftretenden EN in "literarische" und "nichtliterarische" ein, wobei letztere die im Text erwähnten authentischen Personen und Objekte bezeichnen.

In Anbetracht der Variationsbreite der in einem literarischen Werk verwendeten EN und ihrer Referenzobjekte ist eine Klassifikation literarischer Namen nur möglich, wenn man von einem mehrere Ebenen umfassenden Schema ausgeht. Zunächst sollen literarische Namen und NT sowie ihr wechselseitiges Verhältnis hinsichtlich des Kriteriums der Authentizität beschrieben werden. Anschließend wird der Blick auf sujetinterne Namen, d.h. "literarische Namen im engeren Sinne" (vgl. BIRUS 1987: 39, Anm. 3)[29], und deren Erscheinungsformen gerichtet.

3.3.1. Authentizität vs. Fiktivität von Namen und Namensträgern

3.3.1.1. Authentische und fiktive Namen

Ein Autor kann in seinem Werk sowohl Namen verwenden, die im realen Namenschatz einer Sprachgemeinschaft belegt sind, als auch solche, die außerhalb des literarischen Kontextes nicht vorkommen. In der Literatur gibt es somit **reale (authentische)** und **fiktive Namen.** H. THIES (1978: 14) unterscheidet treffend zwischen vom Autor "gefundenen" und "erfundenen" Namen.

Jeder Leser wird ohne Schwierigkeiten Namen wie *Tom Jones* (bei Henry Fielding), *Elizabeth Bennet* oder *Anne Elliot* (bei Jane Austen) als real akzeptieren, da sowohl VN als auch FaN im wirklichen Leben gebräuchlich sind (Beispiele vgl. GERBER 1963: 175f.). Ebenso offensichtlich wie die **Authentizität** der genannten Namen ist die **Fiktivität** von Sir Walter Scotts *Dr. Blattergowl*, Anthony Trollopes *Sir Raffle Buffle* oder Charles Dickens' *Prince Turveydrop* (Beispiele vgl. COTTLE 1983: 196).

Nicht immer fällt es jedoch leicht, einen literarischen Namen eindeutig als authentisch bzw. fiktiv zu bestimmen. Selbst Schriftsteller können nicht in jedem Fall sagen, ob ein von ihnen verwendeter Name wirklich existiert. So beschreibt H. PEUCKMANN (1994: 67f.), wie er sich für den Namen des Mordopfers in einem Kriminalhörspiel entschied. Da es sich um einen Fußballer handelte, griff PEUCKMANN auf einen Spieler seines Lieblingsvereins Borussia Dortmund zurück, der *Konietzka* hieß. Er wandelte den Namen ab und nannte seine literarische Figur *Konitz.* Der Autor war überzeugt, einen Namen erfunden zu haben, der zwar authentisch klinge, den es aber nicht wirklich gebe. Daher war er um so verwunderter, als sich ihm kurz darauf sein neuer Nachbar vorstellte:

> "Konitz. Guten Tag, Herr Peuckmann." "Konitz?" antworte ich verdattert und will schon hinzufügen: "Aber ich habe Sie doch grad ermordet", da kriege ich im letzten Moment die Kurve. "Ach ja, der neue Nachbar. Schön, Sie kennenzulernen." (PEUCKMANN 1994: 68)

Weniger schwierig als in dem genannten Fall scheint es auf den ersten Blick, die Authentizität von VN festzustellen. Doch auch hier läßt sich nicht immer eine eindeutige Aussage treffen. Anders als in Deutschland ist die VN-Wahl in vielen Ländern nicht strikt durch amtliche Regelungen vorgeschrieben. So erhalten Neugeborene in China häufig Appellativa als VN, mit denen die Eltern ihre Wunschvorstellungen über das Kind zum Ausdruck bringen wollen. Zu besonders häufig genutzten Namenkonstituenten gehören dabei für Jungen z.B. *Xiong* ('Held'), *An* ('Frieden'), *Zhi* ('ehrgeizig') und für Mädchen *Yue* ('Mond'), *Hua* ('Blume') und *Li* ('schön'). In Japan ist die Reihenfolge der geborenen Kinder von so großer Bedeutung, daß gelegentlich Zahlen zu Namen erhoben werden. Ein erstgeborener Sohn könnte somit *Taro, Ichiro* oder *Kazuo* heißen, ein zweiter *Eiji, Jiro* oder *Kenji* und ein dritter *Saburo, Taizo* oder *Shuzo* (vgl. DUNKLING 1993: 93ff.). Diese Erscheinungen sind keineswegs auf östliche Kulturen beschränkt. Auch in Großbritannien gibt es kein verbindlich festgelegtes Namenregister, so daß Eltern generell die Möglichkeit haben, ihren Kindern appellativische Bezeichnungen als Namen zu verleihen. Zwar greifen auch die meisten Briten auf den vorhandenen konventionellen Namenschatz zurück, doch sind als Folge der erwähnten Namengebungsfreiheit durchaus VN wie *Butter, Doctor, Queen* u.a.m. dokumentiert (vgl. DUNKLING 1993: 22). E. WEEKLEY berichtet unter der Überschrift "Cruelty to Children" von einer Familie in Norfolk, deren Kinder zu Beginn unseres Jahrhunderts folgende Namen trugen: *Asenath Zaphnaphpaaneah Kezia Jemima Kerenhappuch, Maher Shalal Hashbaz* und *Arphad Absalom Alexander Habakkuk William* (vgl. *Dictionary of First Names* 1994: 205). Wie diese VN zeigen, werden selbst die kuriosesten fiktiven Namen der Literatur gelegentlich durch authentische Beispiele der nicht-literarischen Wirklichkeit bei weitem übertroffen. Hießen literarische Gestalten *Christmas Carrolls, William Shake Spear, River Jordan* oder *Paschal Lamb*, würde man diese Namen für nicht sehr subtile Erfindungen des Autors halten. Tatsächlich handelt es sich um authentisch belegte PN (vgl. *Dictionary of First Names* 1994: 208).

Wie die Ausführungen verdeutlicht haben, ist es häufig schwierig, die Authentizität eines Namens eindeutig festzustellen. W. SEIBICKE (1982: 89) bemerkt, daß es jedoch für das Funktionieren eines literarischen EN letzten Endes unwesentlich ist, ob er vom Autor vorgefunden oder erdacht wurde. Die gleiche Auffassung hatte schon R. GERBER (1965: 579) geäußert:

> Ob ein Dichter einen bestehenden Namen unter Hunderten oder Tausenden nach seinen symbolischen Absichten subtil auswählt oder ob er nach seinen symbolischen Absichten einen so bildet, daß er vom Leser oder Hörer ohne weiteres als ein wirklicher Name akzeptiert wird, kommt praktisch auf dasselbe hinaus.

Für die Namenrezeption durch den Leser trifft GERBERs Aussage unbestritten zu. Von Bedeutung wird die Unterscheidung bei Untersuchungen zur Namenwahl durch den Schriftsteller. Dann nämlich stellt sich die Frage, warum der Autor im konkreten Fall auf die Verwendung eines authentischen Namens verzichtete und statt dessen einen fiktiven Namen nach realem Muster bildete.

Fiktive Namen, die realen Namen nachempfunden sind, werden vom Leser zumeist nicht als fiktiv erkannt. Sie sind "wirklichkeitsnah" und sollen daher als **realistische Namen** bezeichnet werden[30]. W. WITTSTRUCK (1987: 21) faßt treffend das Wesen des realistischen (Figuren-)Namens zusammen:

> (...) es /handelt/ sich um einen Namen, der in der Realität vorkommen könnte und als einsetzbar zur Bezeichnung realer Menschen in einer bestimmten Epoche und einer bestimmten Region empfunden wird.

Realistisch ist z.B. der von Theodor Storm erfundene ON *Grieshuus*. Er ist dem verbreiteten ON-Bildungsmuster 'Bestimmungswort (hier: Adjektiv) + Grundwort' nachgebildet und enthält die in niederdeutschen ON mehrfach belegten Elemente nd. *gries* und nd., dän. *-hus* (vgl. LAUR 1979: 124). Ebenfalls fiktive, aber realistisch klingende ON sind *Altholm* und *Stolpe* (bei Hans Fallada), *Rugbüll* (bei Siegfried Lenz), *Baasdorf* (bei Friedrich Ernst Peters), *Ilenbeck* (bei Johann Hinrich Fehrs) sowie in einem Roman James Fenimore Coopers *Templeton* (Beispiele aus LAUR 1979: 124f.).

Neben **fiktiven Namen** findet sich in literarisch-onomastischen Studien häufig der Hinweis auf **fiktionale Namen**. Nicht immer werden die Begriffe jedoch deutlich voneinander abgegrenzt. Beide Adjektive sind Ableitungen des polysemen Substantivs "Fiktion", wobei sie sich auf unterschiedliche Bedeutungsvarianten beziehen.
In der vorliegenden Arbeit soll von folgendem, besonders im angelsächsischen Sprachraum verbreiteten Begriffsverständnis ausgegangen werden: Danach gilt "fiktiv" als Synonym zu 'erfunden'/'ausgedacht'/'angenommen'. Seine Antonyme sind, wie bereits festgestellt wurde, "real" bzw. "authentisch". "Fiktional" als literaturwissenschaftlicher Terminus bezieht sich auf eine Gruppe von Texten mit gemeinsamen Merkmalen, die sie von "nicht-fiktionalen Texten" abgrenzen. "Fiktionale" Texte können völlig oder teilweise "fiktiv" sein (vgl. *Literaturwissenschaftliches Wörterbuch für Romanisten* 1989: 129f. sowie *Brockhaus-Wahrig* 1981, Bd. 2: 744). Daraus folgt, daß auch fiktionale Namen fiktiv sein können, aber nicht müssen. Diese Auffassung erscheint einsichtig und wird ebenso von K. GUTSCHMIDT (1980: 111)[31] und W. SEIBICKE (1982: 89) ausdrücklich vertreten.

Abschließend sei der Terminus des **fiktionalen Namens** in Abgrenzung vom **literarischen Namen** betrachtet. Die Phänomene, auf welche die genannten Begriffe verweisen, sind weit von einer eindeutigen Bestimmung entfernt. Noch immer evoziert die Frage nach dem Wesen von "Literatur" und "Fiktion" sehr heterogene Versuche einer Antwort[32]. Eine detaillierte Auseinandersetzung mit diesem Thema würde weit über den Rahmen der vorliegenden Arbeit hinausgehen. Ein geeigneter Ansatzpunkt für die folgende Namenanalyse ist die Ansicht J. SCHUTTEs. Er betont, daß literarische Texte bei weitem nicht immer fiktional sein oder als solche betrachtet werden müssen (vgl. SCHUTTE 1993: 161). Die Auffassung, daß der Literaturbegriff der Fiktion übergeordnet ist, wird von den meisten Autoren geteilt. So findet sich im *Dictionary of Literary Terms and Literary Theory* (CUDDON 1991: 343) der Eintrag:

> **fiction** A vague and general term for an imaginative work, usually in prose. At any rate, it does not normally cover poetry and drama though both are a form of fiction in that they are moulded and contrived - or feigned. Fiction is now used in general of the novel, the short story, the *novella* (qq.v.) and related genres.

Akzeptiert man "Fiktion" in der Bedeutung 'eine Gruppe von (i.d.R. narrativen) Texten' als einen der "Literatur" untergeordneten Begriff, muß man auch den "fiktionalen Namen" als eine besondere Ausprägung des "literarischen Namens" anerkennen.
Als Zusammenfassung lassen sich die erläuterten Namenarten in Form einer hierarchischen Ordnung wie folgt darstellen:

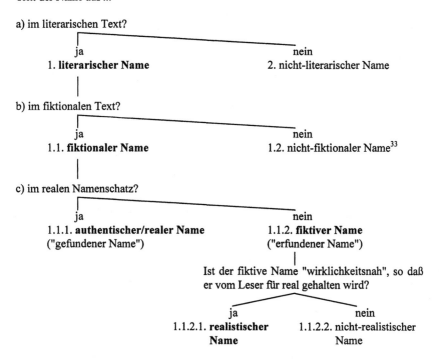

Tritt der Name auf ...

a) im literarischen Text?

ja	nein
1. literarischer Name	2. nicht-literarischer Name

b) im fiktionalen Text?

ja	nein
1.1. fiktionaler Name	1.2. nicht-fiktionaler Name[33]

c) im realen Namenschatz?

ja	nein
1.1.1. authentischer/realer Name	**1.1.2. fiktiver Name**
("gefundener Name")	("erfundener Name")

Ist der fiktive Name "wirklichkeitsnah", so daß er vom Leser für real gehalten wird?

ja	nein
1.1.2.1. realistischer Name	1.1.2.2. nicht-realistischer Name

Die bisherigen Ausführungen verfolgten das Ziel, den **literarischen, fiktionalen, fiktiven, realen (authentischen)** und **realistischen Namen** terminologisch voneinander abzugrenzen und die in der vorliegenden Arbeit vertretene Begriffsauffassung zu verdeutlichen. Dies wurde für notwendig erachtet, da dieselben Termini von anderen Autoren z.T. unterschiedlich ausgelegt werden. B. KOPELKE (1990) und S. HANNO-WEBER (1997) verwenden das Oppositionspaar "fiktiv" und "real", um die hier als "literarisch" und "nicht-literarisch" bezeichneten Namen voneinander abzugrenzen. Als Unterscheidungskriterium gilt bei KOPELKE und HANNO-WEBER nicht das Vorkommen im realen Namenschatz einer Sprachgemeinschaft, sondern das Auftreten der Namen innerhalb oder außerhalb literarischer Texte[34].
Wenn G. LIETZ (1992: 115) von "authentischen Namen" spricht, so meint er damit in Anlehnung an H. BIRUS (1989: 33) "nicht-fiktionale Bestandteile (...) fiktionaler Geschichten". "Authentisch" wird in diesem Sinn nicht nur auf die Form des Namens, sondern gleichzeitig auf dessen Referenzobjekt bezogen. Notwendige Bedingung für den "authentischen Namen" ist im Begriffsverständnis von BIRUS und LIETZ folglich die (vermeintliche)[35] Identität des literarischen mit dem historisch belegten Träger dieses EN. Auch für H. KÖGLER (1981) betrifft die Authentizität eines literarischen Namens sowohl dessen Form als auch sein Referenzobjekt. Anders definiert KÖGLER (SCHIRMER) den "authentischen Namen" in ihrer onomastischen Studie zu Michael En-

des Roman *Die unendliche Geschichte* (SCHIRMER 1994). Sie geht nunmehr vom Vorkommen des EN im realen Namenschatz aus und konstatiert:

> Darunter [Unter authentischen Namen-I.S.] verstehe ich solche Eigennamen (EN), die in der Wirklichkeit existieren und deren Herkunft und Bedeutung in Namenwörterbüchern nachgeschlagen werden können. (SCHIRMER 1994: 38)

Diese Definition entspricht im wesentlichen der für die vorliegende Arbeit beschriebenen und erörterten Terminusverwendung.

3.3.1.2. Authentische und fiktive Namensträger (sujetexterne und sujetinterne Namen)

Die Bemerkungen zur Terminologie von H. BIRUS, G. LIETZ und H. KÖGLER (SCHIRMER) haben bereits gezeigt, daß ebenso wie literarische Namen auch ihre NT entweder authentisch oder fiktiv sein können. Fiktive und authentische NT lassen sich wie folgt unterscheiden:

(1) **Fiktive NT** werden vom Autor erfunden oder realen NT nachgebildet, wobei diese im künstlerischen Schaffensprozeß fiktive Züge erhalten. Sie sind handelnde Figuren bzw. Schauplätze oder Objekte der erzählten Handlung und somit Teil des Sujets.

(2) **Authentische NT** sind im Werk erwähnte Personen/Figuren, Orte oder Gegenstände, die außerhalb des literarischen Textes existieren. Sie sind nicht Träger, Schauplätze oder Objekte der erzählten Handlung und stehen außerhalb des literarischen Sujets.

Unter Verwendung der von K. GUTSCHMIDT (1984a: 10) geprägten Termini kann man von (1) **sujetinternen** und (2) **sujetexternen** Namen sprechen[36]. Letztere bezeichnen, wie GUTSCHMIDT (1984a: 10) hervorhebt, "dasselbe reale Objekt wie außerhalb eines literarischen Werkes". Wenn z.B. in den geschichtsphilosophischen Exkursen des Romans *Vojna i mir* von Lev Tolstoj auf *Thiers, Schlosser, Montesquieu, Diderot, Fichte* und *Schelling* verwiesen wird (Beispiele aus GUTSCHMIDT 1984a: 10), so bezeichnen diese Namen keine im Werk agierenden Gestalten, sondern reale, weithin bekannte Persönlichkeiten.

Authentische Personen oder Objekte können in verschiedenen Zusammenhängen in einem literarischen Text Erwähnung finden:
1. in Exkursen oder Reflexionen des Autors,
2. in Textpassagen, die mit dem Sujet nicht verbunden sind,
3. in der Rede fiktiver Gestalten und
4. in authentischen Dokumenten, die in das Sujet einbezogen sind
(vgl. GUTSCHMIDT 1985: 64).

Wie festgestellt wurde, gilt als Unterscheidungskriterium sujetinterner und -externer Namen nicht deren formale Beschaffenheit, sondern die Authentizität/Fiktivität ihrer Referenzobjekte. Fiktive NT, d.h. Träger sujetinterner Namen, sind literarische **Figuren**. Authentische NT, d.h. Träger sujetexterner Namen, sind zumeist **Personen**. Letztere Aussage ist insofern einzuschränken, als sich auch sujetexterne Namen auf Figuren beziehen können. Dies ist dann der Fall, wenn literarische Gestalten aus einem anderen Werk erwähnt werden und somit intertextuelle Namenbezüge bestehen. Als Erfindungen ihres Autors sind sie zunächst fiktive NT. In bezug auf den Text, der lediglich auf sie verweist, können sie jedoch als authentisch gelten, da sie ihre ursprüngliche Identität bewahren und ihnen keine weiteren fiktiven Eigenschaften zugeschrieben werden.

Als **Personen** bezeichnet D. LAMPING (1983: 26) Individuen, die "außerhalb der Sprache in der raumzeitlichen Wirklichkeit körperlich greifbar existieren oder existierten". Aufgrund der Realität ihrer Existenz weisen Personen keine "Unbestimmtheitsstellen" (INGARDEN 1972: 261-270) auf. Sie sind allseitig, d.h. in einer unendlichen Anzahl von Merkmalen, eindeutig festgelegt. Anders verhält es sich bei literarischen **Figuren**. Im Unterschied zu Personen verfügen sie ausschließlich über solche Merkmale, die ihnen innerhalb des literarischen Textes zugewiesen werden. Da, wie D. LAMPING (1983: 26) betont, eine Figur "ein sprachliches Gebilde /ist/, das aus einer endlichen Anzahl von Worten und Sätzen entsteht", ist auch die Zahl ihrer eindeutig festgelegten Merkmale begrenzt. Bei einer Figur als literarisch "dargestellter Gegenständlichkeit" (INGARDEN 1972: 257) bleiben die meisten Bestimmungsstellen zwangsläufig unausgefüllt. Die unvollkommene Bestimmung der literarischen Figur wird einem Leser jedoch in der Regel nicht bewußt. Gleichsam automatisch füllt er die bei der Figurendarstellung verbleibenden Lücken aus, wodurch sich in seiner Vorstellung das Bild eines in jeder Hinsicht definierten Objektes ergibt. Auf diese Weise wird die Illusion erweckt, daß literarische Figuren und Personen wesensgleich seien.

Zusammenfassend sei noch einmal hervorgehoben, daß sich literarische Anthroponyme (vgl. GUTSCHMIDT 1984a: 9) sowohl auf (fiktive) Figuren als auch auf (reale) Personen beziehen können. Eine terminologische Differenzierung dieser EN wird jedoch von den wenigsten Autoren vollzogen. So ist es üblich, auch dann von Personennamen zu sprechen, wenn es sich um Namen literarischer Figuren handelt. Im folgenden soll konsequent zwischen **Figurennamen** [FigN] und **Personennamen** [PN] unterschieden werden, da sich eine derartige Abgrenzung als logische Konsequenz aus den bisherigen Ausführungen ergibt.
Um die Darstellung zu erleichtern, wurden die Aussagen zur Authentizität literarischer NT am Beispiel von NT des Typus "Mensch" exemplifiziert. Es sei daher angemerkt, daß sie uneingeschränkt ebenso auf Orte und gegenständliche Objekte übertragbar sind.

Das Interesse literarisch-onomastischer Studien richtet sich in erster Linie auf sujetinterne Namen. Dies ist verständlich, da sich erst an den Benennungen der Figuren und fiktiven Schauplätze das spezifisch Literarische der Namengebung zeigt. Doch auch die Namen authentischer Referenzobjekte gestalten die onymische Landschaft eines Werkes mit. Sie werden vom Autor mit bestimmten Intentionen in den literarischen Text einbezogen und sind daher in einer umfassenden Namenstudie zu berücksichtigen.
K. GUTSCHMIDT (1985: 64) und H. KÖGLER (1981: 28ff.) unterstreichen, daß die Analyse sujetexterner Namen Einblicke in den Verständnishorizont und Bildungsstand sowie in Auffassungen, Einstellungen und Überzeugungen des Autors gewähren kann. Dabei genügt es nicht, lediglich zu registrieren, um *welche* Namen es sich im einzelnen handelt. Wichtig ist, sie im kontextuellen Zusammenhang ihrer Verwendung zu beschreiben.

Namen realer Personen und Orte können außerdem dazu dienen, die erzählte Handlung räumlich und zeitlich einzuordnen. Auf diese Möglichkeit verweist A. STERN (1984: 42f.) am Beispiel eines Erzählzyklus des bulgarischen Schriftstellers Jordan Jovkov. Indem gleich auf den ersten Seiten die Toponyme *Amerika* (im Zusammenhang mit der mexikanischen Revolution von 1910) und *Port Artur* [sic!] (als Verweis auf den Russisch-Japanischen Krieg von 1904/05) erwähnt werden, erhält der Leser einen Hinweis auf die Zeit, in der das Geschehen spielt.

Nach der zunächst isolierten Betrachtung von literarischen Namen und NT soll nun versucht werden, sie nach dem Kriterium ihrer Authentizität einander zuzuordnen.

3.3.1.3. Das Verhältnis authentischer und fiktiver Namen und Namensträger

Grundsätzlich kann der Autor eines literarischen Textes seinen fiktiven Gestalten und Schauplätzen sowohl authentische als auch fiktive Namen geben. Ebenso können die von ihm erwähnten authentischen Personen/Figuren und Orte authentische oder fiktive Namen tragen. Dies veranschaulicht die folgende Übersicht[37]:

	Sujetinterne Namen		Sujetexterne Namen	
Namensträger	1. fiktiv		2. authentisch	
	1.1.	1.2.	2.1.	2.2.
Name	authentisch	fiktiv	authentisch	fiktiv

Zur Erläuterung des Schemas sollen einige Beispiele aus dem in dieser Arbeit untersuchten Textkorpus angeführt werden:

1.1. G.K. Chestertons **fiktive** Serienhelden heißen *Grant, Brown, Fisher, Gale* und *Pond*. Diese FaN sind nicht vom Autor erdacht, sondern in der Realität allgemein verbreitet. Ebenso sind die Namen von Schauplätzen der Handlung wie *Scarborough, Oxford, London, Paris* oder *Chicago* der Wirklichkeit verpflichtet. Sie sind **authentisch**.

1.2. Vom Autor erfundene (= **fiktive**) Figuren können ebenso vom Autor erfundene (= **fiktive**) Namen tragen, z.B. *Nogglewop, Professor Phocus* und *Sir Bradcock Burnaby-Bradcock*. Auch die ON *Cobhole, Dulham* und *Ludbury* existieren nach Wissen der Verfn. nicht wirklich. Dennoch erwecken sie beim Leser den Eindruck der Echtheit, da sie reale ON-Bildungsmuster nachahmen. Sie sind im oben erläuterten Begriffsverständnis realistisch.

2.1. Wird im Text eine reale (= **authentische**) Person oder Ortschaft erwähnt, so trägt diese einen **authentischen** Namen. Bei G.K. Chesterton finden sich Verweise auf so unterschiedliche Personen wie *Lady Godiva, Walt Whitman, Mary Queen of Scots, Wilkie*

Collins und *Charles Darwin*. Des weiteren werden Orte genannt, ohne Schauplatz der fiktionalen Handlung zu sein, z.b. die Städte *Bath, Brighton, Vancouver, Venice* und *Florence*, die Flüsse *Rubicon, Tiber* und *Ganges* sowie die Berge *Snowdon, Matterhorn, Etna* und *Ossa*.

2.2. Wie bereits festgestellt wurde, können sich sujetexterne Namen nicht nur auf **authentische** Personen, sondern auch auf Figuren oder Schauplätze anderer literarischer Werke beziehen. Je nachdem, ob die Namen vom ursprünglichen Autor gefunden oder erfunden wurden, sind sie ihrer Form nach authentisch oder fiktiv. Zu den **fiktiven** FigN, die in Chestertons Erzählungen genannt werden, gehören *Mr. Pickwick* (Charles Dickens), *Struwwelpeter* (Heinrich Hoffmann), *Bluebeard* (Charles Perrault) sowie *Tweedledum* und *Tweedledee* (Lewis Carroll). Auch Namen literarischer Schauplätze finden Erwähnung, z.b. Edgar Alan Poes *Rue Morgue* und Anthony Hopes fiktives Königreich *Ruritania*.

Auf die Möglichkeit, authentische NT mit fiktiven Namen zu versehen, wird mitunter in einem anderen Zusammenhang aufmerksam gemacht. So bemerkt H. KÖGLER (1981: 213) in ihrer Arbeit zu Hermann Kants Roman *Die Aula*, daß sich hinter dem erfundenen ON *Paren* in Wirklichkeit der langjährige Wohnort des Autors, Parchim, verberge. Die Ähnlichkeit der Namen sowie die übereinstimmende geographische Lage der beiden Orte stützen diese Annahme. Dennoch ist die mit *Paren* benannte Stadt nicht mit ihrem realen Vorbild identisch. Sie kann es nicht sein, da selbst das genaueste literarische Abbild eines realen Objektes dieses nie in der Unendlichkeit seiner Merkmale erfassen kann. Die künstlerische Darstellung ist an die Selektion von Merkmalen gebunden, wodurch das Objekt zwangsläufig fiktive Züge erhält.

3.3.2. Arten sujetinterner Namen

Figurennamen wie *Herr Glückspilz, Herr Pechvogel* oder *Herr Weißbescheid* (Beispiele aus BIRUS 1985: 25 und SCHIRMER 1992: 30) sind auffällig und werden daher nicht selten als Musterbeispiele für den literarischen Namen betrachtet. In der Tat finden hier die Intentionen des Autors auf besonders deutliche Weise ihren Ausdruck. Der Name dient dem Autor als Mittel, seine Figur nicht nur zu benennen, sondern sie gleichzeitig mit einem einzigen Wort zu beschreiben. Jedoch wirken nicht alle Namen gleichermaßen eindeutig und direkt. Subtilere Formen der Figurenbenennung erscheinen weniger konstruiert und eröffnen dem Leser größere Freiräume für eine individuelle Interpretation. Es ist aufschlußreich zu verfolgen, wie Autoren als Namengeber selbst über ihre Namenwahl reflektieren. Für die vorliegende Arbeit war es möglich, persönliche Aussagen britischer und deutscher Detektivschriftsteller für die Erörterung dieser Thematik durch Korrespondenzen einzuholen und auszuwerten.

Würde man mehrere Personen danach befragen, wie *Miss Slighcarp* und *Mr. Grimshaw, Professor Kolczyk, Lucy Stoke-Lacy, Richard Wemyss* und *James Willoughby Pibble* zu ihren Namen kamen, erhielte man zweifellos unterschiedliche Antworten. Vielleicht könnte der eine oder andere Leser wirklich nachvollziehen, aus welchem Grund sich Autoren für diese Namen entschieden haben. Daß *Miss Slighcarp* und *Mr. Grimshaw* (vgl.

engl. *sly* 'listig' und *grim* 'grimmig') auf Eigenschaften der benannten Figuren verweisen, erscheint immerhin noch offensichtlich (aus einem Brief von Joan AIKEN an I.S. vom 05.04.1996). Kaum ein Leser wird jedoch erahnen, daß der fiktive *Professor Kolczyk* aus -KYs Roman *Einer von uns beiden* seinen Namen nach einer Fleischerei erhielt, an welcher der Schriftsteller jeden Morgen mit dem Bus vorbeifuhr (aus einem Brief von -KY an I.S. vom 08.10.1995).

Auch *Lucy Stoke-Lacy* wirkt überzeugend als der Name einer literarischen Figur, obwohl der FaN in Wirklichkeit einen kleinen Ort in Herefordshire bezeichnet. In diesem Zusammenhang bemerkt der britische Autor James MELVILLE:

> It's odd how many villages in that part of the world sound like second-class actors or local bigwigs. (Brief von James MELVILLE an I.S. vom 31.03.1996).

Wer nach dem gleichen Muster den realen Namenpaten von *Richard Wemyss* sucht, wird feststellen müssen, daß es einen solchen nicht gibt. Sollte er dennoch existieren oder existiert haben, war er dem Autor H.R.F. KEATING nicht bekannt. Der Name soll einzig und allein auf den sozialen Status der Figur verweisen:

> The man who is eventually shown to be the murderer has a name only reflecting his social status, Richard Wemyss. (Brief von H.R.F. KEATING an I.S. vom 08.04.1996)

Am Beispiel seines Seriendetektivs *James Willoughby Pibble* spricht der Schriftsteller Peter DICKINSON davon, daß manchen Namen eine "emotionale Onomatopoetik" ("a sort of emotional onomatopoeia") anhaftet, und weiter führt er aus:

> I chose his surname as the exact opposite of a name like James Bond, so upright and forthright etc. Pibble was meant to be weedy. I also wanted a name that looked like a normal English name but was in fact uncommon. (Brief von Peter DICKINSON an I.S. vom 28.03.1996)

Wie die Aussagen verdeutlichen, wurde die Namenwahl der Schriftsteller von jeweils unterschiedlichen Überlegungen beeinflußt. Sie richteten sich auf den Klang und die Bedeutung des Namens, auf seine Verbreitung in einer bestimmten sozialen Gruppe sowie den Bezug auf reale Personen und Orte.

Ein Vorschlag zur Systematisierung von Strategien der literarischen Namengebung wurde von D. RÜMMELE (1969: 9-11) unterbreitet. Allerdings unterscheidet RÜMMELE dabei nicht konsequent zwischen formalen und funktionalen Kategorien, so daß Gruppen wie "Pseudo-pompöse Namen", "Der Name als onomastisches Leitsymbol" und "Das Weglassen von Anfängen oder Endungen" undifferenziert und unbegründet nebeneinandergestellt werden[38].

Wesentlich reduzierter und in sich geschlossener erscheint das Modell von H. BIRUS (1978). Unter Berücksichtigung der zuvor von B. MIGLIORINI[39] vorgestellten Typologie bestimmt BIRUS vier Arten literarischer EN:

1. redende Namen
2. verkörperte Namen
3. klangsymbolische Namen
4. klassifizierende Namen.

In einer neueren Arbeit (BIRUS 1987) modifiziert H. BIRUS sein ursprüngliches Schema in zwei Punkten: Erstens nimmt er neben den genannten vier Gruppen als zusätzliche Kategorie "authentische Namen" auf. Unter authentischen Namen versteht BIRUS solche, "die sich - nicht anders als Namen in der Zeitung, in Geschichtsbüchern oder in Lexika - unzweifelhaft auf eindeutig identifizierbare reale Personen beziehen" (BIRUS 1985: 23). Den **"authentischen Namen"** stehen die **"literarischen Namen im engeren Sinne"** (BIRUS 1985: 23) gegenüber. Die Termini entsprechen somit der in der vorliegenden Untersuchung beschriebenen Begriffsopposition von **sujetexternen** und **sujetinternen** Namen.

Die zweite Modifikation bei BIRUS besteht darin, daß er zwischen den einzelnen Namenarten Zusammenhänge erkennt. Die Namen werden nicht länger isoliert betrachtet, sondern in ein System eingeordnet, welches durch drei Achsen definiert ist. Auf diesen sind die erwähnten Klassen literarischer Namen nach der Art ihrer "Semantisierung" (vgl. BIRUS 1987: 44ff.) positioniert. Im einzelnen handelt es sich um die Klassifikatoren "Kontiguität" vs. "Similarität", "einzelsprachlich" vs. "nicht-einzelsprachlich" und "individuell" vs. "seriell":

individuell	nicht-einzelsprachlich	einzelsprachlich
Kontiguität	verkörperte Namen	klassifizierende Namen
Similarität	klangsymbolische Namen	redende Namen
seriell		

(BIRUS 1987: 45)

Die Kohärenz dieses Schemas beeindruckt und wirkt insgesamt überzeugend. Zu hinterfragen ist allerdings die Zuordnung der klangsymbolischen Namen zur Kategorie "nichteinzelsprachliche Semantisierung". Dieselben Lautkombinationen werden in verschiedenen Sprachen durchaus unterschiedlich bewertet. Als Beispiel sei darauf verwiesen, daß die onomatopoetischen Nachahmungen der Tierlaute nicht universell sind. So wird z.B. im Deutschen das Bellen eines Hundes mit "wau-wau" wiedergegeben, im Russischen mit "gav-gav" und im Englischen mit "woof-woof" oder das Krähen eines Hahnes im Russischen mit "kukareku", im Englischen mit "cock-a-doodle-doo" und im Deutschen mit "kikeriki"[40].

Die von H. BIRUS beschriebenen Gruppen der klassifizierenden, verkörperten, redenden und klangsymbolischen Namen sind allgemein als Grundmuster sujetinterner Namengebung anerkannt und kehren - teils in terminologischer Abwandlung - bei den meisten Autoren wieder. Sie haben einen hohen Aufschlußwert, so daß sie als tragende Kategorien auch für die nachfolgende Untersuchung Beachtung finden. Das Modell von H. BIRUS soll im folgenden auf seine Verifizierbarkeit überprüft und in einigen Punkten modifiziert werden. Insbesondere bei den Gruppen der verkörperten, redenden und klangsymbolischen Namen erscheint eine weitere Differenzierung sinnvoll. Das im Ergebnis der theoretischen Abhandlung erarbeitete Begriffsnetz von Kategorien bildet die Grundlage für die nachfolgende praktische Analyse der EN in den Detektivgeschichten G.K. Chestertons.

68

3.3.2.1. Klassifizierende Namen

Als **klassifizierend** bezeichnet H. BIRUS (1978: 37) solche Namen, die "ihre Träger aufgrund von religiös, national, sozial oder aber einfach literarisch bedingten Namengebungskonventionen einer bestimmten Gruppe zuordnen". Das bedeutet, daß sich der Autor bei der Wahl eines Namens am realen Namenschatz bzw. an bestimmten Konventionen literarischer Namengebung orientiert. Im zweiten Fall handelt es sich um EN, die, wie K. GUTSCHMIDT (1985: 67) feststellt, "in literarischen Richtungen zum obligatorischen onymischen Repertoire gehören". Als Beispiele derartiger "topischer Namen" benennt er die in der anakreontischen deutschen Dichtung des 18. Jahrhunderts traditionellen weiblichen VN *Phyllis, Doris* und *Lesbia* (GUTSCHMIDT 1985: 67).

Für die Wahl der Namen in realistischen und naturalistischen Erzählformen spielen weniger poetische Traditionen als vielmehr außerliterarische onymische Gegebenheiten eine wesentliche Rolle. Ein Autor, der um eine realistische Darstellung bemüht ist, wird auch versuchen, die Namen seiner Figuren glaubhaft erscheinen zu lassen[41]. Glaubhaft ist ein Name erst dann, wenn er im Einklang mit der realen onymischen Situation der im Werk geschilderten Zeit steht. Diese braucht - man denke z.B. an historische Romane - keineswegs mit der Zeit übereinzustimmen, in der der Text geschrieben oder gelesen wird.
Ein Name kann in komprimierter Form vielfältige Informationen über seinen Träger speichern, so z.B. über dessen Nationalität und regionale Herkunft sowie seine religiöse und soziale Gebundenheit. Ein VN läßt zudem häufig Rückschlüsse auf das Geschlecht und mitunter auf das Alter der benannten Person zu. Je realistischer und differenzierter die literarische Namenlandschaft die wirklichen (historischen) Verhältnisse widerspiegelt, um so eher wird ein Leser bereit sein, das dargestellte Geschehen als wahr oder immerhin als möglich zu akzeptieren.
Die meisten Autoren sind sich des suggestiven Potentials literarischer Namen durchaus bewußt. So enthält D. BAKERs Buch *How to Write Stories for Magazines* neben Hinweisen zur Gestaltung der fiktiven Handlung und Figuren auch ein Kapitel mit der Überschrift "Names and Titles" (BAKER 1991: 69-76). Darin betont die Autorin nachdrücklich, daß die literarische Namenwahl, soll sie erfolgreich sein, Faktoren wie Religion, Rasse, soziales Milieu und Namenmoden berücksichtigen muß. Sie warnt jedoch davor, ausgesprochen klischeehaft wirkende Namen zu verwenden:

> Regional British characters can be given added flavour by the use of the right name. Scots, Irish or Welsh names are relatively easy, but try to steer away from the over-common Dai, Paddy or Jock. There are plenty of interesting, colourful names - Caradoc, for instance, for your Welsh hero, Grainne for an Irish girl, Keir and Isla for the Scots couple. (BAKER 1991: 73)

Allein die Absicht, in der literarischen die reale Namenwelt nachzuahmen, bringt nicht immer den gewünschten Erfolg. Die Wahl glaubwürdiger Namen stellt den Schriftsteller mitunter vor große Schwierigkeiten, wie der ehemalige britische Außenminister und Hobby-Kriminalschriftsteller Douglas HURD eindeutig bestätigt:

> Choosing names is difficult because the choice has to be credible in terms of what you call "age, social, regional and religious background". In an ancient and complicated society like Britain there are all kinds of cross-currents that affect names. (Brief von Douglas HURD an I.S. vom 05.09.1995)

Die Feststellung, daß Konventionen der realen Namengebung am überzeugendsten durch authentische bzw. realistische Namen nachempfunden werden, bedarf keiner weiteren Erläuterung. Weniger einsichtig erscheint auf den ersten Blick der Gedanke, daß ebenfalls eindeutig fiktive Namen klassifizierend wirken können. Indem sie bestimmte Merkmale der realen Namenwelt imitieren, ordnen jedoch auch sie die benannte Figur einer bestimmten Nation, Region oder sozialen Gruppe zu. Darüber hinaus erfüllen sie zumeist eine weitere Funktion. So können sie vom Autor als Mittel des Humors und der Satire verwendet werden. Der Name *Sir Bradcock Burnaby-Bradcock* (bei G.K. Chesterton) verweist unzweideutig auf die herausgehobene soziale Stellung seines Trägers. Die Länge und Ungewöhnlichkeit der Benennung, der doppelte FaN sowie der vorangestellte Adelstitel wirken vornehm und zugleich schwerfällig-komisch.

Die suggestive Wirkung von PN war Gegenstand einer experimentellen Untersuchung von G. EIS. In bezug auf FaN konnte er dabei ermitteln, "daß Häufigkeit, orthographische Korrektheit und etymologische Durchsichtigkeit (...) im umgekehrten Verhältnis zu ihrem Ansehen stehen" (EIS 1970: 22). Auch diese Einsicht wird von Schriftstellern bewußt (oder unbewußt) ausgenutzt. So schreibt Thomas Mann in seiner Novelle *Tristan*:

> Übrigens ist, neben Doktor Leander, noch ein zweiter Arzt vorhanden, für die leichten Fälle und die Hoffnungslosen. Aber er heißt Müller und ist überhaupt nicht der Rede wert. (MANN 1987: 4f.)

Wie in diesem Beispiel, so werden "Allerweltsnamen" oftmals genutzt, um die Unauffälligkeit und Durchschnittlichkeit der benannten Figuren anzuzeigen. Indem sie ihre NT weniger als Individuen, sondern eher als Repräsentanten einer bestimmten Gruppe von Menschen kennzeichnen, dienen sie gleichzeitig einer gewissen Typisierung. Derartige "alltägliche Namen" (KÖGLER 1981: 24ff.) bilden im Verständnis H. KÖGLERs eine eigenständige literarische Namenart, die auf gleicher Stufe mit redenden, suggestiven, verkörpernden und klassifizierenden Namen steht. Gegen eine derartige Auffassung spricht jedoch, daß Namen immer nur mit Bezug auf ein bestimmtes Land oder eine Nation als "alltäglich" gelten können. Aus diesem Grund erscheint es treffender, sie als eine Untergruppe der klassifizierenden Namen zu behandeln. Häufige Namen wie *Müller, Meier, Schulze* oder *Ivanov, Petrov* und *Sidorov* ordnen ihre NT einer Nationalität zu, als deren prototypische Vertreter sie gelten können.
D. LAMPING (1983: 48f.) spricht im gleichen Zusammenhang von "charakteristischen Namen", die vor allem aufgrund der mit ihnen verbundenen Konnotationen zum NT "passen". Die Erwartungen, die ein Name durch seine "Aura" (EIS 1970: 47ff.) beim Leser weckt, können erfüllt oder enttäuscht werden. So durchbricht Johannes Bobrowski in seinem Roman *Levins Mühle* ganz bewußt Konventionen der realen Namengebung, wenn er betont:

> Und ich müßte sagen, die dicksten Bauern waren Deutsche, die Polen im Dorf waren ärmer, wenn auch nicht ganz so arm wie in den polnischen Holzdörfern, die um das große Dorf herum lagen. Aber das sage ich nicht. Ich sage statt dessen: die Deutschen hießen Kaminski, Tomaschewski und Kossakowski und die Polen Lebrecht und Germann. Und so ist es nämlich auch gewesen. (Zit. in GUTSCHMIDT 1984a: 21f.)

Der klassifizierende Charakter literarischer EN zeigt sich am deutlichsten und differenziertesten an den Benennungen der Figuren. Doch auch Toponyme im weiteren Sinne, d.h. Siedlungsnamen, Flurnamen, Straßennamen, Länder- und Landschaftsnamen (vgl. WITKOWSKI 1964: 69) können ihre Träger territorial zuordnen. Bereits der Name läßt Vermutungen darüber zu, in welchem Land und gegebenenfalls in welcher Region ein Ort zu finden sein wird. Orte eines bestimmten Gebietes, die inhaltliche bzw. strukturelle Ähnlichkeiten aufweisen, bilden Namenfelder[42]. Als Beispiel seien die skandinavischen Siedlungsnamen auf *-by* und *-thorp* genannt, die im Gebiet des ehemaligen "Danelaw" im Osten Englands verbreitet sind. Eine strukturelle Gemeinsamkeit weisen die seit etwa dem 6. Jhd. n. Chr. walisisch geprägten ON auf, in denen das bestimmende Element dem bestimmten nachgestellt ist (vgl. GELLING 1992: 215-236 bzw. 99).

Autoren, die bemüht sind, ihrer Handlung einen realistischen geographischen Hintergrund zu verleihen, werden sich an der realen Namenlandschaft orientieren. Sie werden darauf achten, solche ON zu verwenden, die in einem Land bzw. einer Region existieren oder existieren könnten. Zu diesem Zweck wird der Autor authentische Orte zu fiktiven Schauplätzen machen oder fiktive ON nach authentischem Muster bilden. Um Namen zu erfinden, die die fiktive Landschaft realistisch erscheinen lassen, bedarf es eines "ausgeprägten Sinns für Historizität, eines hochentwickelten Gefühls für linguistische Angemessenheit und einer unverhüllten Freude an kreativer Spielerei" ("a strong sense of historicity, a fine feeling for linguistic appropriateness, and an undisguised delight in creative playfulness", NICOLAISEN 1987: 42). Genau diese Eigenschaften bescheinigt W.F.H. NICOLAISEN dem Romanschriftsteller Thomas Hardy, der in seinen "Wessex novels" eine durchaus glaubwürdige (Namen-)landschaft geschaffen hat. Seine fiktiven Namen sind zu einem großen Teil realen ON des Gebietes, in dem seine Romane spielen, nachgeprägt[43]. Typische ON-Elemente und Bildungsmuster tragen dazu bei, dem Leser die "akzeptable Realität von Wessex" ("the acceptable reality of Wessex", NICOLAISEN 1987: 43) zu suggerieren. Hardys fiktive Namen sind so real, daß W.F.H. NICOLAISEN sie auf humorvolle Weise einer gleichfalls fiktiven, aber real erscheinenden onomastischen Analyse unterziehen kann (vgl. NICOLAISEN 1987: 35-38).

Wie die angeführten Beispiele gezeigt haben, erschöpft sich die Funktion klassifizierender Namen nicht in der Identifizierung des NT. Eine Figur, ein Schauplatz etc. soll nicht nur von anderen NT abgegrenzt, sondern gleichzeitig als Vertreter einer bestimmten nationalen, regionalen, religiösen, sozialen u.ä. Gruppe vorgestellt werden. Klassifizierende Namen sagen etwas über ihren Träger aus, ohne dabei so direkt zu wirken wie redende Namen. Sie "reden", um einen Ausdruck von G. EIS (1970: 93) zu gebrauchen, gleichsam "nur mit einer leiseren Sprache".

3.3.2.2. Materiell-verkörpernde und ideell-verkörpernde Namen

Entsprechend dem von H. BIRUS (1987) entworfenen Schema werden neben den klassifizierenden auch die „verkörperten" Namen durch **Kontiguitätsassoziationen** für den Leser bedeutsam. Dabei wirken erstere seriell, letztere individuell. **Klassifizierende Namen** werden über ihren Bezug auf eine **Gruppe von NT** semantisiert, **verkörperte Namen** durch den Bezug auf eine **Einzelperson** oder **-sache**. G. SCHILDBERG-SCHROTH

(1995: 104f., 110) spricht in diesem Zusammenhang von "kollektiver" bzw. "individueller Prädetermination".

Als Merkmal verkörperter Namen hebt BIRUS (1978: 35) hervor, daß sie "ihre eigentliche Bedeutung durch den Verweis auf einen außerhalb des Kunstwerks existierenden Träger dieses Namens gewinnen". Der authentische NT, auf den ein verkörperter Name anspielt, kann dabei entweder in anderen literarischen Werken oder aber in der nichtliterarischen Realität existieren. Das Phänomen "verkörperter Name" als eine Grundform literarischer EN ist allgemein anerkannt, wird jedoch in der Fachliteratur terminologisch unterschiedlich behandelt. Als Synonyme treten auf: "präfigurierter" und "vorbelasteter Name" (z.b. bei LAMPING 1983), "anspielender Name" (in der polnischsprachigen Literatur) sowie, in der tschechischsprachigen Literatur, "Zitatname" (vgl. auch GUT-SCHMIDT 1985: 66f.).

Für die nachfolgende Untersuchung der Namengebung Chestertons soll der von H. KÖG-LER (1981: 26) geprägte Terminus **verkörpernder Name** übernommen werden. Er ist dem ursprünglichen Begriff des "verkörperten" Namens nahe, bezeichnet aber exakter als dieser die zugrundeliegende Erscheinung. So ist KÖGLER (1981: 26) zuzustimmen, wenn sie argumentiert:

> Wir entscheiden uns (...) für die Bezeichnung "verkörpernde Namen", die uns logischer erscheint, denn es ist nicht der Name einer Person verkörpert, sondern der Name verkörpert etwas, nämlich die authentische, außerhalb des literarischen Textes existierende Person, also ist er verkörpernd.

Wie eingangs festgestellt wurde, sind solche literarischen Namen "verkörpernd", die auf einen Träger des gleichen (oder eines ähnlichen) Namens außerhalb des literarischen Textes verweisen. Nach der Art dieses Verweises lassen sich grundsätzlich zwei Formen verkörpernder Namen unterscheiden. Als Beispiele seien erstens der Gefängnisinsasse *Ali* aus Knut Faldbakkens Roman *Adams dagbok* und zweitens die Hauptfigur *Julius Caesar* aus William Shakespeares gleichnamigem Drama angeführt. Beide Namen sind von Personen übernommen, die real existieren bzw. existiert haben. Im ersten Fall spielt der Name auf den berühmten Boxer Muhammad Ali an, mit dem die Figur verglichen wird:

> Er nennt mich Ali, nach dem Boxer, eine gutmütige Anspielung auf die Abreibung, die ich ihr verpaßt habe. (Zit. in LIETZ 1992: 185)[44]

Im zweiten Fall verweist der Name auf den römischen Staatsmann und Feldherrn, Iulius Caesar, den die literarische Figur repräsentieren soll.

An den genannten Beispielen wird deutlich, daß die Beziehung zwischen dem fiktiven NT und seinem authentischen Vorbild jeweils eine andere ist. Diese unterschiedlichen Erscheinungen, die der Begriff "verkörpernder Name" subsumiert, sollen im folgenden als **ideell-verkörpernd** und **materiell-verkörpernd** terminologisch voneinander abgegrenzt werden.

Ein **ideell-verkörpernder** Name - wie im Beispiel des Boxertyps *Ali* - verweist auf Ähnlichkeiten zwischen dem fiktiven NT und seinem authentischen Vorbild. Die Figur ist mit dem ursprünglichen NT wesens- oder geistesverwandt. Ihr werden bestimmte Eigenschaften einer realen Person bzw. einer anderen Figur zugeschrieben, ohne jedoch den Eindruck zu erwecken, diese in ihrer materiellen Existenz zu verkörpern. Bei einem **materiell-verkörpernden Namen** - wie im Beispiel *Julius Caesar*s - wird mit dem Namen *scheinbar* auch der NT selbst in die fiktive Handlung übernommen. Dem Leser wird die Vorstellung suggeriert, daß die literarische Figur mit der gleichnamigen historischen Persönlichkeit identisch sei. Das Wesen materiell-verkörpernder Namen läßt sich mit R. INGARDEN (1972: 259) folgendermaßen bestimmen:

> Es ist ein "Darstellen", in welchem das Darstellende unecht das Dargestellte ist und zugleich die Echtheit des "Originalseins" vortäuscht.

Die literarischen Figuren tragen nicht nur die gleichen Namen wie reale Personen, sondern sie sollen auch, so INGARDEN (1972: 258), "in gewissem Sinne diese einmal so benannten und tatsächlich existierenden Personen 'sein'". Weiter führt INGARDEN aus:

> Sie müssen also vor allem "Abbildungen" der einst existierenden und handelnden Personen (Dinge, Geschehnisse) sein, zugleich aber müssen sie das, was sie abbilden, repräsentieren. (INGARDEN 1972: 258)

Auf die Notwendigkeit, zwischen den verschiedenen Arten namentlicher Verkörperung zu differenzieren, macht J. SCHILLEMEIT (1982: 89ff.) in seiner Rezension zur Arbeit von H. BIRUS (1978) aufmerksam. Er betont, daß ein fundamentaler Unterschied zwischen Dramengestalten wie *Caesar*, *Wallenstein* oder *Saladin* einerseits und einer Figur wie Nietzsches *Zarathustra* andererseits besteht. Während sich der Leser bei ersteren die namensgleichen realen Personen selbst, "mitten in ihrer historischen Umgebung" vorstellt, wird der literarische *Zarathustra* durch die namentliche Anspielung auf das reale Vorbild lediglich "gekennzeichnet" (SCHILLEMEIT 1982: 90).

Die Vorstellung, daß Figuren mit den realen Personen gleichen Namens identisch sind, wird am deutlichsten in historischen Dramen und Romanen. Natürlich ist hierbei strikt zwischen den wahren geschichtlichen Ereignissen und ihrer künstlerischen Darstellung zu unterscheiden. Die "vorgetäuschte Echtheit" (INGARDEN 1972: 259) der Figuren hat zur Folge, daß der Leser z.B. die in Tolstojs Roman *Vojna i mir* (dt. *Krieg und Frieden*) auftretenden Feldherren Napoleon und Kutuzov mit den aus der Geschichte bekannten Personen gleichsetzt. Es ist offensichtlich, daß der Leser einer Illusion erliegt. Zum einen nutzt der Autor die historischen Persönlichkeiten als Vorbilder, um sie seinen künstlerischen Intentionen entsprechend mit fiktiven Zügen auszustatten. Nie werden ausnahmslos alle einer Gestalt vom Autor zugeschriebenen Eigenschaften, Äußerungen und Handlungen historisch dokumentiert sein. Zum anderen führt die künstlerische Abbildung einer realen Person - sei der Autor noch so sehr um historische Exaktheit bemüht - ganz zwangsläufig zu einer Selektion einzelner Merkmale. Ein real existierender Gegenstand ist, wie bereits mit Bezug auf INGARDEN festgehalten wurde, allseitig, d.h. in all seinen Eigenschaften, eindeutig bestimmt. Seine Darstellung erfolgt immer in bestimmten "Ansichten" (INGARDEN 1972: 271ff.), so daß auch die Zahl der ausgefüllten "Bestimmungsstellen" (INGARDEN 1972: 265) begrenzt ist.

Aus dem Gesagten wird noch einmal deutlich, worin sich die Namen der Feldherren *Napoleon* und *Kutuzov* von den Namen der im gleichen Roman erwähnten Philosophen

Fichte, Diderot und *Schelling* unterscheiden. Letztere bezeichnen **sujetextern** dieselben realen Personen wie auch außerhalb des Textes. Erstere beziehen sich **sujetintern** auf künstlerische und somit fiktive Abbilder der realen Personen gleichen Namens. Für W.F.H. NICOLAISEN ist die künstlerische Darstellung realer Persönlichkeiten mit der "Entführung" ihrer Namen vergleichbar. Nach einer gewissen Zeit werden diese, mit einer neuen Identität versehen, in das literarische Werk "entlassen". Am Beispiel der historischen Romane Sir Walter Scotts stellt NICOLAISEN fest:

> Scott kidnaps for his own purposes the *names* of royalty, of aristocracy, of clan chiefs, of military officers of high rank, and of others in power - (...) - and holds them hostage until he can release them with a new identity by infiltrating them into his works of fiction (...) The only ransom he extracts from us is our willingness to be convinced by this ploy. (NICOLAISEN 1993: 137)[45]

Daß die Identität literarischer Figuren mit namensgleichen Personen lediglich eine illusionäre ist, erscheint offensichtlich und wird i.d.R. nicht in Frage gestellt. Anders verhält es sich bei fiktiven Schauplätzen, deren Beschreibung die Identität mit einem realen Ort des gleichen Namens suggeriert. Nicht selten begnügt man sich dann mit dem Hinweis, der Handlungsort sei "real" oder "authentisch". Ebensowenig jedoch wie Figuren mit den Personen übereinstimmen, die sie repräsentieren, stimmen auch fiktive Handlungsorte mit ihren realen Vorbildern überein. Auch hier muß der Autor mit dem Ziel der literarischen Darstellung aus der unbegrenzten Zahl eindeutig bestimmter Merkmale auswählen. Zudem wird ein authentischer Ort schon dadurch fiktiv geprägt, daß sich an ihm keine Personen, sondern fiktive Gestalten aufhalten.

Die Subjektivität der künstlerischen Abbildung bewirkt, daß derselbe angeblich authentische Ort in den Werken verschiedener Autoren immer ein anderer ist. Dem einen realen London, Oxford oder Manchester stehen unzählige fiktive Städte gleichen Namens gegenüber. Ein Autor formulierte diese Einsicht einmal mit deutlichen Worten auf der Titelseite seines Romans:

> 'All characters in this novel are fictitious, including the author; there is no such place as Manchester'. (Zit. in COTTLE 1983: 195).

W.F.H. NICOLAISEN (1986b: 145) betont nachdrücklich, daß das *Oxford* Anthony Trollopes nicht mit dem *Oxford* Thomas Hardys identisch ist und daß Trollopes und Hardys Städte mit dem Namen *London* nicht dem *London* Charles Dickens' entsprechen. Ingeborg BACHMANN (1984: 239) beschreibt eine "außerordentliche Landkarte" in der Dichtung und stellt fest:

> Und Orte gibt es darauf, manche viele Male, wohl hundertmal Venedig, aber immer ein anderes, das von Goldoni und von Nietzsche, eines von Hofmannsthal und eines von Thomas Mann, (...). (BACHMANN 1984: 239)

In den bisher angeführten Beispielen trugen die literarischen Schauplätze die gleichen Namen wie die Städte, die sie repräsentieren sollen. Daneben ist es möglich, daß ein Autor seinen Schauplatz einem realen Ort detailliert nachgestaltet, ihm jedoch einen anderen Namen gibt und damit verfremdet oder ihn gänzlich namenlos beläßt. Ein solches Vorgehen kann verschiedene Ursachen haben. Wie H. KÖGLER (1981: 29f.) feststellt, soll der Ort aus Gründen der Zensur oder aus persönlichen Gründen des Autors (z.B. wenn er sich der Stadt eng verbunden fühlt) nicht genannt werden. Verzichtet der Autor völlig darauf, einen Namen zu vergeben, wird der anonyme Ort die besondere Aufmerksamkeit des Lesers auf sich ziehen. Verwendet der Autor einen fiktiven Namen, so kann dieser u.U. besser auf Merkmale des Ortes oder seiner Einwohner anspielen als der ursprüngliche ON (vgl. KÖGLER 1981: 29f.). Nicht selten findet sich in derartigen Fällen der Hinweis darauf, daß der Ort "authentisch", der Name hingegen "fiktiv" sei (vgl. KÖGLER 1981: 29)[46]. Der Trugschluß, auf dem diese Aussage beruht, läßt sich mit W.F.H. NICOLAISEN (1978b: 9) wie folgt verdeutlichen:

> They are not literary pseudonyms of real places and are only knowable to the extent to which their author-creators elect to inform us of their contents. Such information will never be exhaustive; that some of the selectively divulged traits are derived from, and can be verified in, extra-literary landscapes does not alter this basic principle.

NICOLAISEN (1978b: 8f.) bemerkt, daß, entgegen der Meinung vieler Leser, Elizabeth Gaskells *Eccleston* nicht das reale Newcastle ist, George Eliots *Middlemarch* nicht Coventry, Thomas Hardys *Casterbridge* nicht Dorchester usw. Auch Thomas Hardy selbst wies derartige Behauptungen entschieden zurück. Auf die Frage eines Lesers, warum in seinem Roman *Jude the Obscure* Oxford den Namen *Christminster* trage, antwortete Hardy, daß der von ihm beschriebene Ort nirgendwo in der Welt außer in seinem Roman existiere (vgl. NICOLAISEN 1978b: 5f.). Mit Ironie reagierte Hardy auf die Mitteilung mehrerer Leser, sie hätten das reale Vorbild von *Little Hintock* - dem Schauplatz des Romans *The Woodlanders* - entdeckt. In einem Vorwort zu dem genannten Roman schrieb er:

> (...) I do not know myself where that hamlet is more precisely than as explained above and in the pages of this narrative. To oblige readers I once spent several hours on a bicycle with a friend in a serious attempt to discover the real spot; but the search ended in failure: though tourists assure me positively that they have found it without trouble, and that it answers in every particular to the description given in this volume. (Zit. in NICOLAISEN 1978b: 5)[47]

Wie bereits festgestellt wurde, unterscheiden sich materiell- und ideell-verkörpernde Namen nach der Art der Beziehung, die sie zwischen einem fiktiven NT und dessen authentischem Vorbild anzeigen. Ein **materiell-verkörpernder** Name trägt dazu bei, dem Leser die Identität einer Person, einer Lokalität oder einer Sache mit ihrem fiktiven Abbild zu suggerieren. Der Name wirkt in dieser Hinsicht nur dann illusionsbildend, wenn er in seiner authentischen Form **unverändert** übernommen wird.

Ideell-verkörpernde Namen stellen einen Bezug zwischen fiktiven und authentischen NT her, ohne deren Identität vorzutäuschen. Aus diesem Grund müssen sie nicht zwingend mit den Namen der realen Personen oder Orte übereinstimmen, sondern können mehr oder weniger stark **verschlüsselt** sein. In Agatha Christies seit mehreren Jahrzehnten erfolgreichem Bühnenstück *The Mousetrap* stellt sich eine Figur, die angibt, Architekt zu sein, als *Christopher Wren* vor. Der Verweis auf den berühmten englischen Architekten gleichen Namens ist offensichtlich. Er ist *allzu* offensichtlich, so daß er, wie L.R.N. ASHLEY (1984: 24) bemerkt, die Glaubwürdigkeit der Figur in Frage stellt. Auch der VN von *Napoleon Fischer* in Heinrich Manns Roman *Der Untertan* wurde unverändert von einer historischen Persönlichkeit (Napoleon Bonaparte) übernommen (vgl. GUTSCHMIDT 1980: 113f.).

In Gerhart Hauptmanns Drama *Die Weber* wurden Namen historischer Personen leicht verfremdet. Sie wirken dennoch sehr direkt, so z.b. wenn aus dem realen Fabrikanten Zwanziger *Dreißiger*, aus Dierig *Dittrich* und aus dem Pastor Knittelhaus *Kittelhaus* wird (vgl. SCHILDBERG-SCHROTH 1995: 183). Weniger offensichtlich erfolgt der Bezug auf den amerikanischen Filmproduzenten Darryl F. Zanuck in einem Kriminalroman von Brad Williams. Zanuck leiht seinen Namen zwei Produzenten, die nur am Rande der Handlung als *Mr. Zansmith* und *Mr. Zugnuck* erwähnt werden (vgl. EIS 1970: 68).

Ein Autor hat verschiedene Möglichkeiten, einen Namen abzuwandeln. Die Modifikationen können sowohl den Inhalt des Namens als auch seine Form betreffen (vgl. Zwanziger > *Dreißiger* bzw. Dierig > *Dittrich*). W.G. MÜLLER (1991: 154-159) erläutert Veränderungen von Namen gemäß den rhetorischen Transformationskategorien **Subtraktion, Addition, Substitution, Transposition** u.a. So können Namen verkürzt bzw. erweitert und einzelne Laute substituiert oder vertauscht werden (vgl. Tristan > *Trist*; Mr B. > *Mr Booby*; Babbit > *Rabbit*; Sherlock Holmes > *Herlock Sholmes*). Neben den genannten Möglichkeiten, Namen sprachlich zu verändern, gibt es weitere, von denen die **Metonomasie** besondere Aufmerksamkeit verdient. Es handelt sich hier um semantisch transparente Namen und ihre Übersetzung in eine andere Sprache. Als Beispiele führt MÜLLER (1991: 157) Hugo von Hofmannsthals Komödie *Der Schwierige* und John Herseys Roman *Too Far to Walk* an, in denen aus Casanova ein *Neuhaus* und aus Johannes Faust ein *John Fist* werden.

Während bei einer materiellen Verkörperung die Namen des fiktiven NT und seines Originals zwangsläufig derselben Namenklasse (PN/FigN, ON, Gaststättennamen usw.) angehören, kann es bei ideell-verkörpernden Namen hier zu einer Verschiebung kommen. So ist es möglich, daß der Name einer Figur auf Orte, Gegenstände oder Institutionen anspielt.
Agatha Christie stellt ihrem Detektiv Hercule Poirot eine "Watson"-Figur mit dem Namen *Captain Arthur Hastings* an die Seite. L.R.N. ASHLEY (1984: 15) äußert die Vermutung, daß der FaN das typisch Englische des Captains unterstreichen soll. In Anspielung auf die berühmte Schlacht bei Hastings ("Battle of Hastings" 1066) verweist der Name auf die Unterlegenheit des Engländers gegenüber dem belgischen Detektiv, der einen französischen Namen trägt.
Helen Grayle in Raymond Chandlers Text *Farewell, My Lovely* verkörpert die Idee des Heiligen Grals, nach dessen Besitz viele Ritter strebten. Der Name steht im Einklang mit der Konzeption der Romane Chandlers, in denen sich die Weltsicht des Autors offenbart:

> He saw that it was a world in desperate need of the beauty, wonder, and magic of an age which may never have existed, and that the hero who lived in this world was the modern equivalent of the knight errant of romance. To portray this need, Chandler gave his characters names evocative of the chivalric world, and in doing so, managed to transcend the limitations of literary realism imposed by the conventions of the hard-boiled school. (FERGUSON 1978: 222)

Gilbert Keith Chestertons Erzählung "The Crime of the Communist" spielt in der Universitätsstadt Oxford. Es treten mehrere Professoren auf, von denen einer den Namen *Wadham* trägt. Obwohl Chesterton nicht explizit darauf verweist, ist anzunehmen, daß er den Professor nach dem in Oxford wirklich existierenden Wadham College benannte.

Der verkörpernde Charakter eines literarischen Namens kann für den Leser offensichtlich sein, ihm u.U. aber auch verborgen bleiben. Ob er die im Namen angelegte Anspielung erkennt, hängt in hohem Maße von seinem Vorwissen über den verkörperten NT ab. Handelt es sich um eine Persönlichkeit, die zu Lebzeiten des Autors gleichermaßen bekannt ist/war wie auch zur Zeit der Textrezeption durch den Leser, wird er die Anspielung mühelos verstehen. Wird als Namenpate für eine literarische Figur jedoch eine Person gewählt, die nicht allgemein bekannt ist und vielleicht zum persönlichen Freundeskreis des Autors gehört, bleibt dem Leser diese Tatsache zumeist verborgen. Darauf weist eindringlich R.E. BROWN (1991: 10) in seiner Namenstudie zu Anna Seghers hin. Er bemerkt:

> Seghers once stated that it was her practice to select character names from her childhood home milieu in Mainz, for example, from her school class or local business names. This confirms the private allusive method of name selection, since such names could have no significance for those outside her immediate circle. (BROWN 1991: 10)

Wie B. KOPELKE (1990: 120) richtig bemerkt, offenbart sich der Charakter verkörpernder Namen weniger durch deren formale Beschaffenheit als vielmehr durch den Bekanntheitsgrad des verkörperten NT.

Mit den klassifizierenden und den verkörpernden Namen wurden in diesem Kapitel bisher die literarischen Namenarten behandelt, deren Semantisierung an außersprachliche Gegebenheiten gebunden ist. Im Unterschied dazu wirken redende und klangsymbolische Namen, indem sie sich mehr oder weniger direkt auf Elemente des Wortschatzes beziehen. Ihnen soll im folgenden die Aufmerksamkeit gelten.

3.3.2.3. Redende, klangsymbolische und klanglich-semantische Namen

Unter **redenden** Namen versteht H. BIRUS (1978: 34) solche, "bei denen die Bedeutung homonymer Appellativa - sei es allein schon durch die Auffälligkeit der Namensform, sei es durch Wortspiele oder ähnliche spezielle Kontextbildungen - aktualisiert erscheint"[48]. Daß redende Namen, wie H. THIES (1978: 9) bemerkt, die "auffälligste" Namenart in der Literatur darstellen, scheinen folgende Beispiele aus Anthony Trollopes "Barchester"-Romanen zu bestätigen: *Sir Abraham Haphazard* (engl. *haphazard* 'willkürlich') ist der Name eines Generalstaatsanwaltes; ein Schriftsteller heißt *Mr. Popular Sentiment* und ein Vater von zwölf Kindern *Mr. Quiverful* (engl. *quiverful* 'Schar [Kinder]'; Beispiele aus NICOLAISEN 1976b: 4). Hier ist der EN, wie H. THIES (1978: 57) formuliert, "nicht nur Bezeichnung, sondern auch Kennzeichnung des Namenträgers".

An diesen Beispielen zeigt sich in besonderem Maße die "drastische Charakterisierungsfähigkeit", die H. BIRUS (1978: 39) dem redenden Namen zuschreibt. Obwohl, wie W. FLEISCHER (1992: 6) bemerkt, der "Zweck des Namens Identifizierung, nicht Charakterisierung /ist/", erscheint es nicht haltbar, bei einem redenden Namen von einem "Rückfall des nomen proprium in das Appellativum" (DORNSEIFF 1940: 24) zu sprechen. F. DORNSEIFFs Behauptung kann nicht zugestimmt werden, da die Charakterisierungsfunktion des redenden Namens immer nur eine zusätzliche ist, die die grundlegenden EN-Funktionen der Identifizierung und Individualisierung nicht in Frage stellt. Auch H. KALVERKÄMPER (1978: 80f.) weist auf die Mißverständlichkeit dieser Aussage hin und unterstreicht, daß sich bei redenden Namen die Kategorie "Proprium" nicht ändert. Treffender ist es, wenn F. DORNSEIFF (1940: 27) die Wirkung redender Namen bestimmt als "ein neues Gebrauchmachen von dem etymologischen Wortsinn der Namen, an den ja für gewöhnlich gar nicht gedacht wird". Nicht immer muß jedoch der assoziierte "Wortsinn" mit der tatsächlichen etymologischen Bedeutung des Namens übereinstimmen. Häufig sind EN nur scheinbar semantisch transparent, und der Versuch, die EN-Form mit bekannten Elementen des Wortschatzes zu verknüpfen, führt zu seiner "sekundären semantischen Motivation" (vgl. WALTHER 1990: 31)[49].

Nicht selten sind redende Namen in der Literatur dem Vorwurf der Künstlichkeit ausgesetzt. So bemerkt R. GERBER (1963: 176), daß ein Name wie *[Oliver] Twist* "wohl im Wörterbuch, jedoch nicht im Adreßbuch" vorkomme. Unbestritten trifft eine derartige Feststellung auf Namen des Typs *Herr Glückspilz* oder *Herr Weißbescheid*, welche nicht zum konventionellen Namenschatz gehören, zu. Sie stellen Wörter dar, die im konkreten literarischen Kontext propriale Funktionen erfüllen. Neben aufdringlich redenden Namen wie diesen können aber auch scheinbar neutrale, alltägliche Namen etwas über ihre Träger aussagen. Dazu wird ihre lexikalische Bedeutung im Text aktualisiert und in Beziehung zum Äußeren, dem Beruf oder zu Eigenschaften des NT gesetzt.
Im Roman *Beatles* des norwegischen Schriftstellers Lars Saabye Christensen heißt die Inhaberin eines Blumenladens *fru Eng*. Dieser in Norwegen weit verbreitete Name spielt durch seine Bedeutung (norw. *eng* 'Wiese') auf den Beruf der Frau an (vgl. LIETZ 1992: 118). "Redend" sind Namen oft dann, wenn sie auf Eigenschaften verweisen, die dem NT gerade fehlen. Ein "konträrer Name" (STERN 1984: 41) ist z.B. *Mrs. Little*, der in Agatha Christies Roman *Postern of Fate* eine große Frau bezeichnet: "Her surname was misleading. She was a large woman" (zit. in ERPENBECK 1976: 99)[50].
An den Beispielen aus so unterschiedlichen Werken wie denen von Trollope, Dickens, Heißenbüttel, Christensen und Christie wird deutlich, daß die Verwendung redender Namen nicht auf eine bestimmte literarische Epoche eingeschränkt ist. Wie B. KOPELKE (1990: 96) feststellt, "/sind/ manche Erzähler relativ dezent, andere tragen stärker auf, einen völligen Verzicht auf redende Namen leisten vermutlich recht wenige". Ungeachtet dieser Tatsache ist der redende Name in einzelnen Gattungen häufiger anzutreffen als in anderen. So gehörte er bis gegen Ende des 18. Jahrhunderts in der Literatur wie selbstverständlich zum onymischen Repertoire. Im 19. und 20. Jahrhundert wurden redende Namen durch weniger direkt charakterisierende Namenarten ergänzt bzw. weitestgehend von ihnen abgelöst. Ein besonders beliebtes Gestaltungsmittel sind redende Namen nach wie vor in der satirischen, humoristischen und didaktischen Literatur (vgl. BIRUS 1978: 38f.).

Die expressive Wirkung **klangsymbolischer** Namen beruht auf ihrer klanglichen Beschaffenheit. Die Lautgestalt des EN - und eben nur diese - evoziert bestimmte Vorstellungen über den NT. Obwohl Phoneme selbst nicht bedeutungstragend sind, können sie allein oder in ihrer Kombination Bedeutungen suggerieren[51]. So bemerkt K. SORNIG (1978: 453), daß der Name *Kumpf* (bei Thomas Mann) schon durch seine lautliche Form eine "wuchtige Persönlichkeit" kennzeichnet. SORNIG (1978: 453) spricht von "onomatopoetischer Intuition". Das gleiche Phänomen beschreibt er anhand der Räuber *Mulz* und *Bunz* (bei Heinrich Böll), "in deren Namen sich das 'dunkle' *u* mit dem 'harten' *ts* trifft" (SORNIG 1978: 453).

78

Obwohl es bestimmte Laute und Lautkombinationen gibt, die bei den Angehörigen einer Sprachgemeinschaft weitestgehend gleiche Assoziationen auslösen, ist das Klangempfinden eines jeden Hörers in nicht unerheblichem Maße individuell geprägt. Da lautliche Erscheinungen zu einem Teil immer subjektiv erlebt werden, sind einer objektiven Analyse klangsymbolischer Namen von vornherein Grenzen gesetzt[52]. Auch H. BIRUS (1978: 36) räumt ein, daß es sich bei den klangsymbolischen Namen um eine "weniger scharf umschriebene" Namenart handelt. Als Beispiele nennt er die garstigen Gestalten *Murxa* und *Wirx*, den törichten *Dilldapp*, die fünf Brüder *Gripsgraps, Pitschpatsch, Piffpaff, Pinkepank* und *Trilltrall* (bei Clemens Brentano) u.a.m. Die lautliche Expressivität dieser Namen ist nicht zu bestreiten. Ihre Wirkung wird insbesondere durch die in jedem Namen wiederkehrende Struktur der Ablautdoppelung (vgl. FLEISCHER; BARZ 1995: 48) hervorgerufen. Dennoch drängt sich die Frage auf, ob die Vorstellungen, die der EN über die betreffende Figur evoziert, einzig und allein auf seinem Klang beruhen. Wenn, wie im obigen Beispiel, ein Fährmann *Pitschpatsch* heißt, so wird er durch die Elemente *pitsch[naß]* und *patsch[en]* überaus deutlich charakterisiert. Ähnlich verhält es sich bei dem Sänger *Trilltrall* (vgl. *trillern* und *trällern*), dem Jäger *Piffpaff* (vgl. *Piff, paff!*), dem Dieb *Gripsgraps* (vgl. *grapschen*) und etwas weniger deutlich bei dem Apotheker *Pinkepank* (vgl. möglicherweise *panschen*). Auf diese Art ließe sich die Wirkung vieler als "klangsymbolisch" (BIRUS 1978), "klingend" (LAMPING 1983) oder "phonetisch suggestiv" (GERBER 1963) deklarierter Namen auf lexikalische Bedeutungen zurückführen. Mit Recht verweist H. BIRUS (1978: 36) auf die klangliche Expressivität des "polternd großsprecherischen Namens" *Don Horribilicribrifax* (bei Andreas Gryphius). Doch auch hier wird der rein akustische Eindruck durch die dem Namen zugrundeliegende Bedeutung (vgl. lat. *horribilis* 'entsetzlich') beeinflußt. Wie D. LAMPING (1983: 44) feststellt, evozieren die Namen *Bemperlein* und *Gemperlein* (bei Friedrich Spielhagen bzw. Marie von Ebner-Eschenbach) die Vorstellung der "Ungeschicklichkeit und Unbeholfenheit". LAMPING (1983: 44) erklärt diese Wirkung aus dem Vorkommen der Konsonantenfolge "-mp(e)r-" und der "fast hüpfenden Kadenz auf '-lein'". Da "-lein" als Wortbildungsaffix (Diminutivsuffix) jedoch immer eine lexikalische Bedeutung trägt, ist auch die Wirkung der genannten Namen nicht ausschließlich an ihren Klang gebunden. Der Name *Swubble* (bei Charles Dickens) wirkt für die meisten Leser aufgrund seiner Lautgestalt sicherlich komisch. Als Wortkreuzung oder "Portmanteau-Wort" (GERBER 1963: 177) aus *swab* (engl. 'Wischtuch') und *bubble* (engl. 'Blase'; 'sprudeln') suggeriert er zudem die Vorstellung von "Nässe und Flüssigkeit" (GERBER 1963: 177).

Wie die Beispiele erkennen lassen, knüpfen sich an das Klangbild der meisten Namen unbewußt mehr oder weniger vage semantische Assoziationen, so daß eine Entscheidung zugunsten eines klangsymbolischen oder eines redenden Namens nicht immer leichtfällt[53]. Auf diese Schwierigkeit weist nachdrücklich R. GERBER (1964a: 318) hin, wenn er das Gebiet der Lautsymbolik als "trügerisch" bezeichnet. Er stellt fest:

> Unserm Empfinden bestimmter Wörter drängt sich immer unwillkürlich der Bedeutungsgehalt auf und verwischt den Klangeindruck, so daß z.B. das Wort "zart", das an sich härter klingt als "hart", doch als zart klingend empfunden wird. (GERBER 1964a: 318)

Dieser Einsicht muß eine Beschreibung der Arten literarischer EN Rechnung tragen. EN rufen oftmals begriffliche Assoziationen hervor, ohne entsprechend der oben gegebenen Begriffsdefinition "redend" zu sein. Auch nicht appellativ-homonyme Namen können synchronisch lexikalische Bedeutungselemente enthalten oder diese über ihre Lautgestalt evozieren. Somit erscheint es begründet, redende und klangsymbolische Namen als die Endpunkte einer **Skala** zu betrachten. Zwischen diesen sind Namen positioniert, die tendenziell eher über semantische oder über klangliche Assoziationen, immer jedoch über eine Kombination aus beiden, wirken. Einige Beispiele sollen dies verdeutlichen:

Als eindeutig **redend** lassen sich Namen wie *Klopfstock* (ein Schulmeister bei Clemens Brentano), *Stufenschneider, Langlatte* und *Modderpflug* (ein Friseur, ein Tischler und ein Kanalräumer bei Erwin Strittmatter) bestimmen. Sie verweisen unmittelbar auf den Beruf der jeweils benannten Figur. Da sie wie Etiketten an ihren Trägern haften, spricht K. SORNIG (1978: 451) auch von "Etikettennamen".

Redenden Namen wie diesen steht z.B. der **klangsymbolische** Name *Gmork* aus Michael Endes Roman *Die unendliche Geschichte* gegenüber. Er be- und kennzeichnet einen Werwolf, ohne auf semantische Bedeutungen zu rekurrieren[54]. Der harte und dumpfe Klang des Namens ergibt sich, wie H. SCHIRMER (1994: 44) feststellt, aus der für das Deutsche ungewöhnlichen Konsonantenverbindung [gm] und dem dunklen Vokal [o]. Diese verleihen dem Namen und somit der Vorstellung über den NT etwas Bedrohliches.

Die angeführten Beispiele stellen nahezu idealtypische Ausprägungen redender bzw. klangsymbolischer Namen dar. Selten jedoch treten diese Namenarten in reiner Form auf. So wirken z.B. auch die Namen *Menschke* und *Touchett* über begriffliche Bedeutungsassoziationen, ohne mit Appellativa völlig homonym zu sein. Der Klang der Namen verweist mehr oder weniger deutlich auf die Worte *Mensch* und *Touch it!* (engl. 'Berühre es!'), die in den Texten durch den Bezug auf ihre NT aktualisiert werden: Herr Menschke ist ein freundlicher Schulleiter, der immer hilft, wenn es Probleme gibt - also ein "menschlicher Direktor" (SCHIRMER 1992: 30). *Touchett* ist ein zentraler Name in Henry James' Roman *The Portrait of a Lady*. Er benennt die Familie, durch welche die junge Amerikanerin Isabel Archer mit der europäischen Welt in *Berührung* kommt (vgl. GERBER 1963: 188). R. GERBER grenzt EN dieser Art von den redenden Namen ab und bezeichnet sie als "semantisch suggestiv". Der semantische Verweis liegt bei ihnen nicht eindeutig fest und zeigt sich, mehr noch als bei redenden Namen, erst in der textuellen Verwendung des EN. W. WITTSTRUCK (1987: 63) unterscheidet "primär" und "sekundär redende Namen".

Auch in Hinblick auf die Lautsymbolik eines EN lassen sich Abstufungen vornehmen. Nicht jeder phonetisch expressive Name wirkt ausschließlich über seine Lautgestalt. Wie die Beispiele *Gripsgraps, Pitschpatsch* und *Trilltrall* bereits zeigten, knüpfen sich an den Klang eines Namens oftmals semantische Assoziationen, die den NT charakterisieren. Wenn Humpty Dumpty sagt: " (...) *my* name means the shape I am" (CARROLL 1992: 155), so meint er damit, daß sein Name ein klangliches Abbild seiner rundlichen Figur darstellt. Zweifellos wird diese Vorstellung durch die Lautkombination [mpt] sowie die Reimstruktur des Namens gestützt. Neben der rein klanglichen Expressivität des Namens ist jedoch auch eine Anspielung auf die englischen Adjektive *humpy* und *dumpy* ('bucklig' und 'pummelig') nicht zu verkennen. Daß der Name dennoch in erster Linie über seine Lautgestalt wirkt, resultiert daraus, daß die zugrundeliegenden Wörter selbst schon onomatopoetische Bildungen sind. Ähnlich verhält es sich mit den von G.K. Chesterton erdachten Namen *Hobblegoblin* und *Gobblehoblin* (vgl. CWC, vol. 35: 428f.). Auch hier durchdringen sich der Klang des Namens und die implizit mitschwingende Semantik gegenseitig. Die Namen kombinieren auf humorvolle Weise die lautmalenden Worte *hobble* (engl. 'humpeln'), *gobble* (engl. 'kollern'), *goblin* und *hobgoblin* (engl. 'Kobold').

Allen angeführten Beispielen ist gemeinsam, daß ihre Wirkung auf "Similaritätsassoziationen" (BIRUS 1987: 45f.) mit Elementen des appellativischen Wortschatzes beruht. Dabei können sie ausschließlich bzw. primär entweder lexikalisch-semantische oder klangliche Ähnlichkeiten ausnutzen. Sie lassen sich somit folgendermaßen auf einer Skala anordnen:

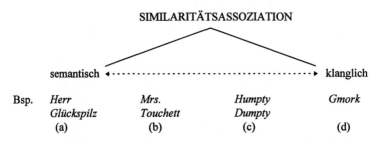

SIMILARITÄTSASSOZIATION

semantisch ◄┈┈┈┈┈┈┈┈┈┈┈┈┈┈┈┈┈┈┈► klanglich

Bsp.	*Herr*	*Mrs.*	*Humpty*	*Gmork*
	Glückspilz	*Touchett*	*Dumpty*	
	(a)	(b)	(c)	(d)

Der EN wirkt

(a) ... **ausschließlich** über **semantische** Assoziationen. Er ist **redend**. Der Name verweist auf total homonyme (d.h. homophone *und* homographe) Appellativa, die im System einer Sprache existieren oder nach bestehenden Wortbildungsregeln gebildet werden könnten. Diese Gruppe erfaßt daher nicht nur Namen wie *Twist* (bei Charles Dickens) oder *Little* (bei Agatha Christie), sondern auch im Sprachsystem mögliche Komposita wie *Stufenschneider* oder *Flüstervogel* (bei Erwin Strittmatter und Wilhelm Raabe). Als eine Sonderform gelten die **"versteckt redenden"** Namen (KÖGLER 1985: 88), welche entweder auf die etymologische Namenbedeutung oder auf in einer Fremdsprache existierende homonyme Appellativa Bezug nehmen. So sind *Hermann* und *Dorothea* sowie viele andere von Johann Wolfgang von Goethe verwendete Namen als redend einzustufen, wenn sie, wie M. SCHWANKE (1992) dies beschreibt, über ihre etymologische Bedeutung das Wesen der jeweiligen Figuren charakterisieren. In einer fremden Sprache redet z.B. *Eckstein* (bei G.K. Chesterton). Es handelt sich um einen Mann, dessen Brief sich als "ein furchtbarer Wendepunkt" in Father Browns Leben ("a terrible turning-point in his life", CFB: 323) herausstellt.

(b) ... **primär** über **semantische** Assoziationen, ohne vollkommen appellativ-homonym zu sein.

(c) ... **primär** über **klangliche** Assoziationen, ohne semantische Assoziationen vollkommen auszuschließen.

(d) ... **ausschließlich** über **klangliche** Assoziationen, ohne semantische Vorstellungen zu evozieren. Der Name ist **klangsymbolisch**.

Sind die Gruppen (a) und (d) relativ eindeutig bestimmt, so ist es im Einzelfall oftmals unmöglich, genau festzulegen, wie stark der Lautwert die von nicht appellativ-homonymen EN hervorgerufenen semantischen Assoziationen prägt. Aus diesem Grund läßt sich eine eindeutige Abgrenzung der Gruppen (b) und (c) in der praktischen Anwendung nur schwer aufrechterhalten. Beide funktionalisieren eine Kombination klanglicher und semantischer Qualitäten, so daß sie im folgenden zur Gruppe der **klanglich-semantischen Namen** zusammengefaßt werden. Als Definition soll gelten:

Ein **klanglich-semantischer Name** evoziert **semantische** Vorstellungen **gleich oder ähnlich klingender** Appellativa, welche den NT charakterisieren oder sich auf den Text als ganzen beziehen. Ein klanglich-semantischer Name ist nicht völlig appellativ-homonym.

Zu den klanglich-semantischen Namen gehören z.B. folgende bei Vasilij Šukšin verwendete FaN: Ein Choleriker heißt *Jarikov* (vgl. russ. *jarost'* 'Wut, Grimm') und eine Rentnerin *Vdovina* (vgl. russ. *vdova* 'Witwe'). Der Name *Pupkov* (vgl. russ. *pupok* 'Nabel') kennzeichnet seinen Träger, einen Hochstapler, nicht direkt, sondern wirkt vielmehr ironisch. *Zagogul'kin(a)* (vgl. russ. *zags* 'Standesamt' und *guljat'* 'promenieren') ist ein Name, der in einer fiktiven Scheidungsannonce erscheint (Beispiele vgl. CROME 1995: 33).

Durch seinen Klang und die assoziierte lexikalische Bedeutung scheint auch der Name des Glücksdrachens *Fuchur* in Michael Endes Roman *Die unendliche Geschichte* zu seinem NT zu passen. Zum einen erinnert er, wie H. SCHIRMER (1994: 42) feststellt, an das Verb *fauchen*, zum anderen - durch die auffällige Wiederholung des Vokals [u] - an den Gesang des Drachens.

Bereits im Zusammenhang mit der leitmotivischen Funktion literarischer Namen wurde auf den Namen *Willoughby Patterne* und seinen Anklang an das englische Porzellanmuster "willow-pattern" (in George Merediths *The Egoist*) hingewiesen.

Da der Grad der "rationalen Durchsichtigkeit" (BIRUS 1978: 39) von "redenden" zu "klangsymbolischen" Namen hin abnimmt, verringert sich in gleichem Maße die Direktheit ihrer Charakterisierungsfähigkeit. Dies gilt jedoch nur, wenn man die Namen isoliert, d.h. nach rein formalen Gesichtspunkten, außerhalb des literarischen Zusammenhangs betrachtet. Es ist in jedem Fall zu prüfen, inwieweit die assoziierten Bedeutungen durch den Kontext gestützt werden. So ist die semantische Transparenz eines EN allein noch kein hinreichendes Kriterium, um als "redend" zu gelten. Das lexikalische Bedeutungspotential eines Namens muß vielmehr im Text aktualisiert und in eine Beziehung zu Eigenschaften des NT gebracht werden. Dies kann mehr oder weniger direkt geschehen. Der deutlichste Zusammenhang wird hergestellt, wenn der EN selbst zum Thema metasprachlicher Kommentare wird. Daraus folgt, daß die formale Beschaffenheit eines Namens, d.h. seine Ähnlichkeit mit Elementen des appellativischen Wortschatzes, nicht mit der Deutlichkeit, mit der er seinen NT charakterisiert, korrelieren muß.

Neben der zunächst beschriebenen Skala, die sich an der Form des Namens orientierte, läßt sich daher eine zweite Abstufung hinsichtlich der Namenfunktion vornehmen. Die Position eines EN auf einer **formal** und einer **funktional** bestimmten Skala muß nicht identisch sein, da erstere durch den Bezug auf das **Sprachsystem**, letztere durch die Verwendung des EN in der konkreten **Rede**, d.h. im literarischen Text, festgelegt wird. So ist es durchaus möglich, daß ein klanglich-semantischer oder sogar ein klangsymbolischer Name seinen Träger eindeutiger kennzeichnet als mancher redende Name. Wenn, wie bereits erwähnt, die Figur *Humpty Dumpty* den eigenen Namen in bezug auf ihre äußere Gestalt kommentiert, so geschieht dies sehr offensichtlich. Weniger explizit wird dem Leser die charakterisierende Funktion des redenden Namens *Iris* in Lars Saabye Christensens Roman *Beatles* mitgeteilt. Der Name kennzeichnet auf zweifache Art das "mystische Wesen" der so benannten Figur (vgl. LIETZ 1992: 118). Er spielt zum einen auf die etymologische Bedeutung 'Regenbogen' und zum anderen auf die Bedeutung 'Schwertlilie' als Symbol des Todes an.

Die Wichtigkeit einer kontextorientierten Nameninterpretation unterstreicht auch H. THIES (1978: 25), wenn er feststellt, daß die isolierte Ermittlung der Namenbedeutung noch nichts über die "Bedeutung und Funktion im Werkzusammenhang" aussagt.

Im Ergebnis der vorangegangenen Diskussion soll folgende Klassifikation der Arten literarischer EN vorgenommen werden:

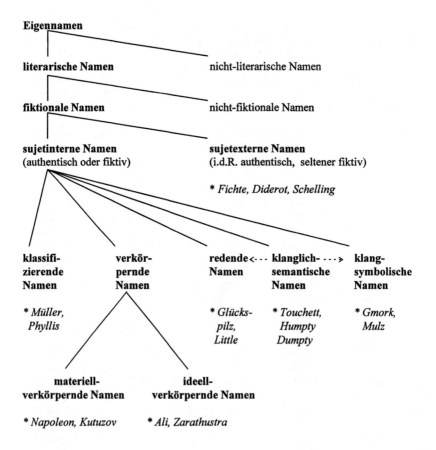

Eine solches Modell kann die Vielfalt der Erscheinungen, die es erfaßt, immer nur begrenzt wiedergeben. Da es lediglich bestimmte Merkmale selektiert und von Einzelfällen abstrahiert, lassen sich Beispiele oftmals mehrfach zuordnen. So schließen sich auch die in der hier vorgestellten Typologie genannten Namenarten einander nicht aus. Häufig treten Mischformen auf, bei denen sich mehrere Aspekte überlagern.

Wie D. LAMPING (1983: 47) feststellt, spielt der Name *Stephan Dedalus* in James Joyces Roman *Ulysses* auf den berühmten mythischen Bauherrn Daidalos an. Gleichzeitig assoziiert der FaN des fiktiven Romanhelden auch das englische Wort *deedless* ('tatenlos'), wodurch der NT treffend charakterisiert wird (vgl. LAMPING 1983: 47). *Dedalus* gehört daher sowohl zur Gruppe der ideell-verkörpernden als auch der klanglichsemantischen Namen.

Isabel Archer, die Hauptfigur des Romans *The Portrait of a Lady* von Henry James, trägt einen VN, der sie in zweifacher Hinsicht kennzeichnet. Zum einen verweist er auf Königin Isabella I., welche die Pläne des Christopher Columbus finanziell unterstützte und daher Anteil an der Entdeckung Amerikas hatte. Auch Isabel Archer, die junge Amerikanerin, "entdeckt", als sie nach Europa kommt, einen neuen Kontinent. Zum anderen steht die etymologische Bedeutung des Namens 'hell gräulich-gelb' im Einklang mit dem das Buch durchziehenden Farbsymbolismus (vgl. GERBER 1963: 187).

Ein Name wie *Otto Grossling* (bei Guy de Maupassant) ist zunächst als klassifizierend zu betrachten, da er durch den typisch deutschen VN und den deutsch klingenden FaN die Figur national einordnet. Darüber hinaus karikiert er den NT durch das Element *groß*, welches sich nur auf dessen Gestalt, nicht jedoch auf seinen Geist bezieht (vgl. KOPELKE 1990: 194).

Da sich ein konkreter Name nicht immer eindeutig einem bestimmten Typ zuordnen läßt, werden gelegentlich mehrere Namenarten zu einer Gruppe zusammengefaßt. So findet sich bei vielen Autoren der Verweis auf "suggestive Namen", zu welchen die hier getrennt vorgestellten klassifizierenden und klangsymbolischen Namen gehören (vgl. z.B. LIETZ 1992: 119). Das Wesen "suggestiver Namen" beschreibt W. FLEISCHER (1964: 12) in Abgrenzung von den redenden Namen wie folgt:

> Aber auch ohne Bewußtmachen des ursprünglichen Wortsinnes oder Eindeutung eines neuen können Namen durch ihren Klang und die Assoziationen, die sie hervorrufen, Achtung und Sympathie oder Abneigung und Spott wecken. Es wird in diesem Sinne auch von "suggestiven Personennamen" gesprochen. Damit rechnen die Schriftsteller; sie können nicht jeder Person jeden beliebigen Namen geben.

Wenn ein suggestiver Name "ohne Bewußtmachen des ursprünglichen Wortsinnes oder Eindeutung eines neuen", d.h. also ohne den Bezug auf eine lexikalische Bedeutung, wirkt, so müßten neben den klassifizierenden und klangsymbolischen auch verkörpernde Namen "suggestiv" sein. Nach dieser Terminusbestimmung bliebe der suggestive Name als einzige Gruppe neben dem redenden Namen bestehen. Eine solche Auffassung würde jedoch der Vielfalt literarischer Namengebungsstrategien nicht gerecht werden.

Die in diesem Kapitel vorgestellten Überlegungen zur literarischen Namengebung wurden überwiegend anhand von FigN bzw. PN illustriert. Es sei daher noch einmal darauf verwiesen, daß die ermittelten Arten literarischer Namen prinzipiell auch auf andere Namenklassen übertragbar sind.

Im folgenden sollen die Namengebungsmotive in der Literatur und der Realität miteinander verglichen werden. Mit diesem Ziel werden die hier beschriebenen Namenarten danach befragt, ob sie ein literarisches Spezifikum darstellen oder auch in der nichtliterarischen Realität auftreten.

3.4. Benennungsmotive in der Literatur und der Realität: ein Vergleich

3.4.1. Die lexikalische Bedeutung des Namens (vgl. redende / klanglich-semantische Namen)

Die Feststellung, daß sich die literarische von der nicht-literarischen Namengebung unterscheidet, wird zumeist mit dem Verweis auf **redende** Namen begründet. Redende Namen, wie sie in der Literatur vorkommen, sind der realen Namenwelt angeblich fremd. Eine solche Auffassung wäre jedoch zu hinterfragen, denn auch im alltäglichen Leben trifft man auf EN, die etwas über das Wesen ihres NT aussagen. Besonders deutlich zeigt sich dies bei Pragmatonymen und Ideonymen, d.h. bei EN, die Erscheinungen der praktischen und geistigen Sphäre menschlicher Tätigkeit benennen (vgl. "ideonim" und "pragmatonim", PODOL'SKAJA 1988: 61; 110). Man denke z.B. an Namen wie *Leipziger Verkehrsbetriebe (LVB) GmbH, Neue Leipziger Chopin-Gesellschaft e.V., Leipziger Volkszeitung* oder an die Namen geistesgeschichtlicher und politischer Epochen, wie z.B. *Renaissance, Aufklärung, Ottepel'* (russ. 'Tauwetter'), *Perestrojka* (russ. 'Umgestaltung') oder *Wende*.
Auch Haus- und Gasthausnamen sind vielfach semantisch motiviert. Dies erklärt sich daraus, daß der EN häufig von einem Schild oder einem Emblem, welches das Haus zunächst kennzeichnete, abgeleitet wurde. Ein Schild konnte von der größtenteils leseunkundigen Bevölkerung im ausgehenden Mittelalter besser als ein geschriebener Name identifiziert werden (vgl. DUNKLING; WRIGHT 1994: vi). Die einstige Farbenpracht der Schilder ist in Namen wie *Roter Ochse, Goldene Gans* oder *Zum Schwarzen Bären* (vgl. FENDL 1992: 41) bis heute erhalten geblieben. Noch jetzt lassen manche Namen erkennen, an welchen Gästekreis sich ein Wirtshaus bevorzugt richtete. Ein *Schiff* oder ein *Anker* deutet z.B. darauf, daß hier vor allem Schiffsleute einkehrten (JEHLE 1996: 1602).

Auch bei Toponymen wie z.B. *Neudorf* oder *Steinbach* liegt die ursprüngliche Motivierung noch offen zutage. Wie bereits im Zusammenhang mit der Frage nach der EN-Bedeutung (vgl. Kap. 2.2.) festgestellt wurde, lassen sich ON in der Regel auch dann auf eine appellativische Herkunft zurückführen, wenn die heutige Namensform diese verschleiert.

In Hinblick auf die Klasse der Anthroponyme konstatiert F. DORNSEIFF (1940: 218): "Nur bei nicht realen Personen gibt es redende Namen. Was bei realen Personen so aussieht, ist Zufall." Jedoch auch bei PN gibt es redende Namen. Dies scheint zunächst für FaN wie *Schneider, Müller, Lang, Schwarz* u.a.m. zu gelten, die das zugrundeliegende Benennungsmotiv noch heute erkennen lassen. Die ursprüngliche lexikalische Bedeutung wird unter synchronischem Aspekt indes nicht mehr "wörtlich" genommen und ist für das

Funktionieren des FaN irrelevant. Diesen Sachverhalt hat F. DEBUS (1977: 11f.) treffend beschrieben:

> Wer denkt etwa beim häufigen Familiennamen *Wolf* an das so bezeichnete Raubtier? Wird sich bei Richard Wagner irgendwer bewußt, "daß in dessen Namen das Wort 'Wagen' und die Bezeichnung der Wagenmacherkunst steckt"? Ein Bäcker kann den Namen *Müller*, ein Müller den Namen *Becker*, ein Schäfer den Namen *Schneider* tragen. Und wem fällt dieser Widersinn auf? (...) Die genannten Beispiele beweisen, daß die "Bedeutung" gerade bei etymologisch durchsichtigen oder noch erkennbaren Namen für uns normalerweise gar nicht relevant ist.

Die semantische Transparenz eines FaN wird nur dann bewußt wahrgenommen, wenn der Name mit dem Wesen oder Beruf des NT auf überraschende Weise übereinstimmt oder sich gerade Widersprüchliches offenbart. So fällt es auf, wenn ein Krebsforscher *Professor Carl Krebs* heißt, ein Schweizer Ernährungsphysiologe *Professor Fleisch* und sein Dortmunder Kollege *Kraut*. Auch für den Berliner Zahnarzt *Dr. Mund*, den dänischen Gewürzhändler *Pfefferkorn* und den Heizer an einer Innsbrucker Klinik *Josef Heiß* gilt das von Plautus überlieferte Wort: "Nomen atque omen" (Beispiele aus KATZ 1964: 86). Namen, die noch heute eine erkennbare Bedeutung tragen, regen mitunter zum Wortspiel an und werden werbewirksam eingesetzt. So findet sich in unmittelbarer Nähe des Leipziger Sanitätshauses Wolf (Dimitroffstraße) ein Aufsteller mit dem Text: "Sei ein Fuchs, geh zum Wolf!". Die Überschrift eines Artikels in der *Leipziger Rundschau* vom 30. April 1997 lautete "Peter Schädlich betreibt nützlichen Vogelschutz" (S. 1).

Hinsichtlich der FaN scheint die These DORNSEIFFs, daß redende Namen in der Realität lediglich zufällig sind, heutzutage durchaus zuzutreffen. Daß sie indes nicht allgemeingültig ist, beweisen z.B. inoffizielle PN, die nicht selten eine bestimmte Eigenschaft oder den Beruf der Person zum Namensmotiv wählen. Die Liste von Decknamen inoffizieller Mitarbeiter des DDR-Staatssicherheitsdienstes bestätigt dies: Ein Jurist nannte sich *IM Notar*, ein Kraftfahrer *IM Fahrer*, ein Lehrer im Hochschuldienst *IM Pädagoge*, ein Hauptbuchhalter *IM Manko* und ein Orchesterdirigent *IM Stock* (Beispiele aus KÜHN 1995: 517f.). Zur Gruppe der inoffiziellen PN gehören ebenso einige Benennungen von bekannten Politikern, wie z.B. *The Iron Lady* für die britische Premierministerin Margaret Thatcher, *Tricky Dicky* für den amerikanischen Präsidenten Richard Nixon (vgl. GLÄSER 1990: 90) oder auch Namenparaphrasen der Art *Engel von Kalkutta* für die katholische Ordensschwester Mutter Teresa. Viele Spitz- und Kosenamen finden lediglich im Familien- bzw. Freundeskreis Verwendung. Sie sind nicht selten von Appellativa abgeleitet und spielen auf äußere Merkmale oder Eigenschaften des NT bzw. Verwandtschaftsbeziehungen an: z.B. *Sohni, Bubi, Dicki, Großer, Spatz* (vgl. KOSS 1990: 100)[55].

In bestimmten Epochen führte der Glaube an die magische Kraft des Namens dazu, daß sich in den VN die Wunschvorstellungen der Eltern für die Zukunft ihrer Kinder widerspiegelten. In der Tat wurden bevorzugt Männer mit glücksverheißenden Namen wie *Salvius* oder *Valerius* an die Spitze der römischen Truppen gestellt. Auch bei öffentlichen Sühnopfern mußten die Tiere von Männern mit "bona nomina" geführt werden (vgl. KRIEN 1973: 117). Aus jüngerer Zeit sei an die VN erinnert, die englische Puritaner sowie deutsche Pietisten ihren Kindern mit auf den Lebensweg gaben: Die Namen *Gotthold, Gotthelf* oder *Gottfried* sind heute selten, aber nicht völlig ungebräuchlich. Programmatische Satznamen wie *Fight-the-good-fight-of-faith* oder *The Lord-is-near* wirken hingegen konstruiert und kaum noch glaubhaft (Beispiele aus DUNKLING 1993: 43).

Wie W.F.H. NICOLAISEN (1976a: 154) und F. DEBUS (1985: 318) übereinstimmend feststellen, lassen sich heute die wenigsten Eltern im europäischen Kulturraum bei der VN-Wahl von der etymologischen Bedeutung leiten. Sie spielt vereinzelt noch eine Rolle, so z.B. wenn F. DEBUS (1985: 318; Anm. 55) von einem Akademikerehepaar berichtet, welches die Geburt ihrer Tochter *Birgit Lätitia* mit folgender Zeitungsanzeige bekanntgab: "Unsere Tochter Birgit (= die Strahlende) Lätitia (= die Freude) beglückte uns exakt an unserem 10. Hochzeitstag mit ihrer Ankunft". Im allgemeinen sind andere Motive als die Namenetymologie bestimmend, was nicht ausschließt, daß sich Eltern und Kinder häufig danach erkundigen, was ein gewählter Name denn "bedeute".

3.4.2. Der Klang des Namens (vgl. klangsymbolische / klanglich-semantische Namen)

Seit über zweihundert Jahren, so bemerkt W. SEIBICKE (1982: 116), wird die Namenwahl weitestgehend durch das Prinzip: "Der Name soll schön, klangvoll sein" gesteuert[56]. Was als **"klangvoll"** gilt, kann sehr unterschiedlich bewertet werden. Auffällig ist jedoch, daß bestimmte Laute und Betonungsmuster typischer für Mädchen- bzw. Jungennamen sind. So konnte M.V. SEEMAN (1983: 240) feststellen, daß englische Mädchennamen häufiger mit einem Labial beginnen, Jungennamen hingegen öfter velare Laute enthalten. Ausgesprochen "weiblich" klingt ein Name wie *Sabrina*, der mehr als zwei Silben enthält und erst auf der zweiten Silbe - überdies auf dem Vokal [i:] - betont ist. Für einen männlichen Namen sind Merkmale wie Ein- oder Zweisilbigkeit sowie Erstsilbenbetonung typischer (vgl. CRYSTAL 1995: 153).
Neben derartigen, teils unbewußt wirkenden Faktoren spielt die **Lautgestalt** des Namens noch in einer anderen Hinsicht eine Rolle. So legen Eltern Wert darauf, daß der VN nicht nur für sich genommen, sondern auch in Kombination mit dem FaN "wohlklingt"[57]. Zudem kann der Wunsch, in den VN die Zusammengehörigkeit von Geschwistern oder aller Familienmitglieder auszudrücken, bestimmend sein. Dies kann durch gemeinsame Namensglieder (z.B. *Bernhard, Eberhard, Diethard*), durch männliche/weibliche Namenvariationen (z.B. *Martin, Martina*) oder phonetisch durch alliterierende Namen (z.B. *Claus* [Vater], *Jutta* [Mutter], *Cai Jasper, Catrin Julia, Claudia Jo* [Kinder]) geschehen (Beispiele vgl. SEIBICKE 1982: 120 sowie DEBUS 1985: 319).

3.4.3. Der Name als Ausdruck der Gruppenzugehörigkeit (vgl. klassifizierende Namen)

Elspeth, Elspet, Elspie, Ealasaid, Elilís und *Bethan* sind Varianten des Namens *Elizabeth*, welche in einzelnen Ländern der Britischen Inseln unterschiedlich stark verbreitet sind (vgl. CRYSTAL 1995: 148). Es handelt sich um betont schottische, irische und walisische Formen, so daß der Name nicht nur die jeweilige Person bezeichnet, sondern zugleich eine Vermutung über ihre Nationalität zuläßt. VN, die mit dem Ziel gewählt werden, die nationale oder regionale Herkunft des NT anzuzeigen, bezeichnet W. SEIBICKE (1996: 1211) als "Demonstrativnamen". Mit ihnen, so SEIBICKE (1996: 1211), "/wollen/

die Eltern Haltungen und Einstellungen demonstrieren". Dies trifft ebenso auf VN zu, welche aufgrund religiöser oder politischer Überzeugungen vergeben werden. Stark ideologisch beeinflußt waren einige Namen, die nach der Oktoberrevolution in der Sowjetunion geprägt wurden: bei den Mädchen z.b. *Oktjabrina, Lenina, Marxina* und bei den Jungen die Abkürzungen *Lorikerik* (< Lenin, Oktober, Revolution, Industrie, Kollektiv, Elektrizität, Radio und [russ. *i*] Kommunismus) und *Wladlen* (< Wladimir Lenin; Beispiele vgl. KATZ 1964: 63ff.).

Nicht immer treten die Faktoren der Namenwahl gleichermaßen deutlich hervor. So sind detaillierte empirische Untersuchungen erforderlich, um einen Einblick in schichtenspezifische Gründe der Namengebung zu gewinnen[58]. G. BAUER (1985: 204) spricht vom Prinzip der "onomastischen Differenzierung", welches besagt, daß einzelne Namen in bestimmten gesellschaftlichen Gruppen bevorzugt vergeben werden. Eindeutige und für alle Zeit gültige Aussagen sind auf diesem Gebiet jedoch kaum möglich. Namen, die heute modisch sind, können morgen als altmodisch betrachtet werden. Gleichermaßen werden einst altmodische Namen in der Gegenwart neu belebt. Auch das Sozialprestige von Namen kann sich im Laufe weniger Jahre oder Jahrzehnte wandeln, wie der weibliche VN *Abigail* zeigt: In den ersten 70 Jahren unseres Jahrhunderts wurde er in England und Wales als typischer "Dienstmädchenname" nur äußerst selten vergeben. In den letzten 20 Jahren gewann er zunehmend an Ansehen, so daß er im Jahr 1993 schon zu den 25 häufigsten Mädchennamen zählte (vgl. DUNKLING 1993: 51, 56, 78). Da sich Namenmoden "zyklisch" entwickeln (vgl. COLMAN; HARGREAVES; SLUCKIN 1980: 113), ist zu erwarten, daß auch der VN *Abigail* nach einer gewissen Zeit wieder an Prestige verlieren und später erneut als Modename Verbreitung finden wird (vgl. DUNKLING 1993: 78).

Welche Gründe die VN-Wahl einer gesellschaftlichen Gruppe zu einem bestimmten Zeitpunkt prägen, wie sich Namenmoden entwickeln und worin die Ursachen ihrer Veränderung liegen, das sind Fragen, die die Sozio- bzw. Psychoonomastik berühren. Empirische Untersuchungen haben zudem bestätigt, daß neben den VN auch bestimmte FaN die Hörer zu Vermutungen über den sozialen Status oder die regionale Herkunft eines NT anregen (vgl. z.B. EIS 1970; RIS 1977; HARTMANN 1984).

Wie in Kapitel 3.3.2.1. bereits festgehalten wurde, können sich Autoren das interiorisierte Wissen einer Sprachgemeinschaft über geographisch, sozial oder ideologisch bedingte Unterschiede der Namengebung zunutze machen. Insbesondere reale und realistische Namen dienen dazu, die onymische Situation der im literarischen Werk dargestellten Zeit widerzuspiegeln. Daraus folgt, daß die **klassifizierenden** Namen die engste Verbindung zwischen der literarischen und der nicht-literarischen Namenwelt herstellen.

3.4.4. Der Verweis auf einen anderen Träger des gleichen Namens (vgl. materiell-verkörpernde und ideell-verkörpernde Namen)

Entscheiden sich Eltern für den VN *Paul*, kann dies verschiedene Ursachen haben. So ist in einem Fall vielleicht ausschlaggebend, daß der Name kurz und unkompliziert ist, in einem anderen Fall soll an einen früheren Träger dieses Namens erinnert werden. Dafür gibt A. BACH (1953, Bd. I.2, §494: 240) folgende Begründung:

Man wählt einen als Wort u.U. unverstandenen RN [Rufnamen-I.S.], weil eine verehrungswürdig erscheinende Gestalt ihn getragen hat. Was *Paul(us)* heißt, ist gleichgültig, wenn wir heute den Namen erteilen, und es wissen es die wenigsten Deutschen. Der Name gilt in erster Linie als Name des Apostels oder eines nach ihm benannten Mannes.

Diese Aussage verdeutlicht, daß auch in der Realität ein Motiv wirksam wird, welches in der Literatur den **verkörpernden** Namen zugrunde liegt. Eine Person wird nach einer anderen benannt, wobei sowohl die gewählten Vorbilder als auch die Beweggründe der Eltern sehr unterschiedlich sein können. Zunächst sind die **Nachbenennungen** in der Familie zu erwähnen, bei denen ein Kind den VN eines Vorfahren erhält. Dies kann mit der Absicht verbunden sein, das Namensvorbild zu ehren bzw. das Kind dessen besonderem Schutz anzuvertrauen. Ebenso wird die magische Vorstellung, daß ein verstorbener Verwandter im "Namen" des Gleichbenannten weiterleben könne, mitunter als Grund angeführt (vgl. SEIBICKE 1996: 1208).
Auch Namen von anderen Verwandten, Freunden und Bekannten können übernommen werden. Oftmals ist der Wunsch ausschlaggebend, das Kind möge seinem Vorbild in gewisser Weise ähnlich werden. Das gleiche gilt für "Idolnamen" (SEIBICKE 1996: 1210), d.h. für Namen, die an bekannte Persönlichkeiten aus der Geschichte und der Politik, aus den Bereichen des Sports, der Kunst und Kultur erinnern. Wie W. SEIBICKE (1982: 119f.) feststellt, ist dabei der Einfluß des Show-Geschäftes wesentlich geringer als allgemein angenommen wird. Trotzdem kann man auch diesen Faktor nicht gänzlich vernachlässigen. Daß die Medien und die Unterhaltungsbranche die Namenwahl durchaus mitbestimmen, zeigt ein Blick auf die derzeit beliebtesten VN in Großbritannien. Nahm der Mädchenname *Molly* nach der Häufigkeit, mit der er vergeben wurde, 1995 noch Platz 47 ein, stieg er 1996 auf Platz 28. Die zunehmende Beliebtheit von *Molly* wird auf eine Fernsehwerbung für die Supermarkt-Kette Safeway zurückgeführt, in der ein kleines, niedliches Mädchen dieses Namens auftritt. Bei den Jungen steht *Liam* an zehnter Stelle. Offenbar orientierten sich viele Eltern an Liam Gallagher, dem berühmten Sänger der Gruppe Oasis, welcher 1996 mehrfach für Schlagzeilen sorgte. Nicht immer werden VN aufgrund der Persönlichkeit des ursprünglichen NT gewählt. Mitunter gefällt ganz einfach der Name, der als schön oder ungewöhnlich empfunden wird (vgl. SEIBICKE 1996: 1210). Dies ist vermutlich der Grund, warum sich der Name *Leah* in jüngster Zeit großer Beliebtheit erfreut. Er fand zunehmend Verbreitung, nachdem die Zeitungen ausführlich vom Drogentod einer Jugendlichen dieses Namens berichtet hatten (vgl. *The Daily Telegraph* 08.01.1997, p. 4).

Auch im Bereich der Toponyme lassen sich Namenübertragungen beobachten. Erinnert sei insbesondere an ON in den USA, die aus anderen Teilen der Welt bekannt sind. Sei es *Paris (Kentucky), Oxford (Ohio) oder Birmingham (Alabama und Pennsylvania), Berlin, Warszaw* (Warschau), *Madrid, London* oder *Rome* - sie alle wurden aus "nostalgischen, patriotischen oder ehrenden Gründen" ("nostalgic, patriotic, commemorative, and other reasons"; NICOLAISEN 1976a: 152) für die neuen Siedlungen in Amerika gewählt. Dies zeigt sich auch deutlich am Namen der Stadt *New York*, welche zunächst *Neu-Amsterdam* hieß. Nachdem die Briten 1664 das einst holländische Territorium in Besitz genommen hatten, nannten sie die Stadt zu Ehren des Herzogs von York um.
Die älteste Siedlung Neuenglands ist Plymouth. Auch dieser Name spricht für sich selbst. Er erzählt die Geschichte der "Pilgerväter", die aus Furcht vor religiöser Verfolgung 1620 England verließen. Ihre Siedlung auf dem amerikanischen Kontinent benannten sie nach

der englischen Hafenstadt, von der aus sie den Atlantik überquert hatten. Derartige Namenübertragungen lassen sich in allen ehemaligen Kolonien des British Empire aufzeigen, wobei sie in den USA, in Australien und Neuseeland besonders deutlich hervortreten. Man vergleiche neben *New York* und *Plymouth* in den USA z.B. die ON *Dunedin* (so der keltische Name der Stadt Edinburgh) in Neuseeland, *Perth* in Westaustralien und *The Grampians* in Victoria, Australien.

Ein übertragener Name muß nicht derselben Namenklasse wie sein Vorbild angehören. So können Namen berühmter Persönlichkeiten nicht nur auf Personen, sondern mitunter auch auf Orte übergehen. Man denke z.b. an die Hauptstadt und einen Bundesstaat der USA *Washington* oder an die australische Stadt *Darwin*. Auch in Namen von Straßen und Plätzen wird an bedeutende Personen erinnert, z.b. *Goethestraße, Leibnizstraße, Martin-Luther-Ring* und *Willy-Brandt-Platz* (alle in Leipzig). PN werden ebenfalls häufig als Firmennamen verwendet und auch auf das hergestellte Produkt übertragen: z.b. *Guinness, Ford* und *Ferrari*.

Es kann festgestellt werden, daß alle bisher behandelten Namenübertragungen den für den literarischen Kontext beschriebenen **ideell-verkörpernden** Namen entsprechen. Die ursprünglichen und die neuen NT teilen den Namen, ohne jedoch identisch zu sein.

Wie in Kapitel 3.3.2.2. erörtert wurde, verweisen **materiell-verkörpernde** Namen nicht nur auf Eigenschaften eines ursprünglichen NT, sondern suggerieren die Identität der namensgleichen Personen. Daraus folgt, daß sie in der Realität im allgemeinen nicht auftreten. Eingeschränkt wird diese Aussage durch zwei Spezialfälle der Namenverwendung. So kann es (1) bei schizophrenen Patienten vorkommen, daß die Wahrnehmung ihres eigenen Ichs gestört ist und sie sich für eine andere, mitunter berühmte Persönlichkeit halten. Daneben können (2) Personen aber auch völlig bewußt und absichtsvoll eine fremde Identität vortäuschen. Erinnert sei an die Regierungszeit Boris Godunovs in Rußland, als mehrere vermeintliche Thronfolger mit polnischer Unterstützung nacheinander in Moskau einfielen. Ein jeder gab vor, der totgeglaubte Sohn Ivan Groznyjs *Dmitrij* und somit der rechtmäßige Zar zu sein. Daraus erklärt sich ihre historische Bezeichnung als *Pseudodemetrius* (russ. *Lžedmitrij*).

Wie bei literarischen, so treten auch bei nicht-literarischen Namen Mischtypen auf. Das heißt, daß der Wahl eines EN nicht immer nur ein einziges Motiv zugrunde liegt. Häufig spielen verschiedene Überlegungen zum Klang und zum Prestige eines Namens, zur etymologischen Bedeutung und zu eventuellen Namensvorbildern eine Rolle.

3.4.5. Schlußbemerkung

Im Ergebnis der Ausführungen kann festgestellt werden, daß die für die literarische Namengebung ermittelten Motive prinzipiell auch in der Realität wirksam sind. Diese Einsicht hat bereits H. THIES (1978: 57) mit den Worten formuliert:

Und wenn man nur den Namengebungsaspekt betrachtet, sind die Unterschiede zwischen realen und fiktiven Namen ohnehin gering.

Eine Beschränkung der Aussage auf den Akt der Namen*gebung* impliziert, daß sich durchaus Unterschiede zwischen literarischen und nicht-literarischen Namen feststellen lassen. Diese betreffen jedoch weniger die Bildungstypen als vielmehr den Gebrauch der EN. In welchem Verhältnis die einzelnen Namenarten in einem Werk repräsentiert sind, wird durch die jeweilige literarische Epoche und Strömung sowie den persönlichen Stil des Autors beeinflußt. So kommt z.B. Ch. DOLNY (1996: 72 und 335) in seiner Namen-studie zu I.S. Turgenev zu dem Schluß, daß die literarische Namenlandschaft nur bedingt als wirklichkeitsnah gelten kann. Obwohl die verwendeten FaN morphologisch durchaus der Realität entsprechen, ergeben sich deutliche Abweichungen hinsichtlich der Auftre-tenshäufigkeit einzelner Namenelemente und Strukturmuster. So kann DOLNY feststel-len, daß der Autor von Übernamen abgeleitete FaN bevorzugt und in der Realität beson-ders häufig verbreitete FaN zugunsten einer größeren Namenvielfalt in den Erzählungen vernachlässigt.

So wie Turgenev tendieren viele Schriftsteller dazu, bestimmte Strategien der Namenge-bung bevorzugt anzuwenden. R. GERBER (1965: 576f.) spricht vom "Gesetz der An-knüpfung" und bezieht es auf den künstlerischen Schaffensprozeß insgesamt:

> (...) so wie ein Dichter in der Charakterdarstellung in den meisten seiner Werke ein paar Grundtypen variiert und wiederholt, so neigt er auch in der Namengebung dazu, Grundtypen innerhalb eines festen Rahmens abzuwandeln und zu wiederholen.

Ungeachtet der beschriebenen Gemeinsamkeiten in der Namengebung stellt W.G. MÜL-LER (1991: 142) einen "fundamentale/n/ Unterschied zwischen Wirklichkeit und Litera-tur" fest. Seine Aussage "Der Name einer wirklichen Person sagt höchstens in einem zu-fälligen Ausnahmefall etwas über den Namensträger aus" (MÜLLER 1991: 142) steht im Einklang mit der eingangs zitierten These F. DORNSEIFFs. Speziell in bezug auf VN bemerkt MÜLLER (1991: 143), daß diese in der Realität "mehr über den Namengeber als den Namensträger aussagen". Ein VN läßt eher auf die Intentionen des Namensgebers als auf das Wesen des NT schließen. In der Literatur hingegen wirkt noch immer die Vor-stellung, daß Name und Figur auf magische Weise miteinander verbunden sind, daß zwi-schen ihnen eine "innige Verknüpfung" (TROST 1986: 23) besteht. Die Erwartung vieler Leser, die literarische Namen generell für "bedeutungsvoll" halten, kann sich der Autor zunutze machen. So hebt K. GUTSCHMIDT (1984a: 13) hervor:

> Ein prinzipieller Unterschied zwischen den Namen in der realen Kommunikation und den Na-men in der Literatur besteht darin, daß letztere bewußt in Hinblick auf das Wesen der Gestalt gewählt oder geschaffen werden.

Eine bewußte Namenwahl in der Literatur ist möglich, da der Autor Macht sowohl über den EN als auch den NT hat. Er kann die Figur in seiner Phantasie so gestalten, daß sie zu ihrem Namen paßt bzw. einen Namen so wählen, daß dieser die bezeichnete Figur tref-fend charakterisiert.

4. Zur Namengebung in den Detektivgeschichten Gilbert Keith Chestertons

4.1. Detektivgeschichten im literarischen Werk Chestertons

"Conduct always admirable" (WARD 1945: 28). So heißt es in einem Schulzeugnis Gilbert Keith Chestertons aus dem Jahr 1892. Derselbe Mann, der einst von den Lehrern für sein stets untadeliges Verhalten gelobt worden war, reflektiert am Ende seines Lebens:

> Some time ago, seated at ease upon a summer evening and taking a serene review of an indefensibly fortunate and happy life, I calculated that I must have committed at least fifty-three murders, and been concerned with hiding about half a hundred corpses for the purpose of the concealment of crimes; hanging one corpse on a hat-peg, bundling another into a postman's bag, decapitating a third and providing it with somebody else's head, and so on through quite a large number of innocent artifices of the kind. (AB: 331)

Trotz dieser außergewöhnlichen Bilanz, die vermutlich so manchen Berufsverbrecher erschaudern ließe, bekennt sich Chesterton nur zu einem einzigen wirklichen Verbrechen in seinem Leben: Eines Abends berichtete ihm seine spätere Frau Frances, daß sie auf dem Nachhauseweg ihren Schirm im Wartesaal des Bahnhofs vergessen hatte. Als Chesterton ihn holen wollte und das Gebäude über Nacht verschlossen fand, wurde er kurzerhand zum Einbrecher. In Gehrock und Zylinder kroch er über den Bahndamm und unter dem Bahnsteig entlang, bis er einen Zugang zum Wartesaal fand. An dieses Ereignis erinnert er sich später mit den Worten: "(...) I committed my first and last crime; which was burglary, and very enjoyable" (AB: 155).
Die Morde, von denen eingangs die Rede war, beging Chesterton nur auf dem Papier. Die meisten von ihnen wurden durch die von ihm geschaffene Figur, den katholischen Geistlichen und Amateurdetektiv Father Brown, aufgeklärt. Daß die erste der insgesamt über 50 Father-Brown-Geschichten je geschrieben wurde, ist in gewisser Hinsicht einem Zufall zu verdanken. M. WARD (1952: 110) berichtet von einem Besuch Chestertons bei seinem Freund Lucian Oldershaw. Als er in dessen Haus vergeblich nach einer ihm noch unbekannten Detektivgeschichte suchte, beschloß er, selbst eine zu schreiben. Sie wurde im September 1910 unter dem Titel "The Blue Cross" in der Zeitschrift *The Storyteller* veröffentlicht. Die prophetischen Worte, mit denen der Herausgeber die neue Detektivserie einführte, sollten sich bewahrheiten:

> These stories are undoubtedly the most extraordinary work Mr Chesterton has yet penned, and show this clever writer in quite a new vein. Father Brown is a character destined to be long remembered in fiction. (Zit. in GAI: 15)

Wie diese Aussage zeigt, war Chesterton vor dem Erscheinen der Father-Brown-Geschichten schon lange kein Unbekannter mehr. Sein literarisches Debüt hatte er 1892 mit einem Artikel in *The Speaker* gegeben. Es folgte eine große Zahl weiterer journalistischer Arbeiten für verschiedene Zeitschriften, von denen seine wöchentlichen Kolumnen in den *Daily News* (1901-1913) und den *Illustrated London News* (1905 bis zu seinem Tode 1936) sowie seine Beiträge für den *Speaker* und den *Bookman* besondere Erwähnung verdienen. Einige der Essays wurden in Buchform veröffentlicht; so waren vor 1910 unter anderem die Sammlungen *The Defendant* (1901), *Twelve Types* (1902), *All Things Considered* (1908), *Varied Types* (1908) und *Tremendous Trifles* (1909) erschienen. Viel beachtet wurden seine Künstlerbiographien (z.B. *G.F. Watts*, 1902; *Robert Browning*,

1903; *George Bernard Shaw*, 1909), von denen die über *Charles Dickens* (1906) mehr-
fach als seine beste und bekannteste hervorgehoben wurde (vgl. FFINCH 1988: 145).
Seinem ersten Gedichtband *Greybeards at Play* (1900) folgte noch im gleichen Jahr *The
Wild Knight and Other Poems*. Auch eine Erzählsammlung (*The Club of Queer Trades*,
1905) und seine beiden bekanntesten Romane, *The Napoleon of Notting Hill* (1904) und
The Man Who Was Thursday (1908), hatte Chesterton bereits vor der ersten Father-
Brown-Geschichte geschrieben, ebenso seine bedeutenden Bücher *Heretics* (1905) und
Orthodoxy (1908), in denen er seine grundlegenden christlichen und politischen Überzeugungen verteidigte.
Chesterton war und blieb ein überaus produktiver Schriftsteller, dessen literarisches Le-
benswerk über einhundert Bände füllt. Er selbst verstand sich in erster Linie als ein "jolly
journalist" (BARKER 1975: 188), und es gibt kaum ein Thema, zu dem er im Laufe seines Lebens nicht Stellung bezogen hätte - sei es in seinen zahlreichen Essays oder auch in
öffentlichen Streitgesprächen. Er war der Autor philosophischer und religiöser Traktate,
er verfaßte Künstler- und Heiligenbiographien, schrieb mehrere Romane, unzählige Gedichte sowie drei Dramen. Hohe Anerkennung erlangte Chesterton ebenfalls als begabter
Literaturkritiker und Buchillustrator.

Vor dem Hintergrund eines derart gewaltigen Œuvres muß es geradezu wie ein Chester-
tonsches Paradoxon anmuten, daß die heutige Berühmtheit des Autors vor allem auf den-
jenigen Geschichten beruht, welche er selbst für seine unbedeutendsten hielt. Die Geschichten um den ungewöhnlichen Priester-Detektiv waren bereits 1958 in 18 Sprachen
übersetzt[1], und noch heute werden sie wiederholt neu aufgelegt (vgl. z.B. GAI, FBH,
WFB). Ihre Popularität beförderten nicht zuletzt mehrere Verfilmungen, in denen die Figur des Father Brown von namhaften Schauspielern wie Alec Guinness, Kenneth More,
Heinz Rühmann und Josef Meinrad verkörpert wurde[2].

In seiner Autobiographie beschreibt Chesterton ausführlich, wie er auf die Idee kam, gerade aus einem katholischen Geistlichen einen literarischen Superdetektiv zu machen.
Das reale Vorbild Father Browns war Father John O'Connor aus Bradford. Chesterton
hatte ihn 1904 auf einer seiner Vortragsreisen in Yorkshire kennengelernt. Als sie bei einer ausgedehnten gemeinsamen Wanderung auf das Schlechte im Menschen zu sprechen
kamen, bewies der Priester eine ungeahnt tiefe Einsicht in die Schattenseiten der menschlichen Seele. Father O'Connor hatte in Abgründe geblickt, deren Existenz Chesterton bis
dahin noch nicht einmal erahnte. Chesterton war schockiert. Zudem fand er es unglaublich, daß ihn ausgerechnet ein Mann der Kirche vom Bösen in der Welt unterrichten
konnte:

> (...) it was a curious experience to find that this quiet and pleasant celibate had plumbed those
> abysses far deeper than I. I had not imagined that the world could hold such horrors. (...) I was
> surprised at my own surprise. That the Catholic Church knew more about good than I did was
> easy to believe. That she knew more about evil than I did seemed incredible. (AB: 338ff.)

Nach dieser Unterhaltung trafen Chesterton und Father O'Connor mit zwei jungen Studenten aus Cambridge zusammen, die über die vermeintliche Weltfremdheit katholischer
Geistlicher spotteten. Aus der Ironie dieser Situation erwuchs Chesterton die Idee zu seiner literarischen Priesterfigur, die mehr über das Verbrechen wissen sollte als die Verbrecher selbst (vgl. AB: 339). Daß katholische Geistliche wie Father O'Connor und Father

Brown mit allen nur denkbaren Untugenden vertraut sind, mag auf den ersten Blick unfaßbar erscheinen, ergibt sich jedoch als logische Konsequenz aus ihren Aufgaben als Priester, zu denen auch die Abnahme der Beichte gehört. So erklärt Father Brown dem verblüfften Flambeau, nachdem er ihn mit dessen eigenen Tricks überlistet hat: "'We can't help being priests. People come and tell us these things'" (CFB: 22).

Die Beichte spielte eine zentrale Rolle in Chestertons eigenem Leben. Er wußte um die Sündhaftigkeit des Menschen und begriff die Beichte als ein Angebot, um sich von seiner Schuld zu befreien. Diese Einsicht beeinflußte ihn nicht unerheblich auf seinem Weg hin zum Katholizismus. Im Jahre 1922 wurde Gilbert Keith Chesterton römischer Katholik, nachdem er als Unitarier aufgewachsen und sich später unter dem Einfluß seiner Frau dem Anglokatholizismus zugewandt hatte. Auf die nach seiner Konversion häufig gestellte Frage: "Why did you join the Church of Rome?" lautete seine erste und fundamentalste Antwort immer: "To get rid of my sins" (AB: 340)[3].

Die Gestalt des Father Brown begleitete Chesterton sein Leben lang. In den 25 Jahren nach dem ersten Auftritt in "The Blue Cross" konnte der unscheinbare Landpfarrer in weiteren 50 Fällen seinen kriminalistischen Spürsinn unter Beweis stellen. Die Erzählungen wurden zunächst für Zeitschriften geschrieben und anschließend in Buchform veröffentlicht. Hierbei gibt es einige wenige Ausnahmen[4], zu denen auch zwei Father-Brown-Geschichten gehören, die lange Zeit verschollen waren und dem Lesepublikum erst vor kurzem zugänglich gemacht wurden. Es handelt sich um "The Mask of Midas" (1936) und "Father Brown and the Donnington Affair" (1914)[5]. Letztere stellt eine literarhistorische Kuriosität dar. Die Geschichte eröffnete eine neue Serie in der Zeitschrift *The Premier*, in der führende Detektivschriftsteller aufgerufen waren, einen zuvor von Sir Max Pemberton entworfenen Kriminalfall aufzuklären. Der erste Teil der "Donnington-Affäre", der Father Brown mit einem rätselhaften Mord konfrontiert, erschien im Oktober 1914, Chestertons scharfsinnige Lösung einen Monat später.

Die Erzählungen um den scheinbar naiven und doch so klugen Priester haben zu allen Zeiten ihre Bewunderer gefunden. Der Philosoph Ernst BLOCH unterstrich, daß Chestertons Detektivgeschichten durchaus "literarischer Rang" zukomme (vgl. BLOCH 1992: 326). In seinem Vortrag "Die Kriminalgeschichte" bezeichnete Jorge Luis BORGES (1981: 272) Chesterton als "Poes großen Erben", fügte aber zugleich hinzu:

> Chesterton sagte, nie seien bessere Kriminalerzählungen geschrieben worden als von Poe, aber mir erscheint Chesterton als der bessere von beiden. Poe schrieb rein phantastische Erzählungen. (...) Chesterton dagegen tat etwas völlig anderes; er schrieb Erzählungen, die phantastisch sind und gleichzeitig mit einer kriminalistischen Lösung enden. (BORGES 1981: 272)

Auch Kurt TUCHOLSKY und Bertolt BRECHT äußerten sich begeistert über Chestertons Erzählungen. Während BRECHT sie generell für die besten Detektivgeschichten hielt, die er je gelesen hatte (vgl. SCHELLER 1980: 148), hob TUCHOLSKY (1993, Bd. 2: 355) insbesondere den "unnachahmlichen Chestertonschen Humor" der Texte hervor. Er bemerkte zudem:

> Dieser Sherlock Holmes ist katholisch - ich hätte nie geglaubt, daß Sellerie und Spargel nebeneinander möglich wären. Es schmeckt. Es schmeckt sogar sehr gut. (TUCHOLSKY 1993, Bd. 2: 355)

Angesichts so vielen Lobes[6] verwundert es nicht, wenn W.W. ROBSON (1969: 611) und H. ANTOR (1991: 75) fordern, die Father-Brown-Erzählungen ernstzunehmen. Mit ihrem Plädoyer, Detektivgeschichten nicht pauschal als literarisch minderwertig zu verurteilen, stehen sie nicht allein. Schon Dorothy L. SAYERS hatte sich Ende der zwanziger Jahre scharf gegen diese Fehleinschätzung gewandt. In einer Zeit, die generell als "The Golden Age of Detective Fiction" gilt, verteidigte sie die literarische Qualität des Detektivromans. In ihrem Vorwort zu *Great Stories of Detection, Mystery and Horror* betont sie ausdrücklich:

> "The average detective-novel to-day is extremely well written, and there are a few good living writers who have not tried their hand at it one time or another." (Zit. in BUCHLOH; BECKER 1990: 25, Anm. 48)

Um ihre These zu stützen, führt sie namhafte Literaten an, die sich an der Form der Detektivgeschichte versuchten, so z.B. A.E.W. Mason, Eden Phillpotts, "Lynn Brock", Somerset Maugham, Rudyard Kipling, A.A. Milne, Father R. Knox und J.D. Beresford (vgl. BUCHLOH; BECKER: 1990: 25, Anm. 48).

Zu Beginn des 20. Jahrhunderts wurden Kriminalschriftsteller in England mit den gleichen Vorurteilen betrachtet wie z.T. noch heute in Deutschland. Noch lange bevor er überhaupt eine einzige Detektivgeschichte veröffentlichte, fühlte sich auch G.K. Chesterton zur Verteidigung des vielgeschmähten Genres herausgefordert und schrieb einen Essay mit dem Titel "A Defence of Detective Stories"[7]. In ihm bezeichnete er die Detektiverzählung als eine "völlig berechtigte Kunstform" ("a perfectly legitimate form of art", SES: xi), in der es, genau wie in jeder anderen literarischen Gattung, Werke von höherer und niederer Qualität gebe. Generell wandte sich Chesterton dagegen, die sogenannte "höhere Kultur" einseitig zu verherrlichen (vgl. ATC: 105). Er empfahl, um etwas über das wirkliche Leben zu erfahren, nicht die Literatur zu lesen, die die Menschen studiert, sondern eher die Literatur, welche die Menschen studieren:

> If we are really to find out what the democracy will ultimately do with itself, we shall surely find it, not in the literature which studies the people, but in the literature which the people studies. (ATC: 16f.)

Zur Literatur, die Chesterton selbst mit Hingabe "studierte", gehörten auch alle verfügbaren Detektivgeschichten, die er unter anderem auf seinen häufigen Bahnfahrten zwischen London und Beaconsfield las (vgl. BARKER 1975: 192).

Seit Chestertons Zeit hat sich die Einstellung gegenüber der Detektivliteratur geändert. So hat sie sich in England die ihr gebührende Anerkennung mittlerweile erworben. J. SYMONS stellt fest: "'as a literary form, the detective story has a place of importance in twentieth century English literature'" (zit. in BUCHLOH; BECKER 1990: 2). Wie Texte anderer Gattungen, so werden auch Detektivgeschichten vorrangig nach der künstlerischen Meisterschaft ihrer Autoren beurteilt. Die Frage, ob sie der ernsthaften oder der trivialen Literatur zuzurechnen sind, wird, zumindest in der anglo-amerikanischen Literaturkritik, in dieser pauschalen Form heute kaum noch gestellt.

In seinen beiden Aufsätzen über Sherlock Holmes verbeugt sich Chesterton vor der großen Detektivfigur seines Schriftstellerkollegen Arthur Conan Doyle. Er verteidigt den Autor gegen Vorurteile, wie sie der Detektivliteratur generell entgegengebracht wurden, und er sagt:

> All English people have read the stories about Sherlock Holmes. Work like this is so good of its kind that it is difficult to endure patiently the talk of people who are occupied only in pointing out that it is not work of some other kind. (HOA: 171)

Die im übrigen "exzellente Erzählserie" ("his excellent series of stories", HOA: 171) büßt nach Chestertons Meinung jedoch dadurch an Qualität ein, daß sich Holmes gegenüber Fragen der Philosophie und Poesie völlig desinteressiert zeigt. In dieser Hinsicht erscheint ihm Edgar Allan Poes Detektiv Dupin weit überlegen:

> But the greatest error of the Sherlock Holmes conception remains to be remarked: I mean the error which represented the detective as indifferent to philosophy and poetry, and which seemed to imply that philosophy and poetry would not be good for a detective. Here he is at once eclipsed by the bolder and more brilliant brain of Poe, who carefully states that Dupin not only admired and trusted poetry, but was himself a poet. Sherlock Holmes would have been a better detective if he had been a philosopher, if he had been a poet, nay, if he had been a lover. (HOA: 172)

Inwiefern das poetische Interesse eines Detektivs seinen kriminalistischen Erfolg befördern kann, demonstriert Chesterton in seiner Erzählung "The Mirror of the Magistrate". Father Brown gelingt es, die Unschuld eines wegen Mordes angeklagten Dichters nachzuweisen, da er sich in dessen Seele versetzen kann. Daß sich der Dichter Osric Orm mehrere Stunden scheinbar untätig im entlegensten Teil eines Gartens aufhielt, scheint ihn schwer zu belasten. Für Father Brown ist jedoch gerade das ein Grund, an die Unschuld des Dichters zu glauben. Er weiß, daß Orm in dem Garten genau die Atmosphäre vorfand, die einen Künstler in seinem Schaffen beflügelt.

Liest man Chestertons Erzählungen, so wird offensichtlich, daß der Autor seiner eigenen Forderung, der Philosophie auch in der Detektivliteratur einen Platz zu gewähren, nachgekommen ist. Für ihn stellte eine Detektivgeschichte mehr als ein Rätsel und die Suche nach dessen Lösung dar. Seine Texte waren immer auch ein Forum, auf dem er seinen philosophischen, religiösen und gesellschaftspolitischen Anschauungen Ausdruck verleihen konnte. Dies wurde ihm wiederholt zum Vorwurf gemacht, wobei der moralisierende Zug seiner Texte im Laufe der Zeit immer deutlicher hervortrat. Obwohl auch von den späteren Father-Brown-Geschichten viele durchaus bemerkenswert sind, stimmen die Kritiker darin überein, daß sie an die ersten beiden Bücher (*The Innocence of Father Brown*, 1911 und *The Wisdom of Father Brown*, 1914) nicht heranreichen (vgl. z.B. SYMONS 1974: 85; WHITE 1984: 196).
Neben der zunehmend offener geführten christlichen Propaganda trifft die späteren Erzählungen ein weiterer Vorwurf, der sie in den Augen mancher Leser weniger genial als die ersten Texte erscheinen läßt. G. WHITE (1984: 196) bemängelt, daß Chesterton immer häufiger dieselben Situationen, Charaktere und Themen wiederholte. Hier handelt es sich jedoch um ein Phänomen, welches die Detektivliteratur insgesamt betrifft. Ein Kriminalautor steht vor der Aufgabe, den Leser immer wieder auf neue Weise zu verblüffen. Setzt er unverändert auf den gleichen Überraschungseffekt, so wird sich dieser bald nicht

mehr einstellen. Der Leser gewöhnt sich an die Tricks und Kniffe des Autors, und "diese Gewöhnung zerstört das Geheimnis", wie Dorothy L. SAYERS (1977: 186) meint.

Daß Chesterton bestimmte Grundmuster vielfach variierte, anstatt nach völlig neuen Themen zu suchen, führt G. WHITE (1984: 196) vor allem darauf zurück, daß er die Geschichten unter einem enormen Zeitdruck verfaßte. Er selbst war der Meinung, mit seiner journalistischen Tätigkeit, seinen Vortragsreisen und öffentlichen Debatten wichtigere Aufgaben zu erfüllen. Jedoch war auf diese Weise nicht genügend Geld zu verdienen. Als finanziell lohnender erwies sich der "glückliche Markt, auf dem Leichen verkauft werden", wie Chesterton es augenzwinkernd ausdrückte: "(...) that busy and happy market where corpses are sold in batches; I mean the mart of Murder and Mystery, the booth of the Detective Story" (zit. in WARD 1945: 438). Seine Detektivgeschichten betrachtete er in späteren Jahren als "potboilers", als rein kommerzielle Werke, die er hauptsächlich schrieb, um seine sozialkritische Wochenschrift G.K.'s Weekly am Leben zu erhalten. Wenn ihm seine Sekretärin mitteilte, daß das Bankguthaben wieder einmal auf weniger als 100 Pfund geschrumpft war, nickte er verstehend und murmelte: "That means Father Brown again". Er zog sich für ein paar Stunden zurück und begann anschließend, mit Hilfe einiger weniger handschriftlicher Notizen eine neue Father-Brown-Geschichte zu diktieren. Dann überflog er das Geschriebene noch einmal, berichtigte einige Stellen und schickte die einzige vorhandene Fassung sofort an die Zeitschrift, ohne selbst eine Kopie zu behalten (vgl. BARKER 1975: 267).

Chesterton nahm kaum etwas von dem, was er schrieb, sehr ernst. Seine Anschauungen waren ihm wichtiger als die Texte, in denen er diese kundtat. So bekennt er am Ende seines Lebens: "I have never taken my books seriously; but I take my opinions quite seriously" (AB: 108f.). Die Detektiverzählungen behandelt er mit noch größerer Geringschätzung, wenn er sagt: "I think it only fair to confess that I have myself written some of the worst mystery stories in the world" (CWC, vol. 32: 78).

Wiederholt haben Kritiker darauf hingewiesen, daß Chestertons Erzählhandlungen und die in ihnen agierenden Figuren in hohem Maße unglaubwürdig seien. Dies ist zweifellos richtig. Dabei ist jedoch zu bedenken, daß, wer ihm dies zum Vorwurf macht, sowohl Chestertons Anliegen als auch das Wesen der Detektivliteratur insgesamt verkennt. Der Leser erwartet von einer Detektiverzählung spannende Unterhaltung. Dazu muß der Autor verschiedene Figuren mit einem Tatmotiv versehen und sie an einem eng begrenzten Ort zusammenführen, an dem dann tatsächlich ein oder sogar mehrere rätselhafte Morde geschehen. Solche Zufälle sind im wirklichen Leben selten.

"Krimis", so wie sie heutzutage auf der Leinwand oder im Fernsehen gezeigt werden, mögen auf den ersten Blick stärker der Realität verpflichtet zu sein. Wie M. GARDNER (GAI: 2ff.) jedoch demonstriert, sind sie vom wirklichen Leben mindestens genauso weit entfernt wie die Erzählungen Arthur Conan Doyles, Gilbert Keith Chestertons oder Agatha Christies. Wenn der moderne Superdetektiv den Gangster über die Dächer der Großstadthäuser jagt, wenn er in Schlägereien verwickelt wird und durch ein geschlossenes Fenster stürzt, ohne sich zu verletzen oder auch nur seinen Anzug zu zerknittern, so wirkt dies in der Tat wenig glaubhaft.

Chestertons Erzählungen sollte man nicht mit den Maßstäben des Realismus werten, da sie selbst nie den Anspruch auf Lebensechtheit erhoben haben. Sie dienten dem Autor vielmehr dazu, auf märchenhaft-allegorische Weise seine Lebensphilosophie zu verkünden. Märchen waren für ihn zutiefst moralisch bzw. moralisierend und kamen daher seinem eigenen didaktischen Anliegen sehr entgegen. In seinem Essay "Fairy Tales" stellt Chesterton fest:

> The fairy-tales are at root not only moral in the sense of being innocent, but moral in the sense of being didactic, moral in the sense of being moralising. (ATC: 253)

Chesterton liebte das Märchen. In ihm fand er Antworten auf die wirklich großen Fragen des Lebens. Es barg für ihn fundamentale Weisheiten, die in den modernen wissenschaftlichen Anschauungen schon lange keinen Platz mehr hatten. Das Märchen stellte für Chesterton den vernünftigsten Zugang zur Welt dar. Es wurde, wie er in *Orthodoxy* ausführt, zu seiner grundlegenden Philosophie, an der er sein ganzes Leben festhielt:

> My first and last philosophy, that which I believe in with unbroken certainty, I learnt in the nursery. I generally learnt it from a nurse; that is, from the solemn and star-appointed priestess at once of democracy and tradition. The things I believed most then, the things I believe most now, are the things called fairy tales. They seem to me to be the entirely reasonable things. They are not fantasies (...). Fairyland is nothing but the sunny country of common sense. (CWC, vol. 1: 252)

In seinem bereits erwähnten Essay "A Defence of Detective Stories" vergleicht Chesterton die Polizeiarbeit mit einem "erfolgreichen fahrenden Rittertum" ("a successful knight-errantry", SES: xiv). Die Romantik, die auch dem modernen Leben eigen ist, findet er besonders deutlich in der Detektivgeschichte ausgedrückt. Eben darin, so schreibt er, besteht ihr ganz besonderer Vorzug:

> The first essential value of the detective story lies in this, that it is the earliest and only form of popular literature in which is expressed some sense of the poetry of modern life. (...) A city is, properly speaking, more poetic even than a countryside, for while nature is a chaos of unconscious forces, a city is a chaos of conscious ones. (SES: xi-xii)

Die "romantischen Möglichkeiten" ("romantic possibilities", SES: xiii) des modernen Lebens bilden den Hintergrund der Erzählungen Chestertons. Sie bestimmen das besondere Verhältnis zwischen Verbrecher und Detektiv, das sich nicht in das Schema "skrupelloser Gangster vs. Rächer mit gesellschaftlichem Auftrag" pressen läßt. Bei Chesterton verhalten sich Verbrecher und Detektiv wie Autor und Leser zueinander. Ein (literarisches) Verbrechen stellt ein Kunstwerk dar, bei welchem dem Verbrecher die Rolle des Künstlers, dem Detektiv lediglich die des Kritikers zukommt: "'The criminal is the creative artist; the detective only the critic'" (CFB: 12), wie Chesterton bereits in seiner ersten Father-Brown-Geschichte bemerkte.

Chestertons Detektiv interessiert sich weniger für das Verbrechen als für das Motiv, aus welchem es begangen wurde. Es erscheint nebensächlich, daß der Täter das Gesetz verletzt hat. Father Brown geht es darum, den Verbrecher von der Sündhaftigkeit seines Tuns zu überzeugen und ihn zur Umkehr zu bewegen. Auch in dieser Hinsicht stehen Chestertons Erzählungen in der Nähe der Märchen. "Im Märchen," so stellt V. NEUHAUS (1995: 21) fest, "gibt es das Böse, aber keine Verbrechen". Daß bei Chesterton das Interesse weniger dem bürgerlichen Gesetz als vielmehr der moralischen Seite des Tuns gilt, wird besonders an der Figur des Father Brown deutlich. Als Priester sorgt sich dieser schon von Berufs wegen um den seelischen Zustand der Menschen.

Wie die Erzählungen um Father Brown, so kommen auch alle anderen Detektivgeschichten Chestertons ohne aufregende Verfolgungsjagden und spektakuläre Festnahmen aus. Auch hier werden Handlungen vorrangig nach moralischen Kriterien bewertet. Besonders erwähnenswert ist in diesem Zusammenhang der Band *Four Faultless Felons* (1930), in dem von Betrug und Verrat, Diebstahl und versuchtem Mord die Rede ist. Was wie ein Verbrechen aussieht, erweist sich jedoch in jedem Fall als durch höchst ehrbare Absichten motiviert. Dieser scheinbare Widerspruch faszinierte Chesterton. Mit den Geschichten demonstrierte er einmal mehr, was er bereits über die Konzeption seines Romans *The Man Who Was Thursday* gesagt hatte: "I thought it would be fun to make the tearing away of menacing masks reveal benevolence" (WARD 1945: 168). Die Entdeckung des wahren Charakters einer Gestalt unter ihrer bedrohlich wirkenden Maske läßt sich mit F.G. JÜN-GER als eine "unvorhergesehene Wendung zum Entgegengesetzten" (zit. in FABRITIUS 1964: 105)[8] und somit als Element des Komischen beschreiben.

Chesterton begreift das Wesen der Detektivgeschichte als ein Spiel mit Masken und falschen Identitäten. Anders jedoch als in seinem Band *Four Faultless Felons* werden in der Regel nicht Wohltäter, sondern Übeltäter entlarvt. Als schuldig stellt sich zumeist eine anfangs unbescholtene Figur heraus, während sich ursprüngliche Verdächtigungen als unbegründet erweisen. In diesem Prinzip erkennt Chesterton einen Grundgedanken der christlichen Glaubenslehre wieder. Darauf weist er in seinem Essay "Reading the Riddle" hin. Er stellt fest:

> The ordinary detective story has one deep quality in common with Christianity; it brings home the crime in a quarter that is unsuspected. In any good detective story the last shall be first and the first shall be last. (CM: 63)

Eine Detektivgeschichte zielt auf Enthüllungen ab. Zum Schluß fallen die Masken, und es zeigt sich, wer schuldig und wer unschuldig ist. Bis zu diesem Punkt wird der Autor wesentliche Informationen über die Figuren zurückhalten, um deren wahre Identitäten nicht vorzeitig preiszugeben. Ein solches Versteckspiel läßt sich nach Chestertons Meinung nicht über mehrere hundert Seiten aufrechterhalten. Aus diesem Grund gab er der kurzen epischen Form den Vorzug vor dem Detektivroman. Seine Auffassung begründete er ausführlich in dem Essay "Principles of the Detective Story" (CWC, vol. 32: 432):

> (...) I think that the difficulties of a long detective novel are real difficulties, though very clever men can by various expedients get over them. The chief difficulty is that the detective story is, after all, a drama of masks and not of faces. It depends on men's false characters rather than their real characters. The author cannot tell us until the last chapter any of the most interesting things about the most interesting people. It is a masquerade ball in which everybody is disguised as somebody else, and there is no true personal interest until the clock strikes twelve. That is, as I have said, we cannot really get at the psychology and philosophy, the morals and the religion, of the thing until we have read the last chapter. Therefore, I think it is best of all when the first chapter is also the last chapter. The length of a short story is about the legitimate length for this particular drama of the mere misunderstanding of fact.

Einen weiteren Vorzug der Kurzgeschichte sieht Chesterton darin, daß sie die Lösung des Falls einfach gestaltet und auf ausschweifende Erklärungen verzichtet:

The whole point of a sensational story is that the secret should be simple. The whole story exists for the moment of surprise; and it should be a moment. It should not be something that it takes twenty minutes to explain, and twenty-four hours to learn by heart, for fear of forgetting it. (CWC, vol. 32: 430f.)

Mit Ausnahme des Romans *The Man Who Was Thursday*, den man im weitesten Sinne als der Detektivliteratur zugehörig rechnen kann, überschreiten Chestertons Detektiverzählungen selten einen Umfang von dreißig Seiten. Neben den Father-Brown-Geschichten veröffentlichte Chesterton weitere Erzählbände, die allerdings heute weniger bekannt sind. Einen literarischen Vorläufer der Father-Brown-Figur hatte Chesterton bereits 1905 in Basil Grant, dem Helden der Sammlung *The Club of Queer Trades*, geschaffen. Zeitgleich mit den Father-Brown-Geschichten entstanden die Erzählungen um Horne Fisher (*The Man Who Knew Too Much*, 1922), Gabriel Gale (*The Poet and the Lunatics*, 1929) und Mr. Pond (*The Paradoxes of Mr. Pond*, 1937)[9]. Schon zu Beginn seiner Schriftstellerkarriere reizte ihn der Gedanke, eine "philosophische Detektivgeschichte" zu schreiben (vgl. BARKER 1975: 160). Diese Absicht spiegelt sich in seinen Erzählungen wider, in denen Chesterton nicht nur der Freude an der Detektion, sondern immer auch seinen politischen und philosophischen Anschauungen literarischen Ausdruck verlieh. Deutlich wird dies ebenfalls in dem bereits oben erwähnten Band *Four Faultless Felons* (1930) sowie in *Tales of the Long Bow* (1925). In letzterem Buch propagiert Chesterton seine Gesellschaftslehre, die sich gleichermaßen gegen den Kapitalismus und Sozialismus wandte. Die einzige Alternative bestand für ihn in einem Programm, das er Distributionismus nannte. In romantischer Rückbesinnung auf das Mittelalter trat Chesterton dafür ein, die vorhandenen Güter und insbesondere den Boden gerecht unter der Bevölkerung aufzuteilen. Er stand der modernen Massenproduktion mit Skepsis gegenüber und forderte, daß selbst der "kleinste Mann" auf seinem eigenen Boden oder in seiner eigenen Werkstatt arbeiten solle. Auf den Band *Tales of the Long Bow* trifft die Bezeichnung "Detektivliteratur" strenggenommen nicht zu. Jede Episode konfrontiert jedoch die Figuren (und die Leser) mit einem Rätsel, welches am Ende eine überraschende Lösung findet. Aus diesem Grund soll das Buch in der vorliegenden Arbeit berücksichtigt werden.

Daß Chestertons andere Detektive nicht an die Berühmtheit Father Browns anschließen konnten, sollte nicht als Indiz für die geringere Qualität dieser Geschichten gewertet werden. Darauf verweist sehr nachdrücklich M. SMITH in ihrer Einleitung zu einem Sammelband, der verschiedene Detektiverzählungen Chestertons zusammenführt. Sie schreibt:

(...) the very celebrity of the Father Brown stories - (...) - has led to a neglect of his *other* detectives that is in my view quite unwarranted, and this present collection is an attempt to set that matter right, by bringing together the best of them. Which, given the author's very high standard, means that here we have some of the most ingeniously-plotted, dashingly-written and cleverly-argued detective stories in the whole history of crime writing. (TD: 8)

In ihrem Lob steht M. SMITH nicht allein. Chesterton hatte sich bereits zu Lebzeiten einen Namen als erstrangiger Detektivschriftsteller gemacht. Nicht ohne Grund schlug man ihn als ersten Präsidenten des 1929 gegründeten *Detection Club* vor[10]. Stellvertretend für die Mitglieder des Klubs, zu denen die bedeutendsten Detektivschriftsteller jener Zeit gehörten, kann die Meinung von Father R. KNOX gelten. Er erklärt:

When we founded the Detection Club, he was appointed, without a dissentient voice, as its first
president; who else could have presided over Bentley and Dorothy Sayers and Agatha Christie
and those others? (FBKN: vii)

Gilbert Keith Chesterton besaß ein Talent, welches ihn als Detektivschriftsteller geradezu
prädestinierte. Wie kaum ein anderer Autor seiner Zeit vermochte er, seine Leser immer
wieder aufs neue zu verblüffen. Eine Detektivgeschichte wird keinen Erfolg haben, wenn
der Leser zu jedem Zeitpunkt vorhersagen kann, was als nächstes geschieht. Sie ist auf
überraschende Wendungen hin angelegt. Das Ziel der Detektivgeschichte, so bemerkt
Chesterton in seinem Essay "Errors about Detective Stories", besteht nicht darin, den Leser zu verwirren, sondern ihn auf überraschende Weise zu erleuchten:

The true object of an intelligent detective story is not to baffle the reader, but to enlighten the
reader; but to enlighten him in such a manner that each successive portion of the truth comes as
a surprise. (CWC, vol. 32: 80)

Chesterton verstand sich auf die Kunst der Überraschung. Nicht nur die Originalität seiner Ideen bestach, sondern ebenso die Form, in welcher er diese ausdrückte. Er war ein
Meister brillanter Formulierungen, dessen Texte sich durch einprägsame Schilderungen
und hintergründigen Humor auszeichnen. Scheinbar paradoxe Äußerungen und ungewöhnliche Metaphern bestimmen seinen Stil. Zwischen den offenbar unterschiedlichsten
Erscheinungen des Lebens zeigte er bislang unerkannte Parallelen auf. Chesterton faszinierte es, universelle Wahrheiten an banal erscheinenden Beispielen zu verdeutlichen.
Gegen den Vorwurf, nicht ernsthaft zu argumentieren, wehrte er sich entschieden. In seiner Autobiographie erklärt er:

If you say that two sheep added to two sheep make four sheep, your audience will accept it pa-
tiently - like sheep. But if you say it of two monkeys, or two kangaroos, or two sea-green grif-
fins, people will refuse to believe that two and two make four. They seem to imagine that you
must have made up the arithmetic, just as you have made up the illustration of the arithmetic.
(AB: 171)

Chestertons Erzählungen eröffnen dem Leser eine Welt, die phantastische Züge trägt. Die
Figuren wandeln zwischen Wirklichkeit und Traum; Licht und Schatten wechseln einander ab. Die Menschen verstecken sich hinter Masken, die erst am Ende des Schauspiels
fallen. Durch die expressive Kraft des Wortes, die Chesterton meisterhaft einzusetzen
wußte, ließt er die farbenreiche Szenerie plastisch vor dem Auge des Lesers entstehen. Mit
Recht bezeichnet L.J. CLIPPER Chesterton als "one of the freshest, wittiest minds of our
generally bleak century" (CWC, vol. 27: 31). Ob Chestertons Witz und Originalität auch
die Namengebung in seinen Texten prägen, soll im folgenden untersucht werden. Dabei
werden die Namen sowohl im Zusammenhang mit dem jeweiligen Textsinn als auch den
künstlerischen Gestaltungsmitteln betrachtet.

4.2. Die Schwierigkeiten einer objektiven Namenanalyse

In seinem Aufsatz "Das literarische Faktum" (russ. "Literaturnyj fakt") stellt der russische Formalist J. TYNJANOV (1967: 34) das Besondere der literarischen Namengebung mit folgenden Worten heraus:

> In einem Kunstwerk gibt es keine nichtssagenden Namen. (...) Alle Namen sagen etwas. Jeder Name, der in einem Werk der Literatur fällt, ist bereits Bezeichnung, die in allen verfügbaren Farben glitzert. Er entfaltet mit maximaler Kraft alle Nuancen, an denen wir im Leben vorbeigehen.

Selbst wenn literarische Namen so aussagekräftig sind, wie TYNJANOV behauptet, wird ihre Botschaft mitunter nicht verstanden oder von den einzelnen Lesern unterschiedlich interpretiert. Bereits einleitend wurde darauf hingewiesen, daß die Begegnung mit einem literarischen Namen subjektiv geprägt ist. Sie wird in hohem Maße durch das jeweilige Weltwissen sowie durch persönliche Erfahrungen und Emotionen beeinflußt. Dies gilt für den Leser ebenso wie für den Autor.

Die Intentionen, die ein Autor an die Verwendung eines EN knüpft, müssen keineswegs mit der tatsächlich beim Leser hervorgerufenen Wirkung übereinstimmen. Nur selten werden sie völlig identisch sein. Die Überlegungen, die den Künstler bei der Wahl eines bestimmten Namens leiten, können in letzter Instanz nur von ihm selbst offengelegt werden. Um lediglich aus der Rezipientenperspektive vorgenommene Deutungen abzusichern, ist es daher ratsam, den entsprechenden Autor direkt zu befragen. Da diese Möglichkeit jedoch zumeist nicht besteht, wird man versuchen, anderweitig Aufschluß zu erhalten. Hilfreich können hierbei der literarische Text, persönliche Briefe sowie Autorenbiographien sein. Von J.R.R. Tolkien ist z.B. bekannt, daß er akribisch die seinen Namen zugrundeliegenden Konzepte erläuterte und gleichzeitig Vorschläge für ihre Wiedergabe in mehreren europäischen Sprachen unterbreitete (vgl. NAGEL 1995).

Nur selten kann sich ein Namenforscher auf derart detaillierte Angaben stützen. Zumeist verfügt er nicht über ausreichende Informationen, um einen Namen erschöpfend und zweifelsfrei zu deuten. Dieses Defizit resultiert einerseits aus der zeitlichen und kulturellen Distanz zwischen der Produktion und der Rezeption eines Werkes, andererseits aus mangelnden Informationen über die persönlichen Lebensumstände des Autors. Ist die Entstehungsgeschichte eines literarischen Namens nicht dokumentiert, kann es zu Fehlinterpretationen kommen. Dies ist häufig dann der Fall, wenn ein Autor Namen aus seinem Bekanntenkreis übernimmt. Ist der Fakt unbekannt, wird jeder Versuch einer Erklärung falsch oder unvollständig bleiben.

Daß R. GERBERs Warnung, "Namen auf eine bestimmte, mehr oder weniger willkürlich ausgewählte Bedeutung festzunageln" (GERBER 1964a: 309), berechtigt ist, verdeutlicht ein Namenbeispiel aus Steffen MOHRs Roman *Blumen von der Himmelswiese*. *Norbert Schadendorf* legt den Gedanken an einen redenden Namen nahe, da er beim Leser möglicherweise die Bedeutungen 'Schaden'/'schädlich' evoziert. Diese Vermutung wird offensichtlich am Ende des Romans bestätigt, als Schadendorf des Mordes an seiner Frau überführt wird. Wie jedoch eine Nachfrage beim Autor ergab, war ihm, als er sich für den Namen *Schadendorf* entschied, dessen begriffliche Suggestionskraft nicht bewußt. Vielmehr ging er davon aus, daß Norbert Schadendorf bei seinen Mitmenschen den Eindruck eines liebenswerten jungen Mannes erweckt. Der Autor erinnerte sich an einen sympathischen Akteur seiner Schauspielgruppe und wählte diesen zum Namensvorbild für seine literarische Figur.

Eine Analyse literarischer Namen wird weiterhin dadurch erschwert, daß sich - wie der künstlerische Schaffensprozeß insgesamt - auch die Namenwahl nicht immer völlig bewußt vollzieht. P. von MATT kennzeichnet in seinem Buch *Literaturwissenschaft und Psychoanalyse* das Unbewußte als

> (...) eine energiebeladene Sphäre (...), die in höchstem Maße und ohne Unterbrechung aktiv, wirkend ist, und von der ich doch nichts weiß (...), [deren-I.S.] Realitätscharakter nicht definiert und vielleicht überhaupt nicht definierbar ist (...). (MATT 1972: 10f.)

Somit ist es eine vollkommen natürliche Erscheinung, wenn Autoren ihre Namenwahl nicht rational begründen können. Peter DICKINSON spricht von einem "überwiegend irrationalen Prozeß", einer "Gefühlsangelegenheit":

> (...) name-choice is a largely irrational process, a matter of "feel". (...) I don't think it happens much that the chosen name affects the development of the character, though of course it may do at the unconscious level. (Brief von Peter DICKINSON an I.S. vom 28.03.1996)

H.R.F. KEATING (1994: 88) gibt Schriftstellerkollegen den Rat, sich bei der Wahl literarischer Namen auf die Intuition zu verlassen. Der Schweizer Autor Max FRISCH gesteht, daß unbewußt von ihm verwendete Namen zumeist passender sind als bewußt ausgewählte:

> Als ich den Namen hinschrieb, dachte ich mir gar nichts. (...) Man schreibt das einmal so hin, bevor man von dem Namensträger viel weiß. Aufs Geratewohl. (...) Die bewußte Namenswahl, zu der man sich gedrängt sieht, wenn ein Name sich nicht bewährt, ist bei mir selten glücklich; dann haftet ihm Absichtlichkeit an, und er verbindet sich nie ganz mit der Figur. (Zit. in FRITZSCHE 1994: 56)

Die psychischen Prozesse, die der Entscheidung für einen Namen vorangehen, lassen sich nur schwer erfassen. Hier handelt es sich um ein Problem, welches dennoch detaillierte experimentelle Untersuchungen verdiente.

Mit diesen Ausführungen sollte auf einige Schwierigkeiten einer um Objektivität bemühten Namenstudie aufmerksam gemacht werden. Die subjektive Färbung und der hohe Anteil des Unbewußten am Schaffens- und Rezeptionsprozeß bedingen, daß eine Analyse literarischer Namen nicht immer zu eindeutigen und unanfechtbaren Ergebnissen führen kann. Aus diesem Grund sollen folgende Aussagen zur Namengebung G.K. Chestertons lediglich als das Angebot einer Interpretation verstanden werden. Obwohl sie durch ausführliche Zitate und häufige Verweise auf den (Kon-)text, in dem ein Name steht, gestützt werden, ist ihnen ein gewisses Maß an Subjektivität sicherlich nicht abzusprechen. Dies trifft verständlicherweise hauptsächlich auf die sujetinternen Namen zu, da sie im Unterschied zu sujetexternen Namen vom Autor frei wählbar sind.

4.3. Praktische Analyse des Namenmaterials

4.3.1. Sujetinterne Namen

4.3.1.1. Anthroponyme

4.3.1.1.1. Die Namen der Seriendetektive

Die Analyse der wichtigsten Namen eines literarischen Textes ist nicht nur eine "interessante Spielerei", so R. GERBER (1964a: 310), sondern immer auch "Wesensinterpretation". GERBER begründet seine Auffassung damit, daß "(...) in der Genese eines zentralen Namens bei einem bedeutenden Dichter nie nur ein Zufall wirken /kann/, sondern das ganze Wesen des Dichters und seines Werkes mitschwingen und in ihm chiffrenhaft komprimiert sein /wird/" (GERBER 1964a: 310)[11]. Ob diese Feststellung auch auf Chesterton zutrifft, soll im folgenden am Beispiel der Seriendetektive untersucht werden. Ihnen kommt ein besonderer Stellenwert zu, da sie in mehreren Erzählungen auftreten und diese zu einem Ganzen verbinden. Es ist daher zu vermuten, daß G.K. Chesterton gerade ihre Namen sorgfältig ausgewählt und dem jeweiligen Textanliegen dienstbar gemacht hat.

Basil Grant (CQT, 1905):
In ihrem Nachwort zu einer deutschsprachigen Erzählsammlung Chestertons macht U. WICKLEIN die Leser darauf aufmerksam, daß das englische Wort *grant* 'Gewährung' bedeutet (vgl. WRA: 289). In der Tat stellt diese Erklärung einen Bezug zwischen dem Namen und dem Beruf der Figur her. Basil Grant ist Richter. Er war, genauer gesagt, einer der besten und scharfsinnigsten englischen Richter, bis er eines Tages mitten in einer Verhandlung seinen Verstand verlor:

> Long ago as it is, everyone remembers the terrible and grotesque scene that occurred in ---, when one of the most acute and forcible of the English judges suddenly went mad on the bench. (CQT: 9f.)

Grant wird für verrückt erklärt, da er die Angeklagten nicht wegen ihrer rechtlichen Vergehen verurteilt, sondern ihnen "enormen Egoismus, fehlenden Humor und bewußt geförderte Morbidität" ("monstrous egoism, lack of humour, and morbidity deliberately encouraged", CQT: 10) vorwirft. Gegenüber dem Premierminister, der als Zeuge in einem Diebstahlsprozeß gegen seinen Kammerdiener auftritt, gebraucht Basil Grant sehr deutliche Worte. Er rät ihm, sich "eine neue Seele anzuschaffen, da die alte nicht einmal für einen Hund tauge": "'Get a new soul. That thing's not fit for a dog. Get a new soul'" (CQT: 10).
Nach dieser Gerichtsverhandlung zieht sich Grant aus dem öffentlichen Leben zurück. Er ist weiterhin als Richter tätig, jedoch in einer ganz anderen und bis dahin nicht bekannten Form. Er wendet sich von den Paragraphen der offiziellen Rechtsprechung ab und gründet, wie erst am Ende des Buches bekannt wird, ein "Freiwilliges Gericht" ("Voluntary Criminal Court", CQT: 156). Hier werden Urteile ausschließlich aufgrund moralischer Prinzipien gefällt, und auch die Einhaltung der auferlegten Strafen ist eine Sache der Ehre. Ein solches Gericht erscheint Grant ehrlicher und wirkungsvoller als alle Instanzen der öffentlichen Justiz. Seine Kritik richtet sich nicht zuletzt gegen die offiziell verhängten

Gefängnisstrafen, die dem Verurteilten eher schaden als ihn bessern würden. Sein gesunder Menschenverstand sagt ihm, daß manches Vergehen eher durch "einen Kuß oder Prügel, ein paar erklärende Worte, ein Duell oder eine Reise durch die West Highlands" getilgt werden könnte:

> "(...) Years ago, gentlemen, I was a judge; I did my best in that capacity to do justice and to administer the law. But it gradually dawned on me that in my work, as it was, I was not touching even the fringe of justice. (...) Daily there passed before me taut and passionate problems, the stringency of which I had to pretend to relieve by silly imprisonments or silly damages, while I knew all the time, by the light of my living common sense, that they would have been far better relieved by a kiss or a thrashing, or a few words of explanation, or a duel, or a tour in the West Highlands. (...)" (CQT: 154f.)

So überzogen eine derartige Äußerung auch erscheint, sie entspricht in ihrem Wesen der Auffassung Chestertons, die er in seinen Schriften und öffentlichen Debatten immer wieder verteidigte. Deutlich setzte er sich mit dem positivistischen Einfluß auf die Justiz auseinander, der besonders in den Jahren zwischen 1880 und 1920 spürbar wurde. Chesterton lehnte es ab, Verbrechen als milieubedingte "Krankheiten" aufzufassen, die sich nicht durch die Konzepte der Schuld oder Verantwortung erklären ließen. Der Mensch hat einen freien Willen und somit die Macht, sich für oder gegen das Böse zu entscheiden: "(...) evil is a matter of active choice whereas disease is not" (CWC, vol. 1: 342). Die Auffassung der Positivisten, daß juristische Vergehen krankhafter Natur seien, für die niemand zur Verantwortung gezogen werden könne, hinderte sie jedoch nicht daran, Verbrecher zu bestrafen. Kriminelle sollten so lange im Gefängnis sitzen, bis sie "geheilt" seien. Gegen dieses "moderne Geschwätz" ("that torrent of modern talk", CWC, vol. 1: 342) richtet sich Chestertons Kritik. In seinem Buch *Orthodoxy* (1908) schreibt er:

> That the sins are inevitable does not prevent punishment; if it prevents anything it prevents persuasion. (...) Determinism is not inconsistent with the cruel treatment of criminals. What it is (perhaps) inconsistent with is the generous treatment of criminals; with any appeal to their better feelings or encouragement in their moral struggle. (CWC, vol. 1: 228)

Chestertons Einstellung hat in seiner Figur Basil Grant ein literarisches Sprachrohr gefunden. Grant wertet Verbrechen als Verstöße gegen moralische Normen, für die ein Täter verantwortlich ist und die er bereuen kann. Um in diesem Sinne "Recht" sprechen zu können, gibt er sein öffentliches juristisches Amt auf und orientiert seine Urteile an christlich-moralischen Wertvorstellungen.

Aufgrund dieser Tatsache scheint es berechtigt, den Namen Basil Grants unter einem zweiten Aspekt zu betrachten, der über die bloße Angabe des Berufs 'Richter' (vgl. engl. *grant*) hinausgeht. Die Schlußfolgerung ergibt sich besonders in Hinblick auf den nicht sehr verbreiteten VN *Basil*. Der bekannteste Träger dieses Namens ist der Heilige Basilius, **Basil the Great** (ca. 330-379). Etymologisch ist der FaN *Grant* als ein aus dem Französischen abgeleiteter Beiname zu erklären, dessen Bedeutung mit 'groß' (engl. *great*) angegeben wird (vgl. frz. *grand*). In der Tat lassen sich neben dem gemeinsamen Vor- und Bei- (bzw. Familien-)namen erstaunlich auffällige Parallelen im Leben des Heiligen St. Basil und seines literarischen Namensvetters feststellen.
Wie Basil Grant, so stand auch St. Basil der (römischen) Staatsgewalt ablehnend gegenüber. Er zog sich von allen öffentlichen Ämtern zurück und führte mehrere Jahre das Le-

ben eines Eremiten. Beinahe wie ein Einsiedler lebt auch Basil Grant. Nur sehr selten verläßt er seine Dachgeschoßwohnung in Lambeth, und wenn das geschieht, so erklärt er seinem Bruder Rupert, dann nur aus einem besonderen Grund:

> "You!" said Rupert, with some surprise, "you scarcely ever leave your hole to look at any-
> thing on the face of the earth."
> Basil fitted on a formidable old white hat.
> "I scarcely ever," he said, with an unconscious and colossal arrogance, "hear of anything on
> the face of the earth that I do not understand at once, without going to see it." (CQT: 23)

St. Basil the Great gab 364 sein einsiedlerisches Leben auf und wurde sechs Jahre später zum Bischof von Caesarea geweiht. Seine Anliegen waren vielfältig. Neben rein religiö-sen Aufgaben, wie der Bekämpfung des Arianismus und der Förderung des Mönchtums, widmete er sich in besonderem Maße der Unterstützung hilfebedürftiger Menschen. Dazu zählten nicht nur die Armen und Kranken, sondern auch die Gestrauchelten. Er bemühte sich, Diebe und Prostituierte zu einer moralischen Umkehr zu bewegen und wandte sich gegen weltliche Gerichte, wenn er ihre Strafen als zu hart empfand (vgl. FARMER 1992: 40f.). Die Wesensverwandtschaft St. Basils mit Chestertons "moralischem Richter" ("a purely moral judge", CQT: 155), Basil Grant, ist nicht zu verkennen.

A.S. DALE (1983: 8 und 95) und M. SMITH (TD: 9) verweisen darauf, daß Basil und Rupert Grant literarische Abbilder der Brüder Gilbert und Cecil Chesterton darstellen. Für diese Annahme spricht, daß in beiden Fällen einer der Brüder eher ein "Mann der Gedanken" ("man of ideas"), der andere ein "Mann der Tat" ("man of action") ist (vgl. TD: 9). Diese persönliche Beziehung scheint sich in den VN der Figuren widerzuspie-geln. *Basil* und *Rupert* sind den Namen *Cecil* und *Gilbert* formal sehr ähnlich. Dazu tra-gen ihre Zweisilbigkeit, Erstsilbenbetonung und die fast völlige Identität der jeweils zweiten Silbe bei. Es scheinen nur die Verhältnisse vertauscht, denn dem aktiven und le-bensgewandten Cecil entspricht der "praktische Bruder" ("practical brother", CQT: 11) Rupert, und der "Sterngucker" ("star-gazer", CQT: 9) Basil trägt eher Züge von Gilbert. Daß Gilbert Chesterton nicht für die praktischen Dinge des Lebens geschaffen war, ist allgemein bekannt. Das zeigt sich sowohl an seiner Arbeit als Herausgeber der Schriften *New Witness* und *G.K.'s Weekly* als auch an zahlreichen Episoden, die aus seinem Privat-leben bekannt sind: Mußte er ohne Begleitung Veranstaltungsorte aufsuchen, war es sehr fraglich, ob er pünktlich bzw. überhaupt erscheinen würde (vgl. WARD 1945: 313). Von einer Vortragsreise kam er ohne seinen Anzug, von einer anderen ohne seinen Schlafan-zug wieder. Er hatte ihn bereits zu Beginn der Reise verloren. Auf die Frage seiner Frau, weshalb er sich keinen neuen gekauft habe, antwortete er überrascht: "'I didn't know py-jamas were things you could buy'" - und wahrscheinlich meinte er dies vollkommen ernst (vgl. WARD 1945: 221).

Basil Grant ist dem Autor nicht nur wesensverwandt, sondern ähnelt ihm auch in be-stimmten äußeren Merkmalen. Als Basil sich für einen seiner seltenen Spaziergänge an-kleidet, wirft er einen weiten Mantel über, setzt einen großen Hut auf und holt sein Schwert aus der Ecke (vgl. CQT: 23). Der weite Mantel und der Hut wurden zu markan-ten Kennzeichen Chestertons, nachdem seine Frau Frances die Idee hatte, auf diese Weise die zunehmende Leibesfülle und Unordentlichkeit ihres Mannes zu verdecken. Auch das Schwert ist der Realität entnommen (vgl. PEARSON 1987b: 206ff.). In Beaconsfield war es kein seltener Anblick, wenn der Autor im Garten selbstvergessen gegen wehrlose Blumen und Sträucher kämpfte. Wie Father O'CONNOR (1937: 44) erklärt, war Chesterton dann mit seinem Text in einer "Sackgasse" angekommen und versuchte, seine Gedanken neu zu ordnen:

> He was always working out something in his mind, and when he drifted from his study to the garden and was seen making deadly passes with his sword-stick at the dahlias, we knew that he had got to a dead end in his composition and was getting his thoughts into order. He had two of the finest sword-sticks I have ever seen; one got worn out and the other got lost.

Die Romantik, die Gilbert Chesterton mit Basil teilt, zeigt sich noch deutlicher in dem jüngeren Bruder Rupert. Diesem bescheinigt der Erzähler ein "echtes romantisches Interesse am Londoner Leben" ("his genuine romantic interest in the life of London", CQT: 127). Rupert Grant entspricht somit dem Bild eines literarischen Detektivs, welches Chesterton in seinem Essay "A Defence of Detective Stories" gezeichnet hatte. Der Sinn für die Poesie der Großstadt verbindet Gilbert und Rupert, so daß man feststellen kann, daß jeder der Brüder, Rupert und Basil Grant, Züge des Schriftstellers Gilbert Chesterton trägt.

Father Brown (1910-1935):
Father Brown und Basil Grant ähneln sich in ihrer Methode, Verbrechen und andere rätselhafte Vorgänge aufzuklären. Man kann sie in gewisser Weise als Gegenfiguren zu dem berühmten literarischen Detektiv Sherlock Holmes bezeichnen. Ihre detektivischen Fähigkeiten resultieren aus ihrem gesunden Menschenverstand und vor allem aus einem tiefen Verständnis für die menschliche Natur. Basil Grant und Father Brown gehen nicht mit einer Lupe auf Spurensuche, sie analysieren keine Fuß- oder Fingerabdrücke, geschweige denn verschiedene Arten von Asche oder Zigarrenresten[12]. Wie Basil Grant erklärt, leitet er seine Schlußfolgerungen weniger aus "Fakten", sondern vielmehr aus der herrschenden und rational nicht erfaßbaren "Atmosphäre" ab:

> "That's rather good," he said; "but, of course, logic like that's not what is really wanted. It's a question of spiritual atmosphere. (...)" (...)
> "Facts," murmured Basil, like one mentioning some strange, far-off animals, "how facts obscure the truth. I may be silly - in fact, I'm off my head - but I never could believe in that man - what's his name, in those capital stories? - Sherlock Holmes. (...)" (CQT: 21f.)

Obwohl auch Father Brown seine Fälle nicht ohne genaue Beobachtungen und logische Schlußfolgerungen lösen könnte, wendet er sich gegen ein rein rational-analytisches Vorgehen. Dies wird nirgendwo so deutlich wie in der Erzählung "The Absence of Mr. Glass", wo Father Brown über den nach betont wissenschaftlichen Methoden arbeitenden Kriminologen Dr. Orion Hood triumphiert. Browns Beobachtungsgabe richtet sich weniger auf gegenständliche Beweisstücke, sondern auf die gewöhnlichen Dinge des Lebens und auf menschliche Verhaltensweisen. Nur von diesen kann er auf zugrundeliegende Denk- und Handlungsmuster schließen. Das Geheimnis seines kriminalistischen Erfolgs erklärt Father Brown mit den Worten:

> "(...) I don't try to get outside the man. I try to get inside the murderer. ... Indeed it's much more than that, don't you see? I *am* inside a man. I am always inside a man, moving his arms and legs; but I wait till I know I am inside a murderer, thinking his thoughts, wrestling with his passions; (...). Till I am really a murderer." (CFB: 465f.)

Auf diese Methode, den sündigen Menschen zu erkennen, verweist der Name des Priesters. Wenn sich Father Brown als Teil einer "religiösen Übung" ("a religious exercise", CFB: 466) in die Seele des Täters versetzt, wird er von den anderen Figuren zumeist nicht beachtet. Er scheint in Gedanken verloren (vgl. das englische Idiom *to be in a brown study*), bis er eine zunächst häufig mißverstandene Äußerung macht, die sich bei näherer Betrachtung als Schlüssel zur Aufklärung des Verbrechens erweist[13]. Liest man in "The Actor and the Alibi":

(...) Father Brown was staring into vacancy with a blank expression almost like an idiot's. He always did look most idiotic at the instant when he was most intelligent (CFB: 522),

so nutzt Chesterton zur Beschreibung des gleichen Sachverhaltes an anderen Stellen den genannten idiomatischen Ausdruck:

Father Brown was blinking at the carpet in a brown study. Then he said suddenly, with something like a jerk:
"I hope you won't mind my mentioning it, but a kind of notion came into my head just this minute. (...)" (CFB: 339);

Father Brown was standing opposite to him, looking down at the table, as if in a brown study. Then he spoke abruptly: "(...)" (CFB: 492f.).

Die offensichtliche Geistesabwesenheit sowie die unerklärlichen und absurd erscheinenden Äußerungen Father Browns führen dazu, daß er - genau wie Basil Grant (vgl. z.B. CQT: 101-106) und die anderen Detektive Chestertons - oftmals für verrückt gehalten wird.

So kurz und unkompliziert der Name *Brown* auch klingt, so komplex ist sein Bezug auf den NT. In seiner historischen Entstehung kann der FaN *Brown* als ein Bei- oder Übername bestimmt werden, der zunächst deskriptiv einen Menschen mit braunem Haar oder auffallend dunkler Hautfärbung bezeichnete. Auch Chestertons Held hat braunes Haar, wobei man nicht ausschließen kann, daß diese Übereinstimmung eher eine Zufallserscheinung als bewußte Anspielung auf die Namensetymologie ist.

Es fällt auf, daß sich der Name Father Browns in eine ganze Gruppe von aus Farbadjektiven gebildeten FaN einreiht. Aus den untersuchten Geschichten lassen sich als weitere Beispiele anführen: *Isaac Green, Dr. Paul Green, Professor Oliver Green, Inspector Greenwood, Mr Red* und *Mr Blue, Barnard Blake, Dr. Blake, Sir Matthew Blake* (vgl. engl. *black* 'schwarz'), *Art Alboin* (vgl. lat. *albus* 'weiß') u.a.m.[14]. Chestertons Berühmtheit liegt zweifellos in seinen schriftstellerischen und journalistischen Arbeiten begründet. Es ist jedoch keineswegs unerheblich, daß er darüber hinaus ein äußerst begabter Zeichner war[15]. Als seine Freunde nach dem Abschluß der Schule zum Studium nach Oxford und Cambridge gingen, entschied sich Chesterton, in London zu bleiben und die Kunstschule Slade School zu besuchen[16].
Zeit seines Lebens betrachtete er die Welt mit den Augen eines Künstlers. Farben wurden für ihn, wie K.L. MORRIS (1995: 509) feststellt, zu einer Quelle verschiedenster Analogien und Symbole, da er die Welt selbst als einen farbenreichen Ort ansah. Chesterton sprach einmal davon, daß man sogar den menschlichen Geist in farblichen Begriffen ausdrücken könne, und wies auf die "verschiedenen Farben der Seele" hin ("the varied

colours of the souls", zit. in MORRIS 1995: 509)[17]. Diese Vorliebe für Farben, Formen und visuell wahrnehmbare Erscheinungen schlägt sich auch in der Wortkunst Chestertons nieder. Seine Texte sind sprachliche Gemälde, die, wie M. WARD (1945: 54) sagt, nur von jemandem geschrieben sein konnten, der zu zeichnen gelernt hatte.

Mögen die bisher angeführten Motive bei der Wahl des FaN *Brown* auch eine Rolle gespielt haben, so wird der Hauptgrund erst deutlich, wenn Chesterton den Namen im Text selbst kommentiert. In der Erzählung "The Flying Stars" heißt es: "Everything seemed undistinguished about the priest, even down to his name, which was Brown" (CFB: 56). An einer anderen Stelle spricht er vom "harmlosen menschlichen Namen Brown" ("the harmless human name of Brown", CFB: 233). In jeder Geschichte wird auf die unbedeutende äußere Erscheinung des Geistlichen hingewiesen. Father Brown ist klein, beleibt und kurzsichtig, er wirkt einfältig, unbeholfen und naiv. Spiegel dieses an einen schwarzen Pilz ("black mushroom", CFB: 372) erinnernden Mannes, dem darüber hinaus die "Einfachheit eines Mondkalbs" ("moon-calf simplicity", CFB: 10) bestätigt wird, ist sein mehr als gewöhnlicher Name. *Brown* zählt zu den im englischen Sprachraum am häufigsten vorkommenden FaN[18]. Er wird - so auch in Chestertons journalistischen Arbeiten - mit *Jones*, *Robinson* und *Smith* bevorzugt zur Illustration allgemeingültiger Sachverhalte verwendet.

Es war Chestertons erklärte Absicht, einer Figur mit hoher Geistesgabe und entwickelter Intuition kontrastierend ein unauffälliges Äußeres zu verleihen. So ist in seiner Autobiographie zu lesen:

> In Father Brown, it was the chief feature to be featureless. The point of him was to appear pointless; and one might say that his conspicuous quality was not being conspicuous. His commonplace exterior was meant to contrast with his unsuspected vigilance and intelligence; and that being so, of course, I made his appearance shabby and shapeless, his face round and expressionless, his manners clumsy, and so on. (AB: 334)

Der unscheinbar wirkende Priester stellt sich als ein Detektiv heraus, der zum Schluß mehr über die mysteriösen Vorgänge weiß als manche offizielle Beamte und die Verbrecher selbst. "Father Brown is a simple man, but he is not a simpleton", wie J.A. KROETSCH (1986: 346) bemerkt. Father Brown wirkt schlicht und einfach, ohne simpel und banal zu sein.

Berücksichtigt man die Frequenz, mit der der FaN *Brown* in der Wirklichkeit vorkommt, so fällt auf, daß er in Chestertons Erzählungen stark unterrepräsentiert ist. In den 25 Jahren seines literarischen Wirkens trifft Father Brown nicht eine einzige andere Gestalt dieses Namens. Der Grund liegt vermutlich darin, daß zum einen der Leser durch eine eventuelle Namensgleichheit nicht verwirrt werden soll. Zum anderen war der Name für den Autor so fest mit seiner Hauptgestalt verwachsen, daß er gleichsam mit ihr identisch war und nur ihr allein gehörte.

Außerhalb des Father-Brown-Zyklus gibt es lediglich noch eine andere Figur, die den gleichen Namen trägt. Es handelt sich um *Major Brown*, von dessen seltsamen Abenteuern die erste Erzählung des Bandes *The Club of Queer Trades* handelt. Father Brown und Major Brown zeichnen sich durch gemeinsame Züge aus, wodurch die Verwendung des gleichen Namens einsichtig erscheint. Wie der Priester, so wird auch der Major als ein "kleiner Mann in Schwarz" ("a little man in black", CQT: 13) beschrieben. Obwohl er sich als Major der britischen Armee in Indien Ehre und sogar das begehrte Victoria Cross erworben hat, ist er keineswegs eine kriegerische Person: "(...) he was anything but a warlike person" (CQT: 12). Als er pensioniert wird, mietet er sich ein Haus, das wie ein "Puppenhaus" wirkt (CQT: 13) und geht seinen großen Leidenschaften nach: Er züchtet Stiefmütterchen und trinkt schwachen Tee. Wie der Father und der Major beweisen, verband sich für Chesterton der Name *Brown* in der Tat mit dem Prototyp des einfachen, unauffälligen und überaus durchschnittlichen Engländers.

Die Bedeutung, welche Chesterton diesem Namen beimaß, läßt ein Blick auf verschiedene Vorfassungen der Erzählung "The Tremendous Adventures of Major Brown" erkennen. Vergleicht man die einzelnen, leider undatierten Fassungen mit der letztlich veröffentlichten Version, so fällt auf, daß der Name Major Browns von Beginn an feststand, während die Namen der anderen Figuren mehrfach variiert wurden. Das Detektivpaar, welches später zu Basil und Rupert Grant wurde, tritt in zwei früheren Versionen[19] als namenloser Dichter ("*the Poet*") und dessen jugendlicher Gefährte *Joseph Hopper* bzw. *Solomon Hopper* auf. In einer dritten und einer vierten Fassung werden sie durch die Zwillingsbrüder *Fox* und *Norman Parry* abgelöst.

Während die späteren Seriengestalten des *Club of Queer Trades* in ihren Eigenschaften, äußeren Merkmalen und ihren wechselseitigen Beziehungen vielfach variiert wurden, erfuhren das Wesen und der Name Major Browns nur geringfügige Veränderungen. In einer Manuskriptfassung stellt er sich als *P.G. Brown* vor, was zu der Frage nach seinen Initialen führt. Sie kehren in der veröffentlichten Textversion wieder, allerdings nicht als VN des Majors, sondern als Name des Inhabers der "Adventure and Romance Agency" *P.G. Northover*. Bei den Initialen P.G. denkt man fast unweigerlich an den Schriftsteller P.G. Wodehouse, dessen Texte Chesterton mit Vergnügen las. Ob er P.G. Wodehouse jedoch zum Namensvorbild wählte, läßt sich nicht mit Bestimmtheit sagen, besonders da Wodehouse mit seinen humoristischen Romanen erst einige Zeit nach Chestertons Arbeit an den Erzählungen des *Club of Queer Trades* berühmt wurde.

Der Name Father Browns kennzeichnet, wie bisher festgestellt werden konnte, die unauffällige Erscheinung sowie die vermeintliche Geistesabwesenheit des Priesters. Nicht zufällig trägt er in der ersten Geschichte mehrere "brown-paper parcels" (engl. *brown paper* 'Packpapier'), die ihm in seiner gedankenverlorenen Art ständig im Weg sind. Chesterton hatte eine Vorliebe für Packpapier. Davon zeugen nicht nur Gedichte und Textfragmente, die er dort aufklebte, sondern auch die allgemein bekannte Tatsache, daß er sein Arbeitszimmer in Battersea mit Packpapier auskleidete. So konnte er, immer wenn ihm danach zumute war, die Wände bemalen (vgl. FFINCH 1988: 60). Chesterton hegte eine solche Vorliebe für braunes Papier, daß er diesem sogar einen eigenen Essay widmete. In "A Piece of Chalk" (TT: 1-7) lobt er die "empfängliche Oberfläche" ("responsive surface", TT: 2) des Papiers und unterstreicht den Vorzug der braunen Farbe:

> I (...) tried to explain the rather delicate logical shade, that I not only liked brown paper, but liked the quality of brownness in paper, just as I liked the quality of brownness in October woods, or in beer, or in the peat-streams of the North. Brown paper represents the primal twilight of the first toil of creation, and with a bright-coloured chalk or two you can pick out points of fire in it, sparks of gold, and blood-red, and sea-green, like the first fierce stars that sprang out of divine darkness. (TT: 2)

Father Brown erscheint wenig bemerkenswert, ganz wie braunes Packpapier, auf dessen Hintergrund jedoch erst die anderen Figuren Form und Gestalt annehmen. Auch M. GARDNER erkennt eine Verbindung zwischen dem Priester und dessen braunen Paketen. Er stellt fest:

> 'One of the wise and awful truths which this brown-paper art reveals', Chesterton says later in the same essay, 'is this, that white is a colour.' In similar fashion the dull brownness of Father Brown's appearance serves to intensify the white clarity of his wisdom and goodness. (GAI: 32)

Wie die Ausführungen verdeutlicht haben, bieten sich für den FaN *Brown* mehrere Möglichkeiten einer Interpretation an. Der Name des geistlichen Detektivs scheint hinreichend erklärt zu sein, und doch birgt er, wie P. HAINING feststellt, noch immer "eines der größten Rätsel, die den Priester umgeben" ("one of the biggest mysteries about the priest", *The Armchair Detective* 1993: 385). Das Rätsel betrifft den VN Father Browns, der bisher noch völlig außer acht gelassen wurde.

Aufmerksame Leser könnten anführen, daß in der Geschichte "The Perishing of the Pendragons" Father Brown den Namen *Samson* trägt: "'Look out, Samson,' cried Flambeau; 'why, you've cut off the tulip's head'" (CFB: 266). *Samson* ist jedoch nicht der VN Father Browns, sondern er wird an dieser Stelle metaphorisch oder, um einen Ausdruck H. KALVERKÄMPERs (1978: 348) zu verwenden, als "sekundäres Appellativum" gebraucht (Antonomasie). Der Name bezieht sich, in Anspielung an den für seine physischen Kräfte bekannten biblischen Helden, auf eine konkrete Handlung Father Browns. Dieser hatte ein Tulpenbeet mit dem Gartenschlauch so stark gewässert, daß er durch die Kraft des Wasserstrahls die Blumen abbrach.

Der einzige wirkliche Hinweis auf den VN des Priesters findet sich in der Geschichte "The Eye of Apollo" (CFB: 131). Dort heißt es: "The official description of the short man was the Rev. J. Brown, attached to St. Francis Xavier's Church, Camberwell, (...)"[20]. Die Vagheit dieser Bestimmung läßt unbestritten Raum für subjektive Spekulationen. Eine Befragung unter Teilnehmern des Seminars "G.K. Chesterton and the Edwardian Age", welches im Wintersemester 1995/96 an der Universität Leipzig gehalten wurde, führte zu unterschiedlichen Aussagen. So wurde der VN u.a. als *Jeremiah, Joshua* oder sogar *Jesus* gedeutet. Am überzeugendsten erscheint die Auffassung, daß sich hinter dem Initialbuchstaben J. *John* verbirgt. Dafür sprechen im wesentlichen zwei Gründe. Der VN *John* nahm bis in die 50er Jahre dieses Jahrhunderts unangefochten die Spitzenposition unter den in Großbritannien vergebenen Jungennamen ein (vgl. DUNKLING; GOSLING 1994: 142)[21]. Der Grund, den R. GERBER (1972: 509) Arthur Conan Doyle für die Wahl des VN von Dr. Watson zuschreibt, könnte auch Chesterton geleitet haben:

> Warum jedoch heißt Watson mit Vornamen "John"? Scheinbar eine völlig lächerliche Frage, denn wenn es einen nichtssagenden englischen Vornamen gibt, dann ist es John.

In Verbindung mit dem FaN *Brown* würde *John* dazu dienen, das unauffällige Erscheinungsbild der Figur zu kennzeichnen[22].

Zudem klingt es nicht unwahrscheinlich, daß Chesterton den Namen zu Ehren des Originals der literarischen Priesterfigur, **Father John O'Connor**, wählte. Eine unabgekürzte Angabe des vollen Namens *John Brown* hätte jedoch starke und vom Autor in dieser Deutlichkeit vermutlich nicht beabsichtigte Assoziationen mit dem gleichnamigen amerikanischen Abolitionisten und Sklavenführer evoziert. Diese Überlegungen können heute nicht mehr bewiesen werden und müssen zwangsläufig in Spekulationen münden. Mit mehr Sicherheit kann man feststellen, daß der Buchstabe J. im gegebenen Kontext äußerst glaubwürdig erscheint. Es ist bezeichnend, daß überdurchschnittlich viele der mit J. beginnenden männlichen VN hebräischen Ursprungs sind, z.B. *John, Jonathan, James, Jacob, Joel, Joshua, Joseph* und *Jeremiah* (vgl. DUNKLING; GOSLING 1994: 130-148). Viele von ihnen enthalten in ihrer etymologischen Bedeutung den Namen Gottes, *Jehova*.

Bei Verfilmungen werden literarische Vorlagen zwangsläufig mehr oder weniger stark abgewandelt[23]. Im Zusammenhang mit der Frage nach dem VN von Father Brown ist der amerikanische Film *Father Brown* aus dem Jahr 1954 (Regie: Robert Hamer, Hauptrolle: Alec Guinness) interessant. Gleich zu Beginn des Films gibt Father Brown einem Polizeibeamten seinen Namen an. Er sagt: "Ignatius Brown, after St. Ignatius Loyola, you understand". Zweifellos ist diese Zeile ein Produkt künstlerischer Freiheit, doch scheint der Name *Ignatius* nicht willkürlich gewählt zu sein. Er wirkt sogar recht überzeugend, wenn man ihn im Licht folgender Feststellung R. KRIENs (1973: 111) betrachtet:

> *Ignaz* gilt als altertümlicher, steifer und leicht lächerlicher Name, der noch am ehesten zu frommen Kirchenmännern paßt, wohl u.a. weil der bekannteste Träger dieses Namens der spanische Ordensgründer Ignatius von Loyola ist.

Da Chesterton selbst keine eindeutige Erklärung gibt, läßt sich nicht mit Sicherheit bestimmen, an welchen bzw. ob er überhaupt an einen konkreten VN dachte. Es ist durchaus möglich, daß er absichtsvoll ein Buchstabeninitial wählte, um durch dessen Vagheit dem Leser mehr Spielraum für eine individuelle Interpretation zu gewähren[24].

Abschließend zum Namen der berühmtesten Figur Chestertons sei noch darauf verwiesen, daß der englische "Father" im Deutschen irrtümlicherweise als "Pater" Brown bekanntgeworden ist. Ein Pater ist ein Ordensgeistlicher, so daß als Bezeichnung eines Weltgeistlichen wie Father Brown "Pfarrer" oder "Hochwürden" zu bevorzugen wäre (vgl. SCHNELLE 1993: 45; FBH, Bd. 1: 287; SCHENKEL 1996).

Horne Fisher (MKM, 1922):
Basil Grant ist nicht nur, wie oben beschrieben, ein Vorläufer der berühmten Father-Brown-Figur, sondern in gewisser Weise auch von Horne Fisher, dem "Mann, der zuviel wußte". Sowohl Grant als auch Fisher dienten Chesterton dazu, seiner kritischen Einstellung zum englischen Justizwesen literarischen Ausdruck zu verleihen. Zeigt sich seine Skepsis an der Gerechtigkeit des Systems im Band *The Club of Queer Trades* lediglich in der Rahmenhandlung, so wird sie in *The Man Who Knew Too Much* zum Grundthema aller Erzählungen und des gesamten Buches. Der ungleich schärfere Ton in den Geschichten um Horne Fisher resultiert aus den Erfahrungen, die Chesterton in den siebzehn Jahren, die zwischen dem Erscheinen der beiden Bücher lagen, machen mußte. Von besonderer Bedeutung ist dabei ein Ereignis, welches als Marconi-Affäre bekannt wurde und Chesterton zeit seines Lebens beschäftigte. Als er kurz vor seinem Tod auf die Ereignisse der Jahre 1912-1913 zurückblickt, kommt er zu folgender Einschätzung:

It is the fashion to divide recent history into Pre-War and Post-War conditions. I believe it is almost as essential to divide them into the Pre-Marconi and Post-Marconi days. It was during the agitations upon that affair that the ordinary English citizen lost his invincible ignorance; or, in ordinary language, his innocence. (...) I think it probable that centuries will pass before it is seen clearly and in its right perspective; and that then it will be seen as one of the turning-points in the whole history of England and the world. (AB: 205f.)

Daß sich Chesterton derart intensiv mit der Marconi-Affäre auseinandersetzte, war kein Zufall. Die Ereignisse hatten seinen Bruder Cecil und somit auch ihn auf ganz persönliche Art berührt. Cecil Chesterton hatte in seiner Zeitschrift *The New Witness* führende Regierungsvertreter der Unehrlichkeit und Korruption angeklagt. Er hatte ihnen vorgeworfen, in unlautere Aktiengeschäfte mit der Firma Marconi verwickelt zu sein. Politiker hatten Geschäftsanteile des amerikanischen Zweigs *der* Firma gekauft, die wenig später im Auftrag der britischen Regierung ein umfassendes Netz staatseigener Rundfunkstationen aufbauen sollte. Cecils provokatorische Äußerungen über die enge Verflechtung von Politik und Wirtschaft führten dazu, daß er sich wegen Verleumdung zu verantworten hatte. Voller Zuversicht, den Prozeß zu gewinnen, nahm er seinen Platz auf der Anklagebank ein. Sehr bald jedoch mußte Cecil erkennen, daß er seine öffentlichen Anschuldigungen unmöglich aufrechterhalten konnte, und er nahm sie zurück[25]. Der Skandal und das ernüchternde Gerichtsverfahren gegen seinen Bruder, dem er sehr nahestand, verstärkte Gilbert Chestertons Mißtrauen gegen die politisch und finanziell Mächtigen der Gesellschaft. Schon vorher hatte er auf die soziale Voreingenommenheit des englischen Rechtssystems aufmerksam gemacht. Bereits in seinem Buch *Heretics* prangerte er die Privilegien der Oberschicht an. Er stellte fest:

But the modern laws are almost always laws made to effect the governed class, but not the governing. (...) The case against the governing class of modern England is not in the least that it is selfish; if you like, you may call the English oligarchs too fantastically unselfish. The case against them simply is that when they legislate for men, they always omit themselves. (CWC, vol. 1: 190f.)

Chesterton schreibt den Aristokraten eine rechtliche Sonderstellung zu, die sich nicht allein aus ihrem Einfluß auf den Erlaß von Gesetzen, sondern auch aus der konkreten Anwendung derselben ergibt. So schreibt er 1912 in einem Artikel für die *Illustrated London News*:

Modern English punishment is wrong, in short, because it is really sentimental. It goes by cloudy connections of feeling; especially social connections and class feeling. (...) The complaint means, if it means anything, that ladies and gentlemen are above the law. (CWC, vol. 29: 262)

Der "kleine Mann" wird für geringe Vergehen zur Verantwortung gezogen, wohingegen die großen und wirklichen Verbrecher durch das Netz der Justiz schlüpfen. Genau diese Einsicht liegt den Erzählungen um den Helden Horne Fisher zugrunde, in dessen Namen (engl. *fisher* 'Fischer') sie symbolhaft ausgedrückt ist:
Horne Fisher entstammt einer aristokratischen Familie und ist mit allen hohen Regierungsbeamten, einschließlich des Premierministers, verwandt oder gut bekannt. So kommt es, daß er über die Vorgänge in der politischen Führung genauestens Bescheid weiß. Er weiß viel zuviel, wie er selbst zynisch bemerkt. Fisher, der bei seiner ersten Einführung in die Geschichte "The Face in the Target" am Flußufer sitzt, muß zugeben, daß

er noch nichts gefangen hat. Er erklärt, daß er die Fische, besonders die großen, wieder
ins Wasser zurückwerfen muß: "(...) I have to throw it back again; especially the big fish"
(MKM: 10f.). Horne Fisher ist Verbrecher aus höchsten Gesellschaftskreisen auf der
Spur. Obwohl er ihre Schuld nachweist, kann er sie nicht vor Gericht bringen. Die
"großen Fische" entgehen einer Bestrafung, da es sich Fisher nicht leisten kann, Skandale
in der gesellschaftlichen Elite aufzudecken. Zu oft stehen wichtige Staatsinteressen auf
dem Spiel.
So wird z.B. der Mord an einem ehemaligen Richter als Autounfall vertuscht, da der
Mörder ein einflußreicher Geldgeber der Regierung ist. In einer anderen Geschichte wird
ein international bekannter Armeegeneral Opfer seiner eigenen Mordabsichten. Durch ein
Versehen werden zwei Tassen vertauscht, so daß letztlich der General selbst den für seinen Widersacher bestimmten vergifteten Kaffee trinkt. Horne Fisher gelingt es, die Vorgänge zu rekonstruieren, ohne daß er sie öffentlich machen kann. Er darf das internationale Ansehen und die Machtposition des Britischen Reiches unter keinen Umständen ge-
fährden:

> "Any suspicion against him, let alone such a story against him, would knock us endways from
> Malta to Mandalay. He was a hero as well as a holy terror among the Moslems. (...) I tell you
> everything has gone wrong with us here, except Hastings. His was the one name we had left to
> conjure with; and that mustn't go as well; no, by God!" (MKM: 87f.)

Der symbolische Gehalt des Namens *Fisher* ist offensichtlich. Darüber hinaus ist es mög-
lich, daß Chesterton unterschwellig an den britischen Admiral und Ersten Seelord **First
Baron John Arbuthnot Fisher** erinnern wollte. Sein Name war Chesterton durchaus
geläufig, wie mehrere in den *Illustrated London News* veröffentlichte Artikel beweisen[26].
Fisher war 1915 aus Protest gegen Churchills Plan, weitere Schiffe in die Dardanellen
(Türkei) zu entsenden, zurückgetreten.

So unkompliziert und verbreitet der FaN Horne Fishers ist, so ungewöhnlich mutet sein
VN an. Chesterton glaubte, in der "Verbindung des Gewöhnlichen mit dem ungewöhnlichen Namen" eine "englische Tradition" zu erkennen:

> But there is something very characteristic of the English tradition about the combination of the
> very common and the very uncommon name. (CWC, vol. 32: 451)

Dies mag bei Horne Fisher der Fall sein. Zudem fällt auf, daß Fishers Onkel *Horne
Hewitt* und sein Cousin, der Finanzminister, *Sir Howard Horne* heißen. Es ist daher zu
vermuten, daß mit den VN Horne Fishers und seines Onkels eine Familientradition aufrechterhalten werden sollte. Sie wurden nach einem Zweig ihrer Familie benannt, dessen
direkter Nachkomme der Cousin Howard Horne ist. Horne Fisher ist der "Narr der Familie", als der er in der Geschichte "The Fool of the Family" beschrieben wird. Er ist der
Außenseiter, der, anders als seine Verwandten, keine politische Karriere gemacht hat.
Und doch gehört er zu ihnen. Er ist Teil eines gesellschaftlichen Kreises, den er nicht zer-
stören will und kann. So erklärt er seinem Freund, dem jungen Journalisten Harold
March: "I am too tangled up with the whole thing, you see, and I was certainly never born
to set it right" (MKM: 54). In der letzten Geschichte verteidigt er bestimmte Handlungs-
weisen der Politiker, die nach dem Gesetz zwar nicht erlaubt sind, aber letztlich dem
Wohl der Nation dienen. Fisher wird selbst zum Mörder. Um das Land zu retten, tötet er

seinen Onkel, nachdem er diesen als Staatsspion entlarvt hat. Für den Mord an seinem Verwandten und Namensvetter rechtfertigt er sich mit den Worten: "Perhaps I feel that I have killed my mother's brother, but I have saved my mother's name" (MKM: 185).

Gabriel Gale (PL, 1929):
"Normal ist, wer verrückt erscheint." Mit diesen Worten etwa könnte eine zentrale Aussage vieler Texte Chestertons zusammengefaßt werden. Die Welt scheint auf dem Kopf zu stehen, und die einzige Möglichkeit, sie wieder in die richtige Perspektive zu rücken, ist, sie umzudrehen. Gelingt dies nicht, so muß man sich als Betrachter *selbst* auf den Kopf stellen. Diese Auffassung demonstriert Chesterton beispielhaft an seiner Dichter- und Malerfigur Gabriel Gale. Dessen Name (engl. *gale* 'Sturm') erinnert an den Sturm, der im Roman *Manalive* das erste Auftreten von Innocent Smith symbolisiert. Der Wind trägt Smith gleichsam unter die Bewohner einer kleinen Londoner Vorstadtpension, deren Leben er durcheinanderwirbelt.

Smith und Gale haben scheinbar den Verstand verloren. Ihr unkonventionelles Verhalten führt dazu, daß sie von ihrer Umgebung mit Skepsis betrachtet und ihnen verschiedenste Verbrechen zur Last gelegt werden. Beide werden des versuchten Mordes beschuldigt, was sich jedoch als unhaltbar erweist. Ganz im Gegenteil: Die vermeintlichen Opfer ihrer Attacken sind ihnen überaus dankbar, da sie erst durch diese zu einer gesunden Lebenseinstellung zurückfinden konnten. So versetzt Smith einen Gelehrten in Cambridge, der dem Pessimismus Schopenhauers anhängt, in Todesangst, um ihm zu beweisen, daß das Leben durchaus lebenswert ist. Gales "Verbrechen" besteht darin, daß er den jungen Theologiestudenten Herbert Saunders an einen Baum bindet und zwischen den Zinken einer Mistgabel festnagelt. Sein "Opfer" kann sich nicht ohne fremde Hilfe befreien und erkennt, daß seiner Macht Grenzen gesetzt sind. Er hatte sich für Gott gehalten und gemeint, das ganze Universum gehorche seinem Willen. Als Gale für seine Tat in eine Anstalt gebracht werden soll, telegraphiert der Student: "'Can never be sufficiently grateful to Gale for his great kindness which more than saved my life'" (PL: 117).

Das vierte Kapitel seiner Autobiographie überschrieb Chesterton mit "How to Be a Lunatic" (engl. *lunatic* 'Verrückter', 'Irrer'). Er wußte sehr wohl, was es heißt, "verrückt" zu sein. In seiner Jugend hatte er genau die Erfahrung gemacht, welche den Studenten Saunders fast in den Wahnsinn treibt. Auch Chesterton zog sich für einige Zeit so stark auf sich selbst zurück, daß er beinahe vermeinte, Gott zu sein. So schmerzlich diese Erfahrung für Chesterton war, er bekennt sich zu ihr, und er schreibt:

> It was as if I had myself projected the universe from within, with all its trees and stars; and that is so near to the notion of being God that it is manifestly even nearer to going mad. Yet I was not mad, in any medical or physical sense; I was simply carrying the scepticism of my time as far as it would go. And I soon found it would go a great deal further than most of the sceptics went. While dull atheists came and explained to me that there was nothing but matter, I listened with a sort of calm horror of detachment, suspecting that there was nothing but mind. (AB: 89f.)

Der extreme Subjektivismus, der Chesterton etwa in den Jahren zwischen 1892 und 1894/95 quälte, war durch mehrere Faktoren bedingt. Als alle Freunde, die ihm in seiner Schulzeit so viel bedeutet hatten, ihr Studium außerhalb von London aufnahmen, war er plötzlich auf sich allein gestellt. Gilbert Chesterton war einsam. Er war für sein Alter unterentwickelt und verfügte zudem über eine starke Einbildungskraft. Unter diesen Voraussetzungen mußte er für die gegen Ende des 19. Jahrhunderts herrschende Atmosphäre besonders anfällig sein. Es war die Zeit des fin de siècle - die Zeit des Impressionismus und der Dekadenz, mit denen Chesterton insbesondere an der Slade School in Berührung kam. In der Philosophie herrschten pessimistische und nihilistische Anschauungen, die die traditionell überlieferten Werte für nichtig erklärten. Es war eine Zeit des Umbruchs, in der Skepsis und Zweifel das Denken bestimmten. All dies wirkte auf den jungen Chesterton ein und stürzte ihn in eine solipsistische Krise. Nur das eigene Ich war real, die Außenwelt schien lediglich in seiner Vorstellung zu existieren[27]. Was er durchlebte, kommentiert er am Beispiel des jungen Studenten Saunders in der Erzählung "The Crime of Gabriel Gale":

> "A very large number of young men nearly go mad. But nearly all of them only nearly do it; and normally they recover the normal. You might almost say it's normal to have an abnormal period. It comes when there's a lack of adjustment in the scale of things outside and within. (...) The inside gets too big for the outside. (...)" (PL: 120)

Herbert Saunders hat Glück. Bevor er seinen Verstand vollkommen verliert, holt in Gabriel Gale auf den Boden der Realität zurück.

Auch Chesterton gelang es, seine Jugendkrise zu überwinden. Die Erfahrungen, die er gemacht hatte, sollten für den Rest seines Lebens bestimmend werden. Ohne große Hilfe durch Philosophie oder Religion entwarf er seine eigene, wie er sagt, "rudimentäre und improvisierte mystische Theorie" (AB: 91). Diese bestand darin, daß er von nun an das Leben selbst, die bloße Tatsache der Existenz als etwas Wunderbares ansah. Nichts war selbstverständlich. Die kleinsten Dinge des Lebens schienen plötzlich wie durch ein Wunder zu existieren. Er betrachtete die Welt staunend, als habe er sie noch nie zuvor gesehen:

> But as I was still thinking the thing out by myself, with little help from philosophy and no real help from religion, I invented a rudimentary and makeshift mystical theory of my own. It was substantially this: that even mere existence, reduced to its most primary limits, was extraordinary enough to be exciting. Anything was magnificent as compared with nothing. Even if the very daylight were a dream, it was a daydream; it was not a nightmare. (...) Or if it was a nightmare, it was an enjoyable nightmare. (AB: 91)

Er empfand das Leben als ein ganz persönliches Geschenk, für das er dankbar war. Auf der Suche nach dem Schöpfer dieser Welt voller Wunder fand er seinen Weg zu Gott: "Largely it was this need for gratitude for what seemed personal gifts that brought him to belief in a personal God" (WARD 1945: 60). Chestertons Staunen über die eigene Existenz, seine tiefempfundene Dankbarkeit und die Liebe zur Welt in der bunten Vielfalt ihrer Erscheinungsformen bildeten die Grundpfeiler seiner Lebensphilosophie.

Dieses beherrschende Lebensgefühl faßt Chesterton unter die Metapher des Windes. Der "frische Wind" im Leben ist letztlich nichts anderes als der Geist, den Gott seinen Geschöpfen einhaucht. Dafür dankt er in einem Gebet mit den Worten:

THE PRAYER OF A MAN WALKING

I thank thee, O Lord, for the stones in the street.
I thank thee for the hay-carts yonder and for the
houses built and half-built
That fly past me as I stride.
But most of all for the great wind in my nostrils
As if thine own nostrils were close.
(Zit. in WARD 1945: 59)

Nicht zufällig werden 'Wind' und 'Geist' gleichgesetzt. Das hebräische Wort für Geist bedeutete ursprünglich 'Wind'/'Hauch', und auch im Lateinischen läßt sich diese Verbindung nachweisen (vgl. *spiritus* 'Hauch', 'Atem'; *s. sanctus* 'Heiliger Geist')[28]. Erinnert sei ebenfalls an das Pfingstereignis, als sich ein heftiger Sturm erhob und die Versammelten mit dem Heiligen Geist erfüllt wurden (vgl. Apostelgeschichte 2,1-13.)

Schon lange, bevor Chesterton seinen Roman *Manalive* (1912) veröffentlichte, war der Wind für ihn zum Symbol des Lebensgeistes geworden. Davon zeugt ein Text, den er um 1896 niederschrieb. Es handelt sich um die Vorfassung einer Episode aus *Manalive*, in welcher der Held den bezeichnenden Namen *White Wynd* trägt[29]. Einer Manuskriptversion des ersten Kapitels von *Manalive*[30] stellte Chesterton das folgende Zitat voran:

"And the Wind came on them and they lived."

Ezekiel

Mit diesem Motto bezieht sich Chesterton auf die Auferweckung Israels, so wie sie im Buch Ezechiel (Vers 37,10) des Alten Testaments geschildert wird.

Der bewegenden Kraft der Naturgewalten stehen einzelne regungslos verharrende Figuren gegenüber. Zu Beginn der Erzählung "The Chief Mourner of Marne" werden die Teilnehmer eines Picknicks plötzlich von einem Gewitter überrascht. Beim ersten grellen Blitz zucken sie zusammen. Nur einer rührt sich nicht. Hugo Romaine bleibt unbeweglich stehen, wodurch er eher an eine Statue als an einen lebenden Menschen erinnert:

The light also clothed for an instant, in the same silver splendour, at least one human figure that stood up as motionless as one of the towers. (...) But there was something about its stillness, like that of a statue, that distinguished it from the group at his feet. (...) But the tall man in the short cloak stood up literally like a statue in the twilight; his eagle face under the full glare had been like the bust of a Roman Emperor, and the carved eyelids had not moved. (CFB: 567f.)

Wer in Regungslosigkeit verharrt, wirkt verdächtig. Zu diesem Schluß kommt F. RIEDEL (1996) in seiner interessanten Studie zur "Beweglichkeit und Unbeweglichkeit bei Chesterton". An einer Fülle von Textbeispielen demonstriert er, daß sich die Bösen oftmals dadurch verraten, daß sie nicht zwinkern. Father Brown kann nachweisen, daß Hugo Romaine an einem scheußlichen Verbrechen beteiligt war. Wie die oben zitierte Textstelle zeigt, hatte auch er nicht gezwinkert.

Das genaue Gegenstück zur Unbeweglichkeit einer Figur wie Romaine ist Gabriel Gale. Schon aus diesem Grund werden aufmerksame Leser erkennen, daß der gegen ihn erhobene Vorwurf des versuchten Mordes auf einem Irrtum beruht. Der energiegeladene Gale schlägt Purzelbäume und steht Kopf. Er dreht die räumlichen Gegebenheiten um und erkennt, daß im wahrsten Sinne des Wortes letztlich alles von Gott "abhängt". Hier nimmt Chesterton ein Motiv auf, welches er bereits in seiner Biographie des Heiligen Franz von Assisi gestaltet hatte. Dort heißt es:

> If a man saw the world upside down, with all the trees and towers hanging head downwards as in a pool, one effect would be to emphasise the idea of *dependence*. There is a Latin and literal connection; for the very word dependence only means hanging. It would make vivid the Scriptural text which says that God has hanged the world upon nothing. (CWC, vol. 2: 72)

Die Bedeutung des FaN *Gale*, welche im Text aktualisiert wird, ist die des synchronisch homonymen Appellativums. Sie entspricht nicht der etymologischen Grundbedeutung des Namens, welche B. COTTLE (1978: 149) mit *gaol* (< altfrz. 'Gefängnis'); *gay, jolly* (< altfrz. 'fröhlich') bzw. *merry, wanton, licentious* (< altengl. 'übermütig', 'ausschweifend') angibt. Als viertes verweist COTTLE auf die Möglichkeit, daß dem FaN ursprünglich ein VN zugrunde lag. Es handelt sich in diesem Fall um die altfranzösische Form des germanischen Namens *Wale*.

Zugegebenermaßen lassen sich die ermittelten Bedeutungen 'Gefängnis' und 'fröhlich'/'übermütig' auf die Handlungen Gabriel Gales beziehen. Ob diese Tatsache die Namenwahl des Autors beeinflußte, kann nicht mit Sicherheit bestimmt werden. Es ist fraglich, ob Chesterton die Etymologie des Namens überhaupt kannte.

Abschließend soll der **VN Gabriel** Gales betrachtet werden. Zunächst fällt auf, daß VN und FaN alliterierend miteinander verbunden sind. Dabei stimmen sie nicht nur in ihrem Anlaut, sondern auch im Auslaut miteinander überein: *Gabriel Gale*. Die euphonische Qualität des Gesamtnamens war ein, wenn vermutlich auch nicht der wesentlichste Grund, aus dem sich Chesterton für den VN *Gabriel* entschied. Vielmehr fällt auf, daß Vor- und Familienname ebenso thematisch miteinander im "Einklang" stehen. In *Gabriel* drückt sich der Geist aus, den Gale unter die Menschen bringt: Als **ideell-verkörpernder Name** spielt er an den **Erzengel Gabriel** an, welcher von Gott auf die Erde gesandt wurde, um Maria und der ganzen Menschheit das Kommen des Gottessohnes zu verkünden. Nicht zufällig hat Gabriel Gale einen Namensvetter in Gabriel Syme, dem Helden in Chestertons berühmtestem Roman, *The Man Who Was Thursday*. Dort wird der Symbolgehalt des VN insbesondere dadurch intensiviert, daß sein Gegenspieler - der einzig wahre Anarchist der Handlung - mit seinem VN *Lucian* die Vorstellung Lucifers evoziert.

Das Wesen Gabriel Gales und seines Namens läßt sich in einem einzigen Satz ausdrücken, der über Innocent Smith in *Manalive* geäußert wird:

> I believe the maniac was one of those who do not merely come, but are sent; sent like a great **gale** upon ships by Him who made His **angels** winds and His messengers a flaming fire [Hervorhebungen-I.S.]. (MA: 142)

Mr. Pond (PMP, 1937):

Auch Mr. Pond, ein Regierungsbeamter, entspricht dem Grundmuster, nach dem Chesterton seine Seriendetektive gestaltete. Pond teilt das Schicksal seiner literarischen Vorgänger, da auch er von seiner Umgebung häufig für verrückt gehalten wird. Am stärksten ähnelt er der Figur des Father Brown. Er ist klein, unscheinbar und ohne jegliche bemerkenswerte Züge:

> He was the quietest man in the world to be a man of the world; he was a small, neat Civil Servant; with nothing notable about him except a beard that looked not only old-fashioned but vaguely foreign, and perhaps a little French, though he was as English as any man alive. (PMP: 35f.)

Zahlreiche Passagen, welche Mr. Pond bzw. Father Brown beschreiben, könnten ohne weiteres gegeneinander ersetzt werden. Sowohl der eine als auch der andere starren, völlig in Gedanken versunken, oftmals ins Leere. Über Mr. Pond heißt es:

> Then he sat and **stared** into vacancy, with that rather goggling expression which led some of his friends to compare him to a **fish** [Hervorhebungen-I.S.]. (PMP: 22)

Man vergleiche dazu folgende Textstelle aus der Father-Brown-Erzählung "The Invisible Man":

> "Then I wonder what that is?" said the priest, and **stared** at the ground blankly like a **fish** [Hervorhebungen-I.S.]. (CFB: 74)

In ihrer scheinbar selbstvergessenen Art ähneln sie nicht nur "Fischen", sondern auch "Eulen": Mr. Pond wird ein "eulenhafter Ausdruck" ("owlish expression", PMP: 49) bestätigt; bei Father Brown spricht der Erzähler von einem "eulenhaften Kopf" und einem "eulenhaften starren Blick" ("owlish head of Father Brown", CFB: 450; "owlish stare", CFB: 609).

Wie Father Brown, so wird auch Mr. Pond oftmals mißverstanden, da seine Äußerungen lächerlich und absurd klingen. Zu Beginn einer jeden Erzählung trifft Pond eine scheinbar paradoxe Feststellung, die sich erst dann aufklärt, wenn er die zugrundeliegenden Vorkommnisse schildert. Aussagen wie "Grock's soldiers obeyed him too well; so he simply couldn't do a thing he wanted" (PMP: 3) oder "I did know two men who came to agree so completely that one of them naturally murdered the other" (PMP: 37) wirken auf seine Gesprächspartner befremdend, und das um so mehr, da sie ohne Vorankündigung mitten in einer neutralen und zumeist langweiligen Unterhaltung fallen. Gleich auf der ersten Seite des Buches macht der Erzähler auf diese Besonderheit Mr. Ponds aufmerksam und setzt sie in Verbindung zu dessen Namen (vgl. engl. *pond* 'Teich'):

> THE CURIOUS and sometimes creepy effect which Mr. Pond produced upon me, despite his commonplace courtesy and dapper decorum, was possibly connected with some memories of childhood; and the vague verbal association of his name. (...) When one came to think of it, he was curiously like the pond in the garden. He was so quiet at all normal times, so neat in shape and so shiny, so to speak, in his ordinary reflections of earth and sky and the common daylight. And yet I knew there were some queer things in the pond in the garden. (...) And I knew there were monsters in Mr. Pond also: monsters in his mind which rose only for a moment to the surface and sank again. They took the form of monstrous remarks, in the middle of all his mild and rational remarks. (PMP: 1)

In den Erzählungen um Mr. Pond zeigt sich auf besonders deutliche Weise eines der auffälligsten Stilmittel G.K. Chestertons: das **Paradoxon**. Chestertons Hang zum offenbar logischen Widerspruch reicht dabei weit über das rein Sprachliche hinaus und kennzeichnet seinen gesamten Denkstil (vgl. SCHENKEL 1996). Paradoxa dienten ihm als Mittel, um Grundwahrheiten der menschlichen Existenz zu erkennen und sprachlich auszudrükken. Die zweifellos umfassendste und beste Studie zu diesem Thema stammt von H. KENNER (1948). Er stellt fest, daß Chesterton die meisten Widersprüche des Lebens auf die christlichen Glaubensbegriffe der Inkarnation und der Kreuzigung zurückführte (vgl. KENNER 1948: bes. 91-102). Besonders das grundlegende Paradoxon, daß Gott als ein Mensch am Kreuz starb, wurde für Chestertons Denken bestimmend. So schreibt KENNER (1948: 8):

> There is even a sense in which, as we shall see, the majority of his multitudinous demonstrations of the paradoxical are traceable to his perception of that root paradox at the heart of the cosmos: the God who died.

Schon zeitig hatte der junge Chesterton diesen Gedanken in seinem *Notizbuch (Notebook)* unter dem Titel "The Grace of Our Lord Jesus Christ" formuliert:

THE GRACE OF OUR LORD JESUS CHRIST

> I live in an age of varied powers and knowledge,
> Of steam, science, democracy, journalism, art;
> But when my love rises like a sea,
> I have to go back to an obscure tribe and a slain man
> To formulate a blessing.
> (Zit. in WARD 1945: 62)

Chestertons Talent, Widersprüchliches zu erkennen und zu verbalisieren, wurde unterschiedlich bewertet. Nicht wenige Kritiker verkannten den tieferen Sinn seiner Paradoxa und lehnten sie als bloße Wortspielerei ab. Davon berichtet u.a. M. WARD im Zusammenhang mit Chestertons erster Essaysammlung *The Defendant*:

> "Paradox ought to be used," said one of these [reviewers-I.S.], "like onions to season the salad. Mr. Chesterton's salad is all onions. Paradox has been defined as 'truth standing on her head to attract attention.' Mr. Chesterton makes truth cut her throat to attract attention." (WARD 1945: 136)

Chestertons paradoxe Äußerungen wirken erheiternd und regen gleichzeitig zum Nachdenken an. Sie sind, wie KENNER (1948: 56) formuliert, "Waffen, um die geistige Trägheit zu überwinden": "The verbal paradox is simply a weapon for overcoming mental laziness". Diese Funktion zeigt sich deutlich in den Geschichten um Mr. Pond: Seine Zuhörer werden plötzlich aufmerksam, da sie eine Aussage, die "für einen Moment wie ein Monster an der Oberfläche auftaucht", nicht verstehen.

Von Mr. Pond ist nur der FaN bekannt. Die Tatsache, daß er keinen VN trägt, unterstreicht seine offizielle Funktion als Regierungsbeamter. Wie auch bei Father Brown, dessen VN ebenfalls im Dunkeln bleibt, erfahren die Leser so gut wie nichts über das Privatleben Mr. Ponds. Mit keiner anderen Figur geht er eine so enge Verbindung ein, daß diese den Gebrauch des VN rechtfertigen würde. Im Rückblick auf seine Schulzeit stellt Chesterton fest, daß es unter den Jungen als Schande galt, wenn man zugab, einen VN zu besitzen. Man war schließlich ein "Mann von Welt", der vollkommen unabhängig und losgelöst von allen familiären Bindungen im Leben bestehen konnte:

But the boy really is pretending to be a man; or even a man of the world; which would seem a far more horrific metamorphosis. Schoolboys in my time could be blasted with the horrible revelation of having a sister, or even a Christian name. And the deadly nature of this blow really consisted in the fact that it cracked the whole convention of our lives; the convention that each of us was on his own; an independent gentleman living on private means. (AB: 57)

Zusammenfassend läßt sich zu den Namen der Seriendetektive Chestertons folgendes feststellen: Alle fünf FaN sind **real** und völlig appellativ-homonym. Als **redende** Namen heben sie bestimmte Eigenschaften des jeweiligen NT hervor und können sich darüber hinaus auf die Grundaussage des gesamten Textes beziehen (vgl. *Fisher*). Die im Text aktualisierte lexikalische Bedeutung stimmt nicht in jedem Fall mit dem Etymon des Namens überein (vgl. *Gale*). Für das Funktionieren des Namens ist dies jedoch letzten Endes unwesentlich.

Der Name *Basil Grant* ist nicht nur redend, sondern kann durch seinen Verweis auf den Heiligen gleichen Namens zudem als **idell-verkörpernd** gelten. Der FaN *Father Browns* stellt eine besondere Form **klassifizierender** Namen dar, da er seinen NT als einen prototypischen Vertreter des einfachen, schlichten Engländers ausweist. Zu verschiedenen literarischen Namenarten können auch der VN und FaN ein und derselben Figur gehören, wie die Beispiele *Horne Fisher* und *Gabriel Gale* demonstrieren.

4.3.1.1.2. Die Namen der übrigen Figuren

Neben den Seriendetektiven treten in jeder Erzählung eine Reihe weiterer Figuren auf. Im Rahmen der vorliegenden Arbeit ist es jedoch nicht möglich, auf alle FigN detailliert einzugehen; statt dessen soll eine repräsentative Auswahl einen Einblick in die Namengebungsstrategien Chestertons gewähren. Dabei werden die Beispiele den in Kapitel 3.3.2. beschriebenen Arten sujetinterner Namen zugeordnet. Eine ähnlich ausführliche Behandlung wie die Namen der Seriengestalten erfahren lediglich solche EN, welche auf grundlegende Aspekte der Lebensphilosophie Chestertons verweisen. Wie sich zeigen wird, betrifft dies die Namen der drei Figuren *Dr. Adrian Hyde*, *James Welkin* und *Kalon*.

(a) Klassifizierende Namen

Als **klassifizierend** wurden in Kapitel 3.3.2.1. solche Namen bestimmt, die ihre Träger als Vertreter einer nationalen, sozialen, religiösen u.ä. Gruppe ausweisen.

Auch Chestertons Figuren sind vielfach bereits an ihrem Namen als Angehörige einer bestimmten Nation, Religion oder gesellschaftlichen Schicht erkennbar. So kann ein als Initial abgekürzter "middle name" zumeist als Indiz für einen wohlhabenden **Amerikaner** gelten. Man vergleiche z.B. *Julius K. Brayne* (CFB: 25), *Gideon P. Hake* (CFB: 662), *Ellis T. Potter* (CFB: 594), *Jacob P. Stein* (CFB: 444), *Titus P. Trant* (CFB: 334), *Enoch B. Oates* (TLB: 96) und *Silas T. Vandam* (CFB: 369). **Deutsche** [z.B. *General Schwartz* (CFB: 310), *Lieutenant Von Hocheimer* (PMP: 5), *General Von Voglen* (PMP: 8), *Marshal Von Grock* (PMP: 3), *Arnold Von Schacht* (PMP: 8), *Franz Werner* (MKM: 157)][31] werden ebenso an ihrem Namen erkannt wie **Franzosen** [z.B. *Flambeau* (CFB: 9), *Le Mouton* (SES: 35), *Le Caron* (SES: 39), *Lorraine* (SES: 40), *Duc de Valognes* (CFB: 200)] oder **Italiener** [z.B. *Antonelli* (CFB: 111), *Malvoli* (CFB: 273), *Signora Maroni*

121

(CFB: 517), *Montano* (CFB: 185), *Muscari* (CFB: 182), *Alberto Tizzi* (PMP: 118)]. **Polen** und **Russen** heißen *Petrowski* (PMP: 2), *Tarnowski* (PMP: 69), *Grunov* (CFB: 549) und *Ivanhov* (PL: 45). Der Name *Rev. David Pryce-Jones* (CFB: 606) klingt angesichts der **walisischen** Herkunft des Geistlichen durchaus glaubhaft. Wer *Patrick* heißt, ist höchstwahrscheinlich **Ire**, und wer Ire ist, heißt höchstwahrscheinlich *Patrick*: vgl. *Patrick Butler* (CFB: 216), *Peter Patrick Gahagan* (PMP: 20) und *Patrick Royce* (CFB: 159). Andere Iren, die ihre Nationalität wohl kaum verleugnen können, sind *Mary Cregan* (MKM: 34), *Olivia* und *Sheila Malone* (PMP: 31; TLB: 267), *Commandant Neil O'Brien* (CFB: 25), *Michael O' Neill* (MKM: 32), *Michael Flood* (CFB: 470), *Macbride* (MKM: 36), *James Nolan* (MKM: 36), *Francis Boyle* (CFB: 498), *James Byrne* (CFB: 444) sowie *Colonel Clancy* (CFB: 150).

Gilbert Keith Chestertons "middle name" deutet darauf hin, daß in seinen Adern auch **schottisches** Blut floß. In der Tat erhielt er den Name *Keith* nach dem FaN seiner Großmutter aus Aberdeen. Chesterton war sich seiner schottischen Abstammung bewußt. In seiner Autobiographie erklärt er:

> But on the other side my mother came of Scottish people, who were Keiths from Aberdeen; and for several reasons, partly because my maternal grandmother long survived her husband and was a very attractive personality, and partly because of a certain vividness in any infusion of Scots blood or patriotism, this northern affiliation appealed strongly to my affections; and made a sort of Scottish romance in my childhood. (AB: 15)

Das schottische und zugleich romantische Element bewahrte sich Chesterton auch über seine Kindheit hinaus. Es ist sicherlich kein Zufall, daß der Held der Erzählung "The Singular Speculation of the House Agent", *Lieutenant Drummond Keith*, Chestertons eigenen Namen trägt. Lieutenant Keith ist ein gutmütiger Exzentriker, der seine Wohnungen an ungewöhnlichen Orten abseits von der modernen Zivilisation sucht. Neben dem FaN deutet auch der besonders in Schottland anzutreffende VN *Drummond* auf die Romantik hin, welche das Leben des Lieutenant prägt.

In Chestertons Erzählungen kommen mehrere Namen vor, die ihre Träger als Schotten ausweisen. Dazu zählen die FaN *Ogilvie* (CFB: 78), *Glenorchy* (PMP: 39), *Angus* (PMP: 39; CFB: 65), *Gow* (CFB: 78), *Haggis* (PMP: 38), *MacNabb* (PMP: 39), *MacNab* (CFB: 172), *Drummond* (PL: 207) sowie *Campbell* (PMP: 38). Von letzterem Mann heißt es, daß er nicht nur mit einem schottischen Akzent, sondern wirklich schottisch spricht (vgl. PMP: 39). Das ausgeprägte Nationalbewußtsein dieser Figur spiegelt sich außer in dem FaN *Campbell* auch in den VN *Andrew Glenlyon* wider. St. Andrew ist der schottische Nationalheilige, woraus die besonders weite Verbreitung dieses Namens in Schottland zu erklären ist (vgl. DUNKLING; GOSLING 1994: 14).

Manche Namen verweisen nicht nur auf die Nationalität einer Figur, sondern unterstreichen auch deren engere **regionale Herkunft**. Über einen Soldaten namens *Murray* heißt es bei Chesterton, er sei "a north of Ireland man and a Puritan" (CFB: 151). Der Name *Murray* wirkt glaubhaft, nahm er doch im Jahr 1890 den 18. Platz unter den FaN in Irland ein, wobei er im Norden des Landes besonders häufig belegt werden konnte (vgl. COTTLE 1978: 266). *Phineas Salt* (PL: 206), dessen Vater ein Händler in den Midlands war (vgl. PL: 237), trägt einen z.B. in Staffordshire weit verbreiteten FaN (vgl. COTTLE 1978: 329). Die Familie *Sir Arthur Irvings* (SES: 18) kommt aus dem Norden Englands (vgl. SES: 20), worauf auch der FaN hinweist (vgl. COTTLE 1978: 193). Ebenso ist der

FaN der jungen Frau *Catharine Crawford* (TD: 77) in ihrer Heimat im Norden Englands häufig anzutreffen (vgl. COTTLE 1978: 103).

Zu den klassifizierenden Namen, so wurde schon im Zusammenhang mit dem FaN *Brown* festgestellt, zählen auch solche FigN, die aufgrund ihrer **weiten Verbreitung** den NT unauffällig erscheinen lassen. Dies trifft z.b. auf einen Mann namens *Jameson* zu. Über ihn heißt es: '"(...) Jameson was so correct and colourless that I forgot all about him'" (CFB: 511).
In der Erzählung "The Man with Two Beards" nimmt ein ehemaliger Verbrecher nach seiner Bekehrung durch Father Brown den Namen *Mr. Smith* (CFB: 485) an. Als der prototypische englische FaN schlechthin verweist *Smith* darauf, daß der Mann in Zukunft bescheiden und zurückgezogen leben will. Zum anderen ist ihm der Name aber auch eine hohe Verpflichtung. So hatte Chesterton in seinem Buch *Heretics* bemerkt:

> In most cases the name is unpoetical, although the fact is poetical. In the case of Smith, the name is so poetical that it must be an arduous and heroic matter for the man to live up to it. The name of Smith is the name of the one trade that even kings respected; (...) Yet our novelists call their hero "Aylmer Valence," which means nothing, or "Vernon Raymond," which means nothing, when it is in their power to give him this sacred name of Smith - this name made of iron and flame. (CWC, vol. 1: 54f.)

Mr. Smith wird dem hohen Anspruch, den Chesterton diesem Namen beimißt, durchaus gerecht. So bemerkt Father Brown über den bekehrten Verbrecher:

> It's an under-statement to say his reformation was sincere. He was one of those great penitents who manage to make more out of penitence than others can make out of virtue. (CFB: 493)[32]

Dieses Beispiel unterstreicht noch einmal die eingangs ausgesprochene Forderung, auch scheinbar neutrale Alltagsnamen in einer literarisch-onomastischen Analyse mit zu berücksichtigen.

Ebenso deutlich wie nationale Spezifika spiegeln sich in den Namen auch die **sozialen** Hierarchieverhältnisse des viktorianischen bzw. edwardianischen Englands wider. Werden Butler und andere **Bedienstete** zumeist nur mit einem einzigen Namen benannt [z.B. *Barton* (TD: 18), *Grimes* (SES: 135), *Gryce* (CFB: 633), *Harris* (CFB: 498), *Parker* (TD: 80), *Usher* (MKM: 157)], so gilt für Angehörige der sozialen **Oberschicht**, was Mr. Chucks über diese in Captain MARRYATs Roman *Peter Simple* sagt:

> When I was in good society, I (...) seldom bowed, sir, to anything under *three* syllables. (MARRYAT 1984: 126)

Beispiele wie *Sir Walter Cholmondeliegh* (CQT: 45), *Lady Flamborough* (PL: 108), *Lord* und *Lady Galloway* (CFB: 24), *Lord Merivale* (MKM: 125), *Montmirail* (MKM: 126), *Westermaine* (PL: 4), *Glenorchy* (PMP: 39), *Lord* und *Lady Mounteagle* (CFB: 554), *Mr. Vernon-Smith* (TLB: 17) und *Mrs. Milton-Mowbray* (FFF: 125)[33] veranschaulichen einmal mehr Chestertons sozialstereotype Namenwahl.
Auch kürzere Namen können das Prestige ihrer Träger aufwerten, so z.B. wenn sie sich **orthographisch** von einem homophonen Appellativum oder von der verbreitetsten Form des EN abheben. Daß diese Überlegung schon manche Schauspieler dazu bewogen hat,

ihre Namen in der Öffentlichkeit leicht abzuwandeln, weiß A. ROOM zu berichten. Er sagt:

> (...) a simple tiny addition or alteration of one letter can make all the difference: Coral Brown lost her common touch when she became Coral Browne, and Frankie Howard made people look again when he restyled his name as Frankie Howerd. (ROOM 1991: 22)

Auch Chestertons "brillanter Londoner Barrister" ("brilliant London barrister", PMP: 39) *Launcelot Browne* weist das Prestige fördernde "-e" am Ende seines FaN auf. Man vgl. ebenso die Namen *Captain Blande* (PMP: 83), *Sergeant Schwartz* (PMP: 9) und *General Schwartz* (CFB: 310). Ein englischer Vortragsreisender heißt *Smyth* (CFB: 388), ein erfolgreicher Geschäftsmann und ein hoher Politiker tragen die Namen *Isidore Smythe* (CFB: 67) und *Sir Harry Smythe* (FFF: 26), wodurch sie sich bereits formal von einem Sekretär mit dem schlichten Namen *Smith* (CFB: 526) abheben.

Vornehm klingen oftmals auch solche Namen, die noch deutlich ihre **französische Herkunft** erkennen lassen. Dieser Tatsache war sich auch Chesterton zweifellos bewußt, hatte er doch in seinem Aufsatz "Patriotism and Sport" den Satz geäußert: "Large numbers of those Englishmen who still ride to hounds have French names" (ATC: 57f.). In seinen Erzählungen trifft man z.B. einen wohlhabenden Herrn namens *Lord Beaumont of Foxwood* (CQT: 42), den Premierminister *Valence* (FFF: 175), eine wichtige politische Persönlichkeit mit dem Namen *Sir Wilson Seymour* (CFB: 208) sowie die junge Frau *Elizabeth Seymour* (TLB: 51), die ihre aristokratische Herkunft auch dann noch erkennen läßt, als sie schon längst mit dem Revolutionär Robert Hood verheiratet ist (vgl. TLB: 276).

Manchmal unterstützt auch der VN das Bild, das im übrigen von der Figur gezeichnet wird. So verwundert es nicht, wenn Angehörige der oberen Mittel- und der Oberschicht Namen wie *Aubrey Traill* (CFB: 353), *Lady Diana Wales* (CFB: 387) oder auch *Giles, Christabel* und *Arthur Carstairs* tragen (CFB: 235). Insbesondere letzterer VN tritt auffallend häufig im untersuchten Textkorpus auf, so z.B. als Name des kunstbeflissenen Reichen *Arthur Armitage* (PL: 139), des Staatsanwaltes *Sir Arthur Travers* (CFB: 475), der wohlhabenden Gutsbesitzer *Sir Arthur Vaudrey* (CFB: 526) und *Sir Arthur Irving* (SES: 18) sowie des berühmten Feldherrn *General Sir Arthur St. Clare* (CFB: 145).

Als ein letztes Element, welches Chesterton mit einer statusunterstreichenden Funktion einsetzt, seien schließlich noch **Adelstitel** und andere distinguierte Namenszusätze genannt. So vermag mancher Name schon dadurch zu beeindrucken, daß ihm Titel wie *Sir, Lord* oder *Lady* voranstehen. Man vergleiche hierzu folgende Auswahl der in den Texten auftretenden Namen: *Prince Saradine* (CFB: 104), *Princess Aurelia Augusta Augustina, etc. etc.* (FFF: 171); *Duke of Chester* (CFB: 40), *Duchess of Mont St. Michel* (CFB: 24), *Marquis of Marne* (CFB: 569), *Earl of Glengyle* (CFB: 78), *Count Yvon de Lara* (CFB: 497), *Baron Bruno* (SES: 39), *Lord Saltoun* (MKM: 141), *Lady Olive Smythe* (FFF: 48), *Sir Cecil Fanshaw* (CFB: 255); *General Casc* (FFF: 170), *Colonel Clancy* (CFB: 150) und *Major Brown* (CQT: 12).

So wie die nationale und soziale Zugehörigkeit kann sich auch das **religiöse** Bekenntnis einer Figur in ihrem Namen ausdrücken. Von *Sir Aaron Armstrong* (CFB: 157), *Abraham*

Crane (SES: 40), *Sir Caleb Irving* (SES: 20) und *Sir Jacob Nadoway* (FFF: 118) ist bekannt, daß sie in der Tradition des **Puritanismus** aufgewachsen sind, worauf nicht zuletzt ihre alttestamentarischen VN hindeuten. **Christen** anderer Konfessionen tragen oftmals Namen von Heiligen. Jedoch auch andere, im Alten oder Neuen Testament vorkommende, Namen treten auf. Als Beispiel seien einige der in Chestertons Erzählungen genannten Geistlichen angeführt: *Father Bernard* (PL: 154), *Father Hyacinth* (PL: 165), *Father Stephen* (SES: 129), *Abbot Paul* (SES: 135), *Rev. Samuel Horner* (CFB: 711), *Rev. David Pryce-Jones* (CFB: 606), *Rev. Luke Pringle* (CFB: 622), *Rev. Ellis Shorter* (CQT: 57), *Rev. Thomas Twyford* (MKM: 55) und *Rev. Cyprian Whiteways* (PMP: 96).

Daß sich der Bankier *Isidor Simon* (FFF: 176) in der Erzählung "The Loyal Traitor" als ein **Jude** zu erkennen gibt, dürfte die Leser angesichts seines VN kaum überraschen. Auch sein Glaubensbruder *Isidore Marx* (PL: 208) trägt diesen bevorzugt in jüdischen Familien vergebenen Namen. Ebenso stereotyp verfährt Chesterton, wenn er Figuren *Mr. Levy* (PMP: 120) oder *Lever* (CFB: 40) nennt. Auch *Rosenbaum Low* (TLB: 105), *Goldstein (TLB: 200)*, *Guggenheimer* (TLB: 200), *John Elias* (CFB: 445), *Paul Hirsch* (CFB: 196) und *Simeon Wolfe* (PL: 251) dürften beim Leser kaum Zweifel in bezug auf die Religion der Figuren aufkommen lassen[34]. Wiederholt wurde Chesterton der Vorwurf des Anti-Semitismus gemacht, und immer wieder hat er eine solche Haltung bestritten. Es ist wahr, daß mit Lawrence Solomon, Dr. Eder und anderen auch Juden zu seinem Freundeskreis zählten. Ebenso gehörte Chesterton, nach Aussage des New Yorker Rabbi Wise, zu den ersten, die gegen die Judenverfolgung unter Hitler protestierten (vgl. HOLLIS 1970: 140). Dennoch konnte er sich eines gewissen Unbehagens, zumindest gegenüber finanzkräftigen und einflußreichen Juden, nicht entledigen. Chesterton vertrat die zionistische Auffassung. Außerhalb Palästinas seien die Juden Fremde. Sie würden, selbst wenn sie in England lebten, keine Engländer werden. Diese Haltung erklärt auch die fast schon übertriebene Deutlichkeit, mit der Chesterton die jüdischen Figuren in seinen Erzählungen benennt. Zum Vergleich sei abschließend eine Stelle aus seinem Roman *The Ball and the Cross* angeführt, in der ihn ein jüdischer Ladeninhaber namens *Henry Gordon* zu folgender Überlegung veranlaßt:

> (...) there are no hard tests for separating the tares and wheat of any people; one rude but efficient guide is that the nice Jew is called Moses Solomon, and the nasty Jew is called Thornton Percy. The keeper of the curiosity shop was of the Thornton Percy branch of the chosen people; he belonged to those Lost Ten Tribes whose industrious object is to lose themselves. (BAC: 51)

Wie die in diesem Abschnitt angeführten Beispiele demonstriert haben, genügt oftmals schon der Name, um die literarische Figur als Vertreter einer bestimmten Nationalität, einer gesellschaftlichen Schicht oder Religion auszuweisen. Chesterton besaß ein ausgeprägtes Gespür für regional und sozial bedingte Unterschiede in der Namengebung, welches sich in seinen Texten auf vielfache Weise widerspiegelt. Dabei nutzt er mitunter auch zum Klischee erstarrte Namensmuster, so z.B. wenn er über den in der Erzählung "The Quick One" auftretenden Moslem sagt: "a distinguished Moslem (one of whose names was Akbar and the rest an untranslatable ululation of Allah with attributes)" (CFB: 606). Ein deutsches Fräulein und einen deutschen Grafen bezeichnet er als "Hedwig von something or other" (CFB: 308) und "a German count of great wealth, the shortest part of whose name was Von Zimmern" (CFB: 661).

Viele Namen, die eindeutigen Aufschluß über nationale oder soziale Zugehörigkeiten geben, dienen nicht nur der Identifizierung einer Figur, sondern gleichzeitig einer gewissen

Typisierung. Dies scheint den Vorwurf zu bekräftigen, daß Chestertons literarische Gestalten bloße "Marionetten" oder "Puppen" seien (vgl. FABRITIUS 1964: 4f.). Um voreilige Schlüsse zu vermeiden, sollte man jedoch nicht vergessen, daß es Chesterton in seinen Erzählungen weniger um psychologisch tief ausgelotete Individuen als vielmehr um die Darstellung grundlegender Anschauungen und Prinzipien ging.

(b) Ideell-verkörpernde Namen

Die Quellen, aus denen Chesterton Inspiration für die Benennung seiner Charaktere schöpfte, waren äußerst vielfältig. Dazu zählten auch reale Personen und literarische Gestalten, deren VN und/oder FaN er in seine Texte übertrug. Die Namensvorbilder für Chestertons Figuren können ganz unterschiedlichen Bereichen zugeordnet werden. Die größte Gruppe stellen weithin **bekannte Persönlichkeiten** des öffentlichen Lebens, wie z.B. Politiker oder Künstler, dar. Einige FigN lassen die Vermutung zu, daß Chesterton sie in Erinnerung an **persönliche Bekannte** gewählt hat. Sehr vielfältig sind die **literarischen Texte**, welche Chesterton auf der Suche nach passenden Namen beeinflußten. Auch auf **biblische** und **mythologische** Gestalten spielen manche seiner FigN an. Letztlich finden sich einige wenige Figuren, die nach **Vertretern anderer EN-Klassen** (z.B. ON und Institutionsnamen) benannt sind.

Wie im folgenden deutlich wird, hat Chesterton manche Namen in ihrer ursprünglichen Form übernommen, während er andere mehr oder weniger stark abgewandelt hat.

Historische Persönlichkeiten als Namensvorbilder

Sehr deutlich tritt das Benennungsmotiv bei den zwei Shakespeare - Darstellerinnen, *Olivia Malone* (PMP: 31) und *Hertha Hathaway* (PL: 209), zutage. Gerade letzteres Beispiel bedarf sicherlich kaum einer Erklärung, verweist der Name doch sehr direkt auf Shakespeares Ehefrau, **Anne Hathaway** (1556-1623).

Über Olivia Malone heißt es: "Perhaps the great Shakespearian actress claimed descent from the great Shakespearian critic" (PMP: 31). Der bekannte irische Shakespeare-Kritiker, auf den Chesterton hier anspielt, ist **Edmond Malone** (1741-1812).

Die größte Gewißheit über das Namensvorbild einer Figur erhält man, wenn der Autor - wie im Fall von *Malone* - den Namen explizit kommentiert. So verrät Chesterton den Lesern auch, mit welchen Vorstellungen er die FigN *Mr. Muggleton, Robert Owen Hood, Hypatia Potter, Hickory Crake* und *Mr. Berridge* (genannt *Babbage*) verband:

Mr. Muggleton (CFB: 646):
Die Erzählung "The Pursuit of Mr. Blue" beginnt mit den Worten: "Along a seaside parade on a sunny afternoon, a person with the depressing name of Muggleton was moving with suitable gloom" (CFB: 646). Wenig später erklärt der Erzähler jedoch, daß Mr. Muggleton seinen "bedrückenden Namen" durchaus mit Stolz tragen könne, da er einen berühmten Namensvetter habe:

> He might almost, in an obscure sort of way, have been proud of his surname; for he came of poor but decent Nonconformist people who claimed some connexion with the founder of the

Muggletonians; the only man who had hitherto had the courage to appear with that name in human history. (CFB: 647)

Chesterton bezieht sich hier auf **Lodowick Muggleton** (1609-1698). Dieser hatte erklärt, daß er selbst und sein Cousin die beiden in der Offenbarung des Johannes (11,3) genannten Zeugen seien. Der Führer der "Muggletonians" wurde im Jahre 1677 der Blasphemie angeklagt und zu einer Geldstrafe verurteilt.

Robert Owen Hood (TLB: 25):
Auf zwei Namensvorbilder kann Robert Owen Hood, einer der Helden des Erzählbandes *Tales of the Long Bow*, verweisen. Hood ist Revolutionär und Romantiker zugleich, so daß sein VN und FaN aus gutem Grund die Traditionen von **Robert Owen** (1771-1858) und **Robin Hood** vereinigen. Diese Anspielungen sind leicht einzusehen und werden darüber hinaus im Text explizit ausgedrückt:

> Rural and romantic and sedentary as he may have seemed, he was not the son of an old revolutionist for nothing. It was not altogether in vain that his father had called him Robert Owen or that his friends had sometimes called him Robin Hood. (TLB: 54f.)

Hypatia Potter (CFB: 591):
Wiederholt weist der Erzähler auf die außergewöhnliche Schönheit Hypatia Potters hin. Ihre attraktive Erscheinung sowie ihr unkonventionelles Verhalten verbindet der puritanisch gesinnte Reporter Agar P. Rock in seiner Vorstellung mit einer anderen Frau dieses Namens:

> He remembered the original Hypatia, the beautiful Neo-Platonist, and how he had been thrilled as a boy by Kingsley's romance in which the young monk denounces her for harlotries and idolatries. (CFB: 595)

Der erwähnte Text von Charles Kingsley ist sein historischer Roman *Hypatia* (1852-53), welcher auf dem Leben der griechischen Philosophin **Hypatia** (ca. 370-415) basiert. Hypatia lehrte an der neuplatonischen Schule in Alexandria und wurde von christlichen Fanatikern ermordet. Sie war nicht nur für ihre große Gelehrtheit, sondern ebenso für ihre Schönheit berühmt (vgl. auch FBH, Bd. 5: 271).

Hickory Crake (CFB: 337):
Mr. Crake ist erstaunlich gut mit den Kriegstechniken der Indianer vertraut. Dies überrascht nicht, hat er doch selbst aktiv am Kampf gegen die Ureinwohner Amerikas mitgewirkt. Man nennt ihn daher *Hickory*, wie der Erzähler beim ersten Auftreten der Figur im Text bemerkt:

> This was old Crake, commonly called Hickory Crake in reminiscence of the more famous Old Hickory, because of his fame in the last Red Indian wars. (CFB: 337)

Der Name **Old Hickory** wurde dem 7. Präsidenten der USA, Andrew Jackson (1767-1845), aufgrund seines erbarmungslosen Vorgehens gegen die Indianer angeheftet. Der Name ist von einer Nußbaumart (*hickory*) abgeleitet, deren Holz sich durch besondere Zähigkeit auszeichnet (vgl. auch FBH, Bd. 3: 237f.).

Mr. Berridge (CFB: 622) = *Babbage* (CFB: 625):
Mr. Berridge ist ein Angestellter, der seine Aufgaben ordentlich und pflichtbewußt erledigt. Daß er jedoch auch einen Sinn für Humor hat, ist seinem Vorgesetzten, Professor Openshaw, bisher entgangen. Dieser sieht in Berridge eine bloße Maschine, so daß er ihn oftmals nicht bei seinem richtigen Namen nennt. Er stellt ihn einem Besucher mit den Worten vor:

"(...) His name's Berridge - but I often call him Babbage; because he's so exactly like a Calculating Machine. (...)" (CFB: 625)

Charles Babbage (1792-1871) war ein englischer Mathematiker, der im Jahr 1822 als erster das Modell einer programmgesteuerten Rechenmaschine baute und somit den Vorläufer des Computers schuf.

Obwohl Chesterton die FigN *Prince Otto of Grossenmark, Grimm, Pitt-Palmer* und *Doone* (= *Duveen*) nicht explizit kommentiert, sind auch sie leicht durchschaubar:
Wenn ein preußischer Prinz seinen eigenen strengen militärischen Verordnungen zum Opfer fällt, und wenn er noch dazu *Otto of Grossenmark* (CFB: 305) heißt, dürfte wohl ein jeder Leser die Anspielung an **Otto von Bismarck** (1815-1898) erkennen.
So sehr Chesterton Bismarck und den preußischen Militarismus ablehnte, so sehr begeisterte er sich indes für die Märchen der **Gebrüder Grimm**. Wohl etwas überspitzt formulierte er einmal, sie seien das beste, was Deutschland je hervorgebracht habe: "Grimm's Fairy Tales were by far the greatest things that ever came out of Germany" (CWC, vol. 34: 198f.). Es verwundert daher nicht, wenn zwei Figuren in Chestertons Erzählungen diesen Namen tragen: *Grimm* heißt ein Freund Flambeaus, von dem die Informationen stammen, welche der in Deutschland spielenden Erzählung "The Fairy Tale of Father Brown" zugrunde liegen (CFB: 307). Auch der Polizeipräsident des fiktiven Staates Pavonia in der Geschichte "The Loyal Traitor" heißt *Grimm*. Sein Name bezieht sich zunächst auf die stets unbewegte Miene und die leicht reizbare Art des Mannes (vgl. engl. *grim* 'grimmig'). Doch auch eine namentliche Verbindung mit den berühmten Märchenerzählern ist nicht auszuschließen, da Grimm wenig später einen romantischen Zug erkennen läßt. Ein Bekannter sagt zu ihm:

"My dear Grimm," (...), "I know you are an officer and a gentleman; you can't help that, but really you are becoming romantic." (FFF: 182)

Mr. Pitt-Palmer (PMP: 84):
Als die namentlichen Vorbilder von Chestertons jungem Politiker Mr. Pitt-Palmer können mit ziemlicher Gewißheit die beiden Staatsmänner **William Pitt the Younger** (1759-1806) und **Henry John Temple Palmerston** (1784-1865) angenommen werden. Eine besonders enge Verbindung läßt sich zu Palmerston herstellen: Dieser hatte in seiner Funktion als britischer Außenminister eine vierstündige Rede gehalten, in der er sich für umstrittene politische Entscheidungen rechtfertigte. Zum Schluß hatte er auf den Bürger des Alten Roms hingewiesen, der sich mit den Worten "Civis Romanus sum" (dt. 'Ich bin ein römischer Bürger.') gegen Beleidigungen verwahren konnte. Chesterton bewunderte die Selbstbeherrschung des Politikers Palmerston, welche ihn die Auseinandersetzung würdevoll beenden ließ (vgl. CWC, vol. 30: 185). Auch Mr. Pitt-Palmer, der neue außenpolitische Staatssekretär, versucht in der Geschichte "Ring of Lovers", seine Ehre zu ret-

ten. Um seine heimliche Affäre mit einer verheirateten Frau nicht preiszugeben, riskiert er sein Leben. Er verschluckt einen Ring, da dieser als Beweismittel dienen könnte, und erstickt. Wie Palmerston, so wird auch Chestertons Figur in die geistige Tradition des Alten Roms gestellt. Mehrfach heißt es über ihn:

> "Pitt-Palmer, a very frigid-looking young man like the bust of Augustus Cæsar - and indeed *he* was classical enough, and could have quoted the classics all right" (PMP: 84); "young Pitt-Palmer, with his cold, clean-cut, classical face" (PMP: 86); "Perhaps it was not for nothing that he had that cold, strong face that is the stone mask of Augustus." (PMP: 89)

Doone (FFF: 80) = *Duveen* (FFF: 107):
Ein berühmter Professor und Verfechter der Evolutionstheorie trägt bei Chesterton den Namen *Doone*. Wenn er mit dem Namen seines Vorbilds **Charles Darwin** (1809-1882) auch den Anfangs- und Endlaut ([d] und [n]) teilt, wird diese Beziehung noch deutlicher, wenn man den früheren Namen des Mannes erfährt: Professor Doone hieß in seiner Jugend *Duveen*[35].

Neben den bereits genannten historischen Persönlichkeiten gibt es weitere, die in Chestertons Figuren namentlich verkörpert sind. Dazu zählen Schriftsteller, Könige und Staatsdiener sowie Verbrecher und Heilige:

Sir Isaac Hook (MKM: 120):
Isaac Hook, die Hauptgestalt der Erzählung "The Fad of the Fisherman", ist ein leidenschaftlicher Angler. Auf sein Hobby weist bereits der redende FaN hin (vgl. engl. *hook* '[Angel-]haken'; *to be hooked on sth.* 'von etwas besessen sein'). Der VN *Isaac* ist höchstwahrscheinlich von **Izaak Walton** (1593-1683), dem Autor des berühmt gewordenen Buches *The Compleat Angler* (1653), übernommen. Daß Chesterton mit dem Autor und Titel dieses Werkes vertraut war, steht außer Frage, hat er sie doch in mehreren anderen Texten erwähnt[36].

Walter Windrush (FFF: 65):
Der Maler und Dichter Walter Windrush drückt in seinem ganzen Wesen und nicht zuletzt in seinem Namen den Optimismus und die Lebensfreude aus, die auch Chesterton selbst empfand. Während der FaN durch seine lexikalische Bedeutung charakterisierend wirkt (vgl. Kap. 6.1.2.1.), spielt der VN vermutlich auf den amerikanischen Schriftsteller **Walt Whitman** (1819-1892) an. So verweist Chesterton an einer Stelle darauf, daß Windrush in der alten, von Shelley und Whitman geprägten Tradition stehe (vgl. FFF: 76). Der Künstler stellt ideelle über materielle Werte und versucht, die Natur vor der sich immer weiter ausbreitenden Zivilisation zu bewahren.

Weitere Figuren, die ihre Namen möglicherweise in Erinnerung an Schriftsteller erhalten haben, sind *Rev. Luke Pringle, Osric Orm, De Villon, Dr. Garth* sowie *Dr. Calderon*:

Rev. Luke Pringle (CFB: 622):
Die Figur des Geistlichen Pringle umgibt ein Hauch von Poesie. Es handelt sich hier um den verkleideten Sekretär Berridge, der diese Rolle spielt, um seinem Vorgesetzten eine Lehre zu erteilen. Rev. Pringle stellt sich als ein kürzlich aus Afrika zurückgekehrter Missionar vor. Dies legt den Gedanken nahe, daß der Name von dem Dichter **Thomas**

Pringle (1789-1834) übernommen wurde. Thomas Pringle lebte mehrere Jahre in Südafrika, wo er eine Schule gründete und die Zeitschrift *The South African Journal* ins Leben rief.

Osric Orm (CFB: 468):
Der FaN des Poeten *Osric Orm* ist mit dem Namen des Augustinermönchs **Orm** (13. Jhd.), des Verfassers der mittelenglischen Dichtung *Ormulum*, identisch. Der VN erinnert an den legendären gälischen Poeten **Ossian**, dem der Schotte James Macpherson (1736-1796) die Autorschaft der von ihm selbst erfundenen Verse (1765) zuschrieb. Um seiner Behauptung mehr Gewicht zu verleihen, übersetzte Macpherson nach Bekanntgabe des angeblichen Originals seine eigene Dichtung ins Gälische.

De Villon (CFB: 358):
Der Arzt Dr. Valentine erscheint seinen Mitmenschen suspekt, da man weiß, daß er seinen Namen geändert hat und früher *De Villon* hieß. Der ursprüngliche Name des Franzosen erweckt die Assoziation an seinen berühmten Landsmann, den Lyriker **François Villon** (1431-ca. 1465). Dieser ist nicht nur für seine Dichtkunst, sondern ebenso für Aktivitäten, die ihn immer wieder in Konflikt mit dem Gesetz brachten, bekannt. Seine wiederholten Diebstähle und Schlägereien mögen vielleicht das Image des Namens negativ beeinflußt haben, so daß auch sein literarischer Namensvetter, De Villon alias Valentine, verdächtig wirkt[37].

Dr. Garth (PL: 3):
Zu *Dr. Garth* bemerkt J.P. LeVAY (1990: 246), daß der Name die sachlich-nüchterne Art des Arztes kennzeichnet, welche ihn deutlich von seinem Freund, dem Künstler Gabriel Gale, unterscheidet. LeVAY verweist auf die etymologische Bedeutung von *Garth* (< altengl. 'eingezäuntes Feld', 'Garten') sowie die formale Ähnlichkeit des FaN mit dem Wort *earth* (engl. 'Erde'). Es ist ungewiß, ob Chesterton wirklich die lexikalische Bedeutung des Namens aktualisieren wollte bzw. auch, ob ihm diese überhaupt bewußt war. Wahrscheinlicher klingt es, daß Chesterton seine Figur nach dem Arzt und Lyriker **Sir Samuel Garth** (1661-1719) benannt hat, der sich in seinem Gedicht *The Dispensary* (1699) über seltsame Gepflogenheiten einiger Apotheker lustig gemacht hatte.

Dr. Calderon (CFB: 325):
Bei dem Namen der Figur *Dr. Calderon* vermeint H. HAEFS (FBH, Bd. 3: 235), eine Anspielung auf den bekannten spanischen Dramatiker **Pedro Calderón de la Barca** (1600-1681) zu erkennen. Die Vermutung scheint durchaus berechtigt; und dies um so mehr, da Chesterton den Schauplatz des Geschehens mit der Bühnendekoration einer spanischen Oper vergleicht. Er sagt:

> Strong moonlight lay on the little Spanish town, so that when he [Father Brown-I.S.] came to the picturesque gateway, with its rather rococo arch and the fantastic fringe of palms beyond it, it looked rather like a scene in a Spanish opera. (CFB: 323)

Auch Leser, denen der spanische Autor unbekannt ist, werden möglicherweise eine Erklärung für den Namen anführen können. So gestattet *Calderon* eine semantische Assoziation zu *cauldron* (engl. '[Hexen]kessel'), was angesichts der in der Erzählung geschilderten Ereignisse nicht vollkommen abwegig ist. Calderon gehört einer Gruppe von Verschwörern an, die den ahnungslosen Father Brown als Werkzeug benutzen möchten, um die christliche Kirche zu verunglimpfen. An diesem Plot sind weitere Männer beteiligt, von denen zwei die Namen berühmt-berüchtigter spanischer Konquistadoren tragen (vgl. auch FBH, Bd. 3: 235): *Alvarez* (CFB: 321) und *Mendoza* (CFB: 321) erinnern an **Pedro de Alvarado** (1485-1541) und **Pedro de Mendoza** (1487-1537).

Zu ihrer Zeit weithin bekannte Personen haben möglicherweise auch die Namen der Figuren *M. Louis*, *King Clovis the Third* und *Lord Hastings* beeinflußt:

M. Louis (PMP: 70):
Trotz aller diplomatischer Geheimhaltung durch Mr. Pond ist Frankreich als Schauplatz des Geschehens in der Erzählung "The Unmentionable Man" erkennbar. Die Handlung spielt kurze Zeit, nachdem die Monarchie durch eine republikanische Staatsform abgelöst wurde. Im Mittelpunkt steht ein Mann, "den jeder kennt und von dem doch niemand weiß, wer er ist": "'Everybody knows him and nobody knows who he is'" (PMP: 71). Wie sich herausstellt, handelt es sich bei dem "bekannten Unbekannten" um den ehemaligen König, der sich unter dem Namen *M. Louis* unter das Volk gemischt hat. Louis unterstützt die Menschen, die sich gegen die bürgerliche Regierung auflehnen. Auf diese Weise hofft er, sich Sympathie und Ansehen zu verschaffen, um seine alte Machtposition wiederherzustellen. Mit *Louis* hat Chesterton einen Namen gewählt, den insgesamt achtzehn französische Könige trugen. Ob Chesterton dabei an einen bestimmten Herrscher, so vielleicht an den "Sonnenkönig" **Louis XIV** (1638-1715) oder den "Bürgerkönig" **Louis Philippe** (1773-1850), gedacht hat, ist nicht bekannt.

King Clovis the Third (FFF: 175):
Daß es sich bei Clovis [so die latinisierte Form von *Chlodwig*] ausgerechnet um den *dritten* König dieses Namens handelt, scheint Chesterton mit Bedacht bestimmt zu haben. So sind die beiden Frankenkönige Chlodwig I. (466-511) und Chlodwig II. (633-657) historisch belegt. Clovis III. existiert als König des Staates Pavonia lediglich in Chestertons Erzählung "The Loyal Traitor". Clovis erweist sich als ein Ehrenmann, der auch unter veränderten Bedingungen sein einmal gegebenes Wort hält. Es ist möglich, daß Chesterton den Namen seines gerechten Herrschers von **Chlodwig I.** entlehnte. Dieser König mußte ihm sympathisch sein, ließ er sich doch als junger Mann katholisch taufen und stand fortan treu für seinen Glauben ein.

Lord Hastings (MKM: 73):
Der Name *Hastings* kann Assoziationen zu mehreren verschiedenen NT wecken. Sicherlich wird jeder Brite, ohne lange zu überlegen, die berühmte Schlacht von Hastings (1066) nennen können. Leser von Detektivromanen werden auf Arthur Hastings, die Dr.-Watson-Figur von Agatha Christies literarischem Detektiv, Hercule Poirot, verweisen. Auch der britische Kolonialpolitiker Warren Hastings (1732-1818) trug diesen Namen. Möglicherweise war Chesterton durch mehrere dieser oder auch durch andere Quellen beeinflußt. Eine besonders enge Verbindung läßt sich zwischen Chestertons literarischer Gestalt und dem genannten Politiker **Warren Hastings** herstellen. Warren Hastings war lange Zeit Generalgouverneur von Indien. Nach seiner Rückkehr wurde er wegen Korruption und seiner in Indien gezeigten Brutalität angeklagt, einige Jahre später jedoch von den Vorwürfen freigesprochen. Auch Chestertons Figur ist im Auftrag Groß-

britanniens im Osten tätig. Lord Hastings ist ein berühmter Armeegeneral, der schon so manche Schlacht gegen Türken und Araber erfolgreich geschlagen hat. Hastings ist nicht nur ein Held, sondern auch ein Verbrecher, der kaltblütig einen Mord plant. Da er jedoch international eine äußerst wichtige Stellung einnimmt, wird seine Tat bewußt verschwiegen.

Ireton Todd und Sir Archer Anderson erinnern mit ihren FaN an bekannte Verbrecher, während Father Hyacinth den Namen eines heiligen Dominikanermönches trägt:

Ireton Todd (CFB: 222):
Der durch unlautere Geschäfte zu Reichtum gelangte *Ireton (= Last-Trick) Todd* ist nicht nur listig wie ein Fuchs (vgl. schott., dial. *tod* 'Fuchs'), sondern hegt auch eine Vorliebe für ungewöhnliche Partys. Über eines dieser merkwürdigen Feste heißt es:

> Equally elegant and more miscellaneous and large-hearted in social outlook was Last-Trick's show the year previous, the popular Cannibal Crush Lunch, at which the confections handed round were sarcastically moulded in the forms of human arms and legs, and during which more than one of our gayest mental gymnasts was heard offering to eat his partner. (CFB: 222)

Angesichts solch kannibalischen Treibens drängt sich unwillkürlich der Gedanke auf, daß Ireton Todd nach dem barbarischen Londoner Friseur **Sweeney Todd** benannt ist. Dieser soll mehrere seiner Kunden getötet und zu Fleischpasteten verarbeitet haben.

Sir Archer Anderson (FBMM: 405):
Wenn Chesterton mit dem Namen seines betrügerischen Finanziers Anderson auf reale Personen anspielen wollte, dann vermutlich auf mehrere Verbrecher. Wie P. VERSTAPPEN (1982: 21) berichtet, waren Männer mit dem Namen *Anderson* an einer Reihe von Überfällen beteiligt, bei denen sie gigantische Geldsummen erbeuteten: **George 'Dutch' Anderson** (1921), **Charlie Anderson** (1866) und **'Boston Pete' Anderson** (1866).

Father Hyacinth (PL: 154):
Unter allen Namen, die Chesterton für den Einsiedler in seiner Erzählung "The Finger of Stone" hätte wählen können, entschied er sich für *Hyacinth*. Mit diesem Namen wird eine Verbindung zwischen der literarischen Gestalt und dem Heiligen **St. Hyacinth of Cracow** (1185-1257) angedeutet. Wie der Heilige, so beeindruckt auch Father Hyacinth durch die Überzeugungskraft seiner Rede (vgl. LeVAY 1990: 251, n. 17). Von ihm heißt es, er sei "the wild preacher, Hyacinth" (PL: 158) und "Hyacinth, fanatic as he is, is famous as a persuasive orator" (PL: 155).

Zeitgenossen G.K. Chestertons als Namensvorbilder

Wie im folgenden gezeigt werden soll, tragen mehrere Figuren die Namen von Menschen, die zu Chestertons Zeit lebten. Mit vielen von ihnen war der Autor persönlich bekannt:

Charlie Swinburne (CQT: 52, 58):
Algernon Charles Swinburne (1837-1909) gehörte zu jenen Dichtern, deren Werke der junge G.K. Chesterton voller Begeisterung las. Kritiker haben wiederholt darauf aufmerk-

sam gemacht, daß Chestertons eigener künstlerischer Stil, besonders die im Übermaß gebrauchten Alliterationen und seine Weitschweifigkeit, stark durch Swinburne beeinflußt waren (vgl. KENNER 1948: 105; AUDEN 1987: 318f.). Auf den ausdrücklichen Wunsch Swinburnes wurde Chesterton ihm im Jahr 1904 persönlich vorgestellt. Vielleicht war dies der Grund, weshalb Chesterton seinem Ich-Erzähler im Band *The Club of Queer Trades* (1905) den Namen *Charlie Swinburne* gab.

John Hardy (TLB: 90); *Harry Payne* (CFB: 425); *John Conrad* (FFF: 199):
Weniger eindeutig als *Swinburne* verweisen auch *John Hardy*, *Harry Payne* und *John Conrad* auf Schriftstellerkollegen Chestertons.
John Hardy und seine Tochter Joan sind fest in den Traditionen des englischen Landlebens verhaftet. Sie betreiben ein dörfliches Wirtshaus im West Country, wodurch ihr FaN den Gedanken an den Autor der Wessex-Romane, **Thomas Hardy** (1840-1928), nahelegt.
Auf der Suche nach einem geeigneten Namen für seinen jungen, begabten Künstler *Harry Payne* ließ sich Chesterton anscheinend von dem humoristischen Schriftsteller **Barry Pain** (1864-1928) leiten.
John Conrad, der mit Witz und Einfallsreichtum versucht, sein Land zu reformieren, ist möglicherweise nach dem Autor **Joseph Conrad** (1857-1924) benannt. Conrads politisch engagierter Vater war in revolutionäre Aktivitäten verwickelt, woraufhin er mehrere Jahre mit seiner Familie im Exil verbringen mußte.

Dr. Andrew Glenlyon Campbell (PMP: 38); *Rev. David Pryce-Jones* (CFB: 606):
Diese zwei Namen wurden bereits als "klassifizierend" bestimmt, da sie sehr deutlich auf die schottische bzw. walisische Nationalität ihrer Träger verweisen. Darüber hinaus besteht jedoch Grund zu der Annahme, daß Chesterton bei der Darstellung und Benennung dieser literarischen Figuren jeweils eine ganz bestimmte Person vor Augen hatte.
In seinen journalistischen Arbeiten polemisierte Chesterton wiederholt gegen **Rev. Reginald John Campbell**s (1867-1956) Lehre von einer "Neuen Theologie" ("New Theology"), welche die Existenz der Sünde leugnete. Genau diese Auffassung vertritt der atheistische Arzt Dr. Campbell in der Erzählung "When Doctors Agree". Er ersticht einen Mann, da man nach seiner Meinung Menschen ohne Bedenken beseitigen darf, wenn diese nicht zum Wohle der Gemeinschaft beitragen. Campbell fällt seiner eigenen Theorie zum Opfer. Er wird von seinem geistigen Schüler Robert Angus ermordet, der vor der Tat noch zu ihm sagt:

> "Day after day, I have itched and tingled to kill you; and been held back only by the superstition you have destroyed to-night. Day after day, you have been battering down the scruples which alone defended you from death. You wise thinker; you wary reasoner; you fool! It would be better for you to-night if I still believed in God and in his Commandment against murder." (PMP: 48)

Zu dem Namen des Geistlichen *David Pryce-Jones* bemerkt H.W.J. EDWARDS (1990: 72), daß er möglicherweise in leicht abgewandelter Form an **Reverend Hugh Price-Hughes** erinnern sollte. Price-Hughes hatte eine Bewegung in Wales angeführt, welche die Trennung des Staates und der protestantischen Episkopalkirche festschreiben wollte. Auch Chesterton hatte sich an der Diskussion beteiligt und in einem satirischen Gedicht

133

die überzogene Reaktion von F.E. Smith, einem Gegner der entsprechenden Gesetzes-vorlage, verurteilt[38].

John Crook (CFB: 55):
Der FaN dieser Figur ist auf zweifache Art motiviert. So wird John Crook irrtümlicher-weise verdächtigt, wertvolle Diamanten gestohlen zu haben. Sein redender FaN (engl. *crook* 'Schwindler', 'Gauner') scheint diese Vermutung zunächst zu unterstützen. Darüber hinaus ist jedoch auch denkbar, daß Chesterton den Namen mit Bezug auf den von ihm verehrten Politiker **Will Crooks** (1852-1921) gewählt hat. Crooks war ein bekannter Ge-werkschaftsführer und Parlamentarier der Labour Party[39]. Auch Chestertons Figur steht der politischen Linken nahe. Crook ist ein Journalist, der für sozialistische Zeitschriften wie *The Clarion* und *The New Age* arbeitet.

Loeb (FFF: 177) = *Lobb* (FFF: 178):
Loeb (alias Lobb) ist ein jüdischer Pfandleiher, der angeblich geheime Revolutionsvorbe-reitungen finanziert. Daß der Name *Loeb* Chesterton durchaus vertraut war, beweist unter anderem ein Artikel, den er im Jahr 1928 für *The Illustrated London News* schrieb. Dort berichtete er von einem Millionär aus Chicago, dessen Sohn, Richard Loeb, an Mord eines 14jährigen Jungen beteiligt gewesen war (vgl. CWC, vol. 34: 547). Es gab noch einen anderen und weitaus bekannteren Mann dieses Namens, von dem Chesterton mög-licherweise auch gehört hatte. **James Morris Loeb** (1867-1933) war ein amerikanischer Bankier und Philanthrop, der große Geldmengen stiftete, um Reformen in der Politik und Bildung zu befördern.

Hogan (CFB: 686); *Parkes* (CQT: 60); *Hilary Pierce* (TLB: 85); *Bellew Blair* (TLB: 231):
Ob Chesterton die Randfiguren *Hogan* und *Parkes* absichtlich mit den Mädchennamen von H. Bellocs Ehefrau bzw. Mutter benannt hat, läßt sich nicht mit Sicherheit sagen.
Man kann jedoch davon ausgehen, daß sein Freund **Hilaire Belloc** (1870-1953) selbst Namenpate für *Hilary Pierce* und *Bellew Blair* stand. So heißen zwei der zentralen Ge-stalten im Band *Tales of the Long Bow*. Gemeinsam mit ihren Freunden haben sie die Vereinigung "League of the Long Bow" gegründet und versuchen, den Staat in mittelal-terlicher Manier zu reformieren. Sie bemühen sich, distributionistische Ideen, so wie sie der Autor selbst vertrat, in die Tat umzusetzen. Es überrascht nicht, daß *Hilary* Pierce und *Bellew* Blair in ihren Namen an Hilaire Belloc erinnern: Wie in vielen gesellschaftlichen und politischen Auffassungen, so war Chesterton auch in seiner Begeisterung für das Mittelalter und die Theorie des Distributionismus durch Belloc beeinflußt[40].
Daß Captain Pierce nicht *Hilaire*, sondern *Hilary* heißt, mag zwei Gründe haben. Zum einen ist dies der Name, unter dem Belloc in seiner Familie und bei Freunden bekannt war (vgl. FFINCH 1988: 74). Zum anderen ist *Hilary* der VN eines weiteren Mannes, der den Gedanken des Distributionismus mittrug. **Hilary Pepler** [(1878-1951); man vgl. auch den identischen Anlaut mit dem FaN der Figur *Hilary Pierce*] schrieb mehrere Beiträge für *G.K.'s Weekly* und sorgte dafür, daß die Zeitschrift nach Chestertons Tod unter dem Namen *Weekly Review* weitergeführt wurde (vgl. WALL 1979).

Edward Nutt (CFB: 244):
Als Chesterton sein erstes Buch veröffentlichen wollte, war es nicht leicht, einen Verleger zu finden, der zu diesem Risiko bereit war. Seine Sammlung von Nonsense-Gedichten *Greybeards at Play* erschien schließlich im Jahr 1900 bei R. Brimley Johnson. Zuvor hatte ein Verleger namens **Nutt** Interesse an dem Buch angemeldet, sich später jedoch anders entschieden (vgl. BARKER 1975: 105). Dies mag der Grund sein, weshalb Chesterton den Namen *Nutt* für eine wenig sympathische Figur in seiner Erzählung "The Purple Wig" verwendet. Edward Nutt ist ein Redakteur, der sich bei den Besitzern seiner Zeitung nicht in Mißkredit bringen will. Von ihm heißt es, daß er in ständiger Angst lebe: "(...) his most familiar emotion was one of continuous fear; fear of libel actions, fear of lost advertisements, fear of misprints, fear of the sack" (CFB: 244f.). Seine Feigheit und Konformität verbieten es ihm, skandalöse Enthüllungen über einen einflußreichen Aristokraten abzudrucken.

Diese Geschichte macht noch einmal eine Position deutlich, die Chesterton bereits zuvor mehrfach verteidigt hatte. So ist ein Kapitel seines Buches *Heretics* (1905) mit "The Mildness of the Yellow Press" überschrieben. Dort wirft Chesterton dem englischen Sensationsjournalismus vor, diesen Namen nicht zu verdienen, da die Zeitungen die Erwartungen ihrer Leser (und Besitzer) immer erfüllten und wirklich sensationelle Themen vermieden. Er sagt:

> The real vice is not that it is startling, but that it is quite insupportably tame. (...) It must not expose anybody (anybody who is powerful, that is), it must not offend anybody, it must not even please anybody, too much. (CWC, vol. 1: 97)

Sir Walter Cholmondeliegh (CQT: 45):
Sir Walter Cholmondeliegh heißt in Wirklichkeit nicht so. Er hat sich diesen Namen lediglich zur Ausübung seines ungewöhnlichen Berufes zugelegt. Cholmondeliegh bezeichnet sich als "Organiser of Repartee" (CQT: 54): Er entwirft Dialoge für seine wohlhabenden, aber wenig einfallsreichen Klienten. Diese nehmen ihn dann zu diversen Abendgesellschaften mit, wo er sich von ihnen, wie vereinbart, schlagfertige Antworten gefallen lassen muß.

In seiner Autobiographie erwähnt Chesterton einen seiner ehemaligen Schullehrer, **Mr. Robert Cholmeley** (AB: 67). Es ist nicht unwahrscheinlich, daß dieser das (namentliche) Vorbild für die Figur Sir Walter Cholmondelieghs lieferte. Der Lehrer Cholmeley lobte und förderte die jungen Talente, die sich im Junior Debating Club[41] zusammengeschlossen hatten. Später wurde er als Ehrengast zu ihren Zusammenkünften geladen, wo er wegen seiner klugen und humorvollen Reden immer gerne gesehen war (vgl. auch WARD 1945: 106ff.; FFINCH 1988: 23f.).

Doris (CFB: 660):
Von allen Kindern, mit denen Father Brown in der Erzählung "The Pursuit of Mr. Blue" am Strand spielt, wird nur ein einziges Mädchen bei ihrem Namen, *Doris*, genannt. Chesterton liebte Kinder, und auch sie waren gern mit ihm zusammen. Den Namen *Doris* wählte er vermutlich in Erinnerung an ein kleines Mädchen, **Doris Child**, das für einige Zeit bei der Familie seiner späteren Frau, Frances, lebte und bei Chestertons Hochzeit Brautjungfer sein durfte (vgl. WARD 1952: 89f.).

Literarische Figuren als Namensvorbilder

Dr. Adrian Hyde (TD: 15):
Dieser Name steht im Zusammenhang mit einem Fall, den man zu den gewagtesten in der Geschichte der Detektivliteratur überhaupt zählen kann: Dr. Hyde, ein berühmter Detektiv, arbeitet an einem Mordfall und wird letzten Endes selbst der Tat überführt. "Gewagt" ist eine solche Lösung insofern, als sie gegen eine Grundregel des Fair play zwischen Autor und Leser verstößt: "Niemals sollten der Detektiv selbst oder einer der Ermittlungsbeamten sich als der Missetäter herausstellen" - so lautet eine der zwanzig Regeln, die S.S. VAN DINE (1992: 143) für das Verfassen von Detektivgeschichten formulierte. Zuvor hatte bereits R. KNOX entschieden gefordert, daß der Detektiv, wenn er vom Autor ausdrücklich als solcher bezeichnet wird, sich nicht als der Täter erweisen darf (vgl. BUCHLOH; BECKER 1990: 83).
In seinen Erzählungen verletzt Chesterton diese Regel gleich mehrfach. Neben Dr. Hyde werden ebenso der Chef der Pariser Polizei, Aristide Valentin ("The Secret Garden"), ein Emporkömmling in der irischen Polizei, Hooker Wilson ("The Vanishing Prince"), sowie ein führender Detektiv von Scotland Yard, Dyer ("Pond the Pantaloon"), als Mörder entlarvt[42].

Sehr deutlich spielt der Name Dr. Hydes auf die Titelgestalt(en) der berühmten Erzählung *The Strange Case of Dr Jekyll and Mr Hyde* (R.L. Stevenson, 1886) an. Anders als die meisten Kritiker vertrat Chesterton die Ansicht, daß **Dr. Jekyll** nicht ausschließlich die gute und **Mr. Hyde** die böse Seite derselben Person darstellen. Er sagte:

> The moral of "Dr. Jekyll and Mr. Hyde" is not that man can be cut in two; it is that man cannot be cut in two. (CWC, vol. 28: 486)[43]

Der verbrecherische Detektiv, Dr. Hyde, verkörpert sowohl das Prinzip des Guten als auch des Bösen. Beides ist dem Menschen wesenseigen und daher nicht voneinander zu trennen. Diese Einheit spiegelt sich symbolisch auch in der äußeren Erscheinung und im Namen des Detektivs wider. So wie er durch seine enorme Größe an *Dr Jekyll* und durch seinen Buckel an Mr *Hyde* erinnert, setzt sich auch sein Name, *Dr. Hyde*, aus Elementen der Namen beider Figuren zusammen.

Daß das Böse in der Welt objektiv gegeben ist, erkannte Chesterton im Ergebnis seiner Jugendkrise, auf die bereits im Zusammenhang mit dem Namen *Gabriel Gale* eingegangen wurde. Chesterton hatte zu tief in psychische und moralische Abgründe geblickt, als daß für ihn das Böse lediglich die "Abwesenheit des Guten" bedeutete (BARKER 1975: 56). Vielmehr stellt das Böse neben dem Guten eine eigene "positive Kraft" dar (vgl. BARKER 1975: 56). Diese Dualität macht für Chesterton den Wesenskern der menschlichen Natur aus[44]. In letzter Instanz liegt ihr das zentrale Paradoxon des Menschen zugrunde, daß er als Abbild Gottes seiner gesamten Umwelt überlegen ist und dennoch von ihr abhängt (vgl. ATC: 13). Aus dem Gegensatz zwischen der Größe des Menschen und seiner Nichtigkeit erwachsen alle anderen Widersprüche wie Prunk und Einfachheit, Freude und Resignation, Liebe zum Leben und Gleichgültigkeit, sowie nicht zuletzt die Liebe zum sündigen Menschen und der Haß auf die Sünde (vgl. KENNER 1948: 98).

Das Prinzip der Dualität beherrschte Chestertons Denken. Es fand seinen künstlerischen Ausdruck nicht nur in einzelnen Figuren wie Dr. Hyde oder Aristide Valentin, sondern ebenso in antithetischen Charakteren, welche die Grundstruktur seiner meisten Romane bestimmen. Erinnert sei an Auberon Quin und Adam Wayne in *The Napoleon of Notting Hill*, Gabriel Syme und Lucian Gregory in *The Man Who Was Thursday*, Evan MacIan und James Turnbull in *The Ball and the Cross* sowie an Captain Patrick Dalroy und Humphrey Pump in *The Flying Inn*.

Auch das Zwielicht, welches die Landschaften und Figuren in den Erzählungen immer wieder umgibt, symbolisiert Chestertons duale Weltsicht. Es steht für den Widerstreit gegensätzlicher Kräfte, auf dessen Grundlage erst Neues entstehen kann. In diesem Sinne bemerkt W.J. SCHEICK (1977-78: 109):

> Twilight is not an inherently sinister feature of life; its ominous implications about instability and restricted vision are balanced by the possibility of a subsequent illumination or dawn.

Selbst in der größten Dunkelheit leuchtet ein Strahl der Hoffnung. Dies hat Father Brown erkannt, wenn er feststellt, daß in jedem Menschen ein potentieller Mörder ebenso wie ein potentieller Heiliger steckt (vgl. CFB: 496). Father Brown kennt das menschliche Herz, da er selbst ein Mensch ist, und er sagt: "'I am a man and therefore have all devils in my heart'" (CFB: 130).

Die zwiespältige Natur Father Browns und Dr. Hydes findet auffällige Parallelen in den anderen großen literarischen Detektiven. P.G. BUCHLOH/J.P. BECKER (1990: 43) verweisen darauf, daß Detektiv und Verbrecher grundsätzlich wesensverwandt sind. So gibt E.A. Poes Held, C. Auguste Dupin, zu, daß er selbst der von ihm entdeckte Täter sein könnte. Ebenso wie Dupin zwei Seiten seiner Seele erkennen läßt - Poe spricht von "bipart soul" - so wird auch dem großen Detektiv Sherlock Holmes eine "doppelte Natur" ("dual nature") bescheinigt (vgl. BUCHLOH; BECKER 1990: 39). Selbst bei einer ehrbaren Dame wie Miss Marple kann D.-G. ERPENBECK (1976: 97) zwei Gesichter entdecken. Er führt den Gott Janus als Namensvorbild für Miss Marples VN *Jane* an, welcher den Widerspruch zwischen ihrem unauffälligen bürgerlichen Leben und ihren kriminalistischen Neigungen symbolisiert.

Captain Peter Patrick Gahagan (PMP: 4):
Die Figur Captain Gahagans gestattet einen Vergleich mit der Titelgestalt des Textes *The Adventures of Major Gahagan* (1838-39) von W.M. Thackeray. Dafür spricht, daß beide NT Iren sind und in ihren Erlebnisberichten zu maßlosen Übertreibungen neigen.

Mr. Jackson (CFB: 688):
Die Beschreibung des Aussehens von Mr. Jackson evoziert die Vorstellung von dem großen, dicken Frosch gleichen Namens in Beatrix Potters Geschichte *The Tale of Mrs Tittlemouse* (1910). So heißt es über Mr. Jackson in der Erzählung "The Point of a Pin":

> Nobody, not even the least fastidious lady, would have said that the newcomer was too nicelooking. He had very large ears and a face like a frog, (...). (CFB: 679)

John Boulnois (CFB: 292):
Eine schwarze Kugel, die man aufgrund des FaN von John Boulnois (vgl. frz. *boule noire*) assoziieren könnte, spielt in der Erzählung keine Rolle. Vielmehr liegt die Vermutung nahe, daß der Name das einfache und bescheidene Wesen seines Trägers kennzeichnen soll. John Boulnois ist mit seinem Leben zufrieden. Gegen seinen erfolgreichen und wohlhabenden Nachbarn, Claude Champion, hegt er keinen Neid, auch wenn dieser das gerne hätte. Der Gegensatz zwischen den beiden Männern zeigt sich auch in ihren Namen. So steht die lexikalische Bedeutung von *Champion* im Einklang mit der Beschreibung der Figur als "'one of the brightest and wealthiest of England's Upper Ten'" (CFB: 294)[45]. John Boulnois hingegen kann, wie auch sein vermutliches Namensvorbild **John Bull**, als die Verkörperung des gutmütigen und bescheidenen Engländers gelten. John Bull wurde im Jahre 1712 bekannt, als John Arbuthnot seine satirischen Pamphlete mit dem Titel *The History of John Bull* veröffentlichte. Eine Gestalt wie John Bull / Boulnois macht noch einmal deutlich, wie stark sich Chesterton mit seiner Nationalität identifizierte. Von seinem Freund H. BELLOC (1987: 40) stammt die Einschätzung:

> To follow his [Chesterton's-I.S.] mind and its expression is an introduction to the English soul. He is a mirror of England, and especially is he English in his *method* of thought, as he is in his understanding of things and men. He writes with an English accent.

Juliet Bray (MKM: 90):
Es ist möglich, daß Juliet Bray ihren VN in Anlehnung an die wohl bekannteste literarische Figur dieses Namens erhalten hat. Wie Shakespeares Heldin **Juliet Capulet** (*Romeo and Juliet*, ca. 1595), so unterhält auch Juliet Bray eine Liebesbeziehung, die von ihrer Familie nicht gebilligt wird (vgl. MKM: 107).

Bertram Drake (SES: 126):
Die Handlung der Erzählung "The Tower of Treason" spielt in Transsilvanien. Es ist daher anzunehmen, daß der FaN der Hauptgestalt an Bram Stokers **Dracula** (1897) erinnern sollte, selbst wenn Bertram Drake keinerlei Ähnlichkeiten mit einem Vampir erkennen läßt.

Admiral Pendragon (CFB: 258):
Woher das alte Geschlecht der Pendragons seinen Namen erhalten hat, ist unschwer zu erraten. Da im Text mehrfach auf King Arthur und Merlin verwiesen wird, dürfte kein Zweifel daran bestehen, daß Admiral Pendragon auf **Uther Pendragon**, den Vater des legendären König Artus, anspielt.

Ivanhov (PL: 45):
Ein jeder Leser wird sicherlich ohne Mühe bereits anhand des Namens auf die Nationalität des Psychologieprofessors Ivanhov schließen können. Der Buchstabe <h>, der in dem zum Stereotyp gewordenen russischen FaN normalerweise nicht auftritt, veranlaßt J.P. LeVAY (1990: 247) zu einer weiteren Vermutung. LeVAY glaubt, in dem Namen eine literarische Anspielung an Sir Walter Scotts Helden **Ivanhoe** zu erkennen.

Professor John Oliver Openshaw (CFB: 620); *John Strake* (CFB: 408); *Musgrave* (CFB: 542); *Sir Hubert Wotton* (PMP: 2):
Der erste Teil des FaN *Openshaw* verweist auf das Wesen des NT sowie auf den Kern der Erzählhandlung. Der Professor gilt als aufgeschlossen (vgl. "open mind", CFB: 625), so daß sich Rev. Pringle ratsuchend an ihn wendet. Es geht um ein angeblich fluchbeladenes Buch, welches man unter keinen Umständen öffnen darf (vgl. "open" (vb.), CFB: 625ff.). Dies schließt jedoch nicht aus, daß der Name darüber hinaus auf eine andere Person oder Figur anspielt. So bemerkt O.D. EDWARDS (1989: 303), daß Chesterton den Namen *Openshaw* aus der Sherlock-Holmes-Geschichte "The Five Orange Pips" (1891) übernommen habe, wobei die Endsilbe (vgl. G.B. Shaw) seine Entscheidung möglicherweise beeinflußt hat. Dies klingt nicht unwahrscheinlich, denn auch andere Figuren lassen die Vermutung zu, daß sie nach Vorbildern in den Sherlock-Holmes-Geschichten benannt sind. Besonders deutlich wird dies an *John Strake*, einem mehrfachen Mörder in Chestertons Erzählung "The Dagger with Wings". Dieser FigN ist fast identisch mit dem Namen der Täter- und Opferfigur **John Straker** in Arthur Conan Doyles Erzählung "Silver Blaze" (1892). Es besteht kein Zweifel daran, daß Chesterton *John Straker* kannte, hielt er doch "Silver Blaze" für eine der besten Sherlock-Holmes-Geschichten überhaupt (vgl. UOD: 28).
Chestertons altes Geschlecht der *Musgraves* ("The Worst Crime in the World") heißt genau so wie die Familie, die im Zentrum der Sherlock-Holmes Erzählung "The Musgrave Ritual" (1893) steht. Auch die semantische Assoziation zu *grave* (engl. 'Grab') mag die Namenwahl in diesem Falle beeinflußt haben.
Letztlich legt auch die Bemerkung von Mr. Pond: "'You should remember something of the case, Wotton'" (PMP: 68) den Gedanken an eine berühmte Figur A. Conan Doyles nahe. So wie Sherlock Holmes in **Dr. Watson** einen staunenden Freund und Bewunderer hat, so ist auch Wotton immer wieder von Ponds scharfsinnigen Schlußfolgerungen beeindruckt.

Aylmer (CFB: 408):
Aus der britischen und amerikanischen Literaturgeschichte sind mehrere Figuren mit dem Namen *Aylmer* bekannt, so z.B. aus Sir Walter Scotts Romanen *Ivanhoe* und *Woodstock*, Lord Tennysons Gedicht *Aylmer's Field* und W.S. Landors *Rose Aylmer*. Wenn Chesterton bei der Darstellung seiner Figur ein literarisches Vorbild vor Augen hatte, dann jedoch vermutlich den Wissenschaftler gleichen Namens in Nathaniel Hawthornes Erzählung *The Birthmark* (1843). Dafür spricht, daß beiden Figuren ein Zug des Irrationalen anhaftet. In Hawthornes Text gewinnt ein merkwürdig geformtes Muttermal Macht über das Denken des Mannes, der daraufhin alles wissenschaftlich Mögliche und Unmögliche versucht, um das Zeichen zu beseitigen. Die Atmosphäre in Chestertons Erzählung "The Dagger with Wings" wird durch abergläubische Vorstellungen und magische Bräuche bestimmt. So heißt es über *Mr. Aylmer*, daß er sich als alter Mann dem Okkultismus, der Chiromantie und Astrologie verschrieben hat. Diese Neigung verbindet ihn mit seinem Adoptivsohn, welcher versucht, Father Brown für angeblich übersinnliche Erscheinungen zu gewinnen, um nicht als Mörder entlarvt zu werden.

Captain Cutler (CFB: 209); *Dr. Horace Hunter* (TLB: 13):
Diese zwei Namen lassen sich in ähnlicher Form in den Texten von Charles Dickens finden. Ob Chesterton wirklich an die Dickens-Charaktere **Captain Cuttle** (*Dombey and*

Son, 1848) und **Horace Hunter** ("The Great Winglebury Duel", *Sketches by Boz*, 1833-1836) erinnern wollte oder lediglich durch deren Namen inspiriert wurde, ist jedoch schwer zu sagen.

Amos Boon (PL: 70):
Amos Boon scheint mit seinem alttestamentarischen VN und dem redenden FaN *Boon* (engl. 'Wohltat', 'Segen', 'Nutzen') für einen englischen Missionar durchaus passend. Ob beabsichtigt oder rein zufällig gab Chesterton seiner Figur einen ähnlichen Namen, wie ihn zuvor bereits der Pfarrer **Amos Barton** bei George Eliot getragen hatte ("The Sad Fortunes of the Reverend Amos Barton", 1857). Dabei beruht die namentliche Ähnlichkeit der Figuren nicht nur auf ihren identischen VN, sondern auch auf dem übereinstimmenden An- und Auslaut der FaN.

Biblische Gestalten als Namensvorbilder

Unter den Figuren, welche einen biblischen VN tragen, gibt es einige, die einen direkten Bezug zu ihrem Namensvorbild erkennen lassen. Dazu zählen *Saul (= Paul) Snaith* (CFB: 320), *Abbot Paul* (SES: 132), *Father Stephen* (SES: 124) und *Tommy Hunter* (CFB: 555).
Über Snaith heißt es, seine Eltern hätten ihm aus unerklärlichen Gründen den Namen *Saul* gegeben. Er selbst nannte sich in *Paul* um, wobei, wie der Erzähler ausdrücklich betont, dies nicht aus demselben Grund wie bei dem Heiligen **Saulus/Paulus** geschah. Wie sich herausstellt, wäre es sogar passender, wenn der Mann noch immer *Saul* hieße, da er in der Erzählung an einer Verschwörung gegen Father Brown und die christliche Kirche teilnimmt. Welche Überlegungen Chesterton bewogen haben, den authentischen FaN *Snaith* zu wählen, ist hingegen ungewiß. H. HAEFS (FBH, Bd. 3: 235) vermutet, daß Chesterton mit diesem Namen an die Kreuzigung Jesu anspielen wollte, leitet sich doch die ähnlich lautende Fluchformel *snails* aus dem Ausdruck *God's nails* ab. Sollte Chesterton wirklich derartiges beabsichtigt haben, könnte man so weit gehen und *Snaith* formal synchronisch als eine Wortkreuzung aus genanntem *snails* und *faith* 'Glauben' und somit als einen klanglich-semantischen Namen interpretieren. Dies wäre in Hinblick auf das NT durchaus vorstellbar, da er zunächst vortäuscht, an Father Browns missionarischer Tätigkeit in Südamerika interessiert zu sein[46].
Die Namen *Abbot Paul* und *Father Stephen* sind nur in ihrem gegenseitigen Bezug zu erklären. So wie **Saulus** (später **Paulus**) der Steinigung des **Stephanus** beiwohnte und diese billigte, so fällt Father Stephen in der Erzählung "The Tower of Treason" einem mörderischen Anschlag Abbot Pauls zum Opfer[47].
Wenn Tommy Hunter an einer Stelle als "the sceptical Thomas" (CFB: 558) bezeichnet wird, weckt dies unwillkürlich eine Assoziation an den "ungläubigen" Apostel **Thomas** (vgl. engl. *a doubting Thomas*). Anders als bei dem biblischen Thomas betrifft Tommy Hunters Unglaube das zweifelhafte Wesen orientalischer Magier und Fakire. Sein erklärtes Ziel besteht darin, möglichst viele von ihnen als Schwindler zu entlarven. In diesem Zusammenhang ist auch der redende FaN *Hunter* (engl. 'Jäger') zu erklären.

Mythologische Gestalten als Namensvorbilder

Hercule Flambeau (CFB: 131):
Anders als sein Freund Father Brown ist der ehemalige Verbrecher und jetzige Detektiv Hercule Flambeau körperlich sehr gewandt. Es kommt vor, daß er seinen Gegner mit einem Schlag zu Boden streckt, wie z.b. den Gärtner Dunn in der Erzählung "The Insoluble Problem". Dort heißt es: "But Dunn was just not in time to dodge a blow from the fist of Flambeau, which was like the club of Hercules" (CFB: 700). Der explizite Vergleich mit dem für seine außergewöhnlichen Kräfte bekannten griechischen Sagenhelden **Herakles** dürfte den VN Flambeaus eindeutig erklären.

Dr. Orion Hood (CFB: 171):
Dr. Orion Hood ist ein berühmter Kriminologe, der gemeinsam mit Father Brown an der Klärung eines rätselhaften Falles arbeitet. Während Father Brown sich auf seinen gesunden Menschenverstand verläßt, geht Orion Hood genau so vor, wie es der große Detektiv Sherlock Holmes an seiner Stelle getan hätte. Sein VN, der an den aus der griechischen Mythologie bekannten gewaltigen Jäger und Sohn Poseidons, **Orion**, erinnert, wirkt beinahe lächerlich: Nicht Dr. Hood mit seinem Ehrfurcht gebietenden VN kann den Fall letztlich lösen, sondern der kleine und unscheinbar wirkende katholische Priester Brown.

Vertreter anderer EN-Klassen als Namensvorbilder

Daß EN von einer Namenklasse in eine andere übernommen werden können, ist allgemein bekannt. Man denke z.B. an PN, die aus ON hervorgegangen sind (z.B. *York*, *Warwick*, *Newton*)[48], oder an Firmen und Produkte, welche den Namen ihrer Gründer bzw. Hersteller tragen (z.B. *Warner Brothers*, *Harrods*, *Lea and Perrins*, *Bryant & May*).

Adelaide Darnaway (CFB: 439); *Harrogate* (CFB: 182):
Es besteht Grund zu der Annahme, daß Chesterton den VN seiner Heldin Adelaide Darnaway in Erinnerung an die gleichnamige australische Stadt gewählt hat. Dafür spricht, daß der Erbe der Darnaways in der Erzählung "The Doom of the Darnaways" von Australien zurückkehrt, um die für ihn bestimmte junge Frau, Adelaide, zu heiraten.
Harrogate ist der Name einer Bankiersfamilie aus Nordengland. Es ist möglich, daß Chesterton hierbei an die in North Yorkshire gelegene Stadt gleichen Namens dachte.

Professor Wadham (CFB: 668):
Wie bereits in Kapitel 3.3.2.2. angemerkt wurde, ist *Wadham* der FaN eines Oxforder Professors in der Erzählung "The Crime of the Communist". Vermutlich hat Chesterton diesen Namen von dem in der Universitätsstadt wirklich existierenden **Wadham College** übernommen.

James Grant (CFB: 618); *Jacob Nadoway* (FFF: 118):
Daß James Grant Schotte ist, kann aufgrund seines in Schottland weit verbreiteten FaN nicht verwundern[49]. Zudem fällt jedoch auf, daß der Name ausgerechnet in jener Father-Brown-Erzählung vorkommt, deren Handlung in einer Hotelbar spielt und in der als wichtigstes Beiweismittel ein leeres Whiskyglas dient. Es stammt von besagtem Schotten,

141

der vermutlich nicht zufällig den Namen einer bekannten schottischen Whiskysorte trägt. Im Jahre 1886 gründete William Grant eine Branntweinbrennerei, in der seither die berühmte Marke **Grants** hergestellt wird. Der Leiter eines familieneigenen Backunternehmens heißt *Jacob Nadoway*. Sein VN unterstreicht zum einen die puritanische Erziehung des Mannes. Zum anderen wurde er vielleicht auch in Anlehnung an den Namen eines wirklichen Keksherstellers gewählt. Die noch heute weithin bekannte Firma Jacob's wurde in den 80er Jahren des vorigen Jahrhunderts von zwei Brüdern unter dem Namen **W. & R. Jacob** gegründet.

Außer den genannten Beispielen ließen sich noch eine Reihe weiterer FigN anführen, die extra- oder intertextuelle Bezüge zu anderen Namen vermuten lassen. Die Anhaltspunkte, die der jeweilige Text bietet, sind jedoch zu vage, um eine derartige Interpretation als die wahrscheinlichste anzunehmen. So assoziieren die Namen des scheinbar redegewandten *Mr. Wimpole* (CQT: 44), des humorvollen Richters *Monkhouse* (CFB: 215), des Franzosen *Maurice Brun* (CFB: 196) und des reichen Exzentrikers *Peregrine Smart* (CFB: 497) möglicherweise die Namen der Politiker bzw. des Romanciers **Robert** und **Horace Walpole**, des Lügenbarons **Münchhausen**, des Schriftstellerkollegen und Freundes von Chesterton **Maurice Baring** sowie des Helden **Peregrine Pickle** aus dem gleichnamigen Roman von Tobias Smollett. Vielleicht haben diese Personen/Figuren Chestertons Namenwahl bewußt oder unbewußt beeinflußt; vielleicht basieren die festgestellten Namensähnlichkeiten aber auch auf reinem Zufall.

Bei einigen Figuren wiederum scheint es, als habe Chesterton sie zwar absichtlich nach einem realen Vorbild benannt, jedoch ohne eine tiefere Beziehung zwischen den entsprechenden NT herzustellen. Es ist möglich, daß er manche Namen lediglich wegen ihres **klassifizierenden** Charakters übernahm. So ist bei *Carl Schiller* (PMP: 114) zunächst nur bedeutsam, daß er einen deutschen Namen trägt. Diesen hat Chesterton zweifellos in Anlehnung an den großen deutschen Dichter **Friedrich von Schiller** gewählt, obwohl die Figur keinerlei schriftstellerische Neigungen erkennen läßt. Mr. Pond, der darauf drängt, daß der Jude Schiller auch einen jüdischen Namen annehmen solle, sagt zu ihm:

> "(...) Why can't you call yourself Levy, like your fathers before you - your fathers who go back to the most ancient priesthood of the world? And you'll get into trouble with the Germans, too, some day, if you go about calling yourself Schiller. You might as well go and live in Stratford-on-Avon and call yourself Shakespeare." (PMP: 119)

Ob Chesterton in den Erzählungen "When Doctors Agree" und "The Absence of Mr. Glass" wirklich an seinen Bekannten, den Distributionisten **Father Vincent McNabb** anspielen wollte, ist zu bezweifeln. Es scheint indes, daß er lediglich dessen Namen gewählt hat, um die entsprechenden Figuren als Schotten zu kennzeichnen (*Major MacNabb*, PMP: 39; *Maggie* und *Mrs. MacNab*, CFB: 172f.). Dafür spricht auch, daß die genannten Figuren die einzigen Schotten in Chestertons Erzählungen sind, die einen patronymischen FaN mit dem Präfix *mac* tragen. Außer bei ihnen ist dies lediglich bei *Macbride*, einem in der Erzählung "The Vanishing Prince" erwähnten Iren, der Fall. Als Chesterton einen Juden in der Erzählung "The Asylum of Adventure" *Simeon Wolfe* (PL: 251) nannte, erinnerte er sich vermutlich an den Dichter **Humbert Wolfe**. Dieser hatte Chesterton einer anti-semitischen Haltung beschuldigt, später seine Vorwürfe jedoch bereut und zurückgenommen (vgl. COREN 1989: 211f.; WARD 1952: 115).

Die VN der Amerikaner *Calhoun Kidd* (CFB: 292) und *Warren Wynd* (CFB: 369) sind möglicherweise von den Namen der beiden US-amerikanischen Politiker **John Caldwell Calhoun** (1782-1850) und **Warren Gamaliel Harding** (1865-1923) übernommen. Insbesondere bei dem zweiten Namen scheint diese Vermutung begründet. Die Erzählung "The Miracle of Moon Crescent", in welcher der Geschäftsmann Warren Wynd ermordet wird, erschien im Mai 1924 und somit kurz nach Chestertons erster Reise in die USA (1921). Genau zu dieser Zeit (1921-1923) war Warren Harding amerikanischer Präsident. Der VN *Warren* zählte damals zu den 50 häufigsten männlichen VN in den USA, während er in England und Wales eher selten vergeben wurde (vgl. DUNKLING 1993: 48, 76).

(c) Materiell-verkörpernde Namen

Chesterton schrieb keine historischen Erzählungen und Romane. Insofern erheben seine Figuren auch nur den Anspruch, in der Welt der Fiktion, nicht jedoch außerhalb des literarischen Textes zu existieren. Zu dieser Regel scheint es in allen 100 untersuchten Geschichten lediglich eine einzige Ausnahme zu geben, und zwar wenn es heißt:

> In the last days of that venerable statesman it has been asserted that there were no less than five Lloyd Georges touring the country at the same time, and that the contemporary Chancellor of the Exchequer had appeared simultaneously in three cities on the same night, while the original of all these replicas, the popular and brilliant Chancellor himself, was enjoying a well-earned rest by the Lake of Como. The incident of two identical Lord Smiths appearing side by side on the same platform (through a miscalculation of the party agents), though received with good humour and honest merriment by the audience, did but little good to the serious credit of parliamentary institutions. (TLB: 285)

Dieser Auszug entstammt einem längeren Abschnitt im Band *Tales of the Long Bow*, in welchem Chesterton die Wahlkampfstrategie der britischen Regierungspartei karikiert: Die Regierung will Bürgernähe beweisen und der Dorfbevölkerung den Eindruck vermitteln, daß die obersten Staatspolitiker höchstpersönlich bei ihnen auftreten würden. Zu diesem Zweck engagieren sie mehrere Leute, die sich für die jeweiligen Minister ausgeben.

Zum Zeitpunkt der Erzählhandlung bekleideten **David Lloyd George** (1863-1945) und **F.E. Smith** (1872-1930) wichtige Posten in der britischen Regierung. Daß Chestertons Spott insbesondere diese beiden Politiker trifft, überrascht wenig. So war Smith einer der Anklagevertreter im Prozeß gegen seinen Bruder im Zusammenhang mit dem Skandal um die Marconi-Aktien (vgl. HOLLIS 1970: 130f.)[50]. Auch David Lloyd George, der damalige Finanzminister, war in diese Affäre verwickelt. Wie Ch. HOLLIS (1970: 131) bemerkt, hat Chesterton dem Politiker zeit seines Lebens nicht verziehen und immer wieder gegen ihn polemisiert. So respektvoll und mitunter freundschaftlich sich Chesterton zu seinen anderen politischen und philosophischen Widersachern auch verhielt, seine Abneigung gegenüber Lloyd George konnte er nicht verbergen. Zu dieser Einschätzung gelangt ebenfalls M. MÜLLEROTT (1955-56: 395). Er stellt fest: "Keinem seiner Gegner hat er [Chesterton-I.S.] die Achtung, ja Zuneigung versagt, ausgenommen vielleicht Lloyd George."

143

Abschließend zur Gruppe der verkörpernden Namen sei noch auf folgende interessante Erscheinung hingewiesen: So wie Chesterton in seinen Texten namentlich auf andere Personen oder Figuren anspielt, dienten auch seine Figuren und sogar er selbst mehreren Autoren als Vorlage für eine literarische Gestalt. Wie D.G. GREENE (1984: 314) anmerkt, hat Chestertons fiktiver Anwalt *Patrick Butler* (CFB: 216) einem Detektiv bei J.D. Carr seinen Namen geliehen. Chesterton selbst lebt teils unter seinem eigenen, teils unter einem fremden Namen in Texten von M.J. Trow, G.B. Shaw und E. Temple Thurston weiter (vgl. COCK 1992).

(d) Redende Namen

Entsprechend der in Kapitel 3.3.2.3. angeführten Definition gilt ein literarischer EN dann als **redend**, wenn die lexikalische Bedeutung eines total homonymen Appellativums mit Bezug auf den NT oder den Text als ganzen aktualisiert wird. Bei den literarischen Figuren kann entweder der FaN, der VN oder auch der Gesamtname redenden Charakter tragen. Wie im folgenden zu sehen sein wird, sind die bei Chesterton vorkommenden redenden Namen zum größten Teil authentisch. Während man jedoch im alltäglichen Leben kaum über die lexikalische Bedeutung eines Namens nachdenkt, wird diese in der Literatur oftmals ganz bewußt zur Figurenkennzeichnung eingesetzt. Die charakterisierende Funktion kann, wie auch bei den verkörpernden Namen, mehr oder weniger deutlich erkennbar sein. Sie tritt am offensichtlichsten hervor, wenn der Autor den Namen explizit kommentiert.

So heißt es über *Violet Varney* (PMP: 17), daß der VN auf die auffälligen Schminkgewohnheiten der Schauspielerin hinweist:

> The first lady he waited upon was the Hon. Violet Varney, (...). It was doubtless a graceful reminiscence of her own name which led her to tint her mouth and cheeks with a colour that was rather violet than purple, giving an effect which her friends called ghostly and her foes ghastly. (PMP: 29)

Als redend können auch die VN *Opal*, *Ruby*, *Olive* sowie *Peregrine* gewertet werden: Die zwei jungen Damen *Opal Bankes* (CFB: 484) und *Ruby Adams* (CFB: 55) verweisen in ihren VN leitmotivartig auf das Grundthema der Erzählungen "The Flying Stars" und "The Man with Two Beards". In beiden Fällen gilt es, den Raub wertvoller Edelsteine aufzuklären (vgl. engl. *opal* 'Opal'; *ruby* 'Rubin').
In der Geschichte "The Moderate Murderer" ist eine auffällige Häufung des Lexems *olive* zu beobachten. In proprialer Funktion ist es der VN einer jungen Frau, *Olive Smythe* (FFF: 23). Als Appellativum wird es mehrfach in bezug auf einen von Olivenbäumen gesäumten Weg verwendet. Einem aufmerksamen Leser wird diese Verbindung nicht verborgen bleiben. Vielleicht findet er hier sogar einen Hinweis auf die Klärung des Falles: Ein von Olive und ihrem Mann geplanter Mord wird am Ende des Olivenweges ("by the last of the line of olives", FFF: 31) in letzter Minute vereitelt.
Unabhängig davon, ob der ungewöhnliche VN des Mannes *Peregrine Smart* (CFB: 497) wirklich von Tobias Smolletts literarischer Figur *Peregrine Pickle* übernommen wurde[51], scheint seine Semantik (engl. *peregrine [falcon]* 'Wanderfalke') im Text aktualisiert. Wie viele andere Figuren Chestertons, so wird auch Peregrine Smart in seinem Aussehen mehrfach mit einem Vogel verglichen[52]:

144

Smart was a round-faced, round-bodied little old man rather like a bald parrot. (CFB: 499); (...) it was typical of something sporting and spirited in the little old gentleman, something that always made his small strutting figure look like a cock-sparrow's, (...). (CFB: 506)

An die Tierwelt erinnern auch die FaN der Figuren Colonel Crane (TLB: 3) und *Hickory Crake* (CFB: 334). Daß sich Chesterton bei der Wahl des Namens *Crane* der Bedeutung 'Kranich' durchaus bewußt war, zeigt eine Textstelle, in der Crane von einer Bekannten mit *Stork* (engl. 'Storch') angesprochen wird:

A lady who came with the Duchess when she opened the Bazaar had nodded to Crane and said, "Hullo, Stork," and the doctor had deduced that it was a sort of family joke and not a momentary ornithological confusion. (TLB: 15)

Auffällig an dem Namen *Hickory Crake* ist zunächst, daß VN und FaN durch die identischen Laute [k] und [r] klanglich miteinander verbunden sind. Darüber hinaus scheint die Semantik des FaN (engl. 'Ralle') bedeutungsvoll. So wird die Stimme des aufgeregten Mr. Crake mit den Worten beschrieben:

"What?" he cried - in something like a raucous screech - "(...)" (CFB: 342); Then the voice of Crake came cracked and high and senile in a sort of crowing gabble. (CFB: 350)

Eine Ralle ist ein zumeist im Sumpf oder am Wasser lebender Vogel, der unter anderem durch seinen schnarrenden Ruf auffällt.

Auch die FaN *Dale, Sand, Cram* und *Green* lassen einen recht deutlichen Bezug zu ihren Trägern erkennen:
Das Anwesen des Farmers *Dale* (TLB: 208) befindet sich in einem Tal in Somerset (vgl. engl. poet., dial. *dale* 'Tal'); *Sir Hubert Sand* und *Henry Sand* (CFB: 676) betreiben eine Baufirma, und der Millionär *Sir Owen Cram* (PL: 69) ist ein Patron der Bildung und der Künste (vgl. engl. umg. *to cram* 'büffeln', 'pauken').
Es treten mehrere Figuren namens *Green* auf, wobei Chesterton in den jeweiligen Texten unterschiedliche Bedeutungsvarianten des polysemen Adjektivs *green* (engl. 'grün', 'unreif', 'jung', 'unerfahren') aktualisiert. So heißt es zunächst über einen wenig wohlhabenden Musiklehrer: "Mr. Isidor Green, professional teacher of the violin, with long, stringy hair and a coat faded to bottle-green, (...)" (FFF: 157).
In der Erzählung "The Terrible Troubadour" ist *Green* der passende Name für einen Botaniker und Biologen (*Dr. Paul Green*, PMP: 95).
Ähnlich motiviert ist derselbe FaN im Falle von *Professor Oliver Green* (TLB: 194). Auch ihn vergleichen zwei Männer mit einem Botaniker, da er sich bei ihrer Ankunft gerade im Garten aufhält[53]. Darüber hinaus ist der Name in einer zweiten Hinsicht bedeutsam: Green wird als ein noch sehr junger Professor vorgestellt, der in seinem Aussehen sogar knabenhaft wirkt: "Oliver Green was a very young professor, but a very old young man" (TLB: 206); "He looked boyish and even babyish" (TLB: 214).
So dumm und unerfahren, wie dies sein Name suggeriert, scheint der Bedienstete *Green* (CFB: 472) gar nicht zu sein. Das meint zumindest der Polizist Bagshaw, wenn er sagt: "'Something odd about that servant,' (...). 'Says his name is Green, though he doesn't look it; (...)'" (CFB: 472).

Auch *Isaac Green* (CFB: 250) ist nicht dumm, hat er sich doch durch Aktivitäten am Rande der Legalität das Anwesen und den Titel seines ehemaligen Auftraggebers, des Duke of Exmoor, angeeignet.

In der Erzählung "The Red Moon of Meru" und im Band *Tales of the Long Bow* tragen zwei Figuren den redenden FaN *Hunter* (engl. 'Jäger'):
Daß *Tommy Hunter* (CFB: 555) orientalischen Magiern nachspürt, um sie der Lüge zu überführen, wurde bereits in einem früheren Zusammenhang erwähnt[54].
Auch *Dr. Horace Hunter* (TLB: 13) verfolgt ehrgeizig ein bestimmtes Ziel. Ihm geht es darum, in der Gesellschaft aufzusteigen und Karriere zu machen. So heißt es bei seiner Einführung in der ersten Geschichte:

> Above all, it might or might not be sufficient explanation to say that Horace Hunter was a very ambitious young man, that the ring in his voice and the confidence in his manner came from a very simple resolution to rise in the world, and that the world in question was rather worldly. (TLB: 14)

Daß er sein Ziel erreicht, beweisen wenig später die Worte Robert Owen Hoods. Dieser sagt über Hunter:

> "(...) He is truly a progressive, and nothing gives me greater pleasure than to watch him progress. As somebody said, I lie awake at night; and in the silence of the whole universe, I seem to hear him climbing, climbing, climbing. (...)" (TLB: 83)

Im Einklang mit dem sozialen Aufstieg steht auch seine zunehmend distinguierte Anrede. So wird Horace Hunter bald *Dr. Horace Hunter* und sogar *Sir Horace Hunter* genannt[55].

In der Erzählung "The Man Who Shot the Fox" werden mit einer einzigen Ausnahme alle Gasthäuser in dem englischen Dorf Wonover geschlossen. Daß der Geistliche, dem diese Maßnahme geschuldet ist, den Namen *East* (SES: 17, engl. 'Osten') trägt, bedarf sicherlich kaum eines Kommentars. So hatte Chesterton bereits in dem Roman *The Flying Inn* (1914) seinem Unbehagen gegenüber einer islamisch geprägten Gesellschaft deutlich Ausdruck verliehen. Besonders erheiternd wirkt das erste Kapitel des Romans, in dem ein fanatischer Prediger nachzuweisen sucht, daß die englischen Wirtshäuser samt ihrer Namen östlichen Ursprungs sind und man daher in Zukunft dort keinen Alkohol mehr ausschenken dürfe (vgl. FI: 13-21).

Wie der FaN *East*, so benennen und charakterisieren auch die folgenden zwei Namen, *Welkin* und *Kalon*, nicht nur ihre NT, sondern weisen zudem auf grundlegende Anschauungen Chestertons hin:

James Welkin (CFB: 67):
Als redend ist der FaN *Welkin* zu betrachten[56]. Seine Bedeutung (engl. poet. 'Wolke', 'Himmelsgewölbe', 'Wohnstatt Gottes', vgl. OED, vol. 20: 109f.) steht in einem grundlegenden Zusammenhang mit dem NT und der Erzählhandlung insgesamt. So erweckt der Schauplatz der Handlung beim Leser eine Vorstellung schwindelerregender Höhe. Ein Mann wird in seiner Wohnung in der obersten Etage eines Hochhauses, welches gleichsam über der Großstadt London thront, getötet. Nicht zufällig erinnert das Anwesen in

seinem Namen *Himalaya Mansions* an das höchste und mächtigste Gebirge der Erde. Der Aufstieg zu dem Haus ist steil und stellt sich den Ankommenden folgendermaßen dar:

> Soon the white curves came sharper and dizzier; they were upon ascending spirals, as they say in the modern religions. For, indeed, they were cresting a corner of London which is almost as precipitous as Edinburgh, if not quite so picturesque. Terrace rose above terrace, and the special tower of flats they sought, rose above them all to almost Egyptian height, gilt by the level sunset. (CFB: 70f.)

Auf diesem Hintergrund wird der Name des Mörders *Welkin* verständlich. Durch seine lexikalische Bedeutung verweist auch er auf die scheinbare Unendlichkeit, die für die Geschichte prägend ist. Daß gerade der Täter einen solchen Namen trägt, überrascht nicht, wenn man weiß, welche zentrale Rolle in Chestertons Denken räumlichen Gegebenheiten zukam. So faszinierten ihn kleine Gegenstände, während er große Erscheinungen mit Skepsis betrachtete. Seit seiner Kindheit zog Chesterton das Mikroskop dem Teleskop vor. Wie Ch. d'HAUSSY (1996: 19ff.) nachweist, läßt sich dies auch deutlich an den Zeichnungen Chestertons erkennen, in denen solche gewaltigen Erscheinungen wie das Meer oder der Erdball handhabbar klein abgebildet wurden. Die Zeichnungen deuten zudem darauf hin, daß Chesterton festgelegte Grenzen und klar definierte Formen liebte. Er selbst hatte sich dazu in seiner Autobiographie geäußert:

> All my life I have loved edges; and the boundary line that brings one thing sharply against another. All my life I have loved frames and limits; (...). I have also a pretty taste in abysses and bottomless chasms and everything else that emphasises a fine shade of distinction between one thing and another; (...). (AB: 28f.)

Die irdische Existenz und der menschliche Geist sind für Chesterton immer an bestimmte Grenzen gebunden. So schließt schon die Entscheidung für eine Handlung notwendigerweise alle anderen bestehenden Möglichkeiten aus. Diese Einsicht legt Chesterton in seinem Buch *Orthodoxy* dar. Er stellt fest:

> Every act of will is an act of self-limitation. To desire action is to desire limitation. In that sense every act is an act of self-sacrifice. When you choose anything, you reject everything else. (...) Every act is an irrevocable selection and exclusion. (CWC, vol. 1: 243)

Wer wie Herbert Saunders in der Erzählung "The Crime of Gabriel Gale" seine eigenen Grenzen nicht mehr kennt, maßt sich göttliche Allmacht an. Unendlichkeit kann es nur bei Gott geben; dem menschlichen Willen sind objektive Grenzen gesetzt. Diesen Fakt zu ignorieren, machte Chesterton Friedrich Nietzsche und George Bernard Shaw zum Vorwurf (vgl. EVANS 1987: 24f.). Offen polemisierte er gegen ihre Lehre vom Übermenschen, die in Shaws Drama *Man and Superman. A Comedy and a Philosophy* (1903) auch künstlerischen Ausdruck gefunden hatte[57].

Die nach obenhin scheinbare Grenzenlosigkeit des Raumes in Chestertons Erzählung wird somit auf eine metaphysische Ebene gehoben. Der Autor will eine Botschaft vermitteln, die er in einem anderen Text explizit mit folgenden Worten ausdrückt: "'Heights were made to be looked at, not to be looked from'" (CFB: 129). Wie Wilfred Bohun in der Erzählung "The Hammer of God", aus der dieses Zitat stammt, so nimmt auch James

Welkin göttliche Autorität für sich in Anspruch. Er erhebt sich zum Richter über seinen Rivalen und tötet ihn.

Daß Welkin seinen Namen dabei nicht zufällig trägt, sondern Chesterton die lexikalische Bedeutung durchaus vertraut war, beweist ein Blick auf den Text "The Unprecedented Architecture of Commander Blair" im Band *Tales of the Long Bow*. Dort nennt Commander Blair den von ihm in Form eines Schlosses gebauten Ballon *Welkin Castle*. Als er damit durch die Luft schwebt und Briefe abwirft, unterzeichnet er diese mit "Welkyn of Welkin" (vgl. z.B. TLB: 248)[58].

Kalon (CFB: 132):
Bei *Kalon* handelt es sich, wie Flambeau zu berichten weiß, um ein Pseudonym. Mit diesem Namen bezeichnet sich der Führer einer neuen religiösen Sekte, deren Symbole die Sonne und ein offenes Auge sind. Zugrunde liegt die Lehre, daß ein willensstarker Mensch alles ertragen und sogar mit bloßem Auge in die grelle Sonne starren könne. Auf diese Weise seien auch alle physischen Krankheiten zu beheben. Kalon betrachtet sich als den "Neuen Priester Apollos" ("New Priest of Apollo", CFB: 132): So gilt Apollo zum einen als der griechische Gott des Lichtes und der Heilkunde, zum anderen verkörpert er das Ideal männlicher Schönheit. Im Einklang hiermit scheint der Name Kalons zu stehen, der aus dem Griechischen abgeleitet ist und soviel wie 'das Schöne' bedeutet (vgl. OED, vol. 8: 344)[59].
Kalon sieht, wie auch seine Anhängerin, Pauline Stacey, beeindruckend gut aus. Somit hebt sich der "schöne Priester Apollos" ("the fair priest of Apollo", CFB: 135) von dem "häßlichen Priester Christi" ("the ugly priest of Christ", CFB: 135) ab. Die antithetische Beziehung zwischen dem Sektenführer und Father Brown zeigt sich in weiteren äußeren Merkmalen sowie der räumlichen Konstellation: Kalon ist groß gewachsen ("like a giant", CFB: 141), dagegen wirkt Father Brown direkt winzig ("the tiny priest", CFB: 141); Kalon ist ganz in Weiß gekleidet, Father Brown in Schwarz. Kalon steht, während er der Sonne huldigt, auf dem Balkon eines Hochhauses, Father Brown hingegen vor dem Haus auf der Erde. Diese Höhenverhältnisse sind, wie bereits im Zusammenhang mit dem Namen *Welkin* in der Erzählung "The Invisible Man" dargestellt wurde, symbolisch zu verstehen. Nicht zufällig vergleicht Chesterton Kalon in seiner "animalischen Schönheit" mit der "blonden Bestie Nietzsches" ("the blond beast of Nietzsche", CFB: 134). Kalons Selbsterhöhung, sein grenzenloser Stolz und Übermut kontrastieren mit der schlichten Demut des katholischen Geistlichen Brown[60]. Als ausdrücklich größten Unterschied hebt Chesterton hervor, daß Kalon in die Sonne starrt, ohne dabei auch nur ein einziges Mal zu zwinkern, während das Zwinkern zu Father Browns auffälligsten Merkmalen gehört:

> That was perhaps the most startling difference between even these two far-divided men. Father Brown could not look at anything without blinking; but the priest of Apollo could look on the blaze at noon without a quiver of the eyelid. (CFB: 135)

Das fehlende Zwinkern verheißt bei Chestertons Figuren zumeist nichts Gutes[61]. Der apollonisch schöne Kalon erinnert in seiner Starrheit an eine Statue und somit an das bloße Abbild eines lebendigen Menschen.
Chesterton hatte erkannt, daß äußere und innere Werte einer Person nicht immer miteinander korrelieren müssen. Im Gegenteil, der gutherzige Chesterton akzeptierte sein eigenes Äußeres und machte sich bei jeder passenden Gelegenheit über seine enorme Lei-

besfülle lustig. In seinen Werken bedeutet ein Übermaß an Schönheit oftmals eine Einbuße an Humanität[62]. Der äußerlich beinahe vollkommen erscheinende Kalon wird als kaltblütiger Verbrecher entlarvt. Die Schönheit, welche in seinem Namen ausgedrückt ist, bezieht sich lediglich auf sein Aussehen. Der Name steht jedoch in einem deutlichen Gegensatz zu den inneren Werten Kalons. Mit Blick auf die im *Oxford English Dictionary* angeführte Bedeutung: "**kalon** (...) The (morally) beautiful; the ideal good; the 'summum bonum'" (OED, vol. 8: 344) ist der Name daher als "konträr" zu bestimmen[63].

Daniel Doom (CFB: 334):
So wie James Welkin nimmt auch Daniel Doom in "The Arrow of Heaven" göttliche Macht für sich in Anspruch, und wie Kalon agiert er dabei nicht unter seinem richtigen Namen. Bemerkenswert ist neben dem transparenten FaN des Mörders, *Doom* (engl. 'Jüngstes Gericht', 'Schicksal', 'Verhängnis'), auch der VN, der mit der Semantik des FaN im Einklang steht. *Daniel* ist etymologisch als 'Gott ist mein Richter' zu erklären und den Lesern möglicherweise aus dem Alten Testament bekannt.

Professor Hake (TLB: 56), *Rosenbaum Low* (TLB: 57) und *Sir Samuel Bliss* (TLB: 57) sind zwar keine Mörder wie Daniel Doom, aber dennoch werden sie kaum die Sympathie der Leser gewinnen können. Gemeinsam mit Dr. Horace Hunter (s.o.) sind sie am Bau einer Kosmetikfabrik beteiligt, wobei die Natur ihren wirtschaftlichen Interessen zum Opfer fällt. Die Fabrik wird am Ufer der Themse gebaut, so daß die im Fluß lebenden Fische durch die Wasserverschmutzung bedroht sind. Professor Hake, welcher alle derartigen Bedenken entschieden zurückweist, trägt sicherlich nicht zufällig einen FaN, der im Deutschen mit 'Hecht' zu übersetzen ist.
Als Robert Owen Hood die Verantwortlichen zur Rede stellt, flüchten sich diese in absurde Erklärungen. Hood reagiert ironisch. Er sagt, daß sich die Fische vermutlich problemlos an die veränderten Umweltbedingungen anpassen würden. Bei vielen niederen Organismen sei dies schließlich der Fall:

> "(...) I know that some of the lower organisms do really change with their changing conditions. I know there are creatures so low that they do survive by surrendering to every succession of mud and slime; (...)." (TLB: 62)

Daß Hoods Aussage gleichzeitig auf den Mann namens *Low* abzielt, ist unschwer zu erkennen. Noch deutlicher tritt die Semantik dieses Namens in einem Gespräch zwischen Low und Mr. Oates später im Text zutage:

> "(...) As for you, Mr. Rosenbaum ---"
> "My name is Low," said the philanthropist. "I cannot thee why anyone should object to uthing my name."
> "Not on your life," said Mr. Oates affably. "Seems to be a pretty appropriate name."
> (TLB: 241)

Als sehr "passend" wird auch der Name *Bliss* (engl. 'Glück', 'Wonne') empfunden, taucht er doch auf Plakaten auf, die mit der Frage "Why Grow Old?" für die Produkte der neuen Kosmetikfabrik werben.

149

Weitere FaN, die einen semantischen Bezug zum Äußeren oder zum Wesen der Figur erkennen lassen, sind *Hook, Vine, Graves, Mull, Haggis, Snow* sowie *Red* und *Blue*: Der Betreiber des letzten in Wonover verbliebenen Gasthauses heißt *Martin Hook* (SES: 24). Als der junge Gutsherr Arthur Irving kommt, um die Schließung anzuordnen, sagt dieser zu Hook:

> 'Look here! I know nothing about you, except that my father called you Martin Hook, and let you hang on at this place for some reason I could never comprehend. (...).' (SES: 24)

Hook entrüstet sich und springt über den Tisch, wobei er sich mit seiner "krallenartigen" Hand abstützt: "The man called Hook put one claw-like hand on the table and took a flying leap over it" (SES: 24). Diese beiden Zitate legen den Gedanken nahe, daß es sich bei *Hook* (engl. 'Haken') tatsächlich um einen redenden Namen handelt (vgl. *hang on at this place* und *claw-like*). Möglicherweise dachte Chesterton im zweiten Falle auch an den Piratenkapitän Captain Hook aus J.M. Barries berühmtem Stück *Peter Pan, or The Boy Who Would Not Grow Up* (1904), der seinen abgerissenen Arm durch einen eisernen Haken ersetzte.

Der alte Butler der Darnaways, *Vine* (CFB: 427), erweckt bei den Besuchern des Hauses einen unbestimmt-düsteren Eindruck. Er paßt zu dem alten, zerfallenen Schloß, in dem er seit vielen Jahren tätig ist. Er ist gleichsam mit dem Gebäude verwachsen, worauf auch sein Name (engl. *vine* 'Rebe', 'Kletterpflanze') hindeutet.

Der Sekretär *Mr. Graves* (TD: 18, vgl. engl. *graves* 'Gräber') ist ein sehr ruhiger junger Mann ("a very silent young man", TD: 18), wodurch eine Verbindung zu dem englischen Idiom *silent as the grave* 'still wie ein Grab' hergestellt wird.

Wenn es von *Dr. Mull* (CFB: 249) in der Erzählung "The Purple Wig" heißt, daß er vom Genuß des Weines erhitzt sei (vgl. CFB: 249), läßt dies seinen FaN einsichtig erscheinen. *Mulled wine* (< vb. *to mull*) ist die englische Bezeichnung für Glühwein.

Der FaN *Haggis* (PMP: 38) konnte bereits als klassifizierend bestimmt werden, da er seinen NT als Schotten ausweist. Zudem erinnert der Name aber sicherlich nicht zufällig an das gleichlautende schottische Nationalgericht, welches als Armeleuteessen seinen Ursprung nahm: Ausgerechnet der Kommunalpolitiker James Haggis verfolgt eine drastische Sparpolitik.

Den Gedanken, daß der Name *Snow* (FFF: 27, engl. 'Schnee') in Anspielung auf das weiße Haar des Geistlichen Rev. Ernest Snow gewählt wurde, legt folgende Stelle nahe:

> Mr. Snow bowed over Olive's hand with a ceremony that seemed to make his white hair a ghost of eighteenth century powder, (...). (FFF: 48)

Doch noch ein anderer Zusammenhang mit dem NT ist denkbar. Mr. Snow beschäftigt sich voller Leidenschaft mit Prophezeiungen vom Ende der Welt und ist enttäuscht, als seine Voraussagen nicht zutreffen. Daher ist es möglich, daß der Name *Snow*, der unweigerlich die Farbe Weiß assoziiert, auf die apokalyptischen Studien des Geistlichen anspielen sollte. Man vergleiche in diesem Zusammenhang auch Chestertons Erzählung "The Three Horsemen of Apocalypse", in der drei weißgekleidete Reiter auf weißen Pferden ihr eigenes Schicksal und das eines gefangenen polnischen Dichters bestimmen[64].

Mit *Mr. Red* und *Mr. Blue* (CFB: 659) bezeichnet Father Brown zwei Metallfiguren in einem Spielautomaten, die seine Aufmerksamkeit auf sich ziehen. Die Namen sind zunächst von der Farbe der Mäntel dieser Puppen abgeleitet. Sie erhalten aber eine weitere

Dimension, sobald sie auf die beiden Männer Braham und Bertrand Bruce übertragen werden. Wie die Metallfiguren, so jagen auch sie einander hinterher. Der mörderische Bertrand ist "red with vengeance" und sein Opfer "blue with funk" (CFB: 660).

Als eine Sonderform des redenden Namens wurden in Kapitel 3.3.2.3. solche EN bestimmt, deren **etymologische** Bedeutung in bezug auf den NT aktualisiert ist. In den untersuchten Texten läßt sich dies für die FaN *Blake, Grant, Maltravers* und *Bulmer* feststellen. Bei diesen Namen ist die Etymologie auch in der heutigen Form noch erkennbar, so daß man wohl davon ausgehen kann, daß Chesterton hier bewußt Zusammenhänge hergestellt hat:
Von einem Polizeiarzt namens *Dr. Blake* (CFB: 669, vgl. *Blake* < altengl. 'schwarz' oder auch 'bleich') heißt es, daß er schwarz gekleidet ist (vgl. "the neat black clothes (...) of a police-surgeon", CFB: 669). Sein Namensvetter, der Jurist *Barnard Blake* (CFB: 337), wird als "swarthy lawyer" (CFB: 347) und als "a very dapper gentleman with dark hair like a black varnish and a broad, black ribbon to his monocle" (CFB: 337) beschrieben.
Der FaN des Schotten *James Grant* (CFB: 618) wurde bereits an anderer Stelle dahingehend erläutert, daß er einerseits die Nationalität seines Trägers unterstreicht, andererseits durch den Anklang an eine schottische Whiskysorte auf den Kern der Erzählung verweist. Darüber hinaus läßt sich auch die etymologische Bedeutung (< altfrz. 'groß') in Beziehung zu der Figur setzen, da Mr. Grant durch seine gewaltige Größe beeindruckt: "The mysterious Scotchman, (...), was certainly a formidable figure; tall, with a hulking stride, (...)" (CFB: 618).
Da sowohl das Präfix *mal-* in der Bedeutung 'miß-' als auch das Substantiv und Verb *traverse* ('Durchquerung'; 'durchqueren') auch noch im heutigen Englisch erhalten sind, dürfte der Leser die Bedeutung des FaN *Maltravers* relativ problemlos erschließen können. Bei etwas genauerer Betrachtung wird man auch feststellen, daß der Name das Schicksal seines Trägers beschreibt. So wird Mr. Maltravers (CFB: 708), der mit einer Gruppe mehrerer Schauspieler umherzieht, auf einer seiner Reisen in einem kleinen, puritanisch geprägten Dorf getötet. Über diesen Vorfall heißt es im Text:

> "(...) Maltravers may have been hit on the head; he was a strolling actor passing through the place; and Potter's Pond probably thinks it is all in the natural order that such people should be hit on the head. (...)." (CFB: 708)

Ebenso wie bei *Maltravers* scheint auch die Bedeutung des FaN *Bulmer* (MKM: 90) noch immer leicht ablesbar (< ON, altengl. 'Teich der Bullen'). Während der zweite Teil des Namens auf den künstlichen See verweist, der in der Erzählung "The Hole in the Wall" eine zentrale Rolle spielt, verbindet sich der erste Teil mit dem Aussehen des NT. Lord Bulmer, auf dessen Anwesen sich dieser See befindet, wird beschrieben als "a big, fair, bull-necked young man" (MKM: 90) und "the great bull" (MKM: 100).

Neben den bisher genannten FigN gibt es bei Chesterton eine Reihe weiterer Namen, die als redend eingeschätzt werden können. Da sie jedoch in der vorliegenden Arbeit in anderen Zusammenhängen ausführlicher behandelt werden, sei an dieser Stelle lediglich unter Angabe des entsprechenden Kapitels auf sie verwiesen: Bereits zu Beginn der praktischen Namenanalyse wurde detailliert auf die FaN der fünf Seriendetektive *Basil Grant, Father Brown, Horne Fisher, Gabriel Gale* und *Mr. Pond* eingegangen (Kap. 4.3.1.1.1.). Des weiteren sind zu nennen:

151

Mr. Archer (Kap. 6.2.1.2.), *Amos Boon* (Kap. 4.3.1.1.2., "Ideell-verkörpernde Namen"), *Bull* (Kap. 6.2.2.2.), *Sir Claude Champion* (Kap. 4.3.1.1.2., "Ideell-verkörpernde Namen"), *Sir Daniel Creed* (Kap. 6.2.2.2.), *John Crook* (Kap. 4.3.1.1.2., "Ideell-verkörpernde Namen"), *Eckstein* (Kap. 3.3.2.3.), *Flambeau* (Kap. 4.3.1.1.2., "Klanglich-semantische Namen"), *Sir Isaac Hook* (Kap. 4.3.1.1.2., "Ideell-verkörpernde Namen"), *Tommy Hunter* (Kap. 4.3.1.1.2., "Ideell-verkörpernde Namen"), *Luke Little* (Kap. 6.1.2.1.), *Michael Moonshine* (Kap. 6.1.2.1.), *John Adams Race* (Kap. 4.3.1.1.2., "Ideell-verkörpernde Namen), *Agar P. Rock* (Kap. 6.1.2.1.), *Roger Rook* (Kap. 5.3.), *Rev. Wilding White* (Kap. 6.2.1.2.) und *Walter Windrush* (Kap. 6.1.2.1.).

(e) Klanglich-semantische Namen

Wie redende FigN, so evozieren auch **klanglich-semantische** FigN Bedeutungsassoziationen, die auf den NT bezogen werden können. Im Unterschied zu ersteren sind Vertreter dieser Namenart jedoch nicht total appellativ-homonym (vgl. Kap. 3.3.2.3.).
So heißt ein Gärtner bei Chesterton *Parkes* (CQT: 60), ein Holzhändler trägt den Namen *Attwood* (MKM: 170, vgl. engl. *wood* 'Holz'), und ein emsiger Zeitungsreporter heißt *Pinion* (FFF: 7, vgl. engl. *opinion* 'Meinung').
Einem britischen Armeeoffizier wird mangelnde Intelligenz vorgeworfen: "(...) he's probably too stupid to understand anything but his own body. He hasn't enough mind to know that he has a mind" (PMP: 91). Auch sein Name *Blande* (PMP: 83, vgl. engl. *bland* [auch] 'nichtssagend') scheint diesen Eindruck zu bestätigen.
Ganz anders wirkt hingegen *Sir Oscar Marvell* (PMP: 84, vgl. engl. *marvel* 'Wunder', *marvellous* 'wunderbar'):

> (...) Sir Oscar Marvell, the great actor-manager, all very fine and large, with the Olympian curls and the Roman nose. (...) Sir Oscar Marvell didn't want to talk about anything but Sir Oscar Marvell; and the other men didn't want to talk about Sir Oscar Marvell at all. (PMP: 84)

Wie diese Stelle verdeutlicht, klingt der Name ironisch, da niemand außer Marvell selbst von dessen Großartigkeit überzeugt ist.

Auch die Namen *Horder, Fraser, Chadd, Hamble, Falconroy, Burdock, Craken* und *Saradine* kennzeichnen mehr oder weniger direkt ihren jeweiligen NT:
So assoziiert der FaN des amerikanischen Millionärs *Brian Horder* (CFB: 335) die Bedeutung des homophonen Appellativums *hoarder* (engl. 'Hamsterer').
Captain Fraser (CQT: 56) beauftragt zwei redegewandte Männer, eine packende Geschichte zu erfinden, um seine Freunde an einer Verabredung zu hindern (vgl. engl. *phrase* 'Redewendung', 'formulieren').
Professor James Chadd ist ein Wissenschaftler, der eine interessante Theorie über die Entwicklung der Sprache bei den Zulus aufgestellt hat. Sein Name *Chadd* (CQT: 105) steht zunächst im Zusammenhang mit dem Verb *to chat* 'plaudern', 'sich unterhalten'. So sagt Basil Grant am Ende der Erzählung, als er die Sprachtheorie des Professors als Grund für dessen eigenwilliges Verhalten erkannt hat: "'I think I will go and have a chat with the professor in the garden'" (CQT: 126). Vielleicht ließ sich Chesterton bei der Benennung seines Professors zudem vom Namen des zentralafrikanischen Staates Tschad (engl. *Chad*) leiten.

Harry Hamble arbeitet bei einem Buchmacher. Da er in sehr bescheidenen Verhältnissen lebt, versucht ein Wohltäter, ihm unbemerkt Geld in die Tasche zu stecken. Der Name *Hamble* (FFF: 155) klingt an das englische Adjektiv *humble* 'einfach', 'bescheiden' an. Möglicherweise hatte Chesterton auch von dem berühmten Pferderennen *Hambletonian Stake* gehört, welches vier Jahre, bevor die Erzählung "The Ecstatic Thief" erschien, zum ersten Mal ausgetragen worden war.

Wesentlich weniger bescheiden als Hamble lebt *Lord Falconroy* (CFB: 222). Bereits sein Name verweist durch den Titel und die majestätisch anmutenden Elemente *falcon* (engl. 'Falke') und *roi* (frz. 'König', vgl. auch *royal* 'königlich') auf die aristokratische Herkunft des Mannes. Daß Chesterton eine solche Verbindung ganz bewußt geschaffen hat, beweist z.B. die Vorstellung Lord Falconroys als "a true-blooded aristocrat fresh from England's oak-groves" (CFB: 222). Auch sein anfängliches Verhalten legt den Gedanken an einen Vergleich mit der Vogelwelt nahe. So jagt Falconroy auf der Flucht vor einem Verfolger über gepflügte Felder und durch dichte Hecken. Darüber hinaus spielt der Name selbst eine zentrale Rolle in der Geschichte. Er wird mit anderen Vogelbezeichnungen als Item in einem psychologischen Test eingesetzt, der letztlich den Detektiv Usher zu falschen Schlußfolgerungen veranlaßt[65].

Auch bei *Dr. Burdock* (CFB: 497) und *Professor Craken* (CFB: 663) scheint die beabsichtigte Anspielung auf die Tierwelt offensichtlich. Dr. Burdock ist ein zunehmend bekannter werdender Biologe ("Dr. Burdock, a rising biologist", CFB: 497; vgl. engl. *bird* 'Vogel'). Als Professor Craken (vgl. engl. *crake* 'Ralle')[66] rasch ein Zimmer betritt, erweckt er bei den anderen Männern im Raum den Eindruck eines aufgeschreckten Vogels, der aus einem Busch auffliegt. Die Ähnlichkeit mit einem Vogel wird noch deutlicher, wenn der Erzähler Craken explizit als "that bird of ill-omen" (CFB: 665) bezeichnet.

Stephen und Paul Saradine (CFB: 103) sind in ihrem Äußeren kaum zu unterscheiden. Dies ist, wie sowohl O.D. EDWARDS (1987: 383) als auch H. HAEFS (FBH, Bd. 1: 293) vermuten, der Grund, weshalb die beiden Brüder mit ihrem Namen *Saradine* an Sardinen erinnern (engl. *sardine*). Diese Erklärung klingt nicht unglaubwürdig. Sie könnte vielleicht noch dahingehend ergänzt werden, daß der Name natürlich auch eine klangliche Beziehung zum Namen der italienischen Insel Sardinien (engl. *Sardinia*) herstellt. Diese Assoziation wird insbesondere dadurch verstärkt, daß ein junger Italiener in der Erzählung nach England kommt, um sich bei Prince Saradine für den Mord an seinem Vater zu rächen.

In ihrem Zusammenhang sind die Namen *Grandison Chace* (CFB: 462) und *M. Duroc* (CFB: 462) zu betrachten:

In der Erzählung "The Secret of Flambeau" lebt der nunmehr bekehrte Verbrecher Flambeau ("The Torch" = 'die Fackel', CFB: 462) unter dem Namen *Duroc* zurückgezogen mit seiner Familie in Spanien. Die Ruhe und Beständigkeit, die in seinem Namen (vgl. frz. *roc* 'Fels') anklingen, unterscheiden sich deutlich von der emsigen Geschäftigkeit seines amerikanischen Besuchers. Der Kontrast wird zum einen durch dessen Namen *Grandison Chace* (vgl. engl. *chase* 'Jagd', 'jagen'/'verfolgen') verstärkt, zum anderen durch die metaphorische Beschreibung des Amerikaners als "rolling stone", die an das englische Sprichwort *A rolling stone gathers no moss* anspielt. Man vergleiche:

The rolling stone from the West was glad to rest for a moment on this rock in the South that had gathered so very much moss. (CFB: 462)

Weitere FaN, die möglicherweise bereits außerhalb des Kontextes semantische Assoziationen hervorrufen, sind *Wynd, Hurrel, Traill, Hankin, Hankey, Phocus, Ayres* und *Cray.* Durch die Einbettung der Namen in die jeweilige Erzählung werden die assoziierten Bedeutungen auf verschiedene Weise aktualisiert:

Zu Beginn der Geschichte "The Miracle of Moon Crescent" vergleicht der Erzähler den Geschäftsmann *Warren Wynd* (CFB: 369, vgl. engl. *wind* 'Wind') mit einem Wirbelwind. Er sagt:

> (...) the celebrated Warren Wynd sat at his desk sorting letters and scattering orders with wonderful rapidity and exactitude. He could only be compared to a tidy whirlwind. (CFB: 369)

Warren Wynd verschwindet scheinbar spurlos aus seinem Zimmer. Wie sich herausstellt, wurde er das Opfer eines Racheaktes. Damit Wynd aus seinem Fenster schaut, hatte einer der Beteiligten auf der Straße einen Fluch ausgestoßen und einen Schuß abgefeuert. Der andere warf Wynd in genau diesem Moment eine Schlinge um den Hals und zog ihn aus dem offenen Fenster. Bei der Erklärung des Tathergangs durch Father Brown fällt nicht weniger als sechsmal das Wort *window*, wodurch eine zweite klangliche Beziehung zu dem FaN des Opfers denkbar wird.

Mit einem Wirbelsturm lassen sich auch der Name und die Figur des Gefährten von Gabriel Gale, *James Hurrel* (PL: 8), verbinden. Der Name erinnert an einen Hurrikan und an das Verb *to hurry* 'sich beeilen'. Hurrel, der sich als ein Geschäftsmann ausgibt, scheint sehr aktiv. Voller Energie unterbreitet er in der Erzählung "The Fantastic Friends" dem Besitzer eines Gasthauses Pläne zur Wiederbelebung des Geschäfts, wobei er mit jedem Moment aufgeregter wird:

> Hurrel was drawing plans on the wooden table and making calculations on pieces of paper, and reeling off figures and answering objections and growing every moment more restless and radiant. (PL: 13)[67]

Das Verb *to trail* liegt in unterschiedlichen Bedeutungsvarianten dem FaN *Traill*, den sowohl eine junge Frau als auch ein Detektiv von Scotland Yard tragen, zugrunde. Bei *Barbara Traill* (FFF: 18) in der Erzählung "The Moderate Murderer" fällt auf, daß sie fast ausschließlich außerhalb des Hauses dargestellt wird. In ihrer gedankenversunkenen Art schlendert sie durch den Garten (vgl. engl. *to trail* 'zuckeln'). An einer Stelle heißt es sogar explizit unter Nutzung des genannten Verbs:

> As she went up the avenue towards the inner gardens, she lost a little of her impatient movement and began to trail along in the rather moody manner which was more normal to her. (FFF: 22f.)

Auch *Mr. Traill* (TD: 88) in der Erzählung "The Garden of Smoke" geht viel in seinem Garten spazieren (TD: 80). Da sich der Mann als ein Mitarbeiter Scotland Yards erweist und den geschilderten Mordfall aufklärt, scheint hier das Verb *to trail* ebenso in seiner Bedeutung '(ver)folgen' zuzutreffen.

Der FaN *Hankin* ist authentisch. So war Chesterton persönlich mit einem Mann dieses Namens, dem pessimistischen Autor St. John Hankin, bekannt. Vielleicht dachte er an ihn, als er einem Schauspieler in der Erzählung "The Vampire of the Village" diesen Namen gab (CFB: 711). Jedoch auch die Assoziation zu dem englischen Ausdruck *hanky-*

154

panky 'Hokuspokus' erscheint durchaus passend. Hankin begeht ein Verbrechen, woraufhin er seine Identität verschleiern will und sich in die Rolle eines Pfarrers flüchtet. Noch treffender ist diese semantische Beziehung zwischen Name und NT bei *Dr. Hankey* (CFB: 624) in der Geschichte "The Blast of the Book", denn Dr. Hankey existiert nicht wirklich. Die Figur wird von dem Sekretär Berridge lediglich zur Ausführung eines scherzhaften Plans erfunden.
Eine Parallele zu diesem Fall bietet die Erzählung "The Loyal Traitor". Einen der vier Männer, die der Poet Sebastian verkörpert, nennt er *Professor Phocus* (FFF: 176). Wie man unschwer erkennt, ist der Name mit dem englischen Appellativum *focus* '[übertr.] Zentrum, Mittelpunkt' homophon. Da es den Professor nicht gibt, können die anderen Figuren natürlich nicht von ihm gehört haben. Doch dies gesteht niemand ein, schließlich gilt Professor Phocus als Inbegriff der wissenschaftlichen Welt: "(...) he was the scientific world (...). He was a name; (...)" (FFF: 176). Auf die geistige Größe und die Bekanntheit dieses Mannes verweist auch der zunächst von Chesterton in Manuskripten verwendete Name *Magnus*. Jedoch birgt *Phocus* - gerade in dieser Schreibweise - noch einen zweiten Aspekt. Das Schriftbild suggeriert *hocus-pocus*, wodurch die falsche Existenz des Professors angedeutet wird.
Der Künstler *Albert Ayres* (PMP: 99) in der Erzählung "The Terrible Troubadour" trägt einen realen FaN. Sollte Chesterton eine semantische Anspielung beabsichtigt haben, dann sicherlich auf *air* 'Luft'. Ayres gibt den anderen Figuren ein Rätsel auf, da er verschwunden ist und sich offenbar in Luft aufgelöst hat (vgl. engl. *to vanish into thin air*).
Die Titelgestalt der Erzählung "The Salad of Colonel Cray" scheint unter Wahnvorstellungen zu leiden. Cray wird Opfer eines geschickt ausgeführten Plans seines Freundes Major Putnam, der systematisch versucht, ihn in den Wahnsinn zu treiben. Daß ihm dies beinahe gelungen ist, zeigt die Beschreibung des Colonel, der mit zersaustem Haar und "wilden Augen" ("wild eyes", CFB: 287) angestrengt die Spuren eines angeblichen Einbrechers verfolgt. Wiederholt wird im Text auf die Verwirrtheit des Mannes hingewiesen, so daß der Name *Cray* (CFB: 283), insbesondere in seiner mehrfach gebrauchten possessiven Form *Cray's* (z.B. CFB: 285, 292), den Gedanken an das englische Adjektiv *crazy* 'verrückt', 'wahnsinnig' evoziert.

Auch bei den FigN *Boyle, Von Grock, Halket, Kidd, Brander Merton, Dalmon, St. Clare, Armand Armagnac, Darnaway* und *Alboin* läßt sich ein Bezug zwischen gleich oder ähnlich lautenden Appellativa und dem NT herstellen. Dabei kann der Name auf eine für die Figur charakteristische Eigenschaft verweisen. Er kann aber auch, wie im Falle des Namens *Boyle*, speziell im Rahmen einer syntaktischen Konstruktion semantische Vorstellungen suggerieren. So wird *Captain Boyle* (MKM: 72) mit den Worten beschrieben: "The first, who was a certain Captain Boyle, was of a bold and boyish type, dark and with a sort of native heat in the face (...)" (MKM: 72). Indem Chesterton das Substantiv *heat* 'Hitze' verwendet, ruft er mit dem Namen *Boyle* eine Assoziation zu dem homophonen Verb *to boil* 'kochen' hervor.
Der zweite Teil des FaN *Von Grock* (PMP: 3) erscheint angesichts der Charakterisierung des Mannes als "the rocky and grotesque figure" (PMP: 12f.) wie eine Wortkreuzung aus den beiden genannten Adjektiven.
Jake Halket (CFB: 445), einer der bolschewistischen Verschwörer in der Geschichte "The Ghost of Gideon Wise", fällt durch seine körperliche Größe und seine Gewaltbereitschaft auf. Über sein Äußeres heißt es: "He was a long, hulking fellow with a menacing stoop, and his very profile was aggressive like a dog's" (CFB: 446). Zumindest an dieser einen

Stelle besteht eine offensichtliche Verbindung zwischen dem FaN *Halket* und dem Aussehen des Mannes. Ob das hier verwendete Adjektiv *hulking* 'plump, massig' Chestertons Namenwahl primär beeinflußte, läßt sich allerdings schwer sagen.
Die beiden Journalisten, die sich zu Beginn der Erzählung "The Strange Crime of John Boulnois" zufällig in einem Wirtshaus begegnen, unterscheiden sich sehr in ihrem Wesen. Gegen James Dalroy wirkt *Calhoun Kidd* (CFB: 292, engl. *kid* 'Kind') geradezu kindlich unerfahren. Kidd ist nicht nur jung, sondern sehr jung ("a very young gentleman", CFB: 292). Im Unterschied zu Dalroy, der eine Zigarre raucht und Whisky trinkt, bestellt sich Kidd Milch und Sodawasser. Dalroy ist im Auftrag seiner Zeitung unterwegs, um von einem Skandal im Privatleben eines angesehenen Mannes zu berichten. Kidd weiß nichts von dieser bevorstehenden Sensation. Er ist gekommen, um einen ruhigen und weniger bekannten Philosophen zu interviewen.
In seiner Studie zur Namengebung bei Henry James stellt R. GERBER zu Recht fest, daß der VN der Figur *Merton Densher* (im Roman *The Wings of the Dove*) sehr deutlich an das englische Wort *murder* 'Mord' anklingt (vgl. GERBER 1963: 194). Diese Tatsache scheint auch Chesterton bewußt ausgenutzt zu haben, heißt doch der Erpresser und Mörder Daniel Doom mit richtigem Namen *Brander Merton* (CFB: 334). Möglicherweise sollte auch der VN durch seine Nähe zum Lexem *brand* (engl. 'Brand', aber auch 'Makel', 'Schandfleck'; *brand of Cain* 'Kainszeichen') das verbrecherische Wesen dieser Figur kennzeichnen.
Auch der FaN *Dalmon* (CFB: 526) mag eine derartige Vermutung nahelegen (vgl. engl. *demon* 'Dämon', 'dämonisch'). Doch ein solcher Unmensch, wie sein Name glauben machen will, ist Dalmon in den Augen Father Browns nicht. Zwar hat er in seiner Jugend einen Mord begangen, doch seitdem hat er bereut und sich gewandelt.
Im Unterschied zu *Merton* und *Dalmon* trägt *General Sir Arthur St. Clare* (CFB: 145) einen Namen, der in einem völligen Gegensatz zu dem unbarmherzigen Verbrechen, das dieser Mann begangen hat, steht. Der FaN evoziert die Vorstellung von etwas Reinem und Heiligem (vgl. engl. *saint* 'heilig', 'Heiliger'; *clear* 'hell', 'klar'). Möglich ist auch, daß Chesterton an ein reales Vorbild dachte und seiner Figur bewußt ironisch den Namen der Heiligen Klara (engl. *St. Clare*, 1194-1253) gab. Der aufopfernden Demut der Heiligen steht der Egoismus des Feldherrn gegenüber. Zudem soll die Heilige Klara die Plünderung Assisis verhindert haben, indem sie den ankommenden Truppen einen Hostienkelch entgegenhielt und diese die Flucht ergriffen. Unter den literarischen Namensvettern General St. Clares ist der berühmteste zweifellos der Käufer des Negersklaven Uncle Tom in Harriet Beecher Stowes Roman *Uncle Tom's Cabin* (1852). Vielleicht hat Chesterton auch bewußt oder unbewußt den Namen von dieser Figur übernommen.
Armagnac ist nicht nur der Name einer Landschaft in Südfrankreich, sondern auch der FaN eines Franzosen bei Chesterton (CFB: 196). Bemerkenwert ist zunächst, daß der FaN den VN des Mannes, *Armand*, fast vollständig in seiner lautlichen Form in sich birgt. Von besonderer Bedeutung sind dabei in bezug auf den NT die ersten beiden Laute [a:m], die durch die Buchstabenfolge <arm> repräsentiert sind. Armand Armagnac ist ein entschiedener Gegner jeglicher militärischer Gewalt. Es klingt jedoch paradox, wenn er fordert, die Soldaten sollten zum Zweck der Abrüstung zunächst alle ihre Offiziere erschießen (vgl. engl. *arms* 'Waffen'; *disarmament* 'Abrüstung').
In dem Namen *Darnaway* (CFB: 424) erkennt H. HAEFS (FBH, Bd. 3: 247) die beiden Lexeme *to darn* [euphemistisch für *to damn*] 'verfluchen'/'verdammen' und *away* 'weg'/'fort'. In der Tat handelt die Erzählung von einem Fluch, der angeblich auf dem Hause der Darnaways lastet und den Father Brown letztlich ad absurdum führen kann. Auch wenn

der Name vielleicht speziell für diese Erzählung konstruiert erscheinen mag, hat Chesterton ihn nicht erfunden. So trägt das Schloß des Earl of Moray in Schottland eben diesen Namen, *Darnaway Castle*. Der FaN *Alboin* (CFB: 371) wird bei den Lesern sicherlich eine Assoziation zu den ähnlich lautenden Wörtern *Albino* (engl. *albino*) und *Albion* wecken. Letzteres ist ein poetischer Name für England, der von den Kreidefelsen bei Dover abgeleitet ist. Er basiert auf dem lateinischen Adjektiv *albus* 'weiß'. Im gleichen Sinne ist auch der Name des Religionsführers *Art Alboin* in der Erzählung "The Miracle of Moon Crescent" motiviert. Der Mann wird wie folgt beschrieben:

> The man was very tall and broad-shouldered, his bulk being the more conspicuous for being clad in white, or a light grey that looked like it, with a very wide white panama hat and an almost equally wide fringe or halo of almost equally white hair. (CFB: 370)

Wie bei den redenden Namen, so könnte man auch bei den klanglich-semantischen Namen weitere Beispiele anführen. Da einige von ihnen in anderen Kapiteln zur Verdeutlichung der dort erläuterten Sachverhalte herangezogen werden, soll auf eine ausführliche Behandlung an dieser Stelle verzichtet werden. Man vergleiche z.B. die Namen *Bankes* (Kap. 6.1.2.1.), *Julius K. Brayne* (Kap. 6.1.3.2.), *Inspector Burns* (Kap. 6.1.3.2.), *Professor Byles* (Kap. 6.1.2.1.), *Jules Dubosc* (Kap. 5.1.), *Grimm* (Kap. 4.3.1.1.2., "Ideell-verkörpernde Namen"), *Philip Hawker* (Kap. 6.1.2.1.), *Professor Openshaw* (Kap. 4.3.1.1.2., "Ideell-verkörpernde Namen"), *Oscar Rian* (Kap. 6.2.2.2.), *Rudel Romanes* (Kap. 6.1.2.1.), *Sergeant Schwartz* (Kap. 6.1.2.1.), *Paul Snaith* (Kap. 4.3.1.1.2., "Ideell-verkörpernde Namen"), *Anthony Taylor* (Kap. 6.1.2.1.) und *Rev. Wilding White* (Kap. 5.1.).

(f) Klangsymbolische Namen

Unter **klangsymbolischen** Namen wurden in Kapitel 3.3.2.3. solche EN verstanden, die ausschließlich über ihre Lautgestalt wirken, ohne semantische Vorstellungen zu evozieren. Gleichfalls wurde darauf hingewiesen, daß das Klangempfinden trotz aller nachweisbaren kollektiven Züge zu einem gewissen Teil immer subjektiv geprägt ist. So kann ein und derselbe Name bei mehreren Hörern unterschiedliche Gefühle und Assoziationen hervorrufen. Dies ist unbestritten auch bei dem Namen *Humphrey Crundle* (PL: 182) in der Erzählung "The House of the Peacock" der Fall. Während der Gesamtname bei den einen Lesern, so auch bei der Verfn., aufgrund seines Klanges den Eindruck von einem recht beleibten und gemütlichen Herrn erweckt, können andere Leser eine semantische Vorstellung mit ihm verbinden. So fügt J.P. LeVAY (1990: 247) diesem Namen unkommentiert in Klammern die Erläuterung "Humpy Crumble" (engl. 'buckliger Streusel') bei. Wie das Beispiel verdeutlicht, ist die Grenze zwischen rein klangsymbolischen und klanglich-semantischen Namen sehr fein und im konkreten Fall immer nur von dem einzelnen Leser subjektiv zu ziehen.

Im folgenden soll eine weitere lautliche Auffälligkeit beschrieben werden, auch wenn es sich strenggenommen hierbei nicht um klangsymbolische Namen handelt. Vielmehr geht es darum, daß viele VN und FaN der Figuren bei Chesterton eine "klangliche Einheit" (SANDIG 1995: 542) bilden. Zu diesem Zweck werden die einzelnen Glieder des Gesamtnamens sehr häufig durch Alliteration miteinander verbunden. Die folgenden Beispiele stellen nur eine kleine Auswahl aus den im Textkorpus auftretenden alliterierenden FigN dar. Wie die Namen zeigen, geht die Gemeinsamkeit manchmal über den Anlaut hinaus und erfaßt zwei oder mehr Laute:

Armand Armagnac (CFB: 196), *Bertrand Bruce* (CFB: 649), *Catharine Crawford* (TD: 77), *Daniel Doom* (CFB: 334), *Frederick Feversham* (PMP: 21), *Gabriel Gale* (PL: 8), *Harold Harker* (CFB: 632), *John Judson* (FFF: 75), *Luke Little* (PMP: 98), *Marion Mowbray* (TD: 77), *Norman Nadoway* (FFF: 119), *Osric Orm* (CFB: 468), *Paul Petrowski* (PMP: 2), *Roger Rook* (CFB: 634), *Stephen Saradine* (CFB: 106), *Thomas Twyford* (MKM: 55), *Violet Varney* (PMP: 17) und *Warren Wynd* (CFB: 369).

Daß der Zusammenklang von VN und FaN als ein wesentliches Kriterium die literarische Namengebung mitbestimmt, bestätigten viele der von S. HANNO-WEBER (1997: 74) befragten Autoren. Generell verwiesen die Schriftsteller häufig darauf, daß es wichtig sei, "wohlklingende Namen" zu wählen. Es fiel ihnen jedoch schwer zu definieren, was den Wohlklang eines Namens konkret ausmacht (vgl. HANNO-WEBER 1997: 73f.). Hieran zeigt sich wiederum, wie wenig objektiv die Lautgestalt eines Namens bestimmbar ist und wie schwer mitunter selbst wortgewandte Künstler klangliche Eindrücke verbal beschreiben können.

Mit den klangsymbolischen Namen wurde die letzte Gruppe der FigN in den Erzählungen Chestertons näher betrachtet. Wie die vorangegangenen Darstellungen verdeutlicht haben, lassen sich mit unterschiedlicher Häufigkeit Beispiele für alle Arten sujetinterner Namen ermitteln. Am wenigsten stark vertreten sind klangsymbolische und materiell-verkörpernde Namen. Viele Belege ließen sich hingegen für klassifizierende, ideell-verkörpernde, redende und klanglich-semantische Namen anführen. So wird eine Figur sehr häufig nicht nur bezeichnet, sondern zugleich näher gekennzeichnet durch
(1) die namentliche Zuordnung zu einer nationalen, sozialen oder religiösen Gruppe,
(2) den Verweis auf ein Namensvorbild oder
(3) die Aktualisierung lexikalischer Bedeutungskomponenten.
Die Charakterisierungsfunktion der EN tritt in manchen Fällen mehr, in anderen Fällen weniger deutlich zutage und kann mitunter durch die textuelle Umgebung des Namens intensiviert werden[68].

4.3.1.2. Toponyme

Als Beweis, welche Schwierigkeiten sich dem unpraktischen Gilbert Keith Chesterton bei der Bewältigung alltäglicher Aufgaben stellten, wird häufig folgendes Telegramm zitiert: "Am in Market Harborough. Where ought I to be?" (WARD 1945: 222)[69]. So telegraphierte Chesterton von einer Vortragsreise an seine Frau, Frances. Ihre Antwort lautete: "Home", da es einfacher erschien, ihn, mit den entsprechenden Instruktionen versehen, erneut von Zuhause aus loszusenden. Über Chestertons Gabe, zur falschen Zeit am falschen Ort zu sein, ließen sich noch viele weitere Anekdoten anführen: So bat er seinen Taxifahrer, ihn an einer bestimmten Stelle wieder abzuholen, konnte sich dann jedoch selbst nicht mehr an den benannten Ort erinnern (vgl. WARD 1952: 108). Einige Monate, nachdem seine Zeitschrift *G.K.'s Weekly* in ein anderes Gebäude umgezogen war, kam

Chesterton auffällig spät zu einer Redaktionssitzung. Er hatte die neue Anschrift vergessen. Nach langem Überlegen kaufte er sich schließlich eine Ausgabe seiner eigenen Zeitschrift und entnahm dieser die gesuchte Adresse (vgl. WARD 1945: 163). Ein andermal war er nicht pünktlich, da ihn die Londoner Straßennamen verwirrt hatten. *High Street, Kensington*, so sagte er, sei weder hoch gelegen noch nahe des Stadtteils Kensington. Auch sein Ziel, *Church Street*, verfehlte er zunächst, da er dort keine Kirche sehen konnte. Hätte die Straße jedoch *Hill of the Flaming Sunset* gehießen, wäre er sicher pünktlich gewesen, da sie steil anstieg und einem beeindruckenden Sonnenuntergang entgegenführte (vgl. FABRITIUS 1964: 41, 45f.; BARKER 1975: 117; DALE 1983: 51)[70].

Ein Mann wie Chesterton, den der Alltag vor derartige Probleme stellte, läßt sicherlich Interessantes in bezug auf die Schauplätze seiner Erzählhandlungen erwarten. In diesem Teilkapitel soll die Aufmerksamkeit daher den im Textkorpus gefundenen **Toponymen** gelten. "Toponym" sei hierbei im weiteren Sinne verstanden. Sofern sie in den Texten auftreten, sollen also nicht nur Siedlungsnamen, sondern ebenso Erdteil-, Länder-, Landschafts-, Gewässer- sowie Straßennamen u.a.m. berücksichtigt werden. Alle angeführten Namenklassen erfüllen in ihrem Zusammenwirken die Funktion, literarische Schauplätze zu identifizieren und das erzählte Geschehen territorial einzuordnen. Dabei können sowohl Orte genannt werden, an denen sich die handelnden Figuren aufhalten, als auch Orte, von denen aus/zu denen hin/an denen vorbei sie unterwegs sind.

Ein kennzeichnendes Merkmal der klassischen Detektiverzählung besteht darin, daß das Geschehen in der Regel an einem deutlich abgegrenzten Schauplatz angesiedelt ist. Zu den bevorzugten Tatorten gehören hier kleine Dörfer, abgelegene Landhäuser oder etwa das College einer berühmten Universitätsstadt (vgl. BUCHLOH; BECKER 1990: 71). Auch Chesterton wählte für seine Erzählungen zumeist eine bestimmte Stadt (vgl. "The Duel of Dr. Hirsch"), ein Dorf (vgl. "The Vampire of the Village"), eine Insel (vgl. "The Sins of Prince Saradine") oder auch ein einzelnes Haus (vgl. "The Flying Stars"). Wo sich dieser Schauplatz jedoch genau befindet, variiert in den einzelnen Texten. So sind die Geschehnisse in Chestertons erster Sammlung von Detektivgeschichten, *The Club of Queer Trades*, allesamt in und um London angesiedelt. Die anderen Erzählbände weisen eine größere geographische Vielfalt auf. Sie spielen nicht nur in unterschiedlichen Teilen Großbritanniens, sondern auch an mehreren Orten im Ausland.

In Hinblick auf die Father-Brown-Erzählungen bemerkt O.D. EDWARDS, daß die Hauptgestalt ein "universaler römisch-katholischer Priester sei" ("a universal Roman Catholic priest", EDWARDS 1989: 317). Father Brown verkündet eine allgemeingültige Botschaft, wobei "seine Gemeinde die Welt" ist, wie auch V. NEUHAUS (1975: 566) feststellt. Father Brown ist in den einzelnen Erzählungen an verschiedenen Orten tätig. Am häufigsten findet seine Gemeinde in *Cobhole (Essex)* Erwähnung, auch wenn kein einziger Fall dort angesiedelt ist (vgl. z.B. "The Secret Garden"). Noch vor seinem Auftreten in der ersten Geschichte war Father Brown in *Hartlepool* tätig. Später arbeitet er z.B. in *London* ("The Head of Cæsar"), *Camberwell* ("The Eye of Apollo"), *Scarborough* ("The Absence of Mr. Glass"), *Chicago* ("The Mistake of the Machine") und als Missionar in *Südamerika* ("The Resurrection of Father Brown"). Nicht nur sein Dienst in der Kirche, sondern auch Ausflüge und Reisen bringen ihn an verschiedene Orte, die sich als Schauplätze von Verbrechen herausstellen. In einigen Fällen bitten ihn andere Personen ausdrücklich zu kommen, da seine Hilfe bei der Klärung rätselhafter Vorgänge vonnöten

ist. So besucht er z.b. *New York* ("The Arrow of Heaven"), *Glasgow* ("The Honour of Israel Gow"), *Cornwall* ("The Perishing of the Pendragons"), die *Norfolk Broads* ("The Sins of Prince Saradine"), das englische Seebad *Seawood* ("The God of the Gongs"), ein kleines Dorf namens *Potter's Pond* ("The Vampire of the Village") u.a.m. Wie Chesterton selbst zugibt, ist es wenig glaubhaft, daß sich Father Brown an derart vielen verschiedenen Orten aufhält und noch dazu scheinbar keine Aufgaben in seiner Gemeinde zu erfüllen hat. Egal, wo er sich auch befindet, immer wird er mit einem Rätsel konfrontiert und nie hat er etwas anderes zu tun, als dieses zu lösen. Dies veranlaßte eine skeptisch-begeisterte Leserin zu der viel zitierten Äußerung: "'I am very fond of that officious little loafer'" (AB: 340).
Wie die wenigen Beispiele bereits verdeutlicht haben, verwendet Chesterton in seinen Geschichten sowohl reale (z.b. *London*) als auch fiktive (z.b. *Cobhole*) ON. Die Namen der Schauplätze sollen daher exemplarisch in Hinblick auf ihre Beschaffenheit etwas näher betrachtet werden. Hierbei geht es einerseits um das Verhältnis der ON zu außerliterarischen Gegebenheiten und andererseits um ihre Zuordnung zu den Arten literarischer EN.

(a) Materiell-verkörpernde Namen

In den Texten treten unzählige EN auf, die dem Leser bekannt sind und die sich auf der Landkarte eindeutig lokalisieren lassen. Als Namen literarischer Schauplätze erwecken sie den Eindruck, den realen Ort dieses Namens zu bezeichnen. Daß dies jedoch eine Illusion ist, da die künstlerische Abbildung eines Gegenstandes zwangsläufig an die Selektion bestimmter Merkmale gebunden ist, wurde bei der Behandlung der Arten literarischer Namen in Kapitel 3.3. bereits ausführlich dargelegt. Im gleichen Zusammenhang wurden Namen wie *London* oder *Chicago*, welche die Identität des literarischen mit dem namensgleichen realen Ort suggerieren, als **materiell-verkörpernd** bestimmt. Materiell-verkörpernde Toponyme gestatten dem Leser, aufgrund seines geographischen Wissens das Geschehen einem bestimmten Kontinent oder Land, einer Region bzw. Stadt zuzuordnen. Hierfür ließen sich in den untersuchten Texten vielfältige Beispiele finden:

Erdteilnamen:
America (CFB: 333; FFF: 7), *South America* (CFB: 319), *Eastern Europe* (PMP: 69), *Australia* (CFB: 425)

Ländernamen:
England (CFB: 9), *Scotland* (CFB: 78), *Wales* (PL: 36), *Ireland* (MKM: 32; CFB: 470), *Spain* (CFB: 461), *France* (SES: 41), *Italy* (CFB: 183), *Mexico* (CFB: 592), *Egypt* (FFF: 18)

Namen englischer und schottischer Grafschaften:
Aberdeenshire (CFB: 618), *Cornwall* (CFB: 256; PL: 245), *Devonshire* (CFB: 245, 256), *Essex* (CFB: 270), *Hampshire* (CFB: 393), *Kent* (PL: 223), *Lincolnshire* (CFB: 150), *Norfolk* (CFB: 103), *Northumberland* (CFB: 542), *Somerset* (TLB: 208; PL: 199), *Surrey* (CFB: 277; TLB: 43), *Sussex* (CFB: 389, 393, 603; FBDA: 153), *Westmorland* (TD: 77), *West Riding* (CFB: 545), *Yorkshire* (CFB: 545, 656)

Landschaftsnamen:
Exmoor (CFB: 245), *Lincolnshire Fens* (CFB: 150), *[Norfolk] Broads* (CFB: 103)

Siedlungsnamen (Namen von Städten, Stadtteilen, Vororten und Dörfern):
London (z.B. CFB: 545; TD: 77; PL: 173, 269; MKM: 55; FFF: 66, 107), *Birmingham* (MKM: 121), *Cambridge* (CFB: 236; FFF: 119; SES: 18), *Oxford* (CFB: 293, 674), *Cumnor* (CFB: 293), *Canterbury* (MKM: 183; PL: 216), *Bath* (TLB: 208), *Glastonbury* (TLB: 142), *Hereford* (TLB: 260), *Chichester* (FBDA: 158), *Southampton* (CFB: 393), *Harwich* (CFB: 9), *Hartlepool* (CFB: 22), *Scarborough* (CFB: 171), *Margate* (PL: 226), *Reading* (TLB: 107), *Lowestoft* (PMP: 42),
Acton (TLB: 107), *Belgravia* (CFB: 40), *Bloomsbury* (CQT: 106), *Camberwell* (CFB: 131), *Camden Town* (CFB: 16, 64), *Chelsea* (CFB: 425), *Clapham* (CFB: 89); *Croyden* (PL: 221), *Fulham* (CFB: 240), *Greenford* (CFB: 119), *Hampstead* (CFB: 15, 17, 158, 626), *Hoxton* (FFF: 15), *Kensington* (CFB: 232), *Lambeth* (CQT: 9; FFF: 142), *Purley* (CQT: 89), *Putney* (CFB: 54, 240), *Shepherd's Bush* (CQT: 106), *Tufnell Park* (CFB: 16), *Westminster* (CFB: 18, 103, 131; MKM: 145), *Whitehall* (PMP: 89), *Wimbledon* (CFB: 12; PL: 268),
Dublin (MKM: 37), *Glasgow* (CFB: 78; PMP: 38), *Edinburgh* (CFB: 613), *Fontainebleau* (SES: 35), *Paris* (CFB: 199; SES: 35; PMP: 68), *Vienna* (SES: 130), *Ghent* (CFB: 9), *Brussels* (CFB: 9), *Cracow* (PMP: 2), *Poznan* (PMP: 2), *Port Said* (CFB: 289), *Chicago* (CFB: 221), *Michigan* (TLB: 96), *Frankfort* (CFB: 323), *New York* (CFB: 341; FFF: 107), *Kansas City* (CFB: 320), *Washington* (CFB: 569)

Gewässernamen:
the Atlantic (CFB: 387; FFF: 7), *the Lake of Como* (TLB: 285), *the Thames* (CFB 131; TLB: 44; MKM: 56), *the Severn* (TLB: 44), *the Seine* (CFB: 24)

Verkehrswegnamen (vgl. WALTHER 1990: 97), Namen von Bahnhöfen[71]
Old Kent Road (PL: 215), *Bath Road* (TLB: 106), *Park Lane* (CFB: 154), *Mafeking Avenue* (CFB: 240), *Pall Mall* (TLB: 45), *Piccadilly Circus* (FFF: 7), *the Strand* (CFB: 213), *Trafalgar Square* (CQT: 113), *Berkeley Square* (CQT: 41), *Sloane Square* (CQT: 136), *Champs Elysées* (CFB: 196), *Rue de Rivoli* (CFB: 9), *Stratford* (railway station, CFB: 11), *Liverpool Street* (railway station, CFB: 11), *Victoria* (railway station, CFB: 11), *Paddington Station* (TLB: 282)

Materiell-verkörpernde Namen wie diese appellieren an das Vorwissen des Lesers, in dessen Vorstellung sie sich mit einem aus der Realität bekannten Ort verbinden. Auf diese Weise erhalten die Erzählhandlungen bei Chesterton trotz aller offensichtlicher Fiktivität immerhin ein gewisses Maß an Authentizität.

(b) Ideell-verkörpernde Namen

Neben einer großen Zahl materiell-verkörpernder Toponyme verwendet Chesterton jedoch auch andere Namen, die nicht die Identität des literarischen Ortes mit einer namensgleichen Stadt suggerieren. Hierbei kann es sich sowohl um solche Namen handeln, die man im Atlas überhaupt nicht findet, als auch um Namen, welche ihrer Form nach zwar real sind, jedoch einen fiktiven Ort in einer anderen Region oder einem anderen Land bezeichnen. Wenn Chesterton literarische Schauplätze nach realen Orten benennt, ohne die Illusion ihrer Identität zu bezwecken, verfremdet er in der Regel die originalen ON. Die meisten ideell-verkörpernden Toponyme erhalten jedoch trotz ihrer Fiktivität ein realistisches Aussehen, wie die nachfolgenden Beispiele verdeutlichen sollen:
Daß die Namen der Orte *Dulham* ("The Curse of the Golden Cross") sowie *Casterbury* ("The Insoluble Problem") nicht im Atlas zu finden sind, werden wahrscheinlich die wenigsten Leser wissen. Schließlich sind ihnen die ähnlich klingenden ON **Durham** und **Canterbury** bekannt. Es ist zu vermuten, daß Chesterton diese beiden Städte zum Vorbild für seine Handlungsschauplätze ausgewählt und in ihren Namen lediglich einzelne Phoneme bzw. Grapheme ausgetauscht hat. Die substituierten Laute [r]/[l] und [s]/[n]

ähneln sich zudem in ihren klanglichen Qualitäten bzw. in der Stelle ihrer Artikulation. So trägt die häufigste Realisierungsvariante des englischen [r] Züge eines Sonoranten wie [l]; [s] und [n] sind beides alveolare Laute. Neben dieser zunächst rein formalen Ähnlichkeit scheint auch ein innerer Zusammenhang die Vermutung, daß Durham und Canterbury als Namensvorbilder dienten, zu bestätigen. In den beiden Erzählungen spielt die Handlung an religiösen Stätten. In "The Curse of the Golden Cross" geht es um ein angeblich fluchbeladenes Kreuz, welches bei Ausgrabungen auf einem Kirchhof in Dulham gefunden wurde. In der Geschichte "The Insoluble Problem" sind Father Brown und Flambeau nach Casterbury unterwegs, um den Diebstahl einer kostbaren Reliquie aus dem dortigen Kloster zu verhindern. Es klingt daher nicht unwahrscheinlich, daß sich Chesterton bei der Benennung dieser beiden Schauplätze an *Durham* und *Canterbury* und somit an zwei englischen Städten orientierte, in denen sich berühmte Kathedralen befinden.

M. GARDNER (GAI: 104) bemerkt in seiner annotierten Ausgabe des Erzählbandes *The Innocence of Father Brown*, daß Chesterton den zunächst gewählten realen Namen *Sudbury* in der Erzählung "The Invisible Man" später zu *Ludbury* umänderte. Wie auch im Fall *Durham/Dulham* und *Casterbury/Canterbury* wandelte Chesterton den Namen *Sudbury* phonetisch leicht ab, wobei nicht auszuschließen ist, daß ihn hierbei die Namen der Orte **Ledbury** (nahe Hereford) und **Ludborough** (in Lincolnshire) beeinflußten.

Chesterton änderte reale Namen nicht nur lautlich, sondern mitunter auch semantisch ab. Dabei beweist er wieder einmal Humor, so z.B. wenn aus der realen Universitätsstadt **Oxford** plötzlich eine fiktive Siedlung namens *Cowford* wird (vgl. engl. *ox* 'Ochse', *cow* 'Kuh'; TLB: 68).

Zu dem Namen des Flusses *Black River*, an welchem Chesterton seine fiktive Schlacht zwischen englischen und brasilianischen Truppen stattfinden läßt, bemerkt M. GARDNER (GAI: 222):

> Chesterton may have made up the name Black River, but there is a Rio Prêto (Portugese for Black River) in Brazil that rises east of Brasilia, flows down beside the Serra do Rio Prêto, and eventually runs into the Rio São Francisco.

Es ist möglich, daß Chestertons *Black River* an den von GARDNER benannten Fluß **Rio Prêto** erinnern sollte. Vielleicht ließ sich der Autor aber auch vom Namen des berühmten Nebenflusses des Amazonas, **Rio Negro**, leiten und übersetzte diesen ins Englische. Unabhängig davon, welcher der beiden Flüsse ihm möglicherweise als Namensvorbild diente, mag Chesterton auch die lexikalische Bedeutung von *Black River* ('Schwarzer Fluß') als passend empfunden haben. An diesem Ort läßt er das schlimmste Verbrechen aller seiner Erzählungen geschehen.

Wesentlich für die Handlung der Geschichte "The Terrible Troubadour" sind die Kletterpflanzen, die an einem Balkon emporranken. Dies veranlaßt den Erzähler dazu, den Ort des Geschehens *Hanging Burgess* mit den **Hängenden Gärten** der Königin Semiramis von Babylon zu vergleichen (vgl. PMP: 98f.). Auf diese Weise legt er das Benennungsmotiv offen.

Nicht immer läßt sich ein deutlicher innerer Bezug zwischen einem literarischen und einem gleichen oder ähnlichen nicht-literarischen Toponym feststellen. So ist es möglich, daß Chesterton bei der Bildung des fiktiven ON *Barkington* (MKM: 143) weniger an den realen englischen Ort **Barking** (Greater London; Suffolk) dachte, sondern einzig durch den Klang dieses Namens inspiriert wurde.

Als Schauplatz der Erzählung "The Moderate Murderer" dient eine Provinz im Osten Ägyptens mit dem Namen *Polybia*. Wie die Leser erfahren, befindet sich der Sitz des neuen Gouverneurs, Lord Tallboys, unweit der Stadt *Pentapolis*. Es ist zu vermuten, daß Chesterton bei der Wahl dieser Namen durch die wahren lokalen Verhältnisse in Nordafrika beeinflußt wurde. Bewußt oder unbewußt scheint er mit den Namen der Provinz *Polybia* und der Stadt *Pentapolis* an den westlich von Ägypten gelegenen Staat **Libyen** (engl. *Libya*) sowie dessen Hauptstadt **Tripolis** anzuspielen. Man vergleiche auch die Analogie der beiden Siedlungsnamen *Tripolis* und *Pentapolis* (griech. *polis* 'Stadt', *treis* 'drei', *pente* 'fünf'). Es ist allerdings auch möglich, daß Chesterton den Namen *Pentapolis* in Erinnerung an den gleichnamigen Bund von fünf Griechenstädten im Nordosten Libyens (Cyrenaika) wählte.

(c) Klassifizierende Namen

B. COTTLE (1983: 195) gibt in seinem Aufsatz zur literarischen Namengebung potentiellen Autoren den guten Rat, ein Dorf namens *Kirkby* nicht in Somerset anzusiedeln. Dieser Name, der für das Gebiet des Danelaw typisch ist, paßt nicht in den Südwesten Englands. Manche ON sind aufgrund der in ihnen enthaltenen lexikalischen Elemente oder ihrer Bildungsstruktur für ein bestimmtes Gebiet kennzeichnend. So lassen sich oftmals Vermutungen darüber anstellen, in welchem Land und mitunter sogar in welcher Region sich ein benannter Ort befindet.

Daß Chestertons fiktiver Staat *Heiligwaldenstein* ("The Fairy Tale of Father Brown") im deutschsprachigen Raum liegt, ist unschwer zu erraten. Gleichfalls klingen *Cranston* (CFB: 352), *Suttford* (CFB: 636), *Dulham* (CFB: 389), *Casterbury* (CFB: 692), *Holmegate* (CFB: 487) und *Chisham* (CFB: 484) als die Namen englischer Ortschaften glaubwürdig[72]. Sie enthalten ON-Elemente, die in anderen Kombinationen durchaus geläufig sind. Man vergleiche z.B. *Cranswick/Acton; Sutton/Oxford; Dulwich/Durham, Casterton/Canterbury, Holmewood/Margate, Chishill/Evesham*[73].

Für die lokale Einordnung des Geschehens erfindet Chesterton nicht nur Siedlungsnamen, sondern auch den Namen einer afrikanischen Provinz: Obwohl der Name *Polybia* in "The Moderate Murderer" nicht wirklich existiert, werden die Leser ihn als Bezeichnung eines größeren administrativen Gebietes wohl akzeptieren, enthält er doch das Element *-ia*, welches z.B. auch in den Namen *Mongolia, Bulgaria, Moravia, Bohemia, Bavaria, Pennsylvania* oder *Virginia* vorkommt. Ähnlich verhält es sich bei dem Staat *Pavonia* in der Erzählung "The Loyal Traitor". *Pavonia* existiert nicht als der Name eines realen Landes; der *Britannica Atlas* (1995) führt lediglich einen sehr kleinen Ort dieses Namens nahe Mansfield, Ohio (USA) auf. Ob Chesterton wußte, daß es den von ihm verwendeten ON wirklich gibt, ist nicht bekannt. Es ist jedoch zu bezweifeln.

(d) Redende/Klanglich-semantische Namen

Wie FigN, so können auch ON durch die Aktualisierung einer lexikalischen Bedeutung auf bestimmte Merkmale des NT verweisen. Die Gruppe redender und klanglich-semantischer Toponyme ist gegenüber den Anthroponymen vergleichsweise klein.

Die Deutlichkeit, mit der ein ON seinen NT kennzeichnet, variiert. So macht Chesterton die Leser z.T. durch explizite Kommentare auf den redenden Charakter eines Namens aufmerksam. Andere Namen "reden" weniger offensichtlich und lassen nur für gründliche Leser einen deskriptiven Bezug zum benannten Objekt erkennen.

Der bereits erwähnte Name des fiktiven Staates *Pavonia* in der Erzählung "The Loyal Traitor" erinnert an das königliche Wappentier, den Pfau (vgl. engl. *pavonian, pavonine* 'pfauenartig'). Es heißt, daß der König in vergangenen Zeiten unter der Flagge mit dem Zeichen des Pfaus in die Schlacht geritten war und ihm sogar Pfauenfedern vorangetragen wurden. Neben zahlreichen derartigen Hinweisen betont der Erzähler an einer Stelle explizit, daß der Pfau vermutlich der Ursprung des Landesnamens sei (vgl. FFF: 180). Noch deutlicher tritt dieses Benennungsmotiv im Straßennamen *Peacock Crescent* (FFF: 180) in derselben Erzählung zutage[74].

Auch der Name *Moon Crescent* ist redend. So erfährt man zu Beginn der Geschichte "The Miracle of Moon Crescent", daß die Straße so romantisch wie ihr Name sei: "Moon Crescent was meant in a sense to be as romantic as its name; (...)" (CFB: 368). Etwas später heißt es: "The crescent looked as cold and hollow as the moon after which it was named" (CFB: 377).

"The Hole in the Wall" lautet die etymologische Erklärung, die James Haddow in der gleichnamigen Erzählung für den ON *Hollinwall* anbietet. In der Tat läßt der Klang des Namens eine derartige Interpretation plausibel erscheinen. Die wahre Bedeutung, wie sich im Laufe der Geschichte zeigt, ist jedoch 'holy well' (engl. 'heilige Quelle')[75]. Daß das Etymon eines ON nicht immer mit der lexikalischen Bedeutung identisch ist, die seine heutige Form suggeriert, traf nach Chestertons Meinung auch für seinen Wohnort Beaconsfield zu. Er legte Wert auf die korrekte Aussprache des Namens als ['bekanzfi:ld], da er der irrtümlichen Meinung war, der Ort sei nicht nach einem Leuchtfeuer (engl. *beacon*), sondern nach den umliegenden Buchenwäldern benannt (engl. *beeches*; vgl. AB: 220; WARD 1945: 449)[76].

In mehrfacher Hinsicht semantisch motiviert erscheint der Name des Dorfes *Ponder's End* in der Erzählung "The Elusive Companion of Parson White". Zunächst heißt es über das Dorf:

> To begin with, the village they call Ponder's End ought to be called World's End; it gives one the impression of being somewhere west of the sunset. (TLB: 142)

Diese Worte äußert Hilary Pierce, nachdem er das Dorf besucht hat, um herauszufinden, wer sich hinter Parson Whites Gefährten, Snowdrop, verbirgt. Da er jedoch mit seinen Überlegungen nicht weiterkommt (vgl. engl. *to ponder* 'nachdenken', 'grübeln'; *end* 'Ende'), beschließen seine Freunde, den Ort noch einmal gemeinsam aufzusuchen. So schlägt Owen Hood vor: "'Look here,' (...), 'we must all go down to Ponder's End and bring this business to a finish'" (TLB: 146). Die Reise führt tatsächlich zu dem gewünschten Ergebnis und setzt dem langen Grübeln der Freunde ein Ende.

Zu Beginn der Erzählung "The Man Who Shot the Fox" treten zwei Männer auf, welche gemeinsam die Hauptstraße eines kleines Dorfes entlanggehen. Der eine von ihnen, Rev. David East, hat es geschafft, fast die gesamte Dorfbevölkerung von der Schädlichkeit des Alkoholgenusses zu überzeugen, so daß mit einer einzigen Ausnahme alle Gasthäuser des Dorfes geschlossen wurden. Mehrmals ist im Text die Rede davon, daß Rev. East einen "Sieg" über die Schilder der Gasthäuser errungen habe: "his victories over the signs that had vanished" (SES: 19), "his victory over something that was for him a monster"

(SES: 17). Diese Tatsache, die für den weiteren Textverlauf von Bedeutung ist, drückt auch der Name des Dorfes, *Wonover* (vgl. engl. *won over* < *to win over* 'überreden', 'für sich gewinnen'), aus.

Offensichtlicher als in diesem Namen dürfte der redende Charakter des ON *Seawood* und des Inselnamens *Reed Island* sein. Über den Küstenort *Seawood* (vgl. engl. *sea* 'Meer', *wood* 'Wald', 'Holz') heißt es in der Erzählung "The God of the Gongs", daß er auf der einen Seite vom Meer begrenzt wird, auf der anderen Seite in ein Wäldchen mündet:

> Inland the little wintry gardens faded into a confused grey copse; (...). Seawards there was no sail or sign of life save a few seagulls: (...). (CFB: 271)

Daß die mit *Reed Island* (engl. *reed* 'Schilf') bezeichnete Insel in den Norfolk Broads von Schilf umgeben ist ("the reeds round the island", CFB: 105; "the rattling reeds", CFB: 106), bedarf keiner weiteren Erläuterung. Der Name spricht für sich.

Die Absicht, die Chesterton an den Namen der Grafschaft *Bluntshire* in "The Unobtrusive Traffic of Captain Pierce" knüpft, dürfte ebenfalls leicht erkannt werden (vgl. engl. *blunt* 'stumpf', 'plump'). Ein Ort wie Bluntshire, in dem übertriebene Hygienevorschriften herrschen, mußte unweigerlich den Spott Chestertons auf sich ziehen.

Auch der Name *Potter's Pond* (vgl. engl. *to potter* 'bummeln', 'trödeln'; *pond* 'Tümpel', 'Teich') deutet auf den Charakter des Ortes, den er bezeichnet, hin ("The Vampire of the Village"). Potter's Pond ist ein winziges Dorf, in dem die Zeit anscheinend stehengeblieben ist: "the tiny village of Potter's Pond" (CFB: 705), "a very remote and secluded village" (CFB: 705), "like a village of a hundred years ago" (CFB: 705f.).

Die drei in dem Namen des Staates *Heiligwaldenstein* enthaltenen Lexeme *heilig*, *Wald* und *Stein* werden von Lesern mit entsprechenden Deutschkenntnissen sicherlich unschwer erkannt. Daß diese Wörter jedoch einen tieferen Bezug zum Schauplatz und zur Erzählhandlung insgesamt aufweisen, mag manchem Leser dennoch verborgen bleiben: Heiligwaldenstein ist ein felsiges und waldreiches Gebiet. Angeblich sollen in den Felsen Goldvorkommen lagern. Um nähere Informationen zu erhalten und seine Gier nach diesem Schatz zu befriedigen, begibt sich Prinz Otto zu einem Einsiedler. Der Weg durch den *Wald* zu dem *Felsen*, auf welchem der *Mönch* lebt, wird Prinz Otto letztlich zum Verhängnis.

Die französische Kleinstadt, die den Schauplatz des Geschehens in der Erzählung "The Finger of Stone" darstellt, heißt *Carillon*. Die auch im Englischen bekannte Bedeutung des französischen Wortes *carillon* 'Glockenspiel' steht in keinem erkennbaren Zusammenhang mit den im Text dargestellten Ereignissen. Viel näher liegt es, lediglich den ersten Teil des Namens eingehender zu betrachten. So fällt auf, daß einige ähnlich anlautende Namen wie *Caria* (dt. *Karien*), *Carcassonne* und *Carinthia* (dt. *Kärnten*) auf demselben vor-indoeuropäischen Wort *kar* oder *kal* 'Stein', 'Fels' basieren (vgl. ROOM 1992a: 97). Auch Chestertons Ort mit dem Namen *Carillon* ist von hohen Felswänden umgeben. Die ermittelte Bedeutung von *kar* trifft darüber hinaus genau den Kern der Erzählung. Im Mittelpunkt des Geschehens steht ein Professor, der sich mit Fossilien und dem Prozeß der Versteinerung beschäftigt. Seine neuesten Erkenntnisse werden von einem ehemaligen Anhänger nicht akzeptiert, so daß dieser den Professor tötet. Er wirft die Leiche in einen Gebirgsbach, welcher aufgrund seiner besonderen chemischen Beschaffenheit den leblosen Körper sofort zu Stein verwandelt. Daß Chesterton mit der Wahl des Namens *Carillon* eine Beziehung zum Thema der Erzählung andeuten wollte, kann nicht mit endgültiger Sicherheit gesagt werden. Die überaus häufigen Erwähnungen von "stones", "fossils" und "petrification" scheinen diese Annahme immerhin zu unterstützen. Zudem ist das von der gleichen Wurzel abgeleitete Wort *cairn* ein im Englischen allgemein bekannter Ausdruck für einen als Grenz- oder Grabmal aufgeschütteten Steinhaufen.

(e) Klangsymbolische Namen

Bei den Toponymen lassen sich, ähnlich wie schon bei den Anthroponymen, keine Beispiele finden, die ausschließlich über ihre Lautgestalt wirken. Ein Name wie *Little Puddleton* (TLB: 79) klingt zweifellos komisch. Insbesondere der Rhythmus des Namens im Zusammenspiel mit den Phonemverbindungen [tl] und [dl] mögen den Eindruck von etwas Kleinem und vielleicht Unbeholfenem wecken. Darüber hinaus knüpfen sich jedoch auch semantische Assoziationen an diesen Namen, den man synchronisch etwa mit 'Kleine Pfützenstadt' übersetzen könnte[77]. Analog dazu lassen sich mehrere fiktive ON anführen, welche Chesterton in seinen journalistischen Arbeiten verwendet. Wie *Little Puddleton* wirken auch *Chankly Bore* (CWC, vol. 34: 278), *Bumps-in-the-Puddle* (CWC, vol. 34: 315), *Dumps-in-the-Ditch* (CWC, vol. 34: 316) und *Hugby-in-the-Hole* (CWC, vol. 34: 494) aufgrund ihres Klanges und der mit ihnen assoziierten lexikalischen Bedeutungen erheiternd.

Wie die zu den einzelnen Namenarten angeführten Beispiele gezeigt haben, vermischt Chesterton in seinen Erzählungen reale und fiktive ON. Ein großer Teil von ihnen, und zwar die **materiell-verkörpernden Namen** wie *London*, *Glasgow* oder *New York*, suggerieren den Lesern die Übereinstimmung des literarischen Schauplatzes mit einem ihnen aus der Realität bekannten Ort. Daneben finden sich Namen, die keinen derartigen Anspruch erheben. Obwohl sie nicht auf der Karte lokalisierbar sind, tragen auch sie dazu bei, die mit ihnen benannten Orte in gewisser Weise als authentisch erscheinen zu lassen (vgl. auch MAUSHAGEN 1995: 194). Dabei können insbesondere zwei Faktoren die **realitätsillusionierende** Wirkung eines fiktiven ON erhöhen: (1) seine formale Beschaffenheit und (2) seine Einbindung in die toponymische Landschaft des Textes. Erstens werden Leser einen Namen eher dann der Wirklichkeit zuordnen, wenn dieser **realistisch** klingt, d.h. wenn er in seiner Struktur und in seinen Elementen die reale Namenwelt imitiert. Zweitens können fiktive ON dann authentischer erscheinen, wenn sie in der Geschichte einen **realen geographischen Bezugspunkt** haben. Ein Ort namens *Sequah* ("The Mistake of the Machine") wird den Lesern unbekannt sein, denn es gibt ihn nicht. Sie werden ihn jedoch vermutlich als gegeben hinnehmen, da er sich unweit von *Chicago* befinden soll. Auch das Dorf *Bohun Beacon* ("The Hammer of God") erscheint glaubhafter, weil es in der Nähe von *Greenford* liegt. *Greenford* ist ein Vorort im Westen Londons. Gleichfalls wird der Leser eine Vorstellung mit den fiktiven Orten *Cobhole* ("The Head of Cæsar") und *Dulham* ("The Curse of the Golden Cross") verbinden, werden sie doch in der Geschichte den realen Grafschaften *Essex* und *Sussex* zugeordnet.

Die Genauigkeit, mit der das dargestellte Geschehen territorial eingeordnet wird, kann variieren. Während in manchen Geschichten Städte und Dörfer namentlich exakt angegeben werden, erfährt man in der Erzählung "Pond the Pantaloon" z.B. nur, daß die Handlung an "einem gewissen Eisenbahnknotenpunkt in den Midlands" ("a certain railway-junction in the *Midlands*", PMP: 55) spielt. Wird ein Schauplatz nur sehr vage angegeben, bleibt er gänzlich anonym oder trägt er einen eindeutig fiktiven Namen, geschieht dies mit einer ganz bestimmten Intention. So mag in der Detektivliteratur die Absicht, keine realen Städte oder Dörfer als Tatorte scheußlicher Verbrechen zu brandmarken, bestimmend sein. Das Bemühen um Rücksichtnahme führte bei Chesterton zu einer ähnlichen Tendenz, wie sie J. SKUTIL (1974: 16) in den Werken mehrerer Gegenwartsautoren feststellen konnte: Dort werden häufiger die Namen kleiner Orte verändert, während die Namen größerer Städte in der Regel beibehalten werden. Wie M. GARDNER (GAI: 104) vermutet, änderte Chesterton den realen Namen *Sudbury* zu *Ludbury* um, da er den Ort nicht mit den unangenehmen Gestalten in seiner Erzählung belasten wollte. Es klingt jedoch wahrscheinlicher, daß Chesterton, der jeden anderen Namen hätte wählen können, die Bewohner von Sudbury auf seine Erzählung geradezu aufmerksam machen wollte. So hatte er in einem Aufsatz im Jahre 1907 amüsiert berichtet, wie sich die zwei Städte Sudbury und Ipswich darum stritten, welche von ihnen in Wahrheit die korrupte Stadt *Eatanswill* in Charles Dickens' Roman *The Pickwick Papers* sei (vgl. CWC, vol. 27: 534-538 bzw. ATC: 245-252). Es ist daher zu vermuten, daß Chesterton den ON ganz bewußt wählte, um das offensichtliche Verlangen der Stadt Sudbury nach einem schlechten Ruf zu befriedigen. Weshalb der Name in der Buchausgabe leicht verändert ist, läßt sich nicht mit Sicherheit sagen. Es ist einerseits durchaus möglich, daß Chesterton wirklich eventuellen Unannehmlichkeiten vorbeugen wollte. Andererseits kann man jedoch auch einen bloßen Schreib- oder Druckfehler nicht ganz ausschließen.

Abschließend zu den Toponymen in Chestertons Erzählungen sei eine Beobachtung von O.D. EDWARDS wiedergegeben. EDWARDS (1989: 304) stellt zu Recht fest, daß Chestertons Schauplätze weniger durch ON, als vielmehr durch den Zauber seiner literarischen Landschaften Gestalt annehmen. Ein Name kann den Lesern eine gewisse Vorstellung von dem Ort vermitteln und diesen, wie z.B. bei *Wonover* und *Casterbury* deutlich wurde, mitunter näher charakterisieren. Trotz aller Assoziationen, die Chestertons ON hervorrufen, wird die Vorstellung des Lesers maßgeblich durch die bildhafte Beschreibung des Handlungsortes bestimmt. Anders als in den von G. EIS untersuchten Kriminalromanen, in denen die Namen der Orte zumeist "den Eindruck genauer Kenntnis von Land und Gegend" (EIS 1970: 87) erwecken sollen, kommt es Chesterton mehr darauf an, durch die Darstellung des Raumes eine gewisse Atmosphäre zu erzeugen. Hiermit verstößt er gegen eine der von S.S. VAN DINE für die Detektivliteratur aufgestellten Regeln. VAN DINE (1992: 145) hatte eindeutig formuliert:

> Ein Detektivroman sollte keine langen beschreibenden Passagen, kein literarisches Verweilen bei Nebensächlichkeiten, keine subtilen Charakteranalysen, kein intensives Bemühen um "Atmosphäre" enthalten. Diese Elemente sind in einem Bericht über Verbrechen und Schlußfolgerungen nicht von elementarer Wichtigkeit.

Doch Chesterton konnte sein Talent als Zeichner auch in seinen Texten nicht verleugnen. Dabei ist die auffällige Bildlichkeit seiner Beschreibungen kein Selbstzweck. So sind die in der Geschichte herrschende Atmosphäre, der Schauplatz der Handlung und das jeweilige Verbrechen feinstens aufeinander abgestimmt. Schließlich betrachten sich Chestertons Verbrecher als Künstler, deren Taten in die Landschaft passen müssen. Diesen Gedanken unterstreicht Flambeau, wenn er in Rückblick auf seine kriminelle Laufbahn sagt:

"As an artist I had always attempted to provide crimes suitable to the special season or landscapes in which I found myself (...)" (CFB: 54).

4.3.1.3. Varia

Neben Anthroponymen und Toponymen konnten in den untersuchten Texten Vertreter weiterer Namenklassen gefunden werden. Auch wenn diese nicht zum Kern der literarischen Namenlandschaft gehören, sollen sie als marginale Gruppe der Vollständigkeit halber berücksichtigt werden. So lassen sich z.b. mehrere Namen von Häusern und Gaststätten, von Firmen und anderen Einrichtungen sowie künstlerischen Produkten und Presseerzeugnissen anführen.

(a) Gebäudenamen

Zu den in den Texten benannten Gebäuden zählen **Wohnhäuser** bzw. die entsprechenden Grundstücke sowie **Gasthäuser**. An die Benennung eines Hauses können sich zwei verschiedene Intentionen knüpfen: So dient der Name zum einen dazu, das entsprechende Haus zu identifizieren und es von anderen Gebäuden zu unterscheiden. Als Erkennungszeichen sind **Hausnamen** insbesondere in ländlichen Gebieten erforderlich. So tragen Häuser, die z.T. recht isoliert stehen, oftmals keine Hausnummern; mitunter läßt sich nicht einmal ein Straßenname angeben (vgl. COTTLE 1983: 186).

Zum anderen erhalten aber auch viele Häuser einen Namen, obwohl sie bereits über eine ihnen von der Gemeinde offiziell zugewiesene Anschrift auffindbar sind. In diesen Fällen wäre ein zusätzlicher Name zur Identifizierung nicht unbedingt notwendig. Da jedoch der Besitzer eines Hauses das Recht hat, sein Eigentum zu benennen, läßt er sich diese Freiheit in der Regel auch nicht nehmen. Dabei kann die Entscheidung für einen konkreten Namen von verschiedenen Faktoren beeinflußt werden. Eine mit den Chestertons befreundete Familie benannte ihr Zuhause *Christmas Cottage*, da ihr das Weihnachtsfest sehr viel bedeutete (vgl. WARD 1952: 176ff., 258). Wie B. COTTLE (1983: 189) bemerkt, können Hausnamen dazu anregen, Vermutungen über die Namengeber, d.h. die Bewohner eines Hauses oder dessen ehemalige Besitzer, anzustellen. Es ist ein großer Unterschied, ob man seinem Haus einen eher vornehmen Namen wie *Grosvenor*, *Buckingham* oder *Tivoli* verleiht (Bsp. vgl. COTTLE 1983: 188) oder ob man es, für jedermann sofort erkennbar, einfach nach der Lage auf einem Berg *Hilltop* oder *Hillside* (DUNKLING 1993: 196) nennt.

Auch in Chestertons Erzählungen läßt sich das Wesen einzelner Figuren an den Namen ihrer Häuser ablesen. Besonders deutlich wird dies, wenn sich mehrere Namen gegenüberstehen:
Colonel Crane, die Titelfigur der Geschichte "The Unpresentable Appearance of Colonel Crane", unterscheidet sich von den Nachbarn durch seine einfache und bescheidene Art. Während sein Haus die schlichte Bezeichnung *White Lodge* trägt, lassen die Namen *Rowanmere* (vgl. engl. *mere* 'Teich') und *Heatherbrae* (vgl. schott. *brae* 'Hügel'), wie der Erzähler ironisch bemerkt, die Existenz von Bergen und großen Seen auf den entsprechenden Anwesen vermuten:

(...) the pathetically picturesque names on their front gates, names suggestive of mountains and mighty lakes concealed somewhere on the premises. (TLB: 13)

Ein ähnliches Beispiel läßt sich aus der Father-Brown-Erzählung "The Strange Crime of John Boulnois" anführen. Auch hier spiegelt sich die Beziehung zweier Figuren symbolisch in den Namen ihrer Häuser wider. Während das gewaltige Anwesen von Sir Claude Champion den Ehrfurcht gebietenden Namen *Pendragon Park* trägt, heißt John Boulnois' Haus schlicht und einfach *Grey Cottage*. Dieses befindet sich unmittelbar außerhalb des Zaunes, der Claude Champions Grundstück umgibt. Nicht zufällig wird Grey Cottage daher oftmals für das Pförtnerhäuschen von Pendragon Park gehalten. Wie bei der Behandlung der FigN in Kapitel 4.3.1.1.2. bereits angemerkt wurde, verkörpert John Boulnois den einfachen, bescheidenen Engländer, während Sir Claude Champion Opfer seines eigenen Ehrgeizes und seiner Geltungssucht wird. Dieses Verhältnis zeigt sich also nicht nur in den Benennungen der Figuren (vgl. *John Bull* vs. *Champion*), sondern auch in den Namen ihrer Häuser.

Manche Namen weisen ausdrücklich auf **Besitzansprüche** hin, indem sie den FaN der Bewohner enthalten. Man vergleiche hierzu *Musgrave Moss* (Haus von Sir John Musgrave und seinem Sohn James in "The Worst Crime in the World"), *Westermaine Abbey* (Haus der Familie Westermaine in "The Fantastic Friends") sowie *Craven House* (Haus des Admiral Michael Craven, seiner Schwester Marion und seiner Tochter Olive in "The Green Man").

Einen übertragenen Namen hat auch das Haus *Wagga Wagga* in der Erzählung "The Head of Cæsar". Es wird von Giles Carstairs nach dessen Rückkehr aus Australien bewohnt und ist nach dem australischen Ort gleichen Namens benannt.

Prior's Park, *Westermaine Abbey* und *Mallowood Abbey* verweisen in ihren Namen auf die ehemals **religiöse Bedeutung** der Orte, an denen sie stehen. *Prior's Park* wurde nach einem mittelalterlichen Kloster benannt (vgl. MKM: 114); *Westermaine Abbey* (PL: 4) und *Mallowood Abbey* (CFB: 554) erinnern daran, daß sich an gleicher Stelle einst Abteien befanden. Bei Mallowood Abbey wird dies besonders an der gothischen Architektur und dem noch erhaltenen Kreuzgang deutlich. Es ist daher um so auffälliger, wenn die jetzigen Bewohner den ursprünglichen christlichen Kern dieses Ortes ignorieren und eine orientalisch geprägte Lebens- und Denkweise annehmen.

Auf das **Aussehen** bzw. die **Art des Hauses** weisen die Namen *White Pillars*, *The Grange*, *Musgrave Moss* und *Château d'Orage* hin. Über *White Pillars* heißt es:

"The crime occurred, as you probably know, at his country place called 'White Pillars,' after its rather unique classical architecture; a colonnade in the shape of a crescent, like that at St. Peter's, runs half-way round an artificial lake, to which the descent is by a flight of curved stone steps. (...)" (TD: 17)

The Grange (CFB: 705) bezeichnet das etwas abgelegene Haus von Mrs. Maltravers in der Erzählung "The Vampire of the Village". Dieser Name (engl. *grange* '[kleiner] Bauern-, Gutshof') gehört zum Standardinventar englischer Hausnamen (vgl. DUNKLING 1993: 202).

Es wurde bereits festgestellt, daß *Musgrave Moss* in der Erzählung "The Worst Crime in the World" das alte Anwesen der Familie Musgrave in Northumberland benennt. Hierbei handelt es sich um ein Schloß, welches den Eindruck erweckt, als habe sich seit dem

Mittelalter nichts an ihm verändert. Diese Vorstellung wird durch das Element *Moss* (engl. 'Moos') noch verstärkt. Zugleich stellt *Moss* einen Kontrast zu dem Sohn des Hauses her, welcher als "rolling stone" (CFB: 543) bezeichnet wird. Die Anspielung auf das englische Sprichwort *A rolling stone gathers no moss* deutet darauf hin, daß der junge James Musgrave dem konventionellen Leben in seinem Elternhaus entgegensteht. Er gerät auf Abwege und tötet, da er Geld benötigt, seinen eigenen Vater.

In einem alten Schloß spielt auch das Geschehen in der Erzählung "The Five of Swords". Das Schloß *Château d'Orage* in Frankreich wird mit wenig einladenden Worten beschrieben, so z.B.: "the neglected grounds and sombre facade of the old château" (SES: 36), "But the garden was overgrown with clumps of wood almost as accidental as giant mosses, (...)" (SES: 37), "its melancholy maze" (SES: 37). Der düstere Eindruck, den das Schloß und sein Garten hervorrufen, sowie die Tatsache, daß an dieser Stelle ein Mann feige ermordet wird, legen den Gedanken nahe, daß der Name von dem französischen Wort *orage* 'Gewitter'/'Sturm' abgeleitet ist. Daß Chesterton die Bedeutung dieses Wortes kannte, beweist sein Nachruf für A.R. Orage, den Herausgeber der sozialistischen Zeitschrift *The New Age* (1907-22). Dort schrieb er einleitend:

> The news came to me like a thunderclap that Orage, whose very name was The Storm, had passed as suddenly as he appeared in the stormy times of old. (ARO: 14)[78]

Auch die **Lage** eines Hauses oder Merkmale seiner **Umgebung** können als Benennungsmotive dienen. So ist *Willowood Place* (vgl. engl. *willow* 'Weide') der Name eines nahe am Fluß gelegenen Anwesens (MKM: 119).
Torwood Park soll mit seinen Elementen *tor* (engl. [besonders in Namen] 'Berg') und *wood* (engl. 'Wald') vermutlich auf die Gegend, in der sich das große Grundstück befindet, hinweisen. Man vergleiche z.B. die Beschreibungen: "the far-off woods of the famous estate of Torwood Park" (MKM: 9), "the Torwood pine forests" (MKM: 17), "he came upon a sort of cleft" (MKM: 9), "the rocky banks, (...), hung over and had the profile of a precipice" (MKM: 9f.).
Sehr offensichtlich ist der Name des Hauses *Reed House* von Prince Saradine. Das Haus ist, ebenso wie die Insel, auf der es steht, nach dem umgebenden Schilf benannt: "'Prince Saradine, Reed House, Reed Island, Norfolk'" (CFB: 104).
An Chestertons eigenes Haus *Top Meadow* erinnert der Name des Anwesens der Familie Nadoway. Dort heißt es:

> It took place in old Jacob's study, which looked out through round bow-windows at 'The Lawns', after which the house was still named. (FFF: 120)

In diesem Zusammenhang ist interessant zu erwähnen, daß Chestertons erstes Haus in Beaconsfield *Overroads* hieß. Diesen Namen hatte Chesterton nicht selbst ausgewählt; er klang jedoch beinahe wie ein Omen, da das Ehepaar Chesterton einige Jahre später sein endgültiges Zuhause *Top Meadow* genau gegenüber von *Overroads* beziehen sollte.

Eine besondere Gruppe innerhalb der Gebäudenamen stellen die Namen der **Gasthäuser** (engl. *pubs, taverns, inns*) dar. Wenn man weiß, wie oft Chesterton seine Arbeit in Fleet Street mit einem Besuch im "Cheshire Cheese" oder in anderen Pubs verband und wie wohl er sich dort fühlte, muß die relativ geringe Zahl der auftretenden Wirtshausnamen verwundern. In den 100 Erzählungen lassen sich insgesamt nur 26 benannte Gasthäuser

finden, wobei einige Namen gleich mehrfach verwendet wurden. So gibt es jeweils vier-
mal die Namen *The Green Dragon* (CFB: 692; SES: 17; MKM: 148; PL: 8) und *The Blue
Boar* (CFB: 118; SES: 17; TLB: 89; PL: 8) sowie je zwei Pubs mit den Namen *The Blue
Dragon* (CFB: 247; CFB: 499), *St. George and the Dragon* (MKM: 113; PL: 8), *The
Seven Stars* (CFB: 549; SES: 36) und *The Grapes* (MKM: 18; PL: 252). Die anderen
Wirtshäuser heißen *The Champion Arms* (CFB: 293), *The Blue Lion* (CFB: 706), *The
Green Man* (CFB: 634), *The Pig and Whistle* (FFF: 156), *The Red Lion* (SES: 17), *The
Red Fish* (CFB: 66), *The Rising Sun* (PL: 1), *The Sign of the Broken Sword* (CFB: 156),
The Three Peacocks (FFF: 66) und *The White Hart* (SES: 17). Im großen und ganzen
greift Chesterton hiermit allgemein verbreitete Namen englischer Wirtshäuser auf. Nur
einige wenige, wie z.B. *The Red Fish*, hat er anscheinend selbst erfunden (vgl. GAI: 104;
DUNKLING; WRIGHT 1994).

Daß sich Chesterton bei der Benennung der Gasthäuser stark an den realen Verhältnissen
orientierte, hat vermutlich seinen Grund darin, daß der Pub für Chesterton eine typisch
englische Institution darstellte. Über ein Wirtshaus in Frankreich sagte er einmal: "'This is
the wrong end of the world for me'" (vgl. DALE 1983: 132). Chesterton konnte seine
Herkunft nicht verleugnen. Obwohl er nicht alle Handlungen seines Landes billigte[79], war
er ein echter Engländer, der sich mit seiner Nation identifizierte. So überrascht es nicht,
daß der englische Nationalheilige St. George gleich zweimal, und der Drache, mit dem
ihn die Legende verbindet, sogar siebenmal auf den Schildern und in den Namen von
Chestertons Wirtshäusern auftreten. Vielleicht war es Chestertons Englandtum, vielleicht
aber auch bloße Unachtsamkeit, die ihn in der Erzählung "The Five of Swords" von einem Gasthaus *The Seven Stars* (SES: 36, 39, 41) sprechen ließ. Die Geschichte spielt in
der Nähe von Paris, so daß ein englischer Name wie dieser als unpassend auffällt, um so
mehr, da die anderen Orte sowie die Figuren überwiegend französisch klingende EN tragen (vgl. *Château d'Orage, Café Roncesvaux, Le Mouton, Le Caron, M. Lorraine*).

In einigen Geschichten stellt der Name, über seine rein identifizierende Funktion hinaus,
weiterreichende Bezüge zum Text her. So benennt *The Green Man* in der gleichnamigen
Erzählung nicht nur ein Pub, sondern verweist in seiner appellativischen Auslegung "the
green man" zugleich auf jenen Fakt, welcher Father Brown als Schlüssel des Verbrechens
dient: Admiral Michael Craven kehrt von einem längeren Aufenthalt auf See zurück und
wird, kurz bevor er sein Haus erreicht, getötet. Auf die Mitteilung des Polizeiarztes hin,
man habe den Admiral tot aus dem Wasser gezogen, verrät sich der Täter, indem er die
scheinbar harmlose Frage stellt, *wo* man die Leiche entdeckt habe. Der Arzt berichtet, daß
Craven im Teich unweit des Wirtshauses gefunden wurde und fast bis zur Unkenntlich-
keit mit grünem Schaum bedeckt ist. Father Brown durchschaut den Täter - niemand anderes würde eine solche Frage stellen, ist es doch eher unwahrscheinlich, daß ein Seefahrer nicht auf See, sondern in einem Teich auf dem Festland ertrinkt - und er erschaudert.
Der Name des Pubs *The Green Man* scheint plötzlich symbolische Gestalt angenommen
zu haben. Der Tote ist nicht, wie man erwartet hätte, mit Seetang, sondern mit Entengrüt-
ze bedeckt.
Die beiden Namen *The Champion Arms* und *The Sign of the Broken Sword* erinnern an
zwei Männer, die in der Öffentlichkeit hochgeschätzt sind, sich in Wahrheit jedoch als
kaltblütige Verbrecher erweisen. So tötet sich der krankhaft ehrgeizige Sir Claude Champion selbst und bezichtigt, kurz bevor er stirbt, seinen unschuldigen Nachbarn des Mordes.

In der Erzählung "The Sign of the Broken Sword" sind Father Brown und Flambeau zu dem gleichnamigen Wirtshaus unterwegs. Der Name erinnert an den heldenhaften Kampf General St. Clares, der angeblich für sein Land in den Tod ging und in seiner letzten Schlacht seinen Säbel zerbrach. Wie Father Brown nachweisen kann, ist die Legende, die sich um den General und dessen zerbrochenen Säbel rankt, erfunden. St. Clare verteidigte nicht die Ehre Englands, sondern beging vielmehr Verrat an seinen Kameraden und an der Heimat. Das Volk weiß nichts von den wahren Geschehnissen und vergöttert General St. Clare. So bemerkt Father Brown gegenüber Flambeau, als dieser voller Abscheu den Namen des Wirtshauses liest:

> "Were you not prepared?" asked Father Brown gently. "He is the god of this country; half the inns and parks and streets are named after him and his story." (CFB: 156)

(b) Figurengruppennamen

In den untersuchten Texten konnten mehrere Namen gefunden werden, die sich auf bestimmte Gruppen von Figuren beziehen. Von besonderem Interesse sind hierbei die Benennungen von Organisationen und anderen Vereinigungen, welche Menschen mit ähnlichen Hobbys oder Anschauungen zusammenführen. Der verbindende Gedanke kann, wie die folgenden Namen zeigen, dabei recht unterschiedlich sein: *Club of Men Misunderstood* (FFF: 16), *Club of Queer Trades* (CQT: 7), *Thirteen Club* (PL: 183), *Ten Teacups* (CQT: 9), *Cat and Christian* (CQT: 8), *The Twelve True Fishermen* (CFB: 39), *Dead Man's Shoes Society* (CQT: 8), *Theosophical or Ethical Society* (TD: 79), *Psychical Research Society* (CFB: 383), *Astronomical Society* (TLB: 220), *Brotherhood of The Word* (FFF: 176), *Red Tulip League* (CQT: 9), *League against Tobacco* (FFF: 146), *League of Christian Amusements* (CQT: 59), *The League of the Long Bow* (TLB: 125).

Während manche dieser Namen nur Spekulationen zulassen, weisen andere recht deutlich auf das Anliegen der entsprechenden Vereinigung hin.
Der *Thirteen Club* ist nach der Zahl seiner Mitglieder benannt. Ihm gehören genau dreizehn Männer an, die abergläubische Vorstellungen als Unfug ablehnen und ganz bewußt unheilverheißende Symbole herausfordern.
Ausgesprochen elitär gibt sich der Klub *The Twelve True Fishermen*. Die Mitglieder treffen sich in einem vornehmen Hotel zu ihrem fast schon zum Ritual gewordenen Dinner, bei welchem ihnen eine delikate Fischspeise serviert wird. Zu diesem besonderen Anlaß liegt ein kostbares silbernes Fischbesteck aus. Der Name des Klubs, der an die zwölf Apostel und somit an die wahren Menschenfischer erinnert, straft den Klub Lügen. Die Mitglieder zeigen kein Interesse an ihren Mitmenschen, sondern nur an ihrer eigenen sozialen Stellung sowie den damit verbundenen materiellen Gütern. So sagt Father Brown, der das gestohlene Silberbesteck findet und es dem Klub zurückgibt: "'(...) You are The Twelve True Fishers, and there are all your silver fish. But He has made me a fisher of men'" (CFB: 50)[80].
Eine revolutionäre Bewegung, die in der Erzählung "The Loyal Traitor" den Staat Pavonia in Atem hält, heißt *Brotherhood of The Word*. Genau betrachtet ist dieser Name gleich in zweifacher Hinsicht paradox. Zum einen scheint nicht viel von den Aktivitäten der Vereinigung nach außen zu dringen, so daß der Polizeipräsident resigniert feststellt:

172

"(...) There must be hundreds of them in it, but to hear them talk, or rather decline to talk, you would think there was nobody in it. It's called the Brotherhood of The Word, but it seems to me more like the Brotherhood of The Silence. (...)" (FFF: 192)

Zum anderen kann man wohl auch kaum von einer "Bruderschaft" sprechen, da lediglich eine einzelne Figur - allerdings in verschiedenen Verkleidungen - der Verschwörung angehört. In der Organisation *The League of the Long Bow* haben sich mehrere Figuren zusammengeschlossen, die allesamt englische Sprichwörter wörtlich verstehen und in die Tat umsetzen. Ihre ungewöhnlichen Geschichten muten wenig glaubhaft an, so daß der Name ihrer Vereinigung im Sinne von 'übertreiben', 'aufschneiden' (engl. *to draw the longbow*) durchaus zutreffend ist. Nicht umsonst werden die Männer auch mit dem Spitznamen *Liars* ('Lügner', TLB: 288) bezeichnet. Das exzentrische Verhalten der Mitglieder hatte sie dazu veranlaßt, ihren Klub zunächst *Lunatic Asylum* ('Irrenanstalt', TLB: 163) zu nennen. Der endgültige Name ist jedoch auch in seiner direkten Bedeutung zutreffend, denn die Figuren vertreten das von Chesterton propagierte Programm des Distributionismus. In mittelalterlicher Manier kämpfen sie wie Robin Hood mit Pfeil und Bogen für eine gerechtere Gesellschaft (vgl. z.B. TLB: 290). Neben dem Ausdruck *longbow* ('Langbogen') scheint auch die Bezeichnung *league* mit Bedacht ausgewählt. Sie stellt einen Bezug zur *New Witness League* (einem Vorläufer der *Distributist League*) her, deren Vorsitzender G.K. Chesterton war.

Die Vereinigungen, in denen sich Chestertons Figuren treffen, sind nicht alle völlig frei erfunden. So erwähnt Charlie Swinburne, daß er einst dem *Athenæum* (CQT: 8) angehörte und daß er seinen Freund, Basil Grant, im *National Liberal Club* (CQT: 105) kennengelernt hat. Die Mitgliedschaft in einem Klub gibt im allgemeinen einen Hinweis auf bestimmte Anschauungen oder auf die soziale Stellung einer Person. So wurde der National Liberal Club Ende des 19. Jahrhunderts für Mitglieder der Liberal Party gegründet. Dem Athenæum gehören seit seiner Gründung im Jahre 1824 viele namhafte Persönlichkeiten aus den Bereichen Wissenschaft, Kunst und Literatur an.

(c) Institutionsnamen

Zu den Einrichtungen und Institutionen, die Chesterton in seinen Geschichten benennt, gehören ein College sowie mehrere Firmen.
Die Handlung der Father-Brown-Erzählung "The Crime of the Communist" ist im Garten von *Mandeville College* in Oxford angesiedelt. Eine Bildungsstätte dieses Namens existiert im realen Oxford nicht. Der Erzähler weiß jedoch zu berichten, daß besagtes College im Mittelalter von Sir John Mandeville mit der Absicht gegründet wurde, das Erzählen von Geschichten zu fördern (vgl. CFB: 662). Jenen Sir John Mandeville gab es wirklich, auch wenn er vermutlich nicht so hieß. Bekannt ist nur, daß Mitte des 14. Jahrhunderts unter diesem Namen ein fiktiver Reisebericht durch Europa und durch den Nahen Osten veröffentlicht wurde. Der "Autor" John Mandeville war selbst nie in den beschriebenen Ländern gewesen, sondern hatte sich lediglich an den verfügbaren Berichten wirklicher Reisender orientiert (vgl. FBH, Bd. 5: 280).

173

Bei den **Firmen**, welche in den Texten auftreten, gibt es zunächst solche, deren Namen sich aus den FaN ihrer jeweiligen Gründer oder Betreiber zusammensetzen. Dieses Benennungsmuster findet sich auch in der Realität häufig. Man denke z.b. an die Verlagshäuser *Mills and Boon* sowie *Harper and Row* oder an die Kaufhauskette *Marks and Spencer*. Über die Art des Unternehmens geben diese Namen zunächst keine Auskunft. Bei Chesterton gibt es die Firma *Nadoway and Son* (FFF: 120), welche Backwaren herstellt. Hinter *Messrs. Swindon & Sand* (CFB: 675) verbirgt sich eine Baufirma; *Miller, Moss & Hartman* (SES: 41) ist eine betrügerische Bande internationaler Geldverleiher, und *Messrs. Willis, Hardman and Dyke* (CFB: 636) sowie *Masters, Luke and Masters* (PMP: 21) benennen Anwaltskanzleien. Die angeführten Namen bezeichnen nicht nur die jeweiligen Firmeninhaber, sondern sie wirken darüber hinaus durch ihre rhythmischen Qualitäten einprägsam.

Anders als in den genannten Beispielen geben die Namen der Firmen *Tyrolean Dairy Company* (CFB: 10), *Adventure and Romance Agency, Limited* (CQT: 30), *Imperial and International Lead-Piping Company* (PMP: 114), *Chain Store Amalgamation Company* (CFB: 658), *Potosi Bank* (TLB: 291), *Hull and Huddersfield Bank* (CFB: 195) sowie *Casterville and County Bank* (FBMM: 405) einen mehr oder weniger deutlichen Hinweis darauf, womit sich die Unternehmen beschäftigen. Letztlich ist noch die wirklich existierende berühmte amerikanische Privatdetektei *Pinkerton's* (CFB: 345) zu nennen, für welche angeblich der fiktive Mr. Dixon in der Erzählung "The Arrow of Heaven" arbeitet.

(d) Produktnamen

Daß der Name eines Erfinders oder Herstellers auf das Erzeugnis übergehen kann, ist hinlänglich bekannt. Man denke z.B. an die berühmten Automarken *Ferrari*, *Ford* und *Porsche* oder an die Produkte der Lebensmittelhersteller *Lyons* und *Schweppes*. Das gleiche Prinzip läßt sich in Chestertons Texten bei den roboterähnlichen Haushaltsgehilfen eines gewissen Mr. Smythe sowie an den Keksen des Herstellers Nadoway erkennen: Sie heißen *Smythe's Silent Service* (CFB: 68) bzw. *Nadoway's Nubs* (FFF: 117), wobei zudem die alliterierende Verbindung der einzelnen Namenselemente auffällt.

Offensichtlich komisch wirken die Namen eines für seine hervorragenden Eigenschaften gelobten Straßenbelags, *Nobumpo* (TLB: 296; vgl. engl. *bump* 'Delle', 'Unebenheit'), sowie einer modernen Geldbörse aus Schweineohren, *Pig's Whisper Purse* (TLB: 181). Besonders erstere Produktbezeichnung ist an Ironie wohl kaum zu übertreffen. So heißt es, daß Nobumpo ein Passieren der Straßen praktisch unmöglich macht, da der Belag alle drei Monate wieder erneuert wird. Dies behindert die Staatsarmee in ihrem Fortkommen und befördert den Erfolg der Anhänger der Organisation "The League of the Long Bow". So heißt es über die angeblichen Vorteile von *Nobumpo*:

But, as has no doubt been observed everywhere, it is one of the many advantages of Nobumpo, as preserving that freshness of surface so agreeable to the pedestrian, that the whole material can be (and is) taken up and renewed every three months, for the comfort of the travellers and the profit and encouragement of trade. It so happened that at the precise moment of the outbreak of hostilities all the country roads, especially in the west, were as completely out of use as if they had been the main thoroughfares of London. (...) it was found that by carefully avoiding roads, it was still more or less possible to move from place to place. (TLB: 296f.)

Neben eindeutig fiktiven Namen wie diesen treten weitere Namen auf, die als real gelten können oder die sogar ein Erzeugnis bezeichnen, welches den Lesern möglicherweise aus der nicht-literarischen Welt bekannt ist. Solche Namen können, wie K. GUTSCHMIDT (1982: 22ff.) feststellt, eine "milieubezeichnende" bzw. "statusunterstreichende" Funktion erfüllen. So verweisen bestimmte Namen von Fahrzeugen, Getränken, Zigarren oder auch Kleidungsstücken auf die regionale oder soziale Zugehörigkeit von Figuren. Mitunter können Waren dazu dienen, wie Realienbezeichnungen ein Land oder eine Region als den Schauplatz der Erzählung lebendig werden zu lassen (vgl. GUTSCHMIDT 1982: 22).

So heißt das Bier, welches Father Brown und Flambeau bei ihrem Aufenthalt in Deutschland trinken, bezeichnenderweise *Münich* (CFB: 305).

Colonel Crane möchte vor seiner Abfahrt aus Indien noch einige Zigarren der Marke *Trichinopoli cigars* (CFB: 287) kaufen.

Seine Vorliebe für *Pittsburgh cigars* (FBMM: 403) und einen *Stetson* als Hut (FBMM: 403) weisen Denis Hara als echten Amerikaner aus.

Daß ein Mann, dessen Mantel als *Inverness cape* (CFB: 618) und dessen Kopfbedeckung als *Glengarry bonnet* (CFB: 618) bezeichnet werden, ein Schotte ist, überrascht nicht im geringsten[81].

Sir Owen Cram bietet seinen Besuchern eine teure Flasche grünen *Chartreuse* (PL: 77) an, denn, so heißt es: "Sir Owen had his expensive conventions as well as his expensive eccentricities" (PL: 77).

Eine Millionärstochter und ihr Verehrer fliehen in einem *Panhard* (CFB: 232). Dies erscheint ihrem Stand angemessen, zählte ein solches Auto doch zu den luxuriösesten Fahrzeugen seiner Zeit (vgl. FBH, Bd. 2: 257).

Nicht nur serienmäßig produzierte Gegenstände erhalten Namen, sondern ebenso einige **Unikate**. Eine römische Silbermünze mit dem Namen *St. Paul's Penny* (MKM: 57) zeigt das Abbild des Heiligen Paulus und soll an dessen Besuch auf den Britischen Inseln erinnern. Die Diamanten, deren Diebstahl Flambeaus letztes Verbrechen darstellt, heißen, da sie schon so häufig gestohlen wurden, *The Flying Stars* (CFB: 56).

Von den bisher genannten gegenständlichen Produkten sind **literarische Werke** und **Presseerzeugnisse** als eine besondere Gruppe zu unterscheiden. Dabei können Chestertons Figuren entweder als Leser, als Verfasser oder auch als Objekte der genannten Bücher auftreten.

Der ehrgeizige Sekretär Harold Harker begeistert sich immer wieder schnell für eine Sache und versucht, es auf vielen verschiedenen Gebieten innnerhalb kürzester Zeit zu größtmöglicher Perfektion zu bringen. So fühlt er sich auch berufen, in die Ermittlungen zu einem Mordfall einzugreifen, hat er sich doch das nötige Wissen aus einem Handbuch mit dem Titel *Be a Detective in Ten Days* (CFB: 635) angeeignet.

Daß auch ein Philosoph gelegentlich einmal Abwechslung braucht, beweist die Titelgestalt in der Erzählung "The Strange Crime of John Boulnois". Als ein Journalist klingelt, um den großen Denker für eine Zeitung zu interviewen, gibt Boulnois vor, nicht zu Hause zu sein. Er kann sich nicht überwinden, das Buch mit dem reißerischen Titel *The Bloody Thumb* (CFB: 393) aus der Hand zu legen. Möglicherweise ließ sich Chesterton bei der Wahl dieses Namens von der Sherlock-Holmes-Geschichte "The Adventure of the Engineer's Thumb" (1892) inspirieren. In jenem Text verliert ein Mann seinen Daumen, als er mit einem Beil angegriffen wird.

Captain Keiths Autobiographie, von der man sich in der Erzählung "The Sign of the Broken Sword" Aufschluß über die bisher ungeklärten Vorgänge während der britisch-brasilianischen Auseinandersetzungen erhofft, ist mit *A British Officer in Burmah and Brazil* (CFB: 147) überschrieben.

Der russische Psychologe Ivanhov ist der Autor des bekannten Werkes *The Psychology of Liberty* (PL: 43), in welchem er seine gefährliche Theorie grenzenloser Freiheit propagiert.

Zu den vielen Büchern, die der Biologe und Anhänger der Evolutionstheorie, Dr. Paul Green, verfaßt hat, gehören unter anderem *The Dog or the Monkey, Studies in the Domestication of Anthropoids* und *Notes on Neanderthal Development* (PMP: 95).

Mrs. Prague, eine äußerst moderne Autorin, nennt einen ihrer realistischen Romane *Pan's Pipes* und das darauf basierende Theaterstück *Naked Souls* (FFF: 8).

Ob die Betrügereien, die John Raggley in einigen englischen Wirtshäusern aufgedeckt hat, je an die Öffentlichkeit gelangen werden, ist fraglich. Bevor er sein Vorhaben ausführen und seine Entdeckungen zu Papier bringen kann, wird er vergiftet. Father Brown erkennt das Tatmotiv, und in der Hoffnung, daß die Enthüllungen trotz Raggleys Tod bekanntgemacht werden, sagt er:

> "May I recall your attention," (...), "to the materials of the forthcoming *Life and Letters of the Late John Raggley*? [Hervorhebung-I.S.] (...)" (CFB: 619).

Der scherzhafte, pseudowissenschaftlich klingende Titel *Pondus Ostroanthropus, or The Human Oyster Revealed* (PMP: 67) deutet auf das Thema des Buches hin. Es stellt die wissenschaftlichen Forschungsergebnisse bezüglich der Ähnlichkeiten Mr. Ponds mit einer Auster vor.

Einen geeigneten Namen für eine Zeitung oder Zeitschrift zu (er)finden, ist nicht leicht. Dies mußte auch Chesterton erfahren, als die Zeitschrift *New Witness* 1922 wegen finanzieller Schwierigkeiten eingestellt wurde und er kurz darauf seine eigene Wochenschrift gründete. Die Frage, welchen Namen sie tragen sollte, wurde heftig diskutiert. Chesterton entschied sich letztlich, das Blatt *G.K.'s Weekly* zu nennen, obwohl ihm sein Freund G.B. Shaw eindringlich davon abgeraten hatte. In einem Brief vom 11. Februar 1923 hatte Shaw ihm geschrieben:

> *T.P.'s Weekly* always had a weakly sound. (...) You have the precedents of Defoe and Cobbett for using your own name; but D.D.'s Weekly is unthinkable, and W.C.'s Weekly indecent. Your initials are not euphonious (...) Chesterton is a noble name; but Chesterton is Weakly spoils it. Call it simply
>
> CHESTERTON'S
>
> That is how it will be asked for at the bookstalls. (WARD 1945: 414f.)

Durch seine journalistische Tätigkeit kam Chesterton mit vielen verschiedenen Zeitungen und Zeitschriften in Berührung, auf deren Namen er in seinen Geschichten zurückgreifen konnte.

In der Erzählung "The Purple Wig" fällt auf, daß der Herausgeber der Zeitung *The Daily Reformer* (CFB: 244) das in diesem Namen ausgedrückte Anliegen völlig ins Gegenteil verkehrt[82]. Er ist keineswegs an einem gesellschaftskritischen Journalismus interessiert. Enthüllungen über Skandale in der Oberschicht bleiben unveröffentlicht, da sich der Herausgeber bei einflußreichen Persönlichkeiten nicht in Mißkredit bringen will. Es klingt sehr wahrscheinlich, daß Chesterton in dieser Geschichte insbesondere an seine eigene Arbeit bei der Zeitung *Daily News* dachte. Diese sowie einige andere Zeitungen gehörten Mr. Cadbury und wurden oftmals als "the Cocoa Press" bezeichnet. Chesterton mußte seine Beiträge für die *Daily News* einstellen, nachdem er die Zeitung in einem Gedicht scharf angegriffen hatte. So ließ er Captain Dalroy in seinem Roman *The Flying Inn* die Verse singen:

> Tea, although an Oriental,
> Is a gentleman at least;
> Cocoa is a cad and coward,
> Cocoa is a vulgar beast,
> Cocoa is a dull, disloyal,
> Lying, crawling cad and clown,
> And may very well be grateful
> To the fool that takes him down.
> (FI: 197)

Es ist daher zu vermuten, daß Chesterton in Anlehnung an die *Daily News* seine fiktive Zeitschrift *The Daily Reformer* nannte.

Dasselbe Adjektiv trat und tritt verständlicherweise auch in Namen anderer Tagesblätter auf. Man vergleiche z.B. die Zeitungen *Daily Mirror, Daily Star, Daily Mail, Daily Express, Daily Herald* und *Daily Telegraph*. In der Erzählung "The Curse of the Golden Cross" trifft man einen Reporter, der angeblich für den *Daily Wire* (CFB: 394) unterwegs ist.

Der Journalist James Dalroy bedauert, für das Blatt *Smart Society* (CFB: 294) arbeiten zu müssen. Es liegt ihm nicht, das Privatleben anderer Menschen auszuspionieren und deren familieninterne Angelegenheiten in der Öffentlichkeit zu verbreiten.

Die Amerikanerin Miss Artemis Asa-Smith versucht in der Erzählung "The Crime of Captain Gahagan", Mr. Pond für die Zeitung *The Live Wire* (PMP: 17) zu interviewen.

Ein anderes Blatt, das sich ebenfalls an bedeutenden Persönlichkeiten der Alten Welt interessiert zeigt, heißt, in Anpielung auf die geographische Lage Amerikas, *Western Sun* (CFB: 292).

Die anderen in den Texten genannten amerikanischen Zeitungstitel sind einander verblüffend ähnlich. Vielleicht wollte Chesterton mit den Namen *Comet* (CFB: 569), *Chicago Comet* (FFF: 7) und *Minneapolis Meteor* (CFB: 592) die emsige Geschäftigkeit und Sensationsgier der amerikanischen Presse karikieren. Die Beschreibung der jeweiligen Vertreter dieser Zeitungen scheint eine solche Vermutung nahezulegen.

Mehrere Erzeugnisse der britischen Presse, wie z.B. *Rutland Sentinel* (CQT: 7; vgl. CWC, vol. 6: 52, n. 1), *Pall Mall Gazette* (CQT: 142), *Punch* (MKM: 28) oder *The Times* (TLB: 63) werden in den Erzählungen unter ihren wirklichen Titeln angeführt. Solche Namen können einen Hinweis auf die politische Überzeugung einer Figur geben, so z.B. wenn diese als Leser oder Mitarbeiter der entsprechenden Zeitung genannt wird. Es überrascht nicht, daß die Artikel des Journalisten John Crook in der Erzählung "The Flying Stars" in den Wochenblättern *The Clarion* und *The New Age* (CFB: 55) erscheinen, da diese Organe seiner eigenen sozialistischen Einstellung entsprechen.

Der Duke of Westmoreland brüstet sich damit, keine Diener zu beschäftigen, sondern die anfallenden Arbeiten selbst zu erledigen. Seine so offen zur Schau gestellte demokratische Gesinnung muß jedoch schon dadurch etwas fraglich erscheinen, daß er die *Morning Post* (MKM: 122) liest. Hinter diesem Namen verbirgt sich eine eher konservativ ausgerichtete Zeitung, welche 1937 durch den *Daily Telegraph* übernommen wurde.

Wie die Beispiele gezeigt haben, können Namen nicht nur eine Zeitung benennen, sondern mitunter auch Aufschluß über eine Figur liefern. Des weiteren ist es möglich, daß Zeitungsnamen, genau wie Vertreter anderer EN-Klassen, einen tieferen Bezug zur Erzählhandlung insgesamt herstellen. Dies trifft auf das nationalistische französische Organ *The Guillotine* (CFB: 33) zu. Der Name - konsequenterweise müßte er allerdings *La Guillotine* lauten - beschreibt zum einen das Anliegen der Zeitung, das sich auch auf dem Titelblatt symbolisch widerspiegelt: Dort wird jede Woche ein politischer Gegner abgebildet, so wie er nach der Hinrichtung durch das Fallbeil aussehen würde. Zum anderen deutet der Name *The Guillotine* auf den Hergang des im Text geschilderten Mordes hin: Als Täter wird überraschend der Chef der Pariser Polizei entlarvt. Er hatte einen amerikanischen Millionär enthauptet und, um die Identifizierung des Toten zu erschweren, dem leblosen Körper einen fremden Kopf aufgesetzt. Diesen hatte er kurz zuvor von der Hinrichtung eines deutschen Verbrechers mit nach Hause gebracht.

Nicht nur die Zeitungen und Zeitschriften selbst, sondern auch die in ihnen veröffentlichten **Beiträge** tragen Titel. Wie die folgende Zusammenstellung zeigt, lohnt es sich durchaus, auch auf diese einen kurzen Blick zu werfen: So lesen Chestertons Figuren Artikel mit Überschriften wie *"Whose Was the Hand?"* (TD: 19), *"Old Ladies as Mad Motorists"* (TLB: 106), *"Amazing Scene at Scientific Congress. Lecturer Goes Mad and Escapes"* (TLB: 220) und *"The Nobleman Nobody Knows."* (CFB: 569). Daneben werden einige fiktive Titel angeführt, unter welchen sich nach Meinung der Figuren ein bestimmtes Geschehen in der Zeitung wiederfinden könnte, z.B. *"Great Capitalist Terrorized"* (CFB: 678), *"Employer Yields to Murder Threat"* (CFB: 678), *"Saintly Sleuth Exposed as Killer: Hundred Crimes of Father Brown."* (CFB: 464) oder *"Monks Drive Marquis Mad"* (CFB: 573).
Ganz gleich, ob es sich um eine offenbar komische Schlagzeile wie *"Old Ladies as Mad Motorists"* oder einen eher sachlichen Titel wie *"Employer Yields to Murder Threat"* handelt, sie alle haben eines gemeinsam. Sie versuchen, die Aufmerksamkeit des Lesers zu erlangen und ihn für den Text zu interessieren. Daß dabei leicht die Grenze des Zumutbaren überschritten werden kann, hatte Chesterton bei seinen Aufenthalten in Amerika selbst erfahren. So kritisierte er die Aufmerksamkeit heischenden Überschriften, die einem ansonsten soliden und gut formulierten Artikel vorangestellt wurden. Er sagte:

"The headlines are written by some solitary and savage cynic locked up in an office, hating all mankind, and raging and revenging himself at random." (Zit. in BARKER 1975: 245)[83]

Die Taktik, den Lesern die Aussage eines Artikels zu verdunkeln, indem er im Titel auf scheinbar Bekanntes Bezug nimmt, beschreibt Chesterton als eine ursprünglich amerikanische Erscheinung, die sich jedoch auch in England immer mehr ausbreite. Das gleiche Phänomen, welches er die "Dunkelheit durch ein Übermaß an Licht" ("this darkness by excess of light", ATC: 175) nennt, demonstriert er auf beispielhafte Weise auch in der Erzählung "The Strange Crime of John Boulnois". Dort heißt es über die Gepflogenheiten einer amerikanischen Zeitung:

178

By the paradox already noted, articles of valuable intelligence and enthusiasm were presented with headlines apparently written by an illiterate maniac; headlines such as *"Darwin Chews Dirt; Critic Boulnois says He Jumps the Shocks"* - or *"Keep Catastrophic, says Thinker Boulnois."* [Hervorhebungen-I.S.]. (CFB: 293)

Die abschließenden Betrachtungen, die in gewisser Weise an das soeben Gesagte anknüpfen, sollen den Titeln der Erzählungen Chestertons gelten.

(e) Erzähltitel

Die **Erzähltitel** nehmen eine Sonderstellung unter den literarischen EN ein. Sie sind nicht, wie die anderen Namen, in den fortlaufenden Text integriert, sondern werden von diesem formal und inhaltlich abgehoben. Die Konfiguration von Titel und Erzähltext läßt sich in der Regel durch die Textabfolge TOPIC (THEMA) --- DEVELOPMENT (ENTWICKLUNG) beschreiben[84]. Bereits in der Überschrift klingt mehr oder weniger direkt das Thema an, welches anschließend im Erzähltext aufgegriffen und künstlerisch verarbeitet wird.

Ein Titel erfüllt also in der Regel über seine bloße "Namensfunktion" hinaus auch eine "Bezeichnungs-" und eine "Werbefunktion" (DIETZ 1995: 5). Er dient dazu, (1) ein Werk zu identifizieren, (2) dessen Inhalt zu bezeichnen und (3) einem potentiellen Rezipienten den Text anzupreisen (vgl. DIETZ 1995: 5). Letztere Funktion ist bei literarischen Werken von besonderer Relevanz[85]. So stellt der Titel für die Leser einen ersten Zugang zum Text dar. Er bietet erste Informationen, ohne bereits zu viel preiszugeben. Vielmehr soll er Spannung wecken und zum Weiterlesen anregen. Dies gelingt Chesterton zweifellos mit geheimnisvoll klingenden Titeln wie *"The Vampire of the Village"* (CFB: 705), *"The Scandal of Father Brown"* (CFB: 591) oder *"The Doom of the Darnaways"* (CFB: 424).

Chestertons Erzähltitel zeugen davon, daß der Autor sie nicht unbedacht auswählte. Er war sich der Tatsache, daß der Titel den Erfolg eines Werkes mitbestimmen kann, durchaus bewußt. So hob er sich die Entscheidung darüber, wie er eine Geschichte nennen sollte, bis zum Schluß auf. Chesterton diktierte die Titel seiner Erzählungen nicht, sondern fügte sie selbst handschriftlich ein, wenn die Texte bereits fertig geschrieben vorlagen (vgl. WARD 1952: 181).

Auf die **Publikumswirksamkeit** der von Chesterton gewählten Titel haben Kritiker wiederholt hingewiesen. So bemerkte D. SCOTT in seiner Rezension zum ersten Band der Father-Brown-Erzählungen: *"The Blue Cross, The Secret Garden, The Queer Feet, The Flying Stars* - their names alone are enough to set the blood simmering (...)" (1976: 265)[86]. Ähnlich äußerte sich auch der Schriftsteller Kurt TUCHOLSKY, der bemerkte, daß er sich bei Chestertons Father-Brown-Geschichten zunächst immer "in der Vorfreude der Titellektüre /aale/", um sich dann den "zu lösenden Spannungsaufgaben" hinzugeben (TUCHOLSKY 1993, Bd. 6: 24). Der bekannte britische Autor Kingsley AMIS gelangte zu der Feststellung:

No author ever invented titles that more exactly prefigure what is to follow them - 'The Salad of Colonel Gray [sic!]', 'The Song of the Flying Fish', 'The Point of a Pin', 'The Wrong Shape', 'The Absence of Mr Glass'. There is a glint of alloy there among the pure metal, yet it seems to hold everything together in a way that nothing else could. (AMIS 1987: 282)

Mit seiner Aussage, daß Chestertons Erzähltitel recht deutlich den nachfolgenden Text ankündigen, hat AMIS in gewisser Hinsicht zweifellos recht. Die Titel wecken bei den Lesern eine bestimmte Erwartung, wobei sie ihnen jedoch genügend Freiraum für eine individuelle Interpretation gewähren. Erst nachdem man den Text gelesen hat, wird man seine anfängliche Vermutung entweder bestätigt oder widerlegt sehen. Dies hat seinen Grund darin, daß der literarische Titel nicht nur den Text, sondern umgekehrt auch der Text den Titel erklärt.

Darauf hat bereits Ch. NORD hingewiesen. NORD, welche dem Titel Textstatus zuspricht, stellt fest, daß zwischen dem Titel und seinem Ko-Text eine "gegenseitige Explikationsbeziehung" besteht, "wie sie sonst nicht zwischen zwei Texten zu beobachten ist" (1993: 40). Der Titel informiert über den Text, er wirkt rezeptionssteuernd und unterstützt die Textinterpretation. Gleichzeitig wird er selbst häufig erst durch die Lektüre des Textes verständlich (vgl. NORD 1993: 42)[87].

Ein Beispiel soll dies verdeutlichen: Der Titel *"The Miracle of Moon Crescent"* erfüllt die drei eingangs genannten Funktionen der Identifikation, der Inhaltsbezeichnung und der Werbung bereits, bevor man die Erzählung gelesen hat. Seine volle Bedeutung eröffnet sich dem Leser aber erst aufgrund der textuell übermittelten Informationen:

(1) Namensfunktion: *"The Miracle of Moon Crescent"* benennt die von Chesterton im Mai 1924 in der Zeitschrift *Nash's Magazine* veröffentlichte Detektivgeschichte[88], welche 1926 in den Band *The Incredulity of Father Brown* aufgenommen wurde.

(2) Bezeichnungsfunktion: Der Titel verweist darauf, daß im Mittelpunkt der Geschichte eine außergewöhnliche Begebenheit steht, deren Erklärung nicht sofort offensichtlich erscheint (vgl. engl. *miracle* 'Wunder'). Worum es sich hierbei jedoch handelt und welche Verbindung zu *Moon Crescent* (engl. *crescent moon* 'Mondsichel') besteht, ist zunächst noch unklar.

(3) Werbefunktion: Genau so, wie der Titel den folgenden Text erhellt, verdunkelt er ihn auch. Diese Mischung aus Information und Geheimhaltung sowie ein Neugier erweckendes Wort wie *miracle* sind dazu angetan, den Leser an der Erzählung zu interessieren.

Nach bzw. bereits während der Lektüre des Textes wird insbesondere die zweite dieser Funktionen neu bewertet. Mit dem Wissen ausgestattet, welches ein Leser in der Erzählung erwirbt, erhält der Titel für ihn zunehmend mehr Sinn. So erfährt man gleich zu Beginn des Textes, daß *Moon Crescent* ein Straßenname ist und den Handlungsschauplatz benennt. Aus einem dort befindlichen Hochhaus verschwindet ein Mann, ohne eine Spur zu hinterlassen. Da es hierfür scheinbar keine rationale Erklärung gibt, glauben die anderen Figuren an ein Wunder. Sie vermuten, der Mann habe sich in Luft aufgelöst, nachdem ein Unbekannter auf der Straße einen Fluch ausgesprochen hat. Eine solche Erklärung, meinen sie, müsse auch Father Brown, der als Vertreter der Kirche an Wunder glaube, entgegenkommen. Wie in vielen seiner Kriminalfälle, tritt der katholische Geistliche auch hier gegen die verbreitete Auffassung an, daß Glaube und Vernunft unvereinbar seien[89]. Der Titel *"The Miracle of Moon Crescent"* weist somit auf den paradox anmutenden Kern der Erzählung hin. So schließt Father Brown als einziger von vornherein aus, daß das Verschwinden des Mannes durch ein "Wunder" zu erklären ist. Wie seine großen literarischen Vorfahren C. Auguste Dupin und Sherlock Holmes verfährt in diesem Fall auch Father Brown nach dem Grundsatz, daß "nach Ausschluß des Unmöglichen das Bleibende, so unwahrscheinlich es auch sein mag, doch die Wahrheit sein muß" (DEPKEN 1977: 82)[90].

Eine Parallele findet der soeben geschilderte Fall in der Erzählung *"The Oracle of the Dog"*. Auch dieser Titel weist auf eine zunächst übernatürliche Deutung des dargestellten Verbrechens hin. Dem Hund *Nox* werden übersinnliche Eigenschaften zugeschrieben. Sein Name (lat. *nox* 'Nacht') - es ist der einzige in den Father-Brown-Erzählungen gefundene **Tiereigenname** - spielt nicht nur auf das schwarze Fell, sondern auch auf das seltsame Verhalten des Hundes in der Geschichte an:

> "(...) He's a big black retriever, named Nox, and a suggestive name, too; for I think what he did a darker mystery than the murder. (...)" (CFB: 355)

Der Hund war auf einen Mann zugestürmt und hatte diesen laut angebellt, so daß die anderen Figuren glaubten, dem gesuchten Mörder gegenüberzustehen. Wiederum ist es Father Brown, der als einziger den Sinn für die Realität bewahrt und dadurch die Unschuld des Mannes nachweisen kann.

Mit den Namen der literarischen Figuren und Orte sowie Häuser, Institutionen und (künstlerischen) Erzeugnisse konnten in diesem Kapitel zwar nicht alle, aber doch die wesentlichsten Klassen **sujetinterner** Namen behandelt werden. Dabei ließ sich eine erstaunliche **formale** und **funktionale Vielfalt** bei den untersuchten Namen feststellen. So konnte nachgewiesen werden, daß die EN in den Detektiverzählungen Chestertons häufig weitere, über die bloße Identifizierung ihres Referenzobjektes hinausgehende Funktionen erfüllen. Durch eine Beschreibung der Benennungsmotive war es in vielen Fällen möglich, tiefer gehende Beziehungen zwischen einem EN und seinem NT oder auch einem EN und dem Text als ganzem aufzudecken.

4.3.2. Sujetexterne Namen

Das praktische Vorgehen in diesem Teilkapitel weicht, wie im folgenden zu sehen sein wird, von der bisherigen Namenanalyse ab. Dies hat seinen logischen Grund darin, daß eine Betrachtung der Bildungsmuster sujetexterner Namen nicht dem Gegenstand der literarischen Onomastik entspricht. So ist es in diesem Zusammenhang unwesentlich, daß der FaN *Nelson* historisch ein Patronymikon darstellt und daß der ON *Brighton* einen PN und das altenglische Lexem *tūn* ('Gehöft') in sich vereint. Diese Aspekte werden in der allgemeinen diachronischen Namenforschung untersucht. Für eine literarisch-onomastische Studie sind sie hingegen nicht relevant. Hier steht die Frage im Mittelpunkt, an welchen Orten und mit welchen Intentionen *Nelson*, *Brighton* und andere sujetexterne Namen in den Erzählungen verwendet werden.

Sujetexterne Namen sind, anders als sujetinterne Namen, bereits durch extratextuelle Gegebenheiten festgelegt. Während sujetinterne Namen erst durch textuell vermittelte Informationen intensional bestimmt werden, ist für die Rezeption sujetexterner Namen das **Vorwissen** der Leser entscheidend. Hierbei können große inter- und intraindividuelle Schwankungen auftreten. Im Unterschied zu sujetinternen Namen ist es jedoch zumeist möglich, etwa bestehende Wissensdefizite in bezug auf den NT durch einen Blick in geeignete Nachschlagewerke abzubauen. Leser werden um so häufiger mit ihnen unbekannten EN bzw. NT konfrontiert werden, je weiter die Produktion und die Rezeption des Textes zeitlich auseinanderliegen.

Auch wenn viele der bei Chesterton genannten realen Personen, Orte und Ereignisse dem heutigen Leser noch immer gut bekannt sind (z.B. *St. Francis, Napoleon, Einstein, Venice, Bath, Piccadilly Circus, Wars of the Roses*), werden andere Namensanspielungen nicht mehr ohne weiteres verstanden. C. AMERY konstatiert, daß zwischen den heutigen Lesern einerseits und der Generation Chestertons andererseits eine große Wissenslücke klafft. Er stellt fest:

> Es ist (leider) so, daß selbst der Gebildetste heute unter uns höchstens über ein Fünftel der Allgemeinbildung verfügt, die damals unter Gentlemen des Wortes und der Feder üblich war. (...): ihre Bildung, und zwar ihre grundlegende in den Knabenjahren, die zählen, war auf eine breite, in fast alle Richtungen ausfahrbare Drehscheibe gestellt. (AMERY 1981: 23f.)

Einige neuere Buchausgaben versuchen, dieser Diskrepanz bewußt Rechnung zu tragen. So enthält z.B. M. GARDNERs annotierte Ausgabe der ersten zwölf Father-Brown-Geschichten (GAI) unter anderem Erklärungen zu heute nicht mehr allgemein bekannten NT.

Neben zeitlich bedingten Unterschieden sind des weiteren kulturelle Differenzen zu beachten, wenn die Texte für Leser in einem anderen Land veröffentlicht werden. Auch hier liegen inzwischen mehrere Ausgaben vor, die in einem eigenen Anmerkungsapparat oder in Fußnoten wissenswerte Informationen liefern (vgl. z.B. FBH; SEL; CWC, vol. 6: 49-213). Bei einem Text, zu dessen besserem Verständnis Anmerkungen erforderlich sind, begeben sich Herausgeber und Übersetzer auf eine Gratwanderung. So gilt es, offensichtlich unbekannte Hintergrundinformationen zu übermitteln, ohne dabei jedoch den ästhetischen Wert des Textes zu stark zu beeinträchtigen.

Sujetexterne Namen können, wie bereits K. GUTSCHMIDT (1985: 64) und H. KÖGLER (1981: 28ff.) festgestellt haben, mit unterschiedlichen Intentionen in den literarischen Text aufgenommen werden. Wie alle EN erfüllen sie zunächst die allgemein-onymische Funktion der **Identifizierung**. Dabei referieren sie, anders als sujetinterne Namen, auf außerhalb des Textes existierende Personen/Figuren, Orte oder Gegenstände. Trotzdem sollten auch diese Namen in die Analyse einbezogen werden, da sie dem Leser unter anderem einen Einblick in den **Bildungsstand** sowie in **Auffassungen** und **Überzeugungen des Autors** gewähren können (vgl. GUTSCHMIDT 1985: 64).

Wie an einigen Beispielen aus dem untersuchten Textkorpus veranschaulicht werden soll, ist diese Forderung auch hier berechtigt. In Chestertons Detektivgeschichten geht es um weit mehr als um ein Rätsel und die Suche nach dessen Lösung. Die untersuchten Erzählungen, so wurde bereits einleitend bemerkt, sind ebenso ein Spiegel der religiösen, politischen und gesellschaftlichen Anschauungen Chestertons. Auf diesen Fakt haben wiederholt Kritiker unabhängig voneinander hingewiesen. Father Ronald KNOX schrieb sehr anschaulich im Jahr 1955:

> Yet the Father Brown stories cannot really be graded among mystery stories; they are mystery stories with a difference. As usual, the box has been so tightly packed that the clasps will not fasten; there is too much meat in the sandwich. (FBKN: viif.)

Ein anonymer Rezensent hatte bereits zuvor in der *Yorkshire Post* (23.06.1926) bemerkt, daß die Überlegenheit von Sherlock Holmes ernsthaft in Gefahr geraten könne, da Father Brown nicht nur Kriminalfälle auflösen, sondern gleichzeitig philosophische Erörterungen geben würde:

Already he threatens the supremacy of Mr. Sherlock Holmes, this great exponent of intuitional detection! Holmes might have his attractive eccentricities, but he never talked mystical philosophy to the attentive Watson. But Father Brown can expound the cosmos at the same moment that he explains a murder. (Zit. in CONLON 1976: 425)

Chestertons Texte weisen eine beeindruckende Vielfalt sujetexterner Namen auf. Diese entstammen den verschiedensten Bereichen und zeugen davon, daß der Autor in der Tat über eine solch breitgefächerte Allgemeinbildung verfügte, wie C. AMERY (1981: 23f.) behauptet. Zur Veranschaulichung seien an dieser Stelle nur einige wenige Namen angeführt:

Anubis (CFB: 368), *Babylon* (CFB: 690), *Bedford Park* (CQT: 17), *Cassandra* (CFB: 402), *Cato* (CFB: 39), *Dr. Crippen* (FFF: 103), *Diogenes* (CFB: 88), *Don Juan* (CFB: 182), *Doré* (CFB: 137), *Dreyfus* (CFB: 197), *Hermes* (CFB: 413), *Jack the Ripper* (CFB: 334), *Ku-Klux-Klan* (FFF: 64), *Louvain Library* (PMP: 119), *Marie Antoinette* (CFB: 234), *Matterhorn* (CFB: 533), *Millet* (CFB: 54), *Montaigne* (CFB: 622), *Persia* (MKM: 57), *Picasso* (MKM: 11), *Punch and Judy* (CFB: 135), *Rabelais* (CQT: 7), *St. John the Baptist* (CFB: 271), *Savoy* (PL: 10), *Styx* (PL: 29), *Watteau* (CFB: 26).

Einige Personen, die Chesterton verehrte (z.B. *St. Francis, Napoleon, Walt Whitman*) oder die er ablehnte (z.B. *Darwin*), werden mehrfach in wechselnden Zusammenhängen erwähnt.

Neben der Feststellung, welche Namen im Text auftreten, sollte weiterhin die Frage ihrer Verwendung interessieren. Erst ihr kontextueller Gebrauch läßt auf bestimmte Einstellungen des Autors schließen.

So zeigt sich Chestertons **sozialkritische** Haltung sehr deutlich, wenn er in der Erzählung "The Paradise of Thieves" die Industriestädte *Manchester, Liverpool, Leeds, Hull, Huddersfield, Glasgow* und *Chicago* (CFB: 195) als das "wahre Paradies der Diebe" ("the real Paradise of Thieves", CFB: 195) bezeichnet. Chestertons Kritik an der **Moderne** richtete sich nicht nur gegen die zunehmende Industrialisierung, sondern auch gegen obskure religiöse Vereinigungen. In der Erzählung "The Eye of Apollo" vergleicht er die Lehre des selbsternannten Propheten Kalon mit den Anschauungen der "Christlichen Wissenschaft" (*Christian Science*, CFB: 132):

"Oh, a new religion," said Flambeau, laughing; "one of those new religions that forgive your sins by saying you never had any. Rather like *Christian Science* [Hervorhebung-I.S.][91], I should think (...)." (CFB: 132)

Es ist verständlich, daß Chesterton die Glaubensgemeinschaft der Christian Science angriff, predigte diese doch, daß Sünde, Krankheit und Tod unwirklich seien und auf bloßer Einbildung beruhen.

An einer anderen Stelle wird Chestertons **patriotische** Gesinnung deutlich. Chesterton liebte sein Vaterland, und er gestand auch anderen Völkern zu, ihre Heimat zu lieben und sich gegen Eindringlinge zur Wehr zu setzen. Darauf verweist der Autor explizit in der Erzählung "The Moderate Murderer", wenn er der jungen Britin Barbara Traill vorwirft, die nationale Geschichte einseitig zu glorifizieren:

Young people like Barbara Traill have often never heard a word about the other side of the story, as it would be told by *Irishmen* or *Indians* or even *French Canadians*, (...). (FFF: 21)

Nicht nur der Autor, sondern auch literarische **Figuren** können in ihrem **Bildungsstand** und ihren **Anschauungen** gekennzeichnet werden. So zeigt der anscheinend weltfremde Father Brown, daß er in Wahrheit mit ganz unterschiedlichen Wissensgebieten vertraut ist. In seiner Rede benennt er neben christlichen und literarischen Parallelen ebenso mythologische Gestalten, historische Persönlichkeiten und Ereignisse, Naturwissenschaftler, Künstler u.a.m. Man vergleiche z.b.:

> *St. Anthony of Padua* (CFB: 407), *St. Peter* (CFB: 583), *Cana* (CFB: 701), *Calvary* (CFB: 701), *Shakespeare* (CFB: 615), *George Herbert* (CFB: 266), *Keats* (CFB: 660), *Henry James* (CFB: 206), *"The Woman in White"* (CFB: 659), *Stevenson* (CFB: 645), *Coppée* (CFB: 690), *Hector* (CFB: 146), *Achilles* (CFB: 146), *Dog Anubis* (CFB: 368), *Pasht* (CFB: 368), *Bulls of Bashan* (CFB: 368), *Tutankhamen* (CFB: 402), *Hiawatha* (CFB: 346), *Julius Cæsar* (CFB: 596), *Cato* (CFB: 190), *Cenci* (CFB: 202), *Borgia* (CFB: 202), *Dalrymple of Stair* (CFB: 415), *Massacre of Glencoe* (CFB: 415), *the Mutiny* (CFB: 146), *Queen Victoria* (CFB: 402), *Harvey* (CFB: 221), *Davenport Brothers* (CFB: 181).

An einer Stelle bemerkt Father Brown, daß er in seinem Denken insbesondere durch Papst Leo XIII. (*Pope Leo XIII*, CFB: 465) beeinflußt wurde. Im Einklang hiermit steht die Tatsache, daß Brown bereits in einer früheren Geschichte an einer Vortragsreihe zur Enzyklika *Rerum Novarum* (CFB: 360)[92] gearbeitet hat.

Neben Father Brown werden weitere Figuren in die geistige Tradition einer bestimmten Person oder Personengruppe gestellt:
Ein überzeugter Moslem verteidigt den Namen Mohammeds (*Mahomet*, CFB: 608) und gerät in einen ernsthaften Streit mit einem Engländer, da dieser den Propheten beleidigt hat. Dr. Paul Green und Dr. Paul Hirsch werden als Anhänger der Lehre *Darwins* (PMP: 96; CFB: 196) vorgestellt. *Marconi* (CFB: 184) und *D'Annunzio* (CFB: 184) sind die großen Helden des italienischen Futuristen Ezza. Der Revolutionär Jake Halket beruft sich in einem Meinungsstreit zur Unterstützung seiner Argumente auf *Karl Marx* (CFB: 447). Von dem amerikanischen Millionär Gideon Wise heißt es, daß er eine individualistische Wirtschaftsform vertrete, wie sie in England durch die *Manchester School* (CFB: 445) propagiert werde. Ein konservativ eingestellter Professor, der in Oxford römische Geschichte lehrt, hat seine eigene politische Haltung scheinbar von den bekannten Römern Coriolan (*Coriolanus*, CFB: 662) und *Tarquinius Superbus* (CFB: 662) abgeleitet[93].

Auf verschiedene Art und Weise dienen sujetexterne Namen auch dazu, literarische Gestalten in ihrem **Äußeren**, in bestimmten **Eigenschaften** oder konkreten **Handlungen** näher zu beschreiben. Häufig geschieht dies durch explizite Vergleiche mit realen Personen, so z.B. wenn mehrere Figuren an *Lord Byron*, *Napoleon* und andere bekannte Persönlichkeiten erinnern. Über den gutaussehenden Mr. Potter heißt es:

> One of the figures was rather remarkable in itself. (...) It was wrapt in a great black cloak, in the *Byronic* manner, and the head that rose above it in swarthy beauty was remarkably like *Byron's*. (CFB: 593)

Daß Potter irrtümlicherweise für einen Dichter gehalten wird, führt Father Brown auf den Umstand zurück, daß einige wenige Dichter wirklich auffallend attraktiv waren, so z.B. *Byron*, *Goethe* und *Shelley* (CFB: 600). Die meisten seien jedoch schon alt, bevor sie zu internationalem Ruhm gelangten (*z.B. Swinburne* und *D'Annunzio*, CFB: 600).

184

Einen Vergleich mit dem Äußeren Napoleons gestattet der junge Mann John Dalmon. Über ihn heißt es: "He was neatly dressed and rather swarthy, with a very fine square *Napoleonic* face and very sad eyes - (...)" (CFB: 529). Auch der junge Italiener Antonelli, der Revolutionär Robert Owen Hood und der Detektiv Peter Price wecken ähnliche Assoziationen:

> - Antonelli: "Instead of the new white topper of Saradine, was a black one of antiquated or foreign shape; under it was a young and very solemn face, clean shaven, blue about its resolute chin, and carrying a faint suggestion of the young *Napoleon*" (CFB: 110);
> - Hood: "a long face with a large chin, rather like *Napoleon*" (TLB: 44);
> - Price: "Then he once more leaned back in his chair and remained staring at the ceiling, plunged in profound thought and with an almost *Napoleonic* expression, for, after all, *Napoleon* also was short and in his later years fat, and in Mr. Peter Price also it is possible that there was more than met the eye" (FFF: 148).

Sogar Father Brown wird mit Napoleon verglichen. Hierbei liegt die Gemeinsamkeit jedoch nicht nur im Aussehen der Männer, sondern auch in ihrer Macht, eine Armee zu befehligen, begründet. Nur ein einziges Mal setzt Father Brown große Teile der Armee und Polizei in Bewegung, um einen wichtigen Zeugen zu finden. Dies veranlaßt den Erzähler zu dem Kommentar:

> And so, for some stretch of those strange days and nights, we might almost say that the little figure of Father Brown drove before him into action all the armies and engines of the police forces of the Crown, as the little figure of *Napoleon* drove the batteries and the battle-lines of the vast strategy that covered Europe. (CFB: 614)

Häufig wecken einzelne äußere Merkmale wie die Nase, Ohren oder der Bart einer Figur den Gedanken an eine bekannte Person, z.B.:

> "Muscari had an eagle nose like *Dante*" (CFB: 182); "She [Christabel Carstairs-I.S.] had the proud, impetuous face that goes with reddish colouring, and a Roman nose, as it did in *Marie Antoinette*" (CFB: 234); "'I dare say he's [the Duke of Exmoor's-I.S.] got good reason to cover his ears, like *King Midas*'" (CFB: 252); "(...) he [Pendragon-I.S.] wore a broad-brimmed hat as protection against the sun; but the front flap of it was turned up straight to the sky, and the two corners pulled down lower than the ears, so that it stood across his forehead in a crescent like the old cocked hat worn by *Nelson*" (CFB: 260); "He [Norman Knight-I.S.] was a good-looking man with a long cleft chin and fair hair low in his forehead, giving him a rather *Neronian* look" (CFB: 513); "'That was it,' (...), 'that was the face I saw, with great goggles and a red, ragged beard like *Judas*" (CFB: 490).

In den folgenden Fällen werden **Eigenschaften** oder einzelne **Taten** einer Figur in Beziehung zu einem Vorbild gesetzt.
Gabriel Gale hält sich für einen Verräter wie Judas, da er seinen geisteskranken Kameraden unbeaufsichtigt zurückgelassen hat: "'(...) Hadn't I deserted my post like a traitor? Didn't I leave my wretched friend in the lurch like a *Judas*? (...)'" (PL: 34).
Entgegen allen gutgemeinten Ratschlägen ist Prinzessin Mary in der Erzählung "The Loyal Traitor" fest entschlossen, einen eingekerkerten Diener aufzusuchen und mit ihm zu reden. Hatten der König und der Polizeichef zunächst versucht, die Prinzessin von ihrem Vorhaben abzubringen, so müssen sie jetzt die Entschlossenheit der jungen Frau akzeptieren. Es heißt:

185

(...) both men had suddenly seen the face of something that is intolerant and innocent and not altogether of this world; the completeness of that conviction in youth that as yet cannot believe in the complexity of living, and they fell back before her as the great princess demanded audience with a flunkey, as if there were something in her of that great peasant girl from *Domrémy* when she demanded audience of a King. (FFF: 195)

Zum Verständnis dieser Textstelle muß der Leser wissen, daß mit "that great peasant girl from Domrémy" Jeanne d'Arc, die "Jungfrau von Orleans", gemeint ist. Sie wurde in dem erwähnten Dorf, Domrémy, um das Jahr 1411 geboren.
Über die begabte Schauspielerin Olivia Feversham heißt es, daß sie, anders als manche ihrer Berufskolleginnen, keine Skandale in der Öffentlichkeit wünsche. Der Erzähler vergleicht Olivia mit Sarah Kemble Siddons (1755-1831), einer walisischen Schauspielerin, die besonders für ihre Darstellung tragischer Frauencharaktere bekannt wurde:

Mrs. Feversham had often been compared to *Mrs. Siddons*. Her own external behaviour had always been full of dignity and discretion. A scandal for her was not an advertisement as it would be for Violet Varney. (PMP: 31)

Der Detektiv Orion Hood vermutet ein Verbrechen, als er Mr. Todhunter gefesselt in einer Zimmerecke findet. Doch Father Brown durchschaut den Fall sofort. Er erkennt, daß Todhunter ein Künstler ist, der beim Eintreten der anderen Figuren gerade einen Entfesselungstrick probte. Father Brown erklärt:

He was also practising the trick of a release from ropes, like the *Davenport Brothers*, and he was just about to free himself when we all burst into the room. (CFB: 181)

H. HAEFS (FBH, Bd. 2: 249) merkt an, daß die erwähnten Davenport Brothers amerikanische Zirkuskünstler waren, die Mitte des 19. Jahrhunderts als erste den "indischen Seil- und Sacktrick" vorführten.
Wie Cecil Fanshaw in der Erzählung "The Perishing of the Pendragons" behauptet, gibt es in Cornwall noch heute unerschrockene Seefahrer wie zu Zeiten Königin Elisabeths. Insbesondere die Familie der Pendragons mache der jahrhundertealten englischen Seefahrertradition eines Raleigh, Hawkins und Drake alle Ehre. Fanshaw sagt:

"(...) The spirit of *Raleigh* and *Hawkins* is a memory with the Devon folk; it's a modern fact with the Pendragons. If Queen Elizabeth were to rise from the grave and come up this river in a gilded barge, she would be received by the Admiral in a house exactly such as she was accustomed to, in every corner and casement, in every panel on the wall or plate on the table. And she would find an English Captain still talking fiercely of fresh lands to be found in little ships, as much as if she had dined with *Drake*." (CFB: 258)

Mehrfach wird der legendäre englische Geächtete Robin Hood als Vergleich für eine literarische Figur genannt, so z.B. wenn Leonard Crane bei einem mittelalterlichen Maskenball in Verkleidung Robin Hoods auftritt. Doch die Ähnlichkeit geht über das Äußere hinaus. Um im Zorn seinen reichen Gegner, Bulmer, nicht zu töten, flüchtet Crane in den Wald und wirft sein Schwert weg. Die meisten anderen Figuren halten ihn für einen Verbrecher und meiden ihn. Als sich die wahren Ereignisse aufklären, gibt Crane zu:

"(...) while we were talking there came on me a curious feeling that we were repeating some scene of the past, and that I was really some outlaw, found in the woods like *Robin Hood*, (...)." (MKM: 112)

Häufig werden Robin Hood und andere bekannte Streiter für Recht oder Unrecht erwähnt, um die **Bedeutung** einer literarischen Figur zu betonen, z.B.:

> - Montano: "'A great man,' (...), 'worthy to rank with your own *Robin Hood*, signorina. (...)'"
> (CFB: 185);
> - Michael Moonshine: "Yet, Michael Moonshine had really shown some of the heroic rascality
> of *Rob Roy* or *Robin Hood*. He was worthy to be turned into legend and not merely into news"
> (CFB: 484);
> - Daniel Doom: "The name was presumably a pseudonym, but it had come to stand for a very
> public if not a very popular character; for somebody as well known as *Robin Hood* and *Jack the
> Ripper* combined" (CFB: 334).

Neben Anthroponymen zieht Chesterton in einigen Fällen ebenso **Toponyme** und **Vertreter anderer Namenklassen** heran, um bestimmte Merkmale oder Stimmungen einer **Figur** zu verdeutlichen. Man vergleiche hierzu folgende Beispiele:
Father Browns nichtssagendes Äußeres beschreibt der Erzähler zu Beginn der ersten Geschichte unter anderem mit den Worten:

> The little priest was so much the essence of those Eastern flats: he had a face as round and dull
> as a *Norfolk* dumpling; he had eyes as empty as the *North Sea*; he had several brown-paper
> parcels which he was quite incapable of collecting. (CFB: 10)

Als Robert Owen Hood erfährt, daß die von ihm verehrte Elizabeth Seymour nicht, wie vermutet, seinem Widersacher zugetan ist, fällt ihm ein Stein vom Herzen. Er fühlt sich frei und glaubt, nicht mehr auf einem kleinen Hügel, sondern auf dem höchsten Berg der Welt zu stehen:

> A load that lay on Hood's mind like a rock suddenly rose like an eagle; and he felt as if the hill
> he stood on were higher than *Everest*. (TLB: 69)

Die zwei genannten Textstellen dürften für einen jeden Leser gleichermaßen einsichtig sein. Anders hingegen wirkt die Charakterisierung einer jungen Dame als "a graceful, green-clad figure, with fiery red hair and a flavour of *Bedford Park*" (CQT: 17). In diese Beschreibung fließen Assoziationen ein, welche Chestertons Zeitgenossen und ganz besonders auch der Autor selbst mit dem erwähnten Londoner Vorort verbanden. In Bedford Park hatten nicht nur mehrere Avantgarde-Künstler[94], sondern auch Chestertons spätere Frau, Frances Blogg, ihr Zuhause.
Auch die Vorstellung des konservativen Mr. Audley als "a mild, self-indulgent bachelor, with rooms in the *Albany*" (CFB: 46) wird nur den Lesern völlig verständlich sein, die den Namen *Albany* einem exklusiven Londoner Wohnhaus zuordnen können.
Über den Diener und medizinischen Gehilfen Dr. Mowbrays heißt es in der Erzählung "The Garden of Smoke": "He would have been proper enough if the doctor had lived in *Harley Street*; but he was too big for the suburbs" (TD: 81). Harley Street bezeichnet eine Straße im Londoner West End, die als Adresse vieler erstrangiger und teurer Facharztpraxen berühmt ist.
Auch im Fall des Geschlechtes Darnaway tritt ein sujetexterner Name mit statusunterstreichender Funktion auf. So zeigt sich die einst bedeutende Stellung der nun verarmten Familie unter anderem daran, daß sie Portraits ihrer Vorfahren aus der Zeit der Rosenkriege (*Wars of the Roses*, CFB: 425) besitzt.

In der Erzählung "The Scandal of Father Brown" fühlt sich der Reporter Agar Rock dazu berufen, ein moralisches Urteil über andere Menschen zu fällen. Als er Father Brown vorwirft, einer verheirateten Frau die Flucht mit ihrem Liebhaber ermöglicht zu haben, wirkt sein Gesicht so schrecklich wie das Jüngste Gericht:

> Agar Rock turned on his companion a face of final and awful justice; like the *Day of Judgment*. "Well, all America is going to hear of this," he said. "In plain words, you helped her to bolt with that curly-haired lover." (CFB: 599)

Wie in diesem, so sind auch in allen anderen Fällen die Vorwürfe gegen Father Brown unberechtigt. Seine kindliche Unschuld wird an unzähligen Textstellen deutlich, so z.B. dann, wenn der Erzähler bemerkt, daß Father Brown noch lange nicht zu alt ist, um sich an Punch-and-Judy-Vorführungen (= Kasperletheater) zu erfreuen:

> But Father Brown, (...), stopped and stared up at the balcony of the sun-worshipper, just as he might have stopped and stared up at a *Punch and Judy*. (CFB: 135)

Neben literarischen Figuren kann auch die Beschreibung eines **Handlungsschauplatzes** oder eines **Gegenstandes** unterstützt werden, wenn dieser in Bezug zu einem realen NT gesetzt wird:
In "The Paradise of Thieves" wundert sich Ethel Harrogate bei ihrem Aufstieg in die Apenninen, daß die Vegetation trotz zunehmender Höhe noch immer sehr üppig ist. Während die Gebirge in ihrem eigenen Land eher karg sind, blühen hier die schönsten Blumen. Für Ethel ist ein schottisches Hochlandtal wie Glencoe mit dem reichen Obstsegen der Grafschaft Kent unvereinbar:

> But Ethel Harrogate had never before seen the southern parks tilted on the splintered northern peaks; the gorge of *Glencoe* laden with the fruits of *Kent*. There was nothing here of that chill and desolation that in Britain one associates with high and wild scenery. (CFB: 187)

Erstaunt ruft Ethel aus: "'It's like *Kew Gardens* on *Beachy Head*'" (CFB: 187). *Kew Gardens* ist der inoffizielle Name der Royal Botanic Gardens in Kew, im Westen Londons. *Beachy Head* bezeichnet einen 500 Fuß hohen Kreidevorsprung an der englischen Südküste.
Das Ufer, an dem sich Harold March und Horne Fisher zum ersten Mal begegnen, verbindet Fisher in Gedanken mit der Kunst Picassos und anderer Kubisten, wodurch sich der Leser den Ort noch bildhafter vorstellen kann. Es heißt:

> "I think (...) the place itself, so to speak, seems to happen and not merely to exist. Perhaps that's what old *Picasso* and some of the cubists are trying to express by angles and jagged lines. Look at that wall like low cliffs that juts forward just at right angles to the slope of turf sweeping up to it. That's like a silent collision. It's like a breaker and the backwash of a wave." (MKM: 11)

Der Ort des Geschehens in der Erzählung "The Loyal Traitor", Peacock Crescent, erinnert architektonisch an die Städte Bath und Brighton:

> Round the whole semicircle there ran a row of classical pillars, in the manner of many terraces in *Bath* or old *Brighton*; the whole classic curve looked very cold and marmoreal in the moon (...). (FFF: 180)

In ein fahles Mondlicht ist auch der Schauplatz des Verbrechens in der Mr.-Pond-Erzählung "When Doctors Agree" getaucht. Der medizinische Hörsaal mit seinen leeren Rängen wirkt wie das *Colosseum* (PMP: 48), in dessen Arena das Opfer und sein Mörder aufeinandertreffen.

Als sich Basil Grant und seine Freunde auf den Weg zu Lieutenant Drummond Keith machen, wird ihnen plötzlich die Weite der Landschaft außerhalb Londons bewußt. Sie erscheint ihnen um ein vielfaches einsamer und bedrückender als die Moore *Yorkshires* oder die Berge der schottischen *Highlands* (CQT: 97), da sie den Besucher überrascht, sobald dieser das pulsierende Leben der Großstadt hinter sich gelassen hat.

Noch einsamer als Drummond Keith wohnt Prince Saradine. Sein Haus steht auf einer Insel in den Norfolk Broads. Als auf dieser Insel zwei junge Männer in Streit geraten und Father Brown Hilfe holen will, muß er erkennen, daß die Männer wie auf einem Felsen im Pazifik von der Umwelt abgeschnitten sind:

> No other raft or stick was left to float on; in that lost island in that vast nameless pool, they were cut off as on a rock in the *Pacific*. (CFB: 113)

Den Garten des Pariser Polizeichefs Valentin vergleicht der Erzähler mit einem Märchenland, wie man es von den Werken des Malers Watteau kennt ("a *Watteau* fairyland", CFB: 26). Auch das Anwesen des Barons Bulmer, Prior's Park, erinnert in gewissem Maße an die Bilder des französischen Künstlers: "the whole scene was like a classical landscape with a touch of *Watteau*" (MKM: 111).

Als sich mehrere Gäste zu einer gemütlichen Runde bei Mrs. Blakeney versammelt haben, bricht plötzlich ein schweres Unwetter über sie herein. Blitzschnell verdunkelt sich der soeben noch strahlend blaue Himmel, und es beginnt zu regnen. Auch der Garten ist kaum wiederzuerkennen: "And ten minutes before the whole garden had seemed a garden of gold like the *Hesperides*" (PL: 109f.). Die Hesperiden sind aus der griechischen Sage bekannt. Sie sind die Nymphen, welche den Garten bewachten, aus dem Herakles die goldenen Äpfel für Eurystheus holen mußte.

Rubikon (engl. *Rubicon*) ist der Name des antiken Grenzflusses zwischen Italien und der Provinz Gallia Cisalpina. Mit der Überquerung dieses Flusses löste Caesar im Jahre 49 v.Chr. einen Bürgerkrieg in Rom aus. Der Name ist noch heute als Teil der idiomatischen Wendung *den Rubikon überschreiten* (engl. *to cross the Rubicon*)[95] bekannt. Wenn also Lady Diana Westermaine in der Geschichte "The Fantastic Friends" bei der Überquerung eines Flusses das Gefühl hat, den Rubikon zu überschreiten (vgl. PL: 23), ist dies symbolisch zu verstehen. Gabriel Gale, der mit Diana im Wagen sitzt, hat seinen Schutzbefohlenen, Hurrel, verantwortungslos am Ufer zurückgelassen. Der Fluß schwillt bei dem strömenden Regen immer mehr an und macht eine Rückkehr so gut wie unmöglich. Trotzdem versucht Gale, ihn noch einmal zu überqueren. Die Frau vergleicht den Strom nun mit dem *Styx*, dem mythologischen Fluß der Unterwelt (vgl. PL: 29).

Nur selten verirrt sich ein Besucher zu dem entlegenen Gasthaus "The Rising Sun". Als sich plötzlich doch ein Wagen nähert, ruft Dr. Garth aus:

> "Hullo!" (...). "It looks as if they were coming to lunch already. Really, our pessimistic friend inside talked as if this were a ruin in the desert; but I begin to believe it does a trade like the *Savoy*." (PL: 10)

Das Komische dieses Vergleichs ist leicht zu erkennen, bezeichnet *Savoy* doch eines der luxuriösesten Londoner Hotels. Auch die Einschätzung einer derzeit in London ausgestellten römischen Münze scheint übertrieben. So wird sie in ihrer Einmaligkeit und ihrem Wert sogar über den wohl berühmtesten Diamanten der Welt, den Koh-i-noor, gestellt: "But the coin, to those who knew, was more solitary and splendid than the *Koh-i-noor*" (MKM: 56). Die seltsame Gestalt des Baumes, der im Mittelpunkt der Erzählung "The Honest Quack" steht, ruft den Gedanken an die verwachsenen Buchen von Burnham hervor. *Burnham Beeches* (FFF: 65) bezeichnet ein Waldstück nahe der englischen Stadt Slough, in dem merkwürdig verkümmerte Buchenbäume stehen. Für Walter Windrush besitzt der Baum trotz seines Aussehens einen hohen ideellen Wert. Er ist ihm ein Heiligtum, von dem er sich stets in respektvollem Abstand hält. Er kam nie auf die Idee, daß das Innere des Baumes ein grausames Geheimnis, und zwar das Skelett eines ermordeten Mannes, bergen könne. Windrush sagt: "'The birds perch on the tree,' (...), 'as if it were the shoulder of *St. Francis*'" (FFF: 112). Der Heilige Franz von Assisi liebte die ihn umgebende Welt und insbesondere die Tiere. Zu den bekanntesten Episoden seines Lebens zählt, daß sich die Vögel um ihn versammelten und er zu ihnen predigte.

Zahlreiche sujetexterne Namen treten ebenfalls in solchen Textpassagen auf, die, über die Charakterisierung einer einzelnen Figur oder Lokalität hinausgehend, einen umfassenderen Bezug zum Erzählgeschehen herstellen. So können Erzähler und Figuren auf reale (historische) **Parallelen** verweisen, um ihrer eigenen **Argumentation** mehr Gewicht zu verleihen. Daß sich sehr viele derartige Beispiele in den untersuchten Texten finden ließen, überrascht nicht, hat doch Chesterton wie kein zweiter Autor seine Behauptungen sehr häufig durch Vergleiche mit analogen Erscheinungen illustriert. Hierzu bemerkte sein Freund, Hilaire BELLOC (1987: 39):

> The third characteristic I note about his writing and thought is a unique capacity for *parallelism*. He continually illumined and explained realities by comparisons. This was really the weapon peculiar to Chesterton's genius.

Einige wenige Beispiele sollen genügen, um die **illustrierende** bzw. **argumentative** Funktion sujetexterner Namen zu veranschaulichen:
In der Erzählung "The Curse of the Golden Cross" wirft Father Brown den anderen Figuren vor, sich kaum für die Geschichte ihres eigenen Landes zu interessieren. Deshalb hätten sie auch nicht bemerkt, daß die mittelalterlichen Ereignisse, von denen der Mörder berichtet hatte, erfunden waren. Hätte er jedoch von entlegeneren Orten und Kulturen gesprochen, dann wären die Zuhörer vermutlich eher aufmerksam geworden. Father Brown sagt:

> "If it had been *Tutankhamen* and a set of dried-up Africans preserved, Heaven knows why, at the other end of the world; if it had been *Babylonia* or *China*; if it had been some race as remote and mysterious as the *Man in the Moon*, your newspapers would have told you all about it, down to the last disovery of a tooth-brush or a collar-stud. But the men who built your own parish churches, and gave the names to your own towns and trades, and the very roads you walk on - it has never occurred to you to know anything about them. (...)" (CFB: 402)

Tutankhamen (dt. *Tutanchamun*) ist der Name des ägyptischen Königs (14. Jhd. v.Chr.), dessen Grab im Jahr 1922 durch britische Archäologen gefunden wurde. Auch in Chestertons Erzählung, die wenig später erschien (1925), sorgt die Entdeckung einer alten Grabstätte für Aufsehen.

Nachdem Father Brown in der Erzählung "The Resurrection of Father Brown" aus seinem todesähnlichen Schlaf erwacht ist, stellt er erschrocken fest, daß er das Opfer einer Verschwörung geworden war. Der ideelle Schaden, welcher der Kirche dadurch zugefügt werden sollte, ist beträchtlich, so daß Father Brown konstatiert:

> "(...) What it might have been! The most huge and horrible scandal ever launched against us since the last lie was choked in the throat of *Titus Oates*." (CFB: 331)

Titus Oates (1649-1705) war ein englischer Verschwörer, durch dessen Anschuldigungen viele Katholiken grundlos hingerichtet wurden.

Als der atheistische Wissenschaftler Boyg spurlos verschwindet, gerät die Kirche in Verdacht, ihn getötet zu haben. Dies läßt sich jedoch schwer beweisen, da man bisher den Körper des Toten nicht gefunden hat. Bertrand, der Mitarbeiter Boygs, behauptet, die Theologiestudenten der Stadt hätten anstelle einer bloßen Puppe den Leichnam seines Lehrers ins Feuer geworfen. Schließlich hätte die Kirche auch andere Männer, wie z.B. den italienischen Philosophen Giordano Bruno und den Franzosen Dolet, wegen antiklerikaler Ketzereien verbrannt:

> "(...) And everybody seems to have forgotten that on the very day the Master vanished, the theological students in their own quadrangle burnt him in effigy. In effigy." (...) "Did they burn *Bruno* in effigy? Did they burn *Dolet* in effigy? (...)" (PL: 159)

Father Hyacinth verteidigt sich gegen derartige Behauptungen. Nicht nur Gegner des Glaubens, sondern auch Christen seien schuldlos auf dem Scheiterhaufen gestorben. Als Beispiel benennt er Jeanne d'Arc:

> "(...) Do you fancy I do not know that innocent men have been guillotined? M. Bertrand spoke of the burning of *Bruno*, as if it is only the enemies of the Church that have been burned. Does any Frenchman forget that *Joan of Arc* was burned; and was she guilty? (...)" (PL: 161)

Anders als die meisten Figuren in der Erzählung "The Oracle of the God" glaubt Father Brown nicht an die scheinbar übernatürlichen Fähigkeiten eines Hundes. Er lehnt es ab, Tiere als Götter zu verehren, so wie man es z.B. aus dem alten Indien und Ägypten kennt. Father Brown sagt:

> "(...) And a dog is an omen, and a cat ist a mystery, and a pig is a mascot and a beetle is a scarab, calling up all the menagerie of polytheism from Egypt and old India; Dog *Anubis* and great green-eyed *Pasht* and all the holy howling Bulls *of Bashan*; (...)." (CFB: 368)[96]

In den untersuchten Texten konnten die Namen mehrerer bekannter (Selbst-)mörder und anderer Verbrecher gefunden werden. Sehr häufig werden sie genutzt, um eine Parallele zum geschilderten Fall aufzuzeigen. So verweist John Hume, nachdem der Gouverneur von Polybia nur knapp einem Attentat entgangen ist, auf *Brutus* (FFF: 43) bzw. *Charlotte Corday* (FFF: 43) und somit auf zwei aus der Geschichte bekannte politische Mörder. Brutus nahm aktiv an der Verschwörung gegen Iulius Caesar teil; Charlotte de Corday erstach 1793 den französischen Revolutionär Jean-Paul Marat.

Als in der Erzählung "The Paradise of Thieves" eine Gruppe Reisender überfallen wird und ihr Wagen umstürzt, sieht Father Brown ein Fläschchen mit Gift im Gras liegen. Er vermutet, daß es dem Anführer der Bande gehört, und er sagt zu sich selbst: "'(...) The poison belongs to this robber-chief, of course. He carries it so that he may never be captured, like *Cato*'" (CFB: 190). Der römische Staatsmann Marcus Porcius Cato war ein Feind Caesars und beging nach dessen Erfolg in der Schlacht bei Thapsus Selbstmord. Auf Cato verweist der Erzähler ebenso in der Geschichte "The Secret Garden", nachdem der Polizeichef Valentin tot aufgefunden wurde (CFB: 39). Auch er hat sich das Leben genommen. In diesem Zusammenhang scheint der VN seines Widersachers und Mordopfers, *Julius K. Brayne*, erklärbar. Wird Valentin mit Cato verglichen, so erinnert sein Gegner namentlich an Gaius Iulius Caesar.

In der Erzählung "The Honest Quack" stellt Inspector Brandon fest, daß viele Morde wahrscheinlich aus dem Grund nicht begangen werden, da es äußerst schwierig ist, ein geeignetes Versteck für die Leiche zu finden. Von den Möglichkeiten, die ein Mörder hat, um sich seines Opfers zu entledigen, zählt Brandon nur die ungewöhnlichsten auf:

"(...) All sorts of tricks are tried; dismembering and dispersing the body, throwing it into kilns and furnaces, putting it under concrete floors, like *Dr. Crippen*. (...)" (FFF: 103)

Jener erwähnte Dr. Crippen tötete im Jahre 1910 seine Frau. Er zerstückelte die Leiche und verbarg sie im Keller. Daraufhin flüchtete er mit seiner Geliebten, die sich als Junge verkleidet hatte, nach Amerika. Dem Kapitän des Schiffes, auf dem sie fuhren, fielen sie als verdächtig auf. Per Funk benachrichtigte er die Polizei, die Crippen daraufhin festnahm. Dies war der erste Fall, bei dem eine Funkverbindung zur Aufklärung der Tat beitrug.

In mehreren Erzählungen Chestertons werden die Täter mit dem biblischen Brudermörder Kain (engl. *Cain*) verglichen. Besonders deutlich wird dies in der Geschichte "The Purple Jewel", als Joseph Salt zunächst in den Verdacht gerät, seinen Bruder getötet zu haben. So bemerkt der Anwalt, Mr. Gunter: "'I think this story is as simple as the story of *Cain* and *Abel*. And rather like it'" (PL: 236).

In "The Ghost of Gideon Wise" gesteht Mr. Horne, seinen Rivalen im Streit getötet zu haben. Anscheinend von Reue überwältigt, klagt er sich selbst an:

"(...) When I was well away from the scene it burst upon me that I had done a crime that cut me off from men; the brand of *Cain* throbbed on my brow and my very brain; I realized for the first time that I had indeed killed a man. I knew I should have to confess it sooner or later." (CFB: 453)

Anders als die übrigen Figuren schenkt Father Brown diesem Geständnis keinen Glauben. Ein wahrer Mörder würde nicht wie Horne reden; solche Geständnisse gibt es nur in Büchern:

"I don't believe in his confession," (...). "I've heard a good many confessions, and there was never a genuine one like that. It was romantic; it was all out of books. Look how he talked about having the brand of *Cain*. That's out of books. It's not what anyone would feel who had in his own person done a thing hitherto horrible to him. (...)" (CFB: 456f.)

Weiter führt Father Brown aus, daß ein ehrlicher Mann, der zum ersten Mal Geld gestohlen hat, sich nicht unmittelbar mit dem Räuber *Barabbas* (CFB: 457) und ein Kindermörder sich nicht mit dem König Herodes (*Herod*, CFB: 457) vergleichen würde.

Zu den politischen Ereignissen, die in Chestertons Texten Erwähnung finden, zählen unter anderem die Emser Depesche, die Französische Revolution und der Dreyfus-Prozeß. Marshal von Grock befiehlt entgegen dem Wunsch seines Prinzen, einen polnischen Patrioten hinrichten zu lassen. Zu seiner Rechtfertigung verweist er auf Bismarck, der ohne Wissen des Königs von Preußen die Emser Depesche in einer derart verkürzten Form veröffentlicht hatte, daß Frankreich Deutschland daraufhin den Krieg erklärte. Deutschland ging als Sieger hervor, und Wilhelm I. wurde 1871 in Versailles zum Deutschen Kaiser ausgerufen. Von Grock sagt:

> "(...) They cursed *Bismarck* for deceiving even his own master over the *Ems* telegram; but it made that master the master of the world. *Paris* was taken; *Austria* dethroned; and we were safe. (...)" (PMP: 6)

Die Erzählung "The Duel of Dr. Hirsch" spielt in Paris. Gleich zu Beginn ruft der französische Patriot Dubosc zum Kampf gegen einen deutschen Spion auf. In seinem Eifer gleicht er *Camille Desmoulins* (CFB: 198), einem der Anführer des Sturms auf die Bastille. So läßt auch Dubosc keinen Zweifel daran, daß das Haus des Spions Dr. Hirsch wie einst die *Bastille* (CFB: 199) angegriffen werden solle. In demselben Text ziehen Erzähler und Figuren mehrfach Parallelen zum berühmten Fall *Dreyfus* (z.B. CFB: 197; 202). Dies ist verständlich, geht es doch auch in der Geschichte um einen französischen Juden, der den Deutschen geheime Informationen zugespielt haben soll.

Im Haus des verstorbenen Lord Glengyle in Schottland finden sich mehrere Gegenstände, die für Inspector Craven von Scotland Yard keinen Sinn ergeben. Wie Father Brown demonstriert, lassen sich durchaus ganz unterschiedliche Verbindungen zwischen Schnupftabak, Wachskerzen, kleinen Eisenteilen und Diamanten herstellen. Als ein Beispiel führt er an, daß der Graf möglicherweise ein fanatischer Gegner der Französischen Revolution war. Dies könnte die Existenz der Gegenstände wie folgt erklären:

> "I think I see the connexion," (...). "This Glengyle was mad against the French Revolution. He was an enthusiast for the *ancien régime*, and was trying to re-enact literally the family life of the last *Bourbons*. He had snuff because it was the eighteenth century luxury; wax candles, because they were the eighteenth century lighting; the mechanical bits of iron represent the locksmith hobby of *Louis XVI*; the diamonds are for the Diamond Necklace of *Marie Antoinette*." (CFB: 81)

Als Horne Fisher das erste und einzige Mal aktiv in den politischen Wahlkampf eingreift, fordert er, bei Gesprächen mit der Landbevölkerung auch deren konkrete Probleme zu berücksichtigen. Schließlich würde man umgekehrt zu den Großstadtbewohnern auch nicht über Rüben und Schweineställe reden:

> "If we want country people to vote for us, why don't we get somebody with some notion about the country? We don't talk to people in *Threadneedle Street* about nothing but turnips and pigstyes. Why do we talk to people in Somerset about nothing but slums and Socialism? (...)" (MKM: 143f.)

Threadneedle Street, dies sei zur Erläuterung angemerkt, gilt als Inbegriff der Londoner Finanzwelt, da in dieser Straße die Bank of England ihren Sitz hat.

Als Hilary Pierce zum zweiten Mal in der Geschichte "The Elusive Companion of Parson White" ein kleines Dorf in Somerset aufsucht, erkennt er den Ort kaum wieder. Ein Flohmarkt hat die Menschen angelockt, die sich nun in den Straßen drängen. Wie der Erzähler bemerkt, sieht der berühmte Londoner Piccadilly Circus an jedem Tag des Jahres gleich aus. Der Marktplatz eines kleinen ländlichen Ortes hingegen wirkt völlig verändert, sobald dort ein Markt abgehalten wird:

> *Piccadilly Circus* looks much the same on Christmas Day or any other; but the market-place of a country town or village looks very different on the day of a fair or a bazaar. (TLB: 147)

Auf den ersten Blick scheint es unglaublich, daß ein unauffälliger, provinzieller Ladenbesitzer den berühmten Dichter Phineas Salt zum Bruder hat. Auch der Sekretär des Dichters scheint zu ernst und sachlich, um wirklich eng mit Salt bekannt zu sein. Doch auch solche Menschen muß es immer in der Umgebung außergewöhnlicher und oftmals exzentrischer Künstler geben. Zu diesem Schluß kommt Gabriel Gale. Wie zur eigenen Bestätigung erinnert er sich daran, daß auch *Byron* (PL: 210) sicher einen Butler hatte und sogar *Shelley* (PL: 210) gelegentlich einen Zahnarzt aufsuchen mußte.

Der Wunsch, im Mittelpunkt der Öffentlichkeit zu stehen, so erklärt Father Brown, veranlaßte Hypatia Potter, eine Affäre mit dem berühmten Dichter Romanes zu beginnen. So wie der Name *George Sand*s (CFB: 602) für immer mit *Alfred de Musset* (CFB: 602) verbunden sei, so wollte auch Hypatia Potter durch ihre Beziehung zu Romanes Schlagzeilen machen.

Obwohl Mr. Pond den Diskussionen zwischen Dr. Campbell und dessen Schüler, Angus, nicht beigewohnt hat, kann er sehr gut nachvollziehen, wie es Campbell gelang, Angus' Glauben an die Zehn Gebote zu erschüttern. Mr. Pond sagt:

> "(...) Doubtless Dr. Campbell said that the Ten Commandments could not be of divine origin, because two of them are mentioned by the virtuous *Emperor Foo Chi*, in the *Second Dynasty*; or one of them is paraphrased by *Synesius of Samothrace* and attributed to the lost code of *Lycurgus*." (PMP: 45)

Besagten Synesius of Samothrace hat Pond selbt erfunden. So wie Dr. Campbell gelingt es auch Mr. Pond, den Gesprächspartnern ein Gefühl der Unwissenheit zu vermitteln und ihnen seine eigene geistige Überlegenheit zu suggerieren. Wie dieses Beispiel zeigt, können also nicht nur einzelne sujetinterne Namen (vgl. *Dr. Hankey, Mr. Glass*), sondern auch sujetexterne Namen von Figuren erdacht sein, ohne einen eigentlichen NT aufzuweisen.

Neben den bereits genannten Leistungen der Charakterisierung und Illustration/Argumentation können sujetexterne Namen eine weitere Funktion erfüllen. So können sie dem Leser einen **Hinweis auf die Zeit** geben, in der die erzählte Handlung oder ihr vorangegangene Ereignisse spielen. Dadurch tragen sie dazu bei, den Eindruck der Authentizität des Geschehens zu erhöhen. Derartige Beispiele lassen sich insbesondere in historischen Romanen und der realistischen Gegenwartsliteratur nachweisen. In den untersuchten Texten Chestertons treten sie eher selten auf.

In der Erzählung "A Tall Story" erinnert Mr. Pond an einen Fall, der sich während des Krieges ereignet hat: "'Do you remenber the case of Carl Schiller, that happened during the War? (...)'" (PMP: 114). Um welchen Krieg es sich hierbei handelt, wird an einer späteren Stelle deutlich. So berichtet Mr. Pond, daß er damals dem Juden Mr. Schiller geraten hatte, sich von den Deutschen zu distanzieren und einen jüdischen Namen anzunehmen. Dabei hatte er zu ihm gesagt:

> "(...) I am well aware," (...), "that you never invaded *Belgium*. I am fully conscious that your national tastes do not lie in that direction. I know you had nothing to do with burning the *Louvain Library* or sinking the *Lusitania*. Then why the devil can't you say so? (...)" (PMP: 119)

Die Besetzung Belgiens, die Zerstörung der Universitätsbibliothek von Louvain und der Angriff auf den Passagierdampfer Lusitania geben einen deutlichen Hinweis darauf, daß die Handlung nach Ausbruch des Ersten Weltkrieges spielt.

Zur Ausführung seines mörderischen Planes fälscht der Künstler Martin Wood in der Erzählung "The Doom of the Darnaways" ein Bild. Um keinen Verdacht aufkommen zu lassen, sagt er, daß es aus der Zeit *Holbeins* (1497/98-1543) stamme und vermutlich sogar von dem großen Meister selbst gemalt sei (vgl. CFB: 428). Dies scheint durchaus möglich, da es sich um ein Portrait Lord Darnaways handelt, welcher zur Zeit Heinrichs VII. (*Henry VII*, 1457-1509) und Heinrichs VIII. (*Henry VIII*, 1491-1547) gelebt haben soll (vgl. CFB: 428).

Der Titel der Erzählung "The Purple Wig" spielt auf die Perücke an, welche der Duke of Exmoor trägt, um sein abartig gestaltetes Ohr zu verbergen. Den ungewöhnlichen Vorgängen in dieser Geschichte wird gleich zu Beginn ein historisch-legendärer Hintergrund verliehen. So soll ein Diener eine geheime Unterredung zwischen König *James I* (CFB: 245) und *Carr* (CFB: 245) belauscht haben. Es heißt, daß Robert Carr und seine Frau *Frances Howard* (CFB: 245) *Sir Thomas Overbury* (CFB: 245) vergiftet hatten, woraufhin sie eingesperrt, später jedoch begnadigt wurden. Die grausame Wahrheit, die der Diener durch das Schlüsselloch mit angehört hatte, ließ sein Ohr derart wachsen, daß er und seine Nachkommen es von diesem Tage an verdecken mußten.

Wie die Präsentation und Interpretation des Belegmaterials verdeutlicht haben, setzt Chesterton vielfältige Namen realer Personen, Orte oder auch Gegenstände in seinen Texten ein. Verbunden damit ist immer eine bestimmte Intention des Autors. So werden sujetexterne Namen im literarischen Text mit unterschiedlichen Aufgaben betraut, die über die grundlegende onymische Funktion der identifizierenden Referenz hinausgehen (z.B. Charakterisierung, Illustration/Argumentation, zeitliche Einordnung). Sujetexterne Namen ließen sich sowohl auf der Ebene der Erzählung als auch auf der Ebene des Erzählten nachweisen. Dabei ging es weniger darum, die in den Texten erwähnten Personen etc. umfassend zu erläutern. Das Ziel bestand vielmehr darin, die Funktionsmöglichkeiten sujetexterner EN aufzuzeigen und exemplarisch zu veranschaulichen. Daß hierbei solche Namen, die sich auf literarische Figuren oder Orte anderer Werke beziehen, fast vollständig ausgeklammert blieben, heißt keineswegs, daß sie in Chestertons Texten nicht vorkommen. Im Gegenteil, sie sind sogar in sehr großer Zahl vertreten. Da diese Namen jedoch eine Verbindung zwischen mehreren literarischen Texten herstellen, sollen sie als eine Erscheinungsform onymischer Intertextualität in Kapitel 6.3.4. dieser Arbeit gesondert betrachtet werden.

4.4. Zusammenfassung

Daß die Einzelanalysen in diesem Kapitel lediglich exemplarischen Charakter tragen konnten, ist angesichts des außerordentlich umfangreichen Namenmaterials in den Erzählungen sicher gerechtfertigt. Dabei wurde darauf geachtet, alle wesentlichen im Textkorpus auftretenden Namenklassen anhand repräsentativer Beispiele zu behandeln. Obwohl die Analyse ganz bewußt nicht auf literarische **Anthroponyme** eingeschränkt wurde, erwies sich diese Gruppe für die praktische Auswertung am aufschlußreichsten. Sie ist nicht nur die quantitativ am stärksten vertretene Namenklasse, sondern auch in qualitativer Hinsicht von besonderem Interesse. Hier treten die unterschiedlichen Arten **sujetinterner** Namen in ihrer größten Vielfalt in Erscheinung. Dabei läßt sich jedoch nicht in jedem Fall eine eindeutige Aussage über die mit der Namengebung verbundenen Intentionen des Autors treffen. Viele Namen bieten mehrere Möglichkeiten einer Interpretation. Mitunter sind sie zwei oder auch drei Arten sujetinterner Namen zuzuordnen (vgl. z.B. *Crook, Fisher, Todd, Haggis, Brown, Grant*). Wenn man klassifizierende Namen wie *Dr. Campbell, Parker, Lord Mounteagle* und *Isodor Simon*, ideell-verkörpernde Namen wie *Olivia Malone, Grimm* und *Edward Nutt* sowie redende und klanglich-semantische Namen wie *Opal Bankes, Professor Green, Brian Horder* oder *Grandison Chace* betrachtet, so kommt man zu dem Schluß, daß sich die einzelnen Namenarten auf das gesamte Figurenpersonal verteilen. Ihre jeweiligen Träger lassen sich weder eindeutig nach Haupt- oder Nebenfiguren, noch nach ihrer Zugehörigkeit zu einer bestimmten sozialen Gruppe ordnen. Während viele Figuren **klassifizierende, ideell-verkörpernde, redende** und **klanglich-semantische** Namen tragen, konnten **materiell-verkörpernde** und **klangsymbolische FigN** nur anhand von Einzelbeispielen belegt werden.

Als eine zweite wichtige Gruppe sujetinterner Namen wurden neben Anthroponymen die in den Texten vorkommenden **Toponyme** untersucht. Diese bezeichnen den Schauplatz der Handlung, wobei hierzu Siedlungsnamen ebenso wie Namen von Kontinenten, Ländern, innerstaatlichen Verwaltungseinheiten, Straßen, Plätzen, Gewässern u.a.m. zu zählen sind. Anders als bei den FigN ließ sich eine große Zahl **materiell-verkörpernder** ON ermitteln. Diese aktivieren ein bestimmtes Vorwissen, welches der Leser von einem realen Ort gleichen Namens auf den fiktiven Handlungsschauplatz überträgt (z.B. *America, France, Kent, London, Thames*). Neben materiell-verkörpernden Namen tritt eine Reihe klassifizierender, ideell-verkörpernder, redender und klanglich-semantischer ON auf. Diese können entweder real (z.B. *Pavonia*), frei erfunden (z.B. *Cobhole*) oder durch formale und semantische Modifikationen aus einem realen ON abgeleitet (z.B. *Casterbury, Cowford*) sein.

Außer den Namen der Figuren und Handlungsschauplätze fanden, als **Varia** zusammengefaßt, auch weniger häufig vertretene Namenklassen, wie z.B. **Gebäude-, Institutions-** und **Produktnamen**, Beachtung. Dabei konnte festgestellt werden, daß auch diese Namen nicht nur der **Identifizierung** eines Objektes dienen, sondern darüber hinaus oftmals weitere Funktionen erfüllen. Wie einzelne Figuren und Orte, so können auch Gruppen von Figuren, Tiere, Häuser, Firmen und Erzeugnisse näher durch ihren Namen **charakterisiert** werden (z.B. *Club of Queer Trades, Nox, White Pillars, Adventure and Romance Agency, Nobumpo*). Mitunter gestattet der Name Rückschlüsse auf bestimmte Einstellungen oder Verhaltensweisen einer Figur (vgl. *Grey Cottage, National Liberal Club, The*

New Age, Morning Post, Chartreuse). Besonders deutlich wird dies, wenn mehrere Namen einander gegenüberstehen: So tragen die Hausnamen *White Lodge, Rowanmere* und *Heatherbrae* nicht nur zur Charakterisierung, sondern gleichzeitig zur **Konstellierung** ihrer Bewohner bei. Eine **leitmotivische** Funktion erfüllen z.B. die Erzähltitel und die Namen der Gasthäuser *The Green Man* und *The Sign of the Broken Sword*, da sie auf das Grundthema der Erzählung Bezug nehmen. Manche Namen wirken bereits an sich oder in Verbindung mit dem NT komisch. Sie erfüllen zusätzlich zu ihrer identifizierenden eine **ästhetische** Funktion (z.B. *"Old Ladies as Mad Motorists", The Daily Reformer*).

In die Untersuchung gingen außer den genannten Gruppen sujetinterner ebenso **sujetexterne** Namen ein. An ausgewählten Beispielen wurden ihre unterschiedlichen Funktionen im literarischen Text dargestellt. So können sujetexterne Namen literarische Figuren, Orte oder Gegenstände näher **kennzeichnen**, indem sie diese in Beziehung zu außerhalb des Textes existierenden NT setzen (z.B. *Marx, Glencoe, Koh-i-noor*). Sujetexterne Namen werden weiterhin genutzt, um **historische Parallelen** zu dem dargestellten Geschehen aufzuzeigen oder angeführte Argumente durch den Verweis auf analoge reale Ereignisse zu bekräftigen (z.B. *Bismarck, Titus Oates, Joan of Arc*). Werden Ereignisse oder Personen genannt, kann dies mitunter dazu dienen, das erzählte Geschehen **zeitlich einzuordnen** und ihm, trotz seines fiktiven Charakters, einen **authentischen Hintergrund** zu verleihen (z.B. *Lusitania, James I*). Die Vielzahl der auftretenden Namen und die Art ihrer Verwendung gewähren dabei einen Einblick in den **Verständnishorizont** des Autors und einzelner Figuren.

Anhand des gefundenen Namenmaterials konnten **formale** und **inhaltliche** Besonderheiten nachgewiesen werden, wie sie für Chestertons Texte insgesamt typisch sind. So finden sich zahlreiche **alliterierende** und auf **Farbadjektiven** basierende EN (z.B. <u>R</u>oger <u>R</u>ook, <u>S</u>ir <u>S</u>amuel <u>S</u>nodd, <u>W</u>arren <u>W</u>ynd; Father <u>Brown</u>, Professor <u>Green</u>, The <u>Green</u> Man, The <u>Blue</u> Boar). Ebenso spiegelt sich Chestertons unnachahmlicher **Humor** in einigen seiner Namen wider (z.B. *Little Puddleton, Nobumpo, Princess Aurelia Augusta Augustina, etc. etc.*).

Wie sich mehrfach zeigen ließ, drücken sich in der Wahl und Verwendung der Namen auch grundlegende **Anschauungen** des Autors aus. Sehr offensichtlich wurde dies bei einigen **sujetexternen EN** und den **materiell-verkörpernden FigN.** Doch auch Vertreter anderer Namenarten ließen bei genauer Betrachtung und unter Berücksichtigung der jeweiligen Erzählsituation einen tieferen Sinn erkennen. Man vergleiche insbesondere die Namen der fünf Seriendetektive sowie der Figuren *Welkin, Kalon* und *Dr. Hyde*.

Wie gerade letzterer Name deutlich macht, hatte Chesterton den Widerstreit gegensätzlicher Kräfte als ein Grundprinzip des Lebens erkannt. Die Dualität, die Chestertons Denkstil prägte, fand auch in seinen Texten künstlerischen Niederschlag. Sogar die Namenlandschaft wird durch zwei gegenläufige Tendenzen bestimmt: Einerseits läßt Chesterton erkennen, daß er mit den Konventionen der realen Namengebung seiner Zeit gut vertraut war. So achtete er bei den meisten Figuren darauf, sie entsprechend ihrer Nationalität, Religion und sozialen Stellung **angemessen** zu benennen. Darüber hinaus sind einige der gewählten Namen verblüffend **inhaltsreich**: Sie gehen weit über den eigentlichen NT hinaus und repräsentieren Grundgedanken der Lebensphilosophie des Autors.

Bei anderen Namen hingegen scheint es, als habe Chesterton sie ohne größere geistige Anstrengung gewählt. So bedient er sich bestimmter **Stereotype**, wenn er mehrere Iren, den einzigen auftretenden Waliser und den typischsten aller Schotten nach dem jeweiligen Nationalheiligen benennt (*Patrick, David* bzw. *Andrew*). Neben derartigen **Klischees** verwendet Chesterton eine Reihe **überdeutlich charakterisierender** Namen (z.B. *Grossenmark, Hathaway, Champion, Marvell* und *Bliss*). Solche Namen kleben wie Etiketten an den NT, über die sie in nur einem einzigen Wort Auskunft geben. Doch auch die Figuren selbst erscheinen nur wenig komplexer als ihre Namen. Sie bleiben in der Regel umrißhaft und rufen eher die Vorstellung von einem bestimmten Menschentyp als von eigenständigen Persönlichkeiten hervor. In gewissem Maße ist diese Erscheinung durch das Genre der Detektivliteratur bedingt. Da die meisten auftretenden Gestalten potentiell verdächtig sind, können sie kaum Tiefe erhalten. Der Autor muß, solange der Täter nicht gefunden ist, die wahren Gedanken und Gefühle der Figuren geheimhalten (vgl. SUERBAUM 1992: 453).

Dennoch wäre es falsch, die Typenhaftigkeit der Figuren und einiger EN bei Chesterton lediglich mit dem Wesen der Detektivliteratur zu begründen. Es fällt auf, daß auch in Chestertons anderen Texten kaum komplex ausgefeilte Charaktere auftreten. Auch dort waren dem Autor die zugrundeliegenden Ideen wichtiger als die einzelnen Figuren, durch die sie repräsentiert werden.
Chesterton ging es nicht darum, seine Figuren als glaubhafte Abbilder lebendiger Menschen zu gestalten. Er wollte die Leser vielmehr mit Anschauungen konfrontieren und ihnen zugleich vergnügliche Unterhaltung bieten. Letzteres Anliegen wird noch einmal deutlich, wenn einige seiner Randfiguren, wie z.B. *Nibbles* (PMP: 67), *Colonel Hoopoe* (TLB: 236), *Sir Bradcock Burnaby-Bradcock* (CQT: 8), *Captain Pickleboy* (PMP: 22) und *Sir Samuel Snodd* (PMP: 114) auffallend komische Namen tragen.

Der ursprünglich von Father O'CONNOR (1937: 40) erhobene Vorwurf, daß Chestertons Namen nur wenig subtil seien, ist in gewisser Hinsicht zweifellos berechtigt. Manche Namen sind offenbar konstruiert; andere wirken in der Direktheit ihrer Charakterisierung oder in der Häufigkeit ihrer Verwendung kaum glaubwürdig. Der Grund für die zum Teil wenig ausgereifte Namenwahl liegt sicherlich nicht zuletzt darin, daß Chesterton selbst seine Detektivgeschichten geringschätzte und sie in kürzester Zeit niederschrieb.
Doch auch die eingangs zitierte Äußerung von H. HAEFS (FBH, Bd. 2: 259) trifft zu. Wie die praktische Untersuchung ergab, lohnt es sich durchaus, Chestertons Detektivgeschichten einer eingehenderen onomastischen Analyse zu unterziehen. So konnten Benennungsmotive aufgedeckt werden, die den Lesern in der Regel verborgen bleiben. Dabei erschienen nicht nur die Namen einzelner Figuren, sondern auch die Benennungen mehrerer Orte, Häuser, Institutionen u.a.m. mit Bedacht ausgewählt.

Diese Feststellung ist als Fazit aus den vorangegangenen Teilkapiteln zunächst mit Bezug auf die untersuchten EN und ihre NT zu treffen. Im folgenden soll die Aufmerksamkeit auf zwei weitere Aspekte gelenkt werden. So gilt es zu untersuchen, inwieweit **genrespezifische** Besonderheiten der **Detektivliteratur** für die Wahl und Verwendung der Namen relevant sind. Im Mittelpunkt des darauffolgenden Kapitels stehen die wechselseitigen Beziehungen zwischen literarischen EN und anderen Elementen des **Textes**. Wie sich zeigen wird, können die hierbei gewonnenen Erkenntnisse sowohl auf die Interpretation des einzelnen Namens als auch auf das Verständnis des gesamten Textes zurückwirken.

5. Besonderheiten literarischer Eigennamen im Kontext der Detektivliteratur (am Beispiel Chestertons)

Gilbert Keith Chesterton veröffentlichte in seiner Zeitschrift *G.K.'s Weekly* im Oktober 1925 einen Artikel unter der Überschrift "How to Write a Detective Story"[1]. Bereits drei Jahre zuvor hatte der Autor verwundert festgestellt, daß ein Buch mit diesem Titel bislang nicht erschienen war (vgl. CWC, vol. 32: 430). Dies hat sich inzwischen geändert, und der interessierte Leser kann heute unter mehreren praktischen Ratgebern dieser Art auswählen (vgl. z.B. LAMBOT 1992 und KEATING 1994). Dabei ist interessant, daß zukünftige Kriminalautoren hier nicht nur Hinweise zur Figuren- und Handlungsgestaltung, sondern ebenso zur richtigen Namenwahl finden können. Die letztgenannten Ratschläge sind z.T. für Schriftsteller ganz allgemein relevant; sie beziehen sich aber auch auf Überlegungen, die sich aus dem besonderen Charakter der **Detektivliteratur** ergeben.

In diesem Kapitel soll die Namenlandschaft in den Detektivgeschichten Chestertons mit Blick auf genrespezifische Besonderheiten näher betrachtet werden. "Genrespezifisch" meint dabei nicht, daß die nachfolgend zu behandelnden Aspekte lediglich in der Detektivliteratur von Bedeutung sind. Wie in den vier Teilkapiteln zu sehen sein wird, treten sie jedoch hier auf besonders prägnante Weise in Erscheinung:

(1) Zunächst soll die Frage gestellt werden, inwieweit **Mehrfachbenennungen** (z.B. Tarnnamen) die Einheit von EN und Identität verdeutlichen.
(2) Anschließend werden Beispiele für die **Anonymität** literarischer Figuren und Schauplätze angeführt. Hierbei gilt es, die Intentionen, die der Autor an die Nichtnennung eines EN knüpft, zu ermitteln.
(3) Grundsätzlich können EN eine wichtige Rolle im Erzähltext spielen. Wie sich zeigen wird, sind EN in einigen Geschichten für die **Lösung** des Falles von Bedeutung.
(4) Abschließend soll die literarische Namenwahl unter dem Aspekt **rechtlicher Konsequenzen** betrachtet werden. Hierbei ist besonders die Frage von Belang, wie sich Detektivschriftsteller vor Verleumdungsklagen schützen können.

5.1. Mehrfachbenennungen und Identität

Der Name, so wurde bereits an anderer Stelle mit Bezug auf H. GRABES (1978: 411) festgehalten, dient als "Identitätssignal", durch dessen Nennung der Leser die Figur jederzeit wiedererkennt (vgl. Kapitel 3.2.2.). Ist der Name bekannt, wird der NT leicht durch nur ein einziges Wort identifizierbar. Variiert jedoch die namentliche Bezugnahme auf dieselbe Figur innerhalb eines Textes, so werden die Eindeutigkeit und Konstanz des Namengebrauchs gestört. Infolgedessen kann die Wiedererkennbarkeit einer Figur beeinträchtigt werden.

Unter "Namenvariation" seien mit W. FLEISCHER sowohl "onymische Varianten (formativ-strukturelle Verschiedenheiten des gleichen Namens)" als auch "onymische Dubletten (zur gleichen Zeit übliche verschiedene Namen für dasselbe Objekt)" (FLEISCHER 1995: 557)[2] verstanden. Werden **Varianten** desselben EN verwendet, kann dies verschiedene Ursachen haben. Zum einen kann der Autor auf diese Weise versuchen, der stilistischen Forderung nach einer abwechslungsreichen Wortwahl gerecht zu werden. Zum anderen können Namenvarianten die jeweilige Einstellung des Erzählers oder der sprechenden Figur zum benannten Objekt widerspiegeln. Die EN-Verwendung trägt in diesen Fällen perspektivischen Charakter (vgl. z.b. die Verwendung von Hypokoristika, von Lang- oder Kurzformen eines EN, von VN *oder* FaN bzw. VN *und* FaN, von FaN *ohne* bzw. *mit* entsprechendem Titel/"Höflichkeits-Lexomorphem", KALVERKÄMPER 1978: 135-144).

Davon zu unterscheiden sind solche Fälle, in denen Menschen einen gänzlich **neuen Namen** annehmen. Die Gründe hierfür sind sowohl im wirklichen Leben als auch in literarischen Texten äußerst vielfältig. Einen detaillierten Überblick zu diesem Thema bietet A. ROOMs Wörterbuch der Pseudonyme (1991), welches neben einer Fülle von Beispielen auch einen umfassenden theoretischen Teil enthält. So beschäftigt sich A. ROOM in Kapitel 2 unter der Überschrift "Why Another Name?" (ROOM 1991: 6-11) mit den Motiven, die der Annahme eines Pseudonyms zugrunde liegen. Man vergleiche in diesem Zusammenhang auch die Ausführungen von W. KANY (1992), D. CRYSTAL (1995: 152), G. KOSS (1990: 100) sowie M.V. SEEMAN (1983: 242). Die von diesen Autoren behandelten Motive für eine Namensänderung reichen beispielsweise von der reinen Imageaufwertung über die Vereinfachung eines komplizierten Namens, die Annahme von Pseudonymen durch Künstler und Schriftsteller, Umbenennungen bei der Immigration in ein fremdes Land (wie es z.B. vielfach in den USA geschah), die Wahl des Papst- oder eines Ordensnamens bis hin zur Annahme eines Tarnnamens durch Verbrecher und Geheimagenten. Hierbei kann man danach unterscheiden, ob der neue Name den alten vollkommen ersetzt oder zusätzlich zu diesem gewählt wird und auf eine bestimmte Gebrauchssphäre (z.B. den Beruf oder die Ausübung illegaler Handlungen) beschränkt bleibt. Mögen Namensänderungen auch verschiedenartig motiviert sein, so haben sie in der Regel eines gemeinsam: Die Wahl eines neuen Namens spiegelt einen Wandel im **Identitätsverständnis** der benannten Person/Figur wider[3]. Dieser Vorgang soll an Beispielen aus dem untersuchten Textkorpus verdeutlicht werden.

Als ein Wesensmerkmal der Detektivliteratur kann gelten, daß **Verbrecher** - wie auch in der Wirklichkeit - oftmals ein **Doppelleben** führen. Um ihre wahre Identität zu verschleiern, ändern sie nicht nur ihr Äußeres, sondern nehmen mitunter auch einen falschen Namen an. Sie schaffen sich eine zweite Identität und verfügen, wie I. RAKUSA (1986: 168) es ausdrückt, über eine "doppelte, vervielfachte Existenz". So findet der **Tarnname** lediglich in der Rolle des NT als Verbrecher Anwendung, während dieselbe Figur unter einem anderen Namen im übrigen als unbescholtener Bürger gilt. Der Verbrecher sucht gleichsam Schutz unter einem fremden Namen. Auf diese Weise versucht er, seine Identifizierung durch den Detektiv, die anderen Figuren und natürlich durch den Leser zu erschweren.

So weiß zunächst niemand, daß sich hinter dem Erpresser und Mörder *Daniel Doom* (CFB: 334) der im Alltag hochgeschätzte amerikanische Millionär *Brander Merton* verbirgt. *Ireton Todd* heißt in kriminellen Kreisen *Last-Trick Todd* (CFB: 222), und ein gewisser *Dr. Starkey* gibt sich als *Dr. Wilson* (PL: 268) aus. *Mr. Huss*, ein gewöhnlicher Buchhändler, gesteht Mr. Pond, daß er der als *Tarnowski* (PMP: 69) bzw. *Tiger of Tartary* (PMP: 69) bekannte Terrorist ist.

Drei betrügerische Geldverleiher in "The Five of Swords" nennen sich einmal *Lorraine*, *Le Caron* und *Baron Bruno* (SES: 39f.), ein andermal *Miller*, *Moss* und *Hartman* (SES:

41), ohne daß der Leser je ihre richtigen Namen erfährt: "Just now we need not trouble about their real names; I'm sure they never did" (SES: 59). Diese Aussage läßt auf den Verlust jeglicher Identität außerhalb des Verbrechermilieus schließen. Ähnliches läßt sich zu *Ezza* (CFB: 183) alias *Montano* (CFB: 185) alias *The King of Thieves* (CFB: 185) feststellen. Daß dieser Mann mehrere Namen gebraucht, überrascht angesichts folgender Selbsteinschätzung nicht:

> "Everything about me is a sham," (...). "I am an actor; and if I ever had a private character, I have forgotten it. I am no more a genuine brigand than I am a genuine courier. I am only a bundle of masks, and you can't fight a duel with that." (CFB: 193f.)

Um seinen Ruhm zu mehren, führt *Dr. Paul Hirsch*, ein erfolgreicher Wissenschaftler und Vertrauter der französischen Regierung, für kurze Zeit ein Doppelleben. So bezichtigt er sich unter dem Namen *Jules Dubosc* (CFB: 197) selbst der Spionage für Deutschland, nur um Dubosc anschließend als Schwindler bloßzustellen. Der strukturelle Aufbau der Erzählung "The Duel of Dr. Hirsch" drückt auf beispielhafte Weise einmal mehr Chestertons Auffassung von der Dualität des menschlichen Lebens aus[4]. So wie die angeblich von Hirsch verratenen Informationen über ein geheimes Dokument (im Schrank rechts vom Schreibtisch, grauer Umschlag, rote Tinte) den wahren Gegebenheiten völlig widersprechen (links, weißer Umschlag, schwarze Tinte), so stehen auch Hirsch und Dubosc diametral einander gegenüber. Als Father Brown die beiden Identitäten Dr. Hirschs aufdeckt, stellt er fest: "'They are the opposite of each other,' (...). 'They contradict each other. They cancel out, so to speak'" (CFB: 206). Zu diesem Eindruck trägt auch die Namenverwendung im Text bei. Ein aufmerksamer Leser wird bemerken, daß Hirsch trotz seines deutschen Namens in seinem Äußeren als Vertreter Frankreichs gelten muß. Die wiederholt genannten Merkmale (seine roten Haare, das bleiche/weiße Gesicht und seine blaue Brille) spielen sehr deutlich auf die Farben der Trikolore an. Jules Dubosc, dessen Name auf einen Franzosen schließen läßt, trägt hingegen Züge eines Tirolers (vgl. CFB: 198)[5].

Wie die Beispiele zeigen, sind die von den Verbrechern gewählten oder ihnen zugeschriebenen Tarnnamen mitunter recht auffällig. Nicht selten stellen sie onymisch gebrauchte Appellativa mit einer leicht durchschaubaren Semantik dar. Beinahe aufdringlich in ihrer charakterisierenden Direktheit wirken Namen wie *Daniel Doom, Michael Moonshine, Tiger Tyrone, Montano, King of Thieves* oder *Tiger of Tartary*.
Wie in der Realität, so enthalten auch in der Literatur Pseudonyme oftmals noch einen Rest des alten Namens, da der Täter nicht gewillt ist, selbst in der neuen Rolle seine wahre Identität völlig abzulegen (vgl. ASHLEY 1984: 19 sowie EIS 1970: 71). So bestätigte der Detektivschriftsteller Hansjörg MARTIN auf eine persönliche Anfrage hin, daß der von *Ernst Voigt* in dem Roman *Der Kammgarn-Killer* angenommene EN *Emil Vobach* nicht zufällig die ursprünglichen Initialen beibehält (vgl. undatierter Brief von Hansjörg MARTIN an I.S. vom Oktober 1995).
Beispiele dieser Art lassen sich bei Chesterton nur vereinzelt finden: In der Erzählung "The Vampire of the Village" versteckt sich der Mörder und Erpresser *Hankin* hinter dem Namen *Horner* (CFB: 709), und *Alan Nadoway* legt sich für seine pseudokriminellen Aktivitäten in "The Ecstatic Thief" den komisch wirkenden Namen *Nogglewop* (FFF: 149) zu. In beiden Fällen (*Hankin* alias *Horner* und *Nadoway* alias *Nogglewop*) lauten die

jeweiligen Namen nicht nur mit dem gleichen Buchstaben an, sondern verfügen zudem über identische Silbenzahlen und Betonungsmuster.

Gibt sich eine Figur für jemand anderes aus, wählt sie nicht in jedem Fall einen fremden Namen. So werden *Mr. Jameson* (CFB: 498), *Flambeau* (CFB: 9) und *Arthur Carstairs* (CFB: 235) in ihren Verkleidungen als orientalischer Sänger, Kellner/Aristokrat bzw. geheimnisvoller Erpresser lediglich über appellativische Bezugnahmen identifiziert. Auch *John Boulnois* (CFB: 293) bleibt, als er in der Funktion seines eigenen Butlers auftritt, anonym. Während Jameson, Flambeau und Carstairs Verbrechen begehen, ist Boulnois' Handlung allenfalls als ein Streich zu werten. Ähnliches gilt für *Mr. Berridge* (CFB: 622), der seinem Vorgesetzten auf einfallsreiche Art eine Lehre erteilen möchte und sich zu diesem Zweck als ein afrikanischer Missionar namens *Rev. Luke Pringle* (CFB: 622) verkleidet.

Gleich mehrere verschiedene Rollen spielt *John Conrad* (FFF: 199) in "The Loyal Traitor": Er gibt sich gleichzeitig für einen Dichter namens *Sebastian* (FFF: 171)[6], für den berühmten *Professor Phocus* (FFF: 176), den Pfandleiher *Loeb/Lobb* (FFF: 177f.) und für den ausländischen Militärführer *General Casc* (FFF: 170) aus.

Manchmal erfordert es der **Beruf** einer Figur, sich mit einer zweiten Identität auszustatten. So agieren nicht nur die Verbrecher, sondern zuweilen auch ihre Widersacher - **Detektive** und **Polizeibeamte** - unter falschen Namen.

Ein Detektiv, der beauftragt wird, auf dem orientalischen Basar in der Geschichte "The Red Moon of Meru" einen Verdächtigen zu überwachen, tritt als *Phroso the Phrenologist* (CFB: 554) bzw. *Professor Phroso* (CFB: 560) auf.

Den entflohenen Häftling *Lionel Mester* aus Sir Max Pembertons Teil der Erzählung "Father Brown and the Donnington Affair" wandelte Chesterton kurzerhand in einen Detektiv um und gab ihm den Namen *Stephen Shrike* (FBDA: 145).

Um bei seinen Ermittlungen in einem rätselhaften Mordfall keinen Verdacht zu erregen, stellt sich der Polizeibeamte *Mr. Harrington* in der Erzählung "The Honest Quack" vor Ort als ein gewisser *Mr. Wilmot* (FFF: 81) vor.

Zur Ausübung ihrer ungewöhnlichen Berufe treten auch in dem Band *The Club of Queer Trades* einige Figuren unter falschen Namen auf. Der "Organisator schlagfertiger Antworten" nennt sich *Sir Walter Cholmondeliegh* (CQT: 45); der Mann, der auf professionelle Art Menschen an ihren Verabredungen hindert, legt sich in dem hier beschriebenen Fall den Namen *Rev. Ellis Shorter* (CQT: 57) zu.

Würde man mehrere Personen danach befragen, in welchen Gruppen Pseudonyme am verbreitetsten sind, so würde der **künstlerische Bereich** sicherlich an erster Stelle genannt. In der Tat ist die "Polyonymie" ("polionimija", PODOL'SKAJA 1988: 107) ein bei Autoren, Schauspielern, Sängern und Zirkusleuten besonders häufig anzutreffendes Phänomen. Zu berühmten Schriftstellern, die unter anderen Namen veröffentlichten, zählen z.B. Samuel L. Clemens (*Mark Twain*), Eric Arthur Blair (*George Orwell*), Mary Ann Evans (*George Eliot*) und die Schwestern Charlotte, Emily und Anne Brontë (*Currer, Ellis* und *Acton Bell*). Frederick Austerlitz und Virginia Katherine Mc Math gingen als *Fred Astaire* und *Ginger Rogers* in die Tanz- und Filmgeschichte ein; Bernard Schwartz, Dino Crocetti und Reginald Dwight wurden als *Tony Curtis, Dean Martin* bzw. *Elton John* berühmt.

Diese Tatsache spiegelt sich auch in den Erzählungen Chestertons wider. Auch hier legen sich Künstler für ihren Beruf oftmals Pseudonyme zu, während sie im alltäglichen Leben bürgerliche Namen tragen (vgl. *Zaladin*, CFB: 182 und *Phoenix Fitzgerald*, CFB: 713).

Wenig spezifisch für das Genre der Detektivliteratur wie die Verwendung von Künstlernamen ist auch die Tatsache, daß dieselbe Figur innerhalb unterschiedlicher **sozialer Gruppen** wechselnde Benennungen erfährt. So treten bei Chesterton mehrere Figuren auf, die über ihren bürgerlichen Namen hinaus einen Adelstitel tragen, z.B. *Mr. Jacob Nadoway = Sir Jacob Nadoway = Lord Normandale* (FFF: 118), *Sir Samuel Bliss = Lord Normantowers* (TLB: 57), *Francis Bray = Baron Bulmer* (MKM: 100), *James Mair = Marquis of Marne* (CFB: 569f.).
Eine weitere Differenzierung der Benennungen ergibt sich innerhalb des Familien- oder Freundeskreises. Hier werden häufig inoffizielle Namen oder auch Formen des offiziellen Namens verwendet. Der Gebrauch eines bestimmten EN oder einer onymischen Variante spiegelt die Gruppenzugehörigkeit der NT und Namensbenutzer wider. Diese Feststellung hat Chesterton nicht nur in seinem Aufsatz "On Calling Names - Christian and Otherwise" (vgl. SEP: 212-217) für die Realität formuliert, sondern ebenso auf vielfältige Weise in seinen Texten umgesetzt:
Father Browns Nichte, *Elizabeth Fane*, heißt im Familienkreis *Betty* (CFB: 541); *John Nadoway, Sir Henry Harland Fisher* und *James Crane* wurden in ihrer Kindheit und Jugend *Jack, Harry* und *Jimmy* genannt (FFF: 119; MKM: 141; TLB: 164).
Von ihrer Familie, der *Princess Aurelia Augusta Augustina, etc. etc.* diesen langen Namen verdankt, wird die Prinzessin heute nur noch *Mary* genannt, da dies wesentlich sprachökonomischer ist (FFF: 171).
Simeon Wolfe ist seinen Freunden als *Sim* vertraut (PL: 251), und Kritiker der unkonventionellen Lebensweise des Geistlichen *Wilding White* nennen ihn mißbilligend *Wild White* (TLB: 128).

Weitere **Spitz- oder Kosenamen**, die auf eine kennzeichnende Eigenschaft des NT verweisen, sind z.B. *Vulture* für den Spanier *Espado* (aufgrund seiner Hakennase, CFB: 154), *Mulberry* für *Dr. Mulborough* (da er rundlich ist und ein beinahe purpurfarbenes Gesicht hat, CFB: 705), *Elisha* für *Isaac Green* (da er wie der gleichnamige alttestamentarische Prophet kahlköpfig ist, CFB: 250) und *Old Carrots* für *Dr. Paul Hirsch* (da er eine Perücke von auffallend roter Farbe trägt, "his carrot-coloured hair", CFB: 199; 201).
Roger Rook, der romantische Seefahrer, wird nach der Piratenflagge *The Jolly Roger* (CFB: 639) genannt. Zudem heißt es, daß Rook niemals fröhlich ist ("he is never jolly", CFB: 639). Seine Faszination für den Zylinder als Kopfbedeckung brachte dem Gouverneur *Tallboys* den Namen *Top-hat Tallboys* ein (FFF: 18). Die Professionalität, mit der *Commander Blair* die Ballonfahrt betreibt, führte dazu, seinen VN *Bellew* zu *Bellows* (engl. 'Blasebalg') abzuwandeln (TLB: 252).
Der Erzähler der Geschichten des Club of Queer Trades, *Charlie Swinburne*, ist süchtig nach neuen und exzentrischen Klubs; daher nennt man ihn *"The King of Clubs"* (CQT: 9). Seinem noch immer jugendhaft rosigen Aussehen hat er zudem die Bezeichnung *"The Cherub"* (CQT: 9) zu verdanken. Für seinen Freund Basil Grant ist er indes *Gully* (CQT: 12), womit vermutlich an das Adjektiv *gullible* 'leichtgläubig' angespielt werden soll.

In der Medienwelt Amerikas ist der anscheinend skrupellose Reporter *Mr. Pinion* unter den wenig schmeichelhaften Bezeichnungen *Bloody Battering-Ram*, *Home-Wrecker*, *Heart-Searcher* und *Jack the Ripper* bekannt (FFF: 221).
An *James Bullen*, dem jungen Privatsekretär des Premierministers, haftet aus unerklärlichen Gründen der Name *Bunker* (MKM: 120); der Schuljunge *Summers Minor* wird von seinen Kameraden *Stinks* gerufen (MKM: 55); und die Herren *Sir Humphrey Turnbull*, *Sir Howard Horne* und *Jefferson Jenkins* sind in ihrem Kreis als *Puggy*, *Hoggs* und *Jinks* bekannt (MKM: 13-15; 20).

Alle in den bisherigen Beispielen genannten Figuren werden in Abhängigkeit von der jeweiligen Kommunikationsgemeinschaft bevorzugt mit dem einen oder anderen Namen angesprochen. Ihre ursprünglichen Bezeichnungen behalten sie als offizielle EN bei. Von diesen Fällen sind all jene zu unterscheiden, in denen ein endgültiger **Namenwechsel** stattfindet: So kann eine Figur bei der Annahme eines neuen EN den alten aufgeben und auf diese Art den Bruch mit ihrer früheren Identität signalisieren.
In Chestertons Father-Brown-Geschichten zeigt sich dies sehr deutlich, wenn Verbrecher mit der Aufgabe ihrer kriminellen Laufbahn auch ihren Namen ablegen und einen bürgerlichen Namen annehmen. Wie bereits an anderer Stelle (vgl. Kap. 4.1.) angemerkt wurde, geht es Father Brown nicht darum, den Täter zu finden, um ihn einem weltlichen Gericht zu übergeben. Vielmehr möchte er den Schuldigen von der Sündhaftigkeit seines Tuns überzeugen und ihn zur Umkehr bewegen. Father Brown vertritt nicht primär die bürgerliche Gesetzesordnung, sondern er ist vielmehr ein Anwalt der menschlichen Seele. Er ist, wie H. HEISSENBÜTTEL (1992: 366) feststellt, "eine Art bürgerlich /getarnter Erzengel/". Seine Absichten reichen tiefer als die von Sherlock Holmes, welcher zugibt, das "Spiel lediglich um des Spieles willen" (zit. in KRACAUER 1979: 121) zu betreiben.

Father Brown ist überzeugt davon, daß ein jeder Mensch gerettet werden kann. So entwickelt sich der ehemalige Verbrecher *Michael Moonshine* mit der Hilfe des Priesters zu einer achtbaren Person und ersetzt seinen redenden Decknamen durch *Mr. Smith* (CFB: 490). Auch der international gesuchte französische Verbrecher *Flambeau* wird von Father Brown bekehrt und nimmt letztlich seinen wahren FaN *Duroc* (CFB: 462) wieder an[7].
Die mit der Wahl und Aufgabe eines Tarnnamens verbundene Intention beschreibt S. SONDEREGGER treffend, wenn er sagt, daß "das Annehmen eines neuen Namens einen völligen Wandel der Persönlichkeit /markiert/" (1987: 18f.). Daß Name und Identität in der Vorstellung der meisten Menschen tatsächlich eine untrennbare Einheit bilden, betont K.L. DION (1983: 249). DION verweist auf experimentelle Untersuchungen, welche ergaben, daß Erwachsene ebenso wie Kinder zu "nominalem Realismus"[8] neigten. So gab die überwiegende Mehrheit der Probanden an, sie könnten sich nicht vorstellen, einen anderen Namen zu tragen und dennoch dieselbe Person zu sein.
Die enge Verbindung von EN und Identität eines Menschen wird auch in der Geschichte "The Ecstatic Thief" sehr deutlich. Eine der Episoden ist mit "The Cleansing of the Name" überschrieben (FFF: 161-168). *Alan Nadoway* fühlt, daß der geschäftliche Erfolg seines Vaters, der anderen Menschen zum Nachteil gereicht, den Namen der Familie beschmutzt hat. Alan versucht auf seine Weise, das begangene Unrecht zu tilgen, um dem Namen wieder zu Ansehen zu verhelfen.

In Chestertons Erzählungen ändern Figuren ihre Namen nicht nur, wenn sie, wie die Verbrecher Flambeau oder Moonshine, bereuen und ein ehrbares Leben beginnen. Die Gründe für einen Namenwechsel sind wesentlich differenzierter:
So sind zunächst *Hypatia Hard* (= *Potter*, CFB: 591), *Olivia Malone* (= *Feversham*, PMP: 19), *Joan Varney* (= *Gahagan*, PMP: 113), *Elizabeth Seymour* (= *Hood*, TLB: 32) und alle anderen Frauen zu nennen, welche bei ihrer Heirat den FaN ihres Gatten annehmen. Mit der partiellen Änderung ihres Namens - der VN wird beibehalten - symbolisieren sie den Beginn eines neuen Lebensabschnittes und die Zugehörigkeit zu ihrem Ehemann.
In "The Tower of Treason" beschließt ein einst weltberühmter Diplomat, seine politische Karriere aufzugeben und ein neues Leben als Einsiedler in den Bergen Transsilvaniens zu beginnen. Zu diesem Zweck legt er seinen weltlichen Namen ab und nennt sich fortan *Father Stephen* (SES: 129).
Als Martin Irving in der Erzählung "The Man Who Shot the Fox" von seinem Vater in einem Streit verstoßen wird, ersetzt er seinen FaN *Irving* durch *Hook*. Jahre später erfährt sein wesentlich jüngerer Bruder, daß Martin Hook der rechtmäßige Erbe ist und bietet ihm das Anwesen sowie den ihm zustehenden Titel an. Hook verzichtet auf das Haus, unterschreibt jedoch in einem Brief an seinen Bruder zum ersten Mal seit langem wieder mit seinem wahren Namen, *Martin Irving* (SES: 34).
Von *Dr. Valentine* in "The Oracle of the Dog" ist bekannt, daß er früher unter dem Namen *De Villon* (CFB: 358) lebte. Diese Tatsache erweckt das Mißtrauen des Amerikaners Patrick Floyd. Von ihm zur Rede gestellt, antwortet Valentine spöttisch, daß Amerikaner anscheinend keine Namen hätten, die man ändern könne. Damit meint er, daß es in der Neuen Welt, anders als in Europa, keine Adelstitel gäbe. Dr. Valentine ist in Wahrheit ein französischer Adliger, der den offiziellen Titel *Marquis de Villon* trägt (CFB: 361). Da sich die gesellschaftliche Stellung eines Marquis jedoch nur schlecht mit seiner politischen Überzeugung als Republikaner vereinbaren ließ, besann er sich auf den längst vergessenen Namen seiner Familie, *Valentine*. Nachdem Father Brown diese Erklärung gegeben hat, bemerkt er:

> "Never mind," (...). "Nine times out of ten it is a rascally thing to change one's name; but this was a piece of fine fanaticism. (...)" (CFB: 361)

Eine Sonderform des Namenwechsels stellt der **Namentausch** dar. Anders als in den bisherigen Fällen bedarf es hierzu mindestens zweier Personen/Figuren. So tauschen in der Father-Brown-Erzählung "The Mask of Midas" ein entflohener Gefangener und ein Bankdirektor ihre Kleidung, ihre Rollen und nicht zuletzt ihre Namen. Dabei ahnt der Sträfling nicht, daß er mit dem Namen des Finanziers *Sir Archer Anderson* (FBMM: 405) die Identität eines Verbrechers übernimmt. Anderson war in betrügerische Geschäfte verwickelt und stand kurz davor, von der Polizei verhaftet zu werden. Es gelingt ihm, den Sträfling an seiner Stelle in der Bank zurückzulassen und dessen organisierte Fluchthilfe für sich selbst in Anspruch zu nehmen.
In der Erzählung "The Purple Jewel" verständigen sich die Brüder Salt darauf, für eine gewisse Zeit das Leben des jeweils anderen zu führen. Nachdem der Künstler *Phineas Salt* (PL: 206) so vieles in seiner Karriere erreicht hat, verspürt er eine starke Sehnsucht nach den kleinen und alltäglichen Dingen des Lebens. Er schickt seinen Bruder *Joseph* (PL: 210) mit einer beträchtlichen Geldsumme zum Urlaub ins Ausland, während er selbst dessen Rolle als Besitzer eines kleinen Ladens in Croyden ausfüllt.

Nicht immer willigt der Partner in den Namentausch ein. Mitunter gibt sich eine Figur für eine andere aus, ohne daß diese etwas davon weiß oder wissen kann. Letzteres ist in vier Erzählungen der Fall, in denen ein Mörder die Identität seines Opfers annimmt, um somit erst gar keinen Verdacht eines Verbrechens aufkommen zu lassen.

Als John Strake in "The Dagger with Wings" kurz nach dem Mord an *Arnold Aylmer* durch die Ankunft Father Browns gestört wird, beschließt er blitzartig, sich unter dem Namen seines Opfers vorzustellen. Dem Toten, den er angeblich später in Notwehr erschießt, gibt er seinen eigenen Namen, *John Strake*. Father Brown durchschaut das falsche Spiel dieses Mannes. In dem Bericht, den er der Polizei gibt, heißt es:

> "Then there dawned on this strange and frightfully fertile mind the conception of a story of substitution; the reversal of the parts. He had already assumed the part of Arnold Aylmer. Why should not his dead enemy assume the part of John Strake? (...)" (CFB: 421)

Eine ähnliche Strategie verfolgen *James Musgrave, Maurice Mair* und ein namentlich nicht genannter Mörder in den Father-Brown-Erzählungen "The Worst Crime in the World", "The Chief Mourner of Marne" und "The Curse of the Golden Cross". Indem sie sich die Rollen und Namen ihrer Opfer (*Sir John Musgrave, James Mair* und *Reverend Walters*) zu eigen machen, versuchen sie, die Mordtaten geheimzuhalten. Tauschen Figuren ihre Namen untereinander oder geben sich Mörder für ihre Opfer aus, so tun sie dies, um ihre Umwelt ganz bewußt irrezuleiten.

Im Unterschied dazu können Figuren von einem Außenstehenden aber auch miteinander verwechselt werden, ohne daß sie dies selbst beabsichtigen:
In der Erzählung "The Mistake of the Machine" wird *Lord Falconroy* in seiner Verkleidung für einen Maskenball irrtümlicherweise für den entflohenen Sträfling *Oscar Rian* gehalten und von der Polizei verhaftet.
J. Braham Bruce und sein Cousin *Bertrand* in "The Pursuit of Mr. Blue" entsprechen in ihrem Äußeren nicht der konventionellen Vorstellung von einem wohlhabenden Geschäftsmann bzw. einem arbeitslosen Schaupieler. Aus diesem Grund verkennt der Privatdetektiv Mr. Muggleton ihre wahren Identitäten und leitet die Fahndung nach der falschen Person ein.
Daß ein Mann, der wie ein junger Gott aussieht, nur der Dichter *Romanes*, aber kein Geschäftsmann namens *Potter* sein kann, ist ein Trugschluß, dem der Reporter Agar P. Rock in der Erzählung "The Scandal of Father Brown" erliegt. Father Brown weist ihn auf die Realitätsferne dieser Annahme hin, und er sagt:

> "(...) You see, you are so incurably romantic that your whole case was founded on the idea that a man looking like a young god, couldn't be called Potter. Believe me, names are not so appropriately distributed." (CFB: 601)

Im gleichen Sinne hatte sich Chesterton zuvor bereits in seinem Artikel "Nonsense and Sense" (*The Illustrated London News*, 15.05.1909)[9] geäußert. Auch dort scheint es zunächst so, als sei an dem Namen eines Menschen eindeutig das Wesen des NT abzulesen: Zu Namen wie *Michaelangelo, Raphael, Shakespeare* oder *Brakespear*[10] bemerkt er: "It really is a remarkable thing to reflect how many frightfully fine men have had frightfully fine names" (CWC, vol. 28: 325). Chestertons Äußerung soll provozieren. So entwickelt er seine Theorie nur zu dem Zweck, sie gleich darauf zu widerlegen: Einer seiner Bekannten, ein überzeugter Atheist, trage schließlich den Namen *Priest*. Außerdem wäre es viel passender, wenn Jonathan Swift und Richard Steele ihre Namen getauscht und *Dick Swift* bzw. *Jonathan Steele* gehießen hätten (CWC, vol. 28: 327).

Auch in den Texten anderer literarischer Genres ergeben sich mitunter Unsicherheiten bei der Zuordnung der Namen zu ihren Referenten. Auch dort nehmen Figuren Pseudonyme an oder werden miteinander verwechselt. Es steht jedoch außer Frage, daß gerade die Detektivliteratur aufgrund ihres spezifischen Charakters das namentliche Verwirrspiel befördert. Chesterton hat recht, wenn er die Detektiverzählung prinzipiell als "ein Drama der Masken und nicht der Gesichter" ("a drama of masks and not of faces", CWC, vol. 32: 432) bezeichnet[11]. Auch R. ALEWYN (1992: 393f.) weist darauf hin, daß es den Figuren darum geht, ihre wahre Identität geheimzuhalten. Zu diesem Zweck wandeln sie ihr Äußeres, sie verstellen ihre Stimme und spielen unter einem falschen Namen eine fremde Rolle. Erst zum Schluß erfahren Leser und Detektiv, wer sich hinter welcher Maske verbirgt. Nicht zu Unrecht hat K. TUCHOLSKY (1993, Bd. 6: 24) die Detektiverzählung daher eine "Vonhintennachvorn-Geschichte" genannt.

Wer seine Identität verschleiern will, wird sich nicht nur einen neuen Namen wählen, sondern zunächst einmal sein Aussehen ändern. Falsche Bärte, Perücken und Brillen gehören hierbei zu den unverzichtbaren Requisiten. In dieser Hinsicht mußte sich die Detektivliteratur einmal mehr als ein geeignetes literarisches Betätigungsfeld für Chesterton erweisen, hegte er doch eine ausgesprochene Liebe zum Theater. Seine früheste Kindheitserinnerung war die an das Puppentheater seines Vaters (vgl. AB: 27ff.). Dieser Eindruck blieb sein Leben lang bestimmend. Später baute er selbst solch ein Theater, schrieb kleine Stücke und führte sie auf (vgl. WARD 1945: 224). Voller Begeisterung nahm Chesterton auch an Kostümfesten teil. Besonders gerne und häufig trat er dabei in Verkleidung als Dr. Samuel Johnson auf (vgl. FFINCH 1988: 184f. sowie COREN 1989: 139, jeweils mit Photographien).

Es verwundert demzufolge kaum, daß Chestertons Erzählungen vielfältige Bezüge zur Welt des Theaters erkennen lassen. So sind mehrere Geschichten direkt im Schauspielermilieu angesiedelt (vgl. z.B. "The Man in the Passage", "The Actor and the Alibi", "The Vampire of the Village", "The Purple Jewel", "The Crime of Captain Gahagan" u.a.m.). Auch in den anderen Erzählungen scheint es, als habe sich gerade der Vorhang geöffnet und den Blick auf die Bühne freigegeben. Unterstützt wird dieser Eindruck von unzähligen expliziten Kommentaren der Art "Two other men whom he recognized passed across his window as across a lighted stage" (CFB: 325), "(...) before he came on the scene - in this case, we might say, on the stage" (CFB: 659) oder "the stage properties of that hideous farce" (PL: 118). Vor diesem Hintergrund wirken die Figuren oftmals, als ob sie eine bestimmte, ihnen vom Autor bzw. Regisseur zugewiesene Rolle spielen. Auch Fechtduelle, wie z.B. in "The Sins of Prince Saradine" und "The Hole in the Wall", wirken inszeniert.

Nicht zuletzt spiegelt sich Chestertons Freude an der Verkleidung in beinahe jeder Erzählung wider. Seine Figuren tragen Kostüme, um Verbrechen zu begehen (z.B. "The Song of the Flying Fish"), um Verbrechen aufzuklären (z.B. "The Red Moon of Meru") oder aber auch einfach, um sich bei einem Maskenball zu amüsieren (z.B. "The Mistake of the Machine"). Sie verkleiden sich, ändern ihre Namen und verschleiern ihre wahren Identitäten. So wie die vielen Spiegel in Chestertons Erzählungen oftmals das Abbild einer Gestalt verzerren (z.B. "The Sins of Prince Saradine" und "The Man in the Passage"), so erschweren die vielfältigen Wandlungen des Aussehens und des Namens dem Leser die Identifizierung einer literarischen Figur[12].

Wie die Beispiele in diesem Teilkapitel gezeigt haben, sind die Referenzbeziehungen zwischen EN und NT in den untersuchten Texten weit davon entfernt, eindeutig oder sogar eineindeutig zu sein. Während manche Figuren (gleichzeitig oder nacheinander) unter mehreren Namen agieren, bleiben andere Figuren oder Schauplätze gänzlich anonym. Das soll Gegenstand des nächsten Teilkapitels sein.

5.2. Die Anonymität von Figuren und Schauplätzen[13]

Ganz bewußt wurde in der Überschrift zu diesem Kapitel auf das Wort "Namenlosigkeit" verzichtet, da in den untersuchten Erzählungen niemand auftritt, der seinen Namen auf irgendeine Weise einbüßt. Vielmehr kann man davon ausgehen, daß jede Figur einen EN besitzt, dieser in einigen Fällen dem Leser jedoch vorenthalten wird. Solche Figuren sind nicht namenlos, sondern **anonym**[14].

Wird eine Figur namentlich nicht benannt, erfolgt die sprachliche Bezugnahme auf sie ausschließlich durch appellativische und pronominale Mittel. Anonym bleiben nicht selten **Randfiguren**, die nur sehr lose mit der erzählten Handlung verbunden sind und zumeist nur ein einziges Mal in ihrer Funktion - z.B. als Besitzer eines Restaurants "the proprietor" (CFB: 13), als Kellner "the waiter" (CFB: 13), Busfahrer "the driver" (CFB: 16), als Arzt "a doctor" (CFB: 299), Milchmann "milkman" (CQT: 127ff.) oder als Pförtner "the lodge-keeper" (CFB: 299) - auftreten. Die Anonymität dieser Figuren kennzeichnet die nebensächliche Rolle, die ihnen in der Erzählung zukommt.

Obwohl er eine Aussage macht, die für die Aufklärung eines Mordes von Bedeutung ist, wird auch ein Junge in "The Quick One" nicht namentlich genannt. Für den Leser ist er "a taciturn but observant boy cleaning the steps for the last hour" (CFB: 606), "a boy" (CFB: 610), "the boy outside" (CFB: 611, 613), "that boy outside cleaning the steps" (CFB: 612) und "the boy on the steps" (CFB: 616). Trotz seiner wichtigen Aussage bleibt der Junge eine Randfigur. Man erfährt nichts über sein Aussehen, seinen Charakter, über Einstellungen oder Empfindungen. Solche Informationen spielen für den Fortgang der Handlung keine Rolle. Entscheidend ist nur, daß er sich zu einem bestimmten Zeitpunkt an einem bestimmten Ort aufhielt und dort eine wichtige Beobachtung machen konnte.

Die Anonymität der genannten Figuren ist nicht als ein spezifisches künstlerisches Mittel zu werten, sondern spiegelt reale Gegebenheiten wider. So ist es durchaus glaubwürdig, daß z.B. Bedienstete, Kellner und Busfahrer von anderen Menschen nur in ihrer Tätigkeit wahrgenommen werden, sie ihnen im übrigen jedoch unbekannt sind.

Von solchen Fällen sind all jene Erzählungen zu unterscheiden, in denen ein **Hauptakteur** des Geschehens anonym bleibt. Indem der Autor eine wichtige Figur namentlich nicht festlegt, setzt er ein "poetisches Signal" (KALVERKÄMPER 1994: 232). Dies tritt besonders deutlich dann zutage, wenn nur eine oder sehr wenige für den Handlungsablauf bedeutungsvolle Figuren ohne Namen bleiben. Ihre Anonymität erzeugt sowohl bei den anderen Figuren als auch beim Lesepublikum oftmals nicht genau definierbare Emotionen. Dazu heißt es bei W.F.H. NICOLAISEN (1986b: 145):

The question "What is Your Name?" and the degree of willingness with which it is answered, i.e. with which one is ready to make oneself accessible to a stranger, are (...) handled by most authors with great care and sensitivity. Anonymity can, (...), serve as a name in this respect but as a name the content of which remains dark and opaque, inviting hope, fear, distance, gossip, and under certain circumstances charity, rather than respectable trust, ingrained antipathy, or some other transparent inter-personal relationship.

So detailliert eine Figur im übrigen auch beschrieben sein mag - mit dem Namen wird den Lesern eine bedeutende Information vorenthalten. Wie im folgenden gezeigt werden soll, ist die Anonymität gerade im Kontext der Detektivliteratur von besonderer Relevanz. Es ist allgemein bekannt, daß der Verfasser bzw. der Erzähler einer Detektivgeschichte in der Regel nicht sein ganzes Wissen preisgibt. Er hält bestimmte Informationen zurück, um die Leser im Spiel falscher Identitäten zu verwirren.

Wie am Beispiel der Tarnnamen in Kapitel 5.1. bereits festgestellt wurde, scheinen Name und **Identität** einer Figur eine fast magische Einheit zu bilden. Daraus läßt sich folgern: Wer keinen Namen trägt, hat auch keine eigene Identität. Wenn man der Autorin Karin Struck (vgl. in HANNO-WEBER 1997: 63) darin zustimmt, daß der Besitz eines Namens synonym zu "existent" ist, so müßte "Namenlosigkeit" mit "Nichtexistenz" gleichzusetzen sein. Hierin sollten sich Chestertons Leser allerdings nicht täuschen lassen: Die Figuren in seinen Geschichten sind - zumindest in der Welt der Fiktion - sehr wohl existent. Sie besitzen Namen, die jedoch nicht in jedem Fall genannt werden. Bleiben Figuren anonym, so büßen sie ihre Identität nicht ein, sondern entziehen sich lediglich dem vollständigen Zugriff durch den Leser[15]. Wie R.E. BROWN (1991: 17f.) am Beispiel Franz Kafkas und Peter Handkes nachweist, wirkt die Verwendung von Berufs- und Rollenbezeichnungen anstelle eines Namens unpersönlich und distanzierend. Die unbestimmte Haltung, die der Erzähler gegenüber einer Figur einnimmt, kann sich unwillkürlich auf den Leser übertragen. So mag der Eindruck entstehen, die unbenannte Gestalt habe etwas zu verbergen. Dies läßt die Figur nicht nur interessant, sondern mitunter geheimnisvoll und verdächtig erscheinen. Der Leser sollte jedoch bedenken, daß es nicht die Figur selbst, sondern vielmehr der Autor ist, der sie aus der Gruppe individualisierter NT ausschließt und ihr somit eine **Sonderstellung** im Gesamtfigurenensemble zuweist.

Eine derartige Sonderstellung nimmt eine Gestalt in Chestertons Erzählung "The Curse of the Golden Cross" ein. Fünf von sechs Figuren, die sich bei einer Schiffsreise begegnen, werden dem Leser namentlich vorgestellt. Die sechste Figur ist nur durch ihre äußeren Attribute identifizierbar: ein englischer Vortragsreisender, klein, mit auffälligem schwarzem Schnauzbart und einem verdächtig wirkenden Akzent. Immer wiederkehrende deskriptive Bezugnahmen auf den Mann als "the little man with the moustaches" (CFB: 395), "the pioneer with the big moustaches and the broken English" (CFB: 397) und "the foreign lecturer with the moustaches, who had much the air of an undesirable alien" (CFB: 399) verleihen ihm besonderes Gewicht. Seine Anonymität läßt ihn in den Augen der anderen Figuren und vermutlich auch der Leser verdächtig erscheinen. So weiß man, daß der berühmte Professor Smaill von einem ihm unbekannten Mann bedroht wird. Es könnte durchaus sein, daß sich der Verfolger unter den Passagieren des Schiffes befindet. Smaill beschreibt seinen Feind mit den Worten: "This being, bodiless, faceless, nameless and yet calling me by my name, ..." (CFB: 392). Der Rivale selbst hatte Smaill in einem Drohbrief geschrieben:

"You will never know me," (...),"you will never say my name; you will never see my face; you will die, and never know who has killed you (...)." (CFB: 393)

Durch den mehrfachen Hinweis darauf, daß der Verfolger sein Gesicht und seinen Namen geheimhält, wird der Verdacht erhärtet, daß es sich hierbei um den anonymen Mann mit dem großen Schnauzbart handelt.

Wie in diesem Fall, so wirkt die Anonymität auch in der Erzählung "The Wrong Shape" **akzentuierend**. Dort ist es ein Asiate, dessen Name nicht genannt wird. Während der Erzähler den Mann zumeist rein objektiv anhand äußerer Merkmale identifiziert (z.B. "a tall man", CFB: 93; "the Indian", CFB: 95 und 98; "the man in the white robe", CFB: 94), nutzen die anderen Figuren stark subjektiv geprägte Ausdrücke, wie z.B. "'some Indian conjurer, a fraud, of course'" (CFB: 92); "'that Hindoo humbug'" (CFB: 93) und "'that yellow devil'" (CFB: 98)[16]. So wie der Leser in dem Inder einen möglichen Täter erkennen soll, so soll er auch in der Erzählung "The Soul of a Schoolboy" gegenüber einem Magier mißtrauisch gestimmt werden. Auch dieser erhält, anders als die übrigen Figuren, keinen Namen. Er ist statt dessen lediglich "a dark thin man in a long black robe rather like a cassock" (MKM: 57), "the stranger" (MKM: 59),"the magician" (MKM: 65) und "that runaway monk" (MKM: 67).

Um eine anonym verbleibende Figur zu identifizieren, nutzt Chesterton mehrfach dieselben Ausdrücke. In dieser Hinsicht stehen die eingesetzten appellativischen Mittel den redenden Namen nahe. Genau wie diese, nur weit weniger ökonomisch, verweisen sie wiederholt auf ein bestimmtes Merkmal der Figur. Fällt dabei die Wahl auf solche Kennzeichen wie "the stranger" (CFB: 59), "undesirable alien" (CFB: 399) oder "Hindoo humbug"(CFB: 93), ist es nicht schwer, das Lesepublikum in seiner Einstellung zu manipulieren. Der Leser ist versucht, die Figuren aus der ihm vom Autor suggerierten Perspektive zu bewerten. Als ein aktiv am Spiel "Detektivliteratur" Beteiligter sollte er jedoch wissen, daß die Anonymität einer obendrein verdächtig gezeichneten Gestalt noch lange nicht als Indiz auf die Täterschaft gelten kann. Der selbsternannte Magier und der weiß gekleidete Inder haben, wie auch der kleine, schnauzbärtige Vortragsreisende, mit den geschilderten Verbrechen natürlich nicht das geringste zu tun.

Die Geschichte "The Sign of the Broken Sword" beweist, daß auch **Schauplätze** zur Erzielung bestimmter Effekte bewußt anonym bleiben können. Eisige Kälte, Dunkelheit und ein steil abfallender Pfad sowie die Charakterisierung des nicht benannten Ortes als "herzlose kalte Hölle" ("that heartless Scandinavian hell, a hell of incalculable cold", CFB: 143) evozieren Dantes Beschreibung des Infernos. Wie Virgil Dante zum eisigen Mittelpunkt der Hölle führt, geleitet Father Brown Flambeau einen Berg hinab. Während des Abstiegs weist er nach, daß der zur Kultfigur erhobene Feldherr, Sir Arthur St. Clare, nicht für die Ehre seines Landes in den Tod ging, sondern von den eigenen Kameraden gehängt wurde. Er hatte sich des Verrats an der Heimat schuldig gemacht und zur Verdeckung seines eigenen Verbrechens 800 englische Soldaten in einen sinnlosen Tod geschickt. Der wiederholt implizite, später explizite intertextuelle Bezug auf Dantes *Divina Commedia* stützt leitmotivartig den Kern der Erzählung: Im untersten Höllenkreis sitzen die schlimmsten Übeltäter - Verbrecher wie General St. Clare.
Nicht immer tragen anonyme Schauplätze eine solch symbolische Bedeutung wie in diesem Fall. Verzichten Autoren darauf, die Handlung exakt zu lokalisieren, kann dies mit

verschiedenen Intentionen geschehen. So kann die Anonymität ein Mittel sein, um die angebliche **Authentizität** des Geschehens zu betonen. Es geht in diesen Fällen oftmals darum, keine konkrete Stadt durch die Darstellung krimineller Aktivitäten zu belasten[17]. Des weiteren kann ein Ort anonym bleiben, wenn er stellvertretend für viele Plätze seiner Art verstanden werden soll. Der Erzähler legt Wert auf das **Typische** dieses Schauplatzes, welches für die Einordnung der Handlung von Bedeutung ist. Angaben wie "the suburb" (CFB: 282), "the little seaside town" (PL: 82) und "that little English hamlet" (CFB: 504) genügen bereits, um dem Leser eine hinreichend präzise Vorstellung vom Ort des Geschehens zu vermitteln. Dabei kann der Autor davon ausgehen, daß der Vorort einer Großstadt, ein Küstenort und ein kleines englisches Dorf in einem gewissen Maße stereotype Assoziationen auslösen. Diese werden in den Texten oftmals noch intensiviert, so z.B. wenn der Erzähler die spießerhafte Einstellung der **Vorstadt**bewohner in der Erzählung "The Unpresentable Appearance of Colonel Crane" hervorhebt. Der Ort, dessen Name ungenannt bleibt, wird mit den Worten beschrieben: "The place was a straight suburban road of strictly-fenced houses on the outskirts of a modern town" (TLB: 4). So exakt, wie die Grundstücke voneinander abgegrenzt sind, so geregelt gestaltet sich auch das Leben der Bewohner. Die Geschichte spielt nicht nur "in the most prim and prosaic of all places" (TLB: 3), sondern beginnt darüber hinaus "at the most prim and prosaic of all times" (TLB: 3). Gemeint ist ein typischer Sonntagmorgen, an dem sich alle Vorstadtfamilien in ihrer adretten Sonntagskleidung auf dem Weg in die Kirche befinden.

Auch zu einem englischen **Küstenort**, der für ruhesuchende Urlauber nicht das geeignete Reiseziel ist, werden sich übereinstimmende Assoziationen einstellen. Recht untypisch für sein späteres Leben hatte Chesterton in seiner Jugend solche auf Unterhaltung und Vergnügen ausgerichteten Badeorte mit Geringschätzung betrachtet. So schrieb er 1891 in einem Brief an seinen Freund E.C. Bentley:

> (...) I share all your antipathy to the noisy Plebeian excursionist. A visit to Ramsgate during the season and the vision of the crowded, howling sands has left in me feelings which all my Radicalism cannot allay. At the same time I think that the lower orders are seen unfavourably when enjoying themselves. In labour and trouble they are more dignified and less noisy. (Zit. in WARD 1945: 35f.)

In einem Urlaubsort dieser Art spielt z.B. die Father-Brown- Erzählung "The Pursuit of Mr. Blue"[18].

Ein kleines, nicht näher bezeichnetes **Dorf** bildet den lokalen Hintergrund für die Erzählungen "The Song of the Flying Fish" und "The Vanishing of Vaudrey". Genaugenommen handelt es sich um kleine Häusergruppen, die im ersten Fall um die Dorfwiese, im zweiten entlang einer einsamen Straße stehen. Sie wirken kaum real, sondern erinnern in ihrer Fassadenhaftigkeit an die Bühnendekoration eines Theaterstücks. Der Erzähler erachtet es nicht für notwendig, dem Leser den Namen des Ortes mitzuteilen. Vielmehr geht es darum, auch hier wieder das Typische einer solchen Ansiedlung herauszustellen. So werden mehrere Gebäude genannt, die es in jedem Dorf gibt. Dazu zählen natürlich ein Gasthaus und einige kleine Läden, die z.T. ebenfalls anonym bleiben und nur in ihrer Funktion bezeichnet werden:

> "two or three shops that served the simpler needs of the hamlet" (CFB: 499); "a butcher's" (CFB: 526); "a small shop combining a large number of functions, such as is found in villages"

(CFB: 526); "the tobacconist" (CFB: 526); "the only real and Christian inn in the neighbour-hood" (CFB: 527).

Neben kleinen Dörfern, Urlaubsorten und Vorstädten bleiben gelegentlich auch andere Orte unbenannt. Doch auch hier, z.b. wenn die Handlung in einem Provinztheater ("The Actor and the Alibi"), in einer ländlichen Gemeinde (Epilog zu "The Crime of Gabriel Gale") oder in einer industriellen Hafenstadt ("The Mask of Midas") spielt, wird die appellativische Beschreibung dem Leser eine bestimmte Vorstellung vom Schauplatz des Geschehens vermitteln.

Eine etwas präzisere Einordnung erfahren solche Orte, die zwar ebenfalls anonym bleiben, bei denen jedoch zumindest der entsprechende Kontinent (*South America*, CFB: 319), das Land (*Wales*, CFB: 236; "a picturesque *Mexican* road-house", CFB: 591) oder die englische Grafschaft (*Surrey*, TLB: 43; "the *Sussex* coast", CFB: 603) angegeben wird.

Mit einer ganz besonderen Intention werden die Schauplätze der Handlung in "Pond the Pantaloon" und "A Tall Story" geheimgehalten. In diesen Erzählungen geht es um regierungsinterne Angelegenheiten, welche nicht an die Öffentlichkeit gelangen sollen. Mit diplomatischer Vagheit bezeichnet der Erzähler den Ort des Geschehens als "a certain railway-junction in the *Midlands*" (PMP: 55) bzw. "a fashionable watering-place, which was also a famous seaport, and, therefore, naturally a place of concentration for all the vigilance against spies" (PMP: 115).

Die Gründe, die Chesterton dazu bewogen haben, bestimmte Figuren oder Schauplätze nicht namentlich zu benennen, sind, wie die Beispiele gezeigt haben, vielfältig. So ist die Anonymität literarischer Gestalten ein Mittel, um entweder ihre Unwichtigkeit oder aber auch gerade ihre Wichtigkeit in der Erzählung zu kennzeichnen. Anonyme Schauplätze können dem Leser eine bestimmte, oftmals stereotype Vorstellung suggerieren. Namen können aber auch aus diplomatischen Gründen verschwiegen werden, so etwa um keinen realen Ort zu diffamieren oder um das erzählte Geschehen authentischer erscheinen zu lassen. Nicht immer hält der Autor die Anonymität einer Figur/Lokalität im gesamten Text aufrecht. In mehreren Geschichten bricht der Erzähler sein Schweigen und teilt dem Leser den Namen mit. Auf die mit einer verzögerten Namensnennung verbundenen Intentionen soll in Kapitel 6.1.2.2.2. bei der Untersuchung des Verhältnisses von literarischen EN und appellativischem Kontext näher eingegangen werden.

5.3. Eigennamen und Klärung des Verbrechens

Als ein wesentliches Unterscheidungskriterium zwischen literarischen und nicht-literarischen Texten hebt J. SCHUTTE (1993: 41) den jeweiligen Charakter der "kommunikativen Praxis" hervor. Anders als z.B. in der wissenschaftlichen Kommunikation lassen sich Schriftsteller und Leser ganz bewußt auf ein **Rollenspiel** ein. Ihr Verhältnis wird von allen Beteiligten als ein "So-tun-als-ob" (LANDWEHR 1981: 383) begriffen. Sie wissen, daß die im Text dargestellte fiktive Welt nicht wirklich ist, sondern nur wirklich *erscheint*. Daß sich Autor und Leser nicht in ihren wahren Persönlichkeiten, sondern in den von ihnen angenommenen Rollen gegenüberstehen, wird in der **Detektivliteratur** auf ganz besondere Weise offenbar. So bemerkte Gilbert Keith Chesterton in seinem bereits erwähnten Aufsatz "How to Write a Detective Story", daß der Leser einer Detektivge-schichte nicht mit dem Verbrecher, sondern vielmehr mit dem Autor ringe:

> For the detective story is only a game; and in that game the reader is not really wrestling with the criminal but with the author. (HWDS: 115)

Der Autor, so heißt es wenig später in dem gleichen Text, sei der "wahre Feind" des Le-sers: "(...) the reader, playing hide-and-seek with the writer, who is his real enemy, (...)" (HWDS: 116). Um das "Versteckspiel" möglichst spannend zu gestalten und es zugleich über eine gewisse Zeit aufrechtzuerhalten, ist dem Autor beinahe jedes Mittel recht. So wird er versuchen, Fakten, die dem Leser die Lösung des Falles erleichtern können, mög-lichst gut zu tarnen. Wenn auf den ersten Blick klar ist, wann es sich um "clues" ("Finger-zeige") und wann um "red herrings" ("falsche Spuren") handelt, wird das Interesse an der Lektüre rasch abnehmen.

In der Regel bemühen sich die Autoren, den Lesern eine angemessene Mischung aus hilf-reichen und irreführenden Informationen zu bieten. Dazu heißt es bei F. WÖLCKEN (1953: 203):

> Die Detektivliteratur kann ihrem Wesen nach nirgends bloße Beschreibung geben, alles, was sie bringt, hat den Charakter, für den Detektiv oder zumindest für den Leser, eine Spur zu sein. (...) Der Autor einer Detektivgeschichte hat mit jedem Wort und Satz, den er schreibt, nur die eine Möglichkeit, Information zu geben - Information, die auf die richtige Spur führt oder die irreleitet. Einen anderen Inhalt hat die Detektivgeschichte nicht.

Daß auch die Wahl eines EN bzw. der bewußte Verzicht auf einen EN am Spiel zwischen Autor und Leser teilhaben kann, wurde bereits im vorangegangenen Teilkapitel 5.2. an-gedeutet. So ist es möglich, daß anonyme Figuren unbegründet Mißtrauen erregen. Doch nicht nur die Anonymität einer Figur, sondern ebenso die **Beschaffenheit** und/oder die **textuelle Verwendung** eines EN können den kriminalistischen Erfolg des Lesers beein-flussen. So wird der Leser, der die Sherlock-Holmes-Geschichte "The Boscombe Valley Mystery" aufmerksam verfolgt, folgendes Detail bemerken: Gerade in dem Augenblick, als Dr. Watson den Namen des Verdächtigen aussprechen will, tritt ein Kellner ein, um einen Gast für Holmes anzumelden. Ohne es zu wissen, führt er den von Watson begon-nenen Satz richtig zu Ende, denn der Besucher ist wirklich der Täter[19]:

> "(...) I see the direction in which all this points. The culprit is ---"
> "Mr. John Turner," cried the hotel waiter, opening the door of our sitting-room, and ushering in a visitor. (DOYLE 1992, vol. 2: 148f.)

Für eine jede Detektivgeschichte gilt, daß das geschilderte Vorkommnis auf zwei ver-schiedenen Ebenen Beachtung findet. So bemüht sich neben dem Leser (im Ringen mit dem Autor) natürlich auch der Detektiv (im Kampf mit dem Verbrecher) um die Aufklä-rung des Falles. Insofern sollte man beachten, daß EN nicht nur für den Leser, sondern auch für das erzählte Geschehen bedeutsam sein können. Bei Chesterton lassen sich meh-rere Texte anführen, in denen Namen eine wichtige Rolle spielen und für die Lösung des Rätsels von Bedeutung sind:

Major Brown gerät in der Erzählung "The Tremendous Adventures of Major Brown" in seltsame Abenteuer, die er sich nicht erklären kann. Wie sich später herausstellt, hatten ihn die Mitarbeiter der Adventure and Romance Agency mit dem ehemaligen Bewohner seines Hauses verwechselt und für einen Klienten gehalten. Der Inhaber der Agentur entschuldigt sich bei Major Brown mit den Worten:

> "(...) Your predecessor in your present house, Mr. Gurney-Brown, was a subscriber to our agency, and our foolish clerks, ignoring alike the dignity of the hyphen and the glory of the military rank, positively imagined that Major Brown and Mr. Gurney-Brown were the same person. (...)." (CQT: 31)

Die Verwicklungen beruhen also letztlich darauf, daß Major Brown einen überaus **verbreiteten FaN** trägt. Es ist in der Tat ein großer Zufall, wenn zwei Personen mit dem gleichen Namen nacheinander dasselbe Haus bewohnen. Dabei ist dies im Falle von *Brown, Smith, Jones* oder *Taylor* noch am wahrscheinlichsten.

Mißverständnisse um Namen ergeben sich auch in den Erzählungen "The Vampire of the Village", "The Absence of Mr. Glass" und "The Singular Speculation of the House Agent". Hier werden nicht, wie im Beispiel von *Major Brown/Mr. Gurney-Brown*, mehrere EN, sondern **EN** und **homophone Appellativa** miteinander verwechselt[20]. So können Propria entweder als Appellativa oder umgekehrt auch Appellativa als Propria aufgefaßt werden:
Zu Beginn der Erzählung "The Vampire of the Village" erfahren die Leser, daß ein gewisser Mr. Maltravers kurz vor seinem gewaltsamen Tod ein kleines Dorf als "wretched little hamlet" ('elendes kleines Dorf') beschimpft hat und aus diesem Grund vermutlich von Lokalpatrioten getötet wurde. In Wahrheit hatte sich jedoch ein Streit unter Schauspielern zugetragen, dessen Anlaß Uneinigkeiten bei der Rollenverteilung für Shakespeares Drama *Hamlet* waren. Maltravers hatte seinem Berufskollegen vorgeworfen, für die Hauptrolle, die er selbst gerne übernehmen wollte, ungeeignet zu sein, und gesagt: "'You'd be a miserable little Hamlet'" (CFB: 714). Erst die Aufdeckung dieses Mißverständnisses durch Father Brown führt zur Klärung des Mordfalls.
Der Titel der Geschichte "The Absence of Mr. Glass" ist wörtlich gemeint: Mr. Glass existiert nicht. Außenstehende hören durch die Tür, daß Mr. Todhunter in einem Streitgespräch sein Gegenüber mehrmals deutlich vernehmbar mit *Mr. Glass* anspricht. Sie wissen nicht, daß Todhunter ein Zauberkünstler und Bauchredner ist. Seine Jonglierübungen begleitet er durch sprachliche Kommentare: "One, two and three" - und fällt ein Glas zu Boden: "missed a glass" (CFB: 182). Dieser Ausruf wird von den anderen Figuren als ein Name interpretiert. An dieser Stelle sei auf die Schwierigkeiten, welche Sprachspiele mit EN an einen Übersetzer stellen, hingewiesen. Die Verbindung des Namens *Mr. Glass* mit dem homophonen Ausdruck "missed a glass" ist im Deutschen kaum nachvollziehbar. So bleibt es dem individuellen Geschmack des Lesers überlassen, welches der beiden Angebote einer Wiedergabe - *Mister Glass*/"Miste-Glas" (FBH) bzw. *Herr Glaß*/"her ein Glas" (UP) - er für weniger konstruiert hält.
In der Erzählung "The Singular Speculation of the House Agent" wird Lieutenant Drummond Keith der Lüge beschuldigt, als er seine Adresse mit "the elms, Buxton Common, near Purley, Surrey" angibt. Ein Haus *The Elms* läßt sich am genannten Ort nicht finden. Dennoch ist sein Freund Basil Grant von der Aufrichtigkeit Keiths überzeugt. So erklärt er seinen Begleitern: "'His [Keith's-I.S.] greatest virtue,' (...), 'is that he always tells the literal truth'" (CQT: 98). Keiths Aussage war "wörtlich" (engl. *literal* 'wörtlich'; *l. truth* 'reine Wahrheit') zu verstehen, denn der unkonventionelle Lieutenant hatte sich seine

215

Wohnung in einer Baumkrone (engl. *elm* 'Ulme') eingerichtet. Für seine Mitmenschen ist dies unverständlich. Wie Chesterton im Gewand seiner Figur Basil Grant bemerkt, scheint es in der modernen Welt weitaus glaubwürdiger, ein kleines Haus aus Ziegelsteinen mit dem Namen *The Elms* zu versehen als wirklich im Geäst einer Ulme zu wohnen:

> "(...) If Keith had taken a little brick box of a house in Clapham with nothing but railings in front of it and had written 'The Elms' over it, you wouldn't have thought there was anything fantastic about that. Simply because it was a great blaring, swaggering lie you would have believed it." (CQT: 104)

Die Mißverständnisse, welche den drei angeführten Geschichten zugrunde liegen, ergeben sich daraus, daß bestimmte Ausdrücke sowohl eine propriale als auch eine appellativische Lesart zulassen. Diese **sprachliche Ambiguität** führt zu Verwechslungen, wie sie für die Detektivliteratur insgesamt charakteristisch sind (vgl. auch FABRITIUS 1964: 110).

Neben FigN können auch Vertreter anderer Namenklassen im Mittelpunkt einer Erzählung stehen. So spielt in der Geschichte "The Hole in the Wall" die Deutung eines **Haus-** und eines **Ortsnamens** die entscheidende Rolle für die Aufdeckung einer Mordtat. James Haddow, ein angesehener Historiker und Namenforscher, führt die Namen *Prior's Park* und *Hollinwall* wider besseres Wissen volksetymologisch auf "Mr. Prior's farm" und "hole in the wall" (engl. 'Loch in der Wand')[21] zurück. Somit lenkt er die Aufmerksamkeit von den tatsächlichen Motiven der Benennung ab: Das Grundstück erhielt seinen Namen nach einem ehemaligen Kloster (vgl. engl. *priory*), und der Ort ist nach einer inzwischen längst vergessenen Quelle benannt (engl. *holy well* 'heilige Quelle')[22]. Da niemand außer Mr. Haddow von dieser verborgenen Quelle weiß, glaubt er, ein unauffindbares Versteck für sein Opfer gefunden zu haben. Als der hinterlistige Namenforscher schließlich doch überführt wird, erklärt der Detektiv, daß die Deutung eines EN nicht durch eine oberflächliche Betrachtung der heutigen Form zu leisten ist, sondern der EN bis an seinen Ursprung in ältesten Dokumenten zurückverfolgt werden muß. Damit hat Chesterton zweifellos ein grundlegendes Prinzip moderner onomastischer Forschungen formuliert[23].

In den Erzählungen "The Doom of the Darnaways" sowie "The Insoluble Problem" wird Father Brown in seinen Schlußfolgerungen von **Buchtiteln** geleitet.
Im Hause der Darnaways fallen ihm Bücher mit den Titeln *Pope Joan*, *The Snakes of Iceland* und *The Religion of Frederick the Great* auf, welche er als fingiert erkennt (CFB: 443). Das Regal kann also nicht echt sein, und Father Brown vermutet zu Recht, daß sich dahinter eine geheime Treppe verbirgt.
In der zweiten genannten Erzählung sieht Father Brown am Ort eines angeblichen Verbrechens zufällig ein Pamphlet mit dem Titel *True Declaration of the Trial and Execution of My Lord Stafford* (CFB: 702). Da er die Geschichte um die Hinrichtung Lord Staffords gut kennt, kann er eine Parallele zum vorliegenden Fall ziehen.
Father Browns literarische Bildung hilft ihm auch, das Verbrechen in der Erzählung "The Actor and the Alibi" aufzuklären. Als er gefragt wird, warum er sich seiner Sache so sicher sei, bemerkt er: "'Because the play was *The School for Scandal*,' (...),'and that particular act of *The School for Scandal*. (...)'" (CFB: 525). In diesem bestimmten Akt der Komödie von Sheridan hatte eine einzige Schauspielerin, und zwar die Mörderin, Pause, so daß sie unbemerkt die Bühne verlassen und ihren Ehemann töten konnte.

Nicht immer stellt ein EN einen Schlüssel für den Detektiv und Leser gleichermaßen dar. So ist das Lesepublikum gegenüber dem Detektiv z.B. dadurch benachteiligt, daß es keine Gelegenheit hat, dem Verbrecher durch die fingierten Buchtitel auf die Spur zu kommen. Diese werden erst am Ende der Erzählung genannt, wenn Father Brown die Lösung des Falles erläutert.

In anderen Erzählungen können die Leser jedoch in einen gedanklichen Wettstreit mit dem Detektiv treten. So ist es nicht unwahrscheinlich, daß eine aufmerksame Lektüre des Textes "The Singular Speculation of the House Agent" schon recht zeitig dazu führt, hinter *The Elms* keinen Hausnamen, sondern die Bezeichnung einer Baumgruppe zu vermuten. Noch weniger überraschend wirkt die Lösung in "The Vampire of the Village", da der konstante Bezug auf das Schauspielermilieu den Gedanken an eine Verwechslung von *Hamlet* und *hamlet* nahelegt.

Mitunter kann auch der Leser einen namentlichen Hinweis erhalten, der dem Detektiv verborgen bleibt. Dies ist z.B. dann der Fall, wenn der Name Aufschluß über Chestertons Einstellung zu einer Figur gibt. Daß sich *Rev. David East* und *Duveen (alias Doone)* als Mörder erweisen, verwundert nicht, wenn man um Chestertons ablehnende Haltung gegenüber östlichem Abstinenzlertum sowie Darwins Abstammunglehre weiß. Gleichfalls ist zu vermuten, daß ein Mann namens *Patrick Royce* ("The Three Tools of Death") den ihm zur Last gelegten Mord nicht begangen hat. Dafür spricht unter anderem der VN, welcher den NT schon beinahe stereotyp als Iren und Katholiken ausweist. Wie R. KNOX (FBKN: xiii) anmerkt, können Figuren, die bei Chesterton irische Namen tragen, mit ziemlicher Sicherheit als unschuldig angesehen werden[24].

In der Erzählung "The Tower of Treason" fällt *Father Stephen* einem Mordanschlag zum Opfer. Er wird von einem Abt namens *Paul* erschossen. Betrachtet man die beiden Namen sowie die Opfer-Täter-Konstellation ihrer Träger, zeigt sich eine überraschende Parallele zum Bibeltext, der die Steinigung des Stephanus beschreibt (vgl. Apostelgeschichte 7,54-8,1a). Der einzige Mann, der dort außer dem Märtyrer Stephanus namentlich erwähnt wird, ist *Saulus* (nach seiner Bekehrung *Paulus*). Von ihm heißt es: "Die Zeugen legten ihre Kleider zu Füßen eines jungen Mannes nieder, der Saulus hieß. (...) Saulus aber war mit dem Mord einverstanden". Der Verweis auf diese Bibelstelle wird zudem dadurch unterstützt, daß auch Father Stephen "gesteinigt" wird. Das Gewehr Abbot Pauls ist dabei nicht mit normalen Kugeln, sondern mit Edelsteinen geladen. Diese wiederum stammen aus einem wertvollen Panzerhemd, welches der König bei seiner letzten Schlacht, die unter der Bezeichnung *Battle of the Stones* (SES: 144) in die Geschichte einging, getragen hatte. Leser, die ihr Wissen um den Tod des Heiligen Stephanus in Beziehung zu den Vorgängen und zu den Namen in der Erzählung setzen, werden der Lösung des Rätsels ein Stück näherkommen.

Wie in diesem Fall, so kann auch in "The Garden of Smoke" ein **intertextueller** Namenbezug den Leser auf die richtige Spur führen. Anders als bei *Father Stephen* und *Abbot Paul* handelt es sich hier jedoch nicht um einen sujetinternen, sondern **sujetexternen** Namen: Eines Tages wird die berühmte Autorin, Mrs. Marion Mowbray, tot in ihrem Garten aufgefunden. Verdächtig erscheint ein gewisser Captain Fonblanque, dem die anderen Figuren nicht zuletzt aufgrund seines Äußeren mißtrauen. Besonders auffällig ist sein "blau-schwarzer Bart" ("blue-black beard", TD: 81, 83), welcher der jungen Frau Catharine Crawford den Gedanken an *Bluebeard* eingibt. Die wiederholte Nennung der berühmten Märchenfigur von Charles Perrault kann dem Leser als Hinweis auf Mrs.

Mowbrays wahren Mörder dienen. Nicht Fonblanque hat sie getötet, sondern, wie in dem Märchen um den grausamen Ritter Blaubart, ihr eigener Ehemann.

Nicht zuletzt lohnt es sich, bei der Suche nach "clues" auch den **Erzähltitel** zu beachten. So mag ein Leser vielleicht schon an der Überschrift erraten, daß James Musgrave in der Erzählung "The Worst Crime in the World" seinen Vater getötet hat. Vatermord, so weiß H. HAEFS (FBH, Bd. 4: 228) zu berichten, stellt in den meisten Kulturen das schwerste Verbrechen überhaupt dar. Dies erklärt auch Father Brown in der Erzählung. Er versteht den Hinweis des Mörders, der Gefallen daran findet, sich in der Verkleidung seines Vaters selbst zu denunzieren. Musgrave sagt:

> "(...) And my son did something so horrible that he ceased to be - I will not say a gentleman - but even a human being. It is the worst crime in the world. (...)" (CFB: 548)

Wenn man die Geschichte gelesen hat, ist es natürlich einfach, einen Zusammenhang zwischen dem Erzähltitel und dem geschilderten Verbrechen zu erkennen. Doch selbst die Leser, die bereits anhand der Überschrift erwarten, daß in der Erzählung ein Vater von seinem Sohn getötet wird, könnten überrascht werden. So lassen sich zwar bestimmte Vermutungen anstellen; ob die von den Lesern als "clues" erkannten Hinweise nicht vielleicht in Wirklichkeit "red herrings" sind, kann man jedoch erst am Ende einer Geschichte mit Sicherheit sagen.

Schon mehrfach wurde auf den spielerischen Charakter der Detektivliteratur hingewiesen. S.S. VAN DINE geht sogar noch weiter, wenn er von einem geradezu "sportlichen Wettkampf" (1992: 143) spricht. In diesem Wettkampf gelten bestimmte Regeln. Es gibt, so führt S.S. VAN DINE aus, "ganz klare Gesetze - ungeschrieben vielleicht, aber nichtsdestoweniger bindend; und jeder Erfinder literarischer Rätsel, der auf sich hält, hält sich auch an sie" (VAN DINE 1992: 143). Dies heißt nicht mehr und nicht weniger, als daß der Detektivschriftsteller dem Leser gegenüber fair sein soll. Es bedeutet keineswegs, daß er ihn nicht täuschen darf, denn gerade darin liegt der besondere Reiz der Detektivliteratur. Ob sich Chestertons Leser allerdings von solch offensichtlich dem Wesen der Figuren widersprechenden Namen wie *Rook* (engl. 'Falschspieler', 'Gauner') oder *Crook* (engl. 'Schwindler') irreführen lassen, ist zu bezweifeln; und wer meint, daß reiche Männer mit den erhabenen Namen *General Sir Arthur St. Clare*, *Marquis of Marne* und *Sir Arthur Travers* keine Verbrecher sein können, ist wirklich leichtgläubig. Er ist leichtgläubig, aber, wie Chesterton in seinem Aufsatz "The Ideal Detective Story" feststellt, trotzdem "glücklich":

> The detective story differs from every other story in this: that the reader is only happy if he feels a fool. (CWC, vol. 35: 400)

Wie in diesem Teilkapitel an vielfältigen Beispielen gezeigt werden konnte, stellen EN in Chestertons Detektivgeschichten mitunter potentielle Anhaltspunkte bei der Lösung des Verbrechens durch den Detektiv und/oder den Leser dar. Doch häufig wird ein solcher Hinweis nicht erkannt. Der Grund hierfür liegt vermutlich im Leseverhalten, welches die Detektivliteratur provoziert. Das Interesse bei der Lektüre richtet sich auf die Lösung, die jedoch erst zu Ende des Textes offenbar wird. Häufig werden daher Details, die für die

Enträtselung hilfreich sein könnten, übersehen. U. SUERBAUM (1992: 451) beschreibt diese Erscheinung folgendermaßen:

> Von der Spannung getrieben, hastet der Leser weiter, und sein Wissen, daß er die Lösung erst im letzten Kapitel erfährt, hält ihn gerade im mittleren Teil davon ab, sich in die Darlegungen des Autors oder seines Detektivs geduldig zu vertiefen. Detektivromane sind so strukturiert, daß das Überfliegen auf einen Sitz die ihnen gemäße Leseweise ist. Sie werden schal, wenn man sie zwischendurch aus der Hand legt.

Die oftmals nur flüchtige Lektüre einer Detektiverzählung bringt es mit sich, daß Namen, wenn sie nicht betont auffällig sind, häufig unbeachtet bleiben. Der Leser merkt jedoch spätestens dann auf, wenn er in der Erzählung auf seinen eigenen Namen stößt. Stellt sich der literarische Namensvetter sogar noch als der gesuchte Täter heraus, kann dies dazu führen, daß ein Autor der Verleumdung beschuldigt wird. Dem Risiko, das sich für Schriftsteller an die Wahl literarischer Namen knüpft, sollen daher die abschließenden Ausführungen in diesem Kapitel gelten.

5.4. Literarische Namenwahl und rechtliche Konsequenzen

> Aus Furcht vor Verleumdungsanzeigen und Gespenstererscheinungen versichern die Autoren, daß jede Namensgleichheit mit lebenden und toten Personen unbeabsichtigt ist und auf reinem Zufall beruht. (-KY; MOHR 1989: 6)

Diese Worte sind dem ersten und einzigen deutsch-deutschen Kriminalroman, *Schau nicht hin, schau nicht her*, von -KY (BRD) und S. MOHR (DDR) vorangestellt. Bemerkungen dieser Art finden sich in vielen Büchern, wobei sie für Werke der Detektivliteratur besonders charakteristisch sind. Hinter einer solchen Mitteilung steht der Wunsch der Autoren, sich abzusichern und eventuellen Verleumdungsklagen vorzubeugen. Die Autoren deklarieren daher das Geschriebene, einschließlich der im Text verwendeten Namen, als ein Produkt ihrer künstlerischen Phantasie.

Daß die Angst vor möglichen juristischen Konsequenzen einer Namenwahl nicht unbegründet ist, mußten schon einige berühmte Schriftsteller erfahren. So berichtet J. SKUTIL (1974: 16) davon, daß sich mehrere Bewohner einer französischen Kleinstadt durch Gustave Flauberts Roman *Madame Bovary* verleumdet fühlten und einen Prozeß gegen den Autor anstrebten. Auch Émile Zola stand vor Gericht. Ein Pariser Anwalt, dessen Adresse der eines fiktiven Justizbeamten bei Zola ähnelte, glaubte, in dem Roman abgebildet zu sein (vgl. KOPELKE 1990: 151, Anm. 410).
Gilbert Keith Chesterton wurde in seiner Familie mit einem ähnlichen Fall konfrontiert. So hatte seine Schwägerin, Ada Chesterton alias John K. Prothero, einen Fortsetzungsroman geschrieben, dessen wenig sympathische Hauptgestalt ein bedeutender Theaterregisseur war. Ada wußte nicht, daß es tatsächlich einen Mann gab, der denselben Namen wie ihre Figur trug und zudem einmal ein kleines Theater geleitet hatte. Dieser Mann fühlte sich angegriffen und reichte eine Klage gegen die Zeitung, in welcher der Roman erschienen war, ein. Obwohl alle im Saal Anwesenden wußten, daß dem Fall keine böse Absicht zugrunde lag, bekam der Kläger Recht zugesprochen. Im Ergebnis dieser Entscheidung veröffentlichte Ada Chesterton denselben Text noch einmal. Sie änderte in dieser zweiten Fassung jedoch alle Namen um und benannte ihre Figuren nach berühmten

219

Personen (z.B. *Bernard Shaw* und *Hilaire Belloc*), die diesem Spaß aus Protest gegen den unfaßbaren Gerichtsbeschluß zugestimmt hatten (vgl. AB: 192ff.; CWC, vol. 29: 201f.). Nachdem bereits kurz zuvor ein ähnliches Urteil (*E. HULTON & CO. v. JONES*, 1909)[25] für Schlagzeilen gesorgt hatte, gab Adas Fall erneut Anlaß für heftige Diskussionen. Hieran erinnert sich Gilbert Chesterton in seiner Autobiographie:

> It looked as if the trade of the novelist might well be classed among the dangerous trades, if he could not casually call the drunken sailor by the name of Jack Robinson, without some danger of being fined and sold up by all the Jack Robinsons who may happen to be sailing, or to have sailed, all the seas of the world. The ancient question of what should be done with the drunken sailor, if he invariably took a fancy to avenging himself legally upon anybody who should say "Jack Robinson," gave rise to some considerable literary and journalistic discussion at the time. (AB: 193)

Schriftsteller und Journalisten waren gleichermaßen besorgt und erörterten Möglichkeiten, um das Risiko ungerechtfertigter Verleumdungsklagen zu verringern. Auch Chesterton meldete sich in dieser Diskussion zu Wort. Er erhob hierbei schwere Vorwürfe gegen das britische Rechtswesen. So veröffentlichte er einen Artikel unter der Überschrift "The Novelist and Our Libel Laws" (*The Illustrated London News*, 11.02.1911), in welchem er die Urteile in Verleumdungsprozessen als Auswüchse "juristischer Anarchie" ("legal anarchy", CWC, vol. 29: 39) brandmarkte. Im gleichen Zusammenhang unterbreitete Chesterton mit dem ihm eigenen Humor mehrere Vorschläge, wie der Gefahr einer Verleumdungsklage zu begegnen sei:
Als eine erste Möglichkeit schlug er vor, überhaupt keine Namen in den Erzählungen mehr zu vergeben, sondern die Figuren sämtlich anonym zu belassen (vgl. CWC, vol. 29: 37). Da dies jedoch die Gefahr der Verwechslung mit sich bringen würde, fragte Chesterton als zweites, ob etwas dagegen spräche, konventionelle Namen durch Nummern zu ersetzen. Die Antwort scheint er selbst mit den Textstellen zu geben, die er zur Illustration seines Vorschlages entwarf:

> (...) the ringing repartees leading up to the duel in which the subtle and crafty 7991 died upon the sword of the too impetuous 3893; or the vows breathed by the passionate lips of 771 in the ear of 707. (AB: 193f.)

Neben der Komik, die eine solche (Nicht-)namengebung bewirkt, kann sie natürlich auch dazu dienen, den Verlust der Individualität der Figuren anzuzeigen. Der Mensch wird nicht mehr als Persönlichkeit beachtet, sondern als Teil einer gewaltigen Maschinerie zu einer bloßen Nummer reduziert[26].

Chestertons schöpferische Phantasie gab ihm letztlich einen weiteren Vorschlag ein, der jedoch ebensowenig in die Tat umgesetzt wurde wie die beiden erstgenannten. Um eine Verwechslung mit wirklichen Personen auszuschließen, müßte sich der Autor bemühen, solche Namen zu erfinden, die es mit Sicherheit in der Realität nicht gebe. So sei es höchst unwahrscheinlich, daß z.B. jemand *Quinchbootlepump* oder *Pottlehartipips* hieße (vgl. CWC, vol. 29: 387). Um sein Anliegen zu verdeutlichen, schrieb Chesterton folgende kurze romantische Szene:

> "As Bunchoosa Blutterspangle lingered in the lovely garden a voice said 'Bunchi' behind her, in tones that recalled the old glad days at the Quoodlesnakes. It was, it was indeed the deep, melodious voice of Splitcat Chintzibobs." (CWC, vol. 29: 37)

Natürlich nahm Chesterton seine Vorschläge selbst nicht ernst. Seine Figuren sind in der Regel mit VN und FaN ausgestattet. Sie tragen keine Nummern und, bis auf wenige Beispiele, auch keine vollkommen unglaubwürdigen, absurden Namen. Es ist daher wahrscheinlich, daß mehrere Leser in den Texten Chestertons einem literarischen Namensvetter begegnen könnten. Insofern mag es kaum verwundern, daß Chesterton eines Tages sogar einen Brief von einem "echten" Father Brown aus Amerika erhielt (vgl. CWC, vol. 32: 214).

Als sich 1929/32 mehrere Detektivschriftsteller unter dem Vorsitz Gilbert Keith Chestertons zum *Detection Club* zusammenschlossen, stellten sie bestimmte Bedingungen für die Aufnahme weiterer Mitglieder. Dazu zählte auch, daß alle Bewerber einen Eid leisten mußten, in dem sie unter anderem den Verzicht auf übernatürliche Erklärungen ihrer Fälle und ein faires Verhalten gegenüber den Lesern gelobten. Für den Fall, daß sie ihren Schwur brachen, wurde ihnen als Strafe folgendes gewünscht:

> "May other writers anticipate your plots, may your publishers do you down in your contracts, may strangers sue you for libel, may your pages swarm with misprints and may your sales continually diminish. Amen!" (Zit. in DALE 1983: 272)

Diese Drohungen scheinen die schlimmsten Alpträume eines jeden Schriftstellers zu berühren. Wie der dritte Punkt ("may strangers sue you for libel") zeigt, gehörte dazu auch, von einem Fremden - welcher mit der literarischen Darstellung also gar nicht gemeint sein konnte - verklagt zu werden.

Die rechtliche Position der Schriftsteller hat sich gegenüber Chestertons Zeiten inzwischen verbessert. Dennoch ist das Risiko, von Lesern aufgrund von Namensgleichheiten verklagt zu werden, auch heute nicht ganz auszuschalten. Der Blick in aktuelle Tageszeitungen scheint dies zu bestätigen. So bekam der berühmte Autor und Schauspieler Stephen Fry Ärger mit einem ehemaligen Schulkameraden, dessen Namen er ohne böse Absicht einer unrühmlichen Figur gegeben hatte (vgl. *The Daily Telegraph*, 09.05.1995, p. 19). Auch die Filmgesellschaft "Universal Pictures" mußte sich in einem Namenstreit gerichtlich verantworten. In einem Film trug eine der homosexuellen Hauptfiguren den Namen eines bekannten Golfspielers, welcher daraufhin die Gesellschaft verklagte (vgl. *The Daily Telegraph*, 23.09.1995, p. 22).

Auch eine **persönliche Befragung** mehrerer englischer und deutscher Detektivschriftsteller ergab, daß manche von ihnen (z.B. Hansjörg MARTIN, -KY) schon Klagedrohungen erhalten hatten, diese aber abgewiesen wurden. Dorothy DUNNETT bekam von ihrem Verleger einmal den Rat, den VN einer Figur abzuändern, da der Gesamtname mit dem eines berühmten Testpiloten identisch war (Brief von Dorothy DUNNETT an I.S. vom 30.06.1996).
Wie die Schriftsteller berichteten, nutzen sie verschiedene Strategien, um die Gefahr einer Verleumdungsklage weitestgehend einzuschränken[27]: Am sichersten scheint es, mit dem Einverständnis persönlicher **Freunde** und **Bekannter** deren Namen zu verwenden (z.B. James MELVILLE). Nicht jeder Autor hat jedoch Bekannte, deren Namen sich für einen Verbrecher eignen; und nicht jeder Bekannte mit einem passenden Namen gestattet dem Autor, diesen einem literarischen Mörder beizugeben. Hat der Autor also hier kein Glück oder ist der gesamte Freundeskreis bereits in vorangegangenen Erzählungen in der Rolle

von Verbrechern aufgetreten, so muß der Autor den Namen seines Täters anderweitig finden. Dabei ist darauf zu achten, daß sich nach Möglichkeit keine lebende Person direkt angesprochen fühlt. Zu diesem Zweck können Schriftsteller, wie dies auch Chesterton scherzhaft angeregt hatte, höchst **ungewöhnliche**, z.T. sogar exzentrische Namen verwenden (z.B. Joan AIKEN). So vermutet auch L.R.N. ASHLEY (1984: 25), daß seltsame Namen und ungewöhnliche Schreibungen in den Werken Agatha Christies ihren Grund in drohenden Verleumdungsklagen hatten. Nicht nur ausgefallene Namen, sondern gerade auch **gewöhnliche** Alltagsnamen wie *Smith* und *Brown* können das Risiko einer Anzeige minimieren (z.B. Margaret YORKE, H.R.F. KEATING, Janet COHEN). So ist die Wahrscheinlichkeit, daß sich ein ganz bestimmter Mr. Smith oder Mr. Brown in dem Täter dieses Namens wiedererkennt, verhältnismäßig gering.

Passende Namen für literarische Figuren zu finden, ist keine leichte Aufgabe. Von Henry James ist bekannt, daß er sich alle Namen, die er z.B. in Zeitungsannoncen fand und die ihm auffällig erschienen, notierte. Auf diese Weise entstanden lange Namenlisten, auf die er dann für die Figuren seiner Werke zurückgreifen konnte (vgl. GERBER 1963: 179). In der Tat können die Zeitung und das Telefonbuch die Suche nach geeigneten literarischen Namen unterstützen[28]. Hierbei ist jedoch Vorsicht geboten. A. JUTE (1994: 30) warnt angehende Schriftsteller sogar eindringlich davor, Namen aus dem Telefonbuch zu übernehmen. Wie JUTE bemerkt, bietet der Hinweis darauf, man habe die Namen ohne böse Absicht ausgewählt, keinen hinreichenden Schutz im Falle eines Gerichtsprozesses. Er sagt: "In most places in the world, ignorance or the absence of malicious intent is *not* a defence against libel, (...)" (JUTE 1994: 30). Das **Telefonbuch** sollte nicht dazu dienen, Namen zu finden, die es gibt, sondern Namen, die es gerade nicht gibt. Es sollte lediglich ein Hilfsmittel darstellen, um sicherzugehen, daß der von einem Autor gewählte Name in dem Ort, an dem die Handlung spielt, nicht vorkommt (z.B. -KY). Einige der befragten Autoren gaben auch an, einschlägige **Branchenverzeichnisse**, wie sie z.B. für Ärzte, Juristen oder Geistliche existieren, durchzusehen, um eventuelle Namensgleichheiten noch vor der Veröffentlichung ihres Buches zu beheben (vgl. Peter DICKINSON, P.D. JAMES, Margaret YORKE, Simon BRETT).
Eine ebenfalls mehrfach genannte Technik besteht darin, Namen für literarische Figuren von **Orten** zu übernehmen (Janet COHEN, James MELVILLE, Simon BRETT, H.R.F. KEATING über Elizabeth FERRARS, -KY). Ein solches Vorgehen hat zwei Vorteile. Zum einen erhöht es die rechtliche Sicherheit des Schriftstellers im Falle einer Verleumdungsklage, zum anderen klingen authentische ON in der Regel realistischer als vom Autor völlig frei erfundene FigN.

Unter der Überschrift "Die verschlüsselte Namengebung" führt S. HANNO-WEBER (1997: 118-122) mehrere Motive an, welche die von ihr befragten Schriftsteller dazu bewogen, reale Personen nicht mit ihrem wahren Namen im Werk abzubilden. Eine maßgebende Überlegung stellt dabei auch die Furcht vor juristischen Streitigkeiten dar (HANNO-WEBER 1997: 119). Gleichzeitig gaben einzelne Autoren jedoch auch an, manche Namen bewußt nicht zu verschlüsseln, da sie auf diese Weise Rache an ihnen unsympathischen Personen nehmen wollten (vgl. HANNO-WEBER 1997: 117). So bekennt z.B. die Autorin Karin Struck:

Ich hab' schon mal einzelne Namen aus Rache verteilt (...). Die haben das wahrscheinlich nicht gelesen, aber mir machte das Spaß. (Zit. in HANNO-WEBER 1997: 101)

Der Vorgang des Schreibens bietet den Autoren die Möglichkeit, Konflikte künstlerisch zu verarbeiten und sich innerlich von ihnen zu befreien. So kann es dem Autor eine Genugtuung sein, Menschen, an die sich für ihn unangenehme Erinnerungen knüpfen, in seinem Werk zu portraitieren. Eine solche Person/Figur erscheint in der Detektivliteratur geradezu prädestiniert dafür, die Rolle des Mörders oder auch des Mordopfers einzunehmen. Dabei kann der Autor sie mit einem fremden Namen versehen oder den wahren Namen beibehalten bzw. diesen leicht abwandeln.

Auch Chesterton, der zeit seines Lebens keine wahren Feinde hatte und selbst mit seinen philosophischen Widersachern G.B. Shaw und H.G. Wells befreundet war, kann vom Vorwurf des "literarischen Mordes" nicht freigesprochen werden. So stellte er Otto von Bismarck, Rev. Reginald J. Campbell und Charles Darwin samt der von ihnen vertretenen Theorien auf symbolische Weise als Mörder, Mordopfer und Selbstmörder dar. Der Bezug zwischen der literarischen Gestalt und ihrer realen Vorlage soll für den Leser erkennbar bleiben. Die Namen der Figuren *Prince Otto of Grossenmark, Dr. Andrew Glenlyon Campbell* und *Professor Doone/Duveen* sprechen daher eine deutliche Sprache[29].

Als Fazit der Ausführungen zu diesem Kapitel läßt sich folgendes feststellen:
1. Ein und dieselbe Figur kann innerhalb einer Geschichte wechselnde Benennungen erfahren. Dabei verweisen mehrere Namen auf unterschiedliche Identitäten einer Figur. Für den Kontext der Detektivliteratur ist in diesem Zusammenhang insbesondere die Verwendung von Tarnnamen von Bedeutung.
2. Die Anonymität von Figuren und Schauplätzen kann verschiedene Funktionen erfüllen. Sie kann zum einen die Unwichtigkeit, zum anderen aber auch gerade die Wichtigkeit der Figur signalisieren. In letzterem Fall ziehen anonyme Figuren die besondere Aufmerksamkeit des Lesers auf sich. Nicht selten wirken sie geheimnisvoll und verdächtig.
3. Es ließen sich mehrere Erzählungen Chestertons anführen, in denen ein EN aufgrund seiner sprachlichen Beschaffenheit oder seiner textuellen Verwendung dem Detektiv/ Leser als Hinweis zur Aufklärung des Verbrechens dienen kann.
4. Schriftsteller sahen und sehen sich der Gefahr ausgesetzt, von einem Leser aufgrund einer zufälligen Namensgleichheit mit einer Figur verklagt zu werden. Um juristischen Streitigkeiten im voraus zu begegnen, verfolgen Autoren verschiedene Strategien (z.B. die Wahl weitverbreiteter Namen, die Verwendung von ON als FaN, der einleitende Hinweis auf die Fiktivität der dargestellten Ereignisse u.a.m.). Restlos läßt sich das Risiko einer Verleumdungsklage jedoch nicht ausschalten.

Die vier in diesem Kapitel näher untersuchten Aspekte haben gezeigt, daß die Namenlandschaft in den Texten Chestertons nicht nur durch autorentypische Besonderheiten geprägt ist, sondern gleichfalls durch den spezifischen Charakter der Detektivliteratur beeinflußt wird. Eine literarisch-onomastische Studie sollte daher immer auch danach fragen, welcher Gattung und welchem Genre der untersuchte Text angehört und ob bzw. welche Konsequenzen sich daraus eventuell für die Wahl und Verwendung der EN ergeben.

6. Literarische Eigennamen als Textelemente (am Beispiel Chestertons)

Die Öffnung der Onomastik gegenüber synchronischen Fragestellungen in der zweiten Hälfte des 20. Jahrhunderts führte dazu, daß Namen zunehmend in ihrer kommunikativ-pragmatischen Verwendung untersucht wurden. Dabei verstärkte sich in den letzten zwei Jahrzehnten auch das Interesse an **textorientierten Namenstudien**. In ihrem Überblick zu "textbezogenen Analysen von Onymen" benennt D. KRÜGER (1995: 164) vier linguistische Disziplinen, welche der textuellen Verwendung von EN Aufmerksamkeit schenken. Es sind dies 1. die Literarische Onomastik, 2. die Fachsprachenonomastik, 3. die Übersetzungstheorie und 4. die Textlinguistik. Dabei kann KRÜGER (1995: 167) feststellen, daß sich textorientierte Namenstudien vordergründig auf EN in literarischen Texten und in Fachtexten richten. Jedoch auch andere, so z.b. journalistische und populärwissenschaftliche, Textsorten haben in jüngster Zeit vereinzelt das Interesse der Namenforscher gefunden. Man vergleiche hierzu die Arbeiten von A. BERGIEN (1993 sowie 1996a und 1996b), K. HENGST (1994 und 1996), H. KALVERKÄMPER (1994 und 1995b), D. KRÜGER (1994 und 1995) und G. SCHILDBERG-SCHROTH (1995).

Auf dem Gebiet der **literarischen Onomastik** sind mehrere Arbeiten zu nennen, die das Verhältnis von EN und Kontext unter verschiedenen Aspekten betrachten. Die Dissertationsschrift von H. KALVERKÄMPER *Eigennamen und Kontext* (1976) bzw. das daraus hervorgegangene Buch *Textlinguistik der Eigennamen* (1978) ist einem textlinguistischen Ansatz verpflichtet. KALVERKÄMPER geht der Frage nach, welche (kon)textuellen Signale ein Sprachzeichen als Proprium ausweisen. Als empirische Basis für seine theoretischen Überlegungen dient ihm ein insgesamt 700 Kinderbücher umfassendes Textkorpus.
Der Textbezug ist auch das grundlegende Prinzip der Namenstudie von H. ASCHENBERG (1991). Bereits der Untertitel der Arbeit *Eigennamen im Kinderbuch. Eine textlinguistische Studie* verdeutlicht das Vorgehen der Autorin, die literarischen Namen nicht isoliert voneinander, sondern immer in ihrer textuellen Verwendung zu beschreiben.
Neben den genannten Monographien liegen kleinere Arbeiten vor, die sich mit der wechselseitigen Beziehung von EN und literarischem (Kon)text beschäftigen. Bereits 1979 unterstrich W.F.H. NICOLAISEN in seinem Artikel "Literary Names as Text: Personal Names in Sir Walter Scott's *Waverley*" die besondere Bedeutung der literarischen EN als "Text innerhalb des Textes" ("a text within the text", NICOLAISEN 1979: 29). Auch für D. KRÜGER stellt die jeweilige Textumgebung des EN eine wesentliche Größe literarisch-onomastischer Analysen dar. KRÜGERs Untersuchungen richten sich insbesondere auf EN im sorbischen Kinder- und Jugendbuch sowie deren **Wiedergabe** in den deutschsprachigen Fassungen der Texte (vgl. KRÜGER 1996 und 1997).
Beziehungen zwischen mehreren literarischen EN desselben oder aber auch verschiedener Texte stehen im Mittelpunkt des Beitrages von K.O. SAUERBECK (1996). Anhand vielfältiger Beispiele gelingt es SAUERBECK nachzuweisen, daß Autoren mit unterschiedlichen Intentionen EN mitunter zu Namenpaaren oder sogar umfassenderen Namenfeldern zusammenfügen.
In einem Artikel von K. HENGST/I. SOBANSKI (im Druck) wird der Versuch unternommen, EN als **Strukturelemente** im literarischen Text zu beschreiben. Gegenstand der Untersuchung sind die vielfältigen Funktionen, welche ein EN auf verschiedenen Strukturebenen des literarischen Textes erfüllen kann[1].

Bereits K. GUTSCHMIDT (1984a und 1985) hatte ausdrücklich darauf hingewiesen, daß EN nicht nur in ihrem unmittelbaren Bezug auf die benannte Figur oder Sache wirksam werden, sondern mitunter auch umfassendere textuelle Zusammenhänge verdeutlichen. Infolgedessen teilt GUTSCHMIDT die Funktionen literarischer Namen in **objekt-** bzw. **figurenbezogene** und **textbezogene Funktionen** ein[2].

Unter dem besonderen Aspekt der **Wiedergabe von EN** bei der literarischen Übersetzung beschäftigt sich G. LIETZ (1992) mit dem Verhältnis von Name und Text. Dabei gelangt er zu dem Schluß, daß "dem Text in seiner Gesamtheit eine entscheidende Vermittlerrolle /zukommt/" (LIETZ 1992: 171). Die Wahl eines bestimmten Wiedergabeverfahrens ist von einem komplexen Bedingungsgefüge abhängig, da der literarische EN neben seiner kommunikativen auch eine ästhetische Funktion im Text erfüllt. Ein Patentrezept für die Wiedergabe von Namen gibt es nicht. Höchstes Ziel einer literarischen Übersetzung sollte es sein, einen dem Original kommunikativ-ästhetisch äquivalenten zielsprachlichen Text zu schaffen (vgl. LIETZ 1992: 135). Zu diesem Zweck muß letztlich jeder EN nach seiner spezifischen Funktion im Gesamtzusammenhang des künstlerischen Textes neu befragt und dementsprechend wiedergegeben werden.

Bereits im Zusammenhang mit der Frage nach dem Wesen des EN wurde in Kapitel 2 auf die hohe "Kontext-Sensitivität" (KALVERKÄMPER 1978: 387) der Propria hingewiesen. Die Einbettung in die jeweilige **textuelle Umgebung** spielt bei literarischen EN eine überaus wichtige Rolle, da literarische EN notwendigerweise die Existenz eines **literarischen Textes** voraussetzen. Dabei stehen Name und Text in einem wechselseitigen Verhältnis. EN sind nur im Gesamtgefüge der Sprachzeichen des jeweiligen Werkes zu analysieren, eröffnen aber ihrerseits wiederum neue Möglichkeiten der literarischen Interpretation. Sie üben somit **textaufbauende**, d.h. textkonstituierende, und **texterschließende**, d.h. dekodierende, Funktionen aus.

Ein literarischer EN geht vielfältige Beziehungen mit den anderen Elementen des Textes ein und kann nur im Zusammenwirken mit diesen seine generellen und spezifisch literarisch-onymischen Funktionen erfüllen. Dies wurde bereits im Rahmen der korpusgebundenen Namenanalyse in Kapitel 4 an Einzelbeispielen deutlich. Im folgenden soll der **EN als Textelement** systematischer betrachtet werden, wobei drei Teilaspekte von besonderem Interesse sind:

1. Zunächst werden Überlegungen zum Verhältnis des **literarischen EN** und seines **appellativischen Kontextes** vorgestellt.
2. Anschließend sollen die Wechselbeziehungen zwischen mehreren EN innerhalb desselben Textes näher untersucht werden. Der literarische EN wird in seiner Rolle als **Teil der onymischen Landschaft** des Textes betrachtet.
3. Literarische EN können nicht nur in Beziehung mit anderen EN *desselben* Textes stehen, sondern darüber hinaus Zusammenhänge zwischen unterschiedlichen Texten verdeutlichen. Daher gelten die abschließenden Ausführungen dem literarischen EN als einem **Intertextualität** stiftenden Mittel.

6.1. Eigennamen und appellativischer Kontext[3]

In ihrer an der Textlinguistik Eugenio COSERIUs orientierten Namenstudie kommt H. ASCHENBERG (1991: 42) zu dem Schluß, daß sich eine umfassende literarisch-onomastische Analyse nicht auf die Beschreibung der den Namen zugrundeliegenden Bildungsverfahren beschränken darf. Zu Recht fordert ASCHENBERG (1991: 42), den EN ebenso in seinen materiellen und inhaltlichen Relationen mit anderen Ausdrucksmitteln des Textes eingehend zu betrachten. Die Aufdeckung **materieller (= formaler)** und **inhaltlicher** Beziehungen zwischen proprialen und nicht-proprialen Sprachmitteln kann die Interpretation eines literarischen Namens bzw. des literarischen Textes unterstützen. Dies soll im folgenden anhand ausgewählter Beispiele aus dem untersuchten Textkorpus verdeutlicht werden.

6.1.1. Formale Relationen

Die Formseite eines Sprachzeichens wird durch seine **graphische** und **phonetische** Gestalt bestimmt. Folglich sind diese beiden Teilaspekte auch bei der Beschreibung formaler Relationen zwischen EN und appellativischen Mitteln zu beachten.

6.1.1.1. Graphische Relationen

Für eine Sprache wie das Englische, in der die **Majuskelschreibung** ein spezifisches Merkmal der Propria darstellt, gilt, daß prinzipiell ein jeder EN vom übrigen Text graphisch abgehoben erscheint. Das Schriftbild unterscheidet den EN formal von einem homophonen Appellativum und verhindert Mißverständnisse, die in der mündlichen Kommunikation auftreten können. Derartige Mißverständnisse liegen, wie in Kapitel 5.3. bereits ausführlich dargestellt wurde, Chestertons Erzählungen "The Singular Speculation of the House Agent", "The Absence of Mr. Glass" und "The Vampire of the Village" zugrunde. In den ersten beiden Fällen werden die appellativischen Verbindungen *the elms* bzw. *missed a glass* irrtümlicherweise als deren homophone Propria, *The Elms* bzw. *Mr. Glass*, interpretiert. In der Erzählung "The Vampire of the Village" gestaltet sich das Mißverständnis umgekehrt. Dort legen die Hörer den vom Sprecher gebrauchten Namen *Hamlet* als ein Appellativum (engl. *hamlet* 'kleines Dorf', 'Weiler') aus.

Neben der im Englischen obligatorischen Majuskelschreibung ließen sich in den untersuchten Texten weitere **(typo-)graphische** Besonderheiten einiger EN im Vergleich mit dem übrigen Text feststellen. Besondere Beachtung verdienen in diesem Zusammenhang die **Erzähl- bzw. Erzählbandtitel**. Sie nehmen in zweifacher Weise eine exponierte Stellung ein, wodurch sie eine besondere **Signalwirkung** ausüben. Zum einen werden sie im Inhaltsverzeichnis aufgeführt und mit einer Seitenzahl versehen, um das Auffinden der durch sie bezeichneten Geschichten zu erleichtern. Zum anderen stehen sie unmittelbar vor dem fortlaufenden Text, von dem sie optisch abgehoben werden.

In den vorliegenden Erzählbänden erfolgt dies durch eine veränderte Schriftgröße und z.T. Schriftart, durch Zentrierung und Numerierung mit römischen Ziffern sowie die Trennung der Überschrift vom eigentlichen Text durch mehrere Leerzeilen. Auch werden die Titel des Erzählbandes und der jeweiligen Geschichte am oberen Rand jeder Seite abgedruckt. Die Entscheidung, auf welche Weise Erzähltitel optisch gekennzeichnet werden, ist in jedem Fall verlagsabhängig.

In den untersuchten Texten lassen sich des weiteren Beispiele für formale Hervorhebungen von EN aufzeigen, die ebenso in der nicht-literarischen schriftlichen Kommunikation anzutreffen sind. Da sie kein literarisches Spezifikum darstellen, sollen sie nur kurz Erwähnung finden:

(a) **Zeitungsschlagzeilen,** die durch die Großschreibung aller Wörter und die Setzung in Anführungszeichen hervorgehoben werden:

> "Sensational Warning to Sweden" (MKM: 128); "Peeress and Poisons", "The Eerie Ear" (CFB: 246); "The Nobleman Nobody Knows." (CFB: 569); "Terrific Triple Murder: Three Millionaires Slain in One Night" (CFB: 449).

(b) **Zeitungsnamen** und **Titel künstlerischer Werke** in Kursivdruck:

> *The Clarion* (CFB: 55), *The New Age* (CFB: 55); *Western Sun* (CFB: 292); *Minneapolis Meteor* (CFB: 592); *True Declaration of the Trial and Execution of My Lord Stafford* (CFB: 702); *Pondus Ostroanthropus, or The Human Oyster Revealed* (PMP: 67).

(c) Namen von **Adressat** und **Schreiber** am Anfang bzw. Schluß eines Briefes, hier durch Großbuchstaben angezeigt:

> DEAR MR. PLOVER - "Yours faithfully. P. G. NORTHOVER" (CQT: 20); DEAR NUTT - Yours ever, FRANCIS FINN (CFB: 245f.); DEAR FATHER BROWN - JAMES ERSKINE HARRIS (CFB: 101-103).

In den angeführten Beispielen hoben sich die EN (typo-)graphisch vom *gesamten* übrigen Text ab. Darüber hinaus können formale Verbindungen auch zwischen einem EN und *einzelnen* Elementen des appellativischen Kontextes bestehen. Zu diesem Zweck nutzt Chesterton überwiegend lautliche Gemeinsamkeiten der betreffenden Textelemente:

6.1.1.2. Phonetische Relationen

Als häufigstes phonetisches Mittel, um EN mit anderen Elementen des Textes zu verbinden, bedient sich Chesterton der **Alliteration**[4]. Auf diese Weise stellt der Autor einen formalen Bezug zwischen einem EN und bestimmten Eigenschaften, kennzeichnenden Gegenständen oder dem Beruf des NT her:

Wie die meisten berühmten literarischen Detektive, so ist auch *Father Brown* an immer wiederkehrenden äußeren Attributen erkennbar[5]. Man kann sich den kleinen Priester kaum ohne seinen großen, breitrandigen Hut und noch weniger ohne seinen schäbigen Regenschirm vorstellen ("broad-curved black hat", CFB: 172; "large, shabby umbrella", CFB: 10). Kennzeichnend für die scheinbar gedankenverlorene Art Father Browns sind zudem die braunen Pakete ("brown-paper parcels", CFB: 11), die ihm in der ersten Erzählung ständig im Weg sind.

Das Auffälligste an *Mr. Pond* ist zweifellos dessen paradoxe Redeweise (vgl. den Titel des Erzählbandes *The Paradoxes of Mr. Pond*). Darüber hinaus verweist der Erzähler wiederholt auf die akkurate und mitunter pedantische Art sowie auf einige traditionell überlieferte Vorurteile, die Mr. Pond hegt:

"the precise and prosaic Mr. Pond" (PMP: 20); "Mr. Pond, with all his old-fashioned prejudices" (PMP: 30); "the prosaic precision of his statements or arguments" (PMP: 49); "Pond's Law of Paradox, if I may be pardoned for expressing myself so playfully" (PMP: 77); "his slightly pedantic way" (PMP: 115); "Pond, in his punctilious way" (PMP: 121).

In der Erzählung "The Eccentric Seclusion of the Old Lady" tritt ein junger Fellow der Oxforder Universität namens *Burrows* auf. Zur äußeren Beschreibung der Figur verwendet Chesterton unter anderem folgende Ausdrücke:

"big and burly, with dead brown hair brushed forward" (CQT: 139), "the broad back of Mr. Burrows" (CQT: 143); "bull's head" (CQT: 141), "a Berserker roar" (CQT: 141).

Dem gewaltigen ("formidable") *Colonel Ferrars* in der Erzählung "The Asylum of Adventure" bescheinigt Chesterton "frostige Augenbrauen" und "das Gesicht eines Narren" ("frosty eyebrows"; "the face of a fool", PL: 250).
Auch wer die Geschichte "The Doom of the Darnaways" nur flüchtig liest, wird bemerken, daß dort gehäuft Lexeme mit dem Initiallaut [d] Verwendung finden. Sie dienen dazu, die unheimliche und düstere Atmosphäre, die das Anwesen der *Darnaways* umgibt, näher zu charakterisieren. Man vergleiche:

"dead green", "drab", "dreary weeds" (CFB: 424), "dying light" (CFB: 425); "they only dream and drift" (CFB: 426); "dark pictures and dusty book-shelves" (CFB: 426); "some dusty accidental detail of a dead elegance", "three dim figures (...) in the dim room" (CFB: 427); "the dull boom of the distant sea" (CFB: 429), "dark sands by the darkening sea" (CFB: 431); "the dark interior of the Darnaway home" (CFB: 432); "the darkness of the Darnaway doom" (CFB: 435); "dead garden", "dried horn", "desolate outline", "an aristocratic dustbin" (CFB: 442); "decayed gentility" (CFB: 443).

Der Erbe der Darnaways versucht, Licht in das Dunkel des angeblichen Fluches zu bringen. Er beschließt, das Portrait, auf dem der Fluch eingeschrieben ist, zu photographieren und das Photo einem Experten zu schicken. Über dieses Vorhaben heißt es:

It was, if not exactly a spiritual duel between Darnaway and the demoniac picture, at least a duel between Darnaway and his own doubts. (CFB: 435)

Ähnlich wie in der Erzählung "The Doom of the Darnaways" verhält es sich in "The Chief Mourner of Marne". Auch hier setzt Chesterton auffällig viele Lexeme mit dem gleichen Anlaut [m] ein, um die bedrückende Atmosphäre im und um das Haus des *Marquis of Marne* zu beschreiben, z.B.:

"a melancholy mansion" (CFB: 567); "melancholia", "madness", "a monastery", "like a monk" (CFB: 570); "the Marne Mystery", "'Monks Drive Marquis Mad'" (CFB: 573); "a monk's hood or even a mask", "I had heard of him as a mourner and then as a murderer" (CFB: 581).

Wie an den soeben erwähnten Geschichten deutlich wurde, bezieht sich die lexikalische Bedeutung des mit einem EN alliterierenden Appellativums nicht immer unmittelbar auf den NT selbst. EN können formal auch mit solchen Wörtern verbunden sein, die auf den Inhalt einzelner Textteile oder des Gesamttextes Bezug nehmen. Dies wird unter anderem in den Erzählungen "The Head of Cæsar" und "The Vanishing of Vaudrey" deutlich:

In "The Head of Cæsar" hinterläßt _Colonel Carstairs_ seinem Sohn Arthur eine wertvolle Münzsammlung. Arthurs Schwester, _Christabel_, entwendet eine kleine römische Münze, da diese das Abbild _Caesar_s trägt und ihrem guten Freund Philip ähnlich sieht. Arthur, der den Diebstahl bemerkt, beginnt, seine Schwester zu erpressen. Das hervorstechendste Detail seiner dafür angelegten Verkleidung ist eine auffällig gebogene Nase. Die zentralen Gegenstände, die für den Fortgang des Geschehens von Bedeutung sind, beginnen, wie auch der Name der Familie _Carstairs_, mit <c>:

> "the famous _C_arstairs _C_ollection of Roman _c_oins" (CFB: 235); "the head of _C_æsar" (CFB: 237); "the _c_rooked nose" (CFB: 241); "_c_oin-_c_ollector", "The man _c_hanged _c_olour so horribly that the _c_rooked nose stood out on his face like a separate and _c_omic thing" (CFB: 243).

In der Erzählung "The _V_anishing of _V_audrey" wird der Gutsherr und Besitzer eines kleinen Dorfes, _Sir Arthur Vaudrey_, vermißt. Wenig später findet man ihn tot auf. Er wurde von John Dalmon, dem Verlobten der Pflegetochter Vaudreys, Sybil Rye, ermordet. Father Brown gelingt es nachzuweisen, daß Dalmon trotz seiner Mordtat ein geringeres Verbrechen als Vaudrey begangen hat. Vaudrey war von dem Gedanken besessen, sich auf grausame Art an Sybil dafür zu rächen, daß sie vor langer Zeit seinen eigenen Heiratsantrag abgelehnt hatte. Er wußte von einem Verbrechen, das Dalmon in seiner Jugend begangen hatte, und er plante, den Bräutigam am Tage seiner Hochzeit der Polizei zu übergeben und ihn hängen zu lassen. Das beherrschende Motiv der Rache sowie die Leidenschaft, mit der Vaudrey die Ausführung seines Plans verfolgt, sind mit dem Namen durch den gemeinsamen Anlaut [v] verbunden:

> "_v_igorous and _v_irile" (CFB: 527); "He was a very strong and _v_igorous man, with rather a _v_iolent temper" (CFB: 534); "_V_audrey, in his _v_iolent passion" (CFB: 535); "a feverish _v_igilance of _v_anity", "Sir Arthur _V_audrey was acting not for avarice, but for _v_engeance" (CFB: 539).

Die Appellativa traten in den bisher diskutierten Beispielen an verschiedenen Stellen des Textes auf. Häufig stehen sie in unmittelbarer Nähe des Namens, mit dem sie alliterieren. Dies ist jedoch nicht immer der Fall. Auch wenn sie über den gesamten Text verteilt sind (vgl. "The Chief Mourner of Marne" oder "The Vanishing of Vaudrey"), kann ihr Zusammenhang mit dem entsprechenden Namen für den Leser erkennbar bleiben, da sie grundlegende Aussagen zum NT oder zur Erzählhandlung insgesamt treffen.

Anders verhält es sich bei EN und Appellativa, die identisch anlauten, ohne einen wesentlichen inneren Zusammenhang zwischen dem Benannten auszudrücken. Derartige Verbindungen sind zumeist auf die Ebene der Wortgruppe oder des Satzes beschränkt. Sie sind sprachliche Gestaltungsmittel besonderer Art und erfüllen primär eine **ästhetische Funktion**. Zur Veranschaulichung sollen folgende Textstellen dienen:

> " (...); by all common _p_robability _P_aul must soon come back with the _p_olice. It would be some comfort even if _F_lambeau came back from his _f_ishing." (CFB: 113); "_p_oor _P_auline's sight"

(CFB: 142); "(...), said the smiling _Smith_" (CFB: 501); "(...), said _Hartopp_ heartily" (CFB: 501); "poor _Potter_, a plain straightforward broker from _Pittsburg_" (CFB: 597); "(...) _Dalmon_ made a dreadful discovery." (CFB: 540); "(...), grumbled _Granby_." (CFB: 546); "The _Admiral_ admits (...)." (CFB: 707); "The large figure of _Dyer_ the detective appeared framed in the doorway (...)." (PMP: 62); "(...); and _Dyer_ of the detective service lay dead on the floor before the dancing fire." (PMP: 63); "the pantomime of _Puss-in-Boots_ that was being performed on the pier" (PMP: 117); "a folk-tale which had just been presented on the pier by Miss _Patsy Pickles_" (PMP: 118); "the gruesome tales of _Grimm_" (PMP: 124); "_Dr. Horace Hunter_, as healthy and hearty as ever" (TLB: 58); "_Boyg_ and the _B_ible are periodically reconciled at religious conferences; _Boyg_ broadens and slightly bewilders the minds of numberless heroes of long psychological stories, (...)" (PL: 138).

Die Alliteration ist neben parallelen Satzstrukturen und paradox erscheinenden Äußerungen zweifellos das auffälligste Stilmittel Gilbert Keith Chestertons. Insofern gliedern sich Konstruktionen der Art "poor _Pauline_" und "grumbled _Granby_" in eine beinahe endlose Reihe stabreimender Wortkombinationen ein. Mit einer fast schon aufdringlich wirkenden Häufigkeit bilden auch einzelne Elemente nicht-proprialer Lexik miteinander alliterierende Einheiten[6]. Dies bestätigen die folgenden Textausschnitte, die stellvertretend für viele weitere stehen sollen:

"(...) so many fashionable fallacies still stand firmly on their feet (...)" (PMP: 35); " (...) when he noticed in the grass a growth not green but reddish-brown (...)" (PMP: 114); "The gardener caught the cold crash of the water full in his face like the crash of a cannon-ball; staggered, slipped and went sprawling with his boots in the air." (CFB: 266f.); "(...) his face and figure showed dark against the window and the white warehouse wall (...)" (CFB: 369); "(...) the versatile conversationalist showed an intense and intelligent interest in the Ganges and the Indian Ocean (...)" (CFB: 497); "He was a big, bull-necked, black-browed man, and at the moment his brow was blacker than usual" (CFB: 512).

Wiederholt haben Kritiker darauf hingewiesen, daß sich Chestertons Texte durch ihre rhythmische Qualität auszeichnen und der Autor selbst als Prosaschriftsteller der Poesie verpflichtet war (vgl. z.B. DERUS 1977-78: 46). Wie viele andere Kritiker, so bemerkt auch D.L. DERUS (1977-78: 49ff.), daß Chestertons Alliterationen zunehmend mechanischer wurden und es dem Leser mitunter sogar erschwerten, dem Gedankengang des Autors zu folgen. Was auf die einen Leser irritierend wirkt, klingt für andere wie Musik (vgl. NORDBERG 1984: 200). Dies betrifft alliterierende Kombinationen sowohl von Appellativa untereinander als auch von Appellativa und Propria.

6.1.2. Inhaltliche Relationen

Die Untersuchung inhaltlicher Relationen zwischen literarischen EN und ihrem appellativischen Kontext erscheint in den Erzählungen Chestertons in zweifacher Hinsicht bedeutungsvoll. Als erstes stellt sich die Frage, inwieweit die assoziierte **lexikalische Bedeutung** eines Namens durch Elemente des Kontextes gestützt wird. Als zweites soll exemplarisch darauf eingegangen werden, wie sich EN und Kontext hinsichtlich der **sprachlichen Bezugnahme** auf einen NT verhalten.

6.1.2.1. Redende und klanglich-semantische Namen

Um eine literarische Nameninterpretation möglichst objektiv zu gestalten, ist es notwendig, diese in der textuellen Verwendung des jeweiligen Namens zu verifizieren. Darauf wurde wiederholt im Zusammenhang mit den theoretischen Betrachtungen in Kapitel 3.3.2. und der praktischen Analyse in Kapitel 4 hingewiesen. Bei redenden und klanglich-semantischen Namen sollte somit in jedem Fall überprüft werden, ob die beim Leser assoziierten lexikalischen Bedeutungen tatsächlich aktualisiert werden. Ist dies der Fall, wird man sehr häufig **gleich- oder ähnlichklingende Appellativa** in der Textumgebung des EN auffinden. Auch **Synonyme** oder - im Fall von konträren Namen - **Antonyme** helfen oftmals, die charakterisierende Funktion literarischer EN zu verdeutlichen. Namen, die über lexikalische Bedeutungsassoziationen wirksam werden, können in Beziehung zu einer Reihe sinnverwandter Ausdrücke treten. Als Glieder mitunter umfassender **Textwortnetze** tragen sie zur inhaltlichen Geschlossenheit des Werkes bei und befördern die **Textkohärenz**.

In der Father-Brown-Erzählung "The Man with Two Beards" leben die Bewohner von Chisham in Angst vor einem gerade aus der Haft entlassenen Verbrecher. Der ehemalige Tarnname des Mannes, *Michael Moonshine*, steht in seiner direkten Bedeutung (engl. *moonshine* 'Mondschein') für die zeitliche Einordnung des Geschehens und in seiner übertragenen Bedeutung ('Unsinn', 'Schwindel') für den Charakter der dargestellten Ereignisse: "'Perhaps there is a good deal of *moonshine* in the business,' (...)" (CFB: 486). Als Moonshine alias Mr. Smith in einer Mondnacht erschossen wird, heißt es:

> Carver had joined him, and for a moment the two figures, the tall and the short, blocked out what view the fitful and stormy *moonlight* would allow. (...) the *moon shone* on the great sham spectacles of the man who had been called *Moonshine*. (CFB: 492)

In der Geschichte "The Scandal of Father Brown" beschreibt der Name *Romanes* durch seine Nähe zum appellativischen *romance* (engl. 'Romanze', 'Affäre'; 'Romantik') treffend das Wesen der benannten Figur. Rudel Romanes ist ein Dichter, der aufgrund seiner Affären immer wieder Aufsehen erregt. Die Charakterisierung, die im Namen angelegt ist, wird im Text mehrfach intensiviert. So wird Rudel Romanes unter anderem als "'Rudel Romanes,' that *romantic* public character" (CFB: 594) und "the *romantic* Rudel" (CFB: 600) bezeichnet. Die Wörter *romance* bzw. *romantic* werden auf den dreizehn Seiten der Erzählung insgesamt über dreißigmal wiederholt und bestimmen den Grundton des Textes. Man vergleiche z.B.:

> "It was simply a sort of popular *romance*, the modern substitute for mythology; and it laid the first foundations of the more turgid and tempestuous sort of *romance* in which she was to figure later on; (...)." (CFB: 591); "a note of *romantic* regret", "an unholy halo of *romance*" (CFB: 592); "(...) the *romantic* cloak and rather operatic good looks of the one man" (CFB: 593); "'Perhaps these surroundings do encourage people to give too rich an importance to mere *romance*.'" (CFB: 597); "a *romantic* elopement", "some rotten *romantic* divorce case" (CFB: 597); "'You say down with *romance*. I say I'd take my chance in fighting the genuine *romances* - (...)'" (CFB: 601).

Der Name *Romanes* kennzeichnet nicht nur den NT, sondern birgt leitmotivartig das zentrale Thema der Erzählung. So ist die Welt des Reporters Agar P. Rock von realitätsfernen Klischeevorstellungen geprägt, und er zieht übereilte Schlüsse zur Identität des Liebhabers und des betrogenen Ehemannes. Zu Recht wirft ihm Father Brown vor:

> Now *you* are *romantic.* (...) You see, you are so incurably *romantic* that your whole case was founded on the idea that a man looking like a young god, couldn't be called Potter. (CFB: 600f.)

Somit wird der Name des Reporters *Rock* (engl. 'Fels') ad absurdum geführt. Rock ist nicht der prinzipienfeste, unromantische Puritaner, als der er in der Öffentlichkeit gilt. Eine solche Vorstellung wird dem Leser zunächst suggeriert, wenn der Erzähler von den "steinernen Gesichtzügen" ("fine flinty features", CFB: 593) Rocks spricht. Darüber hinaus liest man:

> Agar Rock was a good specimen of a Puritan, even to look at; he might even have been a *virile* Puritan of the seventeenth century, rather than the *softer* and more sophisticated Puritan of the twentieth. (CFB: 593)

Wie viele Helden Chestertons fällt auch der Künstler Walter Windrush in der Erzählung "The Honest Quack" durch sein unkonventionelles Verhalten auf. Er stellt sich der zunehmenden Urbanisierung des Landes entgegen und rettet einen einzelnen verwachsenen Baum davor, von der expandierenden Großstadt London verschluckt zu werden. Für Walter Windrush gleicht die Existenz einem Wunder, welches es um jeden Preis zu bewahren gilt. Wie bereits *Gabriel Gale* (vgl. PL), so benennt auch der FaN *Windrush* symbolisch den Wind, der das Leben der Menschen mit neuem Geist erfüllt[7]. Appellativische Figuren- und Landschaftsbezeichnungen in der Geschichte weisen wiederholt auf diesen zentralen Namen zurück:

> "(...) the strange tree had stood alone on a *windy* and pathless heath", "(...) the *wind* was rising and dusk was falling over that rather desolate landscape." (FFF: 66); "the *wind* of that high place" (FFF: 85); "She had an instant of babyish bogy feeling in the notion that it [the tree-I.S.] could move of itself like an animal, or create its own *wind* like a giant fan." (FFF: 88); "the grand, gradual curves of great unconscious forces, of the falling waters and the *wind*" (FFF: 113); "(...) and at the same moment a great morning *wind* from the south *rushed* upon the garden, (...)" (FFF: 115).

Anthony Taylor (vgl. engl. *tailor* 'Schneider') ist ein sehr eleganter Sekretär, wie in der Erzählung "The Pursuit of Mr. Blue" gleich mehrfach betont wird:

> "his very *dapper* secretary, a Mr. Anthony Taylor" (CFB: 648); "his *elegant* secretary's advice", "the clerical *neatness* and sobriety of his *top-hat* and *tail-coat*", "Mr. Anthony Taylor, the secretary, was an *extremely presentable* young man, in countenance as well as *costume*; (...)" (CFB: 653).

Die lexikalische Bedeutung des FaN *Schwartz* wird dem Leser in der Mr.-Pond-Erzählung "The Three Horsemen of Apocalypse" insbesondere in folgenden Wendungen bewußt:

> "Sergeant Schwartz of the *White* Hussars", "a gaunt and wiry man, with a great scar across his jaw, rather *dark* for a German" (PMP: 9); "the *dark* sergeant" (PMP: 10); "his scarred and *swarthy* visage" (PMP: 13); "the cynical sergeant, who had done such *dirty* work all his life" (PMP: 14).

Ein Anwalt, der in der Geschichte "The Terrible Troubadour" versucht, Captain Gahagan einen Mord nachweisen, trägt den redenden Namen *Luke Little*. Gahagan äußert sich zunächst nicht zu den gegen ihn erhobenen Vorwürfen. Als er sein Schweigen bricht, sagt er erregt:

> "(...) Of course I never committed any murder. I said I committed a crime; but it's not to any damned *little* lawyer that I have to apologize for it." (PMP: 105)

In "The Man with Two Beards" trägt eine Familie, die als "wohlhabend" ("a worthy though *wealthy* suburban family", CFB: 483) bezeichnet wird, den Namen *Bankes* (vgl. engl. *banks* 'Banken'). *Philip Hawker* (vgl. engl. *hawk* 'Habicht', 'Falke') in "The Head of Cæsar" hat ein "falkenartiges Gesicht" ("a *falconish* sort of face", CFB: 236). *Professor Byles* (vgl. engl. *bile* 'Galle', 'Übellaunigkeit') in "The Crime of the Communist" macht auf seine Umgebung den Eindruck eines sehr "verbitterten" Menschen. Merkmale, die den Professor näher kennzeichnen und in einer lexikalischen Beziehung zu dessen FaN stehen, sind z.B.:

> "his *tart* Toryism" (CFB: 662); "his *acerbity*", "*embittered*", "*sour* relish" (CFB: 663); "a *ferocious* contortion of feature, believed by many to be meant for a friendly smile" (CFB: 665).

Ebenso wie bei FigN können lexikalische Bestandteile auch von Vertretern anderer Namenklassen im Kontext wiederaufgenommen werden. Dies wurde bereits an den fiktiven ON *Wonover* und *Moon Crescent* demonstriert[8]. Auch die Bedeutung redender Hausnamen wird mitunter im Text erhellt. Erinnert sei in diesem Zusammenhang noch einmal an die Ausführungen zu den Namen *Heatherbrae* (vgl. *heath, mountain, mountaineer*) und *Rowanmere* (vgl. *mighty lakes*) in Kapitel 4.3.1.2.

6.1.2.2. Eigenname und Kontext als Mittel der Referenz

Die allgemeinste Funktion eines literarischen EN, so konnte in Kapitel 3.2. festgestellt werden, besteht in der **Identifizierung** einer literarischen Figur/Person bzw. Sache. Für die Zuordnung eines EN zu seinem Referenzobjekt spielt dabei der Kontext eine überaus wichtige Rolle. Zum einen stellt er die Informationen über den NT, die für die Festlegung der Referenzbeziehung von Bedeutung sind, bereit. Zum anderen bietet er eine Reihe von appellativisch-beschreibenden und pronominalen Mitteln, die neben dem EN zur Bezeichnung der jeweiligen Figur/Sache dienen. Alle Ausdrücke, mit denen ein Autor auf ein und denselben Sachverhalt Bezug nimmt, bilden in ihrer Gesamtheit **Isotopieketten**. Deren Untersuchung sollte nicht darauf beschränkt bleiben, lediglich festzustellen, um welche sprachlichen Einheiten es sich im einzelnen handelt, sondern auch, in welcher **Abfolge** referenzidentische Mittel im Textverlauf eingesetzt werden. Für literarische Texte erscheint es dabei besonders aufschlußreich zu untersuchen, an welcher Stelle im Text der Name einer Figur/Sache zum ersten Mal genannt wird. S. ROSUMEK (1989: 189f.) beschreibt in diesem Zusammenhang drei prinzipielle Möglichkeiten: So ist die Nennung eines Namens nicht unbedingt an das erste Auftreten der Figur gebunden (**gleichzeitige** Namennennung); er kann bereits eingeführt sein, bevor die Figur erscheint (**vorausweisende** Namennennung) oder aber erst genannt werden, nachdem die Figur schon eine gewisse Zeit am Erzählgeschehen teilgenommen hat (**verzögerte** Namennen-

233

nung). Daß ein Autor diese Techniken mit unterschiedlichen Intentionen in seinem Werk zur Anwendung bringt, soll nachfolgend an den Texten Chestertons dargestellt werden.

6.1.2.2.1. Vorausweisende Namennennung

Bei der vorausweisenden Nennung ist der Name oftmals das erste, was der Leser von der Figur erfährt. Nach und nach bewirkt der Kontext die "intensionale Auffüllung" (vgl. KALVERKÄMPER 1978: 390ff.) des zunächst "leeren" Namens. Das Wissen, welches der Leser über die Figur erwirbt, wird immer detaillierter, und er wird die durch die erste Namennennung hervorgerufenen Assoziationen entweder bestätigt oder widerlegt sehen:

Der Name der Titelgestalt in der Erzählung "The Unthinkable Theory of Professor Green" wird bereits in den einleitenden Sätzen des Textes vom Autor erwähnt. Als der Professor später selbst vorgestellt wird, erweist sich dessen Name als durchaus zutreffend. So hält sich Professor Green im Garten auf, als ihn die Herren Crane und Pierce bemerken. Sogleich glaubt Crane, eine Verbindung zwischen der Tätigkeit des Professors und dessen Namen festzustellen, und er sagt: "'(...) Thinks he's a botanist perhaps. Appropriate to the name of *Green*'" (TLB: 205).
Auch die Erwartungen, welche ein Name wie *Lord Beaumont of Foxwood* (CQT: 42) in Hinblick auf seinen NT beim Leser auslöst, werden erfüllt. Lord Beaumont erweist sich in der Tat als der Aristokrat, den sein Name vermuten läßt. Anders verhält es sich bei *Mr. Montmorency* (CQT: 83). Wie der Leser im weiteren Verlauf des Textes erfahren muß, verbirgt sich hinter diesem Namen ein exzentrischer, mittelloser Grundstücksmakler[9].
Wer sich unter *Snowdrop* (engl. 'Schneeglöckchen', TLB: 130) ein Wesen von zarter Statur vorstellt, wird gegen Ende der Erzählung "The Elusive Companion of Parson White" überrascht sein. Nachdem die einzelnen Figuren Vermutungen über die Identität von Snowdrop anstellen und dabei nacheinander auf ein Kind, ein Pony, einen Hund, eine Katze, einen Affen und einen Geist schließen, erfahren sie zu ihrer Verwunderung, daß es sich bei dem Benannten um einen Elefanten handelt.

6.1.2.2.2. Verzögerte Namennennung

In Umkehrung der soeben beschriebenen Gegebenheiten treten Figuren/Orte/Sachen mitunter in einer Erzählung auf, ohne sofort namentlich genannt zu werden. Hierfür können zwei grundlegende Motive bestimmend sein, die bereits in Kapitel 5.2. für den völligen Verzicht auf einen Namen ermittelt wurden. So bleiben einerseits solche Figuren oder Orte oftmals anonym, die keine tragende Rolle spielen und nur lose mit dem erzählten Geschehen verbunden sind. In solchen Fällen erscheint es zumeist glaubwürdig, daß auch der Erzähler bzw. die anderen Figuren den entsprechenden Namen nicht kennen. Auffällig wirkt es indes, wenn Gestalten oder Schauplätze, die für den Fortgang der Handlung von Bedeutung sind, keinen Namen erhalten. Werden die übrigen auftretenden Figuren oder Orte namentlich benannt, so nimmt die anonyme Figur eine besondere Stellung in der Gruppe individualisierter NT ein.

234

Die verzögerte Nennung des Namens von *Miss Jameson* in "The Tremendous Adventures of Major Brown" wird dem Leser vermutlich nicht auffällig erscheinen. Major Brown, aus dessen Perspektive das Geschehen wiedergegeben wird, kann bei seinem ersten ungewöhnlichen Zusammentreffen mit dieser Dame deren Namen noch nicht kennen. So wird Miss Jameson zunächst in ihren äußeren Merkmalen beschrieben: "She was a graceful, green-clad figure, with fiery red hair and a flavour of Bedford Park" (CQT: 17). Ähnliches läßt sich bei *Hugo* in "The Fad of the Fisherman", *Roger Rook* in "The Green Man", *James Grant* in "The Quick One", *Dr. Mull* und *Father Brown* in "The Purple Wig" sowie *Mr. Wimpole* in "The Painful Fall of a Great Reputation" feststellen. Auch sie sind für eine gewisse Zeit ausschließlich über deskriptive und pronominale Bezugnahmen identifizierbar. Der Mann, der sich später als Wimpole herausstellt, wird anfangs wiederholt als "stranger" (CQT: 41), "the man with the curved silver hair and the curved Eastern face" (CQT: 40) oder aber auch "the wickedest man in England" (CQT: 37) bezeichnet. Basil Grant, der dem Mann quer durch London folgt, sagt über ihn: "'I don't know his name. I never saw him before in my life'" (CQT: 38). Die Anonymität der erwähnten Figuren ist eine vorübergehende Erscheinung. Sie wird durchbrochen, wenn sich die Figuren selbst bzw. gegenseitig vorstellen (vgl. *Dr. Mull* und *Father Brown*, CFB: 249) oder wenn sie im Figurengespräch bzw. in der Erzählerrede namentlich genannt werden (vgl. *Mr. Wimpole*, CQT: 44; *Miss Jameson*, CQT: 27; *Hugo*, MKM: 135; *James Grant*, CFB: 618; *Roger Rook*, CFB: 634).

Anders als in den genannten Beispielen erfüllt die zeitweilige **Anonymität** der Figuren *John Mallow* in "The Yellow Bird", *Mr. Jackson* in "The Point of a Pin" und *Captain Fonblanque* in "The Garden of Smoke" eine **akzentuierende Funktion**. Es kann als sicher gelten, daß der jeweilige Name den anderen an der Handlung beteiligten Figuren bzw. dem auktorialen Erzähler bekannt ist. Der Autor hält ihn jedoch bewußt zurück, um die Gestalt mit einem Schleier des Geheimnisvollen zu umgeben[10]. Hierbei kommen mythische Vorstellungen zum Tragen, nach denen der Name gleichsam stellvertretend für das Benannte steht. Solange man einen Namen nicht weiß, scheint man auch den NT nicht zu kennen. Die Figur entzieht sich dem vollständigen Zugriff des Lesers und erhält dadurch besonderes Gewicht.
So werden von den fünf Männern, die zu Beginn der Erzählung "The Yellow Bird" auftreten, nur vier sofort namentlich benannt. Der fünfte, *John Mallow*, hebt sich von ihnen insofern ab, als er zunächst nur appellativisch und pronominal gekennzeichnet ist. Die Bezugnahme auf ihn erfolgt mit "the fifth man" (PL: 38f.), "he" (PL: 38f.) sowie "the younger man" (PL: 40). Die namentliche Sonderbehandlung, welche diese Figur im Text erfährt, hat ihren Grund. Schon bald erkennt der Leser, daß Mallow für den Fortgang der Geschichte eine ganz zentrale Rolle spielt.
Wie H. GRABES (1978: 414) konstatiert, ist zum Aufbau der Personenvorstellung einer literarischen Figur nicht nur die Art, sondern auch die **Reihenfolge** der mitgeteilten Informationen von Bedeutung. Führt der Autor eine Figur zunächst anonym ein, erscheint sie dem Leser oftmals verdächtig. Dies ist insbesondere dann der Fall, wenn die Beschreibung des Aussehens oder bestimmter Verhaltensweisen der Figur eine solche Annahme unterstützt:
Ein Treffen der Geschäftsleitung der Baufirma Messrs. Swindon & Sand wird durch die Ankunft eines Mannes unterbrochen. Dieser ist der "newcomer" (CFB: 679), von dem es heißt, daß er durch seinen starren Blick, durch sehr große Ohren und ein froschhaftes Ge-

sicht auffällt (vgl. CFB: 679). Bezeichnungen wie "that little guy with the glass eye" (CFB: 685) oder auch "the goblin with the glass eye" (CFB: 685) sind nicht dazu angetan, die Sympathie der Leser zu wecken. Das Geheimnisvolle, das diesen Mann umgibt, schwindet, sobald er in seiner Funktion als Privatdetektiv vorgestellt wird. Wenig später erfährt der Leser auch den Namen der Figur, *Mr. Jackson* (vgl. CFB: 688).

Als Hauptverdächtiger in der Geschichte "The Garden of Smoke" muß zunächst ein Schiffskapitän erscheinen, der auf die junge Dame Catharine Crawford unheimlich wirkt:

> He spoke with gravity and even gloom; and she was conscious of humour, but was not sure that it was good-humour. Indeed she felt, at first sight, something faintly sinister about him; (...). (TD: 78)

Der Mann, der bald darauf als *Captain Fonblanque* vorgestellt wird (vgl. TD: 81), rechtfertigt den ersten unangenehmen Eindruck nicht. Daß er sich nicht als ein Verbrecher herausstellen wird, läßt sich schon alleine daher vermuten, da er - wie Chesterton selbst - das Leben genießt und mit Hingabe trinkt und raucht. Negative Züge tragen bei Chesterton viel eher überzeugte Vegetarier und Antialkoholiker. Fonblanque indes gibt zu: "'It's my childlike innocence that makes me drink and smoke'" (TD: 81).

Mit Blick auf die Erstnennung eines literarischen Namens sei abschließend noch auf eine Besonderheit der **Seriengestalten** aufmerksam gemacht. Diese werden, obwohl sie in der jeweils ersten Erzählung bereits namentlich eingeführt wurden, immer wieder neu in ihrem äußeren Erscheinungsbild oder charakteristischen Eigenschaften beschrieben. So weist der Erzähler in jeder neuen Father-Brown-Geschichte auf die unauffällige und naiv wirkende Gestalt des katholischen Geistlichen hin. Die ausführlich wiederholte Kennzeichnung durch appellativische Mittel ist unter anderem dadurch begründet, daß die einzelnen Erzählungen zunächst getrennt veröffentlicht wurden. Obwohl Chesterton schon zu Lebzeiten als Autor der Father-Brown-Figur berühmt war, mußte er davon ausgehen, daß für manchen Leser eine jede Geschichte potentiell die erste Begegnung mit dem literarischen Detektiv darstellen konnte.

6.1.3. Formale/Inhaltliche Relationen

An dieser Stelle soll auf zwei weitere Besonderheiten der Verwendung von Namen im literarischen Text aufmerksam gemacht werden, die sowohl auf der formalen als auch auf der inhaltlichen Ebene ausgeprägt sein können. Zum einen steht der EN als Objekt **metasprachlicher Äußerungen** im Mittelpunkt der Betrachtungen. Zum anderen geht es darum, an einigen Beispielen den **spielerischen Umgang** mit Namen im Text zu veranschaulichen.

6.1.3.1. Metasprachliche Kommentare zu literarischen Eigennamen

Metasprachliche Aussagen über einen literarischen EN lassen sich sowohl auf der Ebene der Erzählung als auch des Erzählten feststellen. Reflektieren Erzähler oder Figuren über einen Namen, so werden bis dahin implizit im Namen enthaltene Merkmale explizit gemacht (vgl. ASCHENBERG 1991: 84). Dabei können ganz unterschiedliche Aspekte eines Namens thematisiert werden: die Lautgestalt ebenso wie sein semantischer Gehalt und seine ästhetische Wirkung ebenso wie sein Verhältnis zu bestimmten Traditionen der Namengebung (vgl. ASCHENBERG 1991: 84).

Die häufigsten expliziten Namenkommentare bei Chesterton betreffen die Beziehung zwischen einem EN und dessen Träger. Indem Chesterton
(1) die lexikalische Bedeutung des Namens in Beziehung zum benannten Objekt setzt,
(2) auf Namensvorbilder verweist oder
(3) das Image oder die nationale bzw. religiöse Prägung eines Namens betont,
legt er die der Namenwahl zugrundeliegenden **Motive** offen.
Man vergleiche hierzu die in Kapitel 4 zitierten Textpassagen zur Erklärung der Namen
(1) *Mr. Pond, Violet Varney, Nox, Moon Crescent, White Pillars, The Lawns*;
(2) *Babbage (Berridge), Hickory Crake, Robert Owen Hood, Olivia Malone, Mr. Muggleton, Hypatia Potter*;
(3) *Father Brown, Carl Schiller*.

Mitunter kommentiert der Autor nicht nur einen einzelnen EN, sondern den Prozeß des **Namengebens** insgesamt. Bei Chesterton beinhaltet dies zumeist einen Hinweis darauf, daß der Name für den Zweck der Erzählung frei erfunden wurde. Daran können zwei vollkommen entgegengesetzte Intentionen geknüpft sein. Einerseits dienen derartige Kommentare dazu, dem Leser die **Fiktivität** des erzählten Geschehens von Anfang an bewußt zu machen. Andererseits kann der Autor auch dann einen Namen als frei erfunden hervorheben, wenn er dem Leser gerade die **Authentizität** der Handlung suggerieren möchte. In diesem Fall verweist er darauf, daß er die Namen zum Schutz der angeblich realen Personen oder Schauplätze der Handlung im Text abgeändert hat. Zur Illustration seien folgende Textstellen angeführt:

"the suburb in question, which we will call for convenience *Chisham*" (CFB: 484); "the small Slav state (...); which may be called for the purpose of this tale, the kingdom of *Transylvania*" (SES: 127); "The district he had come out to govern may here be described, with diplomatic vagueness, as a strip on the edge of Egypt and called for our convenience *Polybia*" (FFF: 18).

Sehr ausführlich äußert sich der Erzähler zum Schauplatz der Handlung in "The Loyal Traitor". Zu Beginn der Erzählung unterstreicht er die Willkürlichkeit der territorialen Einordnung. Er sagt:

It will be best, both for the reader and the writer, not to bother about what particular country was the scene of this extraordinary incident. It may well be left vague, so long as it is firmly stipulated that it was not in the Balkans, where so many romancers have rushed to stake out claims ever since Mr. Anthony Hope effected his *coup d'état* in Ruritania. (...) Whatever name we may give it, it was at least a highly-civilized and well-ordered society, (...). The country might well be one of the smaller German States that have been industrialized by dependence on mines and factories, or one of the former dependencies of the Austrian Empire. (FFF: 169f.)

Als sich der Erzähler letztlich doch entschließt, dem betreffenden Staat einen Namen zu geben, weist er nochmals darauf hin, daß dieser frei erfunden ist: "our own territory, which we will call *Pavonia*, (...)" (FFF: 170).

237

In den angeführten Beispielen hob der Erzähler ganz bewußt den fiktiven Charakter der von ihm verwendeten ON hervor. Ebenso kann er sich vom **Wahrheitsgehalt** einer Namensnennung distanzieren, indem er sie als eine fremde Aussage kennzeichnet. Damit läßt er den Leser im Ungewissen über die wahre Identität einer Figur, hält sich aber an die Regel, daß Figuren lügen dürfen, ein auktorialer Erzähler jedoch nicht. Auch hierfür seien einige Beispiele aus Chestertons Texten genannt:

> "But he was known, at the Blue Dragon at least, as *Mr. Harmer*." (CFB: 499); "a rather sullen ruffian giving his name as *Oscar Rian*" (CFB: 222); "She calls herself *Mrs. Maltravers* (that is how we put it); but she only came a year or two ago and nobody knows anything about her" (CFB: 706f.); "a fellow calling himself *Kalon*" (CFB: 132); "the criminal calling himself *Michael Moonshine*" (CFB: 490); "(...) threatening letters from somebody signing himself *Daniel Doom*. The name was presumably a pseudonym, (...)." (CFB: 334); "His name, by his own account, was *Hankin*, (...)." (PMP: 61); "His name was *Peterson*: it was possible that it was really Petersen." (PMP: 117); "that world-famed comedian who called himself *Alberto Tizzi*" (PMP: 118).

Das auffällige Verhalten eines Mannes in "The Unmentionable Man" führt zu Spekulationen über seine Identität. Damit verbunden ist die Frage nach seinem Namen:

> Pond made many inquiries, then and afterwards, about his name; but learned nothing except that he was commonly called *M. Louis*; but whether that was his real surname, or perhaps the adaptation of some foreign surname, or whether his queer and eccentric popularity led everybody to use his Christian name, did not very clearly emerge. (PMP: 70)

Nur vereinzelt äußert sich Chesterton in seinen Texten zum **ästhetischen Wert** eines Namens. Lediglich im Zusammenhang mit *Stephen Shrike* spricht er davon, daß der FaN sonderbar klinge: "I remembered an investigator (...); merely because I remembered the curious surname of *Shrike*" (FBDA: 145).

An einer anderen Stelle reflektiert der Autor exkursartig über die **Verbreitung** allgemein bekannter FaN. Dabei kommt er zu dem Schluß, daß Namen wie *Tompkins, Jenkins* oder *Jinks* nicht sehr häufig sind und dennoch im allgemeinen als gewöhnlich gelten[11]:

> Names like *Tompkins* and *Jenkins* and *Jinks* are funny without being vulgar; I mean they are vulgar without being common. If you prefer it, they are commonplace without being common. They are just the names to be chosen to *look* ordinary; but they're really rather extraordinary. Do you know many people called Tompkins? It's a good deal rarer than Talbot. (MKM: 28)

Anlaß zu diesen Betrachtungen bot das Verhalten des Mörders in der Erzählung "The Face in the Target". Dieser hatte für sich den Namen *Jenkins* gewählt, um seiner Umgebung unauffälliger und weniger wichtig zu erscheinen als er in Wirklichkeit war.

EN können, wie die angeführten Beispiele verdeutlicht haben, in unterschiedlichen Zusammenhängen im Text thematisiert werden. Unabhängig von ihrem konkreten Ort in der Erzählung und von den Intentionen, die der Autor an sie knüpft, haben metasprachliche Namenkommentare eines gemeinsam: Sie heben den EN unter den anderen sprachlichen Elementen des Textes hervor und stellen ihn in den Mittelpunkt der Betrachtungen. Die besondere Aufmerksamkeit der Leser zieht ein Name auch dann auf sich, wenn er Anlaß zu sprachlichen Spielen bietet. Darauf soll im folgenden eingegangen werden.

6.1.3.2. Namenspiele

Die mit einem literarischen Namen verbundene **Komik** kann auf verschiedene Weise in Erscheinung treten. So wirken manche Namen bereits als einzelnes Wort durch ihre sprachliche Beschaffenheit komisch ("paradigmatischer Aspekt", HELLFRITZSCH 1973: 65). Andere Namen werden erst dann als komisch empfunden, wenn sich um sie bestimmte Handlungen und Geschichten entfalten oder wenn sie dem Autor als Anlaß zu Namenspielen dienen ("syntagmatischer Aspekt", HELLFRITZSCH 1973: 65; vgl. LAMPING 1983: 89). D. LAMPING kennzeichnet das **Namenspiel** als eine besondere "Form des Wortspiels" (1983: 97). Das Wortspiel, so LAMPING, basiert auf dem "gleichen oder ähnlichen Klang mehrerer Wörter oder den verschiedenen Bedeutungen eines Wortes" (LAMPING 1983: 97). Bei einem Namenspiel werden Namen und Wörter über lautliche oder semantische Assoziationen gedanklich miteinander verbunden. In der "ökonomischen Kürze", die dem Namenspiel innewohnt, sieht LAMPING (1983: 100) einen "besonderen ästhetischen Reiz".

Es ist zu vermuten, daß ein Meister der Wortkunst wie Gilbert Keith Chesterton das stilistische Potential von EN erkannte und in seinen Texten bewußt nutzte. Wie die folgenden Beispiele beweisen, wird ein Leser, der eine Fülle von Namenspielen in Chestertons Erzählungen erwartet, nicht enttäuscht.

Zunächst lassen sich zahlreiche Textstellen anführen, in denen Chesterton **klanglich-assoziative Verbindungen** zwischen mehreren EN oder zwischen einem EN und Appellativum/a aufbaut.

So wirkt folgender Werbespruch für die Kekse des Herstellers *Nadoway* durch seine besondere lautliche und rhythmische Struktur einprägsam: "*Anne Hathaway* Had a Way with *Nadoway*" (FFF: 117).

Als Beispiele für eine **Paronomasie** (Zusammenstellung ähnlich lautender Wörter/ Namen) können die Ausdrücke "'(...),' said *Gale* gaily" (PL: 239) und "'(...),' said *Hartopp* heartily" (CFB: 501) gelten[12].

Phonetische/Graphische Similaritäten zwischen einem EN und appellativischen Elementen lassen sich auch in den folgenden beiden Fällen aufdecken. Hierbei kann jedoch nicht mit Sicherheit bestimmt werden, ob die lautliche Verbindung von Chesterton tatsächlich beabsichtigt wurde oder eher eine zufällige Erscheinung ist: "poor *Cram* must have looked like a crab" (PL: 100); "*Welkin* was such a good walker" (CFB: 68), "*Welkin* went for long walks" (CFB: 76).

Neben klangähnlichen Wörtern und Namen werden auch klangidentische (**homophone**) Ausdrücke in Verbindung mit EN gebraucht. Auf diese Weise ruft der Name häufig eine komische Wirkung hervor, besonders dann, wenn der Name neben der eigentlichen proprialen auch eine appellativische Lesart zuläßt.

> "(...) It was bacon and eggs that gave all that morning glory to the great English poets; it must have been a man who had a breakfast like this who could rise with that giant gesture: 'Night's candles are burnt out; and jocund day ---'"
> "*Bacon* did write Shakespeare, in fact," said the Colonel.
> "This sort of bacon did," answered the other laughing; (...)". (TLB: 91f.)

Das Spiel beruht in diesem Fall darauf, daß mit Francis Bacon *der* Mann benannt wird, dem von einigen Personen die Autorschaft der Werke Shakespeares zugeschrieben wird. In der Erzählung "A Tall Story" verwendet Chesterton mehrfach adversative Satzverbindungen, in denen die wiederholte Zusammenstellung der Konjunktion *but* und des EN *Butt* auffällt:

> (...) a sturdy and very silent young man named *Butt*, bull-necked and broad-shouldered, but quite short (...). (PMP: 115);

> He was all the more surprised, when he turned sharply around, to find that *Butt* was not working at all; but, like himself, was staring, not to say glaring, as in a congested mystification, into the twilight. *Butt* was commonly the most calm and prosaic of subordinates; but the look on his face was quite enough to prove that something was really the matter. (PMP: 120f.)

Der FaN des amerikanischen Millionärs Enoch Oates (engl. *oats* 'Hafer') lädt geradezu dazu ein, die lexikalische Bedeutung wörtlich zu verstehen. So heißt es unter Verwendung des idiomatischen englischen Ausdrucks *to sow one's wild oats* ('sich die Hörner abstoßen'):

> "(...) And I do believe that poor *Enoch Oates* has seen the light (thanks to my conversations at lunch); since I talked to him, *Oates* is another and a better man."
> "Sown his wild oats, in fact," remarked Crane.
> "Well," replied the other. "In a sense they were very quiet oats. Almost what you might call *Quaker Oats*. (...)" (TLB: 198f.)

Hierzu sei angemerkt, daß *Quaker Oats* ein seit Beginn des 20. Jahrhunderts weithin bekannter Produktname für Haferflocken ist. In der angegebenen Textstelle wird die lexikalische Bedeutung des Namens insofern aktualisiert, als daß Enoch Oates als "Puritaner", "Prohibitionist", "Pazifist" und "Internationalist" (TLB: 199) gekennzeichnet wird und in seinen Wertvorstellungen somit der Gemeinschaft der Quäker nahesteht.

Robert Owen Hood in "The Improbable Success of Mr. Owen Hood" sitzt angelnd auf einer kleinen Insel in der Themse. Seine Anglerhaltung ist symbolhaft zu verstehen. Hood fischt nach seinem Jugendtraum, den er an eben dieser Stelle im Fluß hatte. Er will keine Fische fangen, so daß der Erzähler ihn als einen "nicht sehr vollkommenen Angler" bezeichnet:

> He often carried a volume of Isaac Walton in his pocket, having a love of the old English literature as of the old English landscape. But if he was an angler, he certainly was not a very complete angler. (TLB: 48f.)

Daß Chesterton auch hier einen EN spielerisch verwendet, wird all den Lesern verborgen bleiben, denen der Titel des berühmtesten Buches von Izaak Walton, *The Compleat Angler* (1653), unbekannt ist.

Explizit kommentiert Chesterton die Ambiguität, die einem appellativ-homonymen EN innewohnt, am Beispiel des Toponyms *Canary (Islands)*. Diesen Namen assoziiert Father Brown, da ihn die Bediensteten des Admiral Pendragon in "The Perishing of the Pendragons" an Kanarienvögel (engl. *canaries*) erinnern:

The priest's instinctive trick of analysing his own impressions told him that the colour and the little neat coat-tails of these bipeds had suggested the word "Canary", and so by a mere pun connected them with southward travel. (CFB: 263f.)

In "The Quick One" spielt für die Aufklärung einer Mordtat ein benutztes Whiskyglas in einer Hotelbar eine Rolle. Noch weiß man nicht, wem es gehört, so daß Father Brown von "Nobody's glass" (CFB: 611) spricht. Father Brown nimmt an, daß sich ein Unbekannter, dessen Existenz es nachzuweisen gilt, im Hotel aufgehalten haben muß. Das substantivische Indefinitpronomen *nobody* wird im konkreten Textzusammenhang in proprialer Funktion verwendet, woraus sich die Schreibung mit Großbuchstaben erklärt.

Semantisch-assoziative Verbindungen zwischen mehreren EN oder einem EN und Appellativum/a lassen sich an einer Vielzahl weiterer Beispiele darstellen. Dabei wird deutlich, daß der spielerische Umgang mit einem redenden oder klanglich-semantischen Namen schlaglichtartig dessen (vermeintliche) lexikalische Bedeutung erhellen kann. Die aktualisierte Wortbedeutung kann den NT charakterisieren oder auch gerade im Gegensatz zu dessen Eigenschaften stehen. Mitunter ist das Spiel mit einem EN Selbstzweck und besitzt rein stilistischen Ausdruckswert, ohne einen inneren Bezug zum NT erkennen zu lassen. Das spielerische Element der folgenden Textstellen ist unschwer zu erkennen. Sie sollen daher unkommentiert angeführt werden:

"*Brayne*'s crazy millions had hitherto been scattered among so many sects (...). *Brayne*, like so many scatter-brained sceptics" (CFB: 38); "(...) their progress was delayed by the highly exasperating conduct of *Walter Windrush*." (FFF: 66); "(...) and the face of *Inspector Burns* (...) was inflamed with some indignation as well." (CFB: 643); "(...) which was by no means a smooth game to play with the *Roi des Apaches*, even after that monarch's abdication." (CFB: 98); "That is why I suddenly felt sick and turned green, I dare say; as green as the *Green Man*." (CFB: 646); "Will it take long, *Mr. Shorter*?" (CQT: 58); "*Mr. Shorter* peered short-sightedly at his papers" (CQT: 63); "He might well have prided himself on having played lion-tamer to the *Red Lion* and pigsticker to the *Blue Boar*, Deer-slayer to the *White Hart* and *St George* to the *Green Dragon*." (SES: 17)[13]; "At the corner stood a sort of decayed inn with the dingy sign of *The Grapes*. (...) March remarked that it looked like a tavern for vinegar instead of wine." (MKM: 18); "The inn called the *Rising Sun* had an exterior rather suggesting the title of the *Setting Sun*." (PL: 1); "a new golden sign of the *Rising Sun*, (...), a symbol that the sun had risen indeed" (PL: 13); "To begin with, the village they call *Ponder's End* ought to be called *World's End*; it gives one the impression of being somewhere west of the sunset." (TLB: 142); "the colossal American daily called the *Western Sun* - also humorously described as the '*Rising Sunset*'" (CFB: 292); "(...) and the *Sun* threw the shadow of Mr. Boulnois quite gigantically across its pages" (CFB: 293).

Diese Beispiele mögen genügen, um den sprachspielerischen Einfallsreichtum Chestertons zu verdeutlichen.

Die Untersuchung des **Verhältnisses proprialer und nicht-proprialer Lexik** in Chestertons Texten läßt folgende Schlußfolgerungen zu: EN als besondere Textelemente gehen vielfältige Beziehungen mit ihrem appellativischen Kontext ein. Dabei sind formale und inhaltliche Relationen zu unterscheiden.
Formale Besonderheiten ließen sich sowohl auf der **graphischen** (z.B. Majuskelschreibung und typographische Hervorhebungen) als auch der **phonetischen** (Alliterationen) Ebene nachweisen.

Inhaltliche Beziehungen traten zum einen bei **redenden** und **klanglich-semantischen** Namen hervor, deren lexikalische Bedeutung durch Elemente des Kontextes gestützt wird. Zum anderen war es aufschlußreich, EN und Appellativa als **referenzidentische** Ausdrücke zu betrachten. Hierbei verdienten die Techniken der vorausweisenden und verzögerten Namennennung besondere Beachtung. Die abschließenden Überlegungen galten Verwendungsweisen von EN, bei welchen entweder die **formale** oder die **inhaltliche** Beschaffenheit des Namens im Mittelpunkt der Aufmerksamkeit stand. Es handelte sich einerseits um **metasprachliche** Namenkommentare, andererseits um den **spielerischen** Umgang mit EN.

Die Fülle der Beispiele, die zu jedem der angesprochenen Punkte aufgezeigt werden konnten, beweist einmal mehr Chestertons Talent, kreativ mit Sprache umzugehen. Chesterton erkannte das den literarischen EN innewohnende stilistische Potential und machte es seinen Texten auf vielfältige Weise dienstbar. Dabei sind die zwischen einem EN und seiner Textumgebung aufgezeigten formalen und inhaltlichen Beziehungen zumeist mehr als bloße Wortspielerei. Häufig weisen sie auf tiefer liegende Relationen hin (z.B. durch Alliterationen oder Namenspiele), welche die Interpretation des EN oder des Textes befördern können. Im folgenden Teilkapitel soll untersucht werden, ob sich analoge Relationen auch zwischen mehreren EN desselben Textes ermitteln lassen.

6.2. Eigennamen als Teil der onymischen Landschaft

Das Textumfeld eines EN erfaßt in der Regel neben nicht-onymischen auch weitere onymische Elemente. Dieser Einsicht muß eine kontextorientierte Namenstudie Rechnung tragen. Sie sollte daher nicht auf die Beschreibung onymisch-appellativischer Zusammenhänge beschränkt bleiben, sondern vielmehr berücksichtigen, daß EN auch untereinander vielfältige intratextuelle Verbindungen eingehen. Indem Namen auf verschiedenartige Weise in Wechselbeziehungen auftreten, prägen und strukturieren sie die **onymische Landschaft**. Sie bilden ein "onomastisches Netz" ("onomastic web", NICOLAISEN 1986b: 139), welches den Text durchzieht. Dies gilt für literarische EN insgesamt, ohne daß eine Einschränkung hinsichtlich der Namenklasse oder Namenart vorzunehmen wäre. Wie im Zusammenhang mit der **konstellierenden** Funktion literarischer EN in Kapitel 3.2.2. festgestellt wurde, können Namen aufgrund ihrer sprachlichen Beschaffenheit Beziehungen zwischen den NT anzeigen (vgl. LAMPING 1983: 62ff.). Am auffälligsten sind hierbei **Korrespondenz-** und **Kontrastrelationen**, welche sich in formalen oder auch inhaltlichen Merkmalen der EN ausdrücken. Als grundlegende Regel kann gelten, daß gleiche oder ähnliche Namen die Zusammengehörigkeit der NT, betont unähnliche Namen einen Gegensatz zwischen den jeweiligen NT anzeigen (vgl. LAMPING 1983: 63). Daß es dabei durchaus Abweichungen geben kann, wurde bereits in Kapitel 3.2.2. anhand der FigN *Bertrand* und *Father Bernard* in Chestertons Erzählung "The Finger of Stone" festgehalten.

6.2.1. Korrespondenzrelationen

Ähnliche Namen können ihre Träger als zusammengehörig kennzeichnen. So sind ähnlich benannte Figuren oftmals miteinander verwandt oder befreundet, sie teilen bestimmte Eigenschaften und Anschauungen oder sind durch gemeinsame Erlebnisse miteinander verbunden. Die Möglichkeiten, derartige Korrespondenzbeziehungen zwischen Figuren und mitunter auch Orten, Häusern oder Gegenständen schon im Namen anzuzeigen, sind vielfältig. Den Autoren steht hierfür eine breite Palette formaler und inhaltlicher Mittel zur Verfügung.

6.2.1.1. Formale Korrespondenzen

Formale Ähnlichkeiten können im Klang oder in der Schreibung der Namen angelegt sein, so z.B. durch Alliterationen oder andere Formen des Reims, durch die wiederholte Verwendung gleicher Phoneme/Grapheme oder Phonemverbindungen/Graphemverbindungen, anagrammatische Bildungen, durch Übereinstimmungen in der Struktur der Namen, in der Silbenzahl, dem Betonungsmuster und im Rhythmus. Auch national, regional oder geschlechtsdifferenzierte Varianten desselben Namens können einen Zusammenhang zwischen den NT andeuten.

In ihrer Studie zu Namen in Kinderbüchern führt H. ASCHENBERG (1991: 63) mit Wilhelm Buschs *Max* und *Moritz*, Erich Kästners *Luise* und *Lotte* (in *Das doppelte Lottchen*) u.a.m. allgemein bekannte Beispiele für Figurenpaare an, deren enge Verbindung durch ihre alliterierenden Namen angezeigt wird. Auch in den untersuchten Texten Chestertons läßt sich die **Alliteration** als beziehungsstiftendes Mittel in augenfälliger Häufigkeit nachweisen[14]. Einige Beispiele mögen dies verdeutlichen:
Die Geschwister *Harry* und *Herbert Druce* ("The Oracle of the Dog"), *Michael* und *Marion Craven* ("The Green Man") sowie *Horne Fisher* und *Henry Harland (Harry) Fisher* ("The Fool of the Family") sind durch ihre allitierenden VN als zusammengehörig gekennzeichnet. Horne Fishers Cousin heißt zudem *Sir Howard Horne*, sein Onkel *Horne Hewitt* ("The Face in the Target" bzw. "The Vengeance of the Statue").
Der Millionär *J. Braham Bruce* wird in der Erzählung "The Pursuit of Mr. Blue" von seinem Cousin, *Bertrand Bruce*, getötet. Die beiden Männer tragen nicht nur gleich anlautende Namen, sie sehen sich auch ähnlich, so daß der Privatdetektiv, Mr. Muggleton, Täter und Opfer verkennt. Ein Prediger, den die Jungen am Strand scherzhaft *Old Brimstone* nennen, fischt den Körper des Toten an Land. Sein Name verbindet sich durch den Anlaut [br] formal mit denen der beiden Hauptgestalten.
Auch in "The Point of a Pin" werden Verwandtschaftsverhältnisse durch gleiche Initialen kenntlich gemacht. Onkel und Neffe (und zugleich Opfer und Täter) heißen *Sir Hubert Sand* und *Henry Sand*. Ihre Baufirma trägt den Namen *Messrs. Swindon & Sand*; der ehemalige Leiter des Unternehmens ist ein gewisser *Lord Staines*.
Über *Miss Carstairs-Carew* in "The Vampire of the Village" heißt es, daß sie vor längerer Zeit in eine Affäre mit dem Anwalt *Mr. Carver* verwickelt war. Ob dies stimmt, ist nicht erwiesen. Die Namen der Beschuldigten scheinen die Gerüchte jedoch zu bestätigen.
Der Theatermanager, der in "The Actor and the Alibi" getötet wird, heißt *Mr. Mundon Mandeville*. Dessen Frau bezeichnet der Erzähler abwechselnd als *Mandeville's wife* und

Mrs. Mundon Mandeville. In ihrem Äußeren vergleicht er sie mit einer archaischen *Madonna.* Die junge italienische Schauspielerin, die in Sheridans Stück *The School for Scandal* die Rolle der *Maria* übernehmen soll, heißt *Miss Maroni.* Eine der beiden Damen, welche Mandeville aufsuchen und anschließend der Theaterprobe beiwohnen, ist *Lady Miriam Marden.* Bei den genannten Namen fällt insbesondere die gehäufte Verwendung des Lautes [m] auf. Ob Chesterton einen bestimmten Grund hatte, gerade mit diesem Laut Beziehungen zwischen den Figuren anzudeuten, kann nicht mit Sicherheit festgestellt werden. Es ist jedoch erstaunlich, daß auch bei zwei Schriftstellern, die S. HANNO-WEBER persönlich befragen konnte, das "M" unbewußt eine Sonderstellung einnahm (vgl. 1997: 76). Ohne die Onomantie ("vermeintliche Wahrsagung aus Namen", WITKOWSKI 1964: 68) in irgendeiner Weise als eine akzeptable Methode wissenschaftlicher Namenforschung anzuerkennen, muß folgende Erklärung mit Blick auf die oben erwähnten Namen verblüffen:

M

A concern for outward appearance and an appreciation of beauty are amongst the main indications contained in this letter. The former trait may lead the name-bearer to conceal inner thoughts and feelings as much as possible. (...) In a negative way, this letter gives signs of snobbishness and pettiness. When coupled with critical ability it hints at a person with highly developed artistic skills. (DUNKLING 1993: 230)

Die schönen Heldinnen seiner Erzählung, die Intrigen und die Mordtat von Mrs. Mandeville, ihre Forderung nach schauspielerischem Anspruch sowie die Verbindung aller genannten Gestalten mit dem Theatermilieu legen den Gedanken nahe, daß Chesterton in seinem Unterbewußtsein dem Laut [m] tatsächlich die hier geschilderten Qualitäten beimaß. Ob vielleicht auch Norma Jean Baker alias *Marilyn Monroe* aus derartigen Motiven ihr Pseudonym wählte, ist heute nicht mehr nachzuvollziehen. A. ROOM (1991: 25) weiß lediglich zu berichten:

(...) Marilyn Monroe sounds and looks more like the name of a glamorous actress, (...) it has more "favourable free associations," (...).

Nicht immer sind ähnlich lautende EN eindeutig als Indiz für die Zusammengehörigkeit der betreffenden NT zu werten. Mitunter wirken zu große Ähnlichkeiten hinderlich, da sie die Wiedererkennbarkeit der einzelnen Figuren erschweren können, z.B. bei *Bertrand* und *Father Bernard* in "The Finger of Stone" oder bei *Father Brown, Mr. O' Brien* und *Mr. Brayne* in "The Secret Garden".

Weit deutlicher als die hier (bewußt oder unbewußt) angelegten Verhältnisse gestaltet sich die namentliche Beziehung des Gasthausbesitzers *John Hardy* und seiner Tochter *Joan* in "The Unobtrusive Traffic of Captain Pierce". Ihre VN sind nicht nur durch den gleichen Anlaut verbunden, sondern stellen überdies Varianten desselben Namens dar. Auf diese Weise symbolisiert Chesterton das konventionelle Verhalten und das Traditionsbewußtsein dieser Familie, die sich gegen unsinnige moderne Verordnungen stellt. Auch *Jacob* und *John Nadoway* in "The Ecstatic Thief" tragen alliterierende VN. Die Beziehung zwischen Vater und Sohn ist besonders intensiv, da sie der Senior- bzw. Juniorpartner ihres Familienunternehmens sind. Anders als sein Bruder *Norman* trägt *John* - wie auch sein Vater - einen ausgesucht biblischen Namen. Diese Namenwahl wird im Text explizit kommentiert:

> It was perhaps symbolic that the elder was John Nadoway, dating from the days when his father retained a taste for plain or preferably Scriptural names. The younger was Norman Nadoway, and the name marked a certain softening towards notions of elegance, foreshadowing the awful possibility of Normandale. (FFF: 119)[15]

Daß sich in "The Sins of Prince Saradine" hinter dem Butler *Mr. Paul* in Wirklichkeit dessen angeblicher Herr, *Prince Paul of Saradine*, verbirgt, wird so mancher aufmerksame Leser sicherlich vermuten können. Eine noch deutlichere Sprache sprechen die Namen der Haushälterin, *Mrs. Anthony*, und des Besuchers auf Saradines Insel, *Antonelli*. Als sich letzterer namentlich vorstellt, heißt es: "'Antonelli,' repeated the prince languidly. 'Somehow I remember the name'" (CFB: 111). Bereits eher erfuhren die Leser, daß die Haushälterin mit einem leichten italienischen Akzent spricht. Bei Antonellis Ankunft dürfte daher kein Zweifel bestehen, daß er mit Mrs. Anthony verwandt ist. Er erweist sich als ihr Sohn, der gekommen ist, um sich an Saradine für den Mord an seinem Vater zu rächen.

Lautliche Ähnlichkeiten zwischen EN sind nicht auf FigN beschränkt. Sie können ebenso zwischen Vertretern unterschiedlicher Namenklassen auftreten.
Für sein letztes Verbrechen spielt *Flambeau* die Rolle des Kanadiers *James Blount*. Er erfindet einen Freund namens *Florian*, der angeblich später erscheinen soll. Die berühmten Diamanten, welche Flambeau alias James Blount entwendet, heißen *The Flying Stars*.
"The Red Moon of Meru" - so heißt nicht nur eine Father-Brown-Erzählung, sondern ebenfalls der Rubin, der im Mittelpunkt der Geschichte steht. Auf einem Basar, den *Lord* und *Lady Mounteagle* in ihrem Haus *Mallowood Abbey* abhalten, verschwindet der wertvolle Stein auf mysteriöse Weise. Verdächtig erscheint zunächst der weltberühmte Wahrsager, der sich *Master of the Mountain* nennt. Zum Schluß stellt sich jedoch heraus, daß der junge Tommy Hunter den Rubin an sich genommen hatte, um den Master als Schwindler zu entlarven. *Hunter* war in Begleitung eines jungen, vielversprechenden Politikers, *Hardcastle*, auf dem Basar erschienen. Der gleiche Anlaut der FaN weist auf ihre Zusammengehörigkeit hin. Zugleich werden Hunter und Hardcastle vom Master of the Mountain und den exzentrischen Mounteagles abgehoben (vgl. [h] vs. [m]), deren übertriebene Vorliebe für alles Orientalische sie nicht teilen.
Die Hauptgestalten in der Erzählung "The Hammer of God" sind die beiden Brüder *Wilfred* und *Norman Bohun*. Wilfred tötet seinen Bruder. Der Verdacht fällt jedoch zunächst auf den Dorfschmied *Simeon Barnes*. Das Dorf heißt *Bohun Beacon*, das dort befindliche Gasthaus *The Blue Boar*. Betrachtet man den FaN der Brüder und den Namen des Dorfes, so fällt auf, daß diese nicht nur gleich anlauten, sondern sogar voneinander abgeleitet wurden (vgl. *Bohun* und *Bohun Beacon*). Diese Tatsache erklärt sich daraus, daß die Brüder zu einer der wenigen aristokratischen Familien gehören, deren Geschichte sich bis ins Mittelalter zurückverfolgen läßt (vgl. CFB: 118). Der Name *Bohun* wirkt dabei im gegebenen Kontext durchaus glaubwürdig, hieß doch so eine der Lordschaften, die nach der normannischen Eroberung in Wales etabliert wurden (marcher lordships; vgl. KENYON 1994: 231).
Namen von Häusern oder Anwesen können Besitzansprüche einer Person/Figur anzeigen. So heißt das Haus des *Admirals Michael Craven* bezeichnenderweise *Craven House*

(CFB: 633); Commander Blair verschickt fingierte Briefe, welche er als *Welkyn* of *Welkin* *(Castle)* unterschreibt (TLB: 248). Ironisch bezeichnet Chesterton das Anwesen von *Mr. Rosenbaum Low*: "*Rosenbaum Castle* - I should say *Rosewood Castle*" (TLB: 245).

Neben der Alliteration und der Verwendung identischer Namenkonstituenten gibt es weitere Möglichkeiten, um EN formal miteinander zu verbinden. So erfand Chesterton, um seine Argumentationen anschaulicher zu gestalten, in einigen seiner journalistischen Arbeiten **reimende** Namen. Diese wurden mit einer betont stilistischen Absicht in den Texten eingesetzt. Man vergleiche hierzu die folgenden zwei Stellen aus Chestertons Aufsatz "On Progress, and Overthrowing Progress" (veröffentlicht in *The Illustrated London News*, 13.12.1930):

> *Hobblegoblin* understands the true principles of the Antique better than any man since *Gobble-hoblin* himself. (CWC, vol. 35: 429);

> The race of the Futurists is a race to see who shall get furthest back into the past. Everyone knows that this is so with *Wilkins* and his Cro-Magnon creational drift; with *Bilkins* and his entirely new Neanderthal norm; with *Pilkins* and his Pithecanthropic projections; to say nothing of *Filkins* with his frankly sub-anthropoid angle of attack. (CWC, vol. 35: 429)

Wie die Namenpaare *Kedel/Bredel* (bei Anna Seghers; vgl. BROWN 1991: 10) und *Bende/Mende* (bei Franz Kafka; vgl. RAJEC 1977: 192) beweisen, ist der Reim als beziehungsstiftendes Mittel zwischen Namen durchaus auch in belletristischen Werken anzutreffen.

In Chestertons Erzählung "The Arrow of Heaven" treten vier Männer auf, deren FaN einsilbig sind und zudem den gleichen Diphthong aufweisen. Es sind dies *Crake*, *Blake*, *Wain* und *Drage*. Die Figuren gehören insofern zusammen, als daß Crake, Wain und Drage als potentielle Mörder des Millionärs Brander Merton in Frage kommen, sich jedoch sämtlich als unschuldig erweisen. Nach der Aufklärung der Tat durch Father Brown zeigt sich deutlich, daß Crake, Blake und Wain die gleiche (un)moralische Auffassung vertreten. Demzufolge ändert sich ihr Urteil über die Mordtat, sobald sie erfahren, daß ihr angesehener reicher Freund Merton selbst ein gnadenloser Verbrecher war[16].

Die gleiche **Anzahl der Silben**, übereinstimmende **Silbenstrukturen** sowie **Betonungsmuster** der Namen deuten auch in den folgenden Beispielen auf tiefer liegende Zusammenhänge hin:

Die Polizisten, welche in "The Vanishing Prince" gemeinsam versuchen, Michael O'Neill alias Prince Michael zu verhaften, heißen *Morton*, *Nolan* und *Wilson*.

Der ehemalige Besitzer des Gutes von *Sir Francis Verner* war ein gewisser *Mr. Hawker*.

Der Butler des Hauses, der bereits dem alten Herren diente, heißt *Usher* ("The Fool of the Family").

Auf ähnliche Weise korrespondieren die Namen von *Lord Beaumont*, *Sir Hubert Sand*, *Brander Merton* und *Mr. Northover* mit denen ihrer Angestellten *Jasper Drummond*, *Rupert Rae*, *Mr. Wilton* und *Mr. Plover*.

In "The Awful Reason of the Vicar's Visit" erscheint ein Mann bei Swinburne, der sich als *Rev. Ellis Shorter* ausgibt. Wie am Schluß der Erzählung bekannt wird, war er von *Captain Fraser* geschickt worden, um Swinburne gegen dessen Willen möglichst lange aufzuhalten. Zu diesem Zweck erfindet er eine spannende Geschichte, in dessen Mittelpunkt ein gewisser fiktiver *Colonel Hawker* steht.

Nicht immer sind die Zusammenhänge gleichermaßen einsichtig. In der Erzählung "The Five of Swords" scheint es, als ob Hubert Crane im Duell von seinem Gegner Le Caron getötet wurde. Die Namen der beiden Gegner *Crane* und *Le Caron* enthalten zu einem großen Teil dieselben Buchstaben und sind auf diese Weise formal miteinander verbunden. Le Caron wird in der Geschichte zuerst namentlich von seinem Freund, Baron Bruno, benannt. Letzterer findet im folgenden wiederholt als *baron* bzw. *Monsieur le Baron* Erwähnung. Daß der verbrecherische *Baron* und sein Gefährte *Le Caron* eng zusammengehören, wird bereits in ihren Namen angezeigt. Als dritter und gefährlichster im Bunde ist *Waldo Lorraine* anzuführen. Auch hier läßt sich eine gewisse Ähnlichkeit im Klang mit den Namen seiner Freunde nicht leugnen. Bei einem zweiten Duell, welches Paul Forain veranlaßt, um die verbrecherische Bande der Mordtat zu überführen, heißt es:

> *Le Caron* had long and low-voiced consultations with the lowering *baron*; and even *Forain's* own seconds, *Lorraine* and the doctor, seemed more inclined to wait and whisper than to come to the mortal business. (SES: 53)

Daß *Lorraine* in diesem inszenierten Duell als *Forains* Sekundant auftritt, scheint als einziges in der Geschichte die Ähnlichkeit ihrer Namen zu begründen. In Wirklichkeit sind die beiden Männer Antagonisten. Lorraine ist für den Mord an Crane verantwortlich und nimmt sich selbst das Leben, als Forain ihn seiner Tat überführt.

Daß auch die Struktur und das damit verbundene soziale Prestige eines Namens oder dessen nationale/regionale Zuordnung Beziehungen anzeigen kann, soll an folgenden Belegen verdeutlicht werden.
In der Erzählung "The Unpresentable Appearance of Colonel Crane" findet *Crane* Gefallen an der Cousine seines Nachbarn *Vernon-Smith*. Wie auch Crane lehnt sie zur Schau gestellten Standesdünkel ab. Im Unterschied zu ihrem selbstgefälligen Verwandten trägt sie den kurzen, gewöhnlichen Namen *Smith*, der sie um so mehr mit Crane verbindet. So erfährt der Leser:

> It was not until they met under the lamp-post that he knew her name was Audrey Smith; and he was faintly thankful for the single monosyllable. (TLB: 19)

In diesem Zusammenhang sei noch einmal auf die kontrastierenden Benennungen der Häuser Colonel Cranes und seiner vornehmen Nachbarn hingewiesen (*White Lodge* vs. *Rowanmere* und *Heatherbrae*; vgl. Kapitel 4.3.1.3.).
Wie bereits der Titel der Mr.-Pond-Erzählung "The Crime of Captain Gahagan" erahnen läßt, wird Gahagan eines Verbrechens beschuldigt. Er soll Frederick Feversham erstochen haben. Er hatte sich tatsächlich in der Nähe des Hauses der Fevershams aufgehalten, nicht jedoch, um dessen Besitzer zu töten, sondern um mit Mrs. Feversham Shakespeare zu zitieren. Als irische Landsleute teilen beide eine ausgeprägte literarische Leidenschaft. Der FaN des Captain verweist auf seine Nationalität. Auch die Dame wird offensichtlich als Irin gekennzeichnet, wenn ihr (typisch irischer) Mädchenname *Malone* im Textverlauf Erwähnung findet.

Auch **graphisch** können Namen miteinander verbunden sein, so z.B. wenn sie in unterschiedlicher Reihenfolge dieselben Buchstaben aufweisen (**Anagramm**). Dies ist z.B. bei den Namen der Stieftochter *Nesi* und ihrer Stiefmutter *Ines* in Theodor Storms Novelle *Viola Tricolor* der Fall (vgl. SAUERBECK 1996: 417).

In Chestertons Erzählung "The Man in the Passage" tritt ein Schauspieler namens *Isidore Bruno* auf, der in Shakespeares *Midsummer Night's Dream* die Rolle des *Oberon* übernimmt.

Über Ivan, den Diener des Chefs der Pariser Polizei, Aristide Valentin, heißt es:

> Ivan, the confidential man with the scar and the moustaches, came out of the house like a cannon ball, and came racing across the lawn to Valentin like a dog to his master. (CFB: 29)

Es verwundert somit nicht, daß der FaN des "Meisters" alle Buchstaben des Namens seines treu ergebenen Dieners enthält: Man vergleiche *Valentin* und *Ivan*.

In der bereits erwähnten Geschichte "The Crime of Captain Gahagan" treten die beiden Shakespeare-Schauspielerinnen *Olivia Feversham* und *Violet Varney* auf. Ihre VN stellen beinahe anagrammatische Varianten voneinander dar und sind darüber hinaus in Shakespeares Komödie *Twelfth Night* belegt[17].

6.2.1.2. Inhaltliche Korrespondenzen

Neben vorwiegend phonetischen bzw. graphischen Ähnlichkeiten, so wie sie den bisher angeführten Beispielen zugrunde lagen, lassen sich zwischen manchen Namen auch **inhaltliche** Gemeinsamkeiten feststellen. Verständlicherweise handelt es sich hierbei insbesondere um **redende** und **klanglich-semantische** Namen, deren lexikalische Bedeutungsbestandteile miteinander korrespondieren. Des weiteren können auch **verkörpernde** Namen innerhalb eines Textes auftreten, deren jeweilige Namenpaten übereinstimmende Merkmale aufweisen.

So konnte W.F.H. NICOLAISEN (1976b: 14f.) in Angela Thirkells Roman *Before Lunch* auffällig viele EN beschreiben, welche aufgrund ihrer lexikalischen Elemente dem Themenkreis 'Schafhaltung und Wollproduktion' zuzurechnen sind (vgl. *Staple Park, Skeynes, Worsted, Winter Overcotes, High Ramstead, Overfolds, Woolram, Lamb's Piece, "The Fleece", "The Woolpack", Skeynes Agnes, Beliers*).

Einen inneren Zusammenhang zwischen den zentralen Namen in Daniel Defoes Roman *Robinson Crusoe* erkennt R. GERBER (1964b). *Crusoe, Friday* und *Xury*, so GERBER, verweisen alle auf den Kreuzestod Christi und sind Ausdruck der christlich-allegorischen Tradition, welcher der Roman verbunden ist.

Als Agatha Christies berühmter Detektiv *Hercule Poirot* vortäuscht, sein eigener Bruder zu sein, nennt er sich selbst *Achille* (vgl. AHLEY 1984: 14). Die enge Verbindung der beiden VN ist offensichtlich, bezeichnen doch sowohl Hercule (Herakles) als auch Achille (Achilles) berühmte griechische Sagenhelden.

Die erwähnten Texte von Angela Thirkell, Daniel Defoe und Agatha Christie scheinen D.-G. ERPENBECKs Frage (1976: 103), ob Namen in einem Text neben ihrer "okkasionellen Bedeutung" auch einen übergreifenderen "thematischen Bezugspunkt" haben können, zu bejahen. Auch in Chestertons Erzählungen lassen sich derartige Beobachtungen machen.

So sind die Namen des Gasthauses *The Blue Boar* (engl. *boar* 'Eber') und des Gesundheitsbeamten *Dr. Horace Hunter* (engl. *hunter* 'Jäger') auf symbolhafte Weise miteinander verbunden. Die Betreiber des Gasthauses sind empört darüber, daß es ihnen angeblich aus Hygienegründen nicht länger gestattet sein soll, Schweine zu halten. Ihre Freunde solidarisieren sich mit ihnen und beschließen, gegen diese unsinnige Regelung vorzugehen. So verkündet Captain Pierce:

> "(...) We've all been a lot too tame. I do mean, as much as I ever meant anything, to fight for the resurrection and the return of the pig; and he shall yet return as a wild boar that will rend the hunters." (TLB: 99)

Die Kampfesmetaphorik durchzieht den ganzen Erzählband. Captain Pierce gehört, wie die anderen Titelgestalten der einzelnen Episoden, der Vereinigung *League of the Long Bow* an. Wie bereits in Kapitel 4.3.1.3. festgestellt wurde, ist der Name der Liga mehrdeutig. Neben der übertragenen Bedeutung *to draw the longbow* 'aufschneiden, übertreiben' ist auch die direkte Bedeutung *longbow* 'Langbogen' für die Erzählhandlung relevant. In Rückbesinnung auf das Mittelalter führen die Helden eine Revolution durch, in der sie den Sieg nicht mit moderner Waffentechnik, sondern mit Pfeil und Bogen erringen. Cranes alter Angestellter und Gärtner, *Mr. Archer*, hält sich abseits von diesen Ereignissen. Dabei scheint er mit seinem FaN (engl. *archer* 'Bogenschütze') geradezu prädestiniert, eine führende Rolle zu übernehmen. Dies unterstreicht Captain Pierce, wenn er sagt:

> "Forgive me if I am mistaken, Citizen Archer," (...), "but it seems to me that you are not swept along with the movement; that a man of your abilities has been allowed to stand apart, as it were, from the campaign of the *Long Bow*. And yet how strange! Are you not *Archer*? Does not your very name rise up and reproach you? (...)" (TLB: 307)

In der gleichen Erzählsammlung tritt der exzentrische Geistliche *Rev. Wilding White* auf. Sein FaN (engl. 'weiß') deutet auf die eigentliche "Hauptgestalt" der Erzählung hin: seinen weißen Elefanten namens *Snowdrop* (engl. 'Schneeglöckchen').

Explizit verweist Chesterton auf den Zusammenhang zwischen den Namen des Staates *Pavonia* und der Straße *Peacock Crescent* in "The Loyal Traitor":

> Peacock Crescent was so called, not because its pallid and classical façade had ever been brightened by any peacocks, but out of compliment to the bird which was the royal cognizance of Pavonia, and presumably the origin of its name, (...). (FFF: 180)

Nicht zufällig sind Land und Straße namentlich verbunden, geht doch von einem Haus in Peacock Crescent eine geheime Bewegung aus, die den Staat revolutionieren und ihn an seine demokratischen Wurzeln zurückführen soll. Ein unterirdischer Zugang zu dem Haus der vermeintlichen Verschwörer ist durch ein Grasstück in der Form des Landes Pavonia getarnt.

Daß die junge Dame in der Geschichte "The Flying Stars" den VN *Ruby* (engl. 'Rubin') trägt und somit leitmotivartig das Thema der Erzählung zum Ausdruck bringt, wurde bereits in Kapitel 4.3.1.1.2. festgestellt. Man vergleiche in diesem Zusammenhang auch die in demselben Text erwähnten Namen *Lord Amber* (engl. *amber* 'Bernstein') und *Captain Barillon* (vgl. engl. *beryl* 'Beryll').

Namen können nicht nur durch lexikalisch-semantische Gemeinsamkeiten, sondern ebenso durch den Verweis auf zusammengehörige **Namensvorbilder** Beziehungen stiften.

Man vergleiche hierzu die Adressen *Himalaya Mansions* und *Lucknow Mansions*, die im Zusammenspiel mit dem Namen *Welkin* (engl. poet. 'Wolke') den Eindruck schwindelerregender Höhe intensivieren. Die Lage von Lucknow Mansions wird beschrieben als "on a lower platform of that hill of houses, of which Himalaya Mansions might be called the peak" (CFB: 72). Somit werden in der Geschichte die realen Verhältnisse widergespiegelt: Lucknow, eine Stadt in Indien, liegt tatsächlich am Fuße des Himalayas[18].

In einer seiner unglaublichen Geschichten berichtet Captain Gahagan von seinen Freunden, den *Balham-Browns*, in deren Garten in *Muswell Hill* plötzlich der Kopf eines Riesen aus der Erde wuchs. Ebenso wie der Schauplatz des Geschehens, so ist auch die Familie nach einem Ort in Greater London benannt (*Muswell Hill* bzw. *Balham*).

Der einflußreiche Finanzier aus Yorkshire, *Mr. Samuel Harrogate*, ist nicht nur über den gleichen Anlaut seines FaN mit dem Namen der *Hull and Huddersfield Bank* verbunden. *Harrogate, Hull* und *Huddersfield* bezeichnen zudem allesamt bekannte Orte im Norden Englands.

6.2.2. Kontrastrelationen

6.2.2.1. Formale Kontraste

Ebenso wie Korrespondenzrelationen können EN Kontraste zwischen den NT anzeigen. Deutlich wird dies z.B. in E.M. Forsters Roman *The Longest Journey*, in welchem der Autor die Männer *Frederick Elliot* (auch *Rickie; Rickety*) und *Gerald Dawes* bereits lautlich als Widersacher kennzeichnet. So bemerkt B. COTTLE (1983: 203), daß dem eher "schrillen" Klang des ersten Namens die tiefe Vokal und die stimmhaften Konsonanten des FaN *Dawes* gegenüberstehen.

Auch Chesterton bedient sich mehrfach **formaler** Kontraste in den EN, um auf Unterschiedlichkeiten der benannten Charaktere hinzuweisen. Man vergleiche z.B. den konservativ eingestellten *Professor Byles* in "The Crime of the Communist" und seinen Kontrahenten, den kommunistischen *Professor Craken*. Der lautliche Unterschied manifestiert sich hier insbesondere in der Vokalqualität ("rund" vs. "spitz") und der Stimmhaftigkeit/Stimmlosigkeit der in den FaN enthaltenen Konsonanten ([b], [l], [z] vs. [k], [k]).

Ein analoges Beispiel stellen die Herren *Bulmer* und *Crane* dar, die sich in der Erzählung "The Hole in the Wall" gegenüberstehen. Sie liefern sich einen halb scherzhaften, halb ernsten Fechtkampf, und als Bulmer am nächsten Tag Opfer eines Mordanschlages wird, fällt der Verdacht unweigerlich auf Crane.

Auch die Figurenpaare, die in vielen Büchern Chestertons als zentrale Gestalten auftreten, tragen z.T. lautlich kontrastierende Namen. Dies betrifft *Mr. Pond* und *Captain Gahagan* ("the large and swaggering figure of Captain Gahagan, the highly incongruous friend and admirer of little Mr. Pond", PMP: 4) ebenso wie den großgewachsenen, athletischen *Flambeau* und den kleinen, rundlichen Priester *Father Brown* ("One man was very tall and the other very short; (...)", CFB: 131)[19].

Namenphysiognomische Unterschiede können auch Beziehungen zwischen mehreren Verwandten anzeigen. So fällt auf, daß in "The Man with Two Beards" alle namentlich genannten Mitglieder der Familie Bankes außer einem zweisilbige VN tragen. Der Vater heißt *Simon Bankes*, die Tochter *Opal*, der eine Sohn *Philip*. Der andere Sohn, *John*, weicht mit seinem kurzen, gewöhnlichen Namen von diesem Muster ab. Die namentliche Sonderstellung erscheint um so mehr gerechtfertigt, als sich John am Ende der Erzählung als Täter herausstellt, der seine eigene Familie beraubt und einen unschuldigen Menschen getötet hat.

Auch der Erzählung "The Dagger with Wings" liegt eine familieninterne Auseinandersetzung zugrunde. Im Streit um das Erbe ihres verstorbenen Vaters werden die drei leiblichen Söhne *Philip*, *Stephen* und *Arnold Aylmer* von ihrem adoptierten Bruder *John Strake* getötet. Nur der gleiche Diphthong [eɪ] in den FaN läßt Strake und die Aylmer-Söhne als zusammengehörig erscheinen. Ansonsten ist Strake auch namentlich ein Außenseiter. Dem sonoren FaN *Aylmer* (vgl. [l] und [m]) steht der eher schrille Klang des Namens *Strake* mit den stimmlosen Konsonanten [st] und [k] gegenüber. Wie im FaN, so unterscheidet sich John Strake auch im VN von seinen Brüdern. Während bei Philip, Stephen und Arnold Aylmer sowohl VN als auch FaN zwei Silben enthalten, von denen die erste die Betonung trägt, sind VN und FaN des Adoptivsohnes einsilbig.

Auch die **regionale** oder **religiöse** Prägung der Namen bzw. das mit ihnen verbundene **soziale** Prestige kann das Figurenpersonal eines Werkes formal strukturieren. So stellt H. RÖLLEKE (1976: 413) zu der "teuflischen" Figur des Simon Semmler aus Annette von Droste-Hülshoffs Novelle *Die Judenbuche* fest, daß dessen VN *Simon* sich aus gutem Grund deutlich von den anderen Figuren unterscheidet.

In Chestertons Erzählung "The Chief Mourner of Marne" nimmt der Schauspieler *Hugo Romaine* eine besondere Stellung ein. Durch den offensichtlich französischen Anklang seines Namens wird er von den anderen Figuren, *Mr. Mallow*, *John Cockspur*, *Viola Grayson* sowie *General* und *Lady Outram*, abgehoben. Enger als mit diesen scheint Romaine mit dem *Marquis of Marne* verbunden zu sein (vgl. *Marquis* als französischer Fürstentitel und *Marne* als Name eines bekannten französischen Flusses). Diese Vermutung wird bestätigt, als sich Romaine und der Marquis letztes Endes als Komplizen in einem hinterhältigen Mordfall herausstellen.

Die distinguierte Stellung *Sir Arthur Vaudrey*s - er ist der Besitzer des Dorfes, in dem die Handlung spielt - wird bereits durch seinen Adelstitel, den in höheren gesellschaftlichen Kreisen bevorzugten VN *Arthur* und den vornehm klingenden FaN *Vaudrey* gekennzeichnet. Vaudrey hebt sich somit schon namentlich von allen anderen Figuren der Erzählung "The Vanishing of Vaudrey" ab, deren wichtigste *John Dalmon* und *Evan Smith* sind.

Auch das Figurenpersonal in "The Flying Stars" ist u.a. dadurch gegliedert, daß den einsilbigen FaN *Crook*, *Blount* und *Brown* die längeren und um Titel erweiterten Namen *Colonel Adams* und *Sir Leopold Fischer* gegenüberstehen.

Daß nicht alleine die sprachliche Beschaffenheit der Namen, sondern auch bestimmte Aspekte der EN-**Verwendung** Figurenkonstellationen anzeigen können, wurde bereits in Kapitel 3.2.2. im Zusammenhang mit der perspektivierenden Funktion literarischer Namen behandelt. Als Beispiel sollen zwei Figuren aus der Mr.-Pond-Erzählung "The Crime of Captain Gahagan" dienen: So erfolgt die Bezugnahme auf die weibliche Hauptgestalt, *Olivia Feversham*, mehrmals nur mit dem VN. Olivias Mann hingegen wird immer entweder als *Frederick Feversham*, *Mr. Feversham* oder einfach *Feversham* bezeichnet. Dieser Namengebrauch mag zunächst konventionell geschlechtsspezifisch bedingt sein.

So sagten mehrere von S. HANNO-WEBER (1997: 103) befragte Schriftsteller aus, die Frauen würden zumeist aus der Sicht der Männer dargestellt und erhielten daher nur einen VN, die Männer hingegen auch einen FaN. Im angeführten Beispiel scheint jedoch noch ein weiterer Grund wirksam zu werden: Die Eheleute Feversham sind charakterlich sehr verschieden. So kann sich Olivia nicht mit der fieberhaften (engl. *feverish*) Streitsucht ihres Ehemannes identifizieren. Der gemeinsame FaN scheint viel enger mit Frederick Feversham als mit Olivia verbunden zu sein. Dafür spricht auch die alliterierende Kombination des VN und FaN des Mannes. Olivias eigene poetische Veranlagung wird nicht im Namen *Feversham*, sondern vielmehr in ihrem irischen Mädchennamen *Malone* deutlich.

6.2.2.2. Inhaltliche Kontraste

Wenn W.F.H. NICOLAISEN (1986b: 146) feststellt, daß die ON *Lowick* und *Tipton* in George Eliots Roman *Middlemarch* menschliche Beziehungen symbolisieren (vgl. engl. *low* 'niedrig', *tip* 'Spitze'), so beweist dies, daß Namen auch aufgrund **lexikalisch-semantischer** Bestandteile Kontraste anzeigen können. Ähnlich verhält es sich mit den Namen der beiden Familien, die sich in Emily Brontës Roman *Wuthering Heights* gegenüberstehen. Familie *Earnshaw* ('Adlerdickicht') lebt in *Wuthering Heights* und somit auf den "heulenden Höhen" (dt. Titel "Sturmhöhen"). Die *Lintons* ('Lindendorf') hingegen wohnen unweit davon in einem Tal auf ihrem Anwesen *Thrushcross Grange* (engl. *thrush* 'Drossel'; vgl. GERBER 1964b: 228). Jeder Name für sich genommen erscheint zunächst offenbar neutral und wenig aussagekräftig. Erst in ihrem Zusammenspiel erzielen die beiden FaN und Hausnamen eine suggestive Wirkung.

In Chestertons Erzählung "The House of the Peacock" machen die Leser die Bekanntschaft mit einem ungewöhnlichen Klub, der jeglichen Aberglauben für absurd erklärt und bewußt immer wieder herausfordert. Diesem unsinnigen Treiben stehen nur zwei Mitglieder ansatzweise distanziert gegenüber. Während die anderen Männer als "gewöhnlich", "närrisch" und "mit nervösen Gesichtern" (vgl. PL: 183) beschrieben werden, heißt es über diese beiden: "Two of them stood out from the company by the singularity of being obviously gentlemen" (PL: 183). Die beiden Männer, die den christlichen Ursprung vieler abergläubischer Vorstellungen anerkennen, heißen *Sir Daniel Creed* (vgl. engl. *creed* 'Glaubensbekenntnis') und *Mr. Norman Noel* (vgl. frz. *Noël* 'Weihnachten' bzw. namentliche Verkörperung des Bekannten Chestertons, Rev. Conrad Noel). Sie stehen somit in einem deutlichen Gegensatz zu *Mr. Bull*, einem der typischen Vertreter des Klubs. Auf diesen Kontrast weist auch J.P. LeVAY (1990: 247) hin. Dabei geht LeVAY so weit, Chestertons Namen in ihrer Direktheit mit der Namengebung mittelalterlicher Moralitäten zu vergleichen.

Weniger offensichtlich erscheint der lexikalische Kontrast zweier Namen im Text "The Mistake of the Machine". Wie in Kapitel 4.3.1.1.2. bereits gezeigt wurde, weist der Name *Lord Falconroy* über den eigentlichen NT hinaus. Er spielt für den Fortgang der Geschichte eine zentrale Rolle, indem er gemeinsam mit anderen Vogelbezeichnungen als Item in einem psychologischen Test eingesetzt wird. Lord Falconroy wird fälschlicherweise für den entflohenen Sträfling Oscar Rian gehalten. Falconroy und Rian repräsentieren entgegengesetzte Pole auf der sozialen Skala (vgl. CFB: 222). Diese Beziehung scheint sich unterschwellig auch in ihren Namen auszudrücken. Der Name *Lord Falconroy* betont durch seine Assoziationen mit *falcon* (engl. 'Falke') und *roi* (frz. 'König') sowie den vorangestellten Adelstitel *Lord* deutlich das Erhabene der benannten Figur. Der majestätischen Gestalt eines Falken steht die wenig vertrauenerweckende Erscheinung einer Aaskrähe gegenüber. Die englische Bezeichnung *carrion* ('Aaskrähe', auch 'Aas, verdorbenes Fleisch') läßt sich unter Änderung der Wort- und Silbengrenzen im Namen *Oscar Rian* feststellen. Es kann nur spekuliert werden, ob sich Chesterton dieser Tatsache bewußt war. Fest steht immerhin, daß er in einer anderen Father-Brown-Erzählung ebenfalls Vogelmetaphern verwendet, um Differenzen in der sozialen Stellung anzuzeigen. So spricht er in "The Pursuit of Mr. Blue" mit Bezug auf den Millionär Braham Bruce und auf dessen mörderischen Cousin, Bertram, von einem "Adler" ("venerable eagle", CFB: 650) und einem "Geier" ("the vulture rather than the eagle", CFB: 651). Zudem fällt auf, daß Chestertons Figuren in nicht zu übersehender Häufigkeit mit Erscheinungen der Tierwelt verglichen werden[20]. In den 100 untersuchten Erzählungen lassen sich nicht weniger als 160 Belegstellen finden, in denen Menschen in ihrem Aussehen oder Handeln an Löwen, Tiger, Affen, Hunde, Katzen, Fische und ganz besonders häufig an Vögel erinnern. Man vergleiche z.B. solche Ausdrücke wie:

> "his long lean hands flapping like fins" (PL: 276); "dull, dog-like brown eyes" (CFB: 111); "with the agility of a monkey" (CFB: 128); "froglike jaws" (CQT: 84); "the look of a great fish" (CFB: 491); "to leap like an antelope" (CFB: 313); "Father Brown (...) seemed about as sensitive as a rhinoceros" (CFB: 290); "a hawk-like nose" (CFB: 27); "his parrot nose" (CFB: 107); "'Looks like a raven or a crow, that fellow'" (CFB: 394); "with a stoop like a vulture" (MKM: 129); "faultless falcon profile" (CFB: 295); "bright eyes like a bird's" (CFB: 67); "her bird-like head" (TLB: 115; CQT: 150); "eagle face" (TLB: 278; CFB: 261; CFB: 568; CFB: 657); "this bright-eyed falcon of a girl" (CFB: 133).

Daß auch **verkörpernde** Namen kontrastierende Beziehungen zwischen den benannten Figuren anzeigen können, wurde bereits im Teilkapitel 5.3. an einem Beispiel verdeutlicht: *Father Stephen* und *Abbot Paul* verweisen in ihren Namen auf den Heiligen Stephanus und Saulus (später Paulus), zu dessen Füßen die Steinigenden ihre Kleider niederlegten. Auch in Chestertons Erzählung "The Tower of Treason" ist Stephen das Mordopfer. Er wird von Paul getötet.

6.2.3. Sujetexterne Namen als Teil der onymischen Landschaft

Da die bisherigen Überlegungen und Beispiele ausschließlich sujetinternen Namen vorbehalten waren, sei an dieser Stelle angemerkt, daß auch **sujetexterne** Namen am Aufbau intratextueller Namenbeziehungen teilhaben können. Derartige Beziehungen sind mitunter dazu angetan, dem Leser neue Ansatzpunkte für die **Interpretation** eines Namens zu bieten. Sehr deutlich wird z.B. die namentliche Verkörperung einiger Figuren, indem ihnen die Namen realer Personen im Text an die Seite gestellt werden. So heißt es über *Hertha Hathaway* in "The Purple Jewel", sie sei eine großartige *Shakespeare*-Darstellerin: "Miss Hertha Hathaway, the great Shakespearean actress" (PL: 209). Der namentliche Verweis auf Shakespeares Ehefrau, Anne Hathaway, ist nicht zu verkennen. Ähnlich offensichtlich, ja fast schon aufdringlich deutlich, wird dem Leser das Benennungsmotiv eines preußischen Prinzen mitgeteilt. Als Flambeau in "The Fairy Tale of Father Brown" von den historischen Ereignissen in Heiligwaldenstein berichtet, erwähnt er zunächst die Expansionsbemühungen *Bismarck*s. Bereits im nächsten Satz führt er den

Namen des fiktiven Herrschers des neuen preußischen Fürstentums, *Prince Otto of Grossenmark*, ein (vgl. CFB: 305).

Es bedarf keines ausgeprägten kriminalistischen Spürsinns auf seiten der Leser, um in der Figur des Arztes und Forschers *Professor Doone* (früher auch *Duveen*) in "The Honest Quack" die Person Charles Darwins zu erkennen. Die Hinweise sind zahlreich. So wird der Zusammenhang schon daran deutlich, daß Chesterton mehrfach satirisch auf angebliche Ähnlichkeiten zwischen Menschen und Affen, auf die evolutionäre Enwicklung und den Konflikt zwischen Religion und Naturwissenschaft verweist. Auch die lautliche Ähnlichkeit der Namen *Doone* und insbesondere *Duveen* mit *Darwin* scheint die Vermutung zu bestätigen, zumal sie in demselben Satz genannt werden: "Men said Doone just as men said Darwin," heißt es gleich bei der ersten Erwähnung des Arztes Doone (vgl. FFF: 80).

Der FaN von *John Adams Race* wurde in Kapitel 4.3.1.1.2. als redend bestimmt. John Adams Race hält sich als US-Amerikaner in Südamerika auf. Es ist anzunehmen, daß Chesterton den VN und den "middle name" seiner Figur von dem amerikanischen Politiker John Quincy Adams (1767-1848) übernahm. Dafür spricht unter anderem, daß der Erzähler zu Beginn des Textes *President Monroe* erwähnt und implizit auf die berühmte Monroe-Doktrin (1823) verweist. In diesem Dokument, an dessen Formulierung der damalige Außenminister John Quincy Adams mitwirkte, hatten die USA ihren Schutzanspruch für den gesamten amerikanischen Kontinent festgeschrieben.

Als die junge Sekretärin Millicent Milton in der Geschichte "The Ecstatic Thief" einen vermeintlichen Einbrecher auf frischer Tat ertappt, beginnt dieser ein Gespräch über englische Literatur. Er hält eine Brosche in der Hand und bemerkt, daß sie die gleiche Aufschrift wie die Metallspange der Priorin (*Prioress*) aus Geoffrey Chaucers berühmten *Canterbury Tales* trage, und zwar "Amor Vincit Omnia" (FFF: 126). Miss Milton ist davon überzeugt, daß es sich bei dem Mann um keinen gewöhnlichen Einbrecher handelt. Als er die Flucht ergreift, läßt er die Brosche in ihrem Zimmer zurück. Zuvor hatte er gesagt, er würde das Schmuckstück einer Dame schenken wollen, die wie Chaucers Priorin eine "englische Lady" sei. Am Ende der Erzählung bestätigt sich Millicents Annahme: Der "Dieb", Alan Nadoway, brach nicht in Häuser ein, um heimlich Sachen zu entwenden, sondern um sie gerechter zu verteilen. Als er Millicent letztendlich seine Liebe gesteht, erinnert er noch einmal an das Gespräch über Chaucer bei ihrer ersten Begegnung, und er zitiert die Eröffnungspassage des *Theseus* im *Knight's Tale* über das Sakrament der Ehe. Daß Alan Nadoway in Millicent Milton eine gleichermaßen poetische Partnerin gefunden hat, verdeutlicht nicht zuletzt ihr FaN, welcher unter den gegebenen Voraussetzungen den Gedanken an John Milton nahelegt. Milton gehört wie Chaucer zweifellos zu den bedeutendsten Dichtern der englischen Literaturgeschichte. Seine berühmtesten Werke sind die Versepen *Paradise Lost* (1667/1674) und *Paradise Regained* (1671). Milton verteidigte zeit seines Lebens die Freiheit des Individuums. Er verfaßte Streitschriften gegen die englische Monarchie und trat für eine republikanische Staatsform ein. Vor diesem Hintergrund wird deutlich, wie eng der FaN *Milton* die junge Frau mit dem "demokratischen" Dieb, Nadoway, verbindet.

Ebenso wie zwischen mehreren sujetinternen oder zwischen sujetinternen und -externen Namen Verbindungen bestehen, können auch **sujetexterne** Namen **untereinander** eine Einheit bilden. Dies sollen die folgenden zwei Erzählungen verdeutlichen:

Obwohl die Namen *Mary Queen of Scots* und *Bothwell* in "The Point of a Pin" getrennt voneinander auftreten, werden Leser, die mit der schottischen Geschichte vertraut sind, einen Zusammenhang erkennen können. Als Father Brown nachweist, daß Sir Hubert Sand ermordet wurde, versucht der Täter, Henry Sand, den Verdacht von sich abzulenken. Er betont, daß schon viele Morde begangen wurden, um sich eines unliebsamen Ehegatten zu entledigen. So beschuldigt er Rupert Rae, ein Verhältnis mit Lady Sand zu unterhalten und ihren Mann getötet zu haben. Um seinen Verdacht noch überzeugender zu gestalten, führt Henry als Parallele "*Bothwell* and all the bloody legends of such lovers" (CFB: 684) an. Bereits in einem früheren Zusammenhang war Lady Sand in ihrem Äußeren mit Maria Stuart (*Mary Queen of Scots*, CFB: 681) verglichen worden. Diese namentliche Verbindung (Lady Sand : Rae = Mary : Bothwell) mag manchen Leser darin bestärken, Henrys Anschuldigungen Glauben zu schenken. Lord James Hepburn Bothwell hatte 1567, angeblich mit Maria Stuarts Zustimmung, deren zweiten Ehemann, Darnley, ermordet. Dieser hatte aus Eifersucht zuvor ihren Sekretär, David Rizzio, töten lassen.

In der Erzählung "The Honest Quack" scheint sich alles um einen niedrigen, hohlen Baum zu drehen, der im Garten des Künstlers Walter Windrush steht. Der Baum ist ihm heilig ("his sacred tree", FFF: 70), und sein Garten ist für ihn der Garten Eden. Er sagt: "'(...) I've been modestly comparing my own backyard to the *Garden of Eden* (...)'" (FFF: 114). Wie so oft bringt Chesterton auch in dieser Geschichte seine philosophischen und religiösen Überzeugungen auf allegorische Weise zum Ausdruck. So steht Windrushs heiliger Baum für den verbotenen Baum der Bibel[21]. Windrush gestattet niemandem, sich dem Baum zu nähern, und er erklärt:

> "But I say to you, always have in your garden a Forbidden Tree. Always have in your life something that you may not touch. That is the secret of being young and happy for ever. (...)"
> (FFF: 112f.)

Da auch Windrush den Baum nur aus einer gewissen Entfernung betrachtet, bemerkt er nicht, welch schreckliches Geheimnis dieser in seinem Inneren birgt. Vor vielen Jahren hatte ein Mörder sein Opfer in dem hohlen Stamm versteckt und somit, wie die Schlange im Paradies, den Garten vergiftet. Als Täter stellt sich der ehemalige Medizinstudent Duveen heraus, welcher nunmehr unter dem Namen Doone weithin bekannt ist. Er ist ein überzeugter Verfechter der Abstammungslehre, und nicht umsonst stellt Chesterton ihm ausdrücklich den Namen Darwins an die Seite (vgl. FFF: 80)[22]. Die Namen *Garden of Eden* und *Darwin* stehen symbolhaft für den Konflikt zwischen Schöpfungslehre und Evolutionstheorie. Wie A.S. DALE (1983: 278) jedoch betont, gibt es Hoffnung auf Erlösung. So setzt sich die Erkenntnis durch, daß die Poesie Walter Windrushs und der gesunde Menschenverstand des jungen Arztes Judson beides unverzichtbare Bestandteile des Lebens sind. Sie schließen einander nicht aus, so daß die Erzählung mit der Verbindung zwischen Windrushs Tochter, Enid, und dem Arzt Dr. Judson endet. Es ist bezeichnend, wenn Judson als ein Mann der Wissenschaft sich selbst und Enid mit Adam und Eva vergleicht: "'In one respect your father underrates my orthodoxy.' (...) 'Because I do believe in *Adam* and *Eve*'" (FFF: 114).

Die angeführten Beispiele sollten verdeutlichen, daß auch sujetexterne Namen in Beziehung zueinander treten und übergreifende Textzusammenhänge widerspiegeln können.

Abschließend läßt sich zu den in diesem Kapitel behandelten Erscheinungen folgendes feststellen: Literarische EN sind stets Teil der **onymischen Landschaft** eines Textes und können aufgrund ihrer formalen oder inhaltlichen Beschaffenheit miteinander verbunden werden. In ihrem Zusammenspiel wirken sie als **konstellierende** Mittel, indem sie Beziehungen zwischen mehreren NT anzeigen. Auf diese Weise erfüllen sie eine **rezeptionssteuernde** Funktion. So können Leser mitunter bereits an den Namen erkennen, wie sich die benannten Figuren zueinander verhalten.

Ähnliche oder unähnliche Namen können dabei nicht nur die **Zusammengehörigkeit** bzw. den **Kontrast** zwischen zwei oder mehr NT anzeigen, sondern sie erhöhen gleichzeitig den **Merk-** und **Wiedererkennungseffekt** auf seiten des Lesers. Es ist psychologisch erwiesen, daß Gedächtnisinhalte bevorzugt dann miteinander verknüpft werden, wenn sie in einem Verhältnis der Ähnlichkeit oder des Kontrastes zueinander stehen (vgl. für Ähnlichkeiten z.B. _Michael_ und _Marion Craven_; _Blake, Crake, Wain_ und _Drage_; _Himalaya Mansions_ und _Lucknow Mansions_; _Mary Queen of Scots_ und _Bothwell_; für Kontraste z.B. _Byles_ vs. _Craken_; _Simon, Opal_ und _Philip_ vs. _John_; _Sir Daniel Creed_ und _Mr. Norman Noel_ vs. _Mr. Bull_; _Garden of Eden_ vs. _Darwin_). Diese grundlegenden Assoziationsgesetze wurden bereits von ARISTOTELES in seiner Schrift über _Gedächtnis und Erinnerung_ beschrieben. Als eine weitere Bedingung, unter der Bewußtseinsinhalte miteinander assoziiert werden, nannte ARISTOTELES deren räumliche und zeitliche Berührung (Kontiguität). Es ist daher zu vermuten, daß die Nennung eines EN die Erinnerung an solche EN begünstigt, die im selben Text und dort vorzugsweise im selben Zusammenhang auftreten. Um hierzu gesicherte Aussagen treffen zu können, bedürfte es jedoch detaillierter experimenteller Untersuchungen.

Wie die vielfältigen Beispiele in diesem Teilkapitel gezeigt haben, kann eine Analyse intratextueller Namenbeziehungen in mehrfacher Hinsicht nutzbringend sein. So können EN in ihrem Zusammenspiel Figurenkonstellationen verdeutlichen, sie können einzelne Benennungsmotive offenlegen oder auch die Interpretation des Textes als ganzen befördern. Nicht zuletzt prägen sich Namen in ihrer formalen, inhaltlichen oder räumlich-zeitlichen Kombination dem Leser besser ein, da auf diese Weise Assoziationen zwischen ihnen aufgebaut werden.

6.3. Onymische Intertextualität

Wie die vorangegangenen Teilkapitel verdeutlicht haben, stellt der EN ein besonderes Element des literarischen Textes, in welchem er gebraucht wird, dar. Um die ihm vom Autor zugewiesenen Funktionen zu erfüllen, geht er vielfältige intratextuelle Beziehungen mit anderen EN und Appellativa ein. Darüber hinaus können EN auch Verbindungen zwischen mehreren literarischen Texten herstellen. Derartige **intertextuelle Namenbeziehungen** lassen sich zwischen den Werken sowohl _eines_ Autors ("'eigen-intertextuelle' Übernahmen", MÜLLER 1991: 148) als auch _verschiedener_ Autoren ("'fremd-intertextuelle' Anleihen", MÜLLER 1991: 148) nachweisen. Dabei können die verwendeten EN formal völlig identisch oder leicht verändert auftreten. In jedem Fall wirken sie als Bindeglieder zwischen zwei oder mehreren Texten. Dies macht sie, wie W.F.H. NICOLAISEN, von dem der erste eigenständige Beitrag zu diesem Thema überhaupt stammt (vgl. NICOLAISEN 1986a), hervorhebt, für den Schriftsteller zu einem besonders "reizvollen" Mittel:

> The simultaneity of their intra-textual and inter-textual presence must surely rank them among the most tempting devices at hand to the creative author. (NICOLAISEN 1986a: 66)

Wie NICOLAISENs Studie zeigt (vgl. NICOLAISEN 1986a: 60), sind intertextuelle Beziehungen nicht auf literarische Anthroponyme beschränkt. Sie lassen sich an Vertretern aller Namenklassen und unterschiedlicher literarischer Namenarten darstellen. Die folgenden Beispiele sollen dazu dienen, die im untersuchten Textkorpus ermittelten **Formen onymischer Intertextualität** zu veranschaulichen. Dabei können vier Gruppen unterschieden werden:

(1) Verkörpernde Namen, die auf NT aus anderen literarischen Texten verweisen
(2) Literarische Namen ein und derselben Erzählserie mit zyklisierender Funktion
(3) "Intertitularität" (NORD 1993: 40; 191)
(4) Sujetexterne Namen, die NT aus anderen literarischen Texten benennen.

6.3.1. Verkörpernde Namen

An erster Stelle sind alle **verkörpernden** Namen zu nennen, welche auf Namen von Figuren anderer Texte anspielen. Wie in Kapitel 4.3.1.1.2. gezeigt wurde, zählen dazu unter anderem *Aylmer, John Boulnois, Captain Gahagan, Dr. Adrian Hyde, Mr. Jackson, Abbot Paul, Father Stephen, Pendragon* und *John Strake*[23]. Diese Figuren werden durch ihre Namen nicht nur identifiziert, sondern durch den Verweis auf einen literarischen Namensvetter zugleich in gewisser Weise charakterisiert. Jedoch nicht alle vom Autor intendierten Anspielungen dieser Art sind für den Leser ohne weiteres einsichtig. Bei einem Schriftsteller wie Chesterton scheint dies um so mehr zuzutreffen, da er eine außergewöhnlich große literarische Bildung besaß und sich ihm das einmal Gelesene mühelos einprägte. In seinem Buch über Chesterton erinnert sich Father O'CONNOR daran, was Frances Chesterton einmal über ihren Mann sagte:

> "He must have read ten thousand novels for Fisher Unwin before he was twenty-two, and I guess he knows all the plots and most of the characters yet." (O'CONNOR 1937: 37)[24]

Die oben angeführten Beispiele stellen ausnahmslos **ideell-verkörpernde** Namen dar. **Materiell-verkörpernde** Namen, die auf Figuren anderer Werke anspielen, konnten bei Chesterton nicht gefunden werden, was jedoch nicht heißt, daß diese in der Literatur generell nicht auftreten. So verweist W.G. MÜLLER (1991: 146f.) auf die vermeintliche Identität der beiden Frauen namens *Pamela* in den Romanen *Pamela* (1740) von Samuel Richardson und *Joseph Andrews* (1742) von Henry Fielding. Wie MÜLLER feststellt, läßt Henry Fielding Samuel Richardsons Figur mit satirischer Absicht in seinem Text auftreten.

Auch identische Ortsangaben können Beziehungen zwischen den Texten verschiedener Autoren stiften. Auf einen Fall **"toponymischer Intertextualität"** ("toponymic inter-textuality") macht W.F.H. NICOLAISEN (1986a: 60) am Beispiel der "Barchester"-

Romane von Anthony Trollope aufmerksam. Die fiktive Landschaft der Bücher Trollopes nahmen fast einhundert Jahre später die Figuren in den Romanen von Angela Thirkell erneut in Besitz. Auch in William Goldings Roman *The Pyramid* kennt man *Barchester*. Von dort aus ist der eigentliche Schauplatz der Handlung, das fiktive *Stilbourne*, zu erreichen (vgl. NICOLAISEN 1986a: 60 sowie 1986b: 143f.)

6.3.2. Eigennamen mit zyklisierender Funktion

Nachdem es sich bei den bisherigen Beispielen um Namenanleihen aus Texten jeweils verschiedener Schriftsteller handelte, soll nun die Verwendung identischer Namen in "autographen Folgewerken" (MÜLLER 1991: 149) Chestertons näher betrachtet werden. Namen können, wenn sie in Folgetexten wiederaufgenommen werden, die **innere Kontinuität eines Erzählzyklus** anzeigen. Dies kann auf vielfältige Weise geschehen. Am offensichtlichsten wird die **"zyklisierende Funktion"** (vgl. GUTSCHMIDT 1984a und 1985) an den Namen der Seriendetektive und ihrer Gefährten *Basil* und *Rupert Grant*, *Father Brown* und *Flambeau*, *Horne Fisher* und *Harold March*, *Gabriel Gale* und *Dr. Garth* sowie *Mr. Pond* und *Captain Gahagan*. Durch die Konstanz dieser Namen und ihrer Träger werden die Geschichten vor dem Hintergrund eines im übrigen wechselnden Figurenpersonals untereinander zu einer Einheit verbunden[25].

Auf andere Art zeigt sich der intertextuelle Charakter literarischer EN in den Erzählsammlungen *The Poet and the Lunatics*, *The Club of Queer Trades* sowie *Four Faultless Felons*. Hier werden die einzelnen, relativ eigenständigen Erzählungen in eine Rahmenhandlung eingebettet, und EN, die am Beginn eingeführt werden, begegnen dem Leser am Schluß des jeweiligen Buches wieder.
In der ersten Geschichte der Sammlung *The Poet and the Lunatics* tritt Gabriel Gale als fürsorglicher Freund des Geisteskranken *James Hurrel* auf. Wie der Leser erst am Ende des Buches erfährt, hatte Gale geschworen, sich für immer um Hurrel zu kümmern. Dieser hatte ihn einmal vor der Willkür der Ärzte, welche ihn in eine Anstalt einliefern wollten, gerettet. Als Hurrel am Ende des Buches stirbt, wird Gale seiner Verantwortung enthoben. Erst dann ist er frei, um die Dame seines Herzens, *Lady Diana Westermaine*, aufzusuchen. Er hatte ihre Bekanntschaft ebenfalls gleich zu Beginn der Erzählhandlung gemacht und ihr versprochen, eines Tages zurückzukommen und ihr den Grund seiner seltsamen Freundschaft mit Hurrel zu erklären.
Die einzelnen Episoden des Buches *The Club of Queer Trades* handeln von den außergewöhnlichen Berufen verschiedener Figuren. Nachdem diese zunächst gesondert vorgestellt werden, finden sie sich alle bei einem abschließenden Treffen der Mitglieder des "Klubs seltsamer Berufe" zusammen.
Im Erzählband *Four Faultless Felons* heben sich der einleitende und der abschließende Teil auch strukturell vom eigentlichen Erzählgeschehen ab. Die vier längeren Erzählungen werden von einem Prolog und einem Epilog umschlossen, in welchen jeweils der amerikanische Reporter *Asa Lee Pinion* auftritt. Im "Prologue of the Pressman" begegnet er den Mitgliedern des *Club of Men Misunderstood*. Nachdem ein jeder der vier Männer in einer eigenen Geschichte davon berichtet hat, wie er fälschlicherweise für einen Verbrecher gehalten wurde, erweist sich auch der Reporter *Pinion* im "Epilogue of the

Pressman" als ein potentielles Klubmitglied. Auch er wird in seiner journalistischen Arbeit oftmals mißverstanden und für einen skrupellosen Sensationsjäger gehalten.

Eine zyklisierende Funktion können neben FigN ebenso literarische **ON** erfüllen. Hierbei werden die einzelnen Texte derselben Reihe durch gleichbleibende Schauplätze miteinander verbunden, so z.B. die Wessex-Romane Thomas Hardys oder die bereits erwähnten Barchester-Romane Anthony Trollopes.
Auch die sechs Episoden in Chestertons Band *The Club of Queer Trades* werden nicht zuletzt durch den identischen Handlungsort *London* zusammengehalten. Im Unterschied dazu spielen die einzelnen Father-Brown-Erzählungen an unterschiedlichen Schauplätzen[26]. Dennoch läßt sich auch hier eine gewisse toponymische Kontinuität feststellen, nicht zuletzt dadurch, daß der Erzähler in mehreren Geschichten darauf verweist, daß Father Brown ursprünglich der Gemeinde *Cobhole* in *Essex* vorstand (vgl. CFB: 25; 233; 270).

Wie letztgenanntes Beispiel zeigt, können EN auch dann intertextuelle Beziehungen stiften, wenn sie lediglich erwähnt werden[27]. So betont der Amerikaner Mr. Grandison Chace gegenüber Father Brown, daß dieser in den USA kein Unbekannter ist. Als Beweis nennt er mehrere Mordfälle, deren Aufklärung Father Brown berühmt gemacht hat: "the *Moonshine* Murder", "*Gallup*'s murder", "*Stein*'s murder", "old man *Merton*'s murder", "*Judge Gwynne*'s murder" und "a double murder by *Dalmon*" (CFB: 463). Die angeführten Namen sind dem Leser aus den vorangegangenen Geschichten bekannt oder treten in den Folgetexten auf.
Daß Mr. Pond bereits in der zweiten Erzählung des Bandes *The Paradoxes of Mr. Pond* nach seinen Ansichten zum Fall "Haggis" (*Haggis Mystery*, PMP: 17) befragt werden soll, obwohl dieser erst in einer späteren Geschichte dargelegt wird, erscheint auf den ersten Blick unverständlich. Diese Inkonsequenz ist dadurch zu erklären, daß die einzelnen Erzählungen im Buch in einer anderen Reihenfolge als in der Zeitschrift *The Storyteller* veröffentlicht wurden. Die Geschichte "When Doctors Agree", die den Mord an James Haggis behandelt, erschien im November 1935 und somit acht Monate vor der Erzählung "The Crime of Captain Gahagan", in welcher der Fall Erwähnung findet (vgl. PMP: v).
Im Band *Tales of the Long Bow* wird der Titel einer jeden Geschichte bereits am Ende des vorhergehenden Textes genannt. Auf diese Weise zeigt Chesterton die innere Einheit der Episoden des Buches an. Gleichzeitig weckt er das Interesse der Leser, indem er sie auf die jeweils folgende Geschichte einstimmt. So endet z.B. die erste Episode "The Unpresentable Appearance of Colonel Crane" mit den Worten:

> And he who would know the answer to that question must deliver himself up to the intolerable tedium of reading the story of *The Improbable Success of Mr. Owen Hood* [Hervorhebung-I.S.], and an interval must be allowed him before such torments are renewed. (TLB: 40)

Ein ähnlicher Schluß kennzeichnet eine jede Episode dieses Buches.

6.3.3. Intertitularität

Als drittes konnten Beispiele für eine Form onymischer Intertextualität ermittelt werden, welche Ch. NORD (1993: 40; 191) in Anlehnung an L. HOEK[28] als "Intertitularität" bezeichnet. Hierbei handelt es sich um die "Intertextualität von Titeln untereinander" (NORD 1993: 40). Diese kann sich sowohl in **inhaltlichen** als auch **formalen** Beziehungen manifestieren.

6.3.3.1. Inhaltliche Intertitularität

Einen **inhaltlichen** Bezug stellt Chesterton in seiner Father-Brown Geschichte *"The Mirror of the Magistrate"* mit einer fast identisch lautenden Verssammlung aus dem 16. Jahrhundert her. Diese hatte unter dem Titel *Mirror for Magistrates* vom Aufstieg und Fall berühmter englischer Persönlichkeiten berichtet. Auch in Chestertons Erzählung werden die Mächtigen der Gesellschaft entlarvt. Ein Richter, der die Einhaltung der staatlichen Ordnung befördern soll, erschießt einen Berufskollegen, da ihm dieser Verstrickungen in unlautere Geschäfte nachweisen kann.

Mit dem Titel *"The Invisible Man"* assoziieren die meisten Leser sicherlich nicht zuerst eine Detektivgeschichte Chestertons, sondern die Romane von H.G. Wells und Ralph Ellison. Da Ellisons Buch erst 1952 erschien, kann es nicht als Vorbild für Chestertons Erzählung gedient haben. Es ist vielmehr anzunehmen, daß Chesterton bei der Titelwahl durch den 1897 veröffentlichten Roman seines politischen und philosophischen Widersachers Wells beeinflußt wurde. Die Geschichte wendet sich implizit gegen Wells' Vision einer weitestgehend technisierten Welt: Der einzelne Mensch verschwindet zunehmend aus dem Blickfeld, und Roboter scheinen ihre Meister zu beherrschen.

Im Titel der Erzählung *"The Purple Jewel"* glaubt J.P. LeVAY (1990: 249) eine literarische Anspielung auf Phineas Fletchers Text *The Purple Island* (1633) zu erkennen. Gestützt wird diese Annahme zudem dadurch, daß die Hauptfigur in Chestertons Erzählung den gleichen, eher seltenen VN wie der Autor Phineas Fletcher trägt. Chestertons Held ist ein Autor und Dramatiker namens *Phineas Salt*.

Das Phänomen der "Intertitularität" läßt sich nicht nur zwischen den Texten verschiedener, sondern auch im Werk ein und desselben Schriftstellers beobachten. So legen manche Autoren Wert darauf, ihre (Serien-)romane schon durch die gewählten Titel als zusammengehörend zu kennzeichnen.

Die amerikanische Detektivschriftstellerin Frances Crane wählte Titel, die Farbbezeichnungen enthalten. Die Palette reicht, um nur einige Romane zu nennen, von *The Turquoise Shop* (1943) über *The Pink Umbrella* (1944), *The Applegreen Cat* (1945), *Death in the Blue Hour* (1952), *Thirteen White Tulips* (1953) und *The Ultra-Violet Window* (1957) bis hin zu *The Grey Stranger* (1958) und *Amber Eyes* (1962). Der Kinderbuchautor John Pudney veröffentlichte in seiner Serie *Fred and I* unter anderem *Spring Adventure, Summer Adventure, Autumn Adventure* und *Winter Adventure* (Beispiele vgl. ROOM 1992b: 125ff.).

Wie letztgenannte Beispiele erkennen lassen, kann ein Autor die Zusammengehörigkeit von Folgetexten einer Serie nicht nur durch inhaltliche, sondern ebenso durch **formale** Gemeinsamkeiten der Erzähltitel andeuten.

6.3.3.2. Formale Intertitularität

Formale Übereinstimmungen kennzeichnen z.B. die Titel der Kriminalgeschichten des amerikanischen Autors Lawrence Treat: *B as in Banshee* (1940), *D as in Dead* (1941), *H as in Hangman* (1942), *O as in Omen* (1943), *V as in Victim* (1945), *H as in Hunted* (1945), *Q as in Quicksand* (1947), *F as in Flight* (1949), *T as in Trapped* (1949), *L as in Loot* (1965) u.a.m. (Beispiele aus ROOM 1992b: 127).

Auch bei Chesterton lassen sich bestimmte immer wiederkehrende **Strukturmuster** feststellen. Dabei treten besonders große Übereinstimmungen zwischen den Erzählungen derselben Serie auf. Man vergleiche z.B. die Titel der Episoden im Band *The Club of Queer Trades*: *"The Tremendous Adventures of Major Brown"*, *"The Painful Fall of a Great Reputation"*, *"The Awful Reason of the Vicar's Visit"*, *"The Singular Speculation of the House Agent"*, *"The Noticeable Conduct of Professor Chadd"* sowie *"The Eccentric Seclusion of the Old Lady"*.

Die vier Erzählungen der vermeintlichen Verbrecher in *Four Faultless Felons* sind überschrieben mit *"The Moderate Murderer"*, *"The Honest Quack"*, *"The Ecstatic Thief"* und *"The Loyal Traitor"*. Das im Substantiv benannte Verbrechen wird durch die im vorangestellten Adjektiv ausgedrückte Eigenschaft gleichsam ad absurdum geführt. Der Titel der gesamten Erzählsammlung *Four Faultless Felons* folgt dem gleichen Muster und faßt die geschilderten Erlebnisse in nur drei Worten zusammen.

Deutlich wird die zyklisierende Funktion der Erzähltitel auch in den acht Episoden der Sammlung *Tales of the Long Bow*. Syntaktisch stellen die Titel Nominalphrasen dar, die durch ein Adjektivattribut prämodifiziert und durch den Namen der jeweiligen Hauptfigur der Episode im präpositionalen Attribut postmodifiziert werden. Man vergleiche: *"The Unpresentable Appearance of Colonel Crane"*, *"The Improbable Success of Mr. Owen Hood"*, *"The Unobtrusive Traffic of Captain Pierce"*, *"The Elusive Companion of Parson White"*, *"The Exclusive Luxury of Enoch Oates"*, *"The Unthinkable Theory of Professor Green"*, *"The Unprecedented Architecture of Commander Blair"* und *"The Ultimate Ultimatum of the League of the Long Bow"*.

Typisch für die Father-Brown-Erzählungen sind solche Titel wie *"The God of the Gongs"*, *"The Mistake of the Machine"*, *"The Vanishing of Vaudrey"*, *"The Chief Mourner of Marne"*, *"The Doom of the Darnaways"* und *"The Perishing of the Pendragons"*. Auch hier handelt es sich um postmodifizierte Nominalphrasen, wobei die für Chesterton charakteristische Alliteration auffällt. Ebenso finden sich mehrere Titel, die als prämodifizierte Nominalphrasen zu bestimmen sind, z.B. *"The Purple Wig"*, *"The Invisible Man"*, *"The Secret Garden"*, *"The Queer Feet"* oder *"The Wrong Shape"*. Auf der Ebene der Buchtitel läßt sich eine noch größere strukturelle Homogenität nachweisen. Wie die fünf Erzählbände um Father Brown belegen, folgen ihre Namen einem strengen Muster: *The Innocence of Father Brown* (1911), *The Wisdom of Father Brown* (1914), *The Incredulity of Father Brown* (1926), *The Secret of Father Brown* (1927) und *The Scandal of Father Brown* (1935).

Eine Parallele finden diese Titel in den Namen der Erzählsammlungen um Sherlock Holmes von Arthur Conan Doyle. Diese sind überschrieben mit: *The Adventures of Sherlock Holmes* (1892), *The Memoirs of Sherlock Holmes* (1894), *The Return of Sherlock Holmes* (1905), *His Last Bow* (1917) sowie *The Case-Book of Sherlock Holmes* (1927). Mit einer Ausnahme sind auch sie nach ein und demselben Schema gebildet.

Vergleicht man die Titel der Erzählsammlungen um Father Brown bzw. Sherlock Holmes, so fällt auf, daß sie sich strukturell entsprechen und zudem den Namen des Detektivs enthalten. Damit stützen sie eine Aussage A. ROOMs (1992b: 124), der darauf hinweist, daß die wiederholte Nennung des Serienhelden zu den beliebtesten Mitteln eines Autors gehört, um die Bücher einer Reihe untereinander zu verbinden[29].

Die Struktur eines Erzähltitels kann nicht nur den persönlichen Stil des jeweiligen Autors widerspiegeln, sondern gleichzeitig den Text als Vertreter eines bestimmten **literarischen Genres** ausweisen. Insbesondere Detektivschriftsteller bedienen sich oftmals der gleichen Muster. Als "zur Formel erstarrte Titel" bezeichnen P.G. BUCHLOH/J.P. BECKER (1990: 29) z.B. die Titelanfänge "The Adventure of ...", "The Case of ...", "The Murder of ...", "Crime at ..." sowie "Death at ...". Zu der gleichen Feststellung kommt L.R.N. ASHLEY (1984: 9; 30) in seiner Studie zu Agatha Christie, und er ergänzt obige Aufzählung um die Elemente "Affair of ...", "Mystery of ..." sowie "Problem at ...". Den Hauptgrund für eine derart stereotype Titelwahl sieht U. SUERBAUM (1992: 442) darin, daß die Detektivliteratur generell eine "Variationsgattung" darstellt.

6.3.4. Sujetexterne Namen

Im Zusammenhang mit dem ON *Cobhole* wurde bereits darauf aufmerksam gemacht, daß auch die bloße Erwähnung eines Namens eine Beziehung zwischen mehreren Texten herstellen kann. Ist die bezeichnete Figur, Lokalität oder Sache nicht an der Handlung beteiligt, so liegt ein **sujetexterner** Name vor. Chesterton verweist in seinen Erzählungen wiederholt auf Figuren und Orte anderer Texte. Er nennt zudem literarische Titel oder auch, stellvertretend für ein bestimmtes Werk, den Autor. Die Vielfalt der angeführten Namen spiegelt Chestertons Belesenheit wider, welche sich auf Werke verschiedenster Epochen und Autoren richtete. So stehen in seinen Texten, um nur einige Beispiele anzuführen, biblische Namen neben Namen aus dem Sagenkreis um König Artus und Namen aus Märchen verschiedener Länder. Die komischen Opern von Gilbert und Sullivan finden ebenso Erwähnung wie einzelne Werke von Edmund Spenser, William Shakespeare, Samuel Taylor Coleridge, Alfred Lord Tennyson, Charles Dickens, Robert Browning, Charles Kingsley, Henry James, Henrik Ibsen und Edmond Rostand.
Die Titel bzw. Figuren- oder Ortsnamen der erwähnten Texte erbringen generell die gleichen Funktionen, wie sie in Kapitel 4.3.2. für sujetexterne Namen ermittelt wurden. So können sujetexterne Namen dazu dienen (a) eine Figur, Lokalität oder Sache näher zu charakterisieren oder (b) eine Aussage durch den Verweis auf literarische Parallelen zu verdeutlichen bzw. zu illustrieren. Die Besonderheit der hier zu behandelnden sujetexternen Namen besteht lediglich darin, daß sie nicht durch den Bezug auf außerliterarische Gegebenheiten, sondern über innerliterarische Bezüge wirksam werden. Diese Einsicht soll im folgenden an den Erzählungen Chestertons verdeutlicht werden.

(a) Charakterisierende Funktion

Wie in Kapitel 4.3.2. bereits gezeigt wurde, können sujetexterne Namen dazu dienen, eine Figur, einen Ort oder eine Sache näher zu **charakterisieren**. Dies betrifft sowohl deren äußere Erscheinung als auch generelle oder aktuelle Verhaltensmerkmale:

In Chestertons Erzählung "The Terrible Troubadour" beschreibt Reverend Cyprian Whiteways den auffälligen gelben Haarschopf des Malers Albert Ayres mit den Worten: "a halo of yellow hair which the sympathetic might connect with Galahad and the unsympathetic with Struwwelpeter" (PMP: 99). Hierbei bezieht sich Whiteways einerseits auf *Sir Galahad*, den Sohn Lancelots und den edelsten Ritter der Tafelrunde King Arthurs, andererseits auf die Figur des *Struwwelpeter* aus dem weithin bekannten Kinderbuch von Heinrich Hoffmann (1847). Das **Aussehen** und besonders das lange und ungebändigte Haar des Malers spielen in der Erzählung eine entscheidende Rolle. Nur aufgrund dieses Merkmals ist es möglich, daß Whiteways den Schatten eines großen Affen für den des Künstlers hält und Captain Gahagan irrtümlicherweise des Mordes an Ayres beschuldigt. Im Englischen ist "Struwwelpeter" im allgemeinen als *Shock-Headed Peter* bekannt. Dieser Name findet sich ebenfalls bei Chesterton, und zwar als Vergleich für Hilary Pierce in der Erzählung "The Unobtrusive Traffic of Captain Pierce". Auch Pierce hat gelbes Haar, und von ihm heißt es:

> He sprang down on to the path; (...); and standing with his hands spread out and his wisps of yellow hair brushed in all directions by the bushes, he recalled an undignified memory of Shock-Headed Peter. (TLB: 100f.)

In der Father-Brown-Erzählung "The Man in the Passage" werden das Haar Captain Cutlers als "hell und kurzgeschnitten" und sein Kopf, unter Anspielung auf die Gestalt des Müllers aus Geoffrey Chaucers *Canterbury Tales* (1387-92), als "stark und wuchtig" bezeichnet:

> His hair also was curly, but fair and cropped close to a strong, massive head - the sort of head you break a door with, as Chaucer said of the Miller's. (CFB: 209)

Die äußere Erscheinung Captain Fonblanques und nicht zuletzt sein "blau-schwarzer Bart" ("blue-black beard", TD: 81; 83) legen in der Erzählung "The Garden of Smoke" einen Vergleich mit *Bluebeard*, der Gestalt des gleichnamigen Märchens von Charles Perrault, nahe (vgl. TD: 83).
Auch für den Bart des Generals Sir Arthur St. Clare führt Chesterton einen literarischen Vorläufer an. Er schreibt: "The venerable face was bearded, or rather whiskered, in the old, heavy Colonel Newcome fashion" (CFB: 144). *Colonel Newcome* ist eine Gestalt in William Makepeace Thackerays Roman *The Newcomes* (1853-55; vgl. auch FBH, Bd. 1: 295 sowie GAI: 218).
Als in der Father-Brown-Erzählung "The Song of the Flying Fish" Mr. Jameson verkleidet auf die Straße tritt und die goldenen Fische besingt, sie mögen doch zu ihm kommen, vergleicht ihn der Erzähler mit einer Gestalt aus Tausendundeiner Nacht (engl. *Arabian Nights*, CFB: 504).
Father Brown wird an einer Stelle mit Charles Dickens' *Mr. Pickwick* verglichen (FBMM: 415), an einer anderen Stelle mit dem Geistlichen aus Sir Charles Henry Hawtreys Komödie *The Private Secretary* (CFB: 21; vgl. FBH, Bd. 1: 288 sowie GAI: 36).
Um dem Leser einen Eindruck vom Aussehen des Baumes zu vermitteln, der im Garten des Künstlers Walter Windrush wächst, schreibt Chesterton:

> Sometimes it looked as if some huge hand out of heaven, like the giant in Jack and the Beanstalk, had tried to haul the tree out of the earth by the hair of its head. (FFF: 65f.)

Hier bezieht sich Chesterton auf das bekannte englische Märchen *Jack and the Beanstalk*, in welchem der kleine Junge Jack an einem magischen Bohnenstengel bis zum Himmel hinaufklettert. Dort trifft er auf einen Riesen, dessen Gold er stiehlt, um sich und seiner armen Mutter aus der Not zu helfen.

Auch **Charaktereigenschaften** und **Verhaltensweisen** können durch einen Verweis auf literarische Vorbilder näher gekennzeichnet werden:
Der Astronom Professor Green im Erzählband *Tales of the Long Bow* ähnelt in den Augen von Hilary Pierce zunächst eher einem Astrologen, so daß dieser ihn mit *Merlin*, dem aus dem Sagenkreis um King Arthur bekannten Zauberer, vergleicht (vgl. TLB: 216).
In der Erzählung "The Vampire of the Village" verehrt der Dichter Hurrel Horner heimlich eine Schauspielerin namens Mrs. Maltravers. Die anderen Dorfbewohner meiden die Schauspielerin, da diese auf sie rätselhaft wirkt. Der Arzt des Dorfes, Dr. Mulborough, vergleicht die Frau mit der *Dark Lady*, der "Dunklen Dame", welcher William Shakespeare einige seiner berühmten Sonette widmete:

> "(...) This actress is certainly a lady, if a bit of a Dark Lady, in the manner of the Sonnets; the young man is very much in love with her; (...)." (CFB: 707; vgl. FBH, Bd. 5: 288)

In der gleichen Geschichte heißt es über den Schauspieler Hankin: "He acted Shylock - he didn't need to act much for that!" (CFB: 711). In dieser Aussage entlädt sich der Zorn eines ehemaligen Berufskollegen, welcher Hankin Züge des hartherzigen Geldverleihers *Shylock* aus Shakespeares Drama *The Merchant of Venice* zuschreibt.
Als alle Nachbarn versuchen, in Colonel Cranes Gegenwart dessen seltsamen "Hut" - einen Kohlkopf - nicht zu erwähnen, und ihn nur die emanzipierte junge Dame Audrey Smith daraufhin anspricht, bewundert Crane ihren Mut. Er sagt: "'(...) When you said that word just now, by Jove you looked like Britomart'" (TLB: 22). *Britomart* ist eine für ihre Reinheit und Unerschrockenheit bekannte Gestalt aus Edmund Spensers Text *The Faerie Queene* (vgl. SEL: 484).
Der Anblick ihrer Schwester Olive weckt bei Barbara Traill den Gedanken an die aus der griechischen Sagenwelt bekannte grausame Prinzessin *Medea* (FFF: 23): "Then Olive looked up and her face was ghastly. It might have been the face of Medea in the garden, gathering the poisonous flowers" (FFF: 23). In der Tat plant Olive gemeinsam mit ihrem Ehemann, ihren Onkel zu töten.
Chestertons positive Serienhelden, wie z.B. Father Brown und Basil Grant, wurden als Gegenfiguren zu Conan Doyles rein rational arbeitendem Detektiv Sherlock Holmes konzipiert. In der Geschichte "The White Pillars Murder" vergleicht Chesterton das kriminalistische Vorgehen Dr. Adrian Hydes mit der analytischen Methode von *Sherlock Holmes* (TD: 26). Hierdurch wird bereits deutlich, daß die Figur nicht die ungeteilte Sympathie des Autors besitzt. So heißt es auch auf der gleichen Seite: "'Science of observation be damned!'".
M. Bertrand, der in "The Finger of Stone" als erster eine Theorie für die Ermordung Boygs vorstellt, erscheint dem Erzähler "wie eine Figur Gaboriaus" ("like a character out of Gaboriau", PL: 155). Weiter heißt es: "But if he was out of Gaboriau, he was nobody less than Lecocq; (...)" (PL: 155). Der Verweis auf den berühmten literarischen Detektiv *Lecocq* hebt noch einmal Bertrands kriminalistische Neigungen hervor.
Das Schiff *Moravia*, mit dem Father Brown und andere Passagiere in der Erzählung "The Curse of the Golden Cross" von Amerika nach Europa unterwegs sind, erinnert an eine

"große und fliegende Insel wie Laputa" ("a large and flying island like Laputa", CFB: 387). *Laputa* ist der Name der imaginären fliegenden Insel, welche der Held in Jonathan Swifts Buch *Gulliver's Travels* (1726) auf einer seiner Reisen besucht.

Sujetexterne Namen können Figuren, Orte oder Sachen auch charakterisieren, ohne dabei als expliziter Vergleich zu dienen. Indirekter verweisen sie z.B. auf bestimmte Einstellungen der Figur, wenn sie deren **literarische Interessen** bezeichnen.

Von John Hardy in der Sammlung *Tales of the Long Bow* erfährt der Leser z.B., daß er noch immer *Cobbetts Register* liest (TLB: 90). Gemeint ist die politische Zeitung *The Political Register*, welche William Cobbett von 1802 bis 1835 herausgegeben und in welcher er scharfe Vorwürfe gegen die britische Regierung erhoben hatte[30].

Auf dem Bücherregal von Dr. Orion Hood in "The Absence of Mr. Glass" fehlt keiner der englischen Klassiker. Nimmt man jedoch einen Band von *Chaucer* oder *Shelley* heraus, so scheint eine große Lücke zu klaffen (CFB: 171). Die Ironie, mit der Chesterton die Lesegewohnheiten Hoods beschreibt, ist nicht zu überhören. Sie wirken für ihn künstlich und steril, wie auch die Arbeit des großen Wissenschaftlers, Orion Hood, insgesamt. Anders hingegen verhält es sich bei Lieutenant Drummond Keith im Band *The Club of Queer Trades*. Zu dessen wenigen Besitztümern gehört "ein großes und schäbiges Exemplar der *Pickwick Papers*" von Charles Dickens ("a huge and tattered copy of the 'Pickwick Papers'", CQT: 78). Chesterton war dafür bekannt, daß er Bücher nie mit großer Sorgfalt behandelte (vgl. WARD 1952: 13). Sie waren für ihn Gegenstände, die man nicht zur Zierde ins Regal stellen, sondern mit denen man arbeiten sollte. Dabei zählten die *Pickwick Papers* zu den Büchern, die Chesterton voller Begeisterung las, so wie er Charles Dickens überhaupt sehr verehrte.

Zum Buchbestand von John Hume, einem der "Four Faultless Felons", gehören neben kleinen, zerlesenen Büchern mit Werken der wichtigsten französischen und lateinischen Dichter auch die großen und farbenfrohen Bände von *Mr. Edward Lear* (FFF: 33). Bekannt wurde Lear vor allem für seine Nonsense-Gedichte, auf die Chesterton hier anspielt. Sie kennzeichnen einen Mann wie Hume, welcher selbst auch in rätselhaften und scheinbar wenig sinnvollen Worten spricht. Auf eine dieser unverständlichen Äußerungen erwidert Barbara Traill: "'Now you are talking nonsense,' (...) 'and people in our position can't stand any nonsense. (...)'" (FFF: 37).

In den angeführten Beispielen wurden Figuren oder Sachen durch sujetexterne Namen in ihrer äußeren Erscheinung oder in bestimmten Eigenschaften näher charakterisiert. Das intertextuelle Potential sujetexterner Namen kann darüber hinaus mit einer weiteren Absicht nutzbar gemacht werden:

(b) Argumentative/Illustrierende Funktion

Namen, die auf andere Werke verweisen, evozieren mitunter literarische Parallelen, die den Gedankengang des Erzählers oder einer Figur verdeutlichen. Sujetexterne Namen können eine Aussage bekräftigen und gegebenenfalls illustrieren.

Als Father Brown in der Erzählung "The Resurrection of Father Brown" in Südamerika weilt, ist der Journalist Paul Snaith angeblich so von der Missionstätigkeit des Priesters beeindruckt, daß er eine Serie in der Art der Sherlock-Holmes-Erzählungen über Father

Brown plant. Er schlägt Father Brown vor, ihn, ebenso wie auch *Sherlock Holmes*, den Helden *Dr. Watsons*, für eine gewisse Zeit verschwinden und dann erneut aufleben zu lassen (vgl. CFB: 322). In dieser Geschichte, wie in vielen anderen, wird Holmes als ein fiktiver Detektiv hingestellt, von dem sich der vermeintlich "reale" Father Brown abhebt. Man vergleiche hierzu ebenso den Beginn der Erzählung "The Mirror of the Magistrate", wo auf einen imaginären Fall von *Sherlock Holmes* und *Lestrade* verwiesen wird (CFB: 467). Als fiktiv werden auch andere bekannte literarische Detektive dargestellt, wenn sie entweder selbst oder die Autoren der entsprechenden Erzählungen genannt werden: z.B. *Dupin, Lecocq, Sherlock Holmes, Nicholas Carter, Edgar Poe, Dr. Watson* (CFB: 463); *Wilkie Collins* (CFB: 81); *Sherlock Holmes* (CQT: 22); *Sherlock Holmes* und *Sir Arthur Conan Doyle* (PL: 68). Bezeichnend für den Eindruck, der durch die Verwendung dieser Namen hervorgerufen wird, ist folgende Aussage von Mr. Pond in der Erzählung "Pond the Pantaloon":

> "(...) I know in a mystery story I should have to allow for the station being thronged with silent eavesdroppers, a spy up the chimney and another crawling out of the luggage; but in practical life it doesn't happen. (...)" (PMP: 64)

In der Erzählung "The Oracle of the Dog" klärt Father Brown ein Verbrechen auf, welches in einem angeblich verschlossenen Raum stattgefunden hat. Da es sich jedoch um ein Sommerhaus handelt, kommt Father Brown zu dem Schluß, daß die Zweige und das Holz, aus dem die Wände bestehen, ausreichend große Zwischenräume aufweisen, um einen Mann von außen zu erstechen. Father Brown hebt hervor:

> "All that discussion about detective stories like the Yellow Room, about a man found dead in sealed chambers which no one could enter, does not apply to the present case, because it is a summer-house. (...)" (CFB: 366)

Nicht zufällig erwähnt Father Brown den Roman *The Yellow Room* (*Le mystère de la chambre jaune*) von Gaston Leroux, handelt es sich doch hier um ein klassisches Beispiel des "locked-room mystery". Eine weitere Parallele stellt Leroux' Buch zu der vorliegenden Geschichte insofern dar, als sich in beiden Texten der Detektiv als der Täter erweist. Um Mißverständnisse zu vermeiden, sei angemerkt, daß dies in der Erzählung Chestertons natürlich nicht Father Brown, sondern der Neffe des Opfers, Harry Druce, ist, welcher von sich aus sofort die Ermittlungen im vorliegenden Mordfall aufgenommen hatte. Als zum Abschluß der Geschichte "The Duel of Dr. Hirsch" Dubosc das Haus Dr. Hirschs betritt, merkt Flambeau an, daß sich die beiden Kontrahenten letztlich doch noch begegnen werden. Bis dahin waren sie nie zusammengetroffen. Father Brown, der mittlerweile erkannt hat, daß Hirsch und Dubosc ein und dieselbe Person sind, widerspricht Flambeau. Dabei verweist er auf ein ähnliches Geschehen, welches ihm aus einer Erzählung von *Henry James* bekannt ist (CFB: 206). Wie H. HAEFS (FBH; Bd. 2: 253) anmerkt, handelt es sich bei der nicht näher bezeichneten Geschichte von Henry James vermutlich um *The Beast in the Jungle* (1903).

In der Erzählung "The Terrible Troubadour" berichtet Captain Gahagan davon, daß der lahme Dr. Green einen Affen trainiert habe, auf den Balkon der von Green angebeteten Dame hinaufzuklettern. Damit wollte Green seinen Rivalen beweisen, daß körperliche Gewandtheit kein Zeichen für Überlegenheit sei. Der Anwalt Mr. Little schenkt Gahagans Äußerung zunächst keinen Glauben. Für ihn steht fest, daß nicht ein Affe, sondern der

Künstler Albert Ayres versuchte, auf den Balkon zu gelangen und dabei von Gahagan aus Eifersucht erschossen wurde. So unterbricht er die Darstellung Gahagans mit den Worten:

> "One moment, Captain Gahagan," (...). "I have a fancy that you are rather a traveller, yourself; and have picked up travellers' tales in many different places. It looks to me as if you had picked up this one in the *Rue Morgue*." (PMP: 107)

Littles Äußerung bezieht sich auf Poes erste Detektiverzählung "The Murders in the Rue Morgue", in der ein entlaufener Orang-Utan auf grausame Art zwei Frauen tötete. Das Tier war am Blitzableiter des Hauses emporgeklettert und durch das offene Fenster ins Zimmer der Frauen gesprungen. Dupin konnte den Fall aufklären, und er gab, um den Besitzer des Affen zu ermitteln, eine Anzeige in der Zeitung auf. Wie Mr. Pond ironisch bemerkt, traute sich Dr. Green aus verständlichen Gründen nicht, den Verlust seines Affen öffentlich bekanntzumachen: "'(...) Certainly, Dr. Paul Green did not venture to advertise for it [the ape-I.S.] in the papers'" (PMP: 108).

Professor Openshaw in "The Blast of the Book" beschäftigt sich mit Fällen, in denen Menschen offenbar spurlos verschwinden. Father Brown bestätigt, daß sich weniger Legenden um das plötzliche Auftauchen von Feen, wie z.B. *Titania* oder *Oberon* in Shakespeares Drama *A Midsummer Night's Dream*, ranken, als vielmehr um Personen, die von Feen an einen unbekannten Ort entführt wurden (vgl. CFB: 622). Als Beispiele verweist er auf das Mädchen *Kilmeny* aus James Hoggs Werk *The Queen's Wake* (1813) sowie auf den schottischen Dichter und angeblichen Wahrsager *Thomas the Rhymer* (1220-1297; erläuternd zu diesen Namen vgl. FBH, Bd. 5: 274f. und SEL: 479). Berridge, der Sekretär Professor Openshaws, spielt seinem Vorgesetzten einen Streich, indem er sich verkleidet und dem Professor ein Buch zeigt, welches angeblich mit einem Fluch beladen ist. Er täuscht vor, daß nacheinander mehrere Menschen, nachdem sie das Buch geöffnet haben, verschwinden. Im Gegensatz zu Father Brown, welcher derartige übersinnliche Erklärungen für Unfug hält, glaubt Openshaw an die geheimnisvolle Kraft des Buches. Father Brown macht ihn auf seinen Irrtum aufmerksam und sagt, daß man die unglaublichsten Sachen für wahr halte, wenn sie nur in einer Serie auftreten. Als Beweis führt er *Macbeth* an, der nie geglaubt hätte, König zu werden, wenn er nicht zuvor überzeugt worden wäre, auch den Titel "Than von *Cawdor*" zu erhalten (vgl. CFB: 629f.). Dies hatten ihm die drei Hexen zu Beginn des Stückes vorausgesagt.

Der Text "The Chief Mourner of Marne" erzählt die Geschichte des Marquis of Marne. Dieser schottet sich gänzlich von der Außenwelt ab. Ihm hat, wie der kanadische Zeitungsbesitzer John Cockspur vermutet, eine tragische Liebesaffäre das Herz gebrochen. Lady Outram weiß jedoch zu berichten, daß der Tod seines Cousins, Maurice Mair, den Marquis in eine derartige Verzweiflung stürzte, die er nie überwinden konnte. Sie hält Cockspur vor: "(...) Have you never read 'In Memoriam'? Have you never heard of David and Jonathan? (...)" (CFB: 569). Hiermit verweist Lady Outram auf zwei bekannte Beispiele für Männerfreundschaften, die der Beziehung des Marquis zu seinem Cousin ähneln. *In Memoriam A. H. H.* lautet der Titel der bekannten Dichtung Alfred Tennysons, in welcher er von der tiefen Trauer schreibt, die ihn nach dem Tod seines Freundes Arthur Hallam erfüllte. Mit den Namen *David* und *Jonathan* wird ein Bezug auf eine Textstelle des Alten Testaments (2 Samuel 1,19ff.) hergestellt. Als David, der künftige König von Juda und Israel, erfährt, daß sein guter Freund Jonathan im Kampf mit den Philistern getötet wurde, stimmt er die Totenklage an. Sie zeugt vom Wert, den David der Freundschaft beigemessen hat. So heißt es in Vers 1,26:

Weh ist mir um dich, mein Bruder Jonatan. / Du warst mir sehr lieb. / Wunderbarer war deine Liebe für mich / als die Liebe der Frauen.

Wie in diesem, so verweist Chesterton auch in mehreren anderen Fällen auf biblische Ereignisse, so z.B. auf Sanheribs (engl. *Sennacherib*) Feldzug gegen Jerusalem. So wie ein Engel Gottes die Krieger Sanheribs in aller Stille über Nacht tötete (2 Könige 18,13-19,37), scheint auch Norman Bohun in "The Hammer of God" die Strafe Gottes ereilt zu haben (vgl. CFB: 127).

Das sonderbare Verhältnis der beiden Freunde Claude Champion und John Boulnois läßt Father Brown in der Erzählung "The Strange Crime of John Boulnois" an eine Parallele aus der Bibel denken. Er verweist auf *Haman* und Mordechai (engl. *Mordecai*, CFB: 302) aus dem Buch Ester (vgl. bes. Verse 5,9-14). Haman haßte den Juden Mordechai ebenso wie Claude Champion Boulnois haßt, da er sich von diesem in seinem Stolz verletzt fühlt. So wie Mordechai am Tor des Königspalastes sitzt, steht auch John Boulnois' bescheidenes Haus unmittelbar außerhalb des riesigen Anwesens von Sir Claude Champion. In beiden Texten finden die stolzen Männer den Tod. Haman wird hingerichtet, Champion tötet sich selbst.

Prince Otto of Grossenmark in "The Fairy Tale of Father Brown" erteilt die Anweisung, jeden Fremden, der sich seinem Palast nähert, erbarmungslos niederzuschießen. Er selbst wird Opfer dieser Vorsichtsmaßnahmen, da er auf den Ruf der Soldaten nicht antworten kann. Seine Schärpe ist ihm um den Mund gebunden, und seine Hände sind gefesselt, so daß er sich nicht alleine befreien kann. Derart hilflos hatte ihn der Einsiedler Heinrich auf den Weg zurück in den Königspalast geschickt. Grossenmark hatte ihn aufgesucht, um mehr über die angeblichen Goldvorkommen im Königreich zu erfahren und seine Gier zu befriedigen. Prophetisch klingen die Worte, die Heinrich dem Prinzen mit auf den Weg gibt: Aus dem Brief des Jakobus 3,5 (engl. *Epistle of St. James*, CFB: 313) liest er von der Macht der Zunge vor: "'The tongue is a little member but ...'". Könnte Grossenmark in diesem Augenblick seine Zunge gebrauchen, würde er dem Ruf der Soldaten antworten; so aber findet er den sicheren Tod.

Nachdem man in der Erzählung "The Red Moon of Meru" vergeblich nach einem gestohlenen wertvollen Rubin gesucht hat, fragt Tommy Hunter, ob Hardcastle wirklich überall, auch im Springbrunnen, nachgesehen habe. Hardcastle erwidert: "'I haven't dissected the little fishes,' (...). 'Are you thinking of the ring of Polycrates?'" (CFB: 561). Chesterton spielt hier auf einen von dem griechischen Geschichtsschreiber Herodot überlieferten Text an. Demzufolge gelangte Polykrates (engl. *Polycrates*), ein Tyrann von Samos im sechsten Jahrhundert, durch seeräuberische Aktivitäten zu großen Reichtümern. Um der Vergeltung durch die Götter zu entgehen, riet man ihm, sich von seinem kostbarsten Besitz zu trennen. Daraufhin warf er einen besonders wertvollen Ring ins Meer. Einige Tage später fand er den Ring jedoch in einem Fisch, der ihm zum Essen gereicht wurde, wieder. Dies war ein Zeichen, daß Polykrates seinem Schicksal nicht entgehen konnte. Er fand ein gewaltsames Ende und wurde von den Persern gekreuzigt.

An einer anderen Stelle verweist Father Brown auf die legendären griechischen Helden *Achilles* und *Hektor*. Mit ihnen vergleicht er den britischen General St. Clare und den brasilianischen Präsidenten Olivier, deren Heere sich in einem Kampf gegenübergestanden haben. Father Brown kann den Geschichtsbüchern, die St. Clare in dieser Schlacht als einen schlechten Strategen und Olivier als einen rachsüchtigen Sieger darstellen, nicht glauben. Um Flambeau seine Zweifel zu verdeutlichen, fragt er ihn:

"(...) Mind you, Olivier and St. Clare were both heroes - the old thing, and no mistake; it was like the fight between Hector and Achilles. Now, what would you say to an affair in which Achilles was timid and Hector was treacherous?" (CFB: 146)

Chesterton erwähnt nicht immer nur einzelne literarische Namen, um den Gedankengang des Erzählers oder einer Figur zu verdeutlichen. Mitunter führt er als Beleg auch längere Zitate von anderen Autoren an. Da er sich jedoch kaum die Mühe machte, den Wortlaut der zitierten Passagen mit dem Original zu vergleichen, enthalten diese oftmals größere Abweichungen[31]. So faßt Father Brown z.b. am Schluß der Erzählung "The Pursuit of Mr. Blue" das Geschehen mit einem fehlerhaft wiedergegebenen Vers von *Keats* noch einmal zusammen (CFB: 660; vgl. dazu FBH, Bd. 5: 277ff.).

Mr. Northover in "The Tremendous Adventures of Major Brown" ist der Inhaber einer Agentur, welche ihren Kunden das eintönige Leben in der Großstadt wieder romantisch und abenteuerlich erscheinen lassen will. Um Major Brown das Ziel der "Adventure and Romance Agency, Limited" zu erklären, zitiert er den amerikanischen Dichter *Walt Whitman*. Northover sagt:

"'Major,' (...)., 'did you ever, as you walked along the empty street upon some idle afternoon, feel the utter hunger for something to happen - something, in the splendid words of Walt Whitman: 'Something pernicious and dread; something far removed from a puny and pious life; something unproved; something in a trance; something loosed from its anchorage, and driving free.' Did you ever feel that?'" (CQT: 30f.)

Zu Beginn der Mr.-Pond-Erzählung "When Doctors Agree" versucht G.K. Chesterton, dem Leser zu verdeutlichen, worin das Wesen eines Paradoxons liegt. Als Beispiel führt er zwei viel zitierte Äußerungen von *Bernard Shaw* und *Oscar Wilde* an. So hatte Shaw einmal bemerkt: "The Golden Rule is that there is no Golden Rule". Von Wilde stammt der paradox wirkende Satz: "I can resist everything except temptation" (PMP: 35). Als drittes führt Chesterton eine eigene, anscheinend widersprüchliche Äußerung an, ohne sich dabei jedoch selbst namentlich zu nennen. Er bemerkt humorvoll:

(...) or a duller scribe (not to be named with these and now doing penance for his earlier vices in the nobler toil of celebrating the virtues of Mr. Pond) said in defence of hobbies and amateurs and general duffers like himself: "If a thing is worth doing, it is worth doing it badly." (PMP: 35)

Mit diesen einleitenden Betrachtungen wird der Leser bereits auf die in der erzählten Geschichte herrschende **Atmosphäre** eingestimmt. Sie beginnt, wie alle Erzählungen dieses Bandes, mit einer scheinbar paradoxen Äußerung Mr. Ponds. Die Einsicht, daß ein Autor die an einen literarischen Namen gebundenen Assoziationen nutzen kann, um in seinem Werk eine bestimmte Atmosphäre zu erzeugen, zeigen auch die folgenden Beispiele: Düster und geheimnisvoll mutet die Beschreibung des Anwesens von Sir Claude Champion in "The Strange Crime of John Boulnois" an. Als der Reporter Calhoun Kidd den von einem schwarzen Kiefernwald bestandenen alten Park betritt, assoziiert er den Namen *Ravenswood* (CFB: 296). Dieser Name bezeichnet den Master of Ravenswood, dessen tragische Liebe Gegenstand des düsteren Romans *The Bride of Lammermoor* (1818) von Sir Walter Scott ist. Kidd hat in der Tat das Gefühl, mitten in ein Buch geraten zu sein: "(...) he felt quite certain that he had got into a book" (CFB: 297).

Ähnlich ergeht es dem Anwalt Granby in "The Worst Crime in the World", der bei seiner Ankunft auf dem Anwesen "Musgrave Moss" feststellt:

"I feel as if I'd got into a novel instead of a house," (...). "I'd no idea anybody did really keep up the 'Mysteries of Udolpho' in this fashion." (CFB: 546)

Granby findet sich in einem mittelalterlichen Schloß wieder, das noch immer von einem Wassergraben umgeben und über eine Zugbrücke zu erreichen ist. Der Verweis auf den bekannten Schauerroman *The Mysteries of Udolpho* (1794) von Ann Radcliffe verstärkt in besonderem Maße den Eindruck des Unzeitgemäßen und Geheimnisvollen.

Als in der Erzählung "The Doom of the Darnaways" Harry Payne Adelaide Darnaway in ihrem Zuhause, dem zerfallenen Schloß der Darnaways, antrifft, drängt sich ihm unwillkürlich der Gedanke an *Lady of Shallot* auf (CFB: 427). Diese ist die Heldin des gleichnamigen Gedichtes von Alfred Tennyson (1832; 1842), welches ihr Leben in einem Schloß auf der Insel Shallot nahe Camelot beschreibt. Auf der Frau lastet ein Fluch, welcher ihr für den Fall, daß sie direkt auf die Erscheinungen der Außenwelt blicken sollte, Unheil voraussagt. Aus diesem Grund betrachtet sie die wirkliche Welt immer nur in einem Spiegel. Adelaide Darnaway führt eine ähnlich schattenhafte Existenz. Während sich der Fluch erfüllt, als Tennysons Heldin eines Tages ihren Platz verläßt, kann sich Adelaide mit Paynes Hilfe von ihrem Alptraum befreien. Nachdem der Fluch, der angeblich auf dem Haus der Darnaways lastete, als moderner Aberglaube entlarvt wurde, kann Payne die "Schlafende Schönheit" (*Sleeping Beauty*, CFB: 439, - so der englische Titel des Märchens *Dornröschen*) wecken und an das Tageslicht führen.

Als in der Geschichte "The Wrong Shape" die Leiche des Dichters Leonard Quinton gefunden wird, beschreibt der Erzähler, daß plötzlich ein Sturm aufgekommen ist und ein heftiger Regen eingesetzt hat. Er vergleicht diese abrupte Wetteränderung mit der "Nacht bei *Coleridge*" ("like the night in Coleridge", CFB: 97). Die Anspielung gilt, wie M. GARDNER (GAI: 149) anmerkt, einer Textstelle aus dem Gedicht *The Ancient Mariner*, in welcher Coleridge vom plötzlichen Einbruch der Nacht in den Tropen berichtet.

Unwirklich und eher märchenhaft mutet die Atmosphäre zu Beginn der Geschichte "The Perishing of the Pendragons" an. Bei einer Bootsfahrt in Cornwall erinnert die Form eines Felsens an den Zauberer Merlin, und der gesamte Ort wird mit einem "Land seltsamer Geschichten" verglichen, in dem bereits *King Arthur* und der Zauberer *Merlin* weilten: "'You are really in a land of strange stories. King Arthur was here and Merlin and the fairies before him. (...)'" (CFB: 258). Nicht zufällig trägt der Bewohner einer Insel im Fluß den Namen *Pendragon*. Der Bezug auf die Sagenwelt King Arthurs wird zudem dadurch gestützt, daß sich eine junge Frau mit ihrem Kanu immer in der Nähe der Insel aufhält, um ihren Verlobten bei seiner Heimkehr vor Unheil zu bewahren. Die namenlose, geheimnisvolle Frau erinnert an die aus der Sage bekannte Lady of the Lake.

Auch in "The Elusive Companion of Parson White" in der Sammlung *Tales of the Long Bow* wird auf *King Arthur*, *Merlin* und *Glastonbury* verwiesen. Dort dienen die Namen dazu, den märchenhaften Eindruck des westlichen Somersetshire zu unterstützen (TLB: 142).

Mr. Harker beobachtet zu Beginn der Erzählung "The Green Man", wie Admiral Craven und Lieutenant Rook in ihren Uniformen das Schiff verlassen und an Land gehen. Dies ist ungewöhnlich, da die Seeleute ihre volle Uniform nur zu besonderen Anlässen trugen. Auf Harker wirkt es um so seltsamer, als die Figuren vor einem ansonsten leeren Hintergrund umherstolzieren. In seiner Vorstellung verbindet er dieses Schauspiel mit der komischen Oper von Gilbert und Sullivan *Pinafore* (CFB: 632f.). Dieser Vergleich wird wieder aufgenommen, als die Schwester des Admirals wenig später in bezug auf Rook bemerkt, daß man in ihrer Jugend häufig *The Lass that Loved a Sailor* sang. Hier ist es geboten anzumerken, daß der vollständige Titel der Oper *Pinafore, HMS, or The Lass that Loved a Sailor* lautet.

In der Erzählung "The Flying Stars" betont Flambeau, daß er sich bei seinem letzten Verbrechen von der fröhlichen und gemütlichen Atmosphäre des englischen Weihnachtsfestes inspirieren ließ. Dabei verweist er auf *Charles Dickens*, in dessen Buch *A Christmas Carol* dem geizigen Scrooge die Schönheit des Festes vor Augen gehalten wird. Flambeau sagt: "'Well, my last crime was a Christmas crime, a cheery, cosy English middle-class crime; a crime of Charles Dickens'" (CFB: 54). Für Chesterton und viele andere Engländer verband und verbindet sich das Weihnachtsfest unweigerlich mit dem Namen Charles Dickens'. Dessen Bücher, so sagt Chesterton in einem Aufsatz mit dem Titel "Dickens' Christmas Tales", strahlen prinzipiell eine weihnachtliche Atmosphäre aus:

> All his books are Christmas books. But these traits are still especially typical of the 'Christmas Books' properly so-called; his two or three famous Yuletide tales - 'The Christmas Carol' and 'The Chimes' and 'The Cricket on the Hearth'. Of these 'The Christmas Carol' is beyond comparison the best as well as the most popular. (SC: 24)[32]

Die angeführten Beispiele sollen genügen, um zu verdeutlichen, daß Chesterton sujet-externe Namen, die auf andere Werke verweisen, mit vielfältigen Intentionen in seine eigenen Texte aufgenommen hat.

Die in diesem Kapitel vorgestellten Beobachtungen hatten zum Ziel, auf verschiedene Formen onymischer Intertextualität aufmerksam zu machen. Es wurde deutlich, daß sich intertextuelle Namenbeziehungen an verschiedenen Orten der Erzählung feststellen lassen. Sie treten als Träger unterschiedlicher konkreter Funktionen sowohl auf der Ebene der Erzählung als auch auf der Ebene des Erzählten auf. Der **Verweis** auf Namen anderer Texte kann **implizit** (zumeist bei sujetinternen Namen) oder **explizit** (zumeist bei sujet-externen Namen) erfolgen. Indem Chesterton Verbindungen zwischen EN seiner eigenen und z.T. fremder Texte herstellt, schafft er sich ein Mittel, um
(1) NT durch die Verwendung verkörpernder Namen näher zu charakterisieren,
(2) einen Zusammenhang zwischen den Texten derselben Erzählserie anzuzeigen,
(3) über inhaltliche bzw. strukturelle Gemeinsamkeiten der Erzähltitel Verbindungen zwischen mehreren Werken, so unter anderem zwischen den Texten derselben Serie oder desselben literarischen Genres, herzustellen,
(4) durch den Verweis auf werkexterne Namen werkinterne NT näher zu kennzeichnen, Autoren- bzw. Figurenkommentare durch literarische Parallelen zu illustrieren bzw. zur Gestaltung der im Werk herrschenden Atmosphäre beizutragen.

Abstrahiert man von den einzelnen Vorkommensweisen "internymischer Referenzen" (MÜLLER 1991: 142), so läßt sich feststellen, daß die "intertextuell-evokative Kraft" (MÜLLER 1991: 157) der EN zur Sinnkonstitution des jeweiligen Textes beiträgt. Hier zeigt sich auf besonders deutliche Weise die außergewöhnliche sprachliche Ökonomie, welche dem literarischen Namen generell eigen ist. So gelingt es dem Autor, in einem einzigen Wort auf umfassende Themenkomplexe Bezug zu nehmen.

Ob die intendierten inhaltlichen Bezüge vom Leser erkannt werden, hängt jedoch letzten Endes davon ab, inwieweit dieser mit dem zugrundeliegenden Text vertraut ist. Nicht alle vom Autor beabsichtigten Anspielungen werden von allen Lesern gleichermaßen verstanden, da, wie W.F.H. NICOLAISEN (1986a: 64f.) in diesem Zusammenhang betont, der Name generell ohne die Aktualisierung einer lexikalischen Bedeutung funktioniert. Daß man Namen, um sie richtig anzuwenden, nicht "verstehen", sondern "kennen" muß, wurde bereits an anderer Stelle mit Bezug auf W.F.H. NICOLAISEN (1995a: 391) und F. DEBUS (1980: 194) festgehalten. Mit dieser Aussage schließt sich der Kreis zu den einführenden Betrachtungen dieser Arbeit, die der Frage nach dem Wesen und der Bedeutung des EN galten.

7. Zusammenfassung und Ausblick

Die vorliegende Untersuchung zu den EN in den Detektivgeschichten Gilbert Keith Chestertons gliedert sich in einen theoretischen Teil und die korpusgebundene Namenanalyse. Dabei wird deutlich, daß der literarische EN sowohl in funktionaler als auch in formaler Hinsicht ein komplexes, individuelles künstlerisches Gestaltungsmittel darstellt. Literarische EN sind in der Lage, neben den grundlegenden Funktionen aller EN weitere, spezifisch literarisch-onymische, Leistungen zu erbringen (vgl. LAMPING 1983; KOPELKE 1990). Um die ihnen vom Autor zugewiesenen Funktionen zu erfüllen, können literarische EN unterschiedlich beschaffen sein. Der in der Arbeit entwickelte Vorschlag einer **Typologie der Arten literarischer Namen** geht, in Anlehnung an K. GUTSCHMIDT (1984a), von einer grundlegenden Einteilung in sujetinterne und sujetexterne Namen aus. **Sujetexterne Namen** werden noch immer in vielen literarisch-onomastischen Studien vernachlässigt, obwohl auch sie zum Nameninventar eines Werkes gehören und vom Autor mit bestimmten Intentionen eingesetzt werden. Bei den **sujetinternen Namen** lassen sich, in Modifikation des Modells von H. BIRUS (1978 und 1987), die Gruppen der **klassifizierenden, materiell-verkörpernden, ideell-verkörpernden, redenden, klanglich-semantischen** und **klangsymbolischen Namen** unterscheiden.

Alle im theoretischen Teil beschriebenen Namenarten kommen in den untersuchten Erzählungen G.K. Chestertons vor, wobei sie sich unterschiedlich auf die einzelnen Namenklassen verteilen. Materiell-verkörpernde Namen treten z.B. überwiegend zur Bezeichnung von Orten auf, während sie als Benennungen von Figuren kaum eine Rolle spielen. Allgemein wird die Namengebung Chestertons durch zwei grundsätzliche, gegenläufige Tendenzen bestimmt: So ist einerseits der klischeehafte und zum Teil vordergründig "redende" Charakter einiger Namen nur unschwer zu verkennen (z.B. *Patrick, Andrew, Bliss, Low, Champion*). Andererseits jedoch gibt es auch Namen, die bei näherer Betrachtung eine erstaunliche inhaltliche Tiefe beweisen (z.B. *Basil Grant, Father Brown, Kalon*). Diese EN gehen weit über den eigentlichen NT hinaus und repräsentieren Grundgedanken der Lebensphilosophie Chestertons (seine Kritik am Justizwesen; Demut statt Überheblichkeit; innere Werte statt äußerer Schönheit). In einer Reihe von Namen spiegeln sich Besonderheiten wider, die für den **künstlerischen Stil** des Autors insgesamt typisch sind, so unter anderem Chestertons besondere Vorliebe für die Alliteration, seine Freude an farblichen Eindrücken und sein unnachahmlicher Humor (z.B. *Roger Rook, Professor Green, Nobumpo*).

Der homogene Charakter des Textkorpus gestattet es, neben autorenspezifischen auch genrebedingte Besonderheiten der Namenwahl und -verwendung in der **Detektivliteratur** zu beschreiben. Wie erwartet, läßt sich eine enge Verbindung zwischen dem Namen einer Figur und ihrer Identität nachweisen. Dies zeigt sich z.B. dann, wenn Verbrecher, wie auch im realen Leben, zur eigenen Tarnung **Pseudonyme** annehmen (z.B. *Brander Merton = Daniel Doom*). Durch den Einsatz literarischer Namen oder auch durch den bewußten Verzicht auf einen Namen kann der Autor die Leser in ihrer Einstellung gegenüber einer Figur beeinflussen. **Anonyme Figuren** wecken oftmals nicht genau definierbare Emotionen, wodurch sie nicht selten geheimnisvoll und verdächtig wirken (z.B. in "The Curse of the Golden Cross").

In einigen der untersuchten Erzählungen spielen EN eine entscheidende Rolle für die **Aufklärung** des Falles. Sie können dem Detektiv und mit Sicherheit auch manchem aufmerksamen Leser einen Hinweis auf den wahren Täter geben (z.B. *Hamlet*/"hamlet" in "The Vampire of the Village").

Schon mehrfach wurden (Detektiv-)schriftsteller von Lesern aufgrund einer **zufälligen Namensgleichheit** mit literarischen Figuren verklagt. Wie eine für die Arbeit durchgeführte Befragung englischer und deutscher Autoren ergab, verfolgen Schriftsteller unterschiedliche Strategien, um dieses Risiko zu verringern (z.B. durch die Wahl weitverbreiteter oder auch sehr seltener Namen, die Benennung der Figuren nach Freunden und Verwandten des Autors u.a.m.).

Im Mittelpunkt des abschließenden Kapitels stand der EN in seinem Verhältnis zu anderen sprachlichen Elementen des literarischen Textes. Wie schon bei der Einzelanalyse erkennbar wurde, ist für die Interpretation das **Textumfeld** der Namen von besonderer Relevanz. So lassen sich vielfältige inhaltliche und formale Beziehungen zwischen EN untereinander (z.B. *White*/*Snowdrop*; *Blake*/*Crake*) sowie zwischen EN und appellativischen Mitteln (z.B. *Taylor*/"dapper"; *Mr. Pond*/"precise and prosaic") verdeutlichen. Darüber hinaus können literarische EN als Bindeglieder zwischen mehreren Texten fungieren. Onymisch-intertextuelle Beziehungen manifestieren sich in den untersuchten Texten z.B. in der Verwendung ideell-verkörpernder und sujetexterner Namen, in manchen Erzähltiteln sowie in literarischen EN, die mehrere Teile derselben Erzählserie miteinander verbinden (z.B. *Dr. Hyde*; *Bluebeard*; *"The Mirror of the Magistrate"*; *London*).

Die vorliegende Arbeit erhebt nicht den Anspruch, alle EN in Chestertons Erzählungen erschöpfend behandelt zu haben. Einer solchen Forderung können weder die gewählten Untersuchungsaspekte noch das hier ausgewertete Namenmaterial entsprechen. Es ist dennoch darauf geachtet worden, eine weitestgehend repräsentative Auswahl an Namenbeispielen zu treffen.

Die Arbeit sollte einen Einblick in die Komplexität des Themas geben und zu **Nachfolgestudien** anregen. Dabei lassen sich für weiterführende Untersuchungen folgende Desiderata bestimmen:

1. Als ein verhältnismäßig junger Zweig der Namenkunde verlangt die literarische Onomastik nach einer weiteren Vervollkommnung ihrer **theoretischen** und **methodischen** Grundlagen. Anregung für die künftige terminologische Diskussion könnte die in dieser Arbeit vorgeschlagene und erprobte Typologie literarischer EN bieten.

2. Die Ergebnisse der **korpusgebundenen** Namenanalyse gestatten eine vertiefende Betrachtung in zweierlei Hinsicht:

2.1. Gegenstand einer Nachfolgestudie sollten die EN in anderen als den hier untersuchten Texten Chestertons sein. Somit ließe sich ermitteln, inwieweit die beschriebenen Besonderheiten der literarischen Namengebung und -verwendung für das **Gesamtwerk des Autors** typisch sind.

275

2.2. Es erscheint zudem aufschlußreich, vergleichend **Detektiverzählungen anderer Schriftsteller** heranzuziehen. Auf diese Weise kann man feststellen, welche der angeführten Aspekte für das Genre insgesamt prägend sind und welche anderen Faktoren die Namengebung in der Detektivliteratur möglicherweise beeinflussen.

3. Eine tiefergehende **psychologische Ergründung** des Produktions- und Rezeptionsprozesses wäre zu begrüßen. **Autorenbefragungen**, wie sie in der Studie von S. HANNO-WEBER (1997) und in geringem Umfang auch für diese Arbeit durchgeführt wurden, geben Aufschluß über die mit der Wahl literarischer EN verbundenen Intentionen. Es ist weiterhin zu prüfen, auf welche Weise psychologische Tests hilfreich sein könnten, um auch die Rolle des Unterbewußten bei der literarischen Namengebung zu erforschen.

4. Studien zur **Namenrezeption** sollten etwa bestehende zeitliche und räumlich-kulturelle Differenzen zur Produktion des Werkes mit berücksichtigen. Aus den Ergebnissen einer solchen Untersuchung könnten wertvolle Schlußfolgerungen für die Verlagsarbeit gezogen werden. So ließe sich ermitteln, welche Informationen in einer **annotierten Ausgabe** ihren Platz hätten. Da Namen, wenn sie nicht gerade sehr auffällig sind, oftmals einfach überlesen werden, könnten Anmerkungen zum Hintergrund einzelner EN die Leser für dieses besondere künstlerische Mittel stärker sensibilisieren.

5. Nicht zuletzt ist auch eine Nutzung der Analyseergebnisse für Studien zur **literarischen Übersetzung** und als Hilfe für die **Übersetzungskritik** denkbar. Wie die Arbeiten von K. GUTSCHMIDT (1984b), G. LIETZ (1992), D. KRÜGER (1995 und 1996), B. NYKIEL-HERBERT (1996) und H. DIAMENT (1996a und 1996b) zeigen, hat die Frage nach der Wiedergabe literarischer EN bei der Übersetzung in jüngster Zeit bereits mehrfach Beachtung gefunden.

Die aufgezeigten Untersuchungsaspekte verdeutlichen noch einmal den stark interdisziplinären Charakter der literarischen Onomastik. Als ein Wissenschaftsgebiet, dessen Gegenstand ebenso in der Onomastik/Linguistik wie auch in der Literaturwissenschaft und der Theorie und Praxis des Übersetzens Beachtung findet, kann die literarische Onomastik nicht ohne den Bezug auf andere Wissenschaftsdiziplinen auskommen. Auch die vorliegende Arbeit zieht Erkenntnisse und Methoden unterschiedlicher Gebiete heran und ist dabei bestrebt, auf diese sowohl in theoretischer als auch in praktischer Hinsicht nutzbringend zurückzuwirken.

Anmerkungen

Anmerkungen zu Kapitel 1

[1]Wenn in der vorliegenden Arbeit wiederholt von "Autor" und "Leser" die Rede ist, so geschieht dies aus Gründen der Sprachökonomie. Die angeführten Bezeichnungen schließen selbstverständlich auch weibliche Personen mit ein.
[2]Zu Aufgaben, Zielen und Methoden der literarischen Onomastik vgl. Kap. 3.1.
[3]Diese Einteilung der Namenklassen orientiert sich an F. DEBUS (1980: 188), dort in Anlehnung an H. KALVERKÄMPER (1978: 26; 116ff.).
[4]Die Verwendung der Begriffe "detective story" und "mystery story" erfolgt nicht einheitlich. Wird z.B. im britischen Englisch "detective story" als eine Untergruppe der "mystery story" verstanden, so sind im amerikanischen Englisch beide Ausdrücke synonym. Einen Überblick über die Diskussion bieten P.G. BUCHLOH/J.P. BECKER (1990: 3-10); vgl. dort auch die Begriffe "spy story", "thriller", "roman policier", "suspense story" u.a.m.
[5]Nähere Betrachtungen zum Inhalt der Erzählbände und zu ihrer Einordnung in Chestertons Gesamtwerk sind Gegenstand des Kap. 4.1. der vorliegenden Arbeit.
[6]"Krimi" wird im deutschen Sprachgebrauch zumeist undifferenziert zur Bezeichnung eines jeden fiktionalen Textes, der von einem Verbrechen und dessen Aufklärung handelt, verwendet. Die Abgrenzung der konkurrierenden Begriffe "Kriminal-" und "Detektivliteratur" ist umstritten. Der wohl überzeugendste Vorschlag stammt von R. ALEWYN (1992: 375): "Der Kriminalroman erzählt die Geschichte eines Verbrechens, der Detektivroman die Geschichte der Aufklärung eines Verbrechens. Man kann jeden Kriminalroman auf den Kopf stellen und ihn als Detektivroman erzählen, und man kann umgekehrt jeden Detektivroman auf die Füße stellen und damit den zugrunde liegenden Kriminalroman herstellen."
[7]Vgl. die ursprüngliche Veröffentlichung in *Neophilologus* (1965) 4, S. 307-332.
[8]Kritisch dazu O.D. EDWARDS (1987).

Anmerkungen zu Kapitel 2

[1]Als Begünder der deutschen Namenkunde gilt Ernst FÖRSTEMANN, dessen Arbeiten trotz mancher inzwischen erkannter Unzulänglichkeiten noch heute gültige Prinzipien einer wissenschaftlichen Orts- und Personennamenforschung vermitteln (vgl. BACH 1952f., Bd. I.1, §6.3: 10 und Bd. II.1, §4: 8).
[2]Ausführlicher zur Theorie und Praxis der diachronischen Namenforschung in *HSK, Bd. 2.2: Sprachgeschichte. Ein Handbuch zur Geschichte der deutschen Sprache und ihrer Erforschung* (1985), Kap. XVI "Deutsche Namengeschichte im Überblick", S. 2039-2163, insbesondere bei S. SONDEREGGER (1985a und b); ebenso in *HSK, Bd. 11.1: Namenforschung. Ein internationales Handbuch zur Onomastik* (1995), Kap. VIII "Historische Entwicklung der Namen", S. 594-977; speziell zu Methoden und Problemen etymologischer Ortsnamenforschung bei K. HENGST (1995).
[3]W.F.H. NICOLAISEN gesteht der Onomastik eine größere Autonomie gegenüber der allgemeinen Sprachwissenschaft zu, wenn er betont: "(...) name studies of all kinds must heed the realization that names are part of an onomasticon rather than of a lexicon (...)" (NICOLAISEN 1985: 129).
[4]Vgl. hierzu insbesondere den Sammelband *Der Name in Sprache und Gesellschaft.* (1973); L. BOSSHART (1973); R. FRANK (1977); R. RIS (1977); W.F.H. NICOLAISEN (1985); G. BAUER (1985: 204-229); *Reader zur Namenkunde, Bd. I* (1989), Kap. C "Sprachgeographisch-soziolinguistische Aspekte", S. 283-401 und *HSK, Bd. 11.2: Namenforschung. Ein internationales Handbuch zur Onomastik* (1996), Kap. XXI "Namen und Gesellschaft", S. 1726-1761.
[5]Vgl. HOFSTÄTTER, Peter R. (1956): Farbsymbolik und Ambivalenz. In: *Psychol. Beitr. 2.*
[6]Zur Psychoonomastik vgl. auch I. WERLEN (1996) und andere.
[7]Zu Gegenstand und Methoden der Fachsprachenonomastik vgl. außerdem R. GLÄSER (Hrsg., 1986 und 1996).
[8]Zu Gegenstand und Aufgaben der literarischen Onomastik vgl. ausführlicher Kap. 3.1.
[9]Verwiesen sei in diesem Zusammenhang auf das umfangreiche Kapitel "Die Eigennamen" in W. SCHMIDT (1972: 241-288).
[10]Speziell für den Deutschunterricht vgl. *Praxis Deutsch 20* (1993): Themenheft 122 "Personennamen".

[11]Vgl. hierzu Art. 3, 10-12 und 32 in *HSK, Bd. 11.1: Namenforschung. Ein internationales Handbuch zur Onomastik* (1995: 23-27, 62-124, 251-253). Zu detaillierteren Informationen zu diesen sowie anderen Ländern vgl. die entsprechenden Beiträge in *HSK, Bd. 11.1* (1995), Kap. I "Namenforschung: Überblick, Geschichte, Richtungen, Institutionen", S. 1-287.

[12]Einen umfassenden Überblick gibt U. WOLF (1993).

[13]Vgl. hierzu z.B. W. FLEISCHER (1992: 13-24) und G. BAUER (1985: 31-34) sowie zu EN und deutscher Rechtschreibreform G. LIETZ (1994).

[14]Zit. aus MILL, John Stuart (1916): *A System of Logic, Ratiocinative and Inductive*. 8th ed. New York; Bombay; Calcutta; I.2, §5.

[15]Zit. aus JESPERSEN, Otto (1966): *The Philosophy of Grammar*. Repr. London, p. 66.

[16]Eine eingehende Betrachtung der einzelnen Namentheorien kann im Rahmen dieser Arbeit nicht erfolgen. Es sei deshalb auf die Darstellungen bei G. BAUER (1985), H. ASCHENBERG (1991: 4-43), U. WOLF (1993) sowie in *HSK, Bd. 11.1: Namenforschung. Ein internationales Handbuch zur Onomastik*, dort insbesondere auf Kap. III "Allgemeine Namentheorie", IV "Namengrammatik" und V "Namensemantik" (1995: 368-475), verwiesen.

[17]Vgl. hierzu auch die Arbeiten von KURYŁOWICZ, J. (1960): La position linguistique du nom propre. In: DERS.: *Esquisses linguistiques*. Wroclaw; Kraków, S. 182-192. (= Polska Akademia Nauk. Prace Językoznawcze; 19) und KUBCZAK, H. (1975): *Das Verhältnis von Intension und Extension als sprachwissenschaftliches Problem*. Tübingen. (= Forschungsberichte des Instituts für deutsche Sprache, Mannheim; 23), die in H. KALVERKÄMPERs Darstellungen Berücksichtigung finden.

[18]Vgl. hierzu ausführlicher Kap. 2.2.2.

[19]E.-M. CHRISTOPH (1986) erweitert diesen Ansatz und stellt ein umfangreiches Seminventar vor, auf dessen Grundlage EN-Bedeutungen einer Konstituentenanalyse unterzogen werden können.

[20]Auf die verbreitete Bezeichnung "Gattungsname" wird in dieser Arbeit bewußt verzichtet, um eine klare Unterscheidung von den "(Eigen-)Namen" zu gewährleisten. Die linguistische Verwendung des Terminus "Name" erfolgt heutzutage ausschließlich als Synonym zu "EN" (vgl. NICOLAISEN 1995a: 386), auch wenn er ursprünglich die Wortart des Substantivs generell kennzeichnete (vgl. die zunächst einheitliche Verwendung von *nomen*, aus der im 6. Jhd. n. Chr. die Differenzierung in *nomen proprium* und *nomen appellativum* erfolgte). Zur Terminologie und deren Geschichte vgl. H. KALVERKÄMPER (1976: 17ff.), G. BAUER (1985: 26f.) und W.F.H. NICOLAISEN (1995a: 384ff.).

[21]Auf volksetymologische Namendeutungen soll an dieser Stelle nicht eingegangen werden; vgl. dazu Kap. 5.3.

[22]Einen Überblick gibt A. LÖTSCHER (1995: 453f.).

[23]Zit. aus GARDINER, Alan (1954): *The Theory of Proper Names*. 2nd ed. London, p. 41.

[24]Zit. aus SOLMSEN, F. (1922): *Indogermanische Eigennamen als Spiegel der Kulturgeschichte*. Hrsg. von E. Fraenkel. Heidelberg, S. 2.

[25]Zit. aus NERIUS, D. (1985): Zum Begriff des Eigennamens in der Orthographie. In: *ESG (Sektion 1)*. Leipzig, S. 112-121.

[26]Zit. aus GARDINER, Alan (1954): *The Theory of Proper Names*. 2nd ed. London, p. 19.

[27]Besonders die Frage, ob Warennamen den EN oder den Appellativa zuzuordnen sind, ist immer wieder heftig diskutiert worden. Vgl. hierzu mit weiterer Literatur G. KOSS (1990: 101-107) und Th. SCHIPPAN (1992: 64f.).

[28]Zit. aus WACKERNAGEL, W. (1874): Die deutschen Appellativnamen. In: DERS.: *Kleinere Schriften. III: Abhandlungen zur Sprachkunde*. Mit einem Anhange: Biographie und Schriftenverzeichnis des Verfassers. Leipzig, S. 59-177.

[29]Ausführlicher zu diesem Thema vgl. *HSK, Bd. 11.2: Namenforschung. Ein internationales Handbuch zur Onomastik* (1996), Kap. XIX "Übergangsformen zwischen Eigennamen und Gattungsnamen", S. 1616-1664.

[30]Damit greift H. KALVERKÄMPER einen von E. PULGRAM verfolgten Ansatz auf, welcher schon 1954 schrieb: "We have seen that the 'boundary' (...) between common and proper noun is, to say the least, fluctuating and elastic, and that we must resign ourselves to the fact that the difference is not one of kind, but of degree, of usage" (PULGRAM 1954: 189).

[31]Ausführlicher zu diesen Termini bei G. KOSS (1990: 47ff.).

Anmerkungen zu Kapitel 3

[1]Vgl. zu Lessing H. BIRUS (1978; 1987), zu Goethe M. SCHWANKE (1992) und zu Keller R. GERBER (1964a).

[2]Die literarische Onomastik war zuvor bereits als Kapitel "Names in Literature" in der onomastischen Bibliographie von E.C. SMITH (1952): *Personal Names. A Bibliography*, New York, berücksichtigt worden.

[3]In den letzten Jahren erschienen Monographien u.a. zur Namengebung bei Toni Morrison, Raymond Queneau und Honoré de Balzac. Vgl. CLAYTON, Jane Burris (1994): *Names in Toni Morrison's Novels: Connections*. The University of North Carolina at Greensboro; STUMP, Jordan Matthew (1992): *Les Statuts du nom dans les romans de Raymond Queneau*. University of Illinois at Urbana-Champaign; GARVAL, Michael David (1992): *Balzac's Comedy of Names: Fictions of Individual Identity in the "Comedie humaine"*. New York University. In Großbritannien erschienen u.a. WHITE, Ann (1980): *Names and Nomenclature in Goethe's Faust*. University of London; sowie COWELL, Deborah Jane (1995): *The Problem of Proper Names in Fiction, with Specific Reference to Marcel Proust's "A la recherche du temps perdu"*. University of Sussex.

[4]Eine überarbeitete Fassung der Arbeit wurde 1978 unter dem Titel *Textlinguistik der Eigennamen* veröffentlicht.

[5]Ausführlicher hierzu in Kap. 3.2.2. der vorliegenden Arbeit.

[6]Zum Begriff "semantisch-suggestiver Name" s. B. KOPELKE (1990: 99ff).

[7]Zur Begriffserklärung vgl. Kap. 3.3.2.3.

[8]Zu den Begriffen "sujetinterne" und "sujetexterne Namen" vgl. Kap. 3.3.1.2.

[9]Zu ON vgl. z.B. die Beiträge von W. LAUR (1979), A. ROOM (1989), W. RANDEL (1990) und W.F.H. NICOLAISEN (1976b; 1978b; 1987); zu Bergnamen I. GERUS-TARNAWECKY (1969); zu Warennamen K. GUTSCHMIDT (1982) sowie zu Titeln von Romanserien A. ROOM (1992b).

[10]Vgl. BÜHLER, Karl (1934): *Sprachtheorie. Die Darstellungsfunktion der Sprache*. Jena: Fischer.

[11]Eine ausführlichere Beschreibung des EN nach Bühlers Organon-Modell findet sich bei G. BAUER (1985: 24ff.).

[12]Vgl. H. SCHMIDT-BRÜMMER (1971), Kap. VI "Die perspektivierende Funktion der Figurenbezeichnungen, Namen und Anredeformen für die Figurendarstellung im Zeitroman Fontanes", S. 131-191.

[13]Auch wenn der Leser zunächst ohne Vorwissen über den literarischen NT an die Namensbegegnung im Text geht, können sich für ihn bestimmte Vorstellungen mit einem Namen verknüpfen, z.B. generelle semantische Komponenten der Art [MASCULIN] oder [FEMININ] oder Emotionen, die sich als Resultat der Begegnung mit einem NT des gleichen Namens herausgebildet haben. "Echtes" Vorwissen wird hingegen im Fall sujetexterner und verkörpernder Namen aktiviert (zu den Begriffen vgl. Kap. 3.3.), die auf einen realen NT bzw. einzelne seiner Eigenschaften Bezug nehmen.

[14]KNOX, Ronald A. (1946): The Detective Story. Its Rules and its Prospects. In: *The Tablet*. Dec. 28, *1946*, pp. 354f.

[15]Vgl. in diesem Zusammenhang auch V. RŪĶE-DRAVIŅA (1976).

[16]Kritisch dazu H. KÖGLER in *NI 46* (1984), S. 71-74.

[17]Vgl. zu diesem Thema R. INGARDEN (1972) §38. "Die Unbestimmtheitsstellen der dargestellten Gegenständlichkeiten", S. 261-270.

[18]Vgl. ausführlicher Kap. 3.3.2.2. unter dem dort eingeführten Begriff "materiell-verkörpernde Namen".

[19]Die vorliegende Arbeit verwendet eine andere Terminologie. Hier werden o.g. Namenarten als "redende" bzw. "klanglich-semantische", "klangsymbolische" und "verkörpernde" Namen behandelt.

[20]Vgl. in diesem Zusammenhang auch H. KALVERKÄMPER (1978: 86f. und 302-306), der derartige EN unter den Begriff "exklusives (exkludierendes) Sprachzeichen" faßt.

[21]D. LAMPING geht hier von einem weit gefaßten Ideologiebegriff aus. Er schreibt: "'[I]deologisch' ist dabei im Sinne Michail M. Bachtins zu verstehen, der Ideologien als 'spezifische Sichten der Welt', als 'eigentümliche Formen der verbalen Sinngebung, besondere Horizonte der Sachbedeutung und Wertung' definiert hat. Ideologien in diesem Sinn haben stets einen wertenden Charakter; sie drücken im einfachsten Fall bloß Sympathie oder Antipathie aus" (LAMPING 1983: 73).

[22]Zu Namenmagie und Aberglaube vgl. z.B. Ch. DAXELMÜLLER (1996).

[23]Vgl. die Rezension zu B. KOPELKEs Arbeit (1990) von J. THIELE in *NI 61/62* (1992), S. 139-141.

[24]Auf die leitmotivische Funktion literarischer Namen weist bereits R. RATHEI hin, der im Unterschied zu B. KOPELKE den Terminus figurenbezogen versteht. "Leitmotivisch" nennt er die Fähigkeit, die in einem redenden Namen erfaßten Charakteristika des NT und somit scheinbar den ganzen NT bei jeder neuen Namennennung dem Leser (Hörer) immer wieder vor Augen zu führen (vgl. THIES 1978: 106f.). Vgl. RATHEI, Rudolf (1951): *Der Ausdruckswert des Eigennamens in der Dichtung*. Masch. Diss. Wien.

[25]Vgl. folgende Stelle aus Poes bekanntem Aufsatz "The Poetic Principle": "And here let me speak briefly on the topic of rhythm. Contenting myself with the certainty that Music, in its various modes of metre, rhythm, and rhyme, is of so vast a moment in Poetry as never to be wisely rejected - is so vitally important and adjunct, that he is simply silly who declines its assistance, I will not now pause to maintain its absolute essentiality. It is in Music, perhaps, that the soul most nearly attains the great end for which, when inspired by the Poetic Sentiment, it struggles - the creation of supernal Beauty" (POE 1951: 389).

[26]Anhand des *Raven* beschreibt Poe in seinem Essay "A Philosophy of Composition" die mechanische Präzision, die der Komposition seiner Gedichte zugrunde liegt.

[27]Vgl. hierzu ausführlicher und mit Beispielen Kap. 6.3.2.

[28]Vgl. auch K. GUTSCHMIDT (1981: 29ff.).

[29]Hierbei handelt es sich um die von K. GUTSCHMIDT (1984a und 1985) allgemein als "literarisch" bezeichneten EN.

[30]Vgl. den Eintrag in *Brockhaus-Wahrig* (1983, Bd. 5: 304): **realistisch** <Adj.> 1 *wirklichkeitsnah, -getreu, lebensecht, naturgetreu*; (...)".

[31]Unterstreicht K. GUTSCHMIDT zunächst noch nachdrücklich, daß die "Bestimmung ['fiktionaler Name'-I.S.] für alle Namen in einem künstlerischen Text /gilt/" (GUTSCHMIDT 1980: 111), so spricht er später auch von "außerfiktionalen Namen" in literarischen Werken (vgl. GUTSCHMIDT 1985: 64).

[32]Zur Behandlung der Begriffe "Literatur"/"Literarizität" sowie "Fiktion"/"Fiktionalität" sei u.a. verwiesen auf H. ARNTZEN (1984), T. EAGLETON (1990), J. NENDZA (1992), J. SCHUTTE (1993) und G. SCHILDBERG-SCHROTH (1995).

[33]Da das Textkorpus der vorliegenden Arbeit ausschließlich fiktionale Texte umfaßt, soll an dieser Stelle keine weitere Untergliederung der EN in nicht-fiktionalen Werken vorgenommen werden. Hinsichtlich des Kriteriums der Authentizität/Fiktivität kann man aber auch hier prinzipiell zwischen realen und fiktiven Namen unterscheiden.

[34]Vgl. insbesondere das Kapitel 1.1. "Reale und fiktive Namen" in B. KOPELKE (1990: 17-22) sowie die explizite Unterscheidung von "realen" und "fiktiven Personennamen" in S. HANNO-WEBER (1997: 25, Anm. 64).

[35]Der in Klammern eingefügte Zusatz "vermeintlich" soll darauf hinweisen, daß G. LIETZ z.T. auch solche Namen als "authentisch" bezeichnet, die lediglich die Illusion der Übereinstimmung mit dem realen NT erwecken. So gelten Namen fiktiver Handlungsorte als "authentisch", wenn diese ein weitestgehend getreues Abbild der realen örtlichen Gegebenheiten darstellen (vgl. LIETZ 1992: 115f.).

[36]Die Termini "sujetintern" und "sujetextern" werden von K. GUTSCHMIDT (1984a) synonym zu "literarisch" bzw. "nichtliterarisch" verwendet und (1985) weitestgehend durch letztere zurückgedrängt. Trotz der Vagheit des Begriffs des "literarischen Sujets" (vgl. z.B. WILPERT 1989: 905f. sowie LOTMAN 1993: 329-340) erscheinen die ursprünglichen Termini treffender, da sie entsprechend der oben beschriebenen Begriffsauffassung spezielle Erscheinungsformen des "literarischen Namens" bezeichnen.

[37]Eine ähnliche Typologie stellt K. GUTSCHMIDT (1976: 185) vor. Vgl. kritisch dazu G. SCHILDBERG-SCHROTH (1985: 142) sowie DERS. (1995: 178ff.).

[38]Kritisch zu dieser Typologie vgl. auch B. KOPELKE (1990: 89f.).

[39]Vgl. MIGLIORINI, Bruno (1927): *Dal nome proprio al nome comune. Studi semantici sul mutamento dei nomi propri di persona in nomi comuni negl'idiomi romanzi.* Genève, p. 49. (= Biblioteca dell' "Archivum Romanicum", Ser. II: Linguistica; 13)

[40]Zu diesem und anderen Kritikpunkten vgl. auch H. ASCHENBERG (1991: 34f.) sowie G. SCHILDBERG-SCHROTH (1995: 106-109).

[41]In ihrer produzentenorientierten Namenuntersuchung konnte S. HANNO-WEBER (1997: 83ff.) feststellen, daß im realistorischen Gegenwartsroman die nationale und regionale Glaubhaftigkeit der EN das weitaus wichtigste Motiv bei der Namenwahl darstellt. Auch die soziale und mitunter die altersmäßige Zuordnung des NT spielen eine nicht unerhebliche Rolle.

[42]Zum Begriff des "Namenfeldes" vgl. T. WITKOWSKI (1964: 53) sowie H. WALTHER (1990: 74).

[43]Das fiktive Wessex umfaßt Teile der realen Grafschaften Berkshire, Wiltshire, Somerset, Hampshire, Dorset und Devon (vgl. NICOLAISEN 1987: 39).

[44]Zit. aus FALDBAKKEN, Knut (1988): *Adams Tagebuch*. Rostock, S. 268.

[45]Vgl. hierzu auch W.F.H. NICOLAISEN (1979: 29).

[46]Analoge Beispiele für FigN ("authentische Figur" - "fiktiver Name") finden sich in S. HANNO-WEBER (1997: 117f.).

[47]Zit. aus OREL, Harold (ed., 1966): *Thomas Hardy's Personal Writings*. Lawrence: University of Kansas Press, pp. 9f.

[48]Der Begriff "Appellativa" bezieht sich hier auf *alle* nicht-proprialen Elemente des Wortschatzes einer Sprache, unabhängig von ihrer Zugehörigkeit zu einer bestimmten Wortart. Er ist somit weiter gefaßt als in Kap. 2 der vorliegenden Arbeit, wo er im Sinne des *nomen appellativum* ausschließlich auf Substantive angewendet wurde.

[49]Vgl. in diesem Zusammenhang auch den von K. HENGST (1984: 64) in die Diskussion eingebrachten Terminus "scheinbare semantische Verankerung".

[50]Zit. aus CHRISTIE, Agatha (1973): *Postern of Fate*. London: The Crime Club, p. 35.

[51]Daß die Sprecher manche Lautformen mit bestimmten Bedeutungen verbinden, zeigt z.B. K. HANSEN (1964: 3-17) am Beispiel englischer Appellativa. So bilden bedeutungsverwandte Wörter mitunter Anlaut- oder Reimreihen (z.B. /fl-/-Reihe: *flicker, flutter, flop* u.a.m.; /-æʃ/-Reihe: *dash, flash, crash, slash* u.a.m.; vgl. HANSEN 1964: 6f.).

[52]Daß oftmals auch die Autoren selbst nicht eindeutig bestimmen können, weshalb sie einen von ihnen vergebenen Namen als wohlklingend empfinden, konnte S. HANNO-WEBER (1997: 135ff.) durch Schriftstellerbefragungen nachweisen.

[53]Vgl. hierzu auch die empirische Untersuchung von R. KRIEN (1973). KRIEN konnte u.a. nachweisen, daß der Name *Bumba* aufgrund seiner lautlichen Beschaffenheit die lexikalischen Assoziationen *Bombe, bum-bum, plump* und *humba-humba [Fasching]* hervorrief (vgl. KRIEN 1973: 95ff.).

[54]Daß es hierzu durchaus auch andere Auffassungen geben kann, bestätigte eine Befragung der Teilnehmer an der Lehrveranstaltung "Literarische Onomastik" (Universität Leipzig, Sommersemester 1996). Der Klang des Namens *Gmork* evozierte bei einigen Studenten begriffliche Bedeutungen, wie z.B. 'knurren' oder 'murren'.

[55]Zu inoffiziellen PN vgl. auch die umfassende Studie von W. KANY (1992).

[56]Daß der Wohlklang das eindeutig häufigste Motiv der VN-Wahl darstellt, konnte bereits L. BOSSHART (1973: 65-74) in seiner Untersuchung der VN-Gebung im Kanton Schaffhausen von 1960 bis 1970 empirisch nachweisen.

[57]Zum Einfluß des FaN bei der Wahl eines VN vgl. ausführlicher bei L. BOSSHART (1973: 49-64).

[58]Man vgl. hierzu z.B. die Untersuchung von R. FRANK (1977) zur schichtenspezifischen Personennamengebung im Kreis und in der Stadt Segeberg.

Anmerkungen zu Kapitel 4

[1]Man vergleiche hierzu die Übersicht in FBH, Bd. 5: 320f., die sich auf J. SULLIVANs umfassende Bibliographie aus dem Jahr 1958 stützt. Speziell zu in deutschsprachigen Verlagen erschienenen deutsch- und englischsprachigen Ausgaben der Texte Chestertons vgl. FBH, Bd. 5: 322-332.

[2]Zu den Verfilmungen vgl. A. GRIST (1984), G. KRANZ (1989: 13f.) sowie *The Armchair Detective* (1993: 384).

[3]Für eine ausführliche Diskussion der Glaubensentwicklung Chestertons sei auf die Dissertation von W. MOHRDIECK (1940) verwiesen.

[4]Zu den Erzählungen, welche direkt für eine Buchausgabe geschrieben wurden, vgl. FBH, Bd. 5: 307.

[5]In einer limitierten Auflage wurde "The Mask of Midas" von den Mitgliedern der Norwegischen Chesterton-Gesellschaft veröffentlicht. Die Ausgabe enthält zudem eine Einführung von G. HASNES und eine chronologische Bibliographie der Father-Brown-Geschichten von J. PETERSON. Die Erzählung ist ebenfalls in CWC, vol. 14: 403-417 abgedruckt. Den Text "Father Brown and the Donnington Affair" enthalten CWC, vol. 14: 129-158; TD: 243-255 und CR VII (1981) 1: 1-35 sowie in einer deutschen Übersetzung FBH, Bd. 5: 229-267.

[6]Vgl. dazu auch eine Besprechung, die kurz nach der Veröffentlichung des ersten Bandes der Father-Brown-Geschichten im Jahr 1911 erschien. Der Rezensent lobt die "literarische Brillanz und Originali-

tät" der Texte und gibt ihnen eindeutig den Vorzug vor Arthur Conan Doyles Erzählungen um Sherlock Holmes (vgl. CONLON 1976: 268ff.).

[7]Der Essay "A Defence of Detective Stories" erschien ursprünglich in der Zeitschrift *The Speaker* und wurde 1901 zusammen mit anderen Beiträgen der gleichen Reihe in dem Band *The Defendant* herausgegeben.

[8]Zit. aus JÜNGER, Friedrich Georg (1948): *Über das Komische.* Frankfurt a.M., S. 108.

[9]Auf eine ausführlichere Darstellung sei an dieser Stelle verzichtet. Vgl. dazu das Teilkapitel 4.3.1.1.1. "Die Namen der Seriendetektive".

[10]Das Gründungsjahr des Detection Club wird unterschiedlich angegeben: 1928 (SYMONS 1974: 110); 1929 (WARD 1945: 466); 1930 (SYMONS 1984: 236) sowie 1932 (BUCHLOH; BECKER 1990: 85). A.S. DALE (1983: 271f.) erklärt, daß sich die Detektivschriftsteller auf Anregung Anthony Berkeleys 1929 zum ersten Mal zusammenfanden und spätestens seit dem Jahr 1932 offiziell unter dem Namen *Detection Club* bekannt wurden. Als erstes gemeinsames Buch veröffentlichte die Gruppe 1931 *The Floating Admiral*, zu welchem Chesterton den Prolog "The Three Pipe Dreams" verfaßte.

[11]Daß für viele Autoren eine passende Namenwahl für die Hauptfiguren wichtiger als für Nebenfiguren ist, konnte auch S. HANNO-WEBER (1997: 71ff.) durch Autorenbefragungen feststellen.

[12]Lediglich in einer einzigen Geschichte untersucht Father Brown die Asche einer Zigarre. In der Erzählung "The Crime of the Communist" stellt er auf diese Weise fest, daß die beiden Mordopfer vergiftet wurden.

[13]Auf diesen Zusammenhang zwischen dem Namen des geistlichen Detektivs und seiner Methode machen auch H. ANTOR (1991: 78) und H. HAEFS (FBH, Bd. 3: 238) aufmerksam.

[14]Vgl. in diesem Zusammenhang auch den Roman *Manalive*. Dort verliebt sich der Held, Innocent Smith, immer wieder neu in seine Ehefrau, die abwechselnd *Miss Black, Miss Green, Miss Brown* und *Miss Gray* heißt. In einem Vortrag zur Bedeutung der englischen FaN fordert Smith, daß, wer einen Farbnamen trägt, sich auch immer in der entsprechenden Farbe kleiden solle (vgl. MA: 174ff.). Nicht nur Chesterton liebte es, Farbnamen zu verwenden. So wählte z.B. auch der Hamburger Autor Gunter Gerlach die Namen für die Figuren eines Romans unter Berücksichtigung farbsymbolischer Faktoren aus (vgl. HANNO-WEBER 1997: 97f.). Man vgl. in diesem Zusammenhang auch die Vergabe der Tarnnamen (*Mr. Brown, Mr. White, Mr. Blonde, Mr. Blue, Mr. Orange, Mr. Pink*) in Quentin Tarantinos Film *Reservoir Dogs* (USA, 1991). Die Namen werden den Verbrechern vom Führer der Bande zugeteilt, da sich bei freier Wahl ein jeder für *Mr. Black* entscheiden würde.

[15]Mit dem Autor und dem Zeichner Chesterton beschäftigt sich Ch. d'HAUSSY (1996) in ihrem Aufsatz "Chesterton's Iconography of the Self, the Other and Space". Ihr gelingt es, an ausgewählten Beispielen einen inneren Zusammenhang zwischen Chestertons Texten und seinen Zeichnungen aufzuzeigen.

[16]Zuvor besuchte Chesterton für kurze Zeit eine andere Kunstschule in St. John's Wood. Dies erwähnt er in seiner Autobiographie jedoch nicht.

[17]Zit. aus CHESTERTON, Gilbert Keith (1922): *G.F. Watts.* London, p. 92.

[18]Nach L. DUNKLING (1993: 126) steht der FaN *Brown* entsprechend der Häufigkeit seines Auftretens in England und Wales an sechster, in den USA an vierter und in Schottland sogar an zweiter Stelle. B. COTTLE (1978: 73) bemerkt, daß sich der Name in England und Wales von der sechsten mittlerweile etwa auf die vierte Position geschoben hat.

[19]Die Manuskripte gingen nach dem Tod der Sekretärin Chestertons, Dorothy Collins, in den Bestand der British Library in London über, wo sie im Manuscript Reading Room einzusehen sind. Da sie jedoch zum Zeitpunkt der Einsichtnahme durch die Verfn. (März 1996) noch nicht katalogisiert waren, ist es nicht möglich, die Quelle exakter zu belegen.

[20]M. GARDNER (GAI: 197) merkt an, daß der Buchstabe J. noch nicht in der Zeitschriftenfassung der Erzählung auftritt. Er erscheint lediglich in der britischen Erstausgabe und wurde in späteren Auflagen teilweise wieder getilgt.

[21]Seither hat der Name *John* an Popularität verloren, so daß er 1996 lediglich Platz 41 erreichte. Er trat zugunsten anderer Namenvarianten zurück, die zunehmend mehr Verbreitung finden, z.B. *Ian, Sean* oder *Jack* (vgl. DUNKLING; GOSLING 1994: 142 sowie den Artikel "Jack and Sophie top the tables for names" in: *The Daily Telegraph* 08.01.1997, p. 4).

[22]In der ersten Fassung der Erzählung "The Sign of the Broken Sword", die im Februar 1911 in der Zeitschrift *The Storyteller* erschien, wird Father Brown an einer Stelle mit *Paul* bezeichnet. Dieser Name tritt in den Buchausgaben jedoch nicht auf (vgl. GAI: 224). Wurde *Paul* von Chesterton selbst gewählt und

handelt es sich nicht, wie auch möglich, um ein Versehen des Herausgebers, so würde dies die Assoziation eines kurzen und verbreiteten Namens wie *John* unterstützen.

[23]Zu verschiedenen Strategien der Behandlung von EN bei Verfilmungen vgl. H. SIEGRIST (1995: 581f.).

[24]Die gleiche Technik wandte Colin Dexter in seinen weltweit bekannten Romanen um Inspector Morse an. Über 22 Jahre hielt der Autor den VN seines Inspektors geheim. Auch eine Nachfrage bei der Fernsehgesellschaft Central Broadcasting, deren Verfilmungen 750 Millionen Zuschauer in über 50 Ländern gesehen haben, konnte das Rätsel nicht lösen: "Firstly, Morse's first name has never been divulged. The only name was his nickname at Oxford, which was PAGAN" (Brief von Central Independent Television vom 07.07.1995). Im September 1996 erklärte Dexter, daß das bekannte Initial E. für den VN *Endeavour* (engl. 'Bestreben') steht. Morse habe den Namen erhalten, da seine Eltern der Gemeinschaft der Quäker angehörten (vgl. Artikel "Author of the Morse mysteries overcomes his initial shyness" in: *The Daily Telegraph* 24.09.1996, p. 7).

[25]Für eine ausführlichere Darstellung des Marconi-Skandals und des Prozesses gegen Cecil Chesterton vgl. AB: 199-217 sowie M. WARD (1945: 283-309) und D. BARKER (1975: 213-222).

[26]Vgl. z.B. die Artikel vom 27.11.1915 und 15.11.1919 (in CWC, vol. 30: 326 und CWC, vol. 31: 561).

[27]Für eine ausführlichere Darstellung der Jugendkrise Chestertons vgl. seine Autobiographie (bes. AB: 77-101) sowie die entsprechenden Kapitel bei M. WARD (1945: 43-55), M. FFINCH (1988: 30-46), D. BARKER (1975: 47-59) sowie M. WÖRTHER (1984: 50-54; 92-107).

[28]Man vergleiche auch Ableitungen wie "Aspiration", "Respiration" und "Inspiration", an denen sich die verschiedenen Bedeutungsvarianten von lat. *spiritus* noch deutlich ablesen lassen.

[29]Der Text wurde 1938 posthum in dem Band *The Coloured Lands* (CL: 233-238) veröffentlicht. Chesterton benannte später *White Wynd* in *Innocent Smith* um. Der VN *Innocent* (engl. 'unschuldig') bezieht sich zum einen darauf, daß der Held von den gegen ihn erhobenen Anklagen freigesprochen wird. Zum anderen bezeichnet er die Unschuld, die sich Smith aus seiner Kindheit bewahrt hat und die es ihm erlaubt, selbst alltäglichste Erscheinungen immer wieder neu zu entdecken. Innocent Smith gleicht somit Chesterton, welcher noch kurz vor seinem Tod bemerkte: "Existence is still a strange thing to me; and as a stranger I give it welcome" (AB: 352).

[30]Aus dem in Anm. 19 geschilderten Grund ist eine exaktere Quellenangabe nicht möglich.

[31]Amüsiert äußerte sich Kurt TUCHOLSKY zu den von Chesterton vergebenen Namen der Deutschen. Er sagte: "Sehr lustig, wenn er fremde Nationen schildert. (...) Manchmal sitzt es gar nicht - wie lustig ist es doch für unsereinen, wenn Fremde deutsche Namen erfinden! Nie wird das was" (TUCHOLSKY 1993, Bd. 6: 25).

[32]Ebenso wenig zufällig wie der Name *Mr. Smith* scheint auch das Hobby des Mannes gewählt. Sein Interesse an der Imkerei ist symbolisch zu verstehen, birgt die Biene doch den Gedanken an Tod und Auferstehung in sich (vgl. *Wörterbuch der Symbolik* 1985: 86).

[33]Ob Chesterton bei letztgenanntem Namen durch den fast identisch klingenden ON *Melton Mowbray* in Leicestershire beeinflußt wurde, ist nicht bekannt.

[34]Zu einigen dieser VN und FaN sowie zu den Namen der Juden überhaupt vgl. D. BERING (1996).

[35]Ausführlicher zu diesem Namen vgl. die Kap. 5.3. und 6.2.3.

[36]Vgl. CWC, vol. 32: 218 sowie TLB: 48f.

[37]Ausführlicher zu dem Beispiel *Dr. Valentine/De Villon* vgl. Kap. 5.1.

[38]Vgl. O.D. EDWARDS (1985: 66ff.), D.J. DOOLEY (1980: 248f.) sowie G. MacGREGOR (1990: 32ff.).

[39]Chesterton verfaßte eine Einleitung zu G. HAWs Biographie *From Workhouse to Westminster; The Life Story of Will Crooks* (1907) und veröffentlichte einen Artikel zum Tode des Politikers Crooks in der Zeitschrift *The Illustrated London News* (18.06.1921; vgl. CWC, vol. 32: 186-190).

[40]Die geistige Beziehung zwischen Chesterton und Belloc war so eng, daß G.B. Shaw die berühmt gewordene Bezeichnung "Chesterbelloc" prägte (vgl. HOLLIS 1970: 100-131).

[41]Der Junior Debating Club wurde im Jahr 1890 von Schülern der St. Paul's School mit dem Ziel gegründet, sich regelmäßig zu literarischen Themen auszutauschen. Der Hauptinitiator des Clubs war Lucian Oldershaw, der sich auch um die Herausgabe des Blattes *The Debater* besonders verdient machte. G.K. Chesterton wurde auf der Gründungsversammlung des Clubs einstimmig zu dessen Vorsitzendem gewählt.

[42]Daß Chesterton nicht der einzige Autor ist, dessen Detektive sich als Mörder herausstellen, beweisen u.a. die Romane *Le mystère de la chambre jaune* (G. Leroux, 1907), *The Old Man in the Corner*

(Baroness Orczy, 1909), *The Skeleton Key* (B. Capes, 1919) sowie das berühmte Theaterstück *The Mousetrap* (A. Christie, 1952).

[43]Im gleichen Sinn äußerte sich Chesterton in seinem Buch *The Victorian Age in Literature* (1912). Vgl. dazu insbesondere die Ausführungen zu R.L. Stevenson in VAL: 245f.

[44]Vgl. hierzu auch Ch. d'HAUSSY (1996: 11ff.).

[45]Gemeint ist hier die lexikalische Bedeutung des homonymen Appellativums *champion* und nicht des real belegten FaN *Champion* (vgl. hierzu COTTLE 1978: 87). Auch der VN *Claude* scheint mit Bedacht gewählt zu sein, erinnert er doch an **Claude Monet** (1840-1926) und **Claude Debussy** (1862-1918) und somit an zwei Hauptvertreter des französischen Impressionismus. Farben und optische Eindrücke bestimmen das Bild, das dem Leser von Claude Champions Anwesen geboten wird. An einer Stelle spricht der Erzähler explizit von "morbidem Impressionismus" ("All this morbid impressionism", CFB: 298).

[46]Dem heuchlerischen Wesen dieser Figur steht der andere in der Erzählung auftretende US-Amerikaner, John Adams Race (CFB: 324), gegenüber. Dessen FaN ist redend (engl. *race* 'Rasse'; vgl. auch "American race", CFB: 322). So betont der Autor, daß es unzählige Amerikaner in der Art von Race gäbe:

> Yet, as a matter of fact, America contains a million men of the moral type of Race to one of the moral type of Snaith. He was exceptional in being exceptionally good at his job, but in every other way he was very simple. (CFB: 324)

[47]Ausführlicher zu diesem Beispiel vgl. Kap. 6.2.2.2.

[48]Auch Chestertons Familie behauptete zuweilen, daß ihre Vorfahren aus dem kleinen Dorf *Chesterton* nahe Cambridge stammten. Da es jedoch auch andere Orte dieses Namens gab, war Chesterton skeptisch. Wie er bemerkt, hat er das Dorf bei Cambridge absichtlich nie besucht (vgl. COREN 1989: 7f.).

[49]Vgl. B. COTTLE (1978: 162) und L. DUNKLING (1993: 126).

[50]Vgl. hierzu die detaillierteren Aussagen, die in diesem Kapitel bereits bei der Interpretation des Namens *Horne Fisher* getroffen wurden.

[51]Vgl. das Beispiel im Abschnitt (b) "Ideell-verkörpernde Namen" in diesem Kapitel.

[52]Vgl. die Beispiele in Kap. 6.2.2.2.

[53]Vgl. Kap. 6.1.2.2.1.

[54]Vgl. zu diesem Beispiel die Ausführungen im Abschnitt (b) "Ideell-verkörpernde Namen" in diesem Kapitel.

[55]Der redende Charakter dieses Namens wird zudem dadurch intensiviert, daß sich Hunters Gegner unter dem Zeichen des "Blauen Ebers" zusammenschließen. Vgl. hierzu ausführlicher Kap. 6.2.1.2.

[56]Den Hinweis auf den redenden Charakter dieses Namens verdanke ich der Verfn. einer Anregung von Herrn Prof. E. Schenkel (Universität Leipzig).

[57]Man vgl. z.B. das Kapitel "Mr. Bernard Shaw" in Chestertons Buch *Heretics* (CWC, vol. 1: 63-70, hierzu insbes. pp. 67ff.). Des weiteren macht Chesterton in einer satirischen Geschichte mit dem Titel "How I Found the Superman" (DN: 67-70) die Vorstellung von einem Übermenschen lächerlich. So behauptet er, den "Superman" tatsächlich gefunden zu haben. Dieser habe jedoch beim Öffnen der Tür einem leichten Luftzug nicht standgehalten und sei sogleich gestorben.

[58]Daß die im Zusammenhang mit dem Namen *Welkin* erwähnten Motive für Chestertons Denken grundlegend waren, zeigt ein Vergleich mit anderen Erzählungen. So endet der Versuch eines Freiheitsfanatikers, alle Begrenzungen aufzuheben, in der blinden Zerstörung seiner Umgebung ("The Yellow Bird"). In "The Garden of Smoke" tötet Dr. Mowbray seine Frau, da beide nach der kostbaren Droge süchtig sind, welche sie ihre Grenzen kurzzeitig überwinden läßt: "They want infinity, and they get it, poor souls" (TD: 92). Der Turm, aus dem die tödlichen Schüsse in "The Tower of Treason" abgegeben werden, strebt so hoch gegen den Himmel, daß er eher einer Säule als einem Turm gleicht (SES: 128). In "The Eye of Apollo" steht der Mörder weit oben auf dem Balkon eines Hochhauses, als das Opfer in die von ihm gestellte Falle gerät. Das Haus, in dem der Mörder Brander Merton wohnt, erinnert in seiner Schlankheit und Höhe an einen Turm. Es ist auch hier bezeichnend, daß Merton ausgerechnet in der obersten Etage Opfer eines Racheaktes wird ("The Arrow of Heaven"). Das Büro, in welchem Warren Wynd in "The Miracle of Moon Crescent" ermordet wird, befindet sich im 14. Stock eines amerikanischen Wolkenkratzers. In "The Hammer of God" schleudert Bohun den Hammer, der seinen Bruder töten soll, von der Höhe einer gotischen Kathedrale herab. Man vgl. auch die Erzählungen "The Dagger with Wings" sowie "The Sign of the Broken Sword", die jeweils in Schnee und eisiger Kälte auf einem Berg angesiedelt sind.

[59] S. Anm. 56.

[60] Stolz und Demut, so stellt Ch. HOLLIS (1970: 273f.) fest, betrachtete Chesterton generell als die menschliche Erzsünde bzw. als die christliche Haupttugend.

[61] Vgl. hierzu auch die Ausführungen zu der Figur *Hugo Romaine* im Zusammenhang mit der Besprechung des Namens *Gabriel Gale*.

[62] Vgl. hierzu ausführlicher, auch mit Bezug auf die Figur des Sonnenpriesters *Kalon*, R.M. FABRITIUS (1964: 52ff., 20f.).

[63] Chesterton zog das englische Regenwetter dem hellen Sonnenschein vor. Für ihn hatten blauer Himmel und Sonne etwas Lähmendes. Trübe Tage hingegen weckten in ihm die Lust auf Abenteuer. Der graue Hintergrund solcher Tage forderte ihn geradezu heraus, nicht länger untätig zu sein (vgl. Chestertons Essay "The Secret of a Train" in TT: 9-15, insbes. 10f.). Schon aus diesem Grund muß eine starre Figur wie Kalon, die vorbehaltlos der Sonne huldigt, verdächtig erscheinen.

[64] Vgl. in diesem Zusammenhang auch den Aufsatz von J. LeVAY (1987) zur Farbsymbolik in Chestertons epischem Gedicht "The Ballad of the White Horse".

[65] Vgl. hierzu ausführlicher die Überlegungen zu den Namen *Lord Falconroy* und *Oscar Rian* in Kap. 6.2.2.2.

[66] Vgl. hierzu auch den Namen *(Hickory) Crake*, der als redend bestimmt wurde.

[67] Man vgl. auch die Überlegung J.P. LeVAYs (1990: 247), welcher nicht auf eventuelle semantische Assoziationen eingeht, sondern Richard Hurrell Froude (1803-1836), einen der Führer der Oxford Movement, als mögliches Namensvorbild erwähnt.

[68] Vgl. hierzu auch Kap. 6 "Literarische Eigennamen als Textelemente".

[69] Diese Episode, die schon zur Legende geworden ist, wird von den verschiedensten Orten erzählt. Dabei treten neben *Market Harborough* (WARD 1945: 222; AB: 336; LEWIS 1987: 145) unter anderem *Liverpool* (KNOX 1987: 48), *Birmingham* (ASQUITH 1987: 120) und *Wolverhampton* (PEARSON 1987a: 144) auf.

[70] Vgl. hierzu auch Chestertons Aufsätze "The Spirit of Place" (HOA: 188-192) sowie "Simplicity in Education" (CWC, vol. 27: 503-507; in ATC: 65-71 abgedruckt als "An Essay on Two Cities"), in denen sich Chesterton ebenfalls dazu äußert, wie irreführend Londoner Straßennamen sind.

[71] Daß sogar die Namen der Londoner Bahnstationen Chesterton zum Nachdenken anregten, beweist sein Aufsatz "The Prehistoric Railway Station" (TT: 219-224). Dort merkt er an, daß Namen wie *St. James's Park, Charing Cross, Temple* oder *Blackfriars* allesamt feierliche und heilige Erinnerungen wachrufen (vgl. TT: 220f.).

[72] Diese Namen sind im *Bartholomew Gazetteer of Places in Britain* (1986) nicht verzeichnet und konnten auch im *Britannica Atlas* (1995) und im *Atlas of the World* (1994) nicht gefunden werden. Die Verfn. geht somit davon aus, daß sie fiktiv sind.

[73] Die angeführten Beispiele sollen lediglich dazu dienen, *formale* Übereinstimmungen zwischen fiktiven und realen Namen zu veranschaulichen, ohne zwingend identische Etymologien zu behaupten. So ist es natürlich durchaus möglich, daß gleichen Oberflächenformen unterschiedliche Etyma zugrunde liegen. Als Beispiel sei auf das ON-Element *ham* verwiesen, welches entweder aus dem altenglischen Element *hām* 'homestead' oder *hamm* 'enclosure' abgeleitet sein kann (vgl. MILLS 1993: xvf. sowie McDONALD; CRESSWELL 1993: 38).

[74] Vgl. hierzu ausführlicher Kap. 6.2.1.2.

[75] Vgl. die Ausführungen zu diesem Beispiel in Kap. 5.3.

[76] Vgl. auch folgende Zeilen seines Gedichtes *Grand Triumphal Ode*, in denen er die gleiche Auffassung zum Ausdruck bringt:

"And Beaconsfield to London
Like a craven Suburb yields
(It never had a Beacon
And it's losing all its Fields)."
(Zit. in WARD 1952: 188)

[77] Auch der reale, in Dorset gelegene Ort *Puddletown* mag auf Besucher lustig wirken. Sein Name ist jedoch nicht von einer "Pfütze", sondern von dem Fluß *Piddle* abgeleitet (vgl. MILLS 1993: 264).

[78] Chestertons Nachruf für A.R. Orage erschien 1934 in einer Ausgabe von *G.K.'s Weekly*.

[79]Man denke z.B. an Chestertons Haltung im Burenkrieg. Er stellte sich auf die Seite der Buren, da er meinte, sie hätten, genau wie jede andere Nation, ein Recht darauf, ihre Heimat zu lieben und zu verteidigen.

[80]Hiermit bezieht sich Chesterton auf die Berufung der ersten Jünger durch Jesus. Als dieser die Brüder Simon und Andreas ihre Netze auswerfen sah, sagte er zu ihnen: "Kommt her, folgt mir nach! Ich werde euch zu Menschenfischern machen" (Matthäus 4,19 und Markus 1,17).

[81]Zur näheren Erläuterung dieser Kleidungsstücke vgl. FBH, Bd. 5: 273.

[82]Vgl. die Ausführungen zum Namen des Herausgebers Edward Nutt in Kap. 4.3.1.1.2.

[83]Vgl. auch M. WARD (1945: 477f.).

[84]Zu den Begriffen vgl. G. GRAUSTEIN/W. THIELE (1987: 56ff.).

[85]Vgl. hierzu ausführlicher A. ROTHE (1986: 105-146).

[86]D. SCOTTs Rezension wurde kurz nach dem Erscheinen des Bandes The Innocence of Father Brown in einer Ausgabe des Manchester Guardian im Juli 1911 veröffentlicht.

[87]Vgl. auch A. ROTHE (1986: 4-8).

[88]Eine Übersicht über die Erstveröffentlichungen der einzelnen Father-Brown-Erzählungen bietet O.D. EDWARDS (1989: 319-322).

[89]Vgl. ebenso die Erzählungen "The Doom of the Darnaways", "The Salad of Colonel Cray", "The Perishing of the Pendragons", "The Resurrection of Father Brown", "The Curse of the Golden Cross", "The Ghost of Gideon Wise", "The Song of the Flying Fish", "The Oracle of the Dog", "The Red Moon of Meru", "The Dagger with Wings" sowie "The Blast of the Book". In seinem ersten Fall, "The Blue Cross", kann Father Brown den als Priester verkleideten Flambeau als Verbrecher überführen. Er sagt: "'You attacked reason,' (...). 'It's bad theology'" (CFB: 23).

[90]Über derartige Einzelbeobachtungen hinaus lassen sich in Chestertons Erzählungen ebenso verschiedenartige formale und inhaltliche Bezüge zwischen mehreren Titeln beschreiben. Vgl. hierzu Kap. 6.3.3. der vorliegenden Arbeit.

[91]Auch in allen anderen Textzitaten dieses Teilkapitels wurden die Namenbelege durch die Verfn. kursiv hervorgehoben.

[92]Diese Enzyklika wurde 1891 von Papst Leo XIII. verfaßt. Sie legt die Grundauffassungen der katholischen Soziallehre dar (vgl. auch FBH, Bd. 3: 240).

[93]Zur Erläuterung vgl. ausführlicher FBH, Bd. 5: 280f.

[94]Eine ausführlichere Beschreibung des Charakters von Bedford Park gibt z.B. D. BARKER (1975: 71).

[95]"Rubikon. Den Rubikon überschreiten: einen (strategischen) entscheidenden Schritt tun, der nicht mehr korrigierbar ist oder rückgängig gemacht werden kann" (RÖHRICH 1992, Bd. 2: 1259).

[96]Zur näheren Erläuterung vgl. FBH, Bd. 3: 241.

Anmerkungen zu Kapitel 5

[1]Für die Qualität dieses Aufsatzes spricht die Tatsache, daß er von Dorothy L. Sayers, einer der führenden Detektivschriftstellerinnen ihrer Zeit, hoch gelobt wurde. Sie bezeichnete Chestertons Artikel als "one of the soundest and most useful pieces of constructive criticism I have met with for a long time" (zit. in REYNOLDS 1984: 137).

[2]Vgl. auch FLEISCHER, Wolfgang (1973).

[3]Zu Hintergründen für die Namensänderungen einzelner literarischer Figuren vgl. auch die aufschlußreichen Aussagen mehrerer Hamburger Gegenwartsautoren in S. HANNO-WEBER (1997: 105ff.).

[4]Vgl. hierzu die detaillierteren Ausführungen zum Namen der Figur Dr. Hyde in Kap. 4.3.1.1.2.

[5]Vgl. hierzu auch den Anklang des Namens Dubosc an frz. (du) boche, einen verächtlichen Ausdruck für Deutsche.

[6]Die Identität des Dichters erscheint schon dadurch in Frage gestellt, daß seine Herkunft ungeklärt ist. Vermutlich wurde er unehelich geboren, und auch sein FaN ist zweifelhaft: "The poet Sebastian was only a poor Bohemian freelance, of obscure origin and apparently illegitimate birth. Even his surname was doubtful: (...)" (FFF: 176).

[7]Zur Erklärung dieser Namen vgl. Kap. 4.3.1.1.2.

[8]K.L. DION orientiert sich hierbei u.a. an den Studien von GUARDO, C.J.; BOHAN, J.B. (1971): Development of a Self-Identity in Children. In: Child Development 42, pp. 1909-1921; sowie HOLT, R.R. (1939): Studies in the Psychology of Names. Unpublished undergraduate thesis, Princeton Univer-

sity. Zum Begriff des "nominal realism" vgl. PIAGET, J. (1965): *The Child's Conception of the World*. Patterson, N. J.: Littlefield, Adams.

[9]Der Artikel wurde später in den Band *The Glass Walking-Stick and Other Essays from The Illustrated London News 1905-1936* unter dem Titel "Playing with an Idea" aufgenommen (vgl. GWS: 13-16).

[10]Mit diesem Namen bezieht sich Chesterton auf Nicholas Breakspear, den bislang einzigen englischen Papst, Adrian IV (1154-1159).

[11]Vgl. hierzu ausführlicher auch Kap. 4.1.

[12]Zur Rolle des Spiegels in Chestertons Erzählungen vgl. GAI: 165, n. 6, D.G. GREENE (1984: 310), W.J. SCHEICK (1977-78: 106) sowie F. RIEDEL (1996: 111f.).

[13]In Auszügen wurde dieses Kapitel bereits in dem Beitrag "Zur Namengebung in den Detektivgeschichten von Gilbert Keith Chesterton. Untersuchungen zum Verhältnis proprialer und nichtproprialer Lexik im Text" (SOBANSKI 1995) vorgestellt.

[14]Zur Unterscheidung von "Namenlosigkeit" und "Anonymität" vgl. D. LAMPING (1983: 58-60) bzw. die Ausführungen in Kap. 3.2.2. der vorliegenden Arbeit.

[15]Ähnliches hatte Chesterton in bezug auf die Anonymität von Journalisten festgestellt. In seinem Artikel "On the Anonymity of Journalists" (*The Illustrated London News*, 27.05.1922) hatte er gefordert, daß alle Beiträge mit dem Namen des Verfassers zu versehen seien. Auf diese Weise würden die Leser die Artikel besser als die Meinung des Schreibers verstehen und nicht als unumstößliche Wahrheit betrachten (vgl. CWC, vol. 32: 379-382). Vgl. ähnliche Äußerungen Chestertons in seinen Essays "Anonymity and Further Counsels" (ATC: 163-168),"The Case for the Ephemeral" (ATC: 1-8, bes. 7) sowie "Limericks and Counsels of Perfection" (ATC: 155-161, bes. 161).

[16]Zur Rolle des Inders in der Erzählung "The Wrong Shape" und zur Kritik an Chestertons Konzeption dieser Figur vgl. F. WÖLCKEN (1953: 246).

[17]Vgl. hierzu auch die Analyse der ON in Kap. 4.3.1.2.

[18]Vgl. auch die Erzählung "The Purple Jewel", in welcher die Spur des Künstlers Phineas Salt bis in den Küstenort Margate verfolgt wird. Die anderen Figuren spekulieren über den Grund seiner Flucht: "'What could a man of that sort want to do at Margate except commit suicide?' 'What could any man want at Margate except suicide?' asked Dr. Garth, who had a prejudice against such social resorts. 'A good many millions of God's images go there simply for fun,' said Gale" (PL: 226).

[19]Den Hinweis auf diese Textstelle verdankt die Verfn. F. DEPKEN (1977: 73).

[20]Zu "Namensmißverständnissen" s. auch D. LAMPING (1983: 94ff.).

[21]*Hole in the Wall* ist ein in Großbritannien nicht unbekannter Name mehrerer Gasthäuser. Zu verschiedenen Deutungsmöglichkeiten vgl. L. DUNKLING/G. WRIGHT (1994: 125f.). Auch ein Ort im County of Hereford and Worcester trägt diesen Namen.

[22]Der Zusammenhang, der zwischen einer heiligen Quelle und der Gründung eines Klosters in dieser Geschichte nahegelegt wird, erscheint nachvollziehbar und ist z.B. bei dem realen ON *Holywell (Clwyd)* belegt. Der Ort ist nach der heiligen Quelle St. Winefrides benannt, die im siebenten Jahrhundert an dieser Stelle ein Kloster gründete (vgl. ROOM 1993: 175).

[23]Zu möglichen Ursachen und Folgen unwissenschaftlicher Namendeutungen vgl. - mit entsprechenden Beispielen - A. BACH (1954, Bd. II.2., bes. §§732-736: 535-541), P. WIESINGER (1995), A. RUOFF (1995) sowie E. WEBER (1995). Die laienhafte Erklärung eines Namens kann auch mit einer Entstehungssage verknüpft sein. Zu Hintergründen und Beispielen "ätiologischer" (auch "namendeutender", "namenbegründender") Sagen vgl. A. BACH (1954, Bd. II.2, §736: 539f.), G. KAPFHAMMER (1995: 575f.), P. WIESINGER (1995: 470f.) und E. WEBER (1996).

[24]Vgl. hierzu F. WÖLCKEN (1953: 248), der ebenfalls von Chesterton bevorzugte Gruppen unschuldiger Verdächtiger (z.B. Katholiken, Sozialisten, Poeten) und wirklicher Täter (z.B. Kapitalisten, Antialkoholiker) benennt.

[25]Hier hatte ein Leser mit dem ungewöhnlichen Namen *Artemus Jones* eine erfolgreiche Klage gegen einen Autor angestrebt, da er sich mit einer namensgleichen Figur in dessen Text identifizierte.

[26]In diesem Zusammenhang sei an den utopischen Roman *My* (dt. *Wir*) von Jevgenij I. Zamjatin (1952) erinnert, dessen Hauptgestalten *D-503* und *I-330* heißen. Zum Verhältnis von Nummer und Name in der Realität vgl. H. NAUMANN (1975) sowie, auf diesen Beitrag Bezug nehmend, H. WALTHER (1976).

[27]Die Namen derjenigen Schriftsteller, die die Äußerungen in einem persönlichen Brief an die Verfn. bestätigten, sind jeweils in Klammern angegeben.

[28]Auch der Held des Romans *The World According to Garp* (1978) von John Irving wählt auf diese Weise die Namen seiner literarischen Figuren. Dort heißt es: "He [Garp-I.S.] read the phone book often,

for names. Garp got the names of his characters out of the phone book; when his writing was stuck, he read the phone book for more names; he revised the names of his characters over and over again" (IRVING 1979: 241).
[29]Vgl. die Ausführungen zu diesen Namen in Kap. 4.3.1.1.2.

Anmerkungen zu Kapitel 6

[1]Die Ausführungen orientieren sich an sechs verschiedenen Strukturebenen, welche K. HENGST im Zusammenhang mit Fachtextsortenuntersuchungen ermitteln konnte. Es handelt sich im einzelnen um 1. Bedingungsgefügestruktur, 2. Thematische Struktur, 3. Intentionalstruktur, 4 Auxiliarstruktur, 5. Sprachliche Struktur und 6. Präsentationsstruktur. Man vgl. dazu HENGST, Karlheinz (1989a): Lingvisticeskij analiz naucnych tekstov po special'nosti [Linguistische Analyse wissenschaftlicher Fachtexte]. In: *Linguistische Arbeitsberichte*. Univ. Leipzig. 71, S. 56-62 (russ.); DERS. (1989b): Strukturebenen von Fachtexten. In: *Fachsprache, Fremdsprache, Muttersprache*. Techn. Univ. Dresden. H. 13/14, S. 114-120; DERS. (1991a): Functional Macro-Analysis of Specialist Text Forms. In: *Subject-oriented Texts: Languages for Special Purposes and Text Theory*. Ed. by Hartmut Schröder. Berlin; New York: de Gruyter, pp. 137-157. (= Research in text theory; 16) ; DERS. (1991b): Textkomponenten und Sprachvergleich. *Wiss. Zschr. Päd. Hochsch. Zwickau 27.1*, S. 41-49; sowie DERS. (1994): Stil- und Textsorten-Analyse - cui bono? In: Skyum-Nielsen, Peder; Schröder, Hartmut (eds.): *Rhetoric and Stylistics Today. An International Anthology*. Frankfurt a.M.; etc.: Peter Lang, pp. 29-34.
[2]Vgl. Kap. 3.2.2.
[3]Einige der Überlegungen in diesem Kapitel wurden bereits in den Beiträgen "Zur Namengebung in den Detektivgeschichten von Gilbert Keith Chesterton. Untersuchungen zum Verhältnis proprialer und nicht-proprialer Lexik im Text" (SOBANSKI 1995) sowie "Eigennamen als Strukturelemente im literarischen Text" (HENGST; SOBANSKI im Druck) vorgestellt.
[4]"**Alliteration** (...), 'Stabreim', Anreim, Hervorhebung von zwei oder mehr bedeutungsschweren Wörtern durch gleichen Anlaut ihrer Stammsilbenbetonung: (...)" (WILPERT 1989: 19f.). Neben zahlreichen Beispielen, die dieser Definition der Alliteration entsprechen (vgl. z.B. "smiling Smith", CFB: 501; "grumbling Grock", PMP: 7) finden sich bei Chesterton ebenfalls Belege graphischer Übereinstimmungen bei unterschiedlicher Lautung (z.B. "Gahagan, that ginger-haired giant", PMP: 36; "Professor Crake, the celebrated criminologist", CFB: 482; Hervorhebungen in diesen und allen anderen Belegen der Kap. 6.1., 6.2. und 6.3.-I.S.).
[5]Man vgl. hierzu die wiederholt genannten charakterisierenden Gegenstände und Merkmale anderer Detektive: bei Sherlock Holmes (Arthur Conan Doyle) z.B. die Pfeife und das Geigenspiel, bei Lord Peter Wimsey (Dorothy Sayers) das Monokel sowie bei Hercule Poirot (Agatha Christie) den Schnurrbart und den fremden Akzent (vgl. WÖLCKEN 1953: 79 sowie SUERBAUM 1992: 454).
[6]Daß jedoch nicht alle Wörter, die in ihrem Anlaut identisch sind, zwangsläufig in einem inneren Zusammenhang stehen, demonstriert Chesterton auf humorvolle Weise zu Beginn der Geschichte "The Hole in the Wall". Der Hausherr Lord Bulmer stellt einen Architekten und einen Archäologen einander vor, da er annimmt, sie würden sich in gewisser Weise ähneln. Ironisch fährt der Erzähler fort: "The world must remain in a reverent doubt as to whether he would, on the same principles, have presented a diplomatist to a dipsomaniac or a ratiocinator to a ratcatcher" (MKM: 90).
[7]Vgl. Kap. 4.3.1.1.1.
[8]Vgl. Kap. 4.3.1.2.
[9]A. ROOM (1992a: 360) kennzeichnet den FaN *Montmorency* als ausgesprochen "aristokratisch". In einem starken Kontrast dazu steht die Beschreibung der Figur Chestertons: Mr. Montmorencys Büro befindet sich in einem wenig einladend aussehenden Haus. Er selbst ist schäbig gekleidet und spielt unentwegt mit einem Frettchen, mit Eidechsen und mit einer Schlange, die er sich nervös in die Hosentaschen steckt.
[10]Man vgl. in diesem Zusammenhang R. ALEWYN, der es als ein Spezifikum der Detektivliteratur ansieht, daß der Autor dem Leser dessen Unwissenheit vor Augen führt. Wenn der Autor sagt: "Es klopfte an die Tür, und ein Unbekannter trat herein", so heißt dies nicht, daß dem Autor die Figur unbekannt ist, sondern, daß er noch nicht gewillt ist, dem Leser die Identität der Figur preiszugeben (vgl. ALEWYN 1992: 377f.).

[11]Ähnlich äußert sich Chesterton zu Beginn des Textes "The Coloured Lands" über die Namen *Tommy* und *Tomkins*. Vgl. hierzu CL: 19.

[12]Vgl. hierzu auch das bei B. SANDIG (1995: 545) angeführte Beispiel für eine Paronomasie mit EN *"Brutus - brutish"*.

[13]Diese Stelle entstammt der Erzählung "The Man Who Shot the Fox" und bezieht sich auf Rev. David Easts erfolgreiche Kampagne, alle Gasthäuser des Dorfes Wonover zu schließen. *The Red Lion, The Blue Boar, The White Hart* und *The Green Dragon* sind weitverbreitete englische Gasthausnamen.

[14]Daß die Alliteration zu den dominierendsten Stilmitteln Chestertons gehörte, wurde bereits mit Verweis auf alliterierende Elemente desselben Namens (vgl. Kap. 4.3.1.1.2., Abschnitt "Klangsymbolische Namen") sowie auf alliterierende Verbindungen von EN und Appellativa zum Ausdruck der Zusammengehörigkeit (vgl. Kap. 6.1.1.2.) erwähnt.

[15]*Lord Normandale*, das sei zur Erklärung angemerkt, ist der Titel, den sich Jacob Nadoway durch seine Verdienste erwirbt. Man beachte auch hier die Alliteration zwischen den Namen N̲adoway und N̲orman-dale.

[16]Mit dieser Erzählung kritisiert Chesterton die Einstellung, Verbrechen je nach der Persönlichkeit des Schuldigen mit zweierlei Maß zu messen. Er selbst hatte diese Erfahrung bei einem Aufenthalt in Yorkshire gemacht. So fand er es ungerecht, daß die Polizei sein "Vergehen" - er hatte sich an einem Baum im Messerwerfen geübt - nur aus dem Grunde nicht weiter verfolgte, da er sich als Freund des örtlichen Friedensrichters vorstellte (vgl. den Aufsatz "Some Policemen and a Moral" in TT: 173-179 sowie O'CONNOR 1937: 44f.).

[17]Auf ähnliche Zusammenhänge macht R.E. BROWN (1991: 61f.) anhand der VN E̲rwin und W̲erner sowie der FaN T̲ötges und G̲ötten in Heinrich Bölls Erzählung *Die verlorene Ehre der Katharina Blum* aufmerksam. Bei letzterem Beispiel stellt BROWN zudem eine lexikalisch-semantische Korrespondenz durch den gemeinsamen Bezug auf das Verb *töten* fest.

[18]Diesen Hinweis verdankt die Verfn. der Anmerkung von H. HAEFS in FBH, Bd. 1: 291.

[19]Auch das unterschiedliche Aussehen von *Captain Dalroy* und seinem Gefährten *Humphrey Pump* in dem Roman *The Flying Inn* wird durch die jeweilige Länge und Lautgestalt ihrer Namen reflektiert. Man vergleiche ebenso die Namen der Hauptkontrahenten *Syme* und *Gregory* in *The Man Who Was Thursday*. Zu den inkongruent erscheinenden Figurenpaaren bei Chesterton vgl. insbesondere R.M. FABRITIUS (1964: 76f.).

[20]Auf diese Besonderheit der Figurenzeichnung Chestertons machen auch R.M. FABRITIUS (1964: 70; 78ff.) sowie W.J. SCHEICK (1977-78: 110) aufmerksam. FABRITIUS wertet die Bezüge zur Tierwelt als ein Element des Komischen, während SCHEICK sie dahingehend interpretiert, daß auch der Mensch ein animalisches Wesen ist. So bezeichnet Chesterton selbst den Menschen als "one of the animals of this earth" (CFB: 43).

[21]Vgl. hierzu auch R.M. FABRITIUS (1964: 177f.)

[22]Vgl. hierzu das in diesem Kapitel bereits behandelte Namenbeispiel *Doone/Duveen* (sujetintern) - *Darwin* (sujetextern).

[23]Auf internymische Referenzen dieser Art macht auch S. HANNO-WEBER (1997: 95) in realistischen Gegenwartsromanen Hamburger Autoren aufmerksam.

[24]Fisher Unwin ist der Name eines Verlagshauses, für welches der junge G.K. Chesterton mehrere Jahre arbeitete, bevor er freischaffend tätig wurde.

[25]Vgl. in diesem Zusammenhang auch H. KALVERKÄMPER (1994: 234).

[26]Vgl. hierzu ausführlicher Kap. 4.3.1.2.

[27]Beachtet man die relative Autonomie der Texte einer Erzählserie, ist hier strenggenommen von sujet-externen Namen zu sprechen. Ausführlicher dazu vgl. Teilkapitel 6.3.4.

[28]Vgl. HOEK, Leo H. (1981): *La marque du titre. Dispositifs sémiotiques d'une pratique textuelle.* La Haye; Paris; New York: Mouton, pp. 183ff. (= Approaches to Semiotics; 60)

[29]Zur Verwendung von "Personennamen in Titeln literarischer Werke" vgl. ebenfalls den Aufsatz von G. SORGENFREI (1970).

[30]Chesterton war der Autor einer Biographie über William Cobbett, die er in demselben Jahr wie *Tales of the Long Bow* (1925) veröffentlichte.

[31]Chesterton war dafür bekannt, daß er sich auch als Biograph zu einem großen Teil auf sein Gedächtnis verließ und Zitate nicht noch einmal auf ihre Richtigkeit prüfte. In seiner ersten Biographie, die er 1903 über Robert Browning verfaßte, entsprachen z.B. drei von vier zitierten Zeilen einer Ballade des Dichters nicht dem Original. Selbst nachdem Chesterton seinen Text Korrektur gelesen hatte, fanden sich auf

einer einzigen Seite noch immer dreizehn nicht verbesserte Fehler (vgl. WARD 1945: 145 und DALE 1983: 88). In seiner Dickens-Biographie behauptete Chesterton, daß jede Postkarte, die Dickens schrieb, ein kleines Kunstwerk war. Daß die erste britische Postkarte jedoch erst ca. vier Monate nach Dickens' Tod herausgegeben wurde, hatte er dabei nicht beachtet (vgl. WARD 1945: 156).

[32]Man vergleiche in diesem Zusammenhang weitere Artikel, in denen sich Chesterton zur engen gedanklichen Verbindung von Weihnachten und Charles Dickens äußert, z.B. "Dickens' Christmas Tales" (SC: 22-25); "Dickens Again" (SC: 44-47); "The Modern Scrooge" (SC: 56-60); "Dickens at Christmas" (SC: 76f.) und "The Spirit of Christmas" (SC: 86-90, bes. 87).

Quellenverzeichnis

[CFB]   Chesterton, Gilbert Keith (1986): *The Complete Father Brown*. Harmondsworth: Penguin Books, 1981. Repr. 1986.

[CQT]   Chesterton, Gilbert Keith (1946): *The Club of Queer Trades*. Harmondsworth: Penguin Books.

[FBDA]   Chesterton, Gilbert Keith (1993): Father Brown and the Donnington Affair. In: *CWC, vol. 14*, pp. 129-158.

[FBH]   Chesterton, Gilbert Keith (1991-1993): *Alle Geschichten um Father Brown in fünf Bänden*. Hrsg. von Hanswilhelm Haefs. Zürich: Haffmans.

> Bd. 1 (1991): Father Browns Einfalt.
> Bd. 2 (1991): Father Browns Weisheit.
> Bd. 3 (1991): Father Browns Ungläubigkeit.
> Bd. 4 (1992): Father Browns Geheimnis.
> Bd. 5 (1993): Father Browns Skandal.

[FBKN]   Chesterton, Gilbert Keith (1974): *Father Brown. Selected Stories by G.K. Chesterton*. With an introduction by Ronald Knox. London: OUP, 1955. Repr. 1974.

[FBMM]   Chesterton, Gilbert Keith (1993): The Mask of Midas. In: *CWC, vol. 14*, pp. 403-417.

[FFF]   Chesterton, Gilbert Keith (1964): *Four Faultless Felons*. Beaconsfield: Darwen Finlayson, 1962. Repr. 1964.

[GAI]   Chesterton, Gilbert Keith (1988): *The Annotated Innocence of Father Brown*. Ed. by Martin Gardner. Oxford; etc.: OUP, 1987. Repr. 1988.

[MKM]   Chesterton, Gilbert Keith (1986): *The Man Who Knew Too Much*. New York: Carroll & Graf.

[PL]   Chesterton, Gilbert Keith (1929): *The Poet and the Lunatics. Episodes in the Life of Gabriel Gale*. London; etc.: Cassell.

[PMP]   Chesterton, Gilbert Keith (1990): *The Paradoxes of Mr. Pond*. New York: Dover.

[SEL]   Chesterton, Gilbert Keith (1971): *Selected Stories*. Moskva: Progress Publishers.

[SES]   Chesterton, Gilbert Keith (1990): *Seven Suspects*. Selected and arranged by Marie Smith. London: Xanadu.

[TD]   Chesterton, Gilbert Keith (1987): *Thirteen Detectives. Classic Mystery Stories by the Creator of Father Brown*. Selected and arranged by Marie Smith. London: Xanadu.

[TLB]   Chesterton, Gilbert Keith (1925): *Tales of the Long Bow*. London; etc.: Cassell.

[UP]   Chesterton, Gilbert Keith (1987): *Das unlösbare Problem. Zehn Pater-Brown-Geschichten*. Hrsg. von Karl Heinz Berger. 2. Aufl. Berlin: Das Neue Berlin.

[WFB]   Chesterton, Gilbert Keith (1993): *Father Brown. Selected Stories*. Ware: Wordsworth Editions, 1992. Repr. 1993.

[WRA]   Chesterton, Gilbert Keith (1981): *Wege am Rande des Abgrunds. Seltsame Detektivgeschichten*. Hrsg. von Ursula Wicklein. Leipzig: St. Benno.

Literaturverzeichnis

(a) Andere Werke Chestertons

[AB]   Chesterton, Gilbert Keith (1992): *Autobiography*. Sevenoaks: Fisher Press.

[ARO]   Chesterton, Gilbert Keith (1994): A.R. Orage: An Obituary. In: *CR XX.1*, pp.14-17.

[ATC]   Chesterton, Gilbert Keith (1910): *All Things Considered*. 6th ed. London: Methuen.

[BAC]   Chesterton, Gilbert Keith (1910): *The Ball and the Cross*. London: Wells Gardner, Darton.

[CL]   Chesterton, Gilbert Keith (1938): *The Coloured Lands*. London: Sheed & Ward.

[CM]   Chesterton, Gilbert Keith (1950): *The Common Man*. London: Sheed & Ward.

[CWC]   Chesterton, Gilbert Keith (since 1986): *The Collected Works of G.K. Chesterton*. Gen. ed. George J. Marlin; Richard P. Rabatin; John L. Swan. San Francisco: Ignatius Press.

> Vol. 1 (1986): Heretics, Orthodoxy, The Blatchford Controversies.
>
> Vol. 2 (1986): St. Francis of Assisi, The Everlasting Man, St. Thomas Aquinas.
>
> Vol. 6 (1991): The Club of Queer Trades, The Napoleon of Notting Hill, The Ball and the Cross, The Man Who Was Thursday.
>
> Vol. 14 (1993): Short Stories, Fairy Tales, Mystery Stories - Illustrations.
>
> Vol. 27 (1986): The Illustrated London News. 1905-1907.
>
> Vol. 28 (1987): The Illustrated London News. 1908-1910.
>
> Vol. 29 (1988): The Illustrated London News. 1911-1913.
>
> Vol. 30 (1988): The Illustrated London News. 1914-1916.
>
> Vol. 31 (1989): The Illustrated London News. 1917-1919.
>
> Vol. 32 (1989): The Illustrated London News. 1920-1922.
>
> Vol. 34 (1991): The Illustrated London News. 1926-1928.
>
> Vol. 35 (1991): The Illustrated London News. 1929-1931.

[DN]   Chesterton, Gilbert Keith (1986): *Daylight and Nightmare. Uncollected Stories and Fables*. Selected and arranged by Marie Smith. London: Xanadu.

[FI]   Chesterton, Gilbert Keith (undated): *The Flying Inn*. London: Library Press. (= The Minerva Edition)

[GWS]   Chesterton, Gilbert Keith (1955): *The Glass Walking-Stick and Other Essays from The Illustrated London News 1905-1936*. Ed. by Dorothy Collins. London: Methuen.

[HOA]   Chesterton, Gilbert Keith (1953): *A Handful of Authors. Essays on Books and Writers*. Ed. by Dorothy Collins. London.

[HWDS] Chesterton, Gilbert Keith (1984): How to Write a Detective Story. In: *CR X.2*, pp. 111-118.

[MA]   Chesterton, Gilbert Keith (1964): *Manalive*. Beaconsfield: Darwen Finlayson.

[MWT]   Chesterton, Gilbert Keith (1986): *The Man Who Was Thursday*. Harmondsworth: Penguin Books.

[NNH]   Chesterton, Gilbert Keith (1996): *The Napoleon of Notting Hill*. Ware: Wordsworth Editions.

[RDQ]   Chesterton, Gilbert Keith (1927): *The Return of Don Quixote*. London: Chatto & Windus.

[SC]   Chesterton, Gilbert Keith (1984): *The Spirit of Christmas. Stories, Poems, Essays*. Selected and arranged by Marie Smith. London: Xanadu.

[SEP]   Chesterton, Gilbert Keith (1935): *Stories, Essays and Poems*. London: J.M. Dent. (= Everyman's Library)

[TT]   Chesterton, Gilbert Keith (undated): *Tremendous Trifles*. London: Library Press. (= The Minerva Edition)

[UOD]   Chesterton, Gilbert Keith (undated): *The Uses of Diversity*. London: Library Press. (= The Minerva Edition)

[VAL]   Chesterton, Gilbert Keith (1944): *The Victorian Age in Literature*. 15th ed. London; New York; Toronto: OUP.

(b) Arbeiten zum Leben und Werk Chestertons

AMERY, Carl (1981): *G.K. Chesterton oder Der Kampf gegen die Kälte*. Freiburg; Heidelberg: F.H. Kerle. (= Sammlung Kerle; 3)

AMIS, Kingsley (1987): Four Fluent Fellows. In: Conlon, D.J. (ed.): *G.K. Chesterton. A Half Century of Views*, pp. 273-283.

ANTOR, Heinz (1991): Der Priester als Detektiv im Werk G.K. Chestertons. In: *Zwischen Dogma und säkularer Welt. Zur Erzählliteratur englischsprachiger katholischer Autoren im 20. Jahrhundert*. Hrsg. von Bernd Engler und Franz Link. Paderborn; etc.: Schöningh, S. 75-87. (= Beiträge zur englischen und amerikanischen Literatur; 11)

ASQUITH, Michael (1987): G.K. Chesterton: Prophet and Jester. In: Conlon, D.J. (ed.): *G.K. Chesterton. A Half Century of Views*, pp. 118-123.

AUDEN, W.H. (1987): The Gift of Wonder. In: Conlon, D.J. (ed.): *G.K. Chesterton. A Half Century of Views*, pp. 318-324.

BARKER, Dudley (1975): *G.K. Chesterton. A Biography*. New York: Stein & Day, 1973. Repr. 1975.

BELLOC, Hilaire (1987): On the Place of Gilbert Chesterton in English Letters. In: Conlon, D.J. (ed.): *G.K. Chesterton. A Half Century of Views*, pp. 39-45.

COCK, Douglas J. (1992): Chesterton in Fiction. In: *CR XVIII.3*, pp. 385-389.

CONLON, D.J. (ed., 1976): *G.K. Chesterton. The Critical Judgments. Part I: 1900-1937*. Antwerp: Antwerp Studies in English Literature.

CONLON, D.J. (ed., 1987): *G.K. Chesterton. A Half Century of Views*. Oxford; etc.: OUP.

COREN, Michael (1989): *Gilbert. The Man Who Was G.K. Chesterton*. London: Jonathan Cape.

DALE, Alzina Stone (1983): *The Outline of Sanity. A Biography of G.K. Chesterton*. Grand Rapids, Mich.: William B. Eerdmans, 1982. Repr. 1983.

DERUS, David L. (1977-78): The Chesterton Style: Patterns and Paradox. In: *CR IV.1*, pp. 45-64.

d'HAUSSY, Christiane (1996): Chesterton's Iconography of the Self, the Other and Space. In: *Inklings-Jahrbuch, Bd. 14*, S. 7-49.

DOOLEY, David J. (1980): Chesterton as Satirist. In: *CR VI.2*, pp. 233-253.

EDWARDS, H.W.J. (1990): G.K. Chesterton and the Welsh Nation. In: *CR XVI.2*, pp. 71-77.

EDWARDS, Owen Dudley (1985): The Innocence of Mr. Smith. F.E. Smith, First Earl of Birkenhead by John Campbell. Review. In: *CR XI.1*, pp. 66-86; *CR XI.2*, pp. 219-231.

EDWARDS, Owen Dudley (1987): The Annotated Innocence of Father Brown. Review. Part II. In: *CR XIII.3*, pp. 365-393.

EDWARDS, Owen Dudley (1989): The Immortality of Father Brown. In: *CR XV.3*, pp. 295-325.

EVANS, Maurice (1987): Background and Influences on Chesterton. In: Conlon, D.J. (ed.): *G.K. Chesterton. A Half Century of Views*, pp. 18-26.

FABRITIUS, Rudolf Matthias (1964): *Das Komische im Erzählwerk G.K. Chestertons*. Tübingen: Max Niemeyer. (= Studien zur englischen Philologie; N.F., 5)

FFINCH, Michael (1988): *G.K. Chesterton. A Biography*. London: George Weidenfeld & Nicolson, 1986. Repr. 1988.

GREENE, Douglas G. (1984): A Mastery of Miracles: G.K. Chesterton and John Dickson Carr. In: *CR X.3*, pp. 307-315.

GRIST, Anthony (1984): Kenneth More as Father Brown. In: *CR X.2*, pp. 177-182.

HOLLIS, Christopher (1970): *The Mind of Chesterton*. Coral Gables, Florida: University of Miami Press.

Inklings-Jahrbuch für Literatur und Ästhetik. Bd. 14 (1996). Hrsg. von Dieter Petzold. Moers: Brendow.

KENNER, Hugh (1948): *Paradox in Chesterton*. London: Sheed & Ward.

KNOX, Ronald (1987): G.K. Chesterton: The Man and his Work. In: Conlon, D.J. (ed.): *G.K. Chesterton. A Half Century of Views*, pp. 46-49.

KRANZ, Gisbert (1989): *GKC. Gilbert Keith Chesterton. Leben und Werk*. Katalog zur Ausstellung der Inklings-Gesellschaft in der Stadtsparkasse Aachen 4.-18. Dezember 1989.

KROETSCH, Judy A. (1986): Father Brown and Miss Marple: Similar Yet Unlike. In: *CR XII.3*, pp. 345-351.

LeVAY, John (1987): The Whiteness of The Horse Apocalypticism in *The Ballad of the White Horse*. In: *CR XIII.1*, pp. 73-82.

LEWIS, D.B. Wyndham (1987): Diamonds of the Gayest. In: Conlon, D.J. (ed.): *G.K. Chesterton. A Half Century of Views*, pp. 145-152.

MacGREGOR, Geddes (1990): Chesterton as Satirist. In: *CR XVI.2*, pp. 29-36.

MOHRDIECK, Werner (1940): *Gilbert Keith Chesterton als Katholik.* Masch. Diss. Hamburg.

MORRIS, Kevin L. (1995): Chesterton Sees Red: The Metaphysics of a Colour. In: *CR XXI.4*, pp. 505-517.

MÜLLEROTT, Martin (1955-56): Chesterton und sein Kreis. In: *Hochland 48.4*, S. 393-396.

NEUHAUS, Volker (1975): Father Brown and Rabbi Small. In: *Teilnahme und Spiegelung. Festschrift für Horst Rüdiger.* In Zusammenarb. mit Dieter Gutzen. Hrsg. von Beda Allemann und Erwin Koppen. Berlin; New York: Walter de Gruyter, S. 548-569.

NORDBERG, Nils (1984): Father Brown in Scandinavia. In: *CR X.2*, pp. 198-202.

O'CONNOR, John (1937): *Father Brown on Chesterton.* London: Frederick Muller.

PEARSON, Hesketh (1987a): G.K. Chesterton. In: Conlon, D.J. (ed.): *G.K. Chesterton. A Half Century of Views*, pp. 142-144.

PEARSON, Hesketh (1987b): Gilbert Keith Chesterton. In: Conlon, D.J. (ed.): *G.K. Chesterton. A Half Century of Views*, pp. 202-215.

REYNOLDS, Barbara (1984): G.K. Chesterton and Dorothy L. Sayers. In: *CR X.2*, pp. 136-157.

RIEDEL, Finn (1996): Mobility and Immobility in the Work of G.K. Chesterton, with Special Regard to the Winking of the Eye. In: *Inklings-Jahrbuch, Bd. 14*, S. 109-123.

ROBSON, W.W. (1969): G.K. Chesterton's "Father Brown" Stories. In: *The Southern Review, vol. 5. (N.S.)*, pp. 611-629.

SCHEICK, William J. (1977-78): The Twilight Harlequinade of Chesterton's Father Brown Stories. In: *CR IV.1*, pp. 104-114.

SCHELLER, Bernhard (1980): Paradoxie und Dualismen als Gesellschaftskritik? Notizen zum Werk Gilbert Keith Chestertons. In: *ZAA 28.2*, S. 148-154.

SCHENKEL, Elmar (1996): Paradoxie als Denkfigur: Ein Plädoyer für Gilbert Keith Chesterton. In: *Frankfurter Rundschau, 12.10.1996, Nr. 238*, S. ZB2.

SCHNELLE, Josef (1993): Father Brown oder die sanfte Intuition. Über Gilbert Keith Chesterton. In: *Die Horen. 38.4*, S. 39-46.

SCOTT, Dixon (1976): The Guilt of Mr. Chesterton. In: Conlon, D.J. (ed.): *G.K. Chesterton. The Critical Judgments. Part I*, pp. 265-268.

SYMONS, Julian (1984): "Julian Symons and the Detection Club". In: *CR X.2*, pp. 235-236.

WALL, Barbara (1979): Eric Gill, Hilary Pepler and the Ditchling Movement. In: *CR V.2*, pp. 165-187.

WARD, Maisie (1945): *Gilbert Keith Chesterton.* London: Sheed & Ward, 1944. Repr. 1945.

WARD, Maisie (1952): *Return to Chesterton.* London; New York: Sheed & Ward.

WHITE, Gertrude M. (1984): Mirror and Microcosm: Chesterton's Father Brown Stories. In: *CR X.2*, pp. 183-197.

WÖRTHER, Matthias (1984): *G.K. Chesterton - Das unterhaltsame Dogma. Begriffe des Glaubens als Entdeckungskategorien.* Frankfurt a.M.; etc.: Peter Lang. (= Europäische Hochschulschriften: Reihe 23, Theologie; 242)

(c) Arbeiten zur Linguistik (einschließlich Onomastik)

BACH, Adolf (1952ff.): *Deutsche Namenkunde.* Heidelberg: Carl Winter, Universitätsverlag.

Bd. I.1 und I.2 (1952f.): Die deutschen Personennamen.
Bd. II.1 und II.2 (1953f.): Die deutschen Ortsnamen.
Bd. III (1956): Registerband.

BAUER, Gerhard (1985): *Namenkunde des Deutschen.* Bern; Frankfurt a.M.; New York: Peter Lang. (= Germanistische Lehrbuchsammlung; 21)

BAUER, Gerhard (1995): Namenforschung im Verhältnis zu anderen Forschungsdisziplinen. In: *HSK, Bd. 11.1*, S. 8-23.

BERGIEN, Angelika (1993): Beobachtungen zum Gebrauch von Eigennamen in englischen Texten. In: *NI 63*, S. 20-27.

BERGIEN, Angelika (1996a): Aspects of Name Usage in a Textual Perspective. In: *ACG*, p. 38.

BERGIEN, Angelika (1996b): Struktur und Funktion von Eigennamen als Teil komplexer Nominalphrasen in unterschiedlichen englischen Textsorten. In: Gläser, Rosemarie (Hrsg.): *Eigennamen in der Fachkommunikation.* Frankfurt a.M.; etc.: Peter Lang, S. 35-45. (= Leipziger Fachsprachen-Studien; 12)

BERING, Dietz (1996): Die Namen der Juden und der Antisemitismus. In: *HSK, Bd. 11.2*, S. 1300-1310.

BOSSHART, Louis (1973): *Motive der Vornamengebung im Kanton Schaffhausen von 1960 bis 1970. Untersucht an den Gemeinden Beggingen, Beringen, Ramsen, Stein am Rhein, Thayngen und Wilchingen.* Diss. Freiburg i.d. Schweiz.

CHRISTOPH, Ernst-Michael (1986): *Studien zur Semantik von Eigennamen. (Ein Beitrag zur allgemeinen und deutschen Onomastik).* Masch. Diss. KMU Leipzig.

COLMAN, Andrew M.; HARGREAVES, David J.; SLUCKIN, Wladyslaw (1980): Psychological Factors Affecting Preferences for First Names. In: *Names 28.2*, pp. 113-129.

COTTLE, Basil (1978): *The Penguin Dictionary of Surnames.* 2nd ed. Harmondsworth: Penguin Books.

COTTLE, Basil (1983): *Names.* London: Thames & Hudson.

CRYSTAL, David (1995): *The Cambridge Encyclopedia of the English Language.* London; etc.: BCA.

DAXELMÜLLER, Christoph (1996): Namenmagie und Aberglaube, Namenmystik, Namenspott und Volksglaube, Namenbrauch und Frömmigkeit. In: *HSK, Bd. 11.2*, S. 1866-1875.

DEBUS, Friedhelm (1977): Aspekte zum Verhältnis Name - Wort. In: *Probleme der Namenforschung im deutschsprachigen Raum.* Darmstadt: Wissenschaftliche Buchgesellschaft, S. 3-25. (= Wege der Forschung; 383)

DEBUS, Friedhelm (1980): Onomastik. In: *Lexikon der Germanistischen Linguistik.* Hrsg. von Hans Peter Althaus; Helmut Henne; Herbert Ernst Wiegand. 2., vollst. neu bearb. u. erw. Aufl. Tübingen: Max Niemeyer, S. 187-198.

DEBUS, Friedhelm (1985): Zur Pragmatik von Namengebung und Namengebrauch. In: *BNF N.F. 20.3,* S. 305-343.

Der Name in Sprache und Gesellschaft. Beiträge zur Theorie der Onomastik (1973). Hrsg. von Ernst Eichler; Wolfgang Fleischer; Rudolf Große; Albrecht Neubert; Hans Walther. Berlin: Akademie-Verlag. (= Deutsch-Slawische Forschungen zur Namenkunde und Siedlungsgeschichte; 27)

Dictionary of First Names (1994). London: Tiger Books International.

DIETZ, Gunther (1995): *Titel wissenschaftlicher Texte.* Tübingen: Gunter Narr. (= Forum für Fachsprachen-Forschung; 26)

DION, Kenneth L. (1983): Names, Identity, and Self. In: *Names 31.4,* pp. 245-257.

DUNKLING, Leslie (1993): *The Guinness Book of Names.* 6th ed. Enfield: Guinness Publishing.

DUNKLING, Leslie; GOSLING, William (1994): *Everyman Dictionary of First Names.* 4th ed. London: J.M. Dent, 1993. Repr. 1994. (= Everyman)

DUNKLING, Leslie; WRIGHT, Gordon (1994): *The Wordsworth Dictionary of Pub Names.* Ware: Wordsworth Editions.

EICHLER, Ernst (1995): Entwicklung der Namenforschung. In: *HSK, Bd. 11.1,* S. 1-7.

FENDL, Josef (1992): *Namen gibt's ...!* München: W. Ludwig.

FLEISCHER, Wolfgang (1964): *Die deutschen Personennamen. Geschichte, Bildung und Bedeutung.* Berlin: Akademie-Verlag. (= Wissenschaftliche Taschenbücher; 20)

FLEISCHER, Wolfgang (1973): Variationen von Eigennamen. In: *Der Name in Sprache und Gesellschaft. Beiträge zur Theorie der Onomastik.* Hrsg. von Ernst Eichler [...], S. 52-63.

FLEISCHER, Wolfgang (1992): *Name und Text. Ausgewählte Studien zur Onomastik und Stilistik.* Zum 70. Geburtstag herausgegeben und eingeleitet von Irmhild Barz; Ulla Fix; Marianne Schröder. Tübingen: Max Niemeyer.

FLEISCHER, Wolfgang (1995): Stilistische Funktion der Namen in nichtliterarischen Texten. In: *HSK, Bd. 11.1,* S. 556-560.

FLEISCHER, Wolfgang; BARZ, Irmhild (1995): *Wortbildung der deutschen Gegenwartssprache.* 2., durchges. und erg. Aufl. Tübingen: Max Niemeyer.

FRANK, Rainer (1977): *Zur Frage einer schichtenspezifischen Personennamengebung. Namenkundliche Sammlung, Analyse und Motivuntersuchung über den Kreis und die Stadt Segeberg.* Neumünster: Karl Wachholtz. (= Kieler Beiträge zur deutschen Sprachgeschichte; 1)

FRANK, Rainer (1980): Das Image von Rufnamen. Eine Studie zur empirischen Psychoonomastik. In: *Onoma XXIV.1,* S. 26-44.

GELLING, Margaret (1992): *Signposts to the Past. Place-Names and the History of England.* 2nd ed. Chichester: Phillimore, 1988. Repr. 1992.

298

GLÄSER, Rosemarie (Hrsg., 1986): *Eigenname und Terminus. Beiträge zur Fachsprachenonomastik.* Leipzig. (= NI, Beih. 9)

GLÄSER, Rosemarie (1990): Substitution von Eigennamen in britischen und amerikanischen Pressetexten. In: *Studia Onomastica VI. Ernst Eichler zum 60. Geburtstag,* S. 87-95. (= NI, Beih. 13/14)

GLÄSER, Rosemarie (1995): Eigennamen in Wissenschafts- und Techniksprache. In: *HSK, Bd. 11.1,* S. 527-533.

GLÄSER, Rosemarie (1996): Gegenstand, Ziel und Methoden der Fachsprachenonomastik. In: Dies. (Hrsg.): *Eigennamen in der Fachkommunikation.* Frankfurt a.M.; etc.: Peter Lang, S. 15-33. (= Leipziger Fachsprachen-Studien; 12)

GRAUSTEIN, Gottfried; THIELE, Wolfgang (1987): *Properties of English Texts.* Leipzig: Verlag Enzyklopädie. (= Linguistische Studien)

HANSACK, Ernst (1990): *Bedeutung, Begriff, Name.* Regensburg: S. Roderer. (= Studia et exempla linguistica et philologica: Ser. 2., Studia minora; 1)

HANSEN, Klaus (1964): *Abriß der modernen Wortbildung.* Potsdam: Pädagogische Hochschule. (= Lehrbriefe für das Fernstudium der Lehrer)

HARDER, Kelsie B. (1995): Name Studies in North America. In: *HSK, Bd. 11.1,* S. 251-253.

HARTMANN, Torsten (1984): Ein empirischer Beitrag zur Psychoonomastik. In: *BNF N.F. 19.3,* S. 335-355.

HENGST, Karlheinz (1984): Terminologische Präzisierungen. Zur soziologischen Differenzierung, Synchronie und Diachronie bei der Untersuchung des Integrationsprozesses. In: *Sprachkontakt im Wortschatz. Dargestellt an Eigennamen.* KMU Leipzig, S. 64-66.

HENGST, Karlheinz (1994): Onyme als Strukturelemente in Texten der russischen Umgangssprache. In: *Wort und Text. Slavistische Beiträge zum 65. Geburtstag von Wolfgang Sperber,* S. 59-65.

HENGST, Karlheinz (1995): Methoden und Probleme der sprachgeschichtlich-etymologischen Namenforschung. In: *HSK, Bd. 11.1,* S. 318-323.

HENGST, Karlheinz (1996): Eigennamen und Text. In: *ACG,* pp. 78f.

JEHLE, Lorenz (1996): Gasthausnamen. In: *HSK, Bd. 11.2,* S. 1601-1606.

KALVERKÄMPER, Hartwig (1976): *Eigennamen und Kontext.* Diss. Bielefeld.

KALVERKÄMPER, Hartwig (1978): *Textlinguistik der Eigennamen.* Stuttgart: Klett-Cotta.

KALVERKÄMPER, Hartwig (1994): Eigennamen in Texten. In: *Text und Grammatik. Festschrift für Roland Harweg zum 60. Geburtstag.* Hrsg. von Peter Canisius; Clemens-Peter Herbermann; Gerhard Tschauder. Bochum: Universitätsverlag Dr. Norbert Brockmeyer, S. 205-238.

KALVERKÄMPER, Hartwig (1995a): KONTAKTONOMASTIK - Namen als Brücken in der Begegnung von Menschen und Kulturen. In: *Studia Onomastica IX,* S. 142-163. (= NI, Beih. 18)

KALVERKÄMPER, Hartwig (1995b): Textgrammatik und Textsemantik der Eigennamen. In: *HSK, Bd. 11.1,* S. 440-447.

KANY, Werner (1992): *Inoffizielle Personennamen. Bildung, Bedeutung und Funktion.* Tübingen: Max Niemeyer. (= Reihe Germanistische Linguistik; 127)

KATZ, Rosa (1964): *Psychologie des Vornamens.* Bern; Stuttgart: Hans Huber. (= Beih. zur Schweizer Zs. für Psychologie und ihre Anwendungen; 48)

KOSS, Gerhard (1990): *Namenforschung. Eine Einführung in die Onomastik.* Tübingen: Max Niemeyer. (= Germanistische Arbeitshefte; 34)

KOSS, Gerhard (1994): Namenkunde als "Sprachkunde" und "Deutschkunde". In: *RNK, Bd. 4,* S. 351-358.

KOSS, Gerhard (1996a): Warennamen. In: *HSK, Bd. 11.2,* S. 1642-1648.

KOSS, Gerhard (1996b): Warennamen-, Firmennamenrecht. In: *HSK, Bd. 11.2,* S. 1795-1802.

KRIEN, Reinhard (1973): *Namenphysiognomik. Untersuchungen zur sprachlichen Expressivität am Beispiel von Personennamen, Appellativen und Phonemen des Deutschen.* Tübingen: Max Niemeyer.

KRÜGER, Dietlind (1994): Namen in Texten. In: *Wort und Text. Slavistische Beiträge zum 65. Geburtstag von Wolfgang Sperber,* S. 109-115.

KRÜGER, Dietlind (1995): Zu textbezogenen Analysen von Onymen. In: *Studia Onomastica IX,* S. 164-171. (= NI, Beih. 18)

KÜHN, Ingrid (1995): Decknamen. Zur Pragmatik von inoffiziellen Personenbenennungen. In: *HSK, Bd. 11.1,* S. 515-520.

LAWSON, Edwin D. (1992): Psychological Dimensions of Women's Names: A Semantic Differential Analysis. In: *NI 61/62,* S. 35-71.

LIETZ, Gero (1994): Eigennamen und Reform der deutschen Rechtschreibung. In: *NI 65/66,* S. 23-37.

LÖTSCHER, Andreas (1995): Der Name als lexikalische Einheit: Denotation und Konnotation. In: *HSK, Bd. 11.1,* S. 448-457.

McDONALD, Fred; CRESSWELL, Julia (1993): *The Guinness Book of British Place Names.* Enfield: Guinness Publishing.

MILLS, A.D. (1993): *A Dictionary of English Place-Names.* Oxford; etc.: OUP.

Namenforschung/Name Studies/Les noms propres. Ein internationales Handbuch zur Onomastik (1995-1996). Hrsg. von Ernst Eichler; Gerold Hilty; Heinrich Löffler; Hugo Steger; Ladislav Zgusta. (= HSK; 11.1 und 11.2)

NAUMANN, Horst (1975): Nummer und Name. Diskussionsbeitrag zur Theorie des Eigennamens. In: *NI 27,* S. 6-16.

NICOLAISEN, W.F.H. (1976a): Words as Names. In: *Onoma XX.1,* pp. 142-163.

NICOLAISEN, W.F.H. (1978a): Are There Connotative Names? In: *Names 26.1,* pp. 40-47.

NICOLAISEN, W.F.H. (1985): Socio-onomastics. In: *ESG (Plenum).* Leipzig, S. 118-132.

NICOLAISEN, W.F.H. (1995a): Name and Appellative. In: *HSK, Bd. 11.1,* S. 384-393.

NORD, Christiane (1993): *Einführung in das funktionale Übersetzen. Am Beispiel von Titeln und Überschriften.* Tübingen; Basel: Francke. (= UTB für Wissenschaft: Uni-Taschenbücher; 1734)

PODOL'SKAJA, N[atal'ja] V[ladimirovna] (1988): Slovar' russkoj onomastičeskoj terminologii. 2-e izd. Moskva: Nauka.

PULGRAM, Ernst (1954): Theory of Names. In: *BNF 5*, S. 149-196.

RAKUSA, Ilma (1986): Ich heiße, also bin ich. In: *Namenzauber. Erzählungen vom eigenen Namen.* Hrsg. von Eva-Maria Alves. Frankfurt a.M.: Suhrkamp, S. 167-171.

RIS, Roland (1977): Nameneinschätzung und Namenwirklichkeit. Ein Beitrag zur empirischen Sozioonomastik. In: *Onoma XXI.3*, pp. 557-576.

ROOM, Adrian (1991): *A Dictionary of Pseudonyms and Their Origins, with Stories of Name Changes.* Chicago; London: St. James Press, 1989. Repr. 1991.

ROOM, Adrian (1992a): *Brewer's Dictionary of Names.* London; New York: Cassell.

ROOM, Adrian (1993): *Dictionary of Place-Names in the British Isles.* Enderby, Leicester: Bookmart, 1988. Repr. 1993.

RUOFF, Arno (1995): Naive Zugänge zur Namenforschung. In: *HSK, Bd. 11.1*, S. 360-367.

SANDIG, Barbara (1995): Namen, Stil(e), Textsorten. In: *HSK, Bd. 11.1*, S. 539-551.

SCHIPPAN, Thea (1992): *Lexikologie der deutschen Gegenwartssprache.* Tübingen: Max Niemeyer.

SCHMIDT, Wilhelm (1972): *Deutsche Sprachkunde. Ein Handbuch für Lehrer und Studierende. Mit einer Einführung in die Probleme des sprachkundlichen Unterrichts.* 7., bearb. Aufl. Berlin: Volk und Wissen.

SEEMAN, Mary V. (1983): The Unconscious Meaning of Personal Names. In: *Names 31.4*, pp. 237-244.

SEIBICKE, Wilfried (1982): *Die Personennamen im Deutschen.* Berlin; New York: Walter de Gruyter. (= Sammlung Göschen; 2218)

SEIBICKE, Wilfried (1996): Traditionen der Vornamengebung. Motivationen, Vorbilder, Moden: Germanisch. In: *HSK, Bd. 11.2*, S. 1207-1214.

SMITH, Grant (1996): Phonetic Symbolism in the Names of Politicians. In: *ACG*, p. 120.

SONDEREGGER, Stefan (1985a): Namengeschichte als Bestandteil der deutschen Sprachgeschichte. In: *HSK, Bd. 2.2*, S. 2039-2067.

SONDEREGGER, Stefan (1985b): Terminologie, Gegenstand und interdisziplinärer Bezug der Namengeschichte. In: *HSK, Bd. 2.2*, S. 2067-2087.

SONDEREGGER, Stefan (1987): Die Bedeutsamkeit der Namen. In: *LiLi 67*, S. 11-23.

Sprachgeschichte. Ein Handbuch zur Geschichte der deutschen Sprache und ihrer Erforschung (1984-1985). Hrsg. von Werner Besch; Oskar Reichmann; Stefan Sonderegger. (= HSK; 2.1 und 2.2)

ULLMANN, Stephen (1973): *Semantik. Eine Einführung in die Bedeutungslehre.* Frankfurt a.M.: S. Fischer.

VAN LANGENDONCK, Willy (1995): International Onomastic Organizations. Activities, Journals, and Collections. In: HSK, *Bd. 11.1*, S. 277-280.

VERSTAPPEN, Peter (1982): *The Book of Surnames. Origins and Oddities of Popular Names*. London: Sphere Books.

WALTHER, Hans (1976): Nummer und Name. Zum gleichnamigen Beitrag von H. Naumann in "Nkdl. Inform." Heft 27, Oktober 1975, S. 6ff. In: *NI 28*, S. 24-27.

WALTHER, Hans (1990): *Die Namenforschung als historische Hilfswissenschaft: Eigennamen als Geschichtsquelle*. Potsdam. (= Studienmaterialien für die Aus- und Weiterbildung von Archivaren; 1)

WEBER, Erika (1995): Sekundär semantisch motivierte Ortsnamen und das Problem der Interpretamenta im Historischen Ortsnamenbuch von Sachsen. In: *"Dauer im Wechsel". Akten des namenkundlichen Symposiums auf dem Weißenstein bei Solothurn vom 21. bis zum 23. September 1995*. Hrsg. von Rolf Max Kully, S. 103-111. (= Solothurnisches Orts- und Flurnamenbuch; Beih. 1)

WERLEN, Iwar (1996): Namenprestige, Nameneinschätzung. In: *HSK, Bd. 11.2*, S. 1738-1743.

WIESINGER, Peter (1995): Die Bedeutung der Eigennamen: Volksetymologien. In: *HSK, Bd. 11.1*, S. 463-471.

WITKOWSKI, Teodolius (1964): *Grundbegriffe der Namenkunde*. Berlin: Akademie-Verlag. (= Deutsche Akademie der Wissenschaften zu Berlin. Vorträge und Schriften; 91)

WITKOWSKI, Teodolius (1995): Probleme der Terminologie. In: *HSK, Bd. 11.1*, S. 288-294.

WOLF, Ursula (Hrsg., 1993): *Eigennamen. Dokumentation einer Kontroverse*. Frankfurt a.M.: Suhrkamp. (= Suhrkamp-Taschenbuch Wissenschaft; 1057)

Wort und Text. Slavistische Beiträge zum 65. Geburtstag von Wolfgang Sperber (1994). Hrsg. von Ernst Eichler; Kersten Krüger; Astrid Thiele. Frankfurt a.M.; etc.: Peter Lang. (= Beiträge zur Slavistik; 26)

WOTJAK, Gerd (1985): Zur Semantik der Eigennamen. In: *NI 48*, S. 1-17.

(d) Arbeiten zur literarischen Onomastik

ASCHENBERG, Heidi (1991): *Eigennamen im Kinderbuch. Eine textlinguistische Studie*. Tübingen: Gunter Narr. (= Tübinger Beiträge zur Linguistik; 351)

ASHLEY, Leonard R.N. (1984): "The Sausage Machine": Names in the Detective Fiction of Dame Agatha Christie. In: *LOS XI*, pp. 1-36.

BERGER, Dieter A. (1982): Aspekte der Anrede in Samuel Richardsons "Pamela". In: *Germanisch-romanische Monatsschrift. N.F. 32*, S. 174-191.

BIRUS, Hendrik (1978): *Poetische Namengebung. Zur Bedeutung der Namen in Lessings "Nathan der Weise"*. Göttingen: Vandenhoeck & Ruprecht. (= Palaestra; 270)

BIRUS, Hendrik (1985): Heißenbüttels Namenspektrum. In: *ESG (Sektion 6)*. Leipzig, S. 22-29.

BIRUS, Hendrik (1987): Vorschlag zu einer Typologie literarischer Namen. In: *LiLi 67*, S. 38-51.

BIRUS, Hendrik (1989): Vorschlag zu einer Typologie literarischer Namen, exemplifiziert an Heißen-büttels Namenspektrum. In: *Namen in deutschen literarischen Texten des Mittelalters*, S. 17-41.

BROWN, Russell E. (1991): *Names in Modern German Literature. Essays on Character- and Place-Name Selection by Twentieth Century German Authors.* Stuttgart: Hans-Dieter Heinz, Akademischer Verlag. (= Stuttgarter Arbeiten zur Germanistik; 247)

BURELBACH, Frederick M. (1995): The Stylistic Function of Names in Comics. In: *HSK, Bd. 11.1*, S. 582-585.

CROME, Emilia (1985): Zum Status der charakterisierenden Namen (anhand von Beispielen aus Werken von V. Šukšin). In: *ESG (Sektion 6)*. Leipzig, S. 30-36.

DIAMENT, Henri (1996a): Gallic Joys of Joyce: On Translating Some Names in *Finnegans Wake* into French. In: *Names 44.2*, pp. 83-104.

DIAMENT, Henri (1996b): On the Translatability of Proper Names in James Joyce's Finnegans Wake: The Case of the French Translation. In: *ACG*, pp. 55f.

DOLNY, Christoph (1996): *Literarische Funktionen der Personeneigennamen in den Novellen und Erzählungen von I.S. Turgenev.* Bern; etc.: Peter Lang. (= Slavica Helvetica; 51)

DORNSEIFF, F[ranz] (1940): Redende Namen I und II. In: *Zeitschrift für Namenforschung 16.1 und 16.3*, S. 24-38 und S. 215-218.

EIS, Gerhard (1970): *Vom Zauber der Namen. Vier Essays.* Berlin: Erich Schmidt.

ERPENBECK, Dirk-Gerd (1976): Namengebung in Agatha Christies Detektivromanen. Ein Beitrag zur stilistischen Onomastik. In: *Sprachnetze. Studien zur literarischen Sprachverwendung.* Hrsg. von Gerhard Charles Rump. Hildesheim; New York: Georg Olms, S. 87-117.

FERGUSON, Paul F. (1978): The Name is Marlowe. In: *LOS V*, pp. 220-231.

FRITZSCHE, Joachim (1994): Namenspiele und literarische Taufakte. Schreibaufgaben zu Namen. In: *RNK, Bd. 4*, S. 55-64.

GERBER, Richard (1963): Die Magie der Namen bei Henry James. In: *Anglia 81*, S. 175-197.

GERBER, Richard (1964a): Wege zu Gottfried Kellers letztem Namen. Ein Versuch über dichterische Onomastik. In: *BNF 15.3*, S. 308-330.

GERBER, Richard (1964b): Zur Namengebung bei Defoe. In: *Festschrift für Walter Hübner.* Hrsg. von Dieter Riesner und Helmut Gneuss. Berlin: Erich Schmidt, S. 227-233.

GERBER, Richard (1965): Vom Geheimnis der Namen. Eine onomastische Studie über Lessings dramatisches Werk. In: *Neue Rundschau 76.4*, S. 573-586.

GERBER, Richard (1972): Namen als Symbol. Über Sherlock Holmes und das Wesen des Kriminal-romans. In: *Neue Rundschau 83.3*, S. 499-513.

GERUS-TARNAWECKY, Iraida (1968): Literary Onomastics. In: *Names 16.4*, pp. 312-324.

GERUS-TARNAWECKY, Iraida (1969): Names of Mountains in Poetry. In: *PCW, vol. 1*, pp. 149-159.

GRABES, Herbert (1978): Wie aus Sätzen Personen werden .... Über die Erforschung literarischer Figu-ren. In: *Poetica. Zeitschrift für Sprach- und Literaturwissenschaft 10.4*, S. 405-428.

GUTSCHMIDT, Karl (1976): Eigennamen im Werk des bulgarischen Klassikers Ivan Vazov. In: *Linguistische Studien A 30.* Berlin, S. 182-196.

GUTSCHMIDT, Karl (1980): Bemerkungen zum Gegenstand und zu den Aufgaben der poetischen (literarischen) Onomastik. In: *Linguistische Studien A 73/I.* Berlin, S. 110-115.

GUTSCHMIDT, Karl (1981): Namen in Kriminalromanen von DDR-Schriftstellern. In: *Studia Onomastica II,* S. 26-39. (= NI, Beih. 3)

GUTSCHMIDT, Karl (1982): Zur Funktion der Warennamen in der Literatur. In: *Studia Onomastica III,* S. 20-27. (= NI, Beih. 4)

GUTSCHMIDT, Karl (1984a): Eigennamen in der Literatur. In: *Namenkundliche Studien, Berichte 5.* Berlin, S. 7-38.

GUTSCHMIDT, Karl (1984b): Zur Funktion der Eigennamen in der modernen tschechischen Prosa und Probleme ihrer Wiedergabe im Deutschen. In: *Zeitschrift für Slawistik 29.3,* S. 452-457.

GUTSCHMIDT, Karl (1985): Namenarten und Namenklassen in der schönen Literatur. In: *ESG (Sektion 6).* Leipzig, S. 62-69.

HANNO-WEBER, Sabine (1997): *Namengebungsmotivationen zeitgenössischer Hamburger Autoren. Eine empirische Untersuchung zur Literarischen Onomastik.* Frankfurt a.M.; etc.: Peter Lang. (= Europäische Hochschulschriften: Reihe 1, Deutsche Sprache und Literatur; 1598)

HELLFRITZSCH, Volkmar (1973): Zum Problem der stilistischen Funktion von Namen. In: *Der Name in Sprache und Gesellschaft. Beiträge zur Theorie der Onomastik.* Hrsg. von Ernst Eichler [...], S. 64-73.

HENGST, Karlheinz; SOBANSKI, Ines (im Druck): Eigennamen als Strukturelemente im literarischen Text. Erscheint in: *English in the Modern World. Festschrift für Hartmut Breitkreuz.*

KANY, Werner (1995): Der Dünne Mann. Spitznamen als literarische Chiffren. In: *NI 67/68,* S. 40-48.

KAPFHAMMER, Günther (1995): Stilistische Funktion der Namen in Märchen und Sagen. In: *HSK, Bd. 11.1,* S. 573-576.

KÖGLER, Heidemarie (1981): *Namengebung und Namengebrauch im literarischen Werk (dargestellt an Hermann Kants Romanen "Die Aula" und "Das Impressum").* Masch. Diss. KMU Leipzig.

KÖGLER, Heidemarie (1985): Zu einigen Aspekten der literarischen Onomastik - dargestellt an den Romanen von Hermann Kant. In: *ESG (Sektion 6).* Leipzig, S. 86-91.

KOPELKE, Bettina (1990): *Die Personennamen in den Novellen Maupassants.* Frankfurt a.M.; etc.: Peter Lang. (= Bonner romanistische Arbeiten; 34)

KRÜGER, Dietlind (1996): Namen in Texten. In: *ACG,* pp. 93f.

KRÜGER, Dietlind (1997): Eigennamen als exklusiv markierte Sprachzeichen im sorbischen Kinder- und Jugendbuch. In: *Wort und Name im deutsch-slavischen Sprachkontakt. Ernst Eichler von seinen Schülern und Freunden.* Hrsg. von Karlheinz Hengst, Dietlind Krüger und Hans Walther, unter Mitarbeit von Inge Bily. Köln; Weimar; Wien: Böhlau, S. 463-480. (= Bausteine zur Slavischen Philologie und Kulturgeschichte. Reihe A: Slavistische Forschungen; N.F., 20).

LAMPING, Dieter (1983): *Der Name in der Erzählung. Zur Poetik des Personennamens.* Bonn: Bouvier Verlag Herbert Grundmann. (= Wuppertaler Schriftenreihe Literatur; 21)

LAUR, Wolfgang (1979): Der Gebrauch von Ortsnamen in der schönen Literatur. In: *BNF N.F. 14.2*, S. 121-128.

LeVAY, John P. (1990): Names and Natures in *The Poet and the Lunatics*. In: *CR XVI.3-4*, pp. 245-251.

LIETZ, Gero (1992): *Eigennamen in der norwegischen Gegenwartssprache. Probleme ihrer Wiedergabe im Deutschen am Beispiel belletristischer Texte*. Frankfurt a.M.; etc.: Peter Lang. (= Europäische Hochschulschriften: Reihe 21, Linguistik; 109)

MÜLLER, Wolfgang G. (1991): Namen als intertextuelle Elemente. In: *Poetica. Zeitschrift für Sprach- und Literaturwissenschaft 23.1-2*, S. 139-165.

NAGEL, Rainer (1995): Normenvorgabe in der literarischen Übersetzung. Illustriert an den Eigennamen in J.R.R. Tolkiens *The Lord of the Rings*. In: *ZAA 43.1*, S. 1-10.

Namen in deutschen literarischen Texten des Mittelalters. Vorträge Symposion Kiel, 9.-12.9.1987, (1989). Hrsg. von Friedhelm Debus; Horst Pütz. Neumünster: Karl Wachholtz. (= Kieler Beiträge zur deutschen Sprachgeschichte; 12)

NICOLAISEN, W.F.H. (1976b): The Place-Names of Barsetshire. In: *LOS III*, pp. 1-21.

NICOLAISEN, W.F.H. (1978b): Recognition and Identity: Place Names as Keys and Disguises in the Regional Novel. In: *Onomastica 53*, pp. 1-9.

NICOLAISEN, W.F.H. (1979): Literary Names as Text: Personal Names in Sir Walter Scott's *Waverley*. In: *Nomina 3*, pp. 29-39.

NICOLAISEN, W.F.H. (1986a): Names as Intertextual Devices. In: *Onomastica Canadiana 68.2*, pp. 58-66.

NICOLAISEN, W.F.H. (1986b): The Structure and Function of Names in English Literature. In: *Studia Anglica Posnaniensia 18*, pp. 139-152.

NICOLAISEN, W.F.H. (1987): The Place-Names of Wessex. In: *Names in Literature. Essays from Literary Onomastics Studies*. Ed. by Grace Alvarez-Altman; Frederick M. Burelbach. Lanham; New York; London: University Press of America, pp. 35-45.

NICOLAISEN, W.F.H. (1993): Onomastic Interaction in the Waverley Novels. In: *Scott in Carnival. Selected Papers from the Fourth International Scott Conference Edinburgh, 1991*. Ed. by J.H. Alexander; David Hewitt. Aberdeen, pp. 133-143.

NICOLAISEN, W.F.H. (1995b): Names in English Literature. In: *HSK, Bd. 11.1*, S. 560-568.

NYKIEL-HERBERT, Barbara (1996): Applied Onomastics: Naming and Identity in Early Literacy Materials. In: *ACG*, p. 104.

PAEFGEN, Elisabeth Katharina (1993): Wie fangen Romane an? Lese-Orientierung durch Namen. In: *Praxis Deutsch 20. 122*, S. 53-60.

PALME, Andreas (1990): *Die Personennamen im Ulysses. Eine Studie zur literarischen Onomastik bei James Joyce*. Erlangen: Palm & Enke. (= Erlanger Studien; 82)

PEUCKMANN, Heinrich (1994): Über die Namengebung in literarischen Texten. Ein Werkstattbericht. In: *RNK, Bd. 4*, S. 65-69.

RAJEC, Elizabeth M. (1977a): *Literarische Onomastik. Eine Bibliographie.* Heidelberg: Carl Winter, Universitätsverlag. (= BNF N.F., Beih. 12)

RAJEC, Elizabeth M. (1977b): *Namen und ihre Bedeutungen im Werke Franz Kafkas. Ein interpretatorischer Versuch.* Bern; Frankfurt a.M., Las Vegas: Peter Lang. (= Europäische Hochschulschriften: Reihe 1, Deutsche Literatur und Germanistik; 186)

RAJEC, Elizabeth M. (1978): *The Study of Names in Literature: A Bibliography.* New York: K.G. Saur.

RAJEC, Elizabeth M. (1981): *The Study of Names in Literature: A Bibliography. Supplement.* München; etc.: K.G. Saur.

RANDEL, William (1990): Names for Their Cities: Toponymic Invention by Sinclair Lewis, William Faulkner, and Other American Realists. In: *PCH, vol. 2*, pp. 247-254.

RÖLLEKE, Heinz (1976): Kann man das Wesen gewöhnlich aus dem Namen lesen? Zur Bedeutung der Namen in der *Judenbuche* der Annette von Droste-Hülshoff. In: *Euphorion. Zeitschrift für Literaturgeschichte 70.4*, S. 409-414.

ROOM, Adrian (1989): The Case for Casterbridge: Thomas Hardy as Placename Creator. In: *Names 37.1*, pp. 1-17.

ROOM, Adrian (1992b): Literary Linkage: The Naming of Serial Novels. In: *Names 40.2*, pp. 123-128.

ROSUMEK, Silke (1989): Techniken der Namennennung in Wolframs von Eschenbach "Parzival". In: *Namen in deutschen literarischen Texten des Mittelalters*, S. 189-203.

ROTHE, Arnold (1986): *Der literarische Titel. Funktionen, Formen, Geschichte.* Frankfurt a.M.: Vittorio Klostermann. (= Das Abendland; N.F., 16)

RUDNYĆKYJ, J[aroslav] B[ohdan] (1959): Functions of Proper Names in Literary Work. In: *Stil- und Formprobleme in der Literatur. Vorträge des VII. Kongresses der Internationalen Vereinigung für moderne Sprachen und Literaturen in Heidelberg.* Hrsg. von Paul Böckmann. Heidelberg: Carl Winter, Universitätsverlag, S. 378-383.

RÜMMELE, Doris (1969): *Mikrokosmos im Wort. Zur Ästhetik der Namengebung bei Thomas Mann.* Diss. Bamberg.

RŪĶE-DRAVIŅA, Velta (1976): Personennamen in der schöngeistigen Literatur unter soziologischem Blickwinkel. In: *Linguistische Studien A 30.* Berlin, S. 174-181.

SAUERBECK, Karl Otto (1996): Beziehungen zwischen Eigennamen in der Literatur. In: *BNF N.F. 31.4*, S. 407-424.

SCHILDBERG-SCHROTH, Gerhard (1985): "Das große Carthago führte drei Kriege..." - Eine Bemerkung zur Fiktionalität des Nomen Propriums. In: *ESG (Sektion 6).* Leipzig, S. 142-147.

SCHILDBERG-SCHROTH, Gerhard (1995): *Eigenname und Literarizität.* Neumünster: Wachholtz. (= Kieler Beiträge zur deutschen Sprachgeschichte; 16)

SCHILLEMEIT, Jost (1982): Namen, Poesie und Geschichte. Gedanken zu Hendrik Birus' Buch über "poetische Namengebung". In: *Germanisch-romanische Monatsschrift 63 N.F. 32.1*, S. 85-96.

SCHIRMER, Heidemarie (1992): Namengebung und Namengebrauch in Texten für junge Leser. In: *NI 61/62*, S. 27-34.

SCHIRMER, Heidemarie (1994): "Die unendliche Geschichte" - ein onomastischer Roman? In: *NI 65/66*, S. 38-52.

SCHMIDT-BRÜMMER, Horst (1971): *Formen des perspektivischen Erzählens: Fontanes "Irrungen Wirrungen".* München: Wilhelm Fink.

SCHRÖDER, Werner (1981): *Die Namen im "Parzival" und im "Titurel" Wolframs von Eschenbach.* Berlin; New York: Walter de Gruyter.

SCHWANKE, Martina (1992): *Name und Namengebung bei Goethe. Computergestützte Studien zu epischen Werken.* Heidelberg: Carl Winter, Universitätsverlag. (= BNF N.F., Beih. 38)

SIEGRIST, Hansmartin (1995): Stilistische Funktion der Namen im Spielfilm. In: *HSK, Bd. 11.1*, S. 576-582.

SKUTIL, J. (1974): Onomastische Probleme bei der Interpretation eines literarischen Werkes. In: *NI 24*, S. 15-19.

SOBANSKI, Ines (1995): Zur Namengebung in den Detektivgeschichten von Gilbert Keith Chesterton. Untersuchungen zum Verhältnis proprialer und nichtproprialer Lexik im Text. In: *Texte als Gegenstand linguistischer Forschung und Vermittlung. Festschrift für Rosemarie Gläser.* Hrsg. von Ines-Andrea Busch-Lauer; Sabine Fiedler; Marion Ruge. Frankfurt a.M.; etc.: Peter Lang, S. 205-215. (= Leipziger Fachsprachen-Studien; 10)

SOLTÉSZ, Katalin J. (1978): Die stilistische Funktion der Eigennamen. In: *Onoma XXII.1-2*, pp. 382-387.

SORGENFREI, Günter (1970): Personennamen in Titeln literarischer Werke. In: *Sprachpflege. Zeitschrift für gutes Deutsch 19.3*, S. 52-56.

SORNIG, Karl (1978): Strategien literarischer Namengebung. In: *PCC*, pp. 447-458.

STERN, Annegret (1984): Der Eigenname als sprachliches Gestaltungsmittel in der Erzählung (am Beispiel des Zyklus "Večeri v Antimovskija chan" von Jordan Jovkov). In: *Namenkundliche Studien, Berichte 5.* Berlin, S. 39-44.

STIEGLER, Bernd (1994): *Die Aufgabe des Namens. Untersuchungen zur Funktion der Eigennamen in der Literatur des zwanzigsten Jahrhunderts.* München: Wilhelm Fink.

THIES, Henning (1978): *Namen im Kontext von Dramen. Studien zur Funktion von Personennamen im englischen, amerikanischen und deutschen Drama.* Frankfurt a.M.; Bern; Las Vegas: Peter Lang. (= Sprache und Literatur. Regensburger Arbeiten zur Anglistik und Amerikanistik; 13)

TROST, Pavel (1986): Die Grundlage der literarischen Onomastik. In: *NI 50*, S. 22-23.

TYROFF, Siegmar (1975): *Namen bei Thomas Mann in den Erzählungen und den Romanen Buddenbrooks, Königliche Hoheit, Der Zauberberg.* Bern: Herbert Lang. Frankfurt a.M.: Peter Lang. (= Europäische Hochschulschriften: Reihe 1, Deutsche Literatur und Germanistik; 102)

WEBER, Erika (1996): Namen im Sagenbuch des Königreichs Sachsen. In: *ACG*, p. 132.

WITTSTRUCK, Wilfried (1987): *Der dichterische Namengebrauch in der deutschen Lyrik des Spätmittelalters.* München: Wilhelm Fink. (= Münstersche Mittelalter-Schriften; 61)

(e) Arbeiten zur Literaturwissenschaft/Detektivliteratur

ALEWYN, Richard (1992): Anatomie des Detektivromans. In: Vogt, Jochen (Hrsg.): *Der Kriminalroman II*, S. 372-404.

ARNTZEN, Helmut (1984): *Der Literaturbegriff. Geschichte, Komplementärbegriffe, Intention. Eine Einführung.* Münster: Aschendorff.

BAKER, Donna (1991): *How to Write Stories for Magazines. A Practical Guide.* London: Allison & Busby.

BLOCH, Ernst (1992): Philosophische Ansicht des Detektivromans. In: Vogt, Jochen (Hrsg.): *Der Kriminalroman II*, S. 322-343.

BUCHLOH, Paul Gerhard; BECKER, Jens Peter (Hrsg., 1977): *Der Detektiverzählung auf der Spur. Essays zur Form und Wertung der englischen Detektivliteratur.* Darmstadt: Wissenschaftliche Buchgesellschaft. (= Wege der Forschung; 387)

BUCHLOH, Paul Gerhard; BECKER, Jens Peter (1990): *Der Detektivroman. Studien zur Geschichte und Form der englischen und amerikanischen Detektivliteratur.* 4. Aufl. Darmstadt: Wissenschaftliche Buchgesellschaft.

CUDDON, John Anthony (1991): *A Dictionary of Literary Terms and Literary Theory.* 3rd ed. Oxford: Basil Blackwell.

DEPKEN, Friedrich (1977): Sherlock Holmes, Raffles und ihre Vorbilder (Auszüge). In: Buchloh, Paul Gerhard; Becker, Jens Peter (Hrsg.): *Der Detektiverzählung auf der Spur. Essays zur Form und Wertung der englischen Detektivliteratur*, S. 67-102.

EAGLETON, Terry (1990): *Literary Theory. An Introduction.* Oxford: Basil Blackwell, 1983. Repr. 1990.

HEISSENBÜTTEL, Helmut (1992): Spielregeln des Kriminalromans. In: Vogt, Jochen (Hrsg.): *Der Kriminalroman II*, S. 356-371.

INGARDEN, Roman (1972): *Das literarische Kunstwerk.* 4. Aufl. Tübingen: Max Niemeyer.

JUTE, André (1994): *Writing a Thriller.* 2nd ed. London: A & C Black.

KEATING, H.R.F. (1994): *Writing Crime Fiction.* 2nd ed. London: A & C Black.

KRACAUER, Siegfried (1979): *Der Detektivroman. Ein philosophischer Traktat.* Frankfurt a.M.: Suhrkamp Taschenbuch-Verlag.

LAMBOT, Isobel (1992): *How to Write Crime Novels.* London: Allison & Busby.

LANDWEHR, Jürgen (1981): Fiktion und Nichtfiktion. In: Brackert, Helmut; Stückrath, Jörn (Hrsg.): *Literaturwissenschaft. Grundkurs 1.* Reinbek bei Hamburg: Rowohlt, S. 380-404.

LeGUIN, Ursula K. (1979): *The Language of the Night. Essays on Fantasy and Science Fiction.* Ed. by Susan Wood. New York: G.P. Putnam's sons.

Literaturwissenschaftliches Wörterbuch für Romanisten (1989). Hrsg. von Rainer Hess; Gustav Siebenmann; Mireille Frauenrath; Tilbert Stegmann. 3., völlig neu bearb. u. erw. Aufl. Tübingen: Francke. (= UTB für Wissenschaft: Uni-Taschenbücher; 1373)

LODGE, David (1992): *The Art of Fiction. Illustrated from Classic and Modern Texts.* Harmondsworth: Penguin Books.

LOTMAN, Jurij M. (1993): *Die Struktur literarischer Texte.* 4. Aufl. München: Wilhelm Fink.

MATT, Peter von (1972): *Literaturwissenschaft und Psychoanalyse. Eine Einführung.* Freiburg: Rombach. (= rombach hochschul paperback; 44)

MAUSHAGEN, Andrea (1995): *Death on the Nile* - Raum in Erzähltexten: CID-SET. In: Schier, Dagmar; Giersch, Malchus (Hrsg.): *CID - Computergestützte Interpretation von Detektivromanen*, S. 189-209.

NENDZA, Jürgen (1992): *Wort und Fiktion. Eine Untersuchung zum Problem der Fiktionalität in der Sprachzeichenkommunikation.* Aachen: Alano, Rader. (= Aachener Studien zur Semiotik und Kommunikationsforschung; 28)

NEUHAUS, Volker (1995): Mysterion tes anomias - Das Geheimnis des Bösen. Der Detektivroman als regelgeleitete Gattung. In: Schier, Dagmar; Giersch, Malchus (Hrsg.): *CID - Computergestützte Interpretation von Detektivromanen*, S. 11-45.

SAYERS, Dorothy L. (1977): Einleitung zu "Great Short Stories of Detection, Mystery and Horror". In: Buchloh, Paul Gerhard; Becker, Jens Peter (Hrsg.): *Der Detektiverzählung auf der Spur. Essays zur Form und Wertung der englischen Detektivliteratur*, S. 142-190.

SCHIER, Dagmar; GIERSCH, Malchus (Hrsg., 1995): *CID - Computergestützte Interpretation von Detektivromanen.* Frankfurt a.M.; etc.: Peter Lang. (= Kölner Studien zur Literaturwissenschaft; 7)

SCHUTTE, Jürgen (1993): *Einführung in die Literaturinterpretation.* 3., überarb. und erw. Aufl. Stuttgart; Weimar: J.B. Metzler. (= Sammlung Metzler; 217)

SUERBAUM, Ulrich (1992): Der gefesselte Detektivroman. Ein gattungstheoretischer Versuch. In: Vogt, Jochen (Hrsg.): *Der Kriminalroman II*, S. 437-456.

SYMONS, Julian (1974): *Bloody Murder. From the Detective Story to the Crime Novel: A History.* Harmondsworth: Penguin Books.

TYNJANOV, Jurij [Nikolaevič] (1967): *Die literarischen Kunstmittel und die Evolution in der Literatur.* Frankfurt a.M.: Suhrkamp.

VAN DINE, S.S. (1992): Zwanzig Regeln für das Schreiben von Detektivgeschichten. In: Vogt, Jochen (Hrsg.): *Der Kriminalroman I*, S. 143-147.

VOGT, Jochen (Hrsg., 1992): *Der Kriminalroman I und II. Zur Theorie und Geschichte einer Gattung.* 2. Aufl. München: Wilhelm Fink. (= UTB für Wissenschaft: Uni-Taschenbücher; 81 und 82)

WILPERT, Gero von (1979): *Sachwörterbuch der Literatur.* 6. Aufl. Stuttgart: Alfred Kröner.

WILPERT, Gero von (1989): *Sachwörterbuch der Literatur.* 7. Aufl. Stuttgart: Alfred Kröner.

WINTER, Helmut (1986): "A Good Story!" - Lesererwartungen in England und Deutschland. In: *Angst vor Unterhaltung? Über einige Merkwürdigkeiten unseres Literaturverständnisses.* Hrsg. von Herbert Heckmann. München; Wien: Carl Hanser, S. 64-70. (= Dichtung und Sprache; 5)

WÖLCKEN, Fritz (1953): *Der literarische Mord. Eine Untersuchung über die englische und amerikanische Detektivliteratur.* Nürnberg: Nest.

(f) Ergänzende literarische Werke

BACHMANN, Ingeborg (1984): *Werke. 4. Bd.: Essays, Reden, Vermischte Schriften, Anhang.* Hrsg. von Christine Koschel; Inge von Weidenbaum; Clemens Münster. 3. Aufl. München; Zürich: R. Piper.

BORGES, Jorge Luis (1981): *Gesammelte Werke, Bd. 5.2: Essays 1952-1979.* München; Wien: Carl Hanser.

CARROLL, Lewis (1992): *Alice in Wonderland.* Ware: Wordsworth Editions.

DOYLE, Arthur Conan (1992): *The Annotated Sherlock Holmes I und II.* Ed. by William S. Baring-Gould. New York; Avenel, New Jersey: Wings Books.

ENDE, Michael (1979): *Die unendliche Geschichte.* Stuttgart: K. Thienemanns.

HAWTHORNE, Nathaniel (1959): The Scarlet Letter. In: *Four American Novels.* Ed. by Edmund Fuller; Olga Achtenhagen. New York; etc.: Harcourt, Brace & World, pp. 1-189.

IRVING, John (1979): *The World According to Garp.* New York: Pocket Books.

-KY; MOHR, Steffen (1989): *Schau nicht hin, schau nicht her.* Reinbek bei Hamburg: Rowohlt.

MANN, Thomas (1987): *Tristan. Novelle.* Stuttgart: Philipp Reclam jun.

MARRYAT, Captain (1984): *Peter Simple.* Gloucester: Alan Sutton.

POE, Edgar Allan (1951): *The Selected Poetry and Prose of Edgar Allan Poe.* Ed. by T.O. Mabbott. New York: Random House. (= Modern Library College Editions)

The Armchair Detective. Great Tales of Crime and Detection (1993). Ed. by Peter Haining. London: Orion Books, 1992. Repr. 1993.

TUCHOLSKY, Kurt (1993): *Gesammelte Werke in 10 Bd.* Hrsg. von Mary Gerold-Tucholsky; Fritz J. Raddatz. Reinbek bei Hamburg: Rowohlt.

(g) Nachschlagewerke

Atlas of the World (1994). Oxford; etc.: Oxford Hammond, OUP, 1993. Repr. 1994.

Bartholomew Gazetteer of Places in Britain (1986). Compiled by Oliver Mason. 2nd ed. Edinburgh: John Bartholomew & Son.

Britannica Atlas (1995). 17th ed. Chicago; etc.: Encyclopædia Britannica.

Brockhaus-Wahrig. Deutsches Wörterbuch in sechs Bänden (1980-1984). Hrsg. von Gerhard Wahrig; Hildegard Krämer; Harald Zimmermann. Wiesbaden; Stuttgart: Brockhaus; Deutsche Verlags-Anstalt.

FARMER, David Hugh (1992): *The Oxford Dictionary of Saints.* 3rd ed. Oxford; New York: OUP.

KENYON, J.P. (1994): *The Wordsworth Dictionary of British History.* Ware: Wordsworth Editions.

OED: The Oxford English Dictionary (1989). Prepared by J.A. Simpson and E.S.C. Weiner. 2nd ed. Oxford: Clarendon Press.

RÖHRICH, Lutz (1991-1992): *Das große Lexikon der sprichwörtlichen Redensarten.* Freiburg; Basel; Wien: Herder.

The New Encyclopædia Britannica (1995). 15th ed. Chicago; etc.

Wörterbuch der Symbolik (1985). Hrsg. von Manfred Lurker. 3. Aufl. Stuttgart: Alfred Kröner. (= Kröners Taschenausgabe; 464)

(h) Zeitungsartikel

"Fry-up". In: *The Daily Telegraph. 09.05.1995*, p. 19.

GILLMEISTER, Thomas: "Peter Schädlich betreibt nützlichen Vogelschutz. Saisonbeginn in Deutschlands einzigartiger Vogelschutzlehrstätte". In: *Leipziger Rundschau. 18/8. Jg. 30. April 1997*, S. 1.

McPHILLIPS, Fiona: "Jack and Sophie top the tables for names". In: *The Daily Telegraph. 08.01.1997*, p. 4.

OLIVER, Brian: "Cases of mistaken identity". In: *The Daily Telegraph. 23.09.1995*, p. 22.

THYNNE, Jane: "Author of the Morse mysteries overcomes his initial shyness". In: *The Daily Telegraph. 24.09.1996*, p. 7.

(i) Persönliche Korrepondenzen

Briefe an I.S. von den Schriftstellern

Joan AIKEN (05.04.1996),
Simon BRETT (16.07.1996),
Janet COHEN (17.04.1996),
Peter DICKINSON (28.03.1996),
Dorothy DUNNETT (30.06.1996),
Lady Antonia FRASER (29.03.1996),
Michael GILBERT (30.03.1996),
The Rt Hon. Douglas HURD (05.09.1995),
Baroness JAMES of Holland Park [P D James] (04.04.1996),
H.R.F. KEATING (08.04.1996),
-KY (08.10.1995),
Hansjörg MARTIN (Oktober 1995),
James MELVILLE (31.03.1996),
John MORTIMER (13.04.1996),
Margaret YORKE (30.03.1996)
und von Central Independent Television P.L.C. (07.07.1995)

sowie mündliche Mitteilungen von
-KY
und Steffen MOHR.

Im Literaturverzeichnis verwendete Abkürzungen

[ACG]   *XIXth International Congress of Onomastic Sciences. University of Aberdeen. August 4-11, 1996. Congress Guide.*

[BNF]   *Beiträge zur Namenforschung.* Heidelberg: Carl Winter, Universitätsverlag.

[CR]   *The Chesterton Review.* Saskatoon, Saskatchewan (Canada).

[ESG]   *Der Eigenname in Sprache und Gesellschaft. XV. Internationaler Kongreß für Namenforschung. Leipzig 13.-17. August 1984.* Leipzig, 1985.

[HSK]   *Handbücher zur Sprach- und Kommunikationswissenschaft.* Mitbegr. von Gerold Ungeheuer. Hrsg. von Hugo Steger; Herbert Ernst Wiegand. Berlin; New York: Walter de Gruyter.

[LiLi] *Zeitschrift für Literaturwissenschaft und Linguistik.* Göttingen: Vandenhoeck & Ruprecht. Stuttgart; Weimar: Metzler.

[LOS]   *Literary Onomastics Studies.* Suny College at Brockport. Brockport, N.Y. (USA).

[NI]   *Namenkundliche Informationen.* KMU Leipzig bzw. Leipziger Universitätsverlag.

[PCC]   *Proceedings of the XIIIth International Congress of Onomastic Sciences. Cracow, August 21-25, 1978.* Ed. by Kazimierz Rymut. Warszawa, 1978.

[PCH]   *Proceedings of the XVIIth International Congress of Onomastic Sciences. Helsinki, 13-18 August 1990.* Ed. by Eeva Maria Närhi. Helsinki, 1990.

[PCW]   *Disputationes ad MONTIUM VOCABULA aliorumque nominum significationes pertinentes. X. Internationaler Kongreß für Namenforschung.* Wien, 8.-13.9.1969. Abhandlungen - Proceedings - Actes. Ed. by Herwig H. Hornung. Wien, 1969.

[RNK, Bd. 4]   *Reader zur Namenkunde IV: Namenkunde in der Schule* (1994). Hrsg. von Rainer Frank; Gerhard Koss. Hildesheim; Zürich; New York: Olms, 1994. (= Germanistische Linguistik; 121-123)

[ZAA]   *Zeitschrift für Anglistik und Amerikanistik.* Leipzig: Verlag Enzyklopädie. Berlin; etc.: Langenscheidt. Tübingen: Stauffenburg.

Namenindex

1. Sujetinterne Namen

(a) Anthroponyme (FigN)

315

Hedwig von something or other 124
Hewitt, Horne 113, 242
Hirsch, Dr. Paul 124, 201, 203
Hogan 133
"Hoggs" (= Horne, Sir Howard) 204
"Home-Wrecker" (= Pinion, Asa Lee) 204
Hood, Dr. Orion 140
Hood, Mrs. 205
Hood, Robert Owen 125f., 236
Hook, Martin (= Irving, Sir Martin) 149, 205
Hook, Sir Isaac 128, 151
Hoopoe, Colonel 197
Horder, Brian 151, 195
Horne, Sir Howard 113, 204, 242
"Horner, Rev. Samuel" (= Hankin) 124, 201
Hugo 234
Hunter, Dr. Horace 138f., 145, 229, 247f.
Hunter, Tommy 139, 145, 151, 244
Hurrel, James 153, 257
Huss, Mr. 200
Hyacinth, Father 124, 131
Hyde, Dr. Adrian 120, 135f., 196, 256, 274, 286
Irving, Sir Arthur 121, 123
Irving, Sir Caleb 124
Irving, Sir Martin 205
Ivan 247
Ivanhov 121, 137
"Jack the Ripper" (= Pinion, Asa Lee) 204
Jackson, Mr. 136, 234f., 256
Jameson, Miss 234
Jameson, Mr. 122, 202
Jenkins, Jefferson 204, 237
"Jinks" (= Jenkins, Jefferson) 204
Judson, Dr. John 157
"Kalon" 120, 145, 147f., 196, 237, 273, 285
Keith, Lieutenant Drummond 121
Kidd, Calhoun 142, 154f.
"King of Thieves" (= "Montano" = Ezza) 201
Le Caron 120, 170, 200, 246
Le Mouton 120, 170
Lever 124
Levy, Mr. 124
Little, Luke 151, 157, 232
Lloyd George 142
Lobb (= Loeb) 133, 202
Loeb 133, 202
Lorraine, Waldo 120, 170, 200, 246
Louis, M. 130, 237
Low, Rosenbaum 124, 148, 245, 273
Macbride 121, 141
MacNab, Maggie 121, 141
MacNab, Mrs. 121, 141
MacNabb, Major 121, 141
Mair, James 203, 206
Mair, Maurice 206
Mallow, John 234
Mallow, Mr. 250
Malone, Olivia (= Feversham, Olivia) 121, 125, 195, 205, 236, 246, 251
Malone, Sheila 121
Maltravers, Mr. 150
Maltravers, Mrs. 237

Malvoli 120
Mandeville, Mr. Mundon 242f.
Mandeville, Mrs. Mundon 243
March, Harold 257
Marden, Lady Miriam 243
Marne, Marquis of (= Mair, James) 123, 203, 217, 227, 250
Maroni, Miss 120, 243
Marvell, Sir Oscar 151, 197
Marx, Isidore 124
Mary (= Aurelia Augusta Augustina, etc. etc., Princess) 203
"Master of the Mountain" 244
Mendoza 130
Merivale, Lord 122
Merton, Brander 154f., 200, 245, 258, 273
Mester, Lionel (= Shrike, Stephen) 202
Miller 200
Milton, Millicent 253
Milton-Mowbray, Mrs. 122
Monkhouse, Mr. Justice 141
Mont St. Michel, Duchess of 123
"Montano" (= Ezza = "King of Thieves") 121, 201
Montmirail 122
Montmorency, Mr. 233
"Moonshine, Michael" (= Smith, Mr.) 151, 201, 204, 230, 237, 258
Morton, Francis 245
Moss 200
Mounteagle, Lady 122, 244
Mounteagle, Lord 122, 195, 244
Mowbray, Marion 157
Muggleton, Mr. 125f., 236
"Mulberry" (= Mulborough, Dr.) 203
Mulborough, Dr. 203
Mull, Dr. 149, 234
Murray, Major 121
Muscari 121
Musgrave 138
Musgrave, Captain James 206
Musgrave, Sir John 206
Nadoway 238
Nadoway, Alan 201, 204
Nadoway, John (= Jack) 203, 243f.
Nadoway, Norman 157, 243f.
Nadoway, Sir Jacob 124, 140f., 203, 243f., 289
Nibbles 197
"Nobody" 240
Noel, Norman 251, 255
Nogglewop 64, 201
Nolan, James 121, 245
Normandale, Lord (= Nadoway, Sir Jacob) 203, 244, 289
Normantowers, Lord (= Bliss, Sir Samuel) 203
Northover, P.G. 109, 226, 245
Nutt, Edward 134, 195, 226, 286
O'Brien, Commandant Neil 121, 243
O'Neill, Michael 121
Oates, Enoch B. 120, 239
Ogilvie 121
"Old Brimstone" 242
"Old Carrots" (= Hirsch, Dr. Paul) 203

(b) Toponyme

(c) Varia

2. Sujetexterne Namen

(a) Anthroponyme (PN/FigN)

Abel 191
Achilles 183, 267f.
Adam 254
Arthur, King 269
Bacon 238
Barabbas 192
Bismarck 192, 196, 252
Bluebeard 65, 216, 262, 274
Borgia 183
Bothwell 254f.
Bourbons 192
Britomart 263
Bruno 190
Brutus 190
Byron 183, 193
Caesar, Julius 183, 228
Cain 191
Carr 194
Carter, Nicholas 265
Cassandra 182
Cato 182f., 191
Cenci 183
Chaucer 253, 262, 264
Cobbett 264
Coleridge 269
Collins, Wilkie 64f., 265
Coppée 183
Corday, Charlotte 190
Coriolanus 183
Crippen, Dr. 182, 191
D'Annunzio 183
Dalrymple of Stair 183
Dante 184
Dark Lady 263
Darwin, Charles 65, 182f., 253ff., 289
Davenport Brothers 183, 185
David 266
de Musset, Alfred 193
Desmoulins, Camille 192
Dickens, Charles 270
Diogenes 182
Dolet 190
Don Juan 182
Doré 182
Doyle, Arthur Conan 265
Drake 185
Dreyfus 182, 192
Dupin 265
Einstein 181
Eve 254
Foo Chi, Emperor 193
Gaboriau 263
Galahad, Sir 262
Godiva, Lady 64
Goethe 183
Grimm 229

Haman 267
Hamlet 214, 216, 225, 274
Harvey 183
Hathaway, Anne 238
Hawkins 185
Hector 183, 267f.
Henry VII 194
Henry VIII 194
Herbert, George 183
Hermes 182
Herod 192
Hiawatha 183
Holbein 194
Holmes, Sherlock 263, 265
Hood, Robin 185f.
Howard, Frances 194
Jack the Ripper 182, 186
James I 194, 196
James, Henry 183, 265
Joan of Arc 190, 196
Jonathan 266f.
Judas 184
Keats 183, 268
Kilmeny 266
Lady of Shallot 269
Lear, Edward 264
Lecocq 263, 265
Leo XIII, Pope 183
Lestrade 265
Louis XVI 192
Lycurgus 193
Macbeth 266
Madonna 243
Mahomet 183
Man in the Moon 189
Marconi 183
Maria 243
Marie Antoinette 182, 184, 192
Marx 183, 196
Mary Queen of Scots 64, 254f.
Medea 263
Merlin 263, 269
Midas, King 184
Millet 182
Monroe, President 253
Montaigne 182
Mordecai 267
Napoleon 181-184
Nelson 180, 184
Nero 184
Newcome, Colonel 262
Oates, Titus 190, 196
Oberon 247, 266
Overbury 194
Picasso 182, 187
Pickwick, Mr. 65, 262

(b) Toponyme

(c) Varia

Peter Lang · Europäischer Verlag der Wissenschaften

Gudrun Rogge-Wiest

Wahrnehmung und Perspektivik in ausgewählten Romanen Virginia Woolfs

Frankfurt/M., Berlin, Bern, New York, Paris, Wien, 1999. IX, 268 S.
Neue Studien zur Anglistik und Amerikanistik.
Herausgegeben von Willi Erzgräber und Paul Goetsch. Bd. 75
ISBN 3-631-34251-9 · br. DM 84.–*

Die Bedeutung, die die Kommunikation mit dem Leser für Virginia Woolf einnahm, wurde in der bisherigen Forschung unterschätzt. Diese Arbeit zeigt, daß in ihren Romanen über die lebensweltliche Erfahrung der Wahrnehmung eine Kommunikationsbasis hergestellt wird. Die von den Figuren erfahrenen Gesetzmäßigkeiten der Wahrnehmung und Erkenntnis gelten auch für die Erzählinstanz und werden außerdem durch die Textgestaltung insgesamt reflektiert. Die Interpretationen ausgewählter Romane in chronologischer Folge zeigen, daß in jedem der Texte ein anderer Aspekt der Thematik dominiert: in The Voyage Out der Diskurscharakter von Wirklichkeitsauffassungen und Ideologien, in Jacob's Room das Verhältnis zwischen Kunst und Wirklichkeit und in Mrs Dalloway die Gegenüberstellung von komplexer Wirklichkeit und Vorstellung. In The Waves wirken verschiedene Aspekte zusammen: das Verhältnis zwischen Wahrnehmung und leitmotivischem Bild, das Spannungsverhältnis zwischen Persönlichkeitskern und multipler Persönlichkeit und die Interaktion der Textperspektiven.

Aus dem Inhalt: Interpretationen der Romane The Voyage Out, Jacob's Room, Mrs Dalloway und The Waves unter den Gesichtspunkten Wahrnehmung und Perspektivik · Literarische Gestaltung von Erkenntnis-Skepsis · Wahrnehmungstheorie, 'cognitive theory', Erzähltechnik

Frankfurt/M · Berlin · Bern · New York · Paris · Wien
Auslieferung: Verlag Peter Lang AG
Jupiterstr. 15, CH-3000 Bern 15
Telefax (004131) 9402131
*inklusive Mehrwertsteuer
Preisänderungen vorbehalten